A ÓPERA ITALIANA APÓS 1870

Supervisão Editorial: J. Guinsburg
Assessoria Editorial: Plinio Martins Filho
Revisão: Francisco Costa
Capa e Diagramação: Adriana Garcia
Produção: Ricardo W. Neves
Adriana Garcia
Heda Maria Lopes

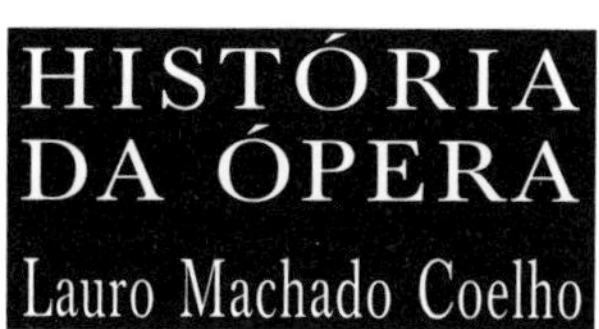

A ÓPERA ITALIANA APÓS 1870

Dados Internacionais de Catalogação na Publicação (CIP)
(Câmara Brasileira do Livro, SP, Brasil)

Coelho, Lauro Machado
A ópera italiana após 1870 / Lauro Machado Coelho. -- São Paulo : Perspectiva, 2002. -- (História da ópera)

Bibliografia.
ISBN 85-273-0318-3

1. Música - Século 19 2. Música - Século 20
3. Ópera - Itália - História I. Título. II. Série.

02-6365 CDD-782.1094509

Índices para catálogo sistemático:
1. Itália : Ópera : Música dramática : História 782.1094509
2. Ópera : Itália : Música dramática : História 782.1094509

EDITORA PERSPECTIVA S.A.
Av. Brigadeiro Luís Antônio, 3025
01401-000 – São Paulo – SP – Brasil
Telefax.: (011) 3885-8388
www.editoraperspectiva.com.br
2002

Para Mírian, Klára, Silvana,
Renato, Sérgio, Sullivan,
João Luiz, Emerson –
amigos dos quais recebi o carinho
e o apoio necessários
para ter a coragem de levar adiante
um projeto como este.

Em memória de minha mãe
Lucília Caldeira Machado Coelho
(1912-2002)
para sempre viva em nossa lembrança.

I love Italian opera – it's so reckless.
Damn Wagner and his bellowings
at Fate and death.
Damn Debussy and his averted face.
I like the Italians who run all on impulse,
and don't care about their immortal souls
and don't worry about the ultimate.

D. H. Lawrence, 1911.

Sumário

PREFÁCIO

Dentro da coleção História da Ópera, que vem sendo publicada pela Editora Perspectiva desde maio de 1999, este é o quarto e último volume dedicado à evolução do gênero na Itália, país onde esse tipo de espetáculo musical nasceu, e que foi a pátria de seus compositores mais populares. Este livro é precedido por estudos sobre a ópera de modelo italiano e sua hegemonia internacional durante o Barroco e o Classicismo, e sobre a ópera italiana do Romantismo. Está previsto também um volume específico sobre a vida e obra de Giuseppe Verdi, um dos maiores nomes do gênero em todos os tempos.

Este volume abrange o período que vai de 1870 até meados da década de 1950 e será, posteriormente, complementado pelo estudo detalhado das óperas de Giacomo Puccini, o nome de maior destaque na fase coberta por este livro. Conseqüentemente, o capítulo sobre Puccini que o leitor encontrará aqui visa a oferecer um panorama sumário das características gerais de sua obra, para situá-lo no contexto do período a que ele pertence. Por esse motivo, ele tem uma estrutura diferente da adotada para os demais compositores: oferece ao leitor, no início, sinopses sumárias das óperas de Puccini e, no final, apenas uma discografia seletiva, deixando para a obra específica o levantamento completo do que existe em disco e vídeo.

Fiel ao método de análise escolhido para esta coleção, o estudo da ópera italiana, neste livro, inclui apenas os compositores que não romperam com o sistema tonal. No volume final, *A Ópera Contemporânea*, dedicado ao estudo comparativo da evolução, dos problemas e dos caminhos que se abrem à ópera na atualidade, virão os compositores italianos que tiverem aderido às diversas tendências vanguardistas posteriores à revolução dodecafônica.

Pretendendo tornar-se acessível a todo o público interessado em ópera, esta coleção opta por restringir a terminologia técnica ao mínimo indispensável, e renuncia ao uso de exemplos musicais, que só teriam sentido para o leitor especializado. Da mesma forma, como o disco é o melhor meio para que se trave conhecimento com as obras descritas, procurei, em cada capítulo, enumerar as gravações existentes em disco (Lp, CD) e vídeo (cassete, laser-disc, DVD). Preferi mencioná-las no corpo do texto a estabelecer uma Discografia seca no fim do volume, o que me permitiu, sempre que necessário, fazer comentários e comparações.

Alguns dos álbuns mencionados – em especial os pirata – não se encontram imediatamente disponíveis. Mas é importante consigná-los, pois poderão, eventualmente, ser localizadas em sebos, lojas de saldos ou coleções particulares. Essa *Discografia*, evidentemente, não tem a menor pretensão de esgotar o assunto. Sou o primeiro a ter consciência de que, nesse levantamento, muita coisa me escapou – mesmo porque a rapidez dos lançamentos no mercado internacional, em particular na área das cópias de vídeo, faz com que esse tipo de inventário, nem bem terminado, já se tenha desatualizado. Fica aqui, portanto, desde já, o meu pedido de desculpas por qualquer tipo de lacuna ou imprecisão, e o agradecimento ao leitor que, gentilmente, prontificar-se a apontar-me os deslizes e a ajudar-me a saná-los.

Cabe-me aqui fazer uma série de agradecimentos:

- a Sérgio Casoy, que pacientemente leu os originais deste livro, dando-me sugestões preciosas;
- a Renato Rocha Mesquita, que me assistiu compartilhando comigo generosamente os tesouros de sua discoteca, de sua biblioteca e de sua larga experiência;
- a Betty Appel e Dorival Panzani, a quem devo ter conhecido, desde o início da década de 1970, títulos então muito pouco familiares da obra de Mascagni e dos mestres da Giovane Scuola;
- a Duval de Vasconcelos Barros, Affonso Risi Jr., Vera Lúcia Mello e Francisco Carlos Alves, que me ajudaram na obtenção de material de pesquisa precioso para este volume;
- e a Luiz Antonio Peduti Cunha, que há muito tempo nos deixou, cuja inesgotável curiosidade e talento para garimpar raridades me permitiu conhecer muitas das obras aqui mencionadas.

Minha gratidão muito especial aos amigos que, na noite de 20 de março de 2002, se reuniram no Theatro São Pedro para assinalar, com um recital de peças de Bellini, Donizetti e Verdi, o lançamento de *A Ópera Romântica Italiana*: Adélia Issa, Andrea Ramus, Angélica Feital, Berenice Barreira, Daniela de Carli, Denise de Freitas, Elaine Casehr, Elisabeth Ratzensdorf, Francisco Meira, Isabel Batista, Marilu Figueiredo, Paulo Mandarino, Sávio Sperandio, Sebastião Teixeira; Alexandre Spatz Bessa e o Coral Manduri; Vânia Pajares (direção musical e piano); Sérgio Casoy (produção e apresentação); Walter Neiva (iluminação). Agradeço também a Fernando Calvoso e Maritta Araújo, o diretor e a coordenadora do teatro; e a Miriam Bemmelmans, que cuidou da assessoria de imprensa.

Lauro Machado Coelho
1989-2002

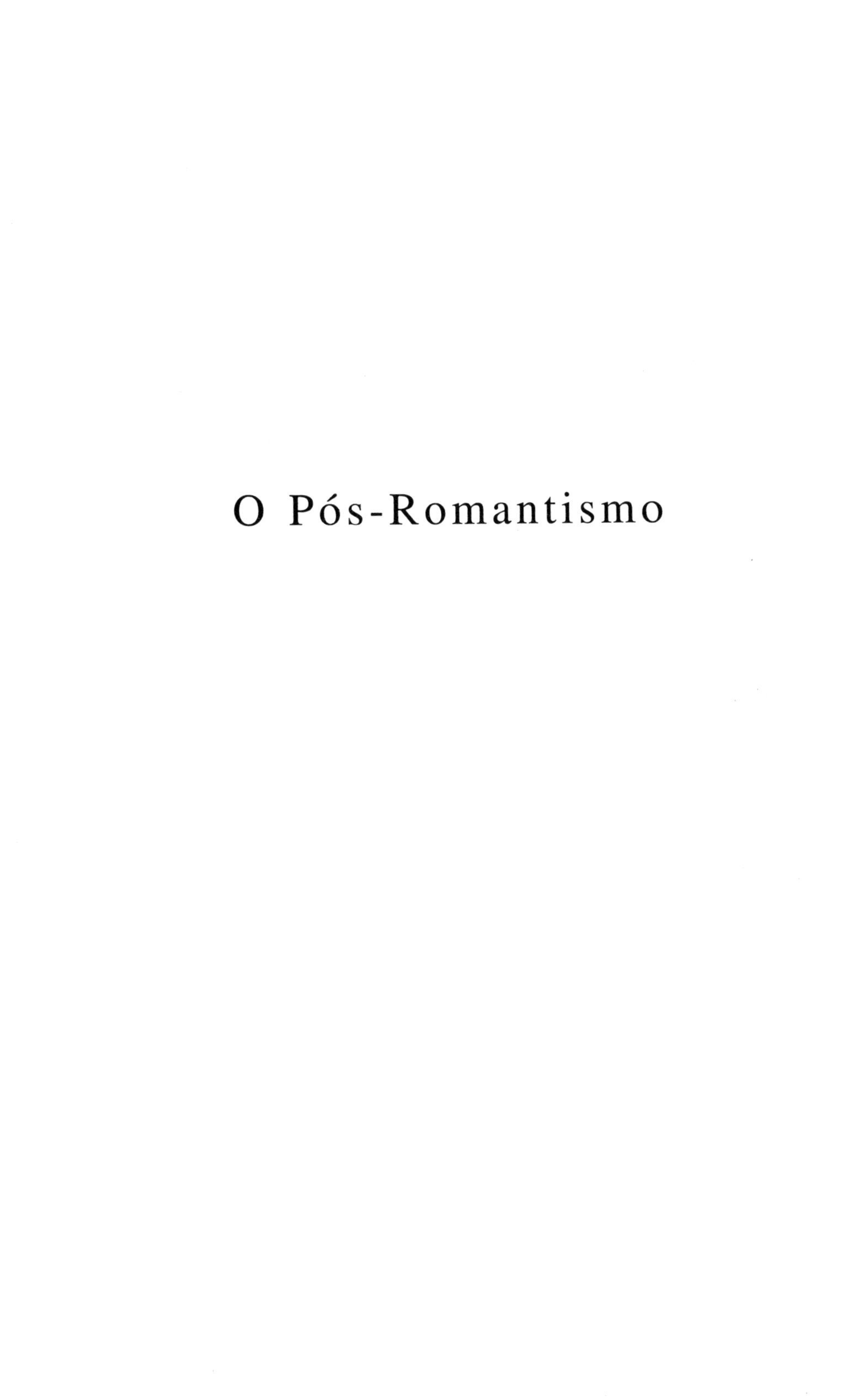

O Pós-Romantismo

ANOS DE CRISE: A *SCAPIGLIATURA*

Ao terminar a *Aida*, composta entre julho e novembro de 1870, Giuseppe Verdi acreditava estar colocando um ponto final em sua longa carreira de operista. Não sabia que, à sua frente, ainda tinha duas obras-primas tardias, o *Otello* e o *Falstaff*, síntese das linhas mestras de sua dramaturgia e portas abertas para a ópera do futuro. Sentia, porém – e nisso tinha razão –, que a história do amor da escrava etíope pelo general egípcio estava encerrando todo um ciclo na História da Ópera: o do melodrama cujas raízes mergulham, por um lado, em Donizetti e Bellini e, por outro, nas formas suntuosas do *grand-opéra* parisiense. O ano de gestação da *Aida* fica portanto como o marco final do Romantismo italiano, de que Verdi foi, na segunda geração, o expoente máximo.

A partir daí, abre-se um interregno que se estende de 1870 a 1890, data em que a estréia da *Cavalleria rusticana*, de Pietro Mascagni, inaugura nova escola, a do Verismo, inspirada no romance naturalista. Esse período intermediário – a que daremos o nome de Pós-Romântico – é marcado pelas indecisões, idas e vindas, acertos e erros que caracterizam toda época de transição, de busca de um caminho novo. Filtrando a lição do passado, combinando a ela influências externas – como a do wagnerismo ou a da ópera francesa –, os músicos em atividade durante 1870-1890 estarão colocando algumas das pedras que servirão de alicerce ao realismo, que se desenvolverá na virada do século XIX para o XX.

A Itália no Fim do Século XIX

Durante a plenitude romântica (1830-1860), todos os setores da vida italiana tinham sido polarizados pela campanha do *Risorgimento*, a luta pela unificação do país. No volume *A Ópera Romântica Italiana*, vimos como, no início do século XIX, a Itália estava fragmentada em pequenos Estados independentes. Era necessário lutar pelo surgimento de um Estado nacional unitário e pela expulsão, do solo pátrio, dos ocupantes externos. De 1834, quando eclode, na Savóia, a rebelião liderada por Giuseppe Mazzini, a 17 de março de 1861, quando o soberano do Piemonte, Vittorio Emanuele II, é coroado rei da Itália, toda a intelectualidade italiana é profundamente mobilizada pelos ideais de liberdade e afirmação da identidade nacional.

Nenhum artista reflete melhor, em sua obra, a pureza desses ideais do que Giuseppe Verdi que, durante cinqüenta anos, domina de forma inconteste o panorama musical mediterrâneo. De 1842, data da estréia do *Nabucco* no Scala, até 1870 – pouco antes de a entrada de Vittorio Emanuele em Roma (2.7.1871) colocar o ponto final no processo de unificação –, é ele o senhor absoluto do palco lírico em seu país. E suas óperas espelham com intensidade não só os anseios que animaram o *Risorgimento* mas também, e principalmente, a esperança que tinham todos os envolvidos nessa luta de que, uma vez livre e unificada, a Itália ingressasse numa fase nova de desenvolvimento.

Passada a euforia do *Risorgimento*, porém, as décadas seguintes vão trazer uma fase de gradual desencorajamento. A perda das ilusões é o fruto da incapacidade dos governos em produzir modificações genuínas nas estruturas socio-econômicas, que correspondam aos ideais revolucionários dos anos gloriosos de combate pela libertação. Bem-intencionado mas muito autoritário, o conservador Marco Minghetti fez um governo equilibrado. Mas os repetidos atritos com toscanos e lombardos, cujos interesses mercantis entravam em choque com seu plano de nacionalizar as estradas de ferro, o fizeram perder o voto de confiança no Parlamento e, em março de 1876, Minghetti teve de entregar o governo ao oposicionista Agostino Depretis.

Para firmar-se no poder, os monarquistas liberais de Depretis – um grupo que agregava ex-radicais e ex-republicanos convertidos a uma linha mais pragmática – precisavam ganhar as eleições de novembro. A preparação desse pleito, que resultou em 420 cadeiras para o governo, contra 87 para a oposição, foi colocada nas mãos do barão Giovanni Nicotera, o ministro do interior. Foi Nicotera o formulador da chamada "política do transformismo", que consistia em cooptar todos os oposicionistas através de ofertas de participação no governo, pagamento de suborno ou diversas formas de intimidação. Depretis que, em 1852, censurara vivamente a política de *connubio* com que Cavour tentava conviver com a esquerda, não hesitou em adotar uma linha de conduta visando a perpetuar ampla coalizão centrista e a impedir o retorno dos conservadores ao poder. Em *Italy: a Modern History*, Denis Mack Smith conta:

> Os prefeitos receberam a ordem de utilizar sua autoridade administrativa para manipular os resultados eleitorais. Os funcionários locais recalcitrantes eram transferidos para regiões menos agradáveis ou eram forçados à submissão pela ameaça dessas transferências e de suas conseqüências negativas para o futuro da carreira. Nos centros-chave de Roma, Nápoles, Palermo, Milão, Bolonha, Turim e Gênova, os prefeitos foram simplesmente substituídos por "homens de confiança". Anunciou-se abertamente que um tratamento privilegiado, no que se referia às escolas, concessões ferroviárias e dotação orçamentária, estaria reservado às circunscrições eleitorais que tivessem votado "de modo correto".

Com isso, oficializaram-se a corrupção e o abuso de poder, e desmoralizaram-se as instituições políticas e os programas partidários. Nicotera foi afastado em dezembro de 1877, pois tornara-se desmedidamente autoritário e com freqüência atropelava a regra constitucional. Mas isso não pôs cobro à situação. Francesco Crispi, que o substituiu, era um dos mais enérgicos críticos do "transformismo"; mas adotou-o entusiasticamente como um meio de manter-se no poder. Data daí o processo de declínio político que, no século XX, levará à eclosão do Fascismo.

Independente, a Itália quis tornar-se militarmente forte, proclamando a necessidade de manter a supremacia naval sobre a Áustria. A reorganização do exército, de acordo com o modelo prussiano, foi confiada ao gen. Cesare Ricotti-Magnani e a indústria de armamentos passou a receber pesados subsídios. Mas, quanto mais forte o país se tornava, mais difícil era recuar de posições perigosas, no plano da política internacional, que exigiam grande dispêndio de dinheiro. Embora na área da construção naval o país estivesse muito adiantado, o fato de carecer de ferro e carvão o deixava em nítida desvantagem, e cada nova invenção ou processo pesava desproporcionalmente no orçamento nacional.

Criou-se assim um círculo vicioso: a necessidade de manter o prestígio internacional fez a Itália endividar-se para preservar interesses que beiravam o belicismo; e o antigo patriotismo, que presidira à unificação, foi-se transformando em imperialismo e num nacionalismo de tintas pré-fascistas. Sinal disso foi o país ter aberto mão de sua valiosa posição de independência e ingressado no sistema europeu de alianças. Apesar da influência moderadora de Umberto I, que sucedera a Vittorio Emmanuele II em 1878, o governo italiano não limitou suas ambições a preservar o equilíbrio do poder – jogo em que poderia ter funcionado como um fiel da balança. O marquês Emilio Visconti-Venosta, ministro das Relações Exteriores, foi o principal promotor do alinhamento com a Alemanha que, em 1870, alterara esse equilíbrio ao derrotar a França. O isolamento em que a Itália se vira no Congresso de

Berlim, e a ameaça a seus projetos coloniais representada pela ocupação francesa da Tunísia em 1881 foram as razões centrais a movê-lo nesse sentido.

O ano de 1882 – em que morre Giuseppe Garibaldi, o libertador da Sicília e de Nápoles – assinala o topo da crise nas esperança dos que sonhavam em ver emergir da unificação uma Itália renovada. Chegando ao extremo de deixar-se fotografar, em Viena, usando o uniforme de coronel austríaco, Umberto I adere à Tríplice Aliança, formada pela Alemanha, Itália e Áustria, convocada pelo primeiro-ministro alemão Otto von Bismarck como uma forma de opor resistência à expansão colonialista da França. Essa aliança política, porém, resulta em pressões sobre Depretis para que ponha fim às reivindicações dos nacionalistas triestinos do grupo *Italia Irredenta*, cujo objetivo é obter a anexação do sul do Tirol, da Ístria e da região do Adriático, que ainda tinham ficado sob domínio austríaco. Em setembro daquele ano, o republicano Giuseppe Oberdan, desertor do exército austríaco, tenta sem sucesso matar o imperador Francisco José, é preso e executado. Sua morte é o ponto de partida para a repressão aos irredentistas que, em 1887, durante o governo do germanófilo Francesco Crispi, vai tornar-se generalizada.

Paralelamente, crescem as ambições expansionistas, essas também deploradas pela velha guarda liberal, que não vê com bons olhos a política colonialista iniciada por Depretis e prosseguida por Crispi. O governo italiano adquiriu, em 1882, da companhia de navegação Rubatino, o porto etíope de Assab. Três anos depois, ocupou a vizinha Mesewa, usando-a como ponta-de-lança para entrar na Eritréia – processo interrompido pela derrota na Batalha de Dogali, em 26 de janeiro de 1887. Mas a Crispi interessava expandir-se na África Oriental e, em 1889, além de impor à Somália o protetorado dos sultanatos de Obbia e Migiuritinia, obrigou o imperador etíope Menelik II a assinar o Tratado de Uccialli (2 de maio), que endossava a ocupação da Eritréia.

Os *Scapigliati*

Para os intelectuais que tinham empenhado o melhor de seus esforços na tarefa da construção nacional, o progressivo desmoronamento dos valores sobre os quais se edificara o *Risorgimento*, aliado ao natural desgaste do estilo de vida e de cultura do Romantismo, já em declínio, gera um período crítico de incertezas, insegurança, desejo de renovação, e busca ansiosa de novos caminhos. Entre 1860-1890, o Pós-romantismo italiano passará por uma fase de buscas, através, inclusive, da aceitação reticente de influências estrangeiras, de que a ópera, como o gênero musical peninsular por excelência, mostrará os mais claros reflexos.

É sintomaticamente em Milão, grande centro industrial, cultural e jornalístico, dominado por poderosa burguesia, cujo conformismo desagrada vivamente às gerações mais jovens e progressistas, que surge o primeiro sinal dessa crise intelectual. É o movimento dos *scapigliati* (descabelados), que se rebelam contra todas as tradições vigentes nos costumes, no gosto e nas formas de produção artística. O nome desse movimento vem do título do romance *La Scapigliatura e il 6 Febbraio*, publicado em 1862, por Carlo Righetti, sob o anagrama de Cleto Arrighi. O romance exaltava o envolvimento dos estudantes contestadores – cujos cabelos longos e revoltos eram a forma de exibir sua revolta –, no levante de 6 de fevereiro de 1853, contra a dominação austríaca. Além de Righetti, pertenciam ao grupo – que se reunia no Caffè Martini – os pintores e poetas Emilio Praga e Giovanni Camerana, os prosadores Igino Ugo Tarchetti e Carlo Dossi, o pintor Tranquillo Cremona, o escultor Giuseppe Grandi. Eles se pretendiam iconoclastas e não respeitavam a susceptibilidade alheia.

Praga horrorizou a condessa Clara Maffei, a amiga de Verdi, com a "blasfêmia" dos versos que escreveu após a morte de Alessandro Manzoni:

Casto poeta che l'Italia adora,
vegliardo in sante visioni assorto,
Tu puoi morir!... degli Antecristi è l'ora!
Cristo è rimorto!

(Casto poeta que a Itália adora, ancião absorto em santas visões, podes morrer!... é a hora dos Anticristos! Cristo morreu de novo!)

O trocadilho com o "Cristo è risorto!" da liturgia pascal tinha tudo para ofender quem considerava Manzoni um verdadeiro santo. Justiça seja feita, porém: Clarina Maffei, de quem Giuseppina Strepponi dizia que ela "fizera da amizade o seu templo, o seu Deus, sua alegria", ajudou a família de Praga depois de sua morte precoce.

Curiosamente, o líder dessa moçada irreverente era, sob diversos aspectos, um homem profundamente conservador, avesso a toda e qualquer influência estrangeira: o escritor Giuseppe Rovani, autor de *Cento Anni*, romance em cinco volumes que traçava vasto painel da vida milanesa entre 1750/1850. Assim o descreve Dossi:

> Rovani detestava a nova escola de compositores que tentavam compensar a falta de inspiração com muito barulho, e dos que zombam da musa italiana costumava dizer que quem despreza Homero nunca chegará a ser Virgílio.

Estimulava seus seguidores, porém, com a visão grandiosa que tinha das artes e da afinidade entre elas, proclamando, como conta Dossi, a necessidade de derrubar as barreiras que as separavam:

> Ele dizia que as cores, perfumes e formas têm ligações ocultas e íntimas com a música e há de chegar o dia em que as pessoas vão cantar e tocar um buquê de flores, uma bandeja de doces, uma estátua, um prédio, da mesma forma que, hoje, tocam uma romança ou uma partitura de orquestra.

Palavras que denotam, nesse chauvinista ferrenho, contraditória influência dos simbolistas franceses. Mas suas idéias encontram eco nas obras mais antigas produzidas pelos *scapigliati*, entre elas as cantatas patrióticas *Il 4 giugno* e *Sorelle d'Italia*, com poema de Boito e música de Franco Faccio, escritas para apresentação nos concertos anuais do Conservatório.

Os *scapigliati* levavam vida desregrada. Rovani, Praga e Tarchetti morreram muito jovens, devastados pelo excesso de bebida. Nesse sentido, prolongavam a experiência dos *bohémiens* parisienses de uma geração antes. O *scapigliato* Felice Camerone, tradutor das *Scènes de la Vie de Bohème*, de Henri Murger, que haveria de inspirar as óperas de Puccini e Leoncavallo, aproxima deliberadamente os dois termos ao dizer, em seu Prefácio:

> A *scapigliatura* é a negação do preconceito, é ser partidário do Belo e do Verdadeiro, é a afirmação da iniciativa individual contra o imobilismo. [...] Os reacionários perseguem a *bohème* porque ela lhes parece estar lançando um apelo à revolta; os hedonistas a detestam porque ela interfere em sua digestão; a elite intelectual a despreza porque não consegue compreendê-la. [...] A *bohème* está destinada a passar do campo puramente artístico para o do conflito social. Depois do pensamento vem a ação. A *scapigliatura* política prepara a mina da revolução nas redações de jornal, enche-a com a pólvora da revolução e a faz explodir nas barricadas.

Camerone tinha razão ao falar da perplexidade do establishment intelectual diante dos arroubos desses jovens descabelados. Em 1914, em *La Letteratura della Nuova Italia*, Benedetto Croce reflete isso ao falar de Emilio Praga e Igino Tarchetti:

> Bebedor de absinto, blasfemador, retratista de orgias, bardo da dúvida e do tédio, Emilio Praga convidava o venerável Manzoni a morrer porque "já tinha soado a hora do Anticristo", cantava hinos aos Sete Pecados Mortais, que lhe eram tão caros e, diante deles, "dobrava o joelho, como num templo". Um quarto de século atrás, a sensação que nos passava era de estupefação e desconforto, uma repugnância imperceptivelmente tingida pela curiosidade adolescente por tudo o que é o insólito espetáculo do mundo.

E Croce lamentava que a devassidão tivesse acabado levando Tarchetti a um lúgubre estado de desligamento em relação à realidade:

> No fim, ele passeava pelos cemitérios, meditando sobre os túmulos, qual novo Hamlet, conversando com os coveiros e oferecendo-lhes charutos.

Na verdade, os *scapigliati* pareciam querer preencher uma lacuna na história do Romantismo italiano: a do culto da individualidade, da exploração do subconsciente e das forças irracionais da mente – e isso se reflete muito bem na germanofilia, na atração que sentem pelos brumosos temas do Romantismo alemão. Em parte devido à personalidade mediterrânea naturalmente extrovertida, e em parte porque os italianos do *Risorgimento* estavam demasiado ocupados com a criação de uma arte nacional e a edificação de um país unificado, essa tinha sido uma vertente, predominante no Romantismo transalpino, que nunca teve muita força na Itália. Mas que surgiu, curiosamente, na era do evolucionismo darwinista, do positivismo, da psicologia e das ciências sociais; e também numa fase de grande desilusão política. Por isso, não é de se espantar que a *scapigliatura* tivesse um aspecto muito sombrio e pessimista, mais próximo do Decadentismo fim de século do que do espírito afirmativo – apesar de todas as crises interiores – da plenitude romântica.

Arrigo Boito, o mais importante dos *scapigliati*, haveria com o tempo de superar esse negativismo. Mas permaneceria sempre obcecado pela antítese da luz e da treva, do belo e do feio, e pela presença do Mal na natureza humana. No *Libri dei Versi*, de início de carreira, já fala disso no poema "Dualismo":

> *Son luce ed ombra; angelica*
> *farfalla e vermo immondo;*
> *son un caduto chèrubo*
> *dannato a errar pel mondo,*
> *o un demone che sale*
> *per tortuose scale*
> *verso un divino ostel...*

(Sou luz e sombra; angelical/borboleta e verme imundo;/sou um anjo decaído/condenado a vagar pelo mundo,/ou um demônio que sobe/por escadas tortuosas/ até uma pousada divina...)

É essa duplicidade que faz com que, na maioria de seus libretos, haja uma figura demoníaca de vilão, semelhante à do Mefistófeles de sua adaptação do poema de Goethe: Barnaba na *Gioconda*; Paolo na versão revista do *Simon Boccanegra*; Iago no *Otello*. Todos eles incarnam "o perpétuo 'Não!' lançado à face da Verdade, da Beleza e do Bem" – como ele mesmo diz no Prefácio à versão de 1868 do *Mefistofeles*.

Faccio

No domínio da *scapigliatura* musical, os dois nomes que se destacam particularmente foram o de Boito, a quem dedicaremos um capítulo especial, e o de seu amigo da vida inteira, o veronês Franco Faccio (1840-1891). Eles foram colegas no Conservatório de Milão, onde Faccio estudou com Alberto Mazzucato e Stefano Ronchetti-Montevito. Desde muito cedo aderiram à causa nacionalista, como vimos ao falar de suas juvenis cantatas patrióticas. Mas essa *italianità* política e filosófica não os impedia de sentir profunda atração pela música instrumental germânica – o que fez um dos professores de Boito escrever, no relatório sobre as suas atividades acadêmicas de 1857-1858: "ele sempre tende para o ultramontano e o abstruso".

Essa era uma tendência encorajada pelo professor de composição de Boito, Alberto Mazzucato, uma das mentes mais arejadas dentro do ensino musical italiano daquela época. Em 1858, contrariando a opinião predominante de que a música italiana poderia renovar-se buscando inspiração apenas em elementos nacionais, Mazzucato publicou um polêmico artigo na *Gazzetta Musicale* em que combatia esse provincianismo dizendo:

> A teoria e a prática demonstram claramente que todas as artes podem adquirir vida nova e beneficiar do intercâmbio de idéias, da assimilação de novos elementos estéticos, ainda que de proveniência estrangeira, pois a arte hoje deseja ser não só nacionalista mas também cosmopolita.

Boito e Faccio exerceram papel muito importante como divulgadores de novas tendências e animadores culturais mas, do ponto de vista da criatividade musical, não dispunham de um talento na medida de suas ambições estéticas. A primeira experiência operística de Faccio, *I Profughi Fiamminghi* (1863), baseava-se num libreto que, embora assinado pelo escandaloso Praga, era decepcionantemente convencional. A máquina de propaganda dos *scapigliati* cercou a estréia de muito ruído, mas a música não correspondeu à publicidade. O jantar de comemoração da *prima assoluta* dos *Refugiados Flamengos* foi a ocasião para um episódio tristemente célebre, que relataremos mais adiante. Faccio obteve resultados melhores com *Amleto* (1865), graças principalmente ao ótimo libreto de Boito; ainda assim, não conseguiu erguer-se à altura do tema. Logo após a estréia, Mazzucato escreveu a Ronchetti-Montevito elogiando

> [...] a verdade dos conceitos dramáticos, a novidade das formas, a paixão que há nas melodias, as harmonias magistrais... fazendo crer que, se outra ópera vier a ser escrita neste mesmo estilo, servirá para demonstrar ao mundo inteiro que o declínio da ópera italiana não passa de uma ficção.

Palavras entusiasmadas do professor cheio de estima pelo aluno de talento inegável. Mais justo, talvez, seja o julgamento desta obra, hoje esquecida, feito por Angelo Mariani numa carta de 20.5.1865 a Verdi, após ter assistido ao ensaio geral:

> É uma pena que o que é bom nesta ópera não seja novo, e o que é novo seja um tanto aborrecido. [...] Faccio é bom músico, a sua orquestração é extremamente bem calculada, ele harmoniza com elegância; mas é tudo mais ou menos pesado, a forma não é muito espontânea e ele é até mesmo um pouco prolixo.

À exceção de um único trecho – a ária "Principe Amleto", gravada pelo soprano americano Chloe Owen em 1960 – nada consegui localizar que ateste a sobrevivência dessa ópera. A acolhida absolutamente morna dada a ela pelo público do Scala, na reprise de 1871, confirmou Faccio na decisão que tomara, desde 1867, de renunciar à composição, dedicando-se exclusivamente à regência – o que fazia de forma excepcional. Foi ele o sucessor natural de Mariani e, em sua carreira, teve grandes momentos: a estréia italiana da *Aida* e a criação da *Gioconda* (1876), do *Otello* (1887) e do *Edgar* (1889). Faccio tinha exatamente as qualidades de que os teatros italianos mais necessitavam naquela época. Ricordi o descreveu a Verdi, em 8 de janeiro de 1871:

> Muita energia e enorme memória musical. É muito severo e reservado com os membros da orquestra, que o estimam e obedecem sem protestar. Mantém a disciplina mais perfeita. E a ela acrescenta um uso seguro, calmo e eficiente da batuta, que resulta numa execução digna dos maiores elogios.

Faccio foi o iniciador de uma linhagem de grandes maestros italianos, voltados para o rigor textual na interpretação. Ela prosseguiu com Pietro Mascagni, Arturo Toscanini, Tulio Serafin, Victor de Sabata, Gianandrea Gavazzeni e Claudio Abbado. A elevação na qualidade das orquestras com que Faccio trabalhou estabeleceu novos padrões de execução; e a eles os compositores responderam com obras de escrita instrumental mais refinada. Além de realizar por toda a Europa excursões que ampliaram o renome das orquestras italianas, Faccio foi o titular dos teatros Carcano e Scala em Milão. Defensor entusiasta da música wagneriana, tornou-se o responsável pela apresentação dos *Mestres Cantores de Nuremberg* (1889) a seus compatriotas. Verdi, de quem se tornara amigo fiel desde que assumiu, em 1869, a direção musical do Scala, queria que fosse ele o criador do *Falstaff*. Mas, a essa altura, devastado pela sífilis, Faccio estava em acelerado processo de declínio mental. Ao morrer, aos 51 anos, a doença o tinha deixado totalmente paralítico.

Buscando a originalidade a todo custo, os *scapigliati* rejeitavam indiscriminadamente as formas de arte até então em vigor, com o risco, até mesmo, de provocar incidentes gratuitos e desnecessários. O mais grave deles foi o que, durante dezessete anos, indispôs com Verdi o jovem Boito, apesar de eles já terem tido a chance de uma fugaz colaboração no *Inno delle Nazioni*, de 1862. Esse episódio infeliz retardou e reduziu as possibilidades da frutuosa colaboração que se estabeleceu entre ambos depois de se reconciliarem. Em 1863, durante o jantar que se seguiu à já aludida estréia dos *Profughi Fiamminghi*, Boito leu a ode *All'Arte Italiana*, em que brindava

> *alla salute dell'arte italiana*
> *perchè la scappi fuori un momentino*
> *dalla cerchia del vecchio e del cretino,*
> *giovane e sana*
>
> (à saúde da arte italiana, para que ela escape um pouquinho do círculo do velho e do cretino, jovem e sadia)

E manifestava o desejo de que a nova geração de artistas restituísse a pureza à ópera italiana, augurando:

> *Forze già nacque chi sovra l'altare*
> *rizzerà l'arte, verecondo e puro,*
> *su quello altare bruttato come un muro*
> *di lupanare.*
>
> (Talvez já tenha nascido quem há de erguer a arte, nobre e pura, sobre esse altar conspurcado como parede de bordel.)

Foi uma *boutade* infeliz e impensada. Verdi, símbolo máximo da arte tradicional, tomou essas palavras para si. O sinal de que ficou realmente ofendido é a quantidade de vezes que, em cartas a seus amigos, refere-se a elas em tom de mágoa profunda. E só em

Faccieide é uma série de caricaturas zombando dos gestos muito enfáticos do *scapigliato* Franco Faccio, um dos grandes regentes de seu tempo.

1880 Giulio Ricordi conseguiu reconciliá-lo com Boito. É verdade também que Verdi sabia perdoar com magnanimidade. Posta uma pedra em cima do episódio, fez de Boito o grande amigo do fim de sua vida, uma das pessoas que estavam a seu lado quando morreu, em 1901.

Mas, com freqüência, os protestos dos *scapigliati* carregavam em si também um conteúdo de denúncia social, em que já existe o embrião das preocupações que, mais tarde, cruzando-se com a influência do Naturalismo francês, germinariam no Verismo. No campo da música, além disso, abertos aos aportes externos, eles foram também o caminho para que chegassem à música italiana duas influências de grande importância para o futuro: a de Wagner e a da ópera francesa pós-1870.

O contato com Wagner começou tarde. Num primeiro momento, inclusive, o próprio Boito, cedendo à vaga geral de rejeição da "música do futuro", chamava-o de "falso apóstolo, falso precursor, perigoso propagador de verdades mal pensadas, mal expressas e mal entendidas; um desses loucos que, ao dar à luz seus pensamentos, difundem a escuridão". Só depois de ter ouvido a famosa estréia italiana do *Lohengrin* em Bolonha (1871) é que mudou de opinião e tornou-se um aficcionado de sua obra. Antes da década de 1870, o conhecimento que se tinha das idéias wagnerianas era puramente teórico, quando muito estribado na leitura de uma ou outra partitura em redução para piano.

Depois do *Lohengrin*, também *Tannhäuser, Rienzi* e *O Navio Fantasma* foram apresentados em Bolonha, que se transformara no quartel-general do wagnerismo. Além de querer dotar-se de uma imagem de centro cultural tão ativo quanto Milão, Bolonha era também a sede da principal editora rival de Ricordi, a de Francesco Lucca. Diante do sucesso das obras da primeira fase de Wagner, Lucca percebeu as vantagens que poderia extrair da montagem das demais. Essas óperas eram, em geral, apresentadas em versão retalhada – mas os cortes eram comuns na própria Alemanha. Foi, aliás, da mulher de Lucca, a empreendedora Giovannina, que partiu a famosa proposta, feita a Wagner em novembro de 1880, de que preparasse uma versão compacta do *Anel*, que pudesse ser apresentada em uma única noite. Ela própria contou que o compositor lhe respondeu dizendo não ter a menor idéia de como isso seria possível, mas autorizando-a a tentar se se sentisse capaz. Em todo caso, deve-se aos Lucca a difusão da obra wagneriana – no que foram muito ajudados pelos intelectuais remanescentes do grupo dos antigos *scapigliati* –, o que fará com que a influência do compositor alemão seja bastante grande, mais tarde, na fase de revivescência neo-romântica. E só não foi maior porque a grandiosa realização do teatro verdiano da maturidade de certa forma a neutralizava.

Não faltou entretanto quem, como o crítico Francesco d'Arcais, comentasse, em 1883 – o ano da morte do Mestre –, que o wagnerismo "tinha-se tornado um espécie de substituto da religião para alguns intelectuais". Religião que não deixava até mesmo de ter seus mártires. Em *Wagnerisms, Wagnerians and Italian Identity*, M. S. Miller conta que o escritor Giovanni Papini orgulhava-se de uma vez ter sido preso, devido à manifestação demasiado ruidosa de entusiasmo durante a encenação de uma das óperas de seu ídolo. Conta ainda que, em 1873, o wagnerismo chegou a ser assunto de um debate no Parlamento italiano, pois alguns deputados queriam que fosse aprovada uma lei "contra a corrupção do ensino nos conservatórios nacionais pela infiltração da arte estrangeira". Miller chama também a atenção para a influência wagneriana sobre a ópera de um poeta como Gabriele d'Annunzio – autor de libretos ou de peças que foram adaptadas para o palco lírico –, adepto entusiasta das teorias de Wagner sobre a função da arte enquanto transformadora da sociedade.

Wagner foi uma das fontes de inspiração de D'Annunzio quando, enojado com o "liberalismo efeminado" da nova Itália, esse desconcertante escritor tentou reivindicar para o artista o direito a moldar o destino da nação, a defender um tipo de idealismo mais heróico e viril e, abandonando a imagem tradicional do poeta como uma vítima alienada, pregou a necessidade de que os intelectuais e os artistas guiassem a burguesia politicamente dominante rumo a um renascimento dos valores espirituais aristocráticos.

Essa é uma atitude que já contém em si nítida semente pré-fascista.

Quanto às produções do teatro lírico francês, elas continuaram a constituir uma fonte de renovação para a ópera italiana. Nas décadas de 1870-1880, Meyerbeer e os autores de *grand-opéra* continuaram firmemente enraizados no repertório. E novos autores começaram a se popularizar: Delibes, Bizet, Saint-Saëns, Massenet. Com eles, o gosto pela *couleur locale* – ingrediente típico da ópera francesa desde o início do Romantismo – como recurso músico-dramático. Os italianos nunca se tinham preocupado muito com a caracterização musical dos ambientes: em termos melódicos, não há diferenças substanciais entre a Gália da *Norma*, a Escócia da *Lucia di Lammermoor* ou a Alemanha da *Luisa Miller* – todos esses locais são evocados com um idioma que é fundamentalmente italiano em seus meios de expressão. Alguns sinais precursores tinham surgido nos espanholismos da *Maria Padilla*, de Donizetti, ou do *Don Carlos*, de Verdi. Mas em ambos os casos, isso acontecia porque o modelo parisiense estava sendo tomado como referência. De maneira sistemática, é após 1870, e principalmente durante o Verismo, que a influência francesa aguçará a preocupação com o "ambientismo", a pintura sonora das paisagens, de que os melhores exemplos estarão na obra do grande francófilo que é Puccini.

Determinante é a influência de Massenet, cuja obra os italianos ficaram conhecendo em 1873, quando *Le Roi de Lahore* foi montada em Milão. A acolhida da elite intelectual foi tão entusiasmada e a ópera agradou tanto ao público que Ricordi – à procura de munição contra a arma wagneriana de Francesco Lucca – decidiu encomendar ao francês uma *Erodiade* com libreto de Angelo Zanardini. Como, porém, Massenet exigia compor sobre um texto em sua língua natal, encarregou-se Louis Gallet de fazer a versão francesa de *Hérodiade* que, depois, foi retraduzida por Zanardini para o italiano. Em *Italian Opera*, David Kimbell aponta as vantagens da popularidade do compositor parisiense:

> O repertório italiano foi infiltrado por um pouco daquela fusão muito peculiar da música com o texto que era a especialidade de Massenet. O aspecto especial da tradição francesa que ele representava era a visão camerística que se tinha do gênero – ou seja, os recursos vocais e instrumentais eram empregados de forma mais delicada e a ópera era, de um modo geral, mais informal, com um tom casual de conversação.

Vamos ver surgir, no melodrama italiano, um tipo de ária – bebido no Massenet do *Werther*, por exemplo – que começa como um recitativo descontraído e só gradualmente vai-se tornando mais ardente e enveredando para uma cantilena genuinamente lírica. Uma vez mais, é no autor de "E lucevan le stelle" que encontraremos os melhores exemplos dessa prática (embora, antes dele, esse estilo de ária já fosse comum em Verdi – do "Tacea la notte placida" do *Trovatore* ao "Dio, mi potevi scagliar" do *Otello*. Mas não devemos nos esquecer de que sempre foram fortes os vínculos de Verdi com a França, sobretudo em sua última fase). Puccini, porém, não será o único a adotar o estilo informal de ária do francês que "começa de maneira lenta e hesitante, em geral com o tema vocal enunciado pela orquestra, enquanto a voz fica salmodiando algumas notas reiteradas" (a descrição é de Mosco Carner em *Puccini: a Critical Biography*). Catalani, que estudou em Paris e lá entrou em contato com a obra de Massenet, imitou o seu flexível estilo coloquial em *La Falce* (1875), cujo libreto, de versificação muito fluida, era do *scapigliato* Boito.

A renovação do libreto é, de resto, um processo que vai se iniciar com a *scapigliatura* e terá, com os grandes nomes da fase verista – Giacosa, Illica, Forzano – uma fase áurea. Ela se insere num projeto mais amplo de renovação da estética operística como um todo, que não deixa de ser fortemente influenciado pelo conceito wagneriano da *Gesamtkunstwerk* (a obra de arte total), a que Rovani, com a sua preocupação em mostrar a relação íntima entre as artes, era muito sensível. Desde cedo Boito se empenha em mostrar, nos seus artigos para o jornal *La Perseveranza*, o quanto a tradição operística tornou-se anacrônica. Em *The Man Verdi*, Frank Walker reproduz o artigo que Boito publicou em 1860, a respeito de *Il Vecchio della Montagna*, de Cagnoni, mostrando que o drama lírico de seu tempo reduzia-se à repetição mecânica de uma série de fórmulas consagradas:

> Há, na linguagem humana, palavras e significados que se podem facilmente confundir e que, especialmente

> no que tange às questões estéticas, é oportuno distinguir. Duas dessas palavras são "forma" e "fórmula". Os latinos, que sabiam do que estavam falando, fizeram de uma o diminutivo da outra. [...] E aqui é necessário afirmar que, desde que a ópera surgiu na Itália até os nossos dias, nunca tivemos a verdadeira forma operística e, sim, apenas o seu diminutivo, a "fórmula". [...] As designações – ária, rondó, cabaletta, stretto, ritornello, pezzo concertato – aí estão para quem quiser ver, confirmando o que digo. Chegou a hora de mudarmos de estilo: a forma, que as outras artes conseguiram dominar, deve desenvolver-se na nossa também; é preciso que a hora da sua maturidade chegue; vamos fazer com que ela abandone a *toga praetexta* para envergar a *toga virilis*, vamos fazer com que mude de nome e de construção e que, em vez de dizermos *libretto*, o termo da arte convencional, digamos *tragédia*, como faziam os gregos.

Boito, aliás, era um crítico impiedoso. Ao criticar a peça *I Figli dell'Arrichito*, de um certo Lodovico Muratori, era capaz de escrever um longo ensaio sobre o historiador setecentista homônimo, e terminar dizendo que a única qualidade do pobre dramaturgo contemporâneo era ter um nome que lembrava o do ilustre antecessor (e sobre a peça que vira, não dizia uma só palavra). Ou então, ao comentar a *Ginevra di Scozia*, de Rota, de dizer que, se a partitura fosse atirada ao mar, haveria de flutuar, de tão leves as idéias nela contidas. Em Rota, ele seria capaz de desculpar até a feiúra da música, se ela viesse acompanhada de alguma originalidade; o que não lhe perdoava era remoer os clichês mais surrados,

> seguir a procissão dos diáconos e subdiáconos, clérigos e sacristãos, de vela na mão, balançando o incensório, dizendo amém a cada passo e inclinando-se diante de todos os altares com a devoção de um monge e a tímida humildade de uma freira.

Uma coisa estava clara para Boito e os jovens compositores de sua geração: o papel mais importante que se deveria reservar à orquestra. O animador da *Società del Quartetto* proclamava:

> Exercitemo-nos na sinfonia e no quarteto e talvez sejamos capazes de enfrentar o melodrama.

A música instrumental que floresceu na Itália, no último terço do século XIX e no início do XX, como não acontecia desde os áureos tempos da grande música instrumental barroca, foi essencialmente uma importação germânica, estimulada pelas sociedades de apoio às orquestras e quartetos, e aos círculos de admiradores dos grandes virtuoses estrangeiros residentes na Itália: von Bülow em Florença, Liszt em Roma, Thalberg em Nápoles. Apesar do ceticismo dos conservadores, essa influência alemã, que os *scapigliati* se encarregaram de difundir, contribuiu para que o ensino dos instrumentos nos conservatórios se tornasse mais rigoroso e criativo. A marca germânica, de Wagner e Bruckner, Mahler e Strauss, é visível em músicos italianos como Martucci, Bottesini, Respighi, Zandonai – que podem também ter composto ópera, mas notabilizaram-se pela sua produção orquestral.

Partindo da necessidade de fugir às velhas fórmulas, Boito concluiu, ao lançar-se à tarefa de escrever libretos – primeiro o de *Amleto*, para Faccio, depois o de *Mefistofele* para si mesmo –, que a organização métrica tradicional contribuía em grande parte para a rigidez das estruturas rítmicas da ópera de seu tempo. Isso é visível num artigo como o de 11 de fevereiro de 1864, na revista *Figaro*, sobre a versão original de *Les Vêpres Siciliennes*:

> O verso francês, sendo menos medido do que o nosso, e tendo acentos mais flexíveis, menos definidos, ajuda a música, pois elimina o tédio da cantilena simétrica, esse poderoso elemento da prosódia italiana que é o seu maior pecado, pois gera a mesquinhez e a pobreza de ritmo dentro da frase musical.

Essa era, de resto, uma consciência que outros compositores já tinham bem antes dele, como o atestam as páginas dedicadas por Giovanni Pacini a esse tema em *Le Mie Memorie Artistiche*, onde proclamava a crença em que "a invenção de novas formas depende mais do autor do libreto do que do compositor da música". Mas é com Boito que vamos assistir a um esforço consciente para "escapar da camisa-de-força imposta pela poesia dominada pela uniformidade rítmica do verso". A inovação mais importante que Boito introduziu foi a flexibilização dessa estrutura métrica, a mistura livre de tipos de versos, que contribuiu para fazer desaparecer a dicotomia antes nítida entre recitativo e número cantado. O libreto de *Amleto* já contém o essencial da resposta de Boito ao problema da renovação do texto italiano para ser musicado. Ouçamos a descrição que Julian Budden faz dele:

O fantasma, por exemplo, fala não apenas em endecassílabos mas na *terza rima* de Dante, como convém a um espírito que vem do Céu ou do Purgatório. O rei e os cortesãos se expressam em decassílabos, mas o "O that this too solid flesh would melt" de Hamlet, como todos os outros monólogos da ópera, são no verso branco shakespeariano. A loucura fingida de Hamlet assume a forma estranha de *quinarii* [redondilhas menores] de acentuação saltitante; e a eles Ofélia responde com ortodoxos *senarii* [versos de seis sílabas]. "To be or not to be" começa com versos brancos e termina com uma dupla oitava, cada estrofe começando com *settenarii doppii* [redondilhas maiores] e terminando com uma quadra de estilo metastasiano. A cena de loucura de Ofélia é escrita em estrofes rimadas. [...] Quando os *setenarii* predominam, um certo convencionalismo se instala. A seção 'Ah se bastasse il rápido baglior d'uno stiletto', no monólogo de Hamlet, parece suspeitamente uma solução de compromisso. Mas seria pedir demais de um tenor italiano que ele cantasse o seu solo principal sem ser gratificado, no final, com uma bela expansão lírica.

Desde esse primeiro libreto, já se manifestam as qualidades características do Boito poeta e que lhe vão angariar a reputação de "preciosismo": gosto pelo vocabulário arcaico ou raro, pela imagística extravagante, pelos torneados virtuosísticos (os dois libretos escritos para Verdi são os melhores exemplos disso), prenunciando o estilo decadentista muito ornamentado de D'Annunzio ou de discípulos seus como Sem Benelli e Silvio Benco. Esse é também, portanto, um aspecto fundamental da contribuição da *scapigliatura*: ter dado início a um processo de revalorização do texto – e, conseqüentemente, de sua relação estreita com a música – que dará frutos muito saborosos no futuro.

Boito

Mais ainda do que como compositor, Arrigo Boito (1842-1918) é importante como libretista, responsável pelo início do processo de renovação do texto para o drama lírico peninsular. Seus dois trabalhos mais significativos nessa área são, evidentemente, *Otello* e *Falstaff,* que escreveu para Verdi, dois modelos do gênero, em que se realiza o raro milagre da perfeita fusão poema/música. Mas Boito colaborou também com Franco Faccio (*Amleto*), Amilcare Ponchielli (*La Gioconda*), Alfredo Catalani (*La Falce*), Carlo Dominicetti (*Iràm*), Costantino Palumbo (*Pier Luigi Farnese*) e Luigi San Germano (*Semira*). O libreto de *Ero e Leando* que, a princípio, escrevera para si mesmo, acabou sendo musicado duas vezes, por Giovanni Bottesini e por Luigi Mancinelli. O primeiro, como operista, é um nome menor do final do Romantismo; sobre o segundo, o leitor encontrará um capítulo neste volume. Após a morte de Boito, Riccardo Pick-Mangiagalli escreveu a música para *Basi e Bote*, outro libreto que ele não chegara a utilizar (ver o capítulo sobre esse compositor).

Boito foi também o autor de poemas reunidos em *Il Libro dei Versi* (1877) e de peças de teatro: *Le Madri Gallanti* (1863), com Emilio Praga; *Il Rè Orso* (1865) e *L'Alfiere Nero* (1867). Foi um dos divulgadores do gosto, não muito comum na Itália da época, pela música sinfônica e camerística, promovendo concertos e escrevendo lúcidos ensaios para o jornal *La Perseveranza* e o *Giornale della Società del Quartetto*, de que era um dos fundadores. E foi um dos responsáveis pela divulgação da música wagneriana em seu país: traduziu *Tristão e Isolda* e *Rienzi*, e combateu a resistência que os setores conservadores tinham às revolucionárias teorias dramáticas e musicais do compositor alemão, explicável, no fundo, pela xenofobia antigermânica de um povo que, por tantos anos, estivera submetido aos austríacos. Como músico, compôs *Mefistofele*, ópera que até hoje conserva certa popularidade. E deixou inacabado *Nerone*, à qual dedicara longos anos de sua vida.

Comparado às versões de Berlioz e Gounod, seu *Mefistofele* é a ópera que mais se aproxima do *Fausto*, de Goethe, retendo dele, inclusive, o Prólogo no céu e episódios retirados da II parte do poema. Na verdade, o título da ópera, nas primeiras referências que Arrigo faz ao projeto, em cartas de 1862 a seu irmão, o arquiteto Camillo Boito, deveria ser o mesmo do poema alemão. E a intenção original era a de compor duas óperas, seguindo muito de perto o plano de Goethe. Só em 1867, durante uma viagem à Polônia, para visitar seus parentes por parte de mãe, é que Boito optou por reduzir a partitura a um só drama e a trocar o título, para evitar comparações com a ópera de Gounod, estreada em 1859. Apresentada pela primeira no Scala, em 5 de março de 1868, a primeira versão do *Mefistofele*, em cinco atos, foi um grande fracasso, pois tinha seis horas de duração – o que causou estranheza ao público, habituado à concisão verdiana –, era demasiado estática e exibia um estilo musical germanizado que desagradou profundamente à crítica tradicionalista. Além disso, a insistência de Boito, maestro de talento limitado, em reger pessoalmente a estréia, contribuiu para o mau resultado.

O Prólogo foi muito aplaudido; mas o ato I foi acolhido com frieza. A partir do Sabbat das Bruxas, começou a disputa entre as alas pró e anti-Boito – querela ligada fundamentalmente à adesão ou à rejeição da influência wagneriana, preparada pela publicidade antecipada que a ópera recebera –, culminando em episódios de luta corporal. "Se uma ala do próprio Scala tivesse ruído", dizia, no dia seguinte, a *Gazzetta di Milano*, "o desastre não teria produzido impressão tão violenta". A "batalha do *Mefistófeles*" foi seguida passo a passo pelo mundo intelectual milanês. "A piazza ficou atulhada de gente que não tinha conseguido entrar no teatro e esperava ansiosamente notícias da ópera", escreveu Francesco d'Arcais em *L'Opinione*, "No fim de cada ato, os meninos de recados levavam boletins da batalha a todos os cantos da cidade. No Café Martini, debatia-se a impaciência do público, faziam-se sátiras e epigramas." Como os incidentes se reproduzissem nas récitas seguintes, a polícia ordenou que a ópera fosse retirada de cartaz.

Mais de cinco anos depois, pressionado por Giulio Ricordi, Boito concordou em fazer uma revisão. Cortou todo o ato IV original, que se passava no palácio imperial, bem como a seqüência da batalha, com um longo intermezzo sinfônico e, em seguida, um episódio em que se defrontavam dois coros representando as tropas do papa e as do imperador, estas naturalmente apoiadas pelo Diabo. Acrescentou trechos novos, como a música da orgia na cena do desfiladeiro de Brocken (ato II, cena 2); mas abreviou diversas outras passagens. Transformou o ato V no atual Epílogo e transpôs o papel de Fausto do registro de barítono para o de tenor. A segunda versão estreou em 4 de outubro de 1875, no Comunale de Bolonha, desta vez com grande sucesso. Após bem-sucedidas apresentações em Veneza (1876), com novas revisões, e no exterior, *Mefistofele* retornou triunfalmente ao Scala, em 25 de maio de 1881, dirigida por Boito e com regência de Faccio. Mas como a ópera tinha sido encolhida de seis horas para duas e meia, os cortes são responsáveis pelo aspecto um tanto fragmentário com que ela ficou. Depois da cena no laboratório, no fim do ato I, por exemplo, há um salto brusco, e Fausto já aparece cortejando Margarida, no jardim de sua casa, sem que se saiba como o Demônio fez para aproximá-los.

Nessa segunda versão, Boito refez inteiramente a orquestração, para atenuar certos wagnerismos, e introduziu novo material vocal num estilo que pudesse agradar ao público mais tradicionalista. O libreto, como era de se esperar, tem alto nível de qualidade poética; mas a música nem sempre está à sua altura. O que falta a Boito não é inteligência: é invenção musical poderosa, e o resultado, como diz David Kimbell, é que *Mefistofele* é "mais interessante do que bonito, mais curioso do que expressivo".

O Prólogo – com o espetacular monólogo de Mefistofele, "Ave Signor, perdona se il mio gergo", e suas ousadas progressões enarmônicas, sem precedentes na ópera italiana – é inegavelmente o trecho mais satisfatório da ópera. Saint-Saëns o considerou "a melhor peça musical produzida na Itália no fim do século XIX". Esse Prólogo pode ser situado como um antecessor à distância da voga do oratório-cênico que, no início do século XX, vai produzir obras como a *Atlántida*, de Manuel de Falla, a *Jeanne d'Arc au Bûcher*, de Arthur Hongger, ou o *Oedipus Rex* e *O Dilúvio*, de Igor Stravínski. Há também páginas muito inspiradas, como a ária "L'altra notte", de Margarida (ato III), número obrigatório no repertório de soprano lírico. Ou a cena com Fausto, que se segue a ela e leva ao belo dueto "Lontano, lontano" (importado do *Ero e Leandro* que Boito deixara incabado). Mas há trechos francamente ruins, como o quarteto do ato II, "Cavaliere illustre e saggio", em que, a certa altura, a melodia entrecortada dá a impressão de que os cantores estão cacarejando. Ou repetitivos: a música de Mefistófeles, convincente no primeiro encontro com Fausto, obedece a moldes muito parecidos na cena do Sabbat e, por isso mesmo, torna-se um pouco monótona.

As influências mais diversas conjugam-se nessa partitura. A de Verdi, necessariamente, no desenho melódico dos trechos mais líricos. A de Wagner na forma de orquestrar – mesmo depois da revisão – e no uso de temas recorrentes, embora sem o rigor ortodoxo do sistema de *leitmotive*. A da tradição germânica, de um modo geral, no uso simbólico das tonalidades: dó maior para a busca dos prazeres mundanos, fá maior para Margarida e o princípio do Eterno Feminino, mi maior para a transfiguração divina, ré maior para o orgulho demoníaco de Mefistófeles, e assim por diante. A do *grand-opéra* francês na organização suntuosa de certas cenas, como a do Sabbat. A do *Fausto*, de Gounod, no tratamento dado às cenas de multidão do início do ato I. E até mesmo a do tom ligeiro e sentimental do *opéra-comique* e da opereta franceses: o dueto "La luna immobile", de Helena e Pantalis (ato IV), tem uma estrutura e um tipo de melodia que antecipam os de um número famoso como a "Barcarola", dos *Contes d'Hoffmann*, de Offenbach (1880).

O que a revisão do *Mefistofele* perdeu foi a ausência quase total de formas fechadas (*pezzi chiusi*) que havia na versão de 1868 – sinal de que, naquela época, Boito estava lutando conscientemente contra o uso das "fórmulas" que denunciava na ópera tradicional. No ponto de partida, desejava que a sua ópera tivesse caráter reflexivo e crítico, em vez de simplesmente envolver o ouvinte no nível emocional. Nesse sentido, é muito significativo que o monólogo do Demônio, "Son lo spirito che nega", já tivesse, desde o início, a estrutura atual de número fechado, de um formalismo banal, pontuado por um assobio de gosto duvidoso (com o qual, provavelmente, Boito queria sugerir o comportamento "vulgar", plebeu do Diabo). É como se ele fosse a encarnação do desprezo com que os *scapigliati* encaravam a burguesia, e o seu desejo de que a ópera lhes oferecesse apenas luxo e entretenimento.

Com algumas exceções, sente-se no *Mefistofele* mais construção intelectual do que espontaneidade de inspiração. São raros os momentos de real enlevo melódico, como o "Dai campi, dai prati", de Fausto, no ato I, ou a dolorosa frase de Margarida agonizante: "Taci!, ad ognun s'asconda che amasti Margherita". Até mesmo o turbilhonante scherzo dos querubins, no Prólogo, "Siam nimbi volanti dai limbi", ou a descrição que Helena faz da queda de Tróia, "Notte cupa, truce, senza fine", sugerem mais a abordagem racional do que a expansão emocional. Quem o percebeu muito bem foi George Bernard Shaw que, depois de uma apresentação em Londres, em 1889, escreveu: "A obra é um exemplo curioso do que pode ser feito por um refinado escritor privado de dons musicais realmente originais, mas com um bom-gosto e uma cultura dez vezes superiores às de um músico normal".

O próprio Verdi disse uma vez a seu amigo: "Dás os passos de uma formiga e deixas as pegadas de um rinoceronte". Mas deve-se creditar ao *Mefistofele*, e a seu compositor, a audácia de ter rompido com o relativo isolamento da tradição operística italiana, abrindo-se àquilo que ocorria no estrangeiro (observação que, naturalmente, não leva em conta a produção dos últimos anos de Verdi). E também o fato de, em sua adaptação do drama poético de Goethe, Boito ter privilegiado seus aspectos filosóficos, o que é uma inovação considerável em termos de melodrama italiano.

Do *Mefistofele*, existem várias gravações, todas elas ostentando grandes intérpretes dos principais papéis:

EMI, 1929 – De Angelis, Melandri, Favero/ Lorenzo Molajoli;
Urania, 1952 – Neri, Poggi, Noli/Franco Capuana;
Cetra, 1954 – Neri, Tagliavini, Pobbe/Angelo Questa;
EMI/Angel, 1955 – Christoff, Prandelli, Moscucci/ Vittorio Gui;
Decca/London, 1958 – Siepi, del Monaco, Tebaldi/ Tullio Serafin;
G.O.P., 1965 – Ghiaurov, Kraus, Tebaldi/Nino Sanzogno (ao vivo);
EMI, 1974 – Treigle, Domingo, Caballé/Julius Rudel;
Decca, 1980-1982 – Ghiaurov, Pavarotti, Freni/ Oliviero de Fabritiis;
Sony, 1990 – Ramey, Domingo, Márton/ Giuseppe Patanè.

O álbum De Fabritiis, iniciado em 1980, teve seu lançamento retardado durante dois anos, devido a exigências de Pavarotti, que

REGIO TEATRO DELLA SCALA

L'Impresa per aderire al desiderio di una parte del Pubblico ha creduto di provvedere meglio all'andamento dello spettacolo, lasciando luogo al Ballo e dividendo l'Opera in due sere, senza alterare l'integrità dello spartito il **MEFISTOFELE**. Perchè la divisione corrisponda al concetto poetico dell'Opera si darà una sera il prologo, il primo, secondo e terzo atto, che costituiscono la prima parte del Poema di Goethe; l'altra sera si darà oltre il prologo, il quarto atto, l'intermezzo sinfonico ed il quinto atto che costituiscono la seconda parte dello stesso Poema.

ORDINE DELLO SPETTACOLO

Prologo, primo, secondo e terzo atto dell'Opera indi il Ballo BRAHMA colla sig.[ra] ***Ferraris.***

Domani si darà la Seconda parte dell'Opera suddetta, cioè:
il prologo, quarto atto, intermezzo sinfonico e quinto atto dell'Opera ed il Ballo.

Prezzo del Biglietto serale L. **5** - Pei signori Militari (in uniforme) L. **3** - Pel Loggione L. **1. 50**

Per una Sedia distinta a bracciuoli L. 10 (oltre il biglietto serale) — Per una Sedia chiusa comune L. 5.

Si aprirà la porta del Teatro alle ore 7

Milano, 7 Marzo 1868. Tip. Pirola. *L'Impresa* BONOLA e COMP.

Cartaz do Scala anunciando a segunda récita do *Mefistofele* de Boito: depois do fracasso da estréia, em 5 de março de 1868, a direção do teatro decidiu dividir o espetáculo, considerado longo demais, apresentando-o em duas noites sucessivas. Mas a obra não agradou mesmo assim, e não sobreviveu à terceira récita. Só fez sucesso na versão revista – e muito abreviada – de 4 de outubro de 1875, em Bolonha.

Cenários de Lodovico Pogliaghi para a estréia póstuma do *Nerone* de Boito, num espetáculo do Scala, em 1º de maio de 1924, dirigido por Giovacchino Forzano e regido por Arturo Toscanini.

queria refazer determinados trechos; tanto que o maestro, morto em 12 de agosto de 1982, não chegou a vê-lo pronto. Quanto ao vídeo, são as seguintes as opções:

1961 – Liceo de Barcelona: Giaiotti, Caballé, Ordóñez/Collado;
1989 – Memorial de São Francisco: Ramey, Beňačková-Capová, O'Neill/Arena;
1989 – Municipal de Gênova: Burchuladze, Garaventa, Morelli/Müller (dirigida pelo cineasta Ken Russell);
1990 – Comunale de Florença: Ramey, Dessi, Cupido/Bartoletti.

Nerone, cujo texto Boito publicou separadamente, em 1901, nunca chegou ao fim. Giulio Ricordi tinha nutrido, por muito tempo, a esperança de que Verdi aceitasse escrever a música para esse libreto. Mas o veterano compositor recusou, por saber que não tinha muita afinidade com aquele tipo de drama, demasiado simbólico. E sobretudo porque, vendo o quanto isso era importante para seu colaborador, gostaria que um dia ele chegasse ao término de um projeto no qual se empenhara durante tantos anos. No fundo, porém, não acreditava muito no que poderia resultar dali. Em carta de 21 de março de 1877 a seu amigo Opprandino Arrivabene, dissera:

> É difícil saber se Boito, algum dia, dotará a Itália com alguma obra-prima. Ele tem grande talento e a vontade de ser original; mas só o que consegue é ser estranho. Faltam-lhe espontaneidade e o verdadeiro incentivo que é a qualidade musical. Com tais tendências, ainda se pode ter mais ou menos sucesso com um assunto esquisito como é o do *Mefistofeles*. Mas com o *Nerone*, já vai ser bem mais difícil.

A seu amigo, entretanto, Verdi não expressava nenhuma dessas reservas, e tudo fazia para encorajá-lo. Em 17 de julho de 1889, chegou a lhe escrever: "Seria intolerável pensar que, para escrever o *Falstaff*, você pudesse, não digo abandonar, mas pelo menos negligenciar o seu *Nerone*."

A busca obsessiva da perfeição; o efeito paralisante, talvez, da proximidade de um gênio como Verdi; problemas psicossomáticos que o faziam sofrer de prolongadas enxaquecas de fundo nervoso; e uma insegurança generalizada, cujas raízes estão na infância e adolescência atormentadas do filho de uma condessa polonesa arruinada e de um pintor fracassado, foram as causas que os biógrafos de Boito procuraram para explicar a incapacidade em terminar uma ópera que lhe consumiu mais de quarenta anos de esforços. Quando morreu, em 1918, a música do ato V ainda nem chegara a ser iniciada.

Em 1923, ao se decidir a editar o que ele fizera, Arturo Toscanini optou por não escrever a música desse ato. Com a colaboração de Antonio Smareglia e Vincenzo Tommasini, preparou a partitura dos quatro primeiros, cuja estréia regeu no Scala, em 1º de maio de 1924, com um elenco estelar: Aureliano Pertile, Marcel Journet, Rosa Raisa, Ezio Pinza, Carlo Galeffi e Giuseppe Nessi. Dirigida por Giovacchino Forzano, foi talvez a montagem mais dispendiosa de toda a história do Scala, incluindo 600 figurantes e, em determinado momento, a entrada de uma quadriga puxada por cavalos brancos – meritório esforço do teatro para homenagear uma personalidade do maior relevo para a história da cultura italiana. Mas isso não foi o suficiente para garantir sucesso a uma ópera "composta mais por um poeta do que por um músico", como diz Ferruccio Bonavia em sua biografia de Verdi.

Numa série de quadros mais ou menos estáticos, a ópera faz o retrato da Roma decadente na época de Nero. No centro da ação está o conflito entre o estilo de vida devasso dos romanos pagãos (representado pelo sacerdote Simão, o Mago, mestre da intriga e da conspiração, e a misteriosa Astéria, que ele usa como instrumento de dominação do imperador) e a pureza e simplicidade dos cristãos (simbolizados por seu líder, Fanuèl, e pela vestal Rubria, que se converteu ao cristianismo às escondidas). Dilacerado entre essas duas forças, está a figura contraditória de Nero, ora deixando-se manipular, ora percebendo ser um joguete de Simão e ordenando que ele seja executado.

O ato IV, o último em que Boito chegara a trabalhar, é o mais grandioso. Passa-se no átrio do Circo Magno e envolve a conspiração do Mago, que mandou atear fogo à cidade, esperando aproveitar-se do pandemônio para derrubar o imperador. Denunciado por Tigelino, o chefe da guarda, Simão é preso e, enquanto os cristãos são martirizados, Nero ordena que ele seja atirado do alto de uma torre, para a diversão do povo. Completamente insano, Nero diz não se importar com a destruição da cidade, pois isso lhe trará a glória de tê-la reconstruído. Pouco antes de o circo em chamas desabar sobre os cristãos, Rubria confessa a Fanuèl que é uma sacerdotisa e traiu o culto de Vesta para converter-se, e este dá-lhe a sua bênção.

O antigo registro ao vivo de Franco Capuana (Cetra, 1957), a gravação pirata de Gianandrea Gavazzeni (MRF, 1975) e a comercial de Eve Queller (Hungaroton, 1983) demonstram claramente quais são os problemas do *Nerone*. O libreto é bem escrito, mas demasiado prolixo e sobrecarregado de intenções simbólicas, que tornam a história pouco clara. A música, de estrutura contínua, com a nítida marca wagneriana no tratamento orquestral, não tem melodias realmente memoráveis. E a insistência em andamentos lentos, decalcados nos do *Parsifal*, mas que Boito maneja sem o mesmo senso de tensão interna, torna a ópera muito arrastada. Essa monotonia é agravada pelo fato de o estilo de canto, declamatório, com eventuais monólogos que tendem para o arioso, raramente se espraiar em cantábiles operísticos mais intensos, como os que ainda havia no *Mefistofele*. É um tanto esquemática também a oposição entre o diatonicismo da música dos cristãos – em especial o sermão de Fanuèl sobre as Bem-aventuranças, no início do ato III, e a cena da morte de Rubria, no IV – e o cromatismo com que Boito retrata os pagãos. Outro sinal da atração de Boito pelo *Parsifal* é a forma como ele toma Kundry como o modelo para Astéria.

Pela sua importância histórica, registro aqui os trechos existentes do *Nerone* com os cantores que participaram de sua criação:

Aureliano Pertile (Pathé) – "Queste ad un lido"; "Scendi sul sognator" e "No nel tuo cor"; (Fonotipia) – "Queste ad un lido" e "Ecco la dea Sichina";

Carlo Galeffi (HMV) – "Non resistere al malvaggio... Vivete in pace"; e em companhia de Luisa Bertano – "Or tutto è confessato... Laggiù, tra i giunchi di Genezareth";

Marcel Journet (HMV) – "Nell'antro... Ecco il magico specchio".

Em vídeo, há a apresentação de Split, na Eslováquia, em 1989, regida por Bareza.

A importância de Boito para a ópera italiana, em suma, está mais na revolução que operou na concepção oitocentista do libreto, do que em sua música. Foi ele quem rompeu com o modelo tradicional de libreto que se limitava a criar pretextos para a utilização dos clichês dramáticos e musicais vigentes. Abrindo caminho para os poetas dramáticos do futuro, como Luigi Illica, Giuseppe Giacosa ou Giovacchino Forzano, aprofundou a caracterização das personagens e deu uma dignidade nova à ação teatral da ópera. Mas foi em sua colaboração com Verdi, na verdade, que Boito pôde concretizar um ideal artístico que, sozinho, não foi capaz de realizar inteiramente.

Carlos Gomes

Na bibliografia padrão de História da Ópera, não é comum encontrar a obra do brasileiro Antônio Carlos Gomes (1836-1896) estudada dentro do contexto a que efetivamente pertence: o da transição pós-verdiana na Itália. O musicólogo inglês Julian Budden é um dos raros estudiosos a tentar compreender dessa maneira o compositor brasileiro. Em "A Problem of Identity", no vol. 3 de seu excepcional *The Operas of Verdi*, é ao lado de Boito, Ponchielli, Franchetti e Catalani que o coloca, no capítulo em que faz o balanço da situação da ópera italiana nos anos de crise e profundas transformações que precedem a revolução realista. Mas essa demonstração de clarividência de Budden é um caso isolado.

Em *A Short History of Opera*, o americano Donald Jay Grout, de hábito um historiador judicioso, não menciona Carlos Gomes em conexão com as mudanças que estão ocorrendo nesse período. Prefere relegá-lo ao capítulo sobre as escolas nacionais, no subtítulo "Espanha, Portugal e América Latina". E ainda cita seu nome errado: Carlos Antônio Gomes. Nesse ponto, em todo caso, a culpa não é exclusivamente sua. Esta é a forma como o nome de nosso patrício está registrado no *Dizionario Ricordi dei Musicisti* – o que é aberrante, em se tratando de obra publicada pela editora que detém os direitos sobre suas partituras.

Há casos piores: em *Mascagni*, obra coletiva da Electa Editrice dedicada ao estudo do autor da *Cavalleria*, há um detalhado ensaio de Guido Salvetti sobre o ambiente musical em que esse compositor se formou e desenvolveu. Ali, encontramos referência à "luxuosa ambientação *mexicana* do *Guarany*"! Mas Salvetti, infelizmente, não é o único. Jean-François Labie, autor do capítulo "L'Opéra Italien: l'après Verdi", na *Histoire de la Musique Occidentale*, organizada por Jean e Brigitte Massin, atribui a Gomez [*sic*] a autoria da *Marion de Lorme* – que é de Ponchielli. Confirma-se assim haver musicólogos europeus que até hoje ouvem o galo cantar sem saber onde! O próprio David Kimbell, cujo *Italian Opera* é um texto fundamental, só registra Carlos Gomes de raspão, fazendo dele um mero epígono de Filippo Marchetti – cujo *Ruy Blas* (1869) introduziu na Itália a fórmula do *grand opéra* meyerbeeriano (ver *A Ópera Romântica Italiana*, desta coleção).

Querer estudar Carlos Gomes dentro do movimento das escolas nacionais sul-americanas é tão absurdo quanto se esquecer de que os italianos Cherubini e Spontini ou os alemães Meyerbeer e Offenbach pertencem à História da Ópera na França, e não à de seus respectivos países. A intenção de nosso compatriota nunca foi a de criar uma escola brasileira de ópera e, sim, a de triunfar como compositor na Europa, praticando um melodrama fiel às receitas peninsulares. Cumpre, portanto, corrigir essa distorção, situando-o no ambiente histórico e estético que assistiu ao nascimento de sua produção, e para o qual deu contribuição não-negligenciável. Contribuição essa que, devido ao fato de seu nome estar esquecido na Itália, acaba sendo ignorada – a ponto de um dos raros musicólogos mediterrâneos que o conhecem bem, Marcello Conati, dizer que "as obras de Gomes vivem hoje em estado vegetativo, entre as páginas das partituras conservadas nas bibliotecas"[1]. Hoje, vemos a musicologia italiana atribuir a Ponchielli o papel do compositor que efetua a transição entre o Romantismo e o Verismo, esquecendo – ou simplesmente varrendo para debaixo do tapete – características precursoras de cunho revolucionário que, em data anterior, já estavam presentes na obra do brasileiro.

Para a elaboração deste capítulo, peça fundamental foi *Carlos Gomes: a Força Indômita*, estudo de Marcus Góes publicado pela Secretaria de Cultura do Pará em 1966, ano do centenário de morte do compositor. Este é o trabalho mais completo e inovador a respeito de Carlos Gomes, na medida em que suas pesquisas fornecem os melhores argumentos para devolver a esse músico o lugar que lhe cabe dentro da História da Ópera italiana.

Nascido em 11 de julho de 1836, na Vila Real (São Carlos), hoje Campinas, em São Paulo, Antônio Carlos era um dos 26 filhos que o mestre de banda Manoel José Gomes, o "Maneco Músico", tivera em seus quatro casamentos. A mãe do compositor, Fabiana Maria Jaguary Gomes, morreu em 1844, quando ele tinha apenas oito anos. Manoel José estudara com André da Silva Gomes, primeiro mestre-de-capela da catedral da Sé, na capital da província, e compositor de muito talento, cuja obra vem sendo redescoberta e gravada nos últimos anos. Foi Manoel o primeiro professor do filho, a quem ensinou a tocar violino, clarineta, flauta e piano. Antônio Carlos continuou os estudos em São Paulo, a partir de 1847, com Paul Julien.

Sua primeira composição importante é uma *Missa* escrita em 1854, aos dezoito anos. A essa fase pertencem também modinhas até hoje muito conhecidas. A mais famosa é *Quem sabe?* (1854), cuja melodia delicadamente sentimental tornou famosos os versos de Francisco Leite de Bittencourt Sampaio: "Tão longe, de mim distante,/ onde irá meu pensamento" – a ponto de muita gente tê-la no ouvido sem saber que seu autor é o nosso mais famoso compositor do século XIX. Embora concebida nos moldes singelos do gênero – que visava aos saraus das prósperas famílias burguesas, mas tinha raízes nas formas bem mais populares do lundu –, *Quem sabe?* revela um rebuscamento típico de operista. A melodia dos versos finais – "Minh'alma cheia de amores/ te entreguei já neste canto" –, partindo de um si bemol agudo, sustentado por uma fermata, percorre uma cadência de colcheias até um si central bem grave para a voz aguda. Esse tipo de escrita, que já prenuncia o compositor maduro, exige do intérprete uma formação vocal superior à do simples amador, que cantava para animar as festas da época do Império.

Em 1996, no centenário da morte do compositor, a Secult editou, para distribuição institucional, o álbum *A Música e o Pará: Carlos Gomes*, contendo a gravação ao vivo dos concertos comemorativos. Um deles, realizado em 11 de setembro, foi dedicado às canções de câmara, na voz do tenor Reginaldo Pinheiro acompanhado ao piano por Paulo José Campos de Melo. Esse disco ilustra de forma preciosa diversas fases da atividade do músico nesse gênero vocal.

O mesmo álbum oferece o registro de uma obra muito importante dessa fase de formação: a *Missa de Nossa Senhora da Conceição*. Composta quando Antonio Carlos estava com 23 anos, e dedicada do Dr. Mamede José Gomes da Silva, amigo da família, a missa foi cantada em Campinas em 25 de fevereiro de 1859. É muito importante para compreender a formação da linguagem do músico, na fase que precede a ida para a Europa, pois à influência operística inevitável – a de Donizetti principalmente – une os recortes melódicos e desenhos rítmicos da música popular brasileira (por exemplo, nas cavatinas do "Laudamus", para soprano, e do "Qui tollis" para barítono). E numa página como o "Gloria", evidencia-se a experiência da música para banda absorvida desde cedo por Antonio Carlos. Redescoberta

1. *Formazione e Affermazione di Gomes nel Panorama dell'Opera Italiana: Appunti e Considerazioni* em Nello Vetro: *Carteggi Italiani*.

na Biblioteca Alberto Nepomuceno, do Rio, na década de 70, por Benedito Barbosa Pupo, a missa foi interpretada, em 17 de setembro, no Teatro da Paz de Belém, por Leila Guimarães, Alpha de Oliveira, Piero Marin e Jean-Paul Franceschi, sob a regência de Andi Pereira.

A carreira italiana de Carlos Gomes inicia-se em 1864, quando ele chega a Milão com uma bolsa de 1:800$000 que lhe fora concedida pelo governo brasileiro. Essa escolha era do agrado de D. Pedro II, que admirava seu talento. O imperador deu o seu *placet* ao nome do campineiro, indicado a Tomás Gomes dos Santos – diretor da Academia de Belas Artes, de que dependia o Conservatório – como o mais talentoso aluno daquela escola, merecedor de "fazer seus estudos em qualquer conservatório da Itália". Para que se tenha uma idéia do que representava, na época, esse valor, basta lembrar que 800$000 era a renda anual que um cidadão precisava comprovar, se quisesse candidatar-se a senador do Império; e 400$000, caso almejasse a uma cadeira de deputado. Para que lhe fosse concedida bolsa tão liberal, contribuiu o sucesso de suas duas primeiras óperas.

A Noite do Castelo, com libreto de Antônio José Fernandes dos Reis, baseado no poema narrativo de Antônio Feliciano de Castilho, estreou em 4 de setembro de 1861, no Teatro Lírico Fluminense. A história de Leonor – dividida entre a paixão por Fernando e a promessa de fidelidade a seu noivo, Henrique, que partiu para as Cruzadas e ela crê morto há tempos – foi cantada por Luiza Amat, Andrea Marchetti e Luigi Marina, sob a regência de Júlio José Nunes. A música é muito influenciada por Donizetti, Bellini e, principalmente, Verdi. É Marcello Conati quem observa:

> Era inevitável que, diante da sua primeira experiência teatral, antes mesmo de proceder à busca de uma linguagem pessoal, Carlos Gomes se baseasse em estruturas já consolidadas e no âmbito de um gosto amplamente compartilhado pela público brasileiro daquela época. Dessas estruturas e desse gosto, a ópera verdiana representava a fase estilística mais avançada; era, portanto, perfeitamente natural que Gomes se voltasse principalmente para Verdi e, a partir de seu estilo, tencionasse medir as possibilidades expressivas da língua brasileira.

Luiz Guimarães Jr. menciona, no *Perfil Biográfico* que redigiu de Carlos Gomes em 1870, o entusiasmo com que, aos quinze anos, o rapaz descobriu a partitura do *Trovatore*. Ora, é justamente dessa ópera a influência mais forte que Conati identifica na *Noite do Castello*, mostrando como a imprecação de Leonora, no último ato, "oferece evidentes analogias com o início do trio do ato I do *Trovatore*". Mas adverte:

> O que importa realmente destacar, para além de eventuais analogias temáticas, é a particular predisposição de Gomes, que permanecerá constante no decurso de sua atividade como operista, a dinamizar o discurso musical, conforme as exigências da ação cênica; o sentido de seu tributo a Verdi deve ser, pois, considerado nesses termos, de funcionalidade dramática, que quer prevalecer sobre toda e qualquer pesquisa de caráter estilístico ou, mais simplesmente, linguístico.

Já existe, portanto, em embrião, um talento teatral seguro, embora, de uma maneira geral, sejam pouco originais os resultados artísticos obtidos, mesmo porque os estudos de escrita vocal, feitos no Conservatório do Rio de Janeiro, a partir de 1860, com seu professor de Composição, o italiano Gioacchino Giannini, fazem com que Carlos Gomes seja desajeitado ao musicar um texto em português.

Menos artificial, embora a música ainda seja fortemente italianada, soa a linha vocal da ópera seguinte. Devido a adiamentos na produção, *Joana de Flandres*, prevista para estrear em 10 de setembro de 1863, só subiu à cena no dia 15. O libreto original, do jornalista Salvador de Mendonça, também se passa no tempo das Cruzadas e conta a história de Joana, apaixonada pelo libertino trovador Raoul de Mauleon. Ela acusa de impostor o próprio pai, o conde Balduíno, que volta da Terra Santa após muitos anos de ausência, pois não quer lhe devolver o trono, no qual pretende instalar o amante. Theresina Bayetti, Giuseppe Mazzi e Acchile Rossi, regidos por Carlo Bossoni, criaram essa segunda ópera, dedicada a Sua Majestade Imperial, D. Pedro II.

A marca verdiana ainda é forte: Conati chama a atenção para a analogia entre a cavatina "Foram-me os anos da infância" e a ária de Elvira no ato I do *Ernani*. Mas Luiz Heitor já vê nesta partitura acentos mais pessoais, identificando traços quase schubertianos nas modulações do "prodigioso melodismo" do jovem compositor. Uma certa flutuação bási-

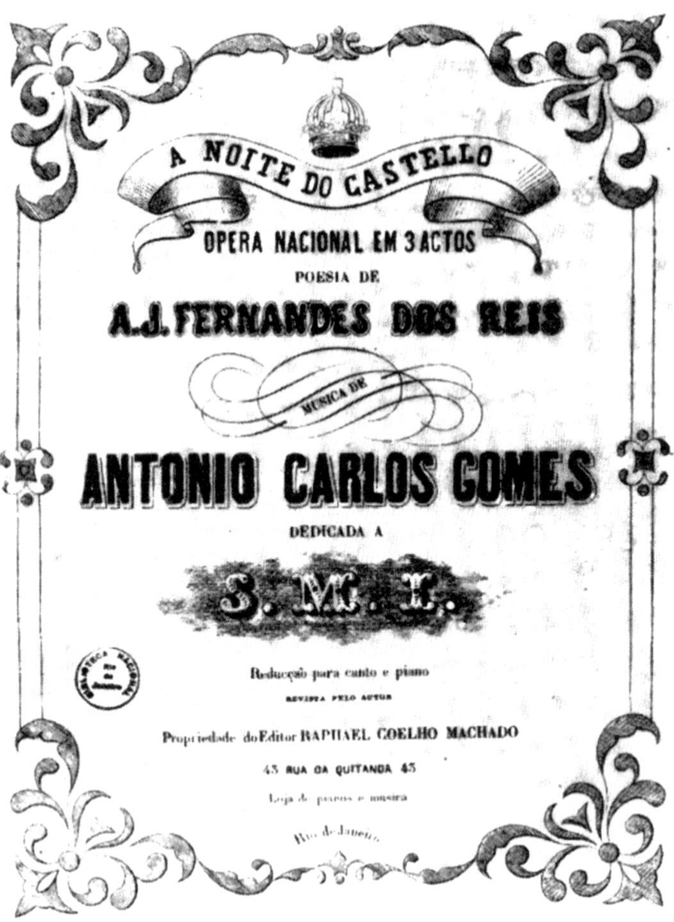

Frontispício da partitura da primeira ópera, *A Noite no Castelo.*

ca, porém, que haveria de marcar toda a obra do compositor, foi percebida, na *Joana de Flandres*, pelo crítico do *Jornal do Commercio* que, em 17 de setembro, escrevia:

> Tem ele muita facilidade e espontaneidade na composição; essa mesma facilidade, contudo, o faz às vezes descer da altura em que poderia manter-se e cai, aqui e ali, no trivial. O estilo é puramente italiano, sendo, talvez, a falta de cunho próprio que, por vezes, faz parecer imitação o que, todavia, não é de ninguém, antes, quando muito, seria de todos.

Em 1998, o selo independente Masterclass, com o apoio da Secretaria Estadual de Cultura de São Paulo, fez um lançamento de enorme importância: oito álbuns de CDs com as integrais de apresentações ao vivo das óperas de Carlos Gomes, antes só disponíveis em selos pirata estrangeiros. Nessa coleção está incluída a *Noite do Castelo,* apresentada em 14 de setembro de 1978, em Campinas, sob a regência de Benito Juarez, com Niza de Castro Tank, Luís Tenaglia e Alcides Costa (registro que, antes, só existia nos selos pirata Anna e Voce). Quanto à *Joana de Flandres*, a restauração da partitura foi feita pelo musicólogo mineiro Luís Aguiar – do qual recebi, em maio de 2002, a informação de que esse trabalho estava pronto e tinham-se iniciado as negociações com a Funarte e a Escola Nacional de Música para que dela fosse feita uma gravação. Em *Joana de Flandres: Introdução à Pesquisa* – material gentilmente cedido pelo autor – Aguiar relata todos os passos da localização e edição do material.

Extenso levantamento de todas as gravações de obras do compositor brasileiro foi feito, em 1992, por Sérgio Nepomuceno Correa em *Carlos Gomes: uma Discografia* (Editora da Unicamp), fonte muito rica de informações. Nesse valioso trabalho, o leitor encontrará todas as referências sobre discos com árias ou trechos instrumentais isolados e seleções. Também o segundo volume da *Enciclopédia da Música Brasileira* (Art Editora Ltda) traz, às páginas 842-843, a lista das gravações comerciais de aberturas, árias e canções existentes até 1977, data de sua publicação.

D. Pedro II queria mandar Carlos Gomes estudar na Alemanha mas, por sugestão da imperatriz Teresa Cristina, que era napolitana, a sede dos estudos foi transferida para Milão, para onde o jovem partiu em 9 de dezembro de 1863. Ser estrangeiro e ter ultrapassado o limite de idade – ele já estava com 27 anos – tornaram impossível a matrícula no Conservatório de Milão. Mas os recursos que a bolsa lhe facultava, e o talento que demonstrou fizeram com que o diretor dessa escola, o compositor Lauro Rossi – ele próprio um operista de razoáveis méritos –, aceitasse dar-lhe aulas particulares. O excessivo rigor de Rossi, seu apego a exercícios teóricos monótonos não agradavam ao aluno brasileiro, que escreveu a seu mestre Francisco Manuel:

> Hoje, eu tenho a cabeça toda cheia de contraponto e de *soggeto* e *contrasoggeto* de Fugas... e às vezes tenho os ouvidos aturdidos e as orelhas um pouco quentes das repreensões de Lauro Rossi que a respeito de Fugas é muito impertinente.

Por isso, se sentiu muito mais à vontade ao prosseguir os estudos com Alberto Mazzucato. Depois, o jovem prestou exames no conservatório, para obter o diploma de Composição, conseguido em 1866. Nessa época, Antônio Carlos fez amizade com o libretista Antônio Scalvini. Com ele colaborou na revista *Se Sà Minga* (Não se sabe nada), cantada em dialeto milanês. Estreada no Teatro Fossati em 9 de dezembro de 1866, a revista foi muito bem recebida. Sem a preocupação de contar uma história retilínea, a revista limitava-se a justapor quadros estanques, com referências a fatos ocorridos naquela época ou a personalidades em vista. Fizeram enorme sucesso números como o "Coro delle Maschere"; ou a canção "Fucile ad Ago", sobre o fuzil a agulha utilizado na Batalha de Sadowa, de julho daquele ano, em que os detestados ex-opressores austríacos tinham sido desbaratados pelo exército prussiano. No álbum da Secult, há a gravação da abertura de *Se Sà Minga*.

O prestígio angariado junto ao público popular lombardo levou a outro convite: o de escrever a música para a revista *Nella Luna*, com libreto de Eugenio Torelli-Viollier, o futuro fundador do *Corriere della Sera*. Estreada no Teatro Carcano em 11 de dezembro de 1868, essa revista exibia, uma vez mais, cançonetas como "La Moda", "La Bolletta" – sobre a falta de dinheiro crônica do zé-povinho milanês – ou o "Coro dei Bambini Lattanti", que correram as ruas, cantaroladas pela entusiasmada platéia.

Encorajado por esses primeiros resultados, foi a Scalvini que Antônio Carlos confiou o projeto concebido desde sua chegada à Itália: o de adaptar para o palco lírico *O Guarani*, romance de José de Alencar publicado em folhetim, na imprensa carioca, de 1º de janeiro a 20 de abril de 1857. É fantasiosa a versão dos primeiros biógrafos de que Carlos Gomes travara conhecimento com o romance ao ouvir um vendedor ambulante apregoando, na Piazza del Duomo, "*Il Guarany*, storia dei selvaggi del Brasile". Na verdade, numa carta de maio de 1865 a Francisco Manuel, ele lamentava que o fechamento da Ópera Nacional, no Rio de Janeiro, o tivesse feito "perder a coragem de escrever a ópera Nacional *O Guarani*". Decerto era essa a "composição importante" exigida pelo contrato da bolsa, que ele pretendia mandar para o Brasil, como demonstração do resultado de seus estudos. O que é possível é que, nas mãos do vendedor ambulante, Antônio Carlos tenha encontrado a tradução italiana, o que facilitava o trabalho do libretista[2].

Inspirado nos romances em que François René de Chateaubriand evoca, idealizadamente, a vida dos selvagens da Luisiânia – *Atala, Les Natchez* – o livro de Alencar contém todos os ingredientes de um libreto de ópera: o triângulo amoroso, a luta do bem e do mal, os esforços heróicos de Peri para salvar a jovem portuguesa Cecília das mãos do vilão González, ou dos perigos que ela corre aprisionada pelos tamoios. Não faltam *coups de théâtre*, como o da flecha que trespassa a mão de González quando ele tenta violentar Ceci. Nem o pretexto aos tradicionais *tableaux de genre* da ópera de estilo meyerbeeriano: a oração dos portugueses; a invocação dos selvagens a seu deus; a cena do batismo de Peri, que se converte ao catolicismo para que Dom Antônio de Mariz lhe permita salvar Ceci do ataque dos índios aimorés à sua casa.

É evidente o modelo parisiense como ponto de partida para *Il Guarany*. Os anos 1860 tinham assistido à difusão do *grand-opéra* na Itália, à voga de *Robert le Diable, Les Huguenots, Le Prophète, La Juive*. Estreada postumamente em 28 de abril de 1865, *L'Africaine* de Meyerbeer – cujo tema é "exótico" como o da ópera baseada em Alencar – fizera enorme sucesso em Bolonha, em 2 de novembro daquele mesmo ano, e no Scala, em 1º de março do ano seguinte. Na temporada de 1867-1868, o Scala montou *Poliuto, Don Sebastiano* e *La Favorita*, três óperas de Donizetti originalmente concebidas para Paris; e no ano seguinte, foi a vez de *Roméo et Juliette*, de Gounod, do *Guillaume Tell*, de Rossini, da *Muette de Portici*, de Auber. Dentro desse clima de euforia com o modelo meyerbeeriano, era compreensível o triunfo do *Ruy Blas*, de Filippo Marchetti e Carlo d'Ormeville, aplaudidíssimo em 1869.

Óperas de estilo parisiense, como o *Don Sébastien*, as *Vésperas Sicilianas* ou o *Don Carlos* de Verdi, são anteriores a *Ruy Blas*. Mas tinham sido escritos para o Théâtre de l'Opéra e, ao serem encenadas em casa, foram adaptadas ao gosto peninsular, como aconteceu com a versão reduzida do *Don Carlo*. Marchetti foi o primeiro a aplicar o modelo meyerbeeriano a uma ópera escrita especialmente para o Scala, onde ela foi aclamada em 3 de abril de 1869. Atento à direção em que soprava o vento, Carlos Gomes percebeu a importância desse triunfo e, ao precisar de quem terminasse o trabalho de Scalvini, foi a d'Ormeville a quem recorreu, pois o libretista de Marchetti saberia dar ao *Guarany* o formato que estava entrando na moda.

Nas mãos de Scalvini e D'Ormeville, *Il Guarany* sofreu diversas modificações em relação a Alencar. Desapareceram algumas personagens: Diogo de Mariz, o irmão de Cecília, e Isabel, a filha bastarda de Dom Antônio. Loredano – na verdade o religioso renegado frei Angelo di Luca – foi transformado no aventureiro espanhol González, decerto para não ferir a susceptibilidade dos italianos, que não gostariam de ver um compatriota como vilão. Surgiu o cacique dos aimorés, que se apaixona por Ceci; e chegou-se a pensar numa filha desse cacique, que se enamoraria de Peri – mas

2. Muito importantes para compreender a gênese do *Guarany* são as cartas de Carlos Gomes recolhidas nos *Carteggi Italiani II* de Gaspare Nello Vetro, editados pela Funarte, com prefácio e tradução de Luiz Gonzaga de Aguiar.

a idéia não foi adiante. Para a estréia, em 19 de março de 1870, no Teatro alla Scala, Carlos Gomes ainda não tinha escrito a abertura – que no Brasil recebeu o nome rebarbativo de Protofonia. Havia um Prelúdio de construção bem mais simples, que o leitor poderá conhecer mediante duas gravações, ambas feitas em 1998, ano do centenário:

- a de Yeruham Sharovsky, à frente da Orquestra Sinfônica Brasileira;
- e a Andi Pereira, com a Orquestra do Festival do Centenário, no já mencionado álbum da Secult.

O cenógrafo era Carlo Ferrario e o figurinista, Luigi Zamperoni. As ilustrações da época demonstram que ambos executaram um belíssimo trabalho. Francesco Villani e Maria Sass interpretavam o índio Pery e a portuguesinha Ceci; Enrico Storti fazia o aventureiro González. O Cacique marcou a estréia italiana do futuro criador de Iago e Falstaff: o barítono francês Victor Maurel, na época com apenas 22 anos. Eugenio Terziani era o regente da estréia. Na *Perseveranza* de 21.3.1870, Filippo Filippi reconheceu a inspiração e a originalidade do autor, embora as achasse "prejudicadas pelas *longueurs*, pelos titubeios de estilo, por uma desigualdade singular de conceito artístico que, a todo momento, faz passar do sublime, do elegante, do delicado, do novo, ao comum e ao vulgar". Bem mais favorável foi a apreciação de Antônio Ghislanzoni – futuro libretista e amigo pessoal do compositor – na *Gazzetta Musicale di Milano* de 27 de março.

Várias lendas cercam a estréia do *Guarany*. Uma delas é a de que Verdi teria dito, ao assisti-la: "Questo giovine commincia dove finisco io." Além dessa frase ter sido pronunciada por Rossini a respeito de Mercadante (ver o volume *A Ópera Romântica Italiana*, desta coleção), não existe nenhuma prova de que o veterano compositor tenha estado presente na primeira noite da ópera de Gomes. Sabe-se, isso sim, que ele a achou "de excelente feitura e reveladora de uma alma ardente, de um verdadeiro gênio musical", ao ouvi-la em Ferrara em maio de 1872 – como o declara a Pesetti, o diretor da *Gazzetta Ferrarese*, em carta de 15 de maio de 1872. Na verdade, essa versão fantasiosa parece ter-se originado em um artigo de Salvador de Mendonça, publicado em 2 de julho de 1905 no *Jornal do Commercio* do Rio de Janeiro, no qual, relembrando o amigo Gomes, ele dizia (o grifo é meu):

> Ao dar-me notícia escrita de quanto se passara durante a primeira representação do *Guarani* no Escala [*sic*], referia-me que o maestro Verdi, *depois de uma audição da ópera*, dissera: "Este rapazola começa por onde os velhos acabam".

Outra lenda é a de que a acolhida do público foi tão boa que, ali mesmo, nos bastidores, aproveitando a euforia do estreante que se via delirantemente aplaudido, o editor Francesco Lucca comprou, por 3.000 liras, os direitos sobre a obra – negócio que, mais tarde, diante de seu crescente prestígio, Carlos Gomes perceberia não ter sido tão bom assim. Marcus Góes demonstra ter sido outra a realidade. Negociações iniciadas antes da estréia concluíram-se, em 23 de março, com um contrato assinado no escritório do tabelião Giovanni Battista Bolgeri. Descontadas as despesas com as cópias de canto e piano e as partes de orquestra, e das dívidas anteriores de Gomes, foi-lhe paga a soma de 6.037 liras. A esse respeito, comenta Marcus Góes:

> Há, nas biografias de CG, o que é compreensível, mas não se justifica, uma forte tendência a explicar de modo benévolo suas vicissitudes e os péssimos negócios que fez durante toda a sua vida, a perdoar suas fraquezas de personalidade instável e insegura e seu comportamento de eterno queixoso. Esse contrato de cessão dos direitos sobre *O Guarani*, que não foi feito a preço vil ou muito baixo, dava a Carlos Gomes a oportunidade de ganhar bom dinheiro com as encenações no Brasil, por ele não bem aproveitadas, e com exibições em outros países que não a Itália. Ao invés de fixar-se com mais afinco nessas áreas, pelo contrário Carlos Gomes cuida mal de apresentações no Brasil, do que o exemplo mais forte surge ao verificar-se que *O Guarani* só foi encenado em São Paulo dez anos depois de sua estréia em Milão.

Pela ópera, o compositor seria também condecorado, na Itália, em 20 de março, como Cavaleiro da Coroa; e no Brasil, em 30 de novembro, com a Ordem da Coroa. Uma execução parcial ocorreu em 17 de setembro de 1870, no Teatro Fluminense, sob a regência do próprio Gomes. Antes disso, Carlotta Patti já incluíra árias da ópera em um recital de 8 de agosto. Mas a primeira execução completa no Rio de Janeiro, ainda sem a abertura, foi em 2

Anúncio da montagem do *Guarany* no São Carlos de Lisboa, em 1880, na capa da revista portuguesa *Occidente*.

OCCIDENTE

REVISTA ILLUSTRADA DE PORTUGAL E DO ESTRANGEIRO

3.º ANNO | 15 DE ABRIL DE 1880 | VOLUME III — N.º 56

Luigi Manini
Scenographo

de dezembro daquele mesmo ano, dia do aniversário de D. Pedro II. Ocorreu no Teatro Provisório, também chamado de Lírico, no atual Campo de Santana (demolido em 1878). Angelo Agostini regeu o espetáculo de que participavam Luigi Lelmi e Giulia Gasc, Domenico Orlandini como o vilão e Christiano Marziali como o Cacique. Na carta que escreveu a D'Ormeville do Rio, em 6 de outubro, dizendo ter chegado são e salvo "à terra dos guaranis", Carlos Gomes se vangloriava das ovações recebidas: "eles perderam a cabeça..." Mas referia-se em termos muito críticos ao que seria a encenação em casa:

> Os artistas não são nem a Sass nem o Villani, mas Lelmi e Gasc, Orlandini e Marziali. E o corpo de baile? Quatro rãs a pular no lugar das bailarinas! Os figurantes são todos soldados de um regimento de um quartel do Rio!!! Será mesmo uma festa digna de risos, mas eu... penso no dinheiro, o resto é por conta de quem se diverte.

Alencar, ao assistir à récita de dezembro de 1870, comentou, em texto recolhido nas suas *Reminiscências*, publicadas em 1908:

> O Carlos Gomes fez do meu *Guarani* uma embrulhada sem nome, cheia de disparates, obrigando a pobrezinha da Ceci a cantar duetos com o cacique dos aimorés, que lhe oferece o trono de sua tribo, e fazendo Peri jactar-se de ser o leão de nossas matas. Desculpo-lhe, porém, tudo, porque daqui a tempos, talvez por causa das suas espontâneas e inspiradas melodias, não poucos hão de ler esse livro, senão relê-lo – e maior favor não pode merecer um autor.

A abertura, tal como a conhecemos, foi ouvida pela primeira vez no Scala, em 2 de setembro de 1871, num espetáculo regido por Ettore Gelli, no qual Villani contracenava com Enrichetta Berini. O modelo óbvio dessa página sinfônica, de factura artesanal impecável, e de inequívoca força dramática, é a abertura da *Forza del Destino* verdiana. Não há nela nenhum material melódico especificamente brasileiro; mas é um tipo de música que de tal forma incorporou-se à consciência nacional – até mesmo pelo uso oficial que lhe foi dado como o prefixo da *Hora do Brasil* – que adquiriu um tipo muito peculiar de "brasilidade". Trata-se, porém, de obra que, pela fama adquirida, viu-se supervalorizada, em detrimento de outras criações do compositor. Leo Laner foi um dos primeiros a dar-se conta disso:

> O derrotismo de alguns brasileiros leva-os a afirmar, antes de um exame sério, que a ópera de estréia de Carlos Gomes é a página melhor do compositor. Parece-nos que, ao contrário, todos deveríamos estar de acordo em reconhecer em *Il Guarany* a ópera mais fraca do mestre...

Não é o caso de ser assim tão rigoroso, mas O *Guarany* é, de fato, musicalmente desigual. Tem momentos de grande força de inspiração, como os duetos "Sento una forza indomita" e "Perchè di meste lagrime", a cena "O Dio degli Aymorè", ou o coro "Aspra, crudel terribile". Essas páginas bem escritas convivem com árias convencionais e de estilo velhusco, como "Gentile di cuore", cantada por Ceci. Há trechos de gosto duvidoso, como a ária "Senza tetto senza cuna", do barítono. Ou momentos que chegam a ser vagamente ridículos, como o *ballabile* dos aimorés, em que a tentativa de usar ritmos reminiscentes da música indígena choca-se com o tom banal e italianado das melodias, dentro do "gênero 'pitoresco', que constituía um ingrediente indispensável da complexa cozinha que era a encenação do *grand-opéra*" (Conati). Mas é inegável – como o assinala Budden – o frescor trazido à ópera italiana por esse estrangeiro, que a enfrentava "sem noções preconcebidas". Em "The Collapse of a Tradition", no vol. 2 da obra citada, ele escreve:

> Suas idéias musicais são um tanto ingênuas, para não dizer fora de moda; mas ele percebia, melhor do que os italianos de sua geração, os problemas de ritmo e de continuidade dramática. Compreendia, como só Verdi na época era capaz de compreender, as implicações formais da diminuição da ênfase na cadência final de um número que era uma característica da evolução operística do século XIX. O resultado é que as suas óperas avançam de modo ágil e confiante, enquanto as de Petrella, por exemplo, tropeçam e se tornam difusas. Quem pode duvidar que foi a decisão de Gomes de incluir no *Guarany* um balé exótico, orquestrado com todo brilho, e que desafiava as tradições italianas, o que induziu Verdi a seguir seu exemplo na *Aida*?

Essa última frase de Budden acena para uma das razões do sucesso do *Guarany* na Itália: a sua inserção na voga do exotismo de matriz francesa, na trilha de óperas de grande apelo popular na época: a *Africana*, de Meyerbeer, a *Lakmé*, de Delibes, os *Pescadores de Pérolas*, de Bizet – a que *Aida*, de Verdi, cuja composição é do mesmo ano, também se filia. Ao lado disso, Gomes mostrava-se fiel aos mais ortodoxos preceitos do melodrama italiano, num momento em que certos setores temiam a possibilidade de o modelo nacional de ópera se desvirtuar em contato com as idéias wagnerianas. Ou seja, como diz Conati:

> É verdade que, depois do *Guarany*, Gomes progrediu muito, mediante o enriquecimento do instrumental técnico e um maior refinamento da expressão: isso fica claro à simples leitura e análise das óperas que vieram depois. Mas a análise musical permanece estéril se não for acompanhada de uma visão histórica dos fatos culturais e do significado que eles representam, principalmente quando se referem ao complexo fenômeno de costume que é o teatro – sem o que, perfeição técnica, expressão refinada, limpeza formal são meras virtudes abstratas. A fortuna de uma ópera é, no fundo, diretamente proporcional ao grau em que, bem ou mal, ela consegue representar a realidade do tempo a que pertence e à força de comunicação que consegue imprimir à sua própria mensagem, mediante uma linguagem que, sob certos aspectos, seja novo e pessoal, ou aparentemente tal. Essa correspondência com a realidade cultural de seu tempo, nós a encontramos no *Guarany* – ainda que de maneira às vezes elementar, mas sempre com imediatismo de expressão –, mais do que nas obras posteriores e melhores de Gomes, à exceção da *Fosca*.

O novo e o pessoal estão presentes em *Il Guarany*, e de forma que não é apenas aparente. Se não há motivo, como quer Leo Laner, para que se supervalorize a obra mais conhecida de nosso compositor, é também injusta a afirmação de Wilson Martins, no terceiro volume da *História da Inteligência Brasileira*, de que ela "é o triunfo enganador de fórmulas musicais esgotadas". Contestando essa opinião, Marcus Góes pergunta:

> Seriam uma fórmula esgotada na ópera italiana a utilização de melodias modinheiras, os ritmos em síncope, os acordes e escalas de sétima diminuída à moda da música popular brasileira da época, a fuga a modelos de números fechados, as combinações tímbricas das marchas do terceiro ato, os acompanhamentos plangentes em quiálteras alternadas e tudo o que vimos na análise musical acima feita?

A análise musical a que Góes se refere é o levantamento que ele faz, nas pp. 110-127 de seu estudo, ao qual remeto o leitor, dos "inúmeros exemplos de música de notória origem e inspiração brasileiras, espalhados por toda a partitura, ora de modo facilmente perceptível, ora embutidos nos comentários da orquestra em fugazes citações". Góes elenca, por exemplo, o "acentuado sabor modinheiro" do trecho "Poi s'averrà un lieto dì risciogliere il voto sugli altar", cantado por Don Antônio, Alvaro e Ceci; ou do famoso "Sento una forza indomita", de Peri. Ressalta a origem brasileira de um maneirismo típico de Gomes, as quiálteras no acompanhamento, que dão ao ritmo um aspecto quebradiço, citando o "La natura e Dio t'ispirino un lamento che, gemendo, risponda al mio tormento!" E observa que, "na introdução da balada de Ceci, no ato II, o *allegro brillante* em 6/8 é de fazer inveja a um violeiro de seresta, preparando o seu 'pinho' ". Chamando também a atenção para o fato de que os achados de Gomes inspirariam compositores italianos da época, Góes traça paralelos entre trechos do *Guarany* e passagens na obra de Ponchielli. E dá especial importância ao fato de que:

> Em *O Guarani*, CG "abre" o discurso musical em benefício da ação dramática, ou seja, não a bloqueia em números fechados tipo recitativo-ária-cabaletta. O compositor, ávido de demonstrar sua capacidade – uma real capacidade, diga-se – é absolutamente genial na fragmentação do discurso musical, através de melodias curtas e incisivas, de rápidas citações orquestrais, no uso constante de modulações inesperadas, na busca de ritmos em síncope – no que era mestre, inclusive por serem típicos esses ritmos da música popular que se fazia no Brasil –, na exploração constante da variedade tonal. Não era isso que Boito e os intelectuais da época queriam?

Desigual ou não, *Il Guarany* já contém a promessa clara da contribuição que Carlos Gomes dará a essa fase de transição na ópera italiana. É, sem dúvida alguma, a ópera que pôs o Brasil no mapa musical do mundo. E, infelizmente, é o único melodrama de Carlos Gomes de que já foram feitas gravações comerciais:

Chantecler, 1958 – Niza de Castro Tank, Manrico Patassini, Paulo Fortes/Armando Belardi (relançada em CD sob selo Continental);

Sony, 1995 – Plácido Domingo, Verónica Villaroel, Carlos Álvarez/John Neschling (registro do espetáculo na Ópera de Bonn dirigido por Werner Herzog);

Existem também quatro integrais pirata:

EJS, 1964 – João Gibin, Gianna d'Angelo, Piero Capuccilli/Francesco Mollinari-Pradelli no Municipal do Rio;

UORC, 1970 – Sérgio Albertini, Castro Tank, Costanzo Mascitti/Armando Belardi;
Masterclass, 1970 – Assis Pacheco, Dalka Azevedo, Lourival Braga/Santiago Guerra;
Voce, 1980 – Benito Maresca, Áurea Gomes, Paulo Fortes/Mário Tavares.

Enquanto contou com o patrocínio do Banco Sudameris, a empresa São Paulo Imagem Data teve condições de gravar, em CD e vídeo, algumas das óperas de Gomes encenadas na Ópera Nacional de Sófia. Não se trata de gravações comerciais, e sim de registros para distribuição a bibliotecas e instituições públicas, incluindo rádios e televisões educativas. O primeiro título, em 1996, foi *Il Guarany*, com Roumen Dóikov, Krassimira Stoiánova, Niko Issákov e a regência de Júlio Medaglia.

Existe, do *Guarani*, a tradução para o português, feita pelo poeta paranaense C. Paula Barros. O conde Afonso Celso, presidente da Academia Brasileira de Letras, promoveu a sua apresentação, em forma de concerto, no Teatro Municipal do Rio de Janeiro, em 7 de junho de 1935. O compositor Francisco Braga regeu a récita, de que participaram Demetrio e Alzira Ribeiro, e Asdrúbal Lima. A encenação foi feita no mesmo teatro, em 20 de maio de 1937. Angelo Ferrari regia um elenco em que os papéis principais eram interpretados por Reis e Silva, Carmen Gomes e Sílvio Vieira. Dessa vez, porém, Ítala Gomes Vaz de Carvalho, filha do compositor, foi para os jornais protestar contra uma tradução que, a seu ver, desvirtuava a obra do pai e, na polêmica que se seguiu, contou com o apoio de todos os conservadores opostos à ópera cantada em tradução. No quarto CD do álbum da Secult, dedicado a trechos de ópera, o leitor encontrará o dueto "Peri! Senhora... Sinto uma força indômita", cantado em português por Márcia Aliverti e João Augusto de Almeida. E constatará que a tradução de Paula Barros é muito bem feita e, provavelmente, terá muito bom rendimento cênico se encenada integralmente.

Em agosto de 2002, o Palácio das Artes de Belo Horizonte encenou, sob direção de Cleber Papa, uma versão absolutamente integral do *Guarani*, numa edição revista pelo maestro Roberto Duarte, que abriu todos os cortes usualmente feitos na partitura.

Em 30 de dezembro de 1871, oito meses depois de voltar à Itália, Carlos Gomes casou-se, na Igreja de San Carlo, com Adelina Peri, pianista bolonhesa que conhecia desde os tempos de estudante. Embora a princípio a família Peri se opusesse ao namoro da filha com "um selvagem cor de bronze", aceitou o casamento porque Adelina estava grávida – e, afinal de contas, havia a atenuante de o "selvagem" ter-se tornado compositor de sucesso, cavaleiro da Coroa da Itália. Diz Marcus Góes:

> Não foi, desde o início, um casamento de conto de fadas, e o comportamento de CG em relação à mulher e aos filhos, mais tarde, irá mostrá-lo um marido mal humorado, a maltratar a mulher indefesa diante de suas iras repentinas, e um pai que assustava os filhos, de quem se afastava com freqüência, com seu rigor e seus rompantes. A filha Ítala, apesar de exaltá-lo em sua biografia, fala também desse eterno mau humor e nervosismo, lamentando-os. E um dos grandes amigos de CG, André Rebouças, assim se refere ao casal: Adelina "tem uma voz dulcíssima, e há nela uma irradiação de bondade e de amor que contrasta com o agreste marido... sempre impaciente e mal humorado. [...] Dir-se-ia uma ovelha ao lado de um leão".

A alta taxa de mortalidade infantil na Itália da época – de que fora vítima o próprio Verdi – fez com que três dos cinco filhos do casal morressem muito pequenos: Carlotta Maria, a primeira, Mário Antônio, o terceiro, e Manuel José, o quarto. O segundo filho, Carlos André, afilhado de André Rebouças, era doente e morreu em 1898, com 25 anos de idade. Apenas Ítala Maria teve vida mais longa: morreu no Rio de Janeiro em 1948. O casamento atribulado, a paternidade, a perda prematura dos filhos contribuíram para fazer de Carlos Gomes um homem mais agitado e nervoso – e agravaram certamente a insegurança de que logo daria mostras.

Logo depois de casar-se, Carlos Gomes lançou-se a novo projeto. Chegara a hora de livrar-se da aura de exotismo que *Il Guarany* criara à sua volta, e de demonstrar que poderia competir, em pé de igualdade, com os compositores europeus, em termos de temática e linguagem musical. Trabalhou durante algum tempo em *I Moschettieri*, de que D'Ormeville lhe preparara o libreto. Mas logo desinteressou-se dela, preferindo um outro projeto, que lhe dava a possibilidade de colaborar com um libretista de maior prestígio: Antonio Ghislanzoni, parceiro de Verdi e Ponchielli, destinado a tornar-se um de seus maiores amigos. Juntos, escreveram *Fosca*, baseada em *Le Feste delle Marie: Storia Veneta del Secolo X*, do marquês Luigi Capranica. Patriota que participou da defesa de Roma em 1849, o marquês Capranica era o autor de romances históricos prestigiados – *Giovanni delle Bande Nere, Papa Sisto, Le Donne del Nerone* – e da admirada tragédia *La Conspirazione dei Fieschi*.

O nobre veneziano Paolo foi seqüestrado por piratas da costa adriática, chefiados pelo fora-da-lei Gajolo. Mas é protegido por Fosca, a irmã de Gajolo, que se apaixonou por ele. Paolo porém rejeita esse afeto, pois está noivo de Delia, a quem ama. Frustrada em sua paixão, Fosca aceita aliar-se ao pirata Cambro, que a deseja, para vingar-se dos dois namorados. No dia da festa da Virgem, em que se celebram vários casamentos em Veneza, os piratas invadem a cidade e raptam várias das donzelas, entre as quais Delia, para pedir resgate. A ameaça de morte, porém, não demove a jovem, e nem a Paolo, de continuarem se amando. Desesperada por ter sido derrotada pela rival, Fosca deixa que eles partam, e se envenena.

Já se apontaram várias vezes as semelhanças existentes entre a trama da *Fosca*, que é de 1873, e a da *Gioconda*, de Ponchielli, que só seria estreada em abril de 1876. Em ambas, o cenário é veneziano e a história se passa entre marinheiros. "Mas a antecipação não é apenas no tema marinho e no ambiente veneziano", escreve Conati, "é também no caráter das personagens principais e em algumas situações dramáticas". Duas mulheres, uma nobre, a outra plebéia, apaixonam-se pelo mesmo homem, que não corresponde ao amor da segunda. Esta última, em ambas as peças, é desejada por um vilão, que não mede esforços para possuí-la, e não recua diante de pressões e chantagens. Nas duas óperas, a personagem-título se suicida: Fosca por não se conformar em perder Paolo para Delia; a Gioconda, para não ter de entregar-se a Barnaba, a quem se prometeu em troca da liberdade para Enzo e Laura.

Marcus Góes defende a idéia de que essa semelhança não é acidental. Mostra a proximidade física entre Ponchielli e Gomes: ambos possuíam casas em Maggianico, bairro da cidade de Lecco. E Adelina era amiga do soprano Teresina Brambilla, esposa de Amilcare, e a acompanhava ao piano em seus exercícios de vocalização. Góes formula a hipótese de que o italiano sentiu-se muito atraído pelas inovações encontradas na obra do colega brasileiro: "a orquestração, a nova vocalidade, as longas escalas cromáticas descendentes e soluçantes da voz feminina, após saltos da região central à região aguda ou grave, em inusuais intervalos, o que engendrava fantásticos efeitos dramáticos."

Isso explicaria as modificações introduzidas por Boito no drama de Victor Hugo, *Angelo, Tyran de Padoue*, ao transformá-lo em libreto para Ponchielli: visava, com isso, a aproximá-lo do de Ghislanzoni para Carlos Gomes (a respeito dessas alterações, ver o capítulo sobre Ponchielli). Na opinião de Góes, o *Angelo* de Hugo "foi completa e maliciosamente modificado em suas partes fundamentais, para que o libreto da ópera de Ponchielli se parecesse com o da *Fosca*, para que as situações dramáticas fossem semelhantes". A crer nessa possibilidade, toma também sentido especial a observação de Marcello Conati de que a Cena do Conselho, na Sala della Signoria (ato IV da Fosca), "traz uma certa antecipação, ainda que de caráter meramente ambiental, da cena do Senado genovês, na versão revista do *Simon Boccanegra*, de 1881". Levando em conta que foi Boito quem revisou, para Verdi, o libreto original de Piave, nada impede que, nessa passagem, ele tenha se lembrado da forma como essa cena era construída na ópera de Carlos Gomes.

As aproximações entre a *Fosca* e a *Gioconda*, diz Marcus Góes, não se restringem apenas ao libreto. Afirmando que Ponchielli "deixou-se levar pela nova vocalidade, pelas novas combinações rítmicas e tímbricas, pelo novo estilo, pelo modo de emprego de *leitmotive*" que encontrara na *Fosca*, o autor brasileiro analisa a partitura da *Gioconda*, tentando demonstrar a presença de traços estilísticos comuns, de maneirismos de escrita ausentes das óperas anteriores de Ponchielli, que ele teria bebido na obra de Carlos Gomes:

> São inúmeros os pontos em que se nota o decalque. O concertato do 3º ato da obra de Ponchielli apresenta

Carlos Gomes (ao centro) entre os principais membros do elenco na estréia da *Fosca*.

nítida semelhança de corte e, até, de melodia, com igual peça do 2º ato de *O Guarani*; todo o *modus* da cena e ária de Alvise no 3º ato da *Gioconda* reflete a mesma cena e ária de baixo no 2º ato do *Salvator Rosa*; toda a personagem de Barnaba encontra suas origens celulares em Cambro. "La figura del tenebroso Cambro sta come immediato e significativo precedente del lugubre Barnaba", diz Marcello Conati, o qual, raro entre os raros, levanta o véu das semelhanças: além do tema marinheiro e veneziano, que a música reflete – lembremo-nos de Mário de Andrade dizendo que toda a música da *Fosca* é "sobre fundo de água" –, são trazidas à luz as diferenças dos caracteres de Fosca e de Delia, cujo dueto "prelude a quello stesso fra Gioconda e Laura", e a taxativa semelhança das situações dramáticas, tudo posto em música por um Ponchielli influenciado até a medula. Note-se a semelhança de construção desses dois seguintes trechos: a entrada de Alvise anunciando a "Dança das Horas", e a entrada de González no início do 1º ato de *O Guarani*.

A ter razão esse estudioso, os seus argumentos são a prova do que se pretende demonstrar neste capítulo: a importância da influência exercida pelo brasileiro, no auge de seus anos de prestígio na Itália – fato que se perdeu um pouco de vista, hoje que a sua obra, como a de outros contemporâneos seus, não é mais tão difundida. Pode-se assim corrigir pontos de vista como o de Rodolfo Celleti, que atribui a Ponchielli a introdução, com a *Gioconda*, de "um novo tipo de atriz-cantora" e de novas tessituras caracterizadas por "emissões na zona central e grave, alternadas a violentas subidas à região aguda"[3]. À musicologia italiana, por razões óbvias, agrada mais conferir o papel de precursor a um seu compatriota – cuja *Gioconda* firmou-se no repertório básico internacional –, do que a um estrangeiro, autor de melodramas hoje rarissimamente encenados, e descurados até em sua própria terra. Poucos são os autores italianos que reconhecem o significado da obra de nosso compatriota. Um deles é Conati, que afirma:

> No seu conjunto, a *Fosca* assinala a fase de maior avanço cumprido em arte por Gomes e, ao mesmo tempo, o verdadeiro momento de sua inserção no vivo da evolução da arte lírica italiana, representando para a sua época uma das tentativas mais sérias de mediação entre o melodrama italiano e as experiências ultramontanas. No final das contas, ela constitui também o resultado artístico, talvez, mais equilibrado e coerente obtido no teatro musical pelo movimento da *scapigliatura*. Eu ousaria dizer mais coerente mesmo, se bem que menos vistoso, que o resultado, sob muitos aspectos equivocado, obtido pelo *Mefistófeles* de Boito.

Como Góes não deixa de observar em seu estudo, as precauções vocabulares de Conati, os "talvez", os "eu ousaria dizer" explicam-se pelo risco da posição que está assumindo, ao atribuir à produção de um não-italiano significado igual – ou até mesmo superior – ao da ópera de Boito, visto como um dos ícones da cultura peninsular na fase final do século.

Carlo Bulterino, dividido entre Gabriella Kraus e Cristina Lamare, tendo uma vez mais Maurel na pele do vilão, cantaram a récita inaugural da *Fosca*, no Scala, em 18 de fevereiro de 1873. No pódio estava o *scapigliato* Franco Faccio. Ainda segundo M. Góes, sobre o intrincado enredo de Ghislanzoni, "tão ao gosto da época, por conter todos os ingredientes na moda", Carlos Gomes tinha elaborado

> uma música totalmente nova para a ópera italiana de até então, com várias características particulares, entre as quais se destacariam longas frases nas regiões grave e central da voz, com repentinos e violentos saltos à região aguda ou grave, um tecido orquestral mais espesso e fragmentado, o uso constante do *leitmotiv* como elemento psicológico atuante e não como simples comentário ou ornamento, um *recitar cantando* que antecipa modos veristas, abundância de cromatismos, longas escalas cromáticas ascendentes e descendentes, adequação perfeita da palavra à música, ausência de virtuosismo vocal gratuito.

Esse estilo mais elaborado de orquestração e o uso de motivos recorrentes, porém, fizeram com que desta vez o compositor fosse acusado de "wagnerismo" (embora não possa haver duas personalidades mais dissemelhantes no mundo da música). A ópera foi também prejudicada pelo fato de Kraus, de tipo físico atarracado e pouca desenvoltura em cena, ser incapaz de projetar uma personagem-título forte, selvagem, que não hesita em se destruir na tentativa de obter o que deseja. Mas, principalmente, o *Guarany* tinha criado uma expectativa que a *Fosca* não preenchia, justamente por ser mais bem escrita do que a média dos espetáculos da época, e por não fazer concessões ao gosto popular. No *Perseveranza*, em 18 de fevereiro, Filippo Filippi foi muito elogioso, ressaltando a originalidade da partitura e não hesitando em afirmar que ela era superior

3. Em "Gli Ultimi Cent'Anni", na *Storia dell'Opera* da editora Utet, publicada em 1977.

ao *Guarany* "como música, como obra de arte e como drama musical". E protestava contra

> esses senhores que ouvem a música em pé, nos vestíbulos, de costas para o palco, e escutando a música por alto, [e depois] decretam que não há novidade, nem melodia, nem efeito... decretos inapeláveis que não posso admitir.

A *Fosca* não chegou a ser um fracasso, como já se quis afirmar. Mas não foi tampouco a repetição do sucesso retumbante do *Guaranay*, que Carlos Gomes desejara. Diante disso, a necessidade que ele sempre teve de ser aceito pelo público levou-o a fazer cautelosas revisões para a remontagem de 7 de fevereiro de 1878. O próprio Gomes cuidou da encenação, regida por Franco Faccio, tendo no elenco Amalia Fossa, Francesco Tamagno, Elvira Garbini, Gustavo Moriani e Ormondo Maini. A acolhida, dessa vez, foi muito boa, embora ainda não igualasse a dada à sua predecessora. O que é uma pena, pois, musicalmente, *Fosca* é a ópera mais bem acabada de Carlos Gomes. O libreto de Ghislanzoni não chega a ser grande coisa. Embora forneça ao compositor as situações costumeiras que lhe permitem escrever números eficientes, tem razão Mário de Andrade ao comentar:

> Humanamente falando, é uma bobagem inominável; e era difícil, com tais mediocridades epidérmicas de sentimentos tempestuosos, e esse texto paupérrimo de alma, criar alguma obra-prima de significação mais geral.

O artigo de Mário de Andrade, escrito para a *Revista Brasileira de Música*, foi recolhido em *Carlos Gomes: uma Obra em Foco*, da Funarte, trabalho coletivo em comemoração ao sesquicentenário do compositor. Particularmente notável, nesse texto, é o levantamento que Mário faz dos principais temas recorrentes utilizados na partitura, mostrando os que se referem aos corsários, a Cambro e aos amantes Paolo e Delia; mas sobretudo as diversas mutações das melodias associadas à protagonista:

- "Fosca implorante" no apelo "Ah, fratello!, cedi al grido del mio straziato cor" (aqui já se encontram, antes da *Gioconda*, a escala cromática descendente e os saltos bruscos da região central para a aguda, comuns na ópera de Ponchielli);
- "Fosca sinistra", tema instrumental de caráter polifônico, que retorna em pontos climáticos de toda a ópera;
- "Fosca raivosa", também instrumental, que se percebe, por exemplo, na explosão do "L'aborrita rivale, da Paolo amata, all'odio mio fatal non sfuggirà": na escala descendente com que a exposição desse tema se encerra, há uma ousada escala descendente do si bemol agudo ao ré grave, uma progressão de quase duas oitavas, totalmente desusada para a ópera italiana da época;
- ou o da "Fosca clemente", já enunciado no Prelúdio, que domina no "Vieni, ecogli l'instante che alla clemenza s'apre il mio cor".

Portanto, se há deficiências no libreto, a música as supre amplamente – e este não é o primeiro caso na ópera italiana. A *Fosca*, como o assinala Mário de Andrade, é a obra de um compositor confiante, animado com o sucesso, que está vivendo uma fase feliz, e sente-se com coragem para experimentar formas incomuns nos teatros italianos. Em trechos como o dueto "Già troppo al mio suplizio", do ato II, Carlos Gomes entrelaça ousadamente melodias independentes, criando ricos efeitos polifônicos; e escreve cenas de conjunto bastante complexas, a mais imponente das quais é a do final da ópera. O comentário orquestral é muito trabalhado, com o uso de motivos recorrentes. Mas à maneira melódica verdiana, sem o desenvolvimento sinfônico do modelo wagneriano. O estilo de declamação é bastante livre. Quando a protagonista exclama: "Pazza!... pazza!... è ver!... Oh quale orror... son pazza!... Ira... dolore... amore... tutto è folia...", as indicações para a cantora pedem, de uma palavra para a outra praticamente, mudanças de dinâmica e estilo de canto de uma flexibilidade surpreendente: *parlato, interroto, convulso... cantabile grandioso e con forza... parlato piano... agitato forte... dolce piano... ritenuto pianissimo...* Essa declamação, que transita constantemente do parlato para o arioso, e dali para o cantábile, contribui para tornar as fronteiras entre os números menos definidas, o que resulta em cenas construídas com blocos mais contínuos. É de Julian Budden o comentário: "*Fosca* contém, em seu ato II, o concertato final mais complexo antes

Frontispício da partitura da *Fosca*.

Frontispício da partitura do *Salvator Rosa*.

do ato III do Otello." E mesmo os números fechados recebem tratamento original, que os distancia da média das árias da época, em que se repetem as receitas de efeito comprovado da tradição. É o caso de "Quale orribile peccato" (Fosca, ato II), "Ad ogni mover lontan di fronda" (Delia, ato III), ou "Ah, se tu sei fra gli angeli" (Paolo, ato IV) – um ato introduzido por um belo solo de violino.

Ponto de importância excepcional, em suma, no qual nunca é demais insistir, é o fato de Fosca, por sua personalidade selvagem e por sua tessitura incisiva, dramática, "com emissões na zona central e aguda alternadas a violentas subidas para a região aguda" (Rodolfo Celletti), situar-se, três anos antes da *Gioconda*, como a primeira precursora das personagens veristas. Ela é o papel típico de uma época em que apareciam cantoras de voz potente e presença cênica forte – Maria Durand, Maddalena Mariani, Romilda Pantaleoni – as "sopranos dramáticas cheias de ímpeto e de fogo a que Verdi, numa frase muito expressiva, chamava de prima-donas com o diabo no corpo".

Existem três integrais da *Fosca*:

Voce e EJS, 1966 – Ida Miccolis, Sérgio Albertini, Agnes Ayres, Costanzo Mascitti/Armando Belardi;

Masterclass, 1973 – mesmos intérpretes da precedente, com Zaccaria Marques no lugar de Albertini (a TV Cultura de São Paulo possuía um videotape preto e branco desse espetáculo; mas esse filme parece não existir mais nos arquivos da emissora; há cópias pirata em mãos de colecionadores);

ImagemData, 1997 – Gail Gilmore, Roumen Dóikov, Krassimira Stoiánova, Niko Issákov/Luís Fernando Malheiro (em CD e vídeo).

Hoje, é possível reavaliar a *Fosca* em sua justa medida, reconhecendo nela o ponto alto da produção de Carlos Gomes. Mas o compositor, para quem a aprovação do público sempre foi um elemento muito importante, preferiu não levar adiante o experimentalismo. Em sua ópera seguinte, retrocedeu para um estilo bem mais convencional, o que fez com que a reação do público fosse mais favorável. Após as atribulações da época da *Fosca*, esta era uma época de maior tranqüilidade, pois o governo brasileiro lhe concedera uma pensão de 400$000 mensais. Contra a opinião de Adelina, o perdulário Antônio Carlos alugara uma casa em Maggianico, a três quilômetros de Lecco, no norte da Lombardia. Ali instalaria a luxuosa "Villa Brasilia", monumento à sua vaidade, e futura razão de sua bancarrota.

Ghislanzoni, nascido em Lecco, era seu vizinho. Foi ele o autor do libreto de *Salvator Rosa*, baseado no romance *Masaniello*, de Eugène de Mirécourt, que trata da insurreição napolitana, no século XVII, contra a dominação espanhola. Mirécourt, pseudônimo de Charles Jean-Baptiste Jacquot, ficou famoso pelos processos que lhe foram movidos por gente famosa como George Sand ou Proudhon, por causa dos panfletos escandalosos que escrevera contra eles, difamando-os. Mas era autor muito popular entre os *scapigliati*, devido à irreverência, à licenciosidade e ao anticlericalismo de seus folhetins pseudo-históricos, *Les Confessions de Marion Delorme* ou *Les Mémoires de Ninon de Lenclos*.

Ficou decidido que a ópera receberia o título de *Salvator Rosa* – nome do pintor e poeta siciliano que, no romance, envolve-se com a rebelião –, porque *Masaniello* era o nome como se conhecia, na Itália, a ópera francesa *La Muette de Portici*, de Auber, que trata do mesmo tema. Masaniello é a contração do nome de Tommaso Aniello, peixeiro de Amalfi, perto de Nápoles, que liderou a revolta e, em 1647, foi assassinado por seus próprios companheiros, descontentes com as suas atitudes depois da vitória contra os espanhóis. É uma história folhetinesca em que, ao tema popular do "sacrifício por amor", vêm juntar-se um triângulo amoroso, venenos e suicídio. Tratamento inteiramente livre, típico das praxes românticas mais surradas, é dado à figura histórica de Salvator Rosa. Na ópera, ele se apaixona por Isabella, filha do duque de Arcos, governador espanhol de Nápoles. O duque arquiteta um plano para prender Salvator e Masaniello. Em seguida, diz à filha que ela poderá salvar o homem que ama, se concordar em casar-se com Fernández, o comandante de sua guarda; e ela concorda. Masaniello é assassinado pelos espanhóis, depois de ter sido enlouquecido por uma poção envenenada (!). Numa cena reminiscente do final do *Trovatore*, o pintor acusa Isabella de traição, ao ser confrontado com ela, e cobre-a de recriminações. Em seguida, assiste horrorizado a seu suicídio, para provar-lhe que ainda o ama. Isabella morre em seus braços, incitando-o a viver para a sua arte.

Na estréia em 21 de março de 1874, no San Carlo de Gênova, Giovanni Rossi regeu um elenco em que se destacavam Salvatore Anastasi, Romilda Pantaleone, Leone Giraldoni e Marcello Junca. O sucesso foi grande: o compositor foi chamado 36 vezes ao proscênio do Teatro Carlo Felice, de Gênova, para agradecer aos aplausos. A ópera tinha "melodias fáceis, inclusive com um *io t'amo* em uníssono do soprano e do tenor, em subida ao si bemol agudo no final do dueto de amor, recurso de uma pobreza a que nem o pior Mercadante, nem o Bellini de dezesseis anos chegariam" (Marcus Góes). O tom bem comportado do *Salvator Rosa* – que Conati chama de "retorno ao *stile a mosaico* do *Guarany*" – agradou em cheio à platéia que se espantara com as "esquisitices" da *Fosca*. A crítica também foi muito favorável. O semanário *Varietà* e os diários *Voce Libera* e *Movimento* registraram o triunfo. O crítico deste segundo afirmava:

> Na música do *Salvator Rosa*, de um modo geral, não se encontram muitas novidades, nem na forma nem na inspiração. Há, no entanto, trechos aos quais é necessário fazer particulares elogios [...], pois mostram quanto poder de imaginação e quanta maestria Gomes possui. [...] A melodia não se enfraquece um só instante e [...] é espontânea e elegante até mesmo quando não é nova, sempre apaixonada e cheia de vida, como a ardente natureza do compositor brasileiro.

No *Perseveranza*, insistindo em que a *Fosca*, "a ópera mais pensada de Gomes, aquela em que a sua dignidade de artista não desceu a nenhuma concessão", tinha sido "malissimamente julgada por culpa da péssima execução", Filippo Filippi considerou que:

> No *Salvator Rosa*, o maestro Gomes procurou e obteve uma simpática conciliação entre as duas exigências, quase sempre opostas, do palco e da arte. Escreveu uma bela música, fácil, direta, elegante, melódica, de efeitos imediatos, evitando as trivialidades, as vulgaridades e a prolixidade de quem, não sabendo criar, copia mal os outros.

Esses julgamentos animadores, porém, não bastaram para acalmar a insegurança de Carlos Gomes, sempre pronto a um pessimismo que o fazia ver o destino com as cores mais negras – como o demonstra a carta de 1º de maio a Giraldoni, depois de uma série de bem-sucedidas apresentações:

> *Salvator Rosa* é uma ópera pouco afortunada, e é necessário que eu pense logo em compor outra. Dirás que eu sou sempre um caga-dúvidas, mas até agora não sei quando a reencenarão! Enquanto isso, outras óperas, de compositores que não sabem onde está a melodia, correm mundo...

Não havia motivo para tanto desânimo pois, em 10 de setembro de 1874, a ópera subiu ao palco do Scala, onde alcançou quinze récitas, com recepção tão calorosa quanto a genovesa. Mas o complexo de inferioridade o faz escrever a Giulio Ricordi, em 21 de setembro: "Toda a imprensa e o público de Milão são contra mim." E os aplausos de Turim, em setembro de 1875, mesmo numa noite em que o tenor cantou mal, não são suficientes para impedi-lo de dizer: "A má sorte é a minha companheira inseparável." O Rio de Janeiro ouviu *Salvator Rosa* em 28 de setembro de 1876, no Teatro São Pedro de Alcântara, com a companhia do tenor José Torresi, que fez o papel-título, ao lado de Palmira Missorta, Agostino Mazzolli, Enrico Dondi e Maria Andreff. O regente foi Antônio Maria Celestino. Apesar das declarações negativas do autor, *Salvator Rosa* foi, ao lado do *Guarani*, o grande sucesso de sua carreira. Mas é severo o julgamento, a seu respeito, de um autor como Conati:

> O libreto limita-se a encadear cenas de efeito sem motivação coerente. As personagens apresentam-se privadas de caráter que justifique ações ou sentimentos. Faz falta um protagonista autêntico: esse papel deveria, na realidade, pertencer a Salvator Rosa, mas lhe foi contestado, para todos os efeitos, por Masaniello, personagem que não é melhor definido que o precedente – às vezes ele é até mecânico em seu comportamento e suas palavras – mas indubitavelmente é mais determinante do ponto de vista da economia cênica. O papel central permanece vago e até mesmo arrisca de ser ocupado pela personagem "negativa" da ópera, o duque de Arcos. [...] Mas nem esse muda a função que lhe foi destinada desde a sua primeira aparição em cena. Era malvado, e malvado continua até o fim da ópera. E a *scena ed aria* que lhe compete, por mais bonita e comovente que seja, fica como um trecho isolado, um fim em si mesmo.

Em vários momentos, percebe-se que o modelo central seguido por Carlos Gomes foi o do *Don Carlo*, de Verdi. O decalque é evidente no dueto "All'armi! Iddio lo vuol", entre Salvator e Masaniello (ato I): ele ecoa "Dio che nell'alma infondere" cantado por Carlo e o duque de Posa. E a estrutura da grande cena do duque de Arcos, "Di sposo... di padre", no início do ato III, lembra muito a de "Ella giammai m'ammò", o monólogo de Felipe II (o próprio Conati reconhece que "il declamato è così scopertamente verdiano"). Ficaram muito populares algumas árias, entre elas a cançoneta "Mia piccirella", barcarola de estilo folclórico napolitano, cantada pelo adolescente Genariello, aprendiz de Salvator – um *trouser-role* que se inspira no Oscar do *Ballo in Maschera*. Mas o que a ópera tem de mais interessante está nas passagens de transição entre os números fechados, de feitura bem tradicional, pois elas demonstram com que desenvoltura Gomes aprendera a dominar a *parola scenica* – o estilo de "conversação musical" desenvolvido por Verdi em sua maturidade. O melodista inspirado se manifesta no "La speme dell'amor inebria i sensi miei", no dueto do ato II entre Salvator e Isabella. Ou no "Sublime è l'uomo che in cor mi regna", no dueto do ato III entre Isabella e o pai.

Do ponto de vista da orquestração, *Salvator Rosa* é tão bem cuidada quanto a *Fosca*, embora harmonicamente possua texturas mais simples. O emprego freqüente dos *tutti* instrumentais, o cromatismo de certas passagens impetuosas, a veemência com que Carlos Gomes se expressa em determinados momentos já anunciam, à distância, a ênfase característica dos veristas. Uma página sinfônica especialmente bem escrita é a abertura, construída sobre os temas das árias e duetos principais. No artigo sobre a ópera para o já citado *Carlos Gomes: Uma Obra em Foco*, Leo Laner faz cuidadosa análise dessa abertura, demonstrando – inclusive através de um gráfico que ajuda a visualizar seus três episódios e a ordem em que neles os temas se entrelaçam – o equilíbrio e a harmonia de proporções obtida pelo compositor.

Portanto, embora visando a cativar o favor do público com o retorno a moldes mais acessíveis, o compositor mostra também ter atingido, nessa ópera, um estágio de grande maturidade na utilização de seus recursos expressivos. É pena, portanto, que tantos trechos mais vulgares acabem empanando o brilho de outras páginas mais bem compostas e que, no dizer de Marcus Góes, esta seja "uma obra sem unidade, sem aquela 'tinta geral' tão bem encontrada para a *Fosca*". Para conhecê-la existem duas integrais:

- a de Simon Blech no Municipal de São Paulo, em 11 de setembro de 1977, com Benito Maresca, Nina Carini, Paulo Fortes, Ruth Staerke e Edilson Costa, editada em CD pela Masterclass;
- e a da apresentação na Ópera de Dorset, em 11 de agosto de 2000, com Fernando del Valle, Lisa Livingston, Michael Gluecksmann, Andrea Baker e Mikhaíl Milánov, sob a regência de Patrick Shelley – esse disco, produzido pelo *Brazil 500 Festival* e pela Funarte, para distribuição a bibliotecas e instituições educacionais, não foi comercializado.

Um mês antes do nascimento, em 10 de outubro de 1874, de Mário Antônio – que o casal Gomes perderá quatro anos depois – Antônio Carlos tinha começado a trabalhar num novo projeto. Se escolheu uma peça de Victor Hugo, foi porque sabia que esse autor ainda gozava de grande popularidade na Itália e seu teatro tinha rendido ao palco lírico o tema para melodramas de grande sucesso: *Lucrezia Borgia* (1833) de Donizetti; *Il Giuramento* (1837) de Mercadante; *Maria Regina d'Inghilterra* (1843) de Pacini; *Ernani* (1844) e *Rigoletto* (1851) de Verdi; *Marion de Lorme* (1865) de Pedrotti; *Ruy Blas* (1869) de Marchetti – e em 1876 a elas viria ajuntar-se a *Gioconda* de Ponchielli.

O drama selecionado foi *Maria Tudor*, estreado em 1833, de que havia duas traduções em italiano: a de Luigi Marchioni (1836) e a de Girolamo Benari (1841). Não era a primeira vez que essa história chegava ao palco lírico. Além da ópera de Pacini, Ghislanzoni tirara dela um libreto, em 1859, para Vladímir Níkititch Káshperov que, nessa época, residia em Florença. Mas o melodrama de Pacini datava de três décadas antes, e o do russo não fora bem-sucedido e estava esquecido. Não haveria problema algum em remanejar o libreto de Ghislanzoni sobre as intrigas amorosas tecidas por Hugo em torno da filha de Henrique VIII e da espanhola Catarina de Aragão.

Prometida em casamento a Carlos V, do Sacro Império, Maria Tudor – coroada em 1553, após a morte de seu meio-irmão Eduardo VI –, acabou casando-se com o filho do imperador, o futuro Felipe II, onze anos mais novo do que ela. Essa união foi mal aceita pela nobreza anglicana, que se rebelou. A reação da soberana foi restaurar o Catolicismo e mover aos anglicanos perseguição implacável, que a fez passar à História com o nome de *Bloody Mary* – "Maria, a Sanguinária". A queda de sua popularidade, agravada por uma desgastante guerra contra a França, e a depressão por não conseguir dar um herdeiro ao trono, apressaram a sua morte, em 1558, sem deixar filhos. Sucedeu-a a meio-irmã Elizabeth, filha bastarda de Anna Bolena. E sob seu cetro, a Inglaterra viveu a Idade de Ouro renascentista.

Muito pouco da Maria Tudor real aparece no drama de Hugo. Como de hábito, o poeta dá aos fatos históricos uma interpretação livre. Imagina o envolvimento de Maria com o aventureiro italiano Fabiano Fabiani, a quem protege, por mais que a corte o despreze. Este, porém, a trai com Jane, moça do povo a quem seduziu por ter descoberto que ela é, na realidade, a herdeira da rica família dos Talbot. Jane (Giovanna na ópera) foi recolhida e educada por Gilbert, um cinzelador que tenciona casar-se com ela. O envolvimento da moça com Fabiano é descoberto por Simon Renard, embaixador da Espanha – cujo rei almeja casar-se com a soberana inglesa (no libreto, ele recebe o nome de Don Gil). O embaixador revela a Gilbert o namoro de sua amada com Fabiano. E o cinzelador, enciumado, aceita tornar-se o instrumento dos planos do espanhol. Denuncia à rainha a infidelidade de seu favorito, mas acaba sendo preso como seu cúmplice numa tentativa de regicídio, para que Maria possa castigar Fabiano, condenando-o à morte. No último momento, Maria se arrepende e pede a Don Gil que troque os condenados, fazendo Gilbert morrer no lugar do italiano. O embaixador espanhol não atende a seu pedido, e é o favorito quem é mandado ao cadafalso.

Ghislanzoni, porém, não poderia ser o autor do libreto, devido à regra tácita – nem sempre obedecida – de que um dramaturgo não deveria reelaborar, para um compositor, um texto anteriormente escrito para outro. Foi por isso que se pensou no *scapigliato* Emilio Praga, autor do texto dos *Profughi Fiamminghi* de Faccio, e colaborador de Ponchielli na revisão dos *Promessi Sposi*. Carlos Gomes tinha a esperança de que a colaboração com o renomado poeta desse ótimos resultados. Mas, separado da mulher e do filho Marco, Praga entrara em depressão e descia rapidamente a ladeira, devastado pelo álcool e o consumo de drogas. Seu amigo Boito ainda tentou ajudá-lo na redação do poema, mas Praga morreu, em 26 de dezembro de 1875, aos 38 anos. Foi preciso então que Angelo Zanardini e Ferdinando Fontana, de competência bem inferior à dos poetas que o tinham iniciado, terminassem o libreto. Com isso, como escreveu Filippo Filippi no *Perseveranza* (2.4.1879):

> O libreto do pobre Praga, de que não sobraram senão poucas linhas, foi reduzido, modificado, estraçalhado de tal forma por meia dúzia de poetas, que se pode chamar a ópera de um Parnasso Babilônico.

Além dos revezes com o texto, a composição foi também perturbada por uma série de problemas pessoais, que tornaram muito atribulada essa fase na vida do compositor. A perda dos filhos, o temperamento difícil de Antônio Carlos, suas repetidas ausências, o envelhecimento precoce de Adelina tinham contribuído para multiplicar as desavenças, as discussões penosas, precipitando o fim do casamento. Em 30 de junho de 1879, menos de um ano depois do nascimento de Ítala, a filha mais jovem, o músico entrou com o pedido de separação. Embora a documentação a esse respeito não tenha sido mantida, acredita-se que o marido baseava tal pedido numa suspeita de adultério da esposa. O processo rumoroso, cheio de acusações mútuas, que vazavam para a imprensa, se encerrou em 19 de setembro, com um acordo amigável.

O casamento não se dissolveu, mas os cônjuges deixaram de habitar sob o mesmo teto. O compositor comprometeu-se a alugar e mobiliar o apartamento em que Adelina passaria a viver com os filhos, e a pagar-lhe uma pensão mensal de 150 liras. Se infidelidade houve por parte da esposa, é possível que ela tenha sido a revanche contra as efêmeras aventuras extra-conjugais de Antônio Carlos com coristas de teatro, primadonas ou alunas. E principalmente a ligação que

Homenagem a Carlos Gomes, em 1882, da revista pernambucana *A Estação Lyrica*.

THEATRO

SANTA ISABEL

COMPANHIA LYRICA ITALIANA

Direccão de Thomaz Pasini

HOJE

QUINTA-FEIRA 29 DE JUNHO DE 1882

SALVATOR ROSA

ANTONIO CARLOS GOMES

TYP. CENTRAL

HOMENAGEM

Ao Maestro Carlos Gomes

PELA COMMISSÃO PROMOTORA DOS FESTEJOS

POR OCCASIÃO DA RECITA DE AUTOR

Em 29 de Junho de 1882.

Caricatura de 1879, no jornal *Il Trovatore*: Carlos Gomes, fantasiado como o Pery do *Guarany*, exibe o cartaz da recém-estreada *Maria Tudor*.

ele manteve com o soprano romeno Hericlea Darclée – cujo verdadeiro nome era Hericlea Hartulary –, criadora dos papéis-títulos na *Wally*, de Catalani, na *Íris*, de Mascagni, e na *Tosca*, de Puccini. A própria Ítala Maria refere-se a esse relacionamento admitindo:

> Autor e intérprete glorificaram-se e admiraram-se mutuamente, talvez em um diapasão de entusiasmo que ultrapassou os limites da mais elementar prudência. Minha mãe sempre considerou a sra. Darclée a sua asa negra.

O músico que, em 1879, passa por essa experiência penosa de separação, é o mesmo que, em 1884, vai compor a canção *Conselhos*, um documento curioso sobre os valores vigentes na sociedade brasileira do Segundo Império – e "politicamente incorreta" à luz das reivindicações feministas da atualidade. Com o pseudônimo de Dr. Velho Experiente, o próprio Antônio Carlos escreve, em português, um texto em que aconselha às jovens casadoiras a total aquiescência ao companheiro: "a vontade ao marido há de fazer, que esse dever o casamento traz... procure agradar, sem contrariar, pronta sempre a obedecer..." Essa inteira submissão, provavelmente, foi o que faltou numa união desde o início atribulada.

As condições em que *Maria Tudor* foi escrita explicam as desigualdades de um libreto mal resolvido e as dificuldades com que o compositor esbarrou, durante a fase de gestação da partitura – de que dão testemunho as cartas trocadas com Ricordi entre 1875-1877. O próprio Gomes, embora fascinado pela personagem, sentia dificuldade em encontrar o tom musical exato para descrever, de forma convincente, a personagem política responsável por um dos períodos mais negros na história inglesa e, ao mesmo tempo, a mulher apaixonada. Diz Marcus Góes:

> Ao iniciar *Maria Tudor* – que vai assinalar o início de longo declínio de sua carreira de compositor na Itália –, CG pensou ser aquela uma empresa fácil: aqui e ali, uma bela ária; acolá, uma canção simples e melodiosa – *remember* "Mia piccirella", do *Salvator Rosa* –, tudo entremeado de sombrias marchas nas cordas baixas apoiadas nos fagotes e nas trompas, passar de rondas noturnas ao rufar de tambores, balés à inglesa, madrigais de corte em música *salottiera*. Doce engano. Teve ele de demorar-se, e muito, na composição dessa ópera, e jamais ficou satisfeito com o que havia feito, como o demonstram os drásticos cortes e modificações que levaria a cabo mesmo antes da primeira récita, e também depois dela.

Como se isso não bastasse, ainda foi necessário interromper a composição para atender a uma encomenda urgente e irrecusável. D. Pedro II queria um hino para ser executado em Filadélfia, nas solenidades de comemoração do primeiro centenário da independência americana. *Saluto del Brasile* foi ali ouvido em 4 de julho de 1876. Finalmente, *Maria Tudor* subiu à cena do Scala, em 27 de março de 1879. E foi impiedosamente vaiada. Consta que o público sentiu-se ofendido com o fato de, na peça de Hugo, o favorito da rainha, homem totalmente desprovido de escrúpulos, ser um seu compatriota, o napolitano Fabiano Fabiani. Aliás, em 1837, ao publicar a terceira edição de seu drama, Hugo já se preocupara em ajuntar-lhe uma nota, à intenção dos leitores italianos, explicando que as duras palavras dirigidas por Maria a Fabiano não refletiam seus sentimentos pessoais sobre os homens italianos, "que nos deram Dante, Rafael e Michelangelo e, com a França, compartilham Napoleão". De resto, em 1843, ao musicar pela primeira vez o drama de Hugo, Pacini tomara a precaução de naturalizar Fabiano inglês, dando-lhe o nome de Fennimore (ver *A Ópera Romântica Italiana*, desta coleção).

Além disso, fala-se numa cabala contra a ópera, organizada pelos partidários da renomada Antonietta Fricci, que pretendia criar o papel-título, mas fora preterida no elenco por Anna d'Angeri. Protegida da Casa Ricordi, D'Angeri era a grande estrela dos papéis dramáticos no Scala daquela época. Mas Fricci já estava, a essa altura, numa fase de declínio vocal, e Marcus Góes é da opinião que a eventual claque de seus fãs não teria sido suficientemente forte para promover o fracasso. É pouco provável também que houvesse aí uma reação de caráter chauvinista do público, pois tanto Fricci (na verdade Freitsche) quanto D'Angeri (Anna von Angermayer-Redernburg) eram austríacas, nascidas em Viena. Seja como for, nem a boa regência de Marino Mancinelli e a excelência do elenco impediram o desastre. Ao lado de Anna d'Angeri havia Francesco Tamagno, futuro criador do *Otello*, então com 28 anos e no auge da forma; Emma Turolla, Giuseppe Kaschmann e Édouard de Reszke.

O bem escrito Prelúdio foi muito aplaudido. Foi boa também a acolhida a "Se all'ora bruna", a serenata que Fabiano faz a Giovanna, cuja melodia, de grande elasticidade rítmica, vem marcada *con abbandono e quasi senza misura*. Mas depois de "Canta sempre, canta o bella", o dueto entre Fabiano e Giovanna, o público começou a esfriar, a tornar-se inquieto, até prorromper em vaias. É o próprio Antônio Carlos quem conta: "A ópera acabou acompanhada de gaitas, assobios, sanfonas, e não faltou o famoso cri cri!" Em 28 de março, a crítica do *Corriere della Sera*, assinada "Hans", fazia o necrológio:

> A *Maria Tudor*, de Carlos Gomes, obteve ontem à noite, no Scala, um decidido, desolador, irreparável insucesso; e a crítica – por mais que isso lhe pareça odioso – tem de fazer o papel de coveiro. O público veio ao teatro com boas intenções, pois o compositor Gomes, se bem que brasileiro, aqui é considerado e amado como um nosso concidadão.

E depois de reconhecer méritos ao libreto e aos intérpretes, "Hans" acrescentava:

> A culpa recai então, exclusivamente, sobre o maestro, que não soube, com tantos elementos favoráveis, obter sucesso. Não sabemos se *Maria Tudor* merecerá a honra de uma segunda récita; não a desejamos nem para o compositor nem para o público.

No *Perseveranza* de 28 de março, o próprio Filippi, sempre favorável a Gomes, achou que, apesar de muitas belezas, no conjunto a ópera não tinha "igualdade de estilo, nem verdadeira originalidade de inspiração, nem medida dos efeitos". No final de seu texto, percebe-se o que talvez seja a verdadeira razão para o insucesso: o desagrado dos italianos com o prestígio granjeado, em seus palcos, por um estrangeiro. Reação explicável: entre 1870-1879, Gomes tinha sido o segundo autor mais encenado no Scala. Suas óperas tinham alcançado 62 récitas, contra 166 das de Verdi, seguidas por 54 das de Donizetti. Diz Filippi:

> Nenhum outro compositor foi, como Gomes, favorecido pela sorte. Chegado à Itália, seus primeiros trabalhos, em que brilhava certo brio melódico muito original, lhe valeram todas as simpatias, bem merecidas, e lhe propiciariam a nossa nacionalidade musical, não lhe sobrando de brasileiro senão o nome, a cor e a hirsuta cabeleira. De quatro óperas que escreveu, teve a inaudita fortuna de encenar três no Scala, [...] enquanto existem não só jovens de talento, mas também compositores de verdadeiro merecimento, que esperam anos antes de poder encenar uma ópera, e se acham afortunados se podem fazê-lo no Dal Verme. [...] Digo tudo isso porque, tanto mais um compositor chegou ao alto, mais a crítica tem o dever de colocar as coisas em seu estado normal, razoável.

Nas noites subseqüentes, um público popular, sem vínculos com a política de bastidores do teatro, reagiu com mais calor à música da *Maria Tudor*. O próprio *Corriere* foi obrigado a constatar que o compositor, se estivesse presente, "teria recebido mais chamadas que na primeira representação, e não teria ouvido os assobios cruéis da quinta-feira". Mas isso não pareceu consolar o compositor, inconformado com o fracasso da estréia e as impiedosas farpas da crítica. Inseguro como era, a aprovação da platéia e da imprensa pareciam-lhe indispensáveis. Na época da *Maria Tudor*, D'Ormeville escreveu a um amigo comum:

> O mal-estar de que sofre Gomes é um só, a preocupação contínua com aquilo que se dirá de seus trabalhos depois da representação. Quando compõe, não pensa somente no assunto, nos versos, na música. Pensa nos ranzinzas do público que querem isto, nos Aristarcos da crítica que querem aquilo, e estoura os miolos e atormenta a imaginação para não desgostar aqueles e agradar a estes.

Críticas que se tornam descabidas a partir do momento em que temos a oportunidade de fazer um exame isento da ópera em sua forma integral – como a que nos foi dada, em 1998, pela gravação do maestro Luiz Fernando Malheiro, o primeiro nesse século a executar *Maria Tudor* absolutamente sem cortes. O que se constata é que se trata de uma obra perfeitamente equilibrada que, ao mesmo tempo, faz a síntese entre a *gran maniera* da ópera tradicional – por exemplo, o amplo concertato "Cielo! È l'uom da me tradito..." com que se encerra o ato III – e a modernidade de escrita. Os traços inovadores se revelam com as sonoridades inusitadas do Prelúdio, no qual Conati foi o primeiro a perceber "um surpreendente sabor pré-mascagnano". É muito rica a combinação de timbres do primeiro tema, que reaparecerá várias vezes, no corpo da obra, sempre associado a situações de mistério, de expectativa. Segue-se uma marcha em *largo cantabile espressivo* – "de cativante beleza na sua solenidade e em seu desenvolvimento harmônico" (Góes) –, que será ouvida no final, quando Fabiano for levado ao cadafalso. A ela se fundem habilmente outros temas da ópera.

Maria Tudor ainda é uma ópera de números e, nesse sentido, de estrutura conservadora – não correspondendo, portanto, ao gosto da platéia mais sofisticada. Mas exemplifica perfeitamente a capacidade de Carlos Gomes de caracterizar musicalmente as suas personagens. Gilberto, homem do povo, expressa-se com melodias simples, de harmonias básicas: por exemplo, no arioso "Tanti il mio cor, bell'angelo", do ato I. Da mesma forma, as origens modestas de Giovanna são sugeridas pela feitura um tanto ultrapassada de sua romança, "Quanti raggi del ciel brillar vegg'io" (ato I), de corte e melodismo donizettiano. Mas é de estilo muito moderno a mistura de recitativo e *parlato* que há no diálogo seguinte entre a jovem e seu tutor. Quanto a Fabiani, o sedutor vindo da ensolarada terra do canto, este se expressa sempre em melodias derramadas:

- na cena com Giovanna, "Canta sempre, canta o bella";
- no dueto com Maria, "Colui che non canta", que converge para a apaixonada seção "Dimmi che m'ami e guardami negli occhi", em que a rainha expressa seu temor de que o amante a engane;
- na luminosa "Sol ch'io ti sfiori", do ato III.

Parente próximo do Duque de Mântua – ele também, por sinal, originariamente personagem de Hugo – Fabiani é o sedutor nato, mulherengo, volúvel. Mas não um mau caráter. À sua maneira, ama a rainha, e nunca tem para ela uma só palavra áspera, mesmo quando confrontado com as mais duras acusações.

Don Gil é uma das figuras mais interessantes da galeria de personagens de Carlos Gomes, um Cambro cuja elegância aristocrática faz suas maquinações prenunciarem as de Iago e Scarpia. O único momento em que a sua linha de canto sai da declamação melódica contínua é na ária "Lugubre giocoliero", do ato IV, em que tem de decidir se poupa a vida de Fabiani e manda Gilberto para o cadafalso, como a rainha lhe pediu. O tipo de dilema que enfrenta – e a forma como a ária oscila entre o recitativo e o cantábile – apontam para o futuro: nela, temos a impressão de já ouvir o "Nemico della patria" de Gérard, no *Andrea Chenier* de Giordano.

A personagem mais fascinante, evidentemente, é a própria Maria, pela complexidade técnica que exige e pela ambigüidade de um caráter não-monocrômico. Começando como uma das rainhas de Donizetti, que usa de imensa ternura ao falar com o amante, recorrendo inclusive a efeitos de coloratura, Maria se transforma numa personagem pré-verista, de tessitura dramática e colorido vocal muito mais pesado, a partir do momento em que descobre estar sendo enganada por Fabiani. Percebemos bruscamente a mudança na exclamação "Che?! Possibile fia? Favelli il vero?!" que a rainha emite no momento em que Gil lhe revela: o sedutor de Giovanna é seu amante italiano. Na impressionante cena final do ato II, ela exclama:

Vendetta! Ma quella d'una donna
non val: quella voglio d'una regina!
Tradita in me la donna
hai tu... mas una Tudor
raccoglie il guanto a vendicar l'offesa

(Vingança! Mas a de uma mulher não vale: quero a de uma rainha! Em mim, traíste a mulher... mas é uma Tudor que recolhe a luva para vingar a ofensa)

É a mulher confusa e apaixonada, porém, quem aparece no início do ato IV, depois que a rainha fez Fabiani cair numa armadinha e o condenou a morte.

Più intensamente io l'amo
quanto più l'ora del supplizio avanza,

confessa ela. "Quanto mais a hora do suplício se aproxima, mais intensamente eu o amo." E na ária que coroa esse imenso monólogo, "Oh, mie notti d'amor", ouvimos uma das melodias mais "brasileiras" de Gomes como se, inconscientemente, ele equacionasse as "noites de amor, êxtase e encantos" com o langor tropical. De extrema força é também a confrontação da rainha com sua rival, logo a seguir – "Concedimi a tuoi piedi cader" – mais umas das marcantes cenas soprano-*mezzo* da ópera italiana no fim do *Ottocento*.

Maria Tudor foi apresentada em Londres, na década de 90, regida por Odaléa de la

Martínez. A ópera faz parte do repertório da New York Amato Opera.

O selo pirata UORC tinha de *Maria Tudor* a integral de 1958, no Municipal do Rio, com Irmgard Mueller, Assis Pacheco, Lourival Braga e Newton Paiva/Santiago Guerra.

Na coleção Masterclass, está incluída a do Municipal de São Paulo em 1978, com Mabel Veleris, Eduardo Álvares, Adrianna Cantelli, Fernando Teixeira e Wilson Carrara/Mario Perusso.

Mas o melhor registro, em vídeo e CD, é o da ImagemData/Sudameris, realizado na Bulgária em novembro de 1998. É absolutamente integral; tem excelente regência de Luiz Fernando Malheiro; e excepcional interpretações da brasileira Eliane Coelho – estrela do elenco estável da Ópera de Viena – e da meio-soprano búlgara Elena Tchavdárova-Issa, razoavelmente secundadas pelo tenor Kostadín Andrêiev e pelo barítono Franco Pomponi.

O conjunto de dissabores pessoais e profissionais vivido por Carlos Gomes nessa fase convenceu-o a aceitar o convite que lhe fora feito, em 1880, por um grupo de personalidades baianas encabeçadas pelo comendador Theodoro Teixeira Gomes, de vir ao Brasil para a encenação do *Guarany*, do *Salvator Rosa* e da *Fosca*. Recebido "como um rei" em Salvador, retribuiu com um hino para coro e orquestra, em homenagem ao tricentenário de morte de Luís de Camões, executado simultaneamente, em 10 de junho, no Teatro São João, de Salvador, e no D. Pedro II, do Rio. Acolhida tão boa lhe foi dada em São Paulo e Rio, que Antônio Carlos se entusiasmou a fazer, entre 1880 e 1889, diversas outras viagens entre a Itália e seu país. O fracasso da *Maria Tudor* não o fizera desanimar, como o atesta uma carta a Giraldoni, uma semana após essa estréia malfadada, em que se declara disposto a estrear logo uma nova ópera. Mas as dificuldades estavam longe de terminar.

No fim de 1879, antes de partir para o Brasil, Carlos Gomes comprara em Maggianico um terreno de dez mil metros quadrados, encarregando o engenheiro Bolla, de Lecco, de construir uma casa, a *Villa Brasilia*, onde levaria por breve tempo vida principesca. Em "Carlos Gomes: Projeção no Exterior"[4], conta Luiz Heitor:

> Ali, tudo o que podia evocar o Brasil se achava presente: objetos, plantas, animais. A opulenta Villa [...] guardava sempre, hasteado no terraço, o pavilhão nacional, e tinha, no parque, bambual, sagüis em liberdade, viveiros de papagaios e araras. No interior, as paredes ostentavam toda uma panóplia multicolor de armas e adornos indígenas.

Antes de viajar, Antônio Carlos encarregara o taverneiro Giuseppe Invernizzi, apelidado "Davide", de supervisionar a construção, comprando o material e pagando os empreiteiros. A documentação existente demonstra não procederem as afirmativas de certos biógrafos de que, ao chegar à Itália, o compositor encontrara uma mansão mais faraônica do que o planejado, ou de que Davide o tenha enganado. Antônio Carlos sempre foi perdulário e imprevidente. Ganhou muito dinheiro no Brasil e com os direitos autorais de apresentação de suas óperas em várias partes do mundo. Mas gastou-o impensadamente, mesmo depois de, em 1880, ter sido cortada a pensão que recebia do governo brasileiro. Entre 1882 e 1887, fez cinco hipotecas, no valor de 60.000 liras. E em 1887, teve de vender a mansão e ir morar em um modestíssimo apartamento, em Milão. Mais tarde, a *Villa Brasilia* seria convertida, pela prefeitura de Lecco, em um centro cultural que funciona até hoje.

Nessa fase, Carlos Gomes já estava trabalhando em *Lo Schiavo*, baseado em um argumento inspirado na campanha abolicionista. Essa sinopse lhe fora preparada, em 1882, por um amigo, o visconde Alfredo d'Escragnolle Taunay, durante uma de suas visitas ao Brasil. Renomado engenheiro militar, escritor que se tornou conhecido como o autor do romance *Inocência* e do relato histórico *A Retirada da Laguna*, sobre a Guerra do Paraguai, de que participara, o visconde de Taunay estava, como todos os progressistas da época, muito envolvido com a causa da emancipação dos escravos. Ele próprio conta:

> Foi um rascunho apressado, que escrevi a lápis, sobre uma mesa do Hotel de França, em cinco ou seis pági-

4. Ensaio recolhido em *Carlos Gomes: uma Obra em Foco*.

Capa da redução para piano de *Lo Schiavo*, feita por Arthur Napoleão.

nas de papel de carta, enquanto Antônio Carlos acabava de arrumar as malas.

A trama, passada no Rio em 1801, teria como protagonista um escravo liberto, homem de grandes qualidades morais, envolvido na luta pela emancipação total de seus irmãos. Mas nem o libretista, Rodolfo Paravicini, nem o editor Giulio Ricordi concordaram em ter um negro como personagem principal. Com a aquiescência de Carlos Gomes – como o demonstra uma carta de 5 de dezembro de 1884 –, ficou decidido que a ação seria recuada para o século XVII, e os negros transformados em índios. Isso era aceitável para os europeus, devido à voga operística de exotismo, como já acontecera antes com o *Guarany*. Curiosa essa manifestação de preconceito pois, anteriormente, já houvera em Verdi duas personagens de cor. Mas Aída era uma princesa etíope, escrava porque prisioneira de guerra; e Otello era um mouro, enobrecido pelos serviços militares que prestara à Sereníssima República – e isso conferia a ambos um status mais "respeitável" do que o que teria um humilde africano que, ainda por cima, ousava rebelar-se contra a ordem estabelecida.

Ficou assim decidido que a ópera se ambientaria na época das lutas entre os portugueses e os invasores franceses que, desde 1555, chefiados pelo almirante Villegaignon, tinham-se instalado na Baía da Guanabara. A luta se estendeu de 1560 até 1567, quando os franceses foram expulsos. Ficou famoso o episódio da aliança dos tamoios com as tribos do litoral, Bertioga, Cabo Frio, ou do interior, no Vale do Paraíba. Chefiados pelo cacique Aimberê – que na ópera, por razões fonéticas, transforma-se em Iberê – os índios moveram guerra ao portugueses mas, derrotados, foram escravizados. Para a modificação do libreto, foram usadas várias fontes:

- informações sobre a Confederação dos Tamoios encontradas na *História do Brasil* do viajante inglês Robert Southey;
- sugestões encontradas no poema épico *A Confederação dos Tamoios*, de Domingos José Gonçalves de Magalhães, que o conde Ermanno Stradelli traduzira para o italiano em 1885;
- situações tiradas de *Moema*, argumento que Taunay oferecera a Antônio Carlos antes do insucesso da *Maria Tudor*. Esse roteiro, que Gomes recusara por "não querer pôr em cena índios outra vez", relatava um episódio vivido pelo próprio Taunay ao participar de uma expedição geográfica à província do Mato Grosso em 1865. Ele conhecera uma índia chamada Antônia, por quem se apaixonou. Essa é, de resto, a fonte de inspiração para o conto "Irecê, a Guaná", publicado em suas *Histórias Brasileiras*;
- e também o esquema básico da ação de *Les Danitcheffs*, peça que Alexandre Dumas filho escrevera, em 1876, em colaboração com o russo Korvín Krukóvski (o leitor encontrará a sinopse dessa peça no capítulo sobre Catalani, pois nela baseou-se, em 1886, *Edmea*, ópera desse compositor).

Misturada à guerra entre os tamoios e portugueses, é contada a história do ex-chefe tamoio Iberê feito escravo, obrigado a se casar com a escrava Ilara. Mas vive com ela irmãmente, pois sabe que Ilara ama Américo, o jovem português que, em suas viagens, há de se encontrar com a condessa de Boissy, uma nobre francesa. No final, o escravo liberto se sacrificará para que Ilara e Américo possam viver felizes. Ao comparar esta sinopse com a da *Edmea*, de Catalani, o leitor verá que todas as situações da peça de Dumas filho reaparecem na ópera. Chega a haver frases inteiras do drama literalmente traduzidas no libreto. Essa mudanças muito artificiais seriam responsáveis por incongruências na trama. É estranho que o brasileiro Gomes aceitasse a desenvoltura com que Paravicini fantasiava a realidade histórica nacional: basta lembrar que a condessa de Bouillon mora em um grande castelo em Niterói (!) e não possui escravos por ser francesa – um sentimento iluminista, típico do século XVIII, que uma dama gaulesa da década de 1560 dificilmente teria. Ainda mais que ele tinha consciência das deficiências do poeta pois, em carta de 11 de dezembro a seu amigo Mandelli, escreveu:

> (O libreto) me parece melhor como argumento. Os versos são coisa de fazer rir as galinhas do camponês que é o Davide! Acrescente a essas minhas prolongadas e involuntárias oscilações a dificuldade em obter, em tempo hábil, as mudanças de que necessito.

A manipulação do argumento desagradou profundamente a Taunay e este exigiu que seu nome fosse riscado do projeto – embora ele apareça ao lado do de Paravicini na capa da partitura publicada pela Casa Ricordi. *Lo Schiavo* teve gênese difícil, retardada pelas crises de insegurança, as dificuldades financeiras, os problemas com Adelina – que morreu de tuberculose, em 6 de agosto de 1887, aos 45 anos de idade – e o infrutífero processo contra o cunhado da mulher, Emilio Donadon, que ela nomeara curador de seus bens antes de morrer. A essa disputa viria juntar-se outra, muito desgastante. Em 1884, Antônio Carlos musicara um *Inno-Marcia* – "Un astro splendido nel ciel appar" –, com texto do tenente Francesco Giacinto Giganti, instrutor de seu filho Carletto no Real Colégio Militar Longone, de Milão. A publicação desse hino pela Casa Lucca já causara indignação a Giulio Ricordi, que ainda não levara a efeito a absorção da editora rival, só efetivada em 1888. E quando Gomes decidiu inserir as palavras de Giganti no ato II do *Schiavo*, esbarrou na oposição de Paravicini. Como as duas partes se mostrassem irredutíveis, houve um litígio judicial desfavorável ao compositor. Isso contribuiu para que Ricordi rescindisse o contrato que previa a estréia da ópera no Teatro Comunale de Bolonha. Mas não foi esse o único motivo, lembra Góes:

> Os tempos haviam mudado. E não era só por obras de CG que diminuía o interesse dos editores no final da década de 80. Os compositores de sua geração começavam a ser preteridos pelos da *Giovanne Scuola* que chegavam, inclusive, e principalmente, com Puccini em quem os Ricordi investiam de armas e bagagens...

O jeito era trazer *Lo Schiavo* para o Brasil. Mas foram longas e difíceis as negociações com o empresário Mario Musella, que dirigia o Teatro Imperial Dom Pedro II. Musella desconfiava de Carlos Gomes que, dois anos antes, não cumprira a promessa de terminar a ópera *Morena* para que ela pudesse ser encenada no Rio; e achava que, com seu temperamento autoritário, Antônio Carlos criaria dificuldades nos ensaios. As querelas só se encerraram com a intervenção do imperador, que ordenou a inclusão do *Escravo* na temporada. Ainda assim, era necessário arrecadar os fundos necessários para cobrir as despesas de cenários, figurinos e cópias da partitura, e pagar o cachê do barítono Innocente de Anna, que viria da Itália criar o papel de Iberê. Para isso, foram necessárias subscrições.

Realizou-se, no Cassino Fluminense, em 1º de setembro, um concerto beneficente a que compareceu a fina flor da nobreza. Depois, o crítico Oscar Guanabarino fez gestões junto à princesa Isabel – a quem a partitura fora dedicada –, para a abertura de uma lista de doações que arrecadasse os fundos necessários à montagem. O imperador e sua mulher abriram a lista com 500$000 cada um, seguidos pelos 400$000 do príncipe Dom Pedro Augusto. No total, o grupo de organizadores formado por Guanabarino, Taunay, André Rebouças, Salvador de Mendonça e o comerciante Francisco da Graça Castellões, todos eles amigos de Antônio Carlos, juntaram 50 mil francos e a ópera foi para o palco.

Em 27 de setembro de 1889, o próprio compositor regeu a primeira récita, cantada por De Anna, Maria Peri, Franco Cardinali, Enrico Serbolini e a holandesa Marie van Cauteren. As demais récitas foram regidas pelo maestro Boniccioli. A calorosa reação do público, a promoção a dignitário da Ordem da Rosa, e a promessa do imperador de lhe dar a direção do Conservatório do Rio de Janeiro pareceram consolar Carlos Gomes dos problemas por que vinha passando na Itália. Mas por pouco tempo. Um mês e dezoito dias depois, em 15 de novembro, a República foi proclamada.

Na hora de se escolher o novo diretor do conservatório, o compositor, tendo perdido o apoio com que contava no governo, foi preterido em favor de Leopoldo Miguez. Além da questão política, Miguez, que estudara na Alemanha, contava com o apoio dos "wagneritas", liderados por Rodrigo Barbosa; e estes consideravam o melodrama italiano fora de moda. Tem razão, porém, Marcus Góes: apesar das "lamentações filiais e as choramingadas" dos amigos, que viam nessa decisão uma injustiça clamorosa, ninguém poderia garantir que Gomes ficasse no Rio de Janeiro, exercendo essa função. O mais provável é que ele a abandonasse seguidamente para voltar a Milão, perseguindo o prosseguimento de sua carreira como operista italiano. E a tensão com o novo governo aumentou quando Carlos Gomes, alegando muito coerentemente a fidelidade ao imperador, a quem devera o impulso inicial à sua carreira de músico, recusou os vinte contos de réis que o marechal Deodoro da Fonseca lhe oferecera para escrever a música do *Hino à República* – que acabou sendo composta por Miguez. Isso fez com que, em 1890, ele se decidisse a voltar para a Itália.

Do ponto de vista estrutural, *Lo Schiavo* é uma ópera de números relativamente convencional. Mas apresenta Carlos Gomes em um de seus melhores momentos de inspiração melódica – capaz de "encontrar harmonias e timbres raros, de aproveitar ritmos inusitados e de utilizar modulações as mais eficazes e inesperadas" (Marcus Góes). Como no *Guarany*, a música é, de um modo geral, italianada. Mas, como observa João Itiberê da Cunha, num ensaio publicado na *Revista Brasileira de Música*, há nela

> certas estranhezas rítmicas e temas de sabor agreste e mesmo selvagem, que nada têm a ver com a música da Europa, e muito menos com a italiana. Sempre que Carlos Gomes quer apresentar o elemento autóctone do Brasil, sejam guaranis, tamoios ou aimorés, ele encontra no seu estro acentos característicos e inéditos, que surpreendem pela força de expressão e pela novidade, já não diremos pelo exotismo.

Árias como "Quando nascesti tu", de Américo, em que é visível essa filiação melódica à canção popular brasileira oitocentista; "Sogni d'amore", de Iberê, ou o polêmico "Hino à Liberdade", estão entre as melhores páginas escritas por Carlos Gomes. Em *O Escravo*, são usados temas recorrentes mas, desta vez, com extrema economia de meios. Só há dois motivos que serão virtuosisticamente modificados e desenvolvidos ao longo de toda a obra. O primeiro deles, ouvido logo no início do Prelúdio, refere-se a Ilara; o segundo é o que está ligado à coragem e altruísmo de Iberê e, conseqüentemente, aos tamoios. É o motivo ouvido quando o capataz Gianfera fala dele pela primeira vez, na cena 3 do ato I: "Di quella razza indomita l'orgoglio mantiene." Marcus Góes chama a atenção para o fato de que são duas melodias aparentadas, como se uma decorresse da outra, e surgirão de diversas formas, fragmentadas, em variações, modulações e cantadas por diversos instrumentos da orquestra.

O caráter heróico de Iberê – um dos raros protagonistas barítonos na ópera daquele período – é de resto ressaltado tanto em sua expressiva primeira entrada, "Libero nacqui al par del tuo signor, usurpator di questo suolo!", quanto em sua vibrante narrativa "In aspra guerra per la mia terra", que possui "acompanhamento em quintas estupendamente bem urdido em sua tendência dissonante" (Góes). O interlúdio da "Alvorada", na cena 4 do ato IV, tornou-se muito popular no Brasil como peça isolada de concertos sinfônicos. Essa bela página, que "descrive lo spuntare della aurora brasiliana", revela capacidade apreciável para a evocação musical da natureza, numa linha que a liga à tradição francesa das peças instrumentais criadoras de ambientação. E deixa marca na música italiana da época: é inegável a influência sobre o "Hino do Sol" com que se inicia a *Iris*, de Pietro Mascagni (há em ambos a mesma gradação, em crescendo, do pianissimo ao fortissimo, para sugerir o nascer do sol, e a mesma tonalidade, maior em Gomes, menor em Mascagni).

Mas é a Ilara que o músico reserva as mais belas melodias da ópera, seja no "Ei partirà, lasciandomi nel core", do ato I, seja na sugestiva romança "Come serenamente", do IV, que Conati considera "o presságio de um novo estilo já prestes a manifestar-se com a *Giovane Scuola*". O ponto culminante da ópera é, sem dúvida alguma, a grande cena do ato III em que a índia lembra-se de sua juventude e expressa a saudade que sente da terra natal – espelhando sentimentos que o próprio Antônio Carlos provavelmente experimentava naqueles anos atribulados. A cena se inicia com o recitativo sobre o tema de Ilara, "Alba dorata del natio mio suol" – versão modificada do original, onde estava "Cielo adorato del brasileo suolo". Vem em seguida a ária, "O ciel di Parahyba ove sognai d'amor", que culmina na longa frase ascendente que leva a "A te la vita, l'anima torna piangendo", para se encerrar com a longa nota prolongada de "Meglio morir". De esplêndido colorido orquestral, progressões harmônicas perfeitamente calculadas e intenso clima poético, nela está uma das mais refinadas realizações do canto italiano nessa fase de transição entre o Romantismo e o Verismo.

Ao lado disso, entretanto, não faltam alguns momentos banais, com acompanhamento orquestral rotineiro e o uso de recursos vocais estereotipados. As páginas dedicadas, no ato II, à condessa de Boissy são as que mais se ressentem disso. Como no *Guarany*, a melodia da "Dança do Tamoios", em que pese sua elasticidade e o fato de vir envolta num ritmo de batuque, é música tipicamente italiana, usada para caracterizar os índios brasileiros. Mas no que tem de melhor, *O Escravo* dá exemplos impecáveis de perfeita correspondência entre a música e a ação cênica. O Prelúdio, bastante sintético, mas de original colorido instrumental, abre-se com uma frase de tom bucólico do oboé, que dialoga brevemente com os violinos. Logo surge um novo tema com uma sucessão de intervalos de quinta, pouco usuais na ópera italiana da época, conduzindo ao expansivo tema que caracterizará Ilara, em que já há o tom típico da frase verista – de que Carlos Gomes é, sem dúvida alguma, o mais típico precursor. O retorno ligeiramente modificado do tema inicial finaliza a peça que, em *Carlos Gomes: uma Obra em Foco*, João Itiberê da Cunha assim descreve:

> Não é uma página sinfônica de grande imponência, mas toda ela de delicadeza, de boa sentimentalidade, com um leve cunho de orientalismo expresso na toada pastoral do oboé.

Na opinião de Marcelo Conati,

> com *Lo Schiavo*, o ímpeto dramático de Gomes tende a atenuar-se; ele entra em uma fase reflexiva na qual o dinamismo do discurso musical se transforma em pintura de ambiente. O interesse, agora, redide primordialmente nas partes líricas; as dramáticas, embora não estejam privadas de eficiência, não atingem a intensidade de certas páginas da *Fosca* nem o imediatismo, que era uma das características do *Guarany*. A estrutura dramatúrgica apresenta carências que não são irrelevantes, principalmente na definição dos caracteres; mas algumas situações são bem conduzidas, com sentimento poético e resultados convincentes no plano da expressão teatral. A composição apresenta um equilíbrio geral, que lhe é conferido por uma certa organização estilística, e faz com que o *Escravo* seja considerado, pela maioria dos estudiosos, uma das óperas mais bem-sucedidas de Carlos Gomes.

Lo Schiavo nunca foi encenada na Itália. O maestro Gino Marinuzzi tentou, sem sucesso, incluí-la na temporada do Scala, em 1936, em comemoração ao centenário de nascimento do compositor. Tendo falhado esse projeto, tudo o que conseguiu foi realizar, no ano seguinte, um concerto de trechos de várias obras. Não chegou tampouco a concretizar-se o plano do produtor Fernando Bicudo de apresentar a ópera na Itália em 2000, com elenco brasileiro, tendo como protagonista o barítono Sebastião Teixeira, que cantara o papel em São Paulo e Belo Horizonte. Até a data do fechamento deste capítulo, em setembro de 2002, não tenho notícia de uma montagem italiana do *Escravo*. Duas integrais ao vivo documentam essa ópera:

- a da Masterclass, de 1959, no Municipal do Rio, com Lourival Braga, Ida Miccolis, Alfredo Colósimo, Luís Nascimento, Anthea Cláudia/Santiago Guerra;
- e a da Voce, de 1977, no Municipal de São Paulo, com Fernando Teixeira, Leila Guimarães, Benito Maresca, Amin Feres e Maria Tereza Godoy/David Machado.

Retornando a Milão, depois da estréia do *Schiavo* no Brasil, Carlos Gomes hospedou-se no apartamento de sua amiga, a condessa Cavallini. Começou a trabalhar em *O Cântico dos Cânticos*, comédia em um ato de Felice Cavallotti; mas não chegou a terminá-la. Aceitou, porém, uma encomenda dos irmãos Cesare e Enrico Corti, de uma ópera para a temporada de 1891 no Scala. Foi escolhido por ser o mais competente dos compositores da época não comprometido com Ricordi ou Sonzogno, as duas editoras que, àquela altura, travavam combate de morte pela hegemonia nos palcos líricos – em especial naquele ano de 1890, em que a *Cavalleria Rusticana* estava virando a mesa do melodrama peninsular. Os irmãos Corti, de comum acordo com Sonzogno, ofereceram ao compositor um libreto escrito por Mario Canti, poeta obscuro, a respeito do qual não se tem muitas referências.

Canti imagina a história de Odalea, rainha de Samarcanda, amada por Condor, guardada num santuário no qual ninguém pode entrar – embora o mago Almanzor faça ao pagem Adin a profecia de que um profanador se aproxima. De fato, Condor, o chefe das Hordas Negras, tem a audácia de entrar no palácio e confessar a Odalea o seu amor. Cansada de viver sozinha, a soberana o salva da ira de seu povo, e Condor recusa-se a seguir Zuleida, sua mãe, quando esta vem tentar alertá-lo contra a indignação não só dos habitantes de Samarcanda mas também dos membros das Hordas, que se sentem abandonados por seu chefe. Ao saber que as Hordas pretendem raptar Odalea, Condor corre em seu socorro, sem se fazer reconhecer. Ao identificar nele seu salvador, Odalea nomeia-o emir de suas tropas, mas isso só faz aumentar o furor da população, que incendeia o palácio. Para salvar uma vez mais a vida da mulher que ama, Condor se apunhala. Quando a multidão invade o palácio, encontra a rainha caída sobre o cadáver do amante. Chamando-os de "bárbaros", ela lhes atira o punhal ensangüentado com que ele se matou.

Condor agonizante é a figura que se reclina sobre a escadaria da praça Ramos de Azevedo, na esplanada do Teatro Municipal de São Paulo, ao lado do Vale do Anhangabaú. Ele faz parte do Monumento a Carlos Gomes, conjunto de estátuas de mármore e bronze realizado por Luigi Brizzolara, e instalado em 1922, como parte das comemorações da independência do Brasil. Além de uma grande estátua do compositor, de alegorias à Música, à Poesia, à Glória, à Itália e ao Brasil, espalham-se pela escadaria e pela praça personagens do *Guarany, Fosca, Salvator Rosa, Maria Tudor* e *Schiavo*. Uma tradição paulistana diz que, para quem desce os degraus, dá sorte tocar à passagem a palma da mão estendida de Condor moribundo. A ópera deveria ter como título o nome da personagem masculina. Mas Antônio Carlos, como bom brasileiro atento à malícia dos outros, preferiu chamá-la de *Odalea*, para evitar que, se ela viesse a ser apresentada na França, ali fosse chamada de "con d'or" (vagina de ouro). Vê-se que ele estava de olho na possibilidade de exportar a sua ópera, pois em italiano o problema não existe, já que a palavra é paroxítona.

A estréia, no Scala, em 21 de fevereiro de 1891, teve acolhida muito fria, apesar da regência de Leopoldo Mugnone e do bom elenco: Hericlea Darclée, Adele Stehle, Erina Borlinetto, Giovanni Battista De Negri, Francesco Navarrini e Pio Marini. Embora algumas publicações e a edição da partitura para canto e piano indiquem os nomes do tenor Federico Corrado e do *mezzo* Vittoria Fabbri entre os criadores da ópera, esses dois cantores substituíram De Negri e Borlinetto em récitas subseqüentes. Outra informação que se costuma encontrar, nas biografias de Carlos Gomes, é a de que *Condor* foi cantada apenas duas vezes. Na realidade, a ópera alcançou dez récitas, contra onze do *Lohengrin* e 23 da *Cavalleria*. Haveria ainda uma apresentação, em 27 de janeiro de 1893, no Carlo Felice de Gênova. Depois disso, a ópera nunca mais foi apresentada na Itália.

Como na *Fosca*, percebe-se no *Condor* um esforço consciente de renovação formal. Há soluções harmônicas e empregos vocais que mostram o quanto Gomes acompanhava as modificações introduzidas pelos veristas no idioma do melodrama italiano – e que, na verdade, ele antecipara nas páginas mais inovadoras da *Fosca* ou da *Maria Tudor*. Haja vista a tessitura ousada do "Vampe folgori, rivolte!", na entrada de Odalea no início do ato III, seguida da declamação entrecortada de "Febre fatal, sogno crudel d'ebra follìa!", marcada *andante cantabile con grande passione*. Ou, no ato II, a enérgica invocação do tenor – spinto, ou *di forza*, como era De Negri, o criador do papel:

O lande, o vertici,
su voi più non si librano
le folgori dell'aquila regal?
Nè più trema d'orror
la foresta al rugito del leon?
Pur quello io son
e implacato ho l'artiglio:
io son Condor!...

(Ó planícies e montanhas, não brilham mais sobre vós os relâmpagos da águia real? E a floresta não treme mais de horror ao rugido do leão? Pois eu sou assim e tenho garras implacáveis: eu sou Condor!...)

Há também, lado a lado do reconhecível estilo melódico do compositor – aqui tão inspirado quanto no *Schiavo* – um refinamento de expressão que mostra Gomes em dia com a ópera francesa, de que *Condor* retém o modelo: a elegância da música faz pensar em Gounod, Saint-Saëns, Massenet.

Um dos sinais da atenção à escola francesa, é o grande cuidado de Gomes – traço também presente na nova escola – em caracterizar musicalmente os ambientes (isso, de resto, já fora anunciado pela "Alvorada" do *Escravo*). O ambientismo do *Condor* está presente nos temas de sabor oriental que ele utiliza (embora em trechos como a "Marcha Tártara", do ato II, eles soem ingênuos e um tanto postiços). Mas a escrita orquestral é muito bem trabalhada, não só no Prelúdio, no Noturno que introduz o ato III, ou no balé – em que uma das entradas, de caráter camerístico, tem melodia particularmente bonita – mas também no acompanhamento instrumental, muito elaborado, e de alto grau de autonomia em relação à linha vocal.

A crítica reagiu de forma um tanto perplexa, reconhecendo algumas qualidades à partitura, mas fazendo as costumeiras restrições à "falta de unidade", à "instrumentação barulhenta". *Il Secolo* – ligado a Sonzogno, que comandava a temporada no Scala – falava na "mão de mestre" da primeira cena; considerava "verdadeiramente feliz" o dueto Condor-Odalea; e dizia que, "dos três atos da ópera, o último é o melhor". No *Perseveranza* de 22 de fevereiro, Giovanni Battista Nappi era mais severo:

> O abuso de convenções e lugares comuns do libreto se encontram também na música, embora o compositor tenda, de vez em quando, a subtrair-se a isso; mas o consegue com esforço, com pouca espontaneidade, nunca escondendo as simpatias pelas velhas formas do drama lírico. [...] A instrumentação me parece, salvo alguns breves momentos, muito pesada e opressiva, pelo abuso dos metais, tornando-se as perorações ensurdecedoras e pouco elaboradas. *Condor* parece, então, uma ópera feita de um jato, toda ela animada do mesmo sopro, ordenada com lógicas e bem determinadas intenções. No conjunto, não há um todo harmonioso, mas uma variedade um tanto desequilibrada de cor e estilo.

No Brasil também os musicólogos dividiram-se a respeito do *Condor*. Na *História da Música Brasileira*, Renato Almeida é da opinião que:

> Se no *Condor* não encontramos trechos característicos a citar, que tivessem permanecido na memória, páginas sinfônicas de efeito, ou *cantábiles* largos e sedutores, há um esforço seguro para realizar algo de novo e uma intensidade sinfônica vigorosa.

Ouvida hoje, a obra não parece de forma alguma merecer julgamento tão negativo. Na obra coletiva já mencionada, Andrade Muricy responde a essa acusação de que o *Condor* é pobre em melodia:

> O caráter melódico é que mudou. [...] As frases melódicas são geralmente mais curtas do que as que lhe eram habituais e, além disso, ele já as vai empregando por fragmentos expressivos. Quando volve às frases largas, como na segunda parte do popular *Noturno* do terceiro ato, já descora um pouco e se trivializa, não conseguindo manter a fluência de suas melodias juvenis e a maravilhosa frescura de acentos de certas árias de *O Escravo*. Esse emprego variado e multiforme de fragmentos expressivos de frases, que caracteriza o processo de desenvolvimento do *Condor*, aproxima-o mais é do Verismo.

De fato, os cantábiles característicos do autor ali estão com toda a força: prova disso é o lamento de Odalea, "Ah!, quanto ciel rapiva a me crudel!", em seu monólogo do ato III. Um estilo lírico que se espraia voluptuosamente no belo "Noturno" com que se abre o ato III. É evidente que *Condor*, em 1891, tinha poucas condições de agradar a um público que – como diz Julian Budden – "já tinha provado o sangue verista". A história ingênua e de um orientalismo já fora de moda, a má qualidade poética de um libreto cheio de lugares-comuns, o formato de *grand-opéra* não mais condizente com as óperas compactas, ágeis e intensas praticadas pelos veristas já não atendiam mais ao gosto do dia.

Mas é simplesmente não ter prestado atenção à partitura supor que ela assinale um declínio criativo do compositor. O melodismo de Gomes está lá, sim, mas com movimentos mais flexíveis. O corte dos temas é menos tradicional do que no *Guarany*; menos popularesco do que no *Salvator Rosa*. Levam um passo à frente a madura expressão da *Maria Tudor* e do *Schiavo*. Há em *Condor*, em suma, a busca visível de um novo roteiro estético; ou, como diz Andrade Muricy, "não um 'canto de cisne', mas uma indistinta, tateante aurora".

Condor/Odalea tem divisão em números muito tênue. Tende para a estrutura em blocos contínuos que Verdi consolidara no *Otello*; e, nesse sentido, confirma uma tendência já perceptível no autor desde o *Guarany*. Além da predominância, já observada, do tipo de vocalidade que faz a voz ascender subitamente do

Frontispício da partitura do poema vocal-sinfônico *Colombo*.

registro central para a região aguda – técnica que vai proliferar no Verismo –, é característica no *Condor* a preocupação com um tipo de declamação que valorize a clara pronúncia das palavras. E esse é outro ponto em que está intimamente associada à nova escola.

O selo pirata JSM-UORC tinha a integral de Eleazar de Carvalho, no Municipal do Rio (1944); mas ela apresentava sérios problemas de edição e cortes lamentáveis. O rótulo do disco registrava Carmen Gomes e Elias Reis e Silva como os intérpretes dos papéis principais; mas Sérgio Nepomuceno Correa, em seu levantamento discográfico, revela que eles foram, na verdade, feitos por Maria Helena Martins e Carlo Merino. O elenco é completado por Maria Augusta Costa, Alexandre de Lucchi, José Perrotta e Sarah César.

É igualmente cortada e de som pirata muito precário a versão existente na série da Masterclass: a de Armando Belardi, realizada em 1986 na Sala Cidade de São Paulo – local provisório de funcionamento dos corpos estáveis do Municipal, durante a reforma do teatro. No elenco estão Renata Lucci, Sergio Albertini, Niza de Castro Tank e Tereza Boschetti.

Condor foi encenada em versão absolutamente integral – inclusive com o balé do ato II – no VI Festival de Ópera de Manaus, em maio de 2002, dirigido por Bruno Berger-Gorski, sob a regência de Luiz Fernando Malheiro. No elenco estavam Céline Imbert, Fernando Portari, Mariana Cioromilla, Solange Siquerolli e José Galisa. Nessa ocasião, foi feita uma gravação em DVD, para distribuição institucional.

Logo depois da estréia do *Condor*, Carlos Gomes foi convidado a integrar, no Scala, a comissão que nomearia um sucessor para Franco Faccio, doente com a paralisia cerebral progressiva de que morreria em julho daquele mesmo ano de 1891. Dessa comissão participavam Boito, Catalani, Antônio Bazzini, diretor do Conservatório de Milão, e o grande compositor de música instrumental Giuseppe Martucci, diretor do Liceu de Bolonha. O regente escolhido foi Edoardo Mascheroni. Em meados de maio, Antônio Carlos embarcou com Ítala para o Brasil, esperando obter, com a montagem nacional da nova ópera, os lucros que não tivera na Itália. Mas o público do Rio de Janeiro não estava preparado para as novidades de estilo do espetáculo a que assistiu, em 13 de agosto, no Teatro Lírico, com a companhia reunida pelo empresário Luigi Ducci. Do elenco original, ele trouxera a Borlinetto e a Stehle, juntando-as ao tenor Gregorio Gabrielesco e ao soprano Elena Theodorini, sob a regência de Arnado Conti. Foi apenas un *succès d'estime*. Para a nova platéia, Carlos Gomes, associado ao mundo morto da monarquia, deixara de ser o artista festejado de antes. Segundo Marcus Góes,

> CG cansara o público com suas eternas lamúrias, com sua permanente corrida atrás de récitas de benefício, pensões, ajudas de custas, negócios de empresamento de temporadas e de vendas de partituras e outros que tais.

A acolhida ao *Condor* foi tão fria que sua encenação restringiu-se à capital. Em São Paulo, ela só seria estreada em 1920. Para o desânimo de Antônio Carlos concorreu, no final de 1891, a notícia de que, em 5 de dezembro, D. Pedro II, seu antigo protetor, morrera em Paris.

O final da vida do compositor foi marcado por dificuldades e decepções. Não conseguiu obter nenhuma função oficial do governo republicano, o Congresso Nacional lhe negou uma pensão, e sequer foi convidado a integrar a delegação brasileira presente à Exposição Universal Colombiana de Chicago, em 1893. Acabou indo aos Estados Unidos por conta própria; mas não obteve um só centavo de ajuda das autoridades brasileiras para montar ali uma de suas óperas. E por pouco não teve de reembolsar US$ 1.000 ao Tesouro Nacional, por "excedentes de despesas" com um concerto de trechos de suas obras, que regeu em 7 de novembro de 1893.

De volta a Milão, teve a tristeza de encontrar o filho Carlos André doente, com tuberculose. E foi novamente mal-sucedido ao candidatar-se à sucessão do compositor Carlo Pedrotti como diretor do Liceo Rossini, de Pesaro: o escolhido foi Pietro Mascagni que, por sinal, faria ali uma administração extremamente competente. Nesse meio tempo, trabalhava num projeto novo. Ainda no Brasil, pedira a seu amigo, o deputado Annibal Falção, que lhe escrevesse um poema sobre Cristóvão Colombo – libreto que Falcão produziu em italiano, com o pseudônimo de Albino Falanca. Era duplo o objetivo de Carlos Gomes: o concurso que a Prefeitura de Gênova abrira para uma obra musical em homenagem ao IV Centenário do Descobrimento da América; e concurso semelhante que escolheria a cantata a ser apresentada em Chicago, durante a exposição que celebraria essa efeméride. Desta vez, viu-se triplamente frustrado. Não foi premiado nem em Chicago nem nas Festas Colombianas de Gênova, onde o comitê organizador preferiu o *Cristoforo Colombo* de Alberto Franchetti (ver o capítulo sobre esse compositor). E, pela primeira vez na vida, uma ópera sua foi vaiada no Brasil, quando *Colombo* subiu à cena do Teatro Lírico, em 12 de outubro de 1892, regido por Marino Mancinelli e cantado por Edoardo Camera, Gregorio Gabrielesco, Leonilda Gabbi, Paolo Wulman e Rina Garavaglia.

A reação do público carioca explica-se pela falta de familiaridade com o gênero estático do oratório cênico e com a escrita bem austera dessa partitura, marcada pela continuidade do pensamento sinfônico. Além disso, apesar de basear-se em relatos históricos, o libreto é de qualidade dramática duvidosa. O feito de Colombo é reduzido à obra de um amante desiludido, apoiado por um rei indeciso, que toma suas decisões baseado nas intuições da esposa. A música, porém, supera o mal alinhavado poema. Nela há "efeitos orquestrais e vocais de poderosa vibração dramática" (Renato de Almeida):

- na primeira parte, o "Hino a Fernando de Espanha"; o poético "Coro dos Pescadores"; ou os trechos em que Colombo lamenta a desilusão amorosa que o levou a buscar consolo e esquecimento na aventura. Dentre esses últimos, em especial "Tal cui non ha la terra eguale nella miseria", cuja linha melódica tortuosa sugere muito bem o estado de perturbação em que se encontra; e a romança "Era un tramonto d'or";
- na segunda parte, o dueto romântico "Non fosti mai si bel", não de todo necessário do ponto de vista da ação, mas indispensável na tradição lírica italiana. Inspirada decerto na *Africaine* de Meyerbeer é a cena da tempestade em alto-mar e muito bem realizada a grande ária de Isabel, "Vittoria! Vittoria!";
- na terceira parte, o belo interlúdio orquestral. As danças espanholas e indígenas da quarta parte, que o próprio Gomes retirou posteriormente da partitura, denotam certa falta de fôlego. Mas o "Inno al Nuovo Mondo", com seu "Ave, o terra occidental, nel tuo ciel l'alma aurora folgorò!", encerra a peça de forma apoteótica.

O reconhecimento da qualidade dessa partitura só viria em 27 de outubro de 1936, quando Heitor Villa-Lobos a regeu no Municipal do Rio de Janeiro. Embora, para a ocasião, o maestro tivesse composto uma abertura à maneira de Gomes que, posteriormente, seria posta de lado, o público pôde perceber as qualidades de uma partitura animada por amplo fôlego sinfônico. Nos últimos anos, ocorreram encenações esparsas do *Colombo* e delas foram feitas duas gravações:

- a de Armando Belardi no Municipal de São Paulo (1964) – com Costanzo Mascitti, Lucia Quinto Morsello, Sergio Albertini, Paulo Adonis e Paolo Scavone – incluída na série da Masterclass;
- e a de Ernani Aguiar na Escola de Música da Universidade Federal do Rio de Janeiro (1997), com Inácio de Nonno, Carol McDavitt, Fernando Portari e Eliomar Nascimento (selo UFRJ).

Em 1893, Carlos Gomes iniciou uma nova ópera, *Kaila*, que não chegaria a terminar. Este, aliás, é um aspecto marcante de sua personalidade artística: a insegurança, que o fez interessar-se e largar pelo meio os mais diversos projetos. É impressionante o levantamento feito por Marcus Góes da lista de óperas iniciadas e não levadas adiante. Por esse motivo, vale a pena citá-la aqui de forma sumária. Mas para maiores detalhes, remeto o leitor às pp. 413-418 de *Carlos Gomes: a Força Indômita*.

- *América*, de autor desconhecido, ambientado em Puebla, no México, em 1822. Há suposições não comprovadas de que ele se baseie num argumento esboçado por Salvador de Mendonça. América é o nome de uma das personagens, e não do continente. Não se encontrou música alguma para esse libreto que – ao contrário do que já se afirmou –, não tem relação nenhuma com o do *Colombo*.

- *Celeste*, de Ghislazoni, que não chegou a ser musicado.
- *Cromwell*, de autor desconhecido, idem.
- *Emma di Catania*, atribuído a Ghislanzoni, idem. Redigido provavelmente na época do *Salvator Rosa*.
- *Ezzelino da Romano* (1889), de Gino Gerosa, passado no século XIII em Verona e Pádua. Sem música.
- a já mencionada *Kaila*, de autor desconhecido, de que há referência numa carta de 1º de dezembro de 1894 a seu amigo, o escritor Alfonso Mandelli; mas não se encontrou música alguma para ela.
- *La Canzone di Miro*, de autor desconhecido, sem data, passado na Giudecca veneziana e com trechos em dialeto vêneto; sem música.
- *Le Maschere*, de Ghislanzoni, que ficou longos anos nas mãos do compositor até que, em 1877, o libretista se irritou e pediu-o de volta; sem música.
- *Leona*, de autor desconhecido, talvez de Ghislanzoni.
- *Marinella* (1872), de Ghislanzoni; sem música.
- *Os Mosqueteiros* (1871), de D'Ormeville, apresentado a Carlos Gomes logo após a estréia do *Guarani*. No Museu Histórico Nacional do Rio de Janeiro há manuscritos para canto e piano, de difícil leitura, de partes do ato I e fragmentos do II dessa história de intrigas amorosas, passadas na corte de Luís XIII.
- *Moema*, de Alfredo D'Escragnolle Taunay, de que falamos na parte deste capítulo referente ao *Escravo*.
- *Morena*, de autor desconhecido, com manuscritos guardados no MHN do Rio, datados de 11 de outubro de 1887 – mas essa data pode ter sido acrescentada posteriormente por Ítala Gomes, ao organizar os documentos deixados pelo pai. Na Sevilha de 1560, o estudante Don Ramiro, filho de um dos Grandes de Espanha, Don Pedro de Granada, apaixona-se pela cigana andaluza Morena. Essa era a ópera prometida ao empresário Mario Musella, que não perdoava a Carlos Gomes o não cumprimento do contrato. Em 1998, quando a São Paulo ImagemData falou na recuperação de *Joana de Flandres*, anunciou-se também que o musicólogo mineiro Luís Gonzaga de Aguiar estava trabalhando na restauração de *Morena*. Esse material poderá revelar muito sobre os processos criadores do compositor, quando for pesquisado e editado.
- *Ninon de Lenclos*, de autor desconhecido, de que não há nem libreto nem música. Atribui-se o texto ora a Paravicini, ora a Ghislanzoni ou D'Ormeville. Em suas reminiscências do compositor, de quem foi amigo, o violista Vincenzo Cernicchiaro afirma que ela foi iniciada em 1876. E Nello Vetro diz que há referência a ela numa carta de julho de 1879 à Ricordi, depois da *Maria Tudor*. Provavelmente a história é a mesma da comédia *Ninon Lenclos*, com texto e música de Antônio e Gaetano Cipollini, encenada no Lírico Internacional de Milão, em 1895. Como o libretista freqüentava a taberna de Davide em Lecco, não é impossível que a idéia lhe tenha sido repassada por Antônio Carlos.
- o já referido *Il Cantico degli Cantici* (1894), "esboço em um ato" de Felice Cavalotti. É obra irreverente, pesadamente anticlerical, envolvendo a paixão do seminarista Antônio por Pia, a filha do militar aposentado coronel Soranzo. Góes reproduz o documento em que Cavalotti deu a Gomes a autorização para usar o texto. Mas nenhuma música foi encontrada.
- *Il Cavaliere Bizzarro* (1889), de Domenico Crisafulli, passado na Espanha em 1350; sem música.
- *O Gênio do Oriente* (1895), de autor desconhecido, que lhe teria sido encomendado pela família real portuguesa, "para louvar os feitos lusitanos nas descobertas dos novos mundos"; sem música.
- *Oldrada* ou *Zema* (1884?), de Ghislanzoni; sem música.
- *Palma*, de Angelo Zanardini, com entrecho oriental passado em Bagdá. Por esse libreto, numa carta de 7 de novembro de 1879 a Giulio Ricordi, o compositor chegou a de-

monstrar grande entusiasmo, dizendo que, com essa ópera, sonhava "ganhar a palma da vitória". Mas não se encontrou música escrita para ela.

- *Gli Zingari*, de Ghislanzoni, outro libreto que ficou muito tempo em mãos de Antônio Carlos. Em carta de 8 de abril de 1895, Ponchielli lhe perguntava se tinha renunciado a ele e, em caso afirmativo, se poderia cedê-lo.
- *Eros*, de Alfonso Mandelli, e *Bianca di Santa Flora*, de Ghislanzoni, sobre os quais não há muita informação.

Ghislanzoni, um dos melhores amigos de Carlos Gomes, que sempre esteve a seu lado nos momentos piores, inclusive emprestando-lhe rios de dinheiro, nunca se recusou a continuar escrevendo libretos para ele, mesmo quando se irritava por não serem levados a termo os que lhe fornecia. Assim ele descreveu a instabilidade de Carlos Gomes:

> Sua atividade era constituída de entusiasmos e decepções, ímpetos e incertezas, nobres intenções e injustificáveis inseguranças, típicas da atitude intransigente de quem quer produzir uma obra-prima.

Insegurança e hesitações, aliadas à necessidade neurótica de agradar ao público que, de resto, ele compartilha com outros compositores dessa fase crítica de transição, como Boito ou Ponchielli. Numa época em que estava evidente a exaustão do idioma romântico com que Verdi e seus contemporâneos tinham trabalhado, mas ainda não se via com clareza o rumo a tomar, para renovar o melodrama italiano, são freqüentes as indecisões, as revisões incessantes, as idas para a frente e para trás e os títulos deixados incompletos – como o *Nerone* que Boito nunca conseguiu terminar.

O final da vida foi triste. Em 1894, manifestou-se, no fumante inveterado de charutos, o câncer na língua. Mas Antônio Carlos não conseguiu largar o vício, nem mesmo quando a doença se espalhou pela laringe. O sucesso do Verismo o fizera ser progressivamente esquecido. Numa situação financeira precaríssima, ele mal tinha condições de tratar de Carletto, que estava tuberculoso e morreria em 1898. Ainda assim, com enormes sacrifícios, levou-o para lugares mais quentes, San Remo e Nervi, na costa da Ligúria. O governo brasileiro sequer respondeu à sua proposta, em outubro de 1894, de fundar um conservatório em Campinas.

No início de 1895, o governo português o convidou a assistir às récitas do *Guarany* no Teatro São Carlos, ocasião em que o rei D. Carlos o condecorou com a Ordem de São Tiago da Espada. A etapa seguinte era Belém, onde a Associação Lírica do Pará planejava a encenação de suas óperas. No caminho, numa escala em Funchal, na Ilha da Madeira, Antônio Carlos encontrou-se com André Rebouças, que ali se exilara voluntariamente depois da queda da monarquia. O grande amigo já estava com as faculdades mentais perturbadas e morreria, em maio de 1898, em condições mal explicadas. Encontraram-no ao pé de um penhasco à beira-mar, sem que se soubesse se foi suicídio ou acidente.

"Se é de morte o meu mal", tinha dito Carlos Gomes, "quero ir morrer no Brasil". Recusou a oferta que lhe foi feita de dirigir o Liceo Benedetto Marcello, em Veneza, preferindo o convite que Lauro Sodré, governador do Pará, lhe fizera por sugestão do senador Antônio Lemos: o de assumir a direção do Conservatório de Belém do Pará. Com o surto da borracha, Belém vivia, da mesma forma que Manaus, uma fase de esplendor econômico que fazia dela um dos pólos ativos de atividade cultural no país. No início de março de 1896, Carlos Gomes foi de trem até Lisboa, onde se submeteu a uma operação meramente paliativa. Embora os médicos lhe desaconselhassem a travessia do oceano, embarcou no *Obidense* – na parada em Funchal, viu pela última vez Rebouças, que veio visitá-lo no navio – e chegou a Belém em 21 de maio de 1896, "num estado geral desolador" (Góes).

A junta médica convocada por Sodré diagnosticou epitelioma, tumor maligno no tecido de revestimento da língua e da faringe. Com dificuldade, pois já não conseguia mais falar com clareza e precisava usar papel e lápis para exprimir-se, Carlos Gomes pediu a ajuda do governo do Pará para saldar as 17 mil liras de dívidas que tinha deixado na Itália. Em 5 de julho, seis dias antes de seu aniversário, já sem forças para mover-se sozinho, tomou posse como diretor do conservatório. Não saiu mais da casa onde o tinham alojado, na rua Quintino Bocaiúva. Morreu às 10:15 da noite de 16 de setembro de 1896. Depois de morto, recebeu as inúmeras homenagens oficiais que lhe tinham sido negadas em vida. O Conservatório do Pará, dirigido por Enrico Bernardi, passou a chamar-se Instituto Carlos Gomes. Em 17 de outubro, no Rio, onde missa de corpo presente foi celebrada na Igreja de São Francisco de Paula, todas as bandas se reuniram, sob a regência de Henrique Alves de Mesquita, para tocar a Protofonia do *Guarany*.

Na Itália, o necrológio do *Corriere della Sera*, em 20 de setembro, dizia haver em sua música "a imaginação dos filhos do deserto, a impetuosidade de uma natureza virgem [...] que se continham com dificuldade entre as regras do conhecimento e os limites impostos pela escola" – literatice que nada tem a ver com a realidade. Não houve nenhuma homenagem oficial. No Scala, como dissemos, sua música só voltaria a ser ouvida em 1936, por ocasião do centenário de seu nascimento. Nesse mesmo ano, *Il Guarany* foi regido por Edoardo Vitale no San Carlo de Nápoles; e por Túlio Serafin na Ópera de Roma. Nesta última, Peri foi cantado por Beniamino Gigli. "Fechava-se o círculo", escreve Marcus Góes. Carlos Gomes "voltava ao 'céu do Parahyba', à terra da infância 'onde esplêndido e belo o sol flameja' ". Era o fim de uma vida tão pitoresca que inspirou a Rubem Fonseca uma biografia romanceada, *O Selvagem da Ópera* (Companhia das Letras).

PONCHIELLI

De origem muito humilde, Amilcare Ponchielli (1834-1886) recebeu as primeiras noções de música em casa, na aldeia de Paderno Fasolaro – hoje Paderno Ponchielli – perto de Cremona. Mas seu talento musical logo foi reconhecido e, aos nove anos, ele conseguiu uma bolsa para o Conservatório de Milão. Tendo-se formado em 1854, voltou para Cremona, onde assumiu o cargo de organista na igreja de Sant'Ilario. Trabalhando ali e na vizinha Piacenza, tentava ao mesmo tempo estabelecer-se como compositor de ópera. Ele próprio extraiu, do épico romance de Alessandro Manzoni, o libreto de *I Promessi Sposi*, que chegou a ter um sucesso local ao ser encenado no Teatro della Concordia, de Cremona, em 1856.

As tentativas seguintes, porém, foram malsucedidas. A Ópera de Turim chegou a começar a ensaiar *Bertrando del Bormio* em 1858. Depois, a direção do teatro concluiu que a partitura era insatisfatória e suspendeu o espetáculo. *La Savoiarda* (1860) foi o retorno ao gênero já obsoleto da ópera semi-séria, no estilo da *Linda di Chamounix*, de Donizetti. *Roderigo, Rè dei Goti* (1863) tinha pretensões à forma do *grand-opéra*, mas saiu de cartaz após uma única récita no Concordia, de Cremona. Não foram esses os únicos tropeços no início da vida profissional de Ponchielli. Em 1868, ele candidatou-se à cadeira de Composição do Conservatório de Milão. Mas perdeu para Franco Faccio, apoiado por Alberto Mazzucato, o líder dos músicos progressistas dentro dessa escola. Além disso, Faccio era um dos fundadores da já influente *Società del Quartetto* e freqüentador assíduo do salão da condessa Clara Maffei, amiga de Verdi.

Ventos melhores só começariam a soprar quatro anos depois. Animado pelo sucesso que Errico Petrella obtivera, em 1869, com sua adaptação do popularíssimo romance de Manzoni, Ponchielli decidiu-se a revisar a partitura de sua primeira ópera. Dessa vez, porém, convenceu o *scapigliato* Emilio Praga a reescrever o libreto, e este fez um trabalho excelente. A segunda versão de *I Promessi Sposi* estreou, em 5 de dezembro de 1872, no Teatro del Verme, de Milão. Foi cantada por Teresa Brambilla que, dois anos depois, haveria de se tornar a Sra. Ponchielli – trazendo consigo um regimento de parentes que tornaria a vida do compositor perfeitamente infeliz para sempre. Reescutada hoje, à luz das partituras posteriores, mais conhecidas, de Ponchielli, *Os Noivos* parece muito antiquada. E o primeiro a se dar conta disso foi Verdi. Numa carta de 7 de março de 1874 a seu amigo Opprandino Arrivabene, decretou:

> Ponchielli é bom músico, mas sua ópera carece de individualidade e, independentemente da discrepância entre a música nova e a que ele tinha escrito dezesseis anos atrás, o problema é que tanto o velho quanto o novo parecem estar atrasados em relação à sua época respectiva.

Apesar dessas restrições, *Os Noivos* agradou ao público conservador. E Ponchielli recebeu a encomenda de dois balés: *Le Due Gemelle*, para o Scala, e *Clarina*, para o del Verme, ambos em 1873. Atraiu também a atenção de Tito Ricordi, que assinou com ele o contrato para uma nova ópera. Antonio Ghislanzoni que, dois anos antes, escrevera para Verdi o libreto da *Aida*, foi encarregado de condensar *Konrad Wallenrod* (1828), poema narrativo do polonês Adam Mickiewicz. A carta de 28 de junho de 1873 a Giulio Ricordi mostra a dificuldade de Ponchielli em adaptar-se aos novos tempos:

> Nuca tive de musicar um texto que exigisse tantas formas musicais novas quanto *I Lituani*. Como o senhor sabe, no passado as pessoas não se importavam muito com a unidade temática. Hoje, ela é considerada absolutamente essencial e chego quase a dizer que se leva isso demasiado a sério, pois o senhor sabe como é difícil adaptar uma idéia musical a mais de um contexto, porque freqüentemente as palavras se opõem a isso. Para lhe dar uma idéia: agora que já trabalhei na entrada dos prisioneiros, no ato I, estou muito inclinado a mudar o recitativo no prólogo e também aquele outro breve recitativo, quando Walther diz: "Estão vendo aqueles fogos lá longe?" Aqui, preciso do tema dos "lituanos sofredores"; precisaríamos ouvir a orquestra como uma chicotada, e vou precisar encontrar uma melodia sonhadora para os violinos, ou alguma coisa bem triste que eu possa adaptar a esses três lugares: o recitativo de abertura, no Prólogo; o dueto final da mesma parte; e a cena da entrada dos prisioneiros...

Mas todas essas dores de parto não impediram que a reação favorável dos espectadores aos *Noivos* se repetisse quando *I Lituani* estreou no Scala, em 7 de março de 1874. Apenas o crítico Filippo Filippiu achou-a longa demais. Em breve, a ópera corria os teatros europeus, sendo ouvida até mesmo em São Petersburgo, no Teatro Maríinski (1884), a pedido do próprio tsar. Numa época em que a luta dos italianos pela independência ainda era muito recente, eram populares argumentos como o dos *Lituanos* e de sua luta para expulsar os invasores da Liga dos Cavaleiros Teutônicos.

Deixando a sua mulher Aldona sem lhe dizer o que pretende fazer, o conde Walther sai à luta contra o inimigo estrangeiro. Disfarçado com o nome de Corrado Wallingrod, infiltra-se em suas hostes, realiza atos de bravura, é nomeado chefe de um regimento e usa da autoridade adquirida para fazer com que seja poupada a vida dos prisioneiros lituanos. Aldona, que procura notícias do marido desaparecido, chega ao acampamento e, sem querer, o desmascara. Para não cair nas mãos de seus inimigos, Corrado se envenena minutos antes de os lituanos invadirem o local e derrotarem os teutônicos.

O bombástico libreto está longe de ser um modelo de clareza. E está cheio daqueles maneirismos ultrapassados em que Verdi impediu Ghislanzoni de incorrer, quando colaborou com ele. Mas Ponchielli consegue extrair bom efeito do modelo de *grand-opéra* cheio de cenas grandiosas, coros e números de dança pitorescas – inexistentes no padrão comum da ópera italiana. Não faltam tampouco algumas cantilenas expansivas, que prenunciam os melhores momentos da *Gioconda*. Críticos entusiastas como D'Arcais e Biaggi – em parte subvencionados pela Casa Ricordi – chegaram a comparar os *Lituanos* com a *Aida*, lembrando aos leitores como, num primeiro momento, a ópera de Verdi tinha sido acusada de "carecer de melodia". Queriam com isso dizer que, em seu devido tempo, *I Lituani* receberia a consagração que merecia. Efetivamente, isso não aconteceu pois, a despeito de eventuais momentos felizes, a ópera não possui real coerência dramática. O registro pirata de Gianandrea Gavazzeni (MRF, 1979) demonstra tratar-se de uma ópera que possui inegável charme melódico, mas em nada escapa às "fórmulas" mais batidas do teatro romântico, tão condenadas por Boito em seu ensaio. Se importância ela tem é a de prenunciar, no corte eloqüente de alguns de seus números, o trabalho mais popular de Ponchielli, que viria logo em seguida.

A Tito Ricordi, não escapou o que poderia extrair do encontro entre um melodista da velha escola e um intelectual do grupo progressista. Encomendou então a Boito um libreto baseado no *Angelo Tyran de Padoue* (1835), de Victor Hugo – já adaptado, em 1837, por Gaetano Rossi, com o título de *Il Giuramento*, resultando numa das óperas mais bem-sucedidas de Saverio Mercadante (ver *A Ópera Romântica Italiana*, desta coleção). Na mesma época que Ponchielli, por coincidência, o russo César Cui também estava trabalhando num *Angelo*, com libreto de V. Burênin, que estrearia no Maríinski de São Petersburgo

Retrato de Amilcare Ponchielli.

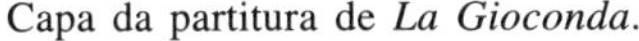

Capa da partitura de *La Gioconda*.

em fevereiro de 1876, dois meses antes da ópera italiana. Boito, ainda traumatizado com o fracasso da primeira versão de seu *Mefistofele*, não quis assinar o libreto com seu próprio nome. Preferiu transformá-lo num anagrama: Tobia Gorrio. Transferiu a ação de Pádua para Veneza, o que permitiria uma montagem mais charmosa, com coloridos efeitos de cena – a regata, o porto, a presença romântica dos canais e da arquitetura da cidade lacustre – e introduziu várias modificações no sanguinolento drama francês, para tornar as personagens menos sórdidas.

No original de Hugo, La Thisbé é um misto de atriz e prostituta, amante de Ângelo, o tirânico governador de Pádua. Mas ela está apaixonada pelo proscrito Ezzelino da Romano, que se esconde na cidade sob o falso nome de Rodolfo. Ezzelino é um homem brutal, que a apunhala ao imaginar que ela matou Caterina, a mulher de Ângelo, por quem está apaixonado (na verdade, La Thisbé dopou Caterina com um sedativo, para poder tirá-la do palácio do marido). O verdadeiro vilão, na peça de Hugo, é a personagem-título. Homodeï, o delator, é uma figura relativamente secundária, e é a Caterina que ele deseja, não a La Thisbé. Tem menos destaque do que Barnaba, típica criação boitiana, dotada de traços que o aparentam ao Cambro da *Fosca*.

Nas mãos de Boito, a Gioconda, personagem-título da ópera, transforma-se em uma cantora de rua. Ela está apaixonada por Enzo Grimaldo, nobre genovês proscrito da República de Veneza. Enzo voltou à cidade disfarçado de marinheiro dálmata, porque ama e é amado por Laura, a mulher de Alvise Badoero, chefe da Inquisição veneziana. Para vingar-se da rejeição da Gioconda às suas propostas, Barnaba, espião do Conselho dos Dez, que a deseja, manda prender a Cega, a mãe da cantora, acusando-a de ser feiticeira. Laura, porém, salva-a intercedendo por ela junto ao marido. Embora a odeie por ser sua rival, Gioconda fica-lhe grata por isso e, depois que Barnaba denuncia a seu marido o envolvimento de Laura com Enzo, é ela quem os ajuda a fugir, prometendo ao espião que, se os deixar irem livres, concordará em entregar-se a ele como recompensa. Mas quando o vilão vem cobrar o pagamento do trato, ela se suicida.

O libreto de Boito/Gorrio, por mais fiel que fosse a um esquema narrativo exageradamente romântico, tinha novidades estilísticas que desorientaram o conservador Ponchielli, como o atestam as cartas que escreveu a Ricordi durante novembro de 1874:

> Cem vezes por dia fico tentado a parar o trabalho. E a principal razão é que não tenho fé nesse libreto. É difícil demais e, além disso, não o acho compatível com o meu estilo de composição. Por natureza, não sou fácil de satisfazer e, neste caso, isso está acontecendo duplamente. Há conceitos demais; e os versos e as expressões não são claros como eu gostaria. Isso pode parecer inconcebível, mas componho mais facilmente usando versos que sejam lugares-comuns. Há momentos, agora, em que não consigo organizar as idéias, em que nada me vem à cabeça. Sem dúvida alguma eu preferiria um outro libreto e um outro poeta, que escrevesse para mim e não para si mesmo. Se isso acontecesse, eu conseguiria trabalhar muito mais depressa. O papel da Gioconda é feito de ódio, suicídio, ciúme, veneno e todos esses exageros que andam enfiando na ópera ultimamente. Mas o que o público quer é melodia – clara, suave e simples melodia.

E em outra ocasião:

> Acho que, para o público italiano, não se deve insistir muito nos aspectos teatrais, porque senão teremos de cair no uso de ritmos que não grudam no ouvido, teremos de reforçar a orquestra e, por último, teremos de recorrer a um tipo de artista que eu não sei se existia nem mesmo nos tempos de Rossini e de Bellini. A declamação justa, o gesto, ou seja, tudo o que constitui o *ator* e é necessário para o *drama*, é mais fácil de encontrar na mais ínfima das companhias de teatro do que na melhor das companhias de ópera.

Essas cartas documentam não só as limitações artísticas de Ponchielli, candidamente admitidas por ele mesmo, e a distância entre os universos estéticos do músico e do libretista, como também o convencionalismo das práticas teatrais, na Itália da época, apesar dos esforços de Verdi, a vida inteira, para modernizar os padrões de encenação e desempenho. Foi só por insistência de Boito que Ponchielli não fez modificações radicais na parte de Barnaba, escrita num estilo de versos longos que impõe a forma da declamação livre – e já anuncia, à distância, o que será o Iago do *Otello*.

Para a estréia no Scala, em 8 de abril de 1876, Ricordi não mediu esforços. Maddalena Mariani-Masi, Julián Gayarré, Gottardo Aldighieri e Maria Biancolini criaram os papéis principais, sob a regência de Franco Faccio. Para esse libreto, de que gostava tão pouco, Ponchielli escreveu uma música que fez da noite de estréia o primeiro passo rumo a uma popularidade que nunca mais decresceria. E transformou *La Gioconda* na ópera mais estimada desta fase de transição pós-romântica. A causa da popularidade é, antes de mais nada, a apaixonada vocalidade desse melodrama. Apesar de todas as pretensões intelectuais do libreto, o que realmente influi no gosto do público é o fascínio melódico da *Gioconda* e as possibilidades que abre a seus intérpretes. Esta é uma típica *singer's opera*. Há pelo menos uma ária importante para cada um dos cantores que fazem os seis papéis – e que têm de ser de primeiro plano para que o espetáculo se sustente, pois a partitura *não é* do tipo que, por suas excepcionais qualidades musicais, sobreviva até mesmo a execuções medíocres.

O modelo básico da *Gioconda* é o do *grand-opéra* meyerbeeriano, com o qual compartilha diversas características:

- o *elemento grandioso*: elenco extenso, seqüências que se prestam à movimentação, no palco, de grandes massas corais: o povo que, no ato I, volta da regata; os marinheiros no porto (ato II); o baile em casa de Alvise (ato III);
- a *busca do pitoresco*: a evocação de lugares precisos da paisagem veneziana, que permitem efeitos cenográficos requintados: a praça do palácio ducal com sua grande escadaria; o Portico della Carta e a Bocca del Leone, onde eram depositadas as denúncias para o Conselho; a laguna de Fusina; a ilha da Giudecca; a reconstituição da festa popular no ato I e do ambiente palaciano na festa em casa de Alvise; a recriação do ambiente portuário, inclusive com a canção de marinheiro, "Pescator, affonda l'esca", que Barnaba canta no ato II;
- a *adoção de moldes formais de origem francesa*: a grande ária ternária, como no "Voce di donna", com que La Cieca expressa sua gratidão a Laura; os *couplets* na canção estrófica do pescador; o *grand morceau d'ensemble* no vasto concertato "D'un vampiro fatal l'ala fredda passò", com que se encerra o ato III; a *prière* na "Stella del marinar", cantada por Laura. E principalmente o dueto em várias seções contrastantes, como o de Raoul e Valentine nos *Huguenotes*, em que se decalca "L'amo come il fulgor del creato", a confrontação entre Laura e a Gioconda no ato II. Essa cena – inspirada e, de certa forma, até decalcada no dueto análogo da *Fosca*, de Carlos Gomes – contrapõe duas formas opostas mas igualmente intensas de expressar o sentimento amoroso. Neste caso, porém, é necessário também filiá-la a outra matriz mais antiga e de origem italiana: a da confrontação soprano-*mezzo* que, partindo da cena Norma/Adalgisa, na ópera de Bellini, influencia a construção de duetos como o de Aida/Amneris, e outros de que falaremos mais adiante;
- o *uso obrigatório do balé*: a *Dança das Horas*, executada durante o baile do ato III, tem música de imensa banalidade. Mas ficou célebre como peça independente em concertos sinfônicos – e como um dos números mais divertidos do filme *Fantasia* (1940), de Walt Disney, onde é coreografada para diabólicos jacarés de capa vermelha que perseguem lubricamente hipopótamas de vaporoso *tutu*. Registremos aqui também o fato de, nesse ponto, Ponchielli ter sido igualmente precedido por Carlos Gomes, cujo *Guarany* é uma "opera-ballo".

La Gioconda, em muitos momentos, tem soluções melódicas e harmônicas convencionais. E até páginas de gosto duvidoso, como a ária de Alvise, "Sì, morir ella dè", no início do ato III, que é de uma grande vulgaridade. Com freqüência, também, mesmo quando o número é bem escrito, ele se torna pouco original pela força da influência de Verdi sobre sua invenção melódica. O dueto Laura/Alvise, no ato III, ou o concertato com que esse ato se encerra são exemplos claros disso. A esse respeito, é bom lembrar um comentário do próprio Verdi em carta a um amigo:

> De todos os compositores que conheço, Ponchielli é o melhor. Mas o problema dele é que já não é tão moço e já ouviu coisas demais. E você sabe o que eu acho de ouvir coisas demais.

Por outro lado, a ópera tem também vários pontos positivos. Forçado pela estrutura que

Boito dá ao papel de Barnaba, Ponchielli trata a declamação livre dessa personagem de modo a formar a ponte entre a *parola scenica* verdiana e o tipo de recitativo que Puccini vai usar, por exemplo, para Scarpia, na *Tosca*, e que Mascagni desenvolverá em suas óperas da maturidade. Isso é particularmente verdade no caso de "O monumento", o monólogo do ato I. Barnaba é, portanto, uma personagem historicamente importante, em que já há traços do Iago que Boito criará em breve, mas também do chefe da polícia romana no drama verista de Puccini. Falando do verdadeiro conflito do drama, que opõe a cantora mal-amada ao vilão impotente em sua maldade, Arnaud Laster escreve[1]:

> Vê-se logo o quê, no libreto de Boito, conduz ao Verismo: não a dimensão melodramática do desenlace, ilustrada pelo final feliz para Enzo e Laura, mas, acima das esferas grandiosas da tirania, a forma feroz e inútil como o dedo-duro tenta possuir a Gioconda, e o suicídio melancólico para fugir de um juramento mantido até o limite do absurdo.

De fato, a ausência de punição exemplar ou recompensa sólida, a falta de moralidade ou consolo metafísico, a crueza de situações beirando o sórdido já anunciam a postura naturalista da escola que será iniciada por Mascagni, discípulo de Ponchielli.

A orquestração da *Gioconda* é muito elaborada, sobretudo no uso expressivo das madeiras. Há um avanço formal em trechos como a ária "Cielo e mar", de Enzo, no ato II – uma das mais populares no repertório de tenor –, que se situa entre o conservadorismo do *pezzo chiuso* romântico e a forma mais flexível do monólogo lírico que, na virada do século, substituirá a ária tradicional (por exemplo, "E lucevan le stelle", da *Tosca*). E o passionalismo de explosões líricas, como "L'amo come il fulgor del creato", tem um fraseado incisivo, temperamental, que já prenuncia o estilo de declamação que predominará na ópera verista.

Nesse sentido, o papel da Gioconda – precedido pelo da Fosca de Gomes, no qual muitas vezes se reflete – já apresenta as exigências técnicas que serão comuns a personagens como Tosca e Turandot, Santuzza, Íris ou Fedora: grande volume vocal, tessitura pesada, grande extensão (em páginas como a ária "Suicidio", do ato IV, há saltos de quase duas oitavas) e variedade de expressão que a faz passar da ternura à força, do amor ao ódio e à raiva. Do ponto de vista do argumento e da composição de personagens, *La Gioconda* ainda mantém muitos vínculos com o mundo do Romantismo. Mas musicalmente já prepara a evolução que a ópera italiana sofrerá com o Verismo, ao inaugurar a tendência do canto enfático a confinar com o grito direto, nos momentos de maior dramaticidade, "capaz de ressonâncias viscerais nunca antes ouvidas", no dizer de Gherardo Gherardini, biógrafo de Mascagni.

Ou seja, situa-se naquele momento – de que Carlos Gomes também faz parte – em que se começa a romper com o rigor formal da melodia cuidadosamente desenvolvida, de tradição belliniana. E em nome da espontaneidade e do imediatismo na expressão de sentimentos muito turbulentos, passa a recorrer a breves fórmulas melódicas que serão repetidas com graus dinâmicos variados. E a instantes em que, deixando de lado a preocupação em modelar o "som bonito", o cantor deve preferir a teatralidade do som estentóreo e extrovertido. Em casos limite, essa ênfase poderá levar ao grito puro e simples, como acontecerá, no Verismo (cf. a confrontação de Santuzza e Turiddu, na *Cavalleria rusticana*). Observe-se que, nessa fase de transição, Ponchielli está captando no ar uma tendência à flexibilidade do *quasi parlato* que é encontrável também no último Verdi: "Dio mi potevi scagliar" ou "Ora e per sempre addio", no *Otello*; o "Monólogo da Honra" ou "È sogno o realtà" no *Falstaff.*

A possibilidade de se dar à *Gioconda* encenações suntuosas também explica a sua popularidade. Foi o que fez com que fosse escolhida, em 1979, para a primeira transmissão de um espetáculo de ópera ao vivo pela TV: Memorial de São Francisco, Renata Scotto, Luciano Pavarotti/Bruno Bartoletti – existente em cópia pirata de vídeo. Igualmente grandiosa é a montagem de 1986 na Ópera de Viena, regida por Ádám Fischer, com Plácido Domingo e Éva Márton, lançada em laserdisc. As documentações dessa ópera em disco são numerosas e oferecem ricas alternativas de elenco:

1. Em *Hugo à l'Opéra*, da série *Avant-Scène Opéra*, n. 208 (2002).

EMI, 1931 – Arangi-Lombardi, Granda/ Lorenzo Molajoli;
Myto, 1939 – Milanov, Martinelli/ Etore Panizza (ao vivo);
Met, 1946 – Milanov, Tucker/ Emil Cooper;
Cetra, 1952 – Callas, Poggi/ Antonino Votto;
Urania, 1952 – Corridori, Campora/ Armando La Rosa Parodi;
Arkadia, 1952 – Milanov, Poggi/Fausto Cleva (ao vivo);
Decca/London, 1957 – Cerquetti, del Monaco/ Gianandrea Gavazzeni;
Decca/London, 1957 – Milanov, di Stefano/ Fernando Previtali;
EMI/Angel, 1959 – Callas, Miranda Ferraro/ Antonino Votto;
Arkadia, 1962 – Farrell, Corelli/Fausto Cleva (ao vivo);
On Stage, 1966 – Tebaldi, Corelli/Antonio Guadagno;
GDS, 1966 – Suliotis, Tucker/Bruno Bartoletti (ao vivo);
Decca/London, 1967 – Tebaldi, Bergonzi/ Lamberto Gardelli;
G.O.P., 1968 – Tebaldi, Bergonzi/ Fausto Cleva (ao vivo);
Hardy, 1968 – Tebaldi, Cecchele/Lamberto Gardelli (ao vivo);
Mondo Musica, 1971 – Gencer, Grilli/Oliviero de Fabritiis (ao vivo);
Melodram, 1971 – Gencer, Raimondi/Bruno Bartoletti;
Myto, 1974 – Rysanek, Tagliavini/Giuseppe Patané (ao vivo);
Gala Movieplay – Scotto, Pavarotti/Bruno Bartoletti (ao vivo e também em vídeo);
Legato, 1979 – Caballé, Carreras/ José López-Cobos;
Decca/London, 1980 – Caballé, Pavarotti/ Bruno Bartoletti;
HRE, 1983 – Dimítrova, Domingo/Anton Guadagno (ao vivo);
CBS/Sony, 1987 – Marton, Lamberti/ Giuseppe Patanè;
Fone, 1996 – Casolla, Encinas/Daniele Callegari.

Depois da *Gioconda*, Ponchielli reviu, em 1878, com o nome de *Lina*, a sua *Savoiarda* de 1860. O que conseguiu, no dizer de Julian Budden, foi

> uma espécie de *Linda di Chamounix* em que os elementos cômicos tivessem sido eliminados. Todos os clichês donizettianos ali estão: coros rústicos com sabor alpino, um dueto de amor com uma melodia que será relembrada nos momentos patéticos, e até mesmo cadenzas no fim das árias! Desta vez, o sucesso de *I Promessi Sposi* não se repetiu e, para a sua ópera seguinte, Ponchielli foi obrigado uma vez mais a olhar para o futuro.

De fato, sente-se claramente que, depois do fracasso de *Lina*, ele tem consciência da necessidade de renovar sua linguagem harmônica, sob influência da voga francesa de orientalismo e, em especial, do Massenet de *Hérodiade* e *Le roi de Lahore*. Mas o libreto de *Il Figliuol Prodigo* – do mesmo Angelo Zanardini a quem Ricordi encomendara o da *Hérodiade* – não era grande coisa e a ópera foi novo fracasso. Não adiantou na estréia, no Scala, em 26 de dezembro de 1880, Ricordi ter mobilizado um belo elenco em que havia Francesco Tamagno, Anna d'Angeri e Edouard de Reszke. Numa carta de 16 de janeiro de 1881 a Giuseppina Strepponi, a cantora Teresa Stolz comentava: "Este filho só não foi pródigo para com a bilheteria".

Azaele, da tribo judia de Ruben, salva a bela assíria Nefte das garras de uma pantera. Encantado com as descrição dos prazeres de Nínive que lhe são feitos por ela e por seu irmão, o aventureiro Amenofi, abandona a tenda de seu pai, e renuncia ao noivado com Jeftele. Na capital assíria, Amenofi planeja forçar o judeu a cometer sacrilégio pois, assim, poderá oferecê-lo como vítima em holocausto à deusa da cidade. Ruben e Jeftele vêm procurar o rapaz, mas só conseguem que Amenofi encha-se de desejo pela moça. Quando sua noiva é presa e acusada de ter profanado o templo, Azaele, para salvá-la, acusa-se de sacrilégio e é atirado dentro do rio Tigre. Mas Jeová o salva de afogar-se e ele leva uma vida de nômade. Um dia, volta ao vale de Gessen, onde encontra Jeftele. Ela lhe conta que o velho Ruben enlouqueceu, devido à sua ausência. Azaele vai para casa e o pai recupera a razão com a volta do filho pródigo.

Além dos elementos exóticos, numa linha que o aparenta à *Aida*, o *Filho Pródigo* assume a forma de um *grand-opéra*, com cenas de conjunto muito variadas, grande número de intervenções do coro nas maciças cenas de multidão, e

Capa da partitura de *Marion Delorme* de Ponchielli.

diversas danças de estilo pitoresco. Não faltam árias bem escritas, com o melodismo fácil que caracteriza Ponchielli. E é bem contrastada a simplicidade pentatônica das melodias que descrevem o mundo pastoral dos judeus e o cromatismo e os ritmos vertiginosos com que ele descreve Nínive. Nunca o vocabulário harmônico de Ponchielli foi tão variado. Mas o libreto de Zanardini é muito estático e isso prejudica a fluência do espetáculo. Depois do fracasso da estréia, a ópera caiu no esquecimento – o resgate discográfico beneficiaria uma partitura que, revista com perspectiva no tempo, certamente receberia nova avaliação.

A gravação da Actes Sud, lançada em 2002, permite a reavaliação de *Marion Delorme*. A ópera foi apresentada em versão de concerto, em dezembro de 2001, no Opéra Berlioz de Montpellier, sob a regência de Friedemann Layer. A distribuição muito homogênea, dominada pela Marion de Denia Mazzola-Gavazzeni e o Didier de Francesco Casanova, coloca numa perspectiva exata a partitura que Gherardini chamou de "revisitação do melodrama tradicional, fruto do desejo de revalorizar o elemento musical em relação ao dramático". Foi boa a recepção do público à estréia, no Scala, em 17 de março de 1885, com Tamagno e Romilda Pantaleoni nos papéis principais, sob a regência de Franco Faccio. O dueto do final do ato III e a marcha fúnebre do ato IV foram bisados, e o compositor foi chamado 24 vezes ao palco. Mas a crítica de *Il Caffè* e de *Il Popolo d'Italia* desancou a obra, considerando retorcidas e rocambolescas as peripécias extraídas por E. Golisciani do drama de Victor Hugo, censurado, em 1829, por ele ter reabilitado a figura de uma mulher de vida fácil. Depois da última representação em 1919, no Teatro Lírico de Milão, a ópera desapareceu de circulação. Para remontá-la, Montpellier precisou editar o manuscrito, decifrando algumas passagens quase ilegíveis. No selo Bongiovanni, há um álbum gravado na Ucrânia em que Silvano Frontalini realiza trechos dos *Lituanos*, dos *Noivos*, do *Filho Pródigo* e também da *Marion Delorme*.

Após anos de vida mundana dissipada, a cortesã Marion Delorme retira-se para uma propriedade em Blois, pois está apaixonada pelo jovem Didier. Provoca com isso o ciúme do marquês de Saverny, seu antigo amante, que desafia o rapaz para um duelo e, visando a deixá-lo em má situação – pois um edito real proibiu esse tipo de combate –, finge ter sido morto. Didier e Marion são presos, mas conseguem fugir e se escondem na companhia de comediantes de Lelio. Um dia, Didier encontra Saverny, espanta-se por este ainda estar vivo e fica horrorizado quando ele lhe revela o passado suspeito de Marion. Nesse meio tempo, Laffemas, amigo do marquês, suspeitando que os fugitivos estejam escondidos entre os atores de Lelio, convida-os a se apresentarem diante do cardeal de Richelieu.

Durante o espetáculo, Laffemas denuncia Didier como o assassino de Saverny, mas o marquês retira seu disfarce e revela ainda estar vivo. Ambos então são presos por terem desobedecido ao decreto real. Marion consegue de Luís XIII um documento que agracia Didier. Mas Laffemas, que é o governador da prisão, recusa-se a reconhecer a sua autenticidade, a menos que a moça entregue-se a ele – o que ela recusa indignada. Laffemas tenta facilitar a fuga de seu amigo Saverny, mas este se recusa a sair da prisão sem Didier. Marion também consegue introduzir-se no cárcere e oferece ao namorado a possibilidade de evadir-se com ela. Mas o rapaz recusa, jogando-lhe na cara o seu passado. Vêm buscar os dois homens para serem executados. Didier abraça Marion apaixonadamente uma última vez. Ela delira, sem controle, vendo-o ser levado para o cadafalso, e finalmente cai inanimada.

Embora muito criticado na época, o libreto de Golisciani trabalha bem com os clichês do *grand-opéra* e faz uma boa compressão de uma peça muito extensa. As trinta personagens de Hugo são reduzidas a sete, com isso tendo ele de sacrificar alguns episódios acessórios do texto original, em especial o contraste formado entre os comediantes Nangis e Le Gracieux, o primeiro sempre triste, melancólico, o segundo cheio de brincadeiras exuberantes. As festas de Blois rendem cenas movimentadas; mas as que se passam em Chambord são eliminadas e, com elas, a aparição de Luís XIII.

A crítica, influenciada pelas idéias progressistas herdadas da *scapigliatura*, reagiu de forma demasiado rigorosa, acusando o compositor de requentar expedientes surrados. Esse é um julgamento injusto, pois aceitos os limites naturais da inspiração ponchielliana, *Marion* o mostra tentando escapar aos clichês do *style pompier*. Existem passagens que evocam naturalmente a *grande manière* meyerbeeriana; mas em outras, há um frescor melódico, uma naturalidade de expressão que faz pensar em Massenet. Ao lado de caracterizações tradicionais – a de Laffemas ou Saverny –, há a figura de Lélio, desenhada com muito brilho, dentro da linha do Oscar verdiano. O papel de Didier oferece ao tenor possibilidades muito boas, cheias de impulso, em especial a bela romança do último ato, que se desenrola contra o tema obsessivo da marcha fúnebre. Mas é o papel título o mais marcante; exige voz muito ampla, de lírico spinto capaz de agilidade nos agudos, mas também de graves amplos e expressivos. Mazzola-Gavazzeni o faz com muito entusiasmo, seja na bela primeira ária de Marion, no ato I, seja na sua grande romança do IV, que é antológica.

A tensão chega ao cúmulo depois do dueto de amor, bisado na estréia; e a última cena, em que o amor reconcilia Marion e Didier, mas a morte os separa, é de efeito cativante. O delírio de Marion, que termina com o grito de "Infamia eterna al Cardinal, al Re!", digno das melhores cenas de loucura da plenitude romântica, dá à ópera um belo final. *Marion* é, no dizer de Michèle Fizaine, "a transposição lírica de tudo o que é forte do drama de Hugo, que Ponchielli não traiu nem banalizou"[2].

A rejeição da crítica à ópera, porém, abalou muito Ponchielli. E o estado de depressão em que o fracasso da *Marion* o deixou pode ter concorrido para que ele não resistisse à pneumonia de que morreu, em janeiro do ano seguinte. Seu epitáfio foi proferido por Boito numa carta de 18 de janeiro de 1886 a Verdi:

> Tomara que essa alma infeliz encontre alívio dos tormentos que lhe foram infligidos pela parentalha de sua mulher.

Ponchielli reviu obsessivamente a *Gioconda*: no final de 1876, para a estréia em Veneza; em 1877, para a apresentação em Roma; e em fevereiro de 1880, para a remontagem no Scala. Essa insatisfação com a forma definitiva da ópera, e essa preocupação em aproximá-la daquilo que era desejado pelo público, correspondem a uma característica fundamental de sua personalidade artística. Essa é uma questão discutida por Julian Budden em "A problem of Identity" (*The Operas of Verdi*, vol. 3):

> Insegurança foi sua principal fraqueza (o número de vezes que a palavra "forse" – talvez – aparece em suas cartas é revelador). Educado na tradição pós-rossiniana, ele conseguiu, bem mais do que Lauro Rossi, Antonio Cagnoni ou Carlo Pedrotti, reconciliar um idioma nacionalista com o sofisticado estilo harmônico e orquestral, em parte de influência estrangeira, que o gosto moderno começava a exigir. Sua marca registrada era um sinuoso estilo melódico, perfeitamente ilustrado pelo tema que simboliza o amor da mãe pela filha (La Cieca: "Tu canti agli uomini le tue canzoni, io canto agli angeli le mie orazioni"). No entanto, nunca escapou inteiramente da influência do *grand-opéra* e nunca chegou a superar sua tendência natural à prolixidade. Até mesmo depois da quarta revisão, ainda há, na *Gioconda*, uma certa desproporção entre meios e fins. É na esfera do descritivismo sonoro que estão as suas principais qualidades: Ponchielli tinha um notável talento para definir um ambiente através da associação de imagens e sons; prova disso é a cena inicial da *Gioconda*. E esse foi um dom que soube legar, com juros, a seu aluno Puccini.

Entre seus discípulos de composição – cadeira que Ponchielli ocupou, a partir de 1880, no Conservatório de Milão –, estavam Puccini, Mascagni e Franco Leoni, que o respeitavam muito e sobre os quais exerceu benéfica influência. Ela é evidente sobre o jovem Puccini, no concertato do *Edgar*, por exemplo. A explosão de desespero de Des Grieux, na cena em que *Manon Lescaut* vai embarcar para o exílio, não deixa de lembrar o "Suicidio!" da *Gioconda*. O Scarpia, da *Tosca*, e o Jack Rance, da *Fanciulla del West*, são descendentes de Barnaba. No intermezzo do *Filho Pródigo*, Mascagni vai buscar um modelo para momentos semelhantes da *Cavalleria Rusticana* ou do *Guglielmo Ratcliff*. Portanto, embora tenha passado à posteridade com uma ópera apenas no repertório básico, Ponchielli constitui um passo fundamental para a formação da Giovane Scuola Italiana.

2. Em *Hugo à l'Opéra*, da coleção *Avant-Scène Opéra* n. 208 (2002).

GOBATTI

Há óperas, como a *Norma* ou a *Traviata*, que se convertem em pilares do repertório, depois de terem sido vaiadas na estréia. E há as que, após um triunfo inicial, vão perdendo a popularidade, até mergulharem no esquecimento. É o caso de *I Goti*, delirantemente aplaudida na noite de 30 de novembro de 1873, em que subiu pela primeira vez à cena, no Teatro Comunale de Bolonha. Quase todos os seus números foram bisados. E o autor foi chamado 52 vezes ao proscênio, para agradecer os aplausos de uma platéia que, em seguida, apesar do frio intenso que fazia, desatrelou os cavalos de sua carruagem e puxou-o até sua casa, na Via Mascarella, com uma ruidosa *promenade aux flambeaux*. Nos dias seguintes, a ópera foi coberta de elogios pelo romancista Enrico Panzacchi, o poeta Giousuè Carducci e o pianista e compositor russo Anton Rubinstéin, que viera expressamente de Milão para assistir ao espetáculo.

Hoje em dia, o nome de Stefano Gobatti (1853-1913) significa muito pouco, até mesmo para os freqüentadores habituais dos teatros líricos. É difícil acreditar que esse aluno de Lauro Rossi tenha, por certo tempo, sido famosíssimo, graças a essa primeira ópera, escrita em quatro meses, mal terminados seus estudos de conservatório. *Os Godos* valeu a Gobatti o título de cidadão honorário de Bolonha – só concedido antes a dois músicos, Verdi e Wagner. E o crítico Amilcare Galli a chamou de "a mais bela ópera a surgir depois da *Aida*". Vittorio Emanuele II exigiu que o Teatro Apollo, de Roma, preparasse um espetáculo de gala, com a presença de todo o corpo diplomático, quando chegou à capital o melodrama já aclamado no Regio de Turim, no Carlo Felice de Gênova, no Regio de Parma, no La Pergola de Florença. E ao terminar a récita, o rei nomeou o jovem Gobatti Cavaleiro da Coroa da Itália.

O salto precoce de Gobatti para a glória era apontado pela imprensa como um exemplo da capacidade do homem italiano de superar as suas origens humildes. Filho de uma família modestíssima de camponeses de Bergantino, no Alto Polesine, a região do delta do rio Pó, sua ascensão, dizia-se, era resultado de uma combinação de talento e férrea disciplina. Stefano tivera as primeiras lições de música com Fermo Bellini, organista da igrejinha de Bergantino. Depois, descoberto pelo barítono Antonio Cotogni, parente de seu primeiro mestre, fora encaminhado a Giuseppe Busi, diretor do Liceo Musicale de Bolonha. Aperfeiçoando-se com Lauro Rossi em Milão, Gobatti terminou seus estudos no Conservatório de Nápoles, em 1872.

Ingênuo, inexperiente, muito jovem, Gobatti viu-se subitamente atirado no torvelinho da vida intelectual bolonhesa. E tornou-se o pivô da eterna disputa dessa cidade com Milão, pela primazia na vida cultural. Nessa época de crise do melodrama mediterrâneo, em que o próprio Verdi do *Don Carlo* e da *Aida* parecia buscar no *grand-opéra* parisiense caminhos de renovação, Bolonha posava de detentora da chave para a "música do futuro". Fora ela a primeira a encenar o *Lohengrin*, em 1871; e faria história a primeira récita italiana do *Tristão e Isolda*, em 1888, regida por Giuseppe Martucci. Gobatti viu-se assim promovido a representante da corrente "wagneriana", ou seja, vanguardista, da música italiana, e conseqüentemente adversário *malgré lui* dos admiradores de Verdi.

O cabo-de-guerra entre a "inteliguêntsia" bolonhesa e o poderoso lobby milanês só podia prejudicar autor tão jovem. Desiludido pela freqüência com que se sabotavam as encenações de sua ópera nas cidades do norte da Itália, por duas vezes Gobatti recusou a autorização para que os *Godos* fosse encenada no Teatro del Verme, de Milão, achando que só o Scala mereceria abrigá-la. É claro que, submetido a tais pressões, trabalhou em condições muito adversas em sua segunda ópera, *Luce*. Tinha apenas 22 anos e todos esperavam que repetisse o sucesso estrondoso do primeiro título. Cercada de muita expectativa, *Luce* foi bem recebida na estréia, no Comunale de Bolonha, em 1875 – embora ficasse longe do entusiasmo da precedente. Mas em Milão, onde finalmente o Scala aceitou acolher uma de suas óperas, foi um total fracasso.

Gobatti parecia estar perdendo o fôlego. *Cordelia*, de 1880, desapontou até mesmo seus admiradores mais fervorosos. E o músico, exasperado, cometeu o erro de publicar, na *Gazzetta dell'Emilia*, em dezembro de 1881, uma carta ao editor Tito Ricordi, na qual acusava o Comunale de Bolonha de ter montado a ópera sem consultá-lo, fazendo "una iniqua esecuzione" da partitura "con veste indegna e insufficiente". É claro que esse ataque só serviu para azedar suas relações com o teatro que, antes, lhe dava todo apoio. E ele se viu boicotado até mesmo pela sala onde conhecera seu maior triunfo.

Desiludido, amargurado, desconfiado, Gobatti se isolou cada vez mais. Reduzido ao estado de penúria, teve de buscar refúgio no convento franciscano da Osservanza. Continuou compondo, mas recusava-se a deixar publicar suas obras, que guardava dentro de um baú. Ali estava, quando ele morreu, aos 60 anos, a partitura inédita de uma nova ópera, *Massias*. Nos últimos anos, lembrando-se de que ele era cidadão honorário da cidade, a prefeitura de Bolonha o empregou para ensinar canto e solfejo nas escolas elementares. Lecionar para crianças foi um grande consolo para Gobatti, um trabalho a que ele se entregou com enorme entusiasmo.

O estudo do "caso Gobatti" se iniciou, em 1982, com a publicação de *Wagner in Italia*, no qual Sebastiano Midolo dedica um ensaio à análise dos *Godos*. E, no plano discográfico, fez um tímido avanço com o lançamento, pelo selo Bongiovanni, de um disco realizado por Stefano Mazzoleni, em outubro de 1996, nos estúdios da Rádio e Televisão Croata, em Zagreb: *Stefano Gobatti, Brani da Opere e Compozisioni Camaristiche*. Nesse CD, há trechos de *I Goti, Luce* e *Massias*, além de quatro canções para voz e orquestra – *Perchè Piangi?, Ballatella Campestre, In Musica* e *Vorrei morir*. É pouco, mas tem-se pelo menos um material a partir do qual refletir sobre o estranho destino desse compositor, vítima de um sucesso demasiado grande e precoce.

Com libreto de Stefano Interdonato, *I Goti* passa-se na corte de Pavia, em 534 d.C. Conspirando para apoderar-se do trono godo, o general Teodato, primo da rainha Amalasunta, manda matar o herdeiro. Em seguida, chantageia a soberana: tomou como prisioneiro o patrício romano Sveno, por quem ela está apaixonada; se quiser salvar a vida desse homem, terá de casar-se com o general. Mas na hora da cerimônia, o ambicioso Teodato acusa Amalasunta de ter sido a mandante do assassinato do próprio filho, e manda prendê-la em seu castelo, às margens do lago Trasimeno. Tendo fracassado a tentativa de Sveno de libertá-la, Amalasunta enlouquece de dor. Numa ópera em que o mal triunfa e o crime é recompensado, Teodato manda matar os dois. Afastando esses últimos obstáculos a seus planos, é aclamado, na cena final, pelos guerreiros godos, que invadem o palco com tochas e armas ensangüentadas.

O disco traz seis trechos da ópera. Nas cordas divididas com que se inicia o Prelúdio, está patente a atenção de Gobatti ao exemplo do *Lohengrin*. E a seção rápida que se segue também lembra o desenvolvimento da abertura do *Tannhäuser*. Mas o recorte melódico é

Capa da redução para piano de *I Goti*, de 1873, o primeiro – e único – sucesso na carreira de Stefano Gobatti.

de matriz mediterrânea típica, deitando suas raízes nos modelos tradicionais da segunda geração romântica. Da mesma forma, referências remotas ao funeral de Siegfried são localizáveis no arcabouço rítmico e no colorido sombrio de "Nell'avello dei padri discendi", a marcha fúnebre para o herdeiro assassinado.

Mas está perfeitamente de acordo com o receituário romântico a ária "Della sua fede immemore", em que Sveno lamenta a traição de Amalasunta às promessas que outrora lhe fizera. É um número que se inscreve na linhagem de, digamos, "Quando le sere al placido", da *Luisa Miller* de Verdi. Esse hibridismo de escrita é fruto da imaturidade de um músico que vai buscar daqui e dali as suas fontes de inspiração. Mas também situa *I Goti* como típica obra de transição, nessa fase pós-romântica de grandes buscas e incertezas.

O Prelúdio ao ato III conduz a um coro e àquilo que é, provavelmente, a última cena de loucura na ópera italiana do século XIX. Mas não é de coloratura – na linha de Donizetti, Bellini ou Ambroise Thomas – o tratamento dado por Gobatti ao monólogo em que Amalasunta, prisioneira, delira imaginando ver, nas sombras de uma noite tempestuosa, o seu filho envolvido na mortalha, e Sveno amaldiçoando-a por sua infidelidade. Os contornos declamatórios dessa página remetem mais à Cena do Sonambulismo, de Lady Macbeth, do que às ornamentações acrobáticas de Lucia ou Ofélia – e prenunciam, ao mesmo tempo, certas características da ária verista. A oração de Amalasunta, "O Signor che col sangue hai redento", é a concessão a um clichê do melodrama romântico, a *preghiera*. Quanto ao finale do ato IV, "Del sangue degli empi rossegian le sale", trata-se de um número bem escrito, de efeito, embora sem maior originalidade.

Não nos devemos esquecer de que *I Goti* é a primeira ópera de um rapaz de 21 anos, bafejada por um sucesso desmedido, que fez mais mal do que bem a seu autor. São tão extremadas e analiticamente imprecisas as louvações excessivas com que Gobatti foi cumulado na época, quanto a dureza da avaliação de Sebastiano Midolo:

> A banalidade dos desenhos melódicos e a falta de experiência técnica do jovem operista são defeitos que já se evidenciam no Prelúdio da ópera, em que, entre modulações "desagradáveis" e progressões banais, ele consegue mostrar uma certa imitação wagneriana, sobretudo do *Lohengrin* e do *Tannhäuser*. E não é só isso, há também acordes insignificantes, idéias desconexas e até mesmo concessões ao estilo *salottiero* no segundo tema, além de prevalecerem, no decorrer da ópera, acompanhamentos orquestrais com tremolo que submetem as árias à estrutura do velho melodrama.

Uma gravação integral demonstraria, certamente, que *I Goti* possui virtudes em embrião que Gobatti, demasiado incensado muito cedo, e considerando-se injustiçado, pode não ter sabido desenvolver. É difícil proferir um julgamento sobre *Luce*, da qual o disco de Mazzoleni traz apenas o monólogo "Voga... voga... non agita il flutto...", uma barcarola para tenor bem escrita, mas sem qualquer coisa de especial que a distinga. Vale a pena, em todo caso, citar a opinião do crítico Salvatore Farina, após o fracasso da apresentação milanesa:

> A crítica seria hipócrita se se declarasse aflita com o fiasco ruinoso desse morticínio que subiu à cena noites atrás. [...] Para mim, o Scala fez muito bem encenando essa ópera; não devemos nos esquecer de que o Scala vinha senso acusado de não ter reconhecido o gênio de Gobatti, recusando-se a apresentar as suas bobagens.

Ambientada em Nápoles em 1660, *Luce* conta uma história de amor tendo como pano de fundo as insurreições contra a dominação espanhola. O libreto também é de Stefano Interdonato. De *Cordelia*, o disco não traz nenhum trecho. A respeito desse novo fracasso, declarou o compositor Carlo Pedrotti, em carta a Panzacchi:

> Se as idéias estão presentes ali, o que falta é a segurança na harmonização, o conhecimento daquelas normas justas na hora de dispor as partes... Em suma, Gobatti não fez estudos sérios e sem a arte não conseguirá ir muito longe. Sem se conhecer a arte a fundo, não se segue adiante, hoje em dia, e Gobatti estará condenado a ficar sempre tenteando.

Quanto às três árias de *Massias* contidas na antologia da Bongiovanni, elas de fato atestam um visível declínio, fruto talvez das amargas condições de vida de Gobatti, morando de favor num convento franciscano. O nível de inspiração é constrangedoramente baixo, e nada indica que se tenha perdido muito pela partitura ficar inédita. O libreto de Ettore Sanfelice recria livremente episódios da vida do poeta Macías el Enamorado, que viveu em Córdoba no século XIV. Ele se apaixona por Clara, a esposa do cavaleiro Don Teglio, e celebra esse amor em seus versos. Irritado, o marido da dama o apunhala, e Massias morre proclamando, uma vez mais, seus sentimentos por Clara.

Seria naturalmente pequeno o talento de Stefano Gobatti? Ou circunstâncias diferentes lhe teriam permitido desenvolver um potencial que parece estar em embrião nos *Godos*? Verdi, que não costumava se enganar, tinha escrito em março de 1874, a seu amigo o conde Arrivabene:

> [Gobatti] escreve numa língua que absolutamente não conhece e, por mais que tivesse idéias belíssimas, nunca conseguiria exprimi-las sem ter maiores conhecimentos melódicos, harmônicos, poéticos, literários.

FRANCHETTI

Alberto Franchetti (1860-1942) pertence, cronologicamente, à geração dos veristas: tinha dois anos a menos que Puccini e três a mais que Mascagni, e mantinha boas relações com eles. Mas, pelas suas características estilísticas e preferências temáticas, deve ser classificado como um representante da fase pós-romântica. Era acentuado o gosto de Franchetti pelos dramas históricos tratados em escala épica, e talvez seja esse o motivo para que, por muitos anos, tenha caído em virtual esquecimento uma obra que, entre 1890-1920, gozou de bastante nomeada. Com a ascensão do Fascismo, as óperas do judeu Franchetti deixaram de ser encenadas. E depois da guerra, continuaram a ser negligenciadas pois, além de pertencerem a um modelo muito diferente do que em geral agrada às platéias peninsulares, são espetáculos dispendiosos e difíceis de encenar. Só em 1992 saiu a gravação comercial de uma delas – *Cristoforo Colombo* – e assim mesmo em conseqüência das comemorações do V Centenário do Descobrimento da América.

A formação alemã de Franchetti o tornara um fervoroso adepto das teorias wagnerianas. Seus dramas privilegiam a estrutura contínua e o tratamento sinfônico – em especial nos numerosos prelúdios e interlúdios orquestrais –, e as texturas polifônicas nas cenas de conjunto ou números corais. Como Boito, tinha um estilo pouco comum em termos de teatro musical italiano. E ao contrário dos veristas que, de um modo geral, tinham origem modesta, vinha de família extremamente próspera. Seu pai, o banqueiro judeu Raimondo Franchetti, recebera de Vittorio Emmanuele II o título de barão, em recompensa pela ajuda financeira que, com freqüência, prestara a membros da família real. Isso permitiu a Alberto fazer estudos caros no exterior: em Munique, com Joseph Gabriel Rheinberger, professor de Humperdinck e Wolf-Ferrari; e em Dresden, com Felix Bernhard Draeseke e August Hermann Kretschmer.

Rheinberger era um grande compositor de música sacra, e seu domínio do contraponto influencia visivelmente a escrita coral de Franchetti. Draeseke ajudou-o a fazer a síntese entre o classicismo sinfônico de Brahms, a abordagem programática de Liszt e as inovações teatrais de Wagner. Kretschmer introduziu-o no mundo pomposo do *grand-opéra*, fazendo-o descobrir as superproduções de Meyerbeer. A essas forças formadoras, virá somar-se a admiração de Franchetti pela obra madura de Verdi, em especial as óperas em grande escala, *Don Carlos* e *Aida*, também tributárias do modelo francês.

Os recursos financeiros de que o barão Franchetti dispunha davam-lhe a possibilidade de encenar suas óperas com todo o luxo imaginável. De resto, o gosto que tinha pelos dramas de amplas proporções, resolvidos em termos cênicos grandiosos, valeu-lhe ser chamado de "o Meyerbeer italiano". O interesse pela arte e história alemãs revela-se, desde cedo, nos poemas sinfônicos *Loreley* e *Nella Foresta Nera*, hoje esquecidos mas, na virada do século, freqüentemente programados em concertos sinfônicos. Diretor do Conservatório de Florença entre 1926 e 1928, Franchetti era um homem de mentalidade aberta e extrema generosidade, sempre pronto a dar a mão a iniciantes e a sacrificar-se pelos amigos. Foi ele quem, num gesto desprendido, cedeu a Giordano o libreto do *Andrea Chénier*, de Luigi Illica. E deixou-se convencer por Ricordi a transferir para Puccini os direitos sobre *La Tosca*, o drama de Victorien Sardou.

Depois de uma ópera de estreante, *Asrael* (1888), Franchetti obteve o primeiro sucesso com *Cristoforo Colombo*. Em 1892, a Prefeitura de Gênova desejava que Verdi compusesse uma ópera para celebrar os 400 anos do Descobrimento. Mas este, absorvido com o *Falstaff*, propôs a abertura de um concurso para jovens compositores. E como presidente da banca, selecionou a ópera apresentada por Franchetti e o libretista Luigi Illica. *Cristóvão Colombo* estreou no Teatro Carlo Felice em 6 de outubro de 1892. A encenação do ato II – que se passa em pleno oceano, e é visivelmente inspirada no trecho da *Africaine* que também se desenrola em alto-mar – apresentou dificuldades tão grandes que Luigi Mancinelli, contratado para reger, rescindiu o contrato após a segunda récita. Em desespero de causa, Franchetti recorreu a um jovem maestro desconhecido para prosseguir a temporada. Em suas mãos, *Cristóvão Colombo* foi um sucesso muito grande em Gênova, e ainda maior quando ele a regeu no Scala aquele mesmo ano.

O nome desse regente era Arturo Toscanini e ele acabava de voltar de uma vitoriosa turnê pela América do Sul. Em 1885, às vésperas de completar dezenove anos, fora engajado como primeiro violoncelista pela companhia de Claudio Rossi, que planejava uma excursão pelo Brasil. Para essa temporada, tinha sido contratado, como regente, o compositor brasileiro Leopoldo Miguez, que logo demonstrou ser totalmente inadequado para a tarefa. Seu desempenho em São Paulo tinha sido tão medíocre que, ao chegarem no Rio de Janeiro, Miguez, vaiado pela platéia carioca antes mesmo de erguer a batuta, recusara-se a reger a *Aida*. E o maestro substituto, Carlo Superti, não se arriscara a enfrentar a platéia furiosa. A essa altura, um dos membros da orquestra lembrou-se de que o primeiro violoncelista sabia a partitura de cor e poderia, talvez, salvar a companhia naquela emergência. O jovem Arturo estava de folga aquela noite. Correram a procurá-lo no hotel – onde, segundo conta seu biógrafo Harvey Sachs, "ele estava ensinando canto a uma garota do coro" –, e trouxeram-no arrastado para o teatro. Arturo subiu no pódio, fechou teatralmente a partitura, e regeu de cor a sua primeira ópera.

No dia seguinte, a imprensa carioca celebrava o "musicista prodigioso" (*Gazeta de Notícias*), o "jovem que revelou qualidades superiores como regente" (*Diário de Notícias*), "o jovem inspirado que tem a energia e a paixão de um autêntico artista" (*A Evolução*). Sua memória prodigiosa foi louvada (mas os críticos não sabiam que Toscanini regia de cor porque era míope como uma toupeira e, por vaidade, recusava-se a usar óculos). A ópera de Franchetti foi o primeiro passo, em casa, na carreira triunfal do mais famoso regente italiano.

Foi preciso, porém, que se passassem cem anos antes que *Cristoforo Colombo* merecesse o registro em disco e, assim mesmo, fora da Itália. Em 1992, o selo Koch-Schwann lançou a gravação ao vivo realizada, um ano antes, na Rádio de Frankfurt, sob a regência de Marcello Viotti. Renato Bruson fazia o papel que fora criado por Giuseppe Kaschmann – e tivera em Riccardo Stracciari, Pasquale Amato, Titta Ruffo e Carlo Galeffi alguns de seus intérpretes mais ilustres. O registro baseia-se na revisão de 1895, em que Franchetti uniu os atos III e IV originais, transformando-os numa unidade mais compacta.

O ato I passa-se em Salamanca, em 1487, durante a discussão, pelo Conselho Real, do projeto apresentado pelo genovês Cristóvão Colombo de atingir a Índia navegando para o ocidente. Três peregrinos vindos da província falam de São Brandano que, segundo a lenda, descobriu terras desconhecidas. Diante de suas palavras, Don Roldano Ximenes, secretário do cardeal Talavera, adverte contra os perigos de uma viagem de que se ignoram as conseqüências. O resultado do debate deixa Colombo cheio de dúvidas quanto à sua missão, mas ele é reanimado pela rainha Isabel que, fascinada com a idéia de levar a Cristandade aos pagãos, conta-lhe ter tido a visão das terras inexploradas que ele vai atingir.

No ato II, a frota está em alto mar, durante 1492. A bussola quebrou, a calmaria deixa os navios à deriva, os marinheiros estão à beira do motim. Colombo tenta acalmá-los, mas ele mesmo é assaltado pelas dúvidas. No momento em que Mateus, o capitão da *Santa Maria*, planeja matar o comandante e voltar para a Espanha, a terra surge no horizonte. Os soldados e marinheiros reafirmam a lealdade a Colombo e beijam-lhe os pés cheios de gratidão.

Alguns anos se passaram. No ato III, estamos em 1503 e a rainha Anacoana, de Xaragua, no México, tenta impedir que os espanhóis dizimem o seu povo para apoderar-se de seus tesouros. Ela tende a favorecer a conspiração do traidor Roldano contra Colombo, esperando assim enfraquecer os espanhóis. Além disso, preocupa-se com o fato de sua filha Iguamota corresponder à paixão de Don Fernán Guevara, o imediato de Colombo. Mas ela percebe quem é o verdadeiro traidor quando chega Bobadilla, o enviado do rei Fernando de Aragão, e Roldano denuncia o comandante, acusando-o de conspirar com Anacoana para tornar-se o rei do México. Anacoana tenta desmascará-lo, mas é apunhalada por Roldano. Bobadilla, acreditando na versão que lhe foi contada, condecora Roldano com a Ordem de Calatrava, e manda prender Colombo. Este ordena a seus homens que não resistam e entrega-se sem lutar.

O Epílogo passa-se em 1506, em Medina del Campo, onde Colombo, pobre e prematuramente envelhecido, vai visitar o túmulo dos reis da Espanha após ser libertado da prisão. Está desiludido e não reage às tentativas de Guevara de reanimá-lo, principalmente ao saber que Isabel, a sua protetora, morreu alguns dias antes e acaba de ser sepultada naquela capela. Relembrando a crueldade de seus homens, que jogou por terra seus sonhos, Colombo morre nos braços de Guevara.

Cristoforo Colombo dá razão ao apelido de "Meyerbeer italiano" com que Franchetti foi agraciado. Esse drama de grandes dimensões, que mobiliza imensos efetivos orquestrais e corais, além de 26 solistas, tem todas as características do *grand-opéra* – em especial do que, como a *Africaine*, recorre ao exotismo orientalizante, muito em voga durante todo o século XIX. Há cenas imponentes, como a da reunião no Conselho, que parece um cruzamento do auto-da-fé do *Don Carlos* com a cena final dos *Mestres Cantores de Nurembergue*. O balé obrigatório comparece em passagens do ato III, em que Anacoana faz sua escrava Nanyanka organizar, com as garotas indígenas, danças sensuais para distrair os espanhóis da busca de tesouros. E são freqüentes as cenas corais de grande efeito: o povo que, no ato I, zomba do que acredita serem as ilusões de Colombo; o "Salve Regina" dos monges dominicanos em alto mar; o réquiem cantado pelos frades no Epílogo, seguido do elegíaco canto das camponesas pela rainha morta. O entusiasmo pela saga do Descobridor inspira a Franchetti algumas páginas eloquentes, verdadeiramente inspiradas:

- no ato I, o desiludido monólogo de Colombo, "O maledetta risa!... La vil turba aizzata han contro me";
- a longa narrativa "A piè prostrata dell'altar pregava", em que a rainha Isabel fala de sua visão;
- o extasiado dueto "Ah, dei novi credenti ecco l'inno echeggiar", que leva o ato I a um belo finale com o coro feminino ("Prego e profonda pace m'innonda") cujas vozes soam ao longe;
- o monólogo final, de emoção autêntica ("Mi vieti la mia gloria?"), que pode assumir grande intensidade nas mãos de um intérprete do porte de Renato Bruson.

Comentando o lançamento da gravação, escreveu Kate Lang (*CD Review*/novembro de 1992):

> O principal defeito da ópera é sua falta de drama. A intriga é limitada por sua natureza histórica e pelo fato de estender-se por um período de quase vinte anos (Verdi pelo menos condensou esse salto entre o Prólogo e o ato I do *Simon Boccanegra*). O resultado é que cada cena mostra um quadro quase estático que se resolve num único gesto, extremamente simples. As personagens também não se desenvolvem, a intriga amorosa foi claramente acrescentada como uma concessão às convenções operísticas, e torna-se evidente que, quanto menos "ativo" é o momento, melhor é a música.

A própria Lang, entretanto, é a primeira a reconhecer o efeito de trechos como o início do ato II, em que a tripulação do *Santa María*, desesperançada, manifesta seu temor de que nunca cheguem à terra-firme: "Esse coral desolado, expressando o medo, é um momento notável, brilhantemente complementado por uma pintura orquestral muito expressiva".

Ao insucesso de *Flor d'Alpe* (1894), num estilo verista que não tinha muito a ver com a sensibilidade de Franchetti, seguiram-se a comédia *Il Signor di Pourceaugnac* (1897), baseada em Molière, e sua melhor ópera: *Germania*. Esta, com libreto original de Illica, estreou no Scala, em 11 de março de 1902, sob a regência de Toscanini, tendo Caruso no papel principal. Levada com grande sucesso em Londres (1907) e Nova Iorque (1910), esteve em cartaz com freqüência até as vésperas da I Guerra Mundial. Partitura que mistura o gosto das sonoridades brilhantes e dos efeitos espetaculares, de origem alemã, com os ingredientes típicos do Verismo, ela mereceria uma gravação que a tirasse do esquecimento. Mas não tenho notícias de que tenha sido remontada nos últimos anos.

Os estudantes que estão em luta contra a ocupação napoleônica dos Estados alemães instalaram uma gráfica clandestina em um velho moinho. A jovem Ricke está preocupada porque não recebe notícias de seu noivo, Federico Loewe. Mas o estudante Carlo Worms vem-lhe dizer que recebeu uma carta de Federico, seu melhor amigo, informando que acaba de participar da criação de uma União dos Estudantes Patriotas, e deverá chegar em breve. Worms está muito arrependido, pois na ausência de Federico, traiu sua confiança seduzindo Ricke. Mas quando esta lhe diz estar decidida a tudo confessar ao noivo, pede-lhe que não o faça, pois não quer perder a amizade de Federico. Convence-a, argumentando que, se seu amigo se ofender e o desafiar para um duelo, um dos dois poderá morrer, e a pátria terá perdido um combatente patriota. Federico chega com a notícia de que o irmão de Ricke morreu em luta com a polícia, e todos têm de fugir, pois o esconderijo dos estudantes foi descoberto, e os policiais virão dar uma batida no moinho.

O pastor Staps faz o casamento de Ricke e Federico numa casinha da Floresta Negra. Worms, que fugiu de um campo de prisioneiros, chega desfeito e exausto, mas ao saber que eles se casaram, insiste em ir embora imediatamenter. Combina encontrar-se com Federico em Königsberg. Quando este sai para lhe mostrar o caminho, Ricke, não suportando mais a mentira, escreve um bilhete ao marido, explicando o que aconteceu, e foge. Ao voltar e encontrar a mensagem, Federico ouve toda a verdade de Jane, a irmã de sua noiva. Tempos depois, a sociedade secreta dos Cavaleiros Negros reúne-se numa caverna, perto de Königsberg, para a iniciação de novos membros. Worms é acusado de traição por um homem embuçado que, ao se desmascarar, mostra ser Federico. Ele não se defende. Em vez disso, promete que vai obter o perdão do amigo, morrendo pela pátria na batalha que ocorrerá na planície perto de Leipzig. Depois desse combate, Ricke percorre o campo à procura dos feridos. Encontra Federico ferido: este lhe conta que Worms morreu em combate e pede-lhe que o perdoe. A moça cobre seu cadáver com a bandeira que ele morreu defendendo. Em seguida, Federico também morre em seus braços, feliz em saber que a pátria foi vitoriosa.

A influência wagneriana, presente na desenvolvida utilização da orquestra e do sistema de motivos recorrentes, e o gosto pelas formas amplas do *grand-opéra* são, desta vez, domadas e utilizadas com senso de medida, enquanto exigência do fôlego épico da ação. A fidelidade ao modelo nacional é representada pelo melodismo de cunho verdiano. Mas a atração que Franchetti sentia pelas inovações dos veristas, com quem mantinha sólidas reações de amizade – a ponto de, em 1922, ter escrito a quatro mãos, com Umberto Giordano, a comédia de tema mitológico *Giove a Pompeï* – transparece no estilo enfático da linha vocal. Um aspecto interessante de *Germania* é a judiciosa utilização dos temas de canções patrióticas alemãs, para criar a cor local e de época – numa manifestação típica do " ambientismo" de influência francesa. Do ponto de vista da construção, o libreto de Illica lembra muito o do *Andrea Chénier*, também de tema histórico e revolucionário. No de *Germania*, ele chega a fazer aparecer uma personagem real, o jovem poeta Karl Theodor Körner, cujos inflamados poemas pregavam o surgimento da Alemanha como um país livre e unificado.

Para que se tenha uma idéia do descaso em que caiu *Germania*, as gravações mais importantes de que se dispõe – e assim mesmo de árias isoladas – foram feitas em 1902, em Milão, pelos intérpretes da estréia. Para efeito de registro, menciono-as aqui: "All'ardente desio", com Amelia Pinto, e "Ferito, prigionier", com Mario Sammarco. "Studenti, udite" foi a primeira gravação feita por Enrico Caruso. No ano seguinte, ele fez o disco de "No, non chiuder gli occhi vagli" e, em 1910, nos EUA, já no auge da fama, regravou com muito mais maturidade essas duas árias. Não tenho conhecimento de nenhum registro completo dessa ópera. Apenas de cinco trechos dirigidos por D'Argento, com Bertocci, Pucci e D'Orazi (este era o lado 6 de um álbum da MRF contendo a *Zazà* de Leoncavallo – M. Arena, 1978). Para conhecer a música de Franchetti existe ainda, no selo Bongiovanni, um álbum gravado na Moldávia por Silvano Frontalini, contendo a sua *Sinfonia* e as *Impressões Sinfônicas: Na Floresta Negra*.

La Figlia di Iorio, baseada na peça de Gabriele d'Annunzio – e que, mais tarde, seria musicada também por Ildebrando Pizzetti (ver a sinopse no capítulo sobre ele) –, ainda foi bem recebida ao estrear, no Scala, em 1906. Depois disso, *Notte di Legenda* (1915), *Giove a Pompeï* e *Glauco* (ambas de 1922) assinalam a fase de declínio. *Il Finto Paggio* e *Il Gonfaloniere*, as duas com libreto de Giovacchino Forzano, nem chegaram a ser encenadas. A avaliação da obra de Franchetti é muito dividida. A opinião de Donald Jay Grout de que, " no conjunto, sua música é medíocre" , não é compartilhada por Claudio Sartori que, no verbete sobre ele do *Dizionario Ricordi*, qualifica-o de " músico cheio de talento, fantasia e originalidade melódica". Uma gravação como a do *Colombo* – que bem poderia ser seguida pela de *Germania* e, quem sabe, da *Figlia di Iorio* – demonstra que, afinal de contas, a admiração de Verdi não era tão fora de propósito.

Catalani

Os estudos que fez na França, com François Bazin e Antoine Marmontel, tornaram Alfredo Catalani (1854-1893) muito sensível à influência de Bizet e Saint-Saëns, César Franck e Massenet – experiência que transmitiu a seus alunos quando, em 1890, sucedeu a Ponchielli na cadeira de Composição do Conservatório de Milão. Embora contemporâneo e conterrâneo de Puccini – ambos eram de Lucca, tinham só dois anos de diferença e seu primeiro professor foi Fortunato Magi, tio de Giacomo –, Catalani permaneceu fundamentalmente romântico, fiel à tradição operística do século XIX e impregnado de influências não só francesas, que se traduzem num estilo elegante e sóbrio, mas também alemãs (Weber e Wagner), perceptíveis em sua atração pelos temas lendários e fantásticos e pelo retrato da vida dos aldeões e montanheses. Por esse motivo, sua obra é tratada aqui, no bloco dos compositores pós-românticos. Apesar dos elementos veristas detectáveis em *La Wally* – sua última ópera e também a mais conhecida –, a sensibilidade de Catalani o vincula aos músicos de transição, da fase 1870-1880, mais do que àqueles cuja obra se desenvolveu sob a égide do Verismo.

A carreira de Catalani teve um início auspicioso; depois passou por uma fase difícil. E foi abreviada pela tuberculose, que o fez envelhecer prematuramente e o matou aos 39 anos. Em 1876, Boito, que o protegera muito durante seus brilhantes estudos no Conservatório de Milão, ofereceu-se para escrever o libreto de *La Falce*, estreada em 1876. Essa écloga pastoral já revela vários traços originais. Em lugar de abertura, há um Prólogo Sinfônico descrevendo a Batalha de Beda, que é um verdadeiro mini-poema sinfônico, inclusive reproduzindo o maneirismo lisztiano que consiste em apresentar determinada seqüência de idéias numa tonalidade e, em seguida, repeti-la nota por nota, modulando para outra tonalidade. O Prólogo se inicia com a evocação da aurora e prossegue com a chegada dos combatentes, o desenvolvimento retrata as diversas etapas da luta e, no final, a calma volta mas, desta vez, é a calma sinistra do campo de batalha juncado de cadáveres. Nessa página há uma preocupação com a pintura sonora que fez Julian Budden falar na influência de Weber sobre o jovem Catalani.

A estrutura contínua faz com que números e recitativos, embora conformes ao modelo tradicional, se encadeiem sem interrupção, pois não há cadências conclusivas que delimitem as divisões entre uns e outros. Das seis árias, duetos e coros, só uma, a romança em 6/8 "Tutti eran vivi" – em que se percebe inequívoco sabor wagneriano – tem uma coda que permite a execução isolada. As demais páginas são interligadas por passagens de transição, com o retorno de figuras temáticas e rítmicas recorrentes. No dizer de Julian Budden, a partitura oferece "um leque de efeitos harmônicos muito mais amplo do que o dos veteranos Ponchielli e Carlos Gomes, e já prenuncia os do jovem Puccini" – inovações de escrita que, naturalmente, não foram muito bem recebidas pelo público médio, que as considerou "futuristas", uma designação pejorativa na época. O dueto "Andiam, andiam vagabondi per l'ampio deserto" já prefigura a "Chanson Groélandaise" que, incorporada a *La Wally*, vai se transformar em um de seus números mais famosos, a ária "Ebben? Ne andrò lontano". O selo Bongiovanni possui uma gravação de trechos da *Falce* feita por G. Carella em 1985, no Teatro Comunale del Giglio, de Lucca, a cidade natal do compositor. No mesmo disco, há a *Missa* seguida por Gianfranco Cosmi.

Entusiasmada com *La Falce*, a editora Giovannina Lucca, de Bolonha, ofereceu um contrato a Catalani, e passou a pagar-lhe um salário modesto, mas que lhe permitiu dedicar-se à composição. Esses bons resultados iniciais, porém, não bastaram para convencer Boito – que atravessava uma de suas fases críticas de insegurança, ligadas à composição do *Nerone* – a escrever para ele novo libreto. Foi necessário recorrer a Carlo d'Ormeville, que produziu um *dramma fantastico* maciço, em quatro atos, baseado numa versão báltica da lenda da Lorelei. Moldado no *grand-opéra*, o libreto demandava efeitos espetaculosos e freqüentes *grands morceaux d'ensemble* meyerbeerianos, que nada tinham a ver com a discreta sensibilidade do jovem músico. Em *Elda*, cantada no Teatro Régio de Turim em 1880, sente-se que Catalani está perdido em meio a formas hiperbólicas que não sabe manejar a contento. Os resultados são bastante frouxos; apesar disso, a estréia obteve sucesso suficiente para que lhe fosse feita a encomenda de nova ópera.

Uma vez mais, era Boito que Catalani queria ter como libretista, pois na sua opinião só ele seria capaz de lhe fornecer um texto com a "dignidade poética e formal" a que aspirava. Boito recusou novamente pois, agora, estava ocupadíssimo colaborando com Verdi. Mas sugeriu um argumento intitulado *Dejanice*, o nome da protagonista de uma história de conflito entre amor puro e amor profano – o mesmo tema da *Fosca* e da *Gioconda* – passada em Siracusa em 400 a.C. A pompa dessa esplendorosa colônia dórica da Magna Grécia, encruzilhada entre o Oriente e o Ocidente, permitiria uma montagem suntuosa, em estilo de *grand opéra*, combinando o luxo oriental com elementos clássicos helênicos. Catalani apresentou o argumento de Boito a Ghislanzoni. Mas este, cheio de fama desde a *Aida*, que escrevera para Verdi, nem sequer respondeu. A editora lhe sugeriu então que procurasse o veneziano Angelo Zanardini, tradutor da *Carmen* e do *Don Carlos*, e autor do *Figliol Prodigo* para Ponchielli, e da *Herodiade* para Massenet. Mas o texto que Zanardini lhe apresentou era um acúmulo de lugares comuns melodramáticos, numa linguagem retorcida, cheia de expressões de um esteticismo quase grotesco. Em *Libretti d'Opera e Altri Saggi* (1974), ao comentar este texto, Luigi Baldacci diz:

> Neste libreto, mais licenciosa ainda do que as hetairas, as dançarinas ou as tocadoras de cítara é a versificação de Zanardini, muito parecida, de resto, com a que adota em suas traduções de Wagner, de tal forma que é difícil dizer se se trata de solecismos métricos... ou de wagnerismos.

Ao retornar vitorioso de uma batalha naval contra os cartagineses, Admèto é acolhido pelos cidadãos de Siracusa e, das mãos de Argélia – que reconhece nele o jovem por quem no passado se apaixonou –, recebe o cetro triunfal. Animado pelo aplauso popular, Admèto revela ser um corsário proscrito, filho de Usco, líder de uma frustrada revolta contra os gregos, pede para ser perdoado e propõe-se a levar Argélia ao altar. Mas Dàrdano, governador da cidade e pai da moça, rejeita seu pedido e o expulsa. Desesperado, Admèto aceita a proposta de Làbdaco de chefiar um bando de corsários. E torna-se amante de Dejanice, que Dàrdano infiltrou em seu acampamento para espioná-lo. Mas logo se cansa dela, e Dejanice que, nesse meio tempo, apaixonou-se por ele, se enfurece quando Admèto salva Argélia dos corsários que a raptaram, confiando-a a Làbdaco para que a reconduza sã e salva à sua casa. Voltando a Siracusa para rever Argélia, Admèto declara-se a ela e é correspondido. Mas Dàrdano não se deixa comover e continua a lhe recusar a mão da filha. Nesse meio tempo, Làbdaco descobre o papel de espiã desempenhado por Dejanice, que se infiltrou na cidade disfarçada de egípcia para vigiar Adméto – e este, furioso, a repudia. As tentativas de explicação de Dejanice são inúteis; suas declarações de amor não demovem o corsário. Para vingar-se, Dejanice envenena Dàrdano e surge diante dele, quando a poção começa a fazer efeito, para recriminá-lo por sua crueldade. Impede em seguida Admèto e Argélia de se suicidarem por amor: arrasta diante deles o cadáver de Dàrdano, culpado de sua infelicidade, e em seguida se apunhala, para remover o último obstáculo à união dos dois.

Catalani detestou o libreto, mas não havia mais tempo para rejeitá-lo. Tentou emendá-lo e, de fato, há diferenças grandes entre o texto impresso e as palavras que aparecem na partitura. Esta ficou pronta na primavera de 1882, mas o Scala só a montou em 17 de março do ano seguinte. "A ópera não despertou muito interesse do público", escreveu Puccini a Albina Magi, sua mãe. "Mas é belíssima do ponto de vista artístico e, se for encenada de novo, não deixarei de ir vê-la." Prazer que lhe seria negado pois, apesar dos elogios dos críticos à sua delicadeza de escrita, *Dejanice* resistiu apenas três récitas. Os elogios às novidades de instrumentação, porém, foram menores do que as reservas quanto às desigualdades da partitura. No *Teatro Ilustrato*, Amintore Galli escreveu:

> É possível admirar, mas não amar a ópera *Dejanice*: ouvimos alguns de seus trechos de boa vontade, mas se é necessário escutá-la integralmente, ao cair o pano nos sentiremos mais cansados do que comovidos.

Apesar de uma bem-sucedida apresentação em Turim, em outubro de 1884, e de Gustav Mahler ter expressado o desejo de montá-la em Leipzig, *Dejanice* não foi mais encenada até 1920. Desse ano até 1925, o interesse por *La Wally* a fez reaparecer em diversos teatros do interior da Itália. Depois, foi necessário esperar até 1975, quando se fez uma transmissão na RAI Italiana de que existe o registro (selo UORC/Guarnieri). Na década de 1990, a Bongiovanni lançou a gravação ao vivo de um espetáculo no Teatro del Giglio, de Lucca, em 6 de setembro de 1985, regida por Jan Latham-König. Esta última é uma versão com vários cortes; a pirata oferecia a partitura completa.

Não há dúvida que *Dejanice* é uma partitura fragmentada, de personagens criados de forma muito sumária. É forte a influência de Ponchielli, em especial no ato II, em que a confrontação entre as duas mulheres lembra muito *La Gioconda*. Mas, ao mesmo tempo, percebe-se o esforço de Catalani para libertar-se do modelo externo e encontrar sua própria linguagem – mais visível nas passagens orquestrais do que nos trechos vocais ligados à fórmula do *grand-opéra*, cujo tratamento é um tanto bombástico: o finale do ato I, "Flagelli la tua prora", por exemplo; ou o concertato "La folgore del ciel piombò su me", com que se encerra o II. É inegável, porém, em passagens como "Un raggio del tuo riso", a declaração de amor de Admèto a Argélia, no ato I, a manifestação precoce de um melodista extremamente dotado. A sensibilidade de Catalani é muito pessoal, especialmente no que se refere à orquestração, da qual emana um encanto todo especial. E o ato IV já tem a tensão dramática prenunciadora do que será o músico maduro de *La Wally*.

Deve-se lamentar que sejam tão graves os cortes operados na gravação Latham-König, devido à saída da cantora prevista para fazer a protagonista, que teve de ser substituída à última hora por Carla Basto, a qual não teve tempo de estudar integralmente um papel muito longo e difícil. Não chega a ser desastrosa a eliminação da "Canzone Egizia" do ato III, e nem de boa parte da introduçao ao monólogo "Sopito è Dàrdano", nesse mesmo ato. Mas é lamentável que esse registro não traga uma página fundamental: o dueto "Deh!, nella mia s'affissi la tua pupilla", entre Dejanice e Argélia, pois sua comparação com passagens da mesma natureza na *Fosca* e na *Gioconda* é muito importante para se compreender a evolução de Catalani (para isso, é preciso recorrer à versão pirata, de obtenção mais difícil e qualidade sonora inferior).

Apesar das reticências quanto a um compositor jovem e suspeito de simpatias musicais pouco ortodoxas, Ghislanzoni deixou-se finalmente convencer a trabalhar com ele. Mas não se deu ao trabalho de preparar para ele um texto novo. Reaproveitou um libreto que, pouco antes, tinha oferecido sem sucesso a Salvatore Auteri-Manzocchi, amigo de Liszt que, em 1879, obtivera sucesso fugaz com uma ópera intitulada *Dolores*. Para esse músico, hoje esquecido, Ghislanzoni adaptara uma peça de Alexandre Dumas filho: *Les Danicheffs*, uma das fontes também para o libreto do *Schiavo* (ver o capítulo sobre Carlos Gomes). A ação desse drama, que Dumas filho publicou com o pseudônimo de Newsky, e foi traduzida para o italiano em 1878, passa-se na Rússia em meados do século XIX.

Descontente com a paixão de seu filho Vladímir Aleksándrovitch pela serva Anna, a condessa Ekaterina Petróvna Danitchêva impõe uma condição: ele terá de viajar e conhecer outras mulheres. Se, depois de um ano, ainda amar a serva, ela concordará com a união. Assim que o filho se afasta, a condessa obriga Anna a se casar com o cocheiro Óssip, a quem concede a liberdade. Óssip sempre amara Anna e sente-se felicíssimo em poder casar-se com ela. Mas quando a mulher lhe confessa que ama Vladímir, propõe-se a viver castamente a seu lado. Durante as suas viagens, Vladímir conhece a princesa Lídia Valânova, que quer casar-se com ele. Mas continua amando Anna, e fica furioso com a mãe e com a namorada ao saber de seu casamento. Vai procurar o casal em Moscou e Óssip, contando-lhe que eles têm vivido como irmãos, aceita divorciar-se dela para que o caminho dos dois fique livre. Mas o tsar – talvez por influência dos Dánitchev e dos Valânov, interessados em unir Vladímir a Lídia – recusa a autorização para o divórcio. Só resta a Óssip uma altruística atitude: torna-se monge. Toma os votos religiosos e obtém que seu casamento seja anulado, tornando assim possível a felicidade de Anna ao lado de Vladímir.

Ghislanzoni transpôs a ação da Rússia para o castelo do duque de Leitmeritz, às margens do rio Elba, na Alemanha. Ambientou-a entre anarquistas e exilados políticos – tema que estava na moda, naqueles anos de grande ebulição no Leste europeu – e centrou o interesse na principal personagem feminina, a que deu o nome de *Edmea*. Em suas mãos, a intriga adquiriu também contornos muito mais piegas e inverossímeis. Edmea é uma órfã adotada pelos Leitmeritz e tratada como se pertencesse à família. Está apaixonada pelo jovem conde Oberto, a quem promete fidelidade durante sua ausência, para uma longa viagem. Mas o pai de Oberto, que vê com maus olhos um casamento abaixo de sua condição social, obriga Edmea a casar-se com Ulmo, um servidor do castelo que a ama, mas nunca ousou declarar-se. A violência contra ela a faz perder a razão, e Edmea, que acredita ter-se transformado em uma das ninfas do Elba, vai de aldeia em aldeia pedindo esmola, acompanhada por Ulmo, que a protege e faz-se passar por seu irmão.

Ao voltar ao castelo de seu pai, Oberto não entende o motivo para o misterioso desaparecimento de sua amada. Mas a reconhece como a tresloucada que acompanha um grupo de artistas ambulantes. O velho conde, para quem Edmea tinha morrido, fica aterrorizado acreditando que ela é um fantasma. Mas, ao ouvir a voz de Oberto chamando seu nome, a moça recupera subitamente a razão e cai em seus braços. Ao saber o que aconteceu à namorada, Oberto se enfurece e decide vingar-se do pai e do empregado. Ao procurar Ulmo, encontra-o ferido: ele se suicidou para devolver a Edmea a liberdade. Quando o conde chega com a notícia de que conseguirá a anulação do casamento, o servidor está morto e Oberto pode unir-se à mulher que ama.

Além de insípido e pouco plausível, o libreto de *Edmea* sofre com a mediocridade de versos que fazem os de Zanardini parecer grande poesia. A principal preocupação de Ghislanzoni parece ter sido criar situações que permitissem a exploração do clichê das cenas de loucura, na linha do *Hamlet* de Ambroise Thomas ou da *Jolie Fille de Perth* de Bizet, modelos franceses com os quais Catalani sentia afinidade. A ópera estreou no Scala, em 27 de fevereiro de 1886, com um bom elenco – o soprano Virginia Fermi-Germano, o tenor Gaetano Ortisi e o barítono Francesco Pozzi – sob a regência de Franco Faccio. O celebrado maestro foi chamado quinze vezes à boca de cena e a seção aristocrática da platéia, que via em Catalani uma esperança de renovação cultural, aplaudiu com entusiasmo. Apesar das dificuldades de Ortisi com a tessitura árdua de algumas de suas árias, Fermi-Germano criou o papel de Edmea com tanta graça que a partitura lhe foi dedicada.

Galli, no *Teatro Illustrato*, já não demonstrou tanto entusiasmo. Reconheceu as "sólidas qualidades técnicas do compositor" – embora deplorasse que fossem demasiado calcadas em modelos franceses, Bizet e Delibes. Mas chegou à conclusão de que "qualidades técnicas não podem nos compensar pela total e deplorável falta de inspiração e originalidade estilística". Decerto a rivalidade entre os editores Lucca e Sonzogno, este último dono do *Teatro Illustrato*, bem como a rejeição dos conservadores a tudo o que parecesse importação estrangeira, estavam por trás dessa rigorosa atitude de Galli. Não nos devemos esquecer de que, nos meses que assistiram à preparação e estréia da *Edmea*, o jornal não parava de incensar *Flora Mirabilis*, do grego Spiro Samaras: essa ópera em um ato, precursora do Verismo e vencedora do concurso Sonzogno, estreara em 16 de maio, no Teatro Carcano.

Não há dúvida que *Edmea* é um produto menor dentro do conjunto da obra de Catalani. Concebida de forma a resultar num espetáculo fácil de montar, possível de ser apresentado em teatros pequenos, faz também concessões demasiado grandes a convenções naquela época já obsoletas. A escrita vocal tampouco oferece grande variedade: a busca de efeitos que agradassem à platéia faz Catalani abusar de notas extremas nos diversos registros, e de procedimentos cansativos, como o excesso de uníssonos. A parte do tenor, em especial, não só é muito aguda como é mantida, a maior parte do tempo, numa região de passagem que a torna muito perigosa para a maioria dos cantores (Maurizio Frusoni, na gravação De Bernart, dá provas disso). Embora mais sutis e elegantes do que na *Dejanice*, as melodias da *Edmea* não chegam a ser memoráveis porque – com raras exceções – este não é um setor em que Catalani se destaque. Na verdade, ele se sobressai na evocação dos ambientes mediante técnicas de orquestração que, indiscutivelmente, domina com muita desenvoltura. Desde o Prelúdio, um apaixonado cantábile em ré menor, de gosto popular, sobre um baixo sincopado *ostinato*, percebe-se a habilidade do orquestrador cuidadoso e refinado – sobretudo na combinação dos sopros e cordas da segunda seção, em que o impetuoso tema inicial é repetido de forma meditativa.

O coro, por outro lado, nunca é apenas decorativo. Desempenha papel determinante na narrativa, como no caso de "La ruota gira, guizza la spola", do início da ópera, em que as fiandeiras dialogam com Edmea permitindo-nos ter uma primeira idéia da situação. Ou "Oste garbato", a animada cena dos jograis, no ato II, em que vemos um Catalani capaz de brilho e vivacidade – e não apenas da melancolia com muita freqüência associada a seu nome. Sua música pode ser tristonha e perturbadora, sim – é o caso do Prelúdio ao ato III –, mas sabe também ter envolventes momentos de dinamismo, como no "Un raggio in lei risplende" com que, no final do ato II, celebra-se o retorno da razão de Edmea. A estrutura antiquada do libreto, que preserva o encadeamento de números, seguindo as regras do apogeu do Romantismo, ainda dá à ópera um formato um tanto fragmentado. Dentro desses números, porém, há os que se destacam:

- a ária "Egli parte... Divora le tue lagrime", do ato I, em que Ulmo tenta consolar Edmea da ausência de Oberto;
- o lamento do tenor no ato II;
- e sobretudo "Chi mi sa dir se questa è la via... Io son dell'Elba la pallida fata", a cena de loucura do ato II em que Catalani demonstra saber trabalhar com *fioriture* patéticas que nada ficam a dever à tradição donizettiana.

Na *Edmea*, já encontramos também em embrião as técnicas muito ousadas de modulação e mudança brusca de ritmo que vão caracterizar a escrita do Catalani maduro. Bom exemplo disso é a súbita passagem de mi menor para ré bemol maior, nos quatorze últimos compassos de "Tu sei qui, sul mio cor... Ti sovvieni!... fu là", o grande dueto de amor antes do finale da ópera.

Alguns meses depois da criação, uma versão revista da *Edmea* foi apresentada no Teatro Carignano, de Turim. Foi esta, antes mesmo do Cristóvão Colombo de Franchetti, a primeira ópera regida na Itália por Arturo Toscanini que, aos 19 anos, acabava de voltar, coroado de sucesso, da reveladora turnê sul-americana. Encantado com as qualidades que percebia na partitura, ele a dirigiu com tal entusiasmo que o resultado foi muito melhor do que no Scala. Foi o início de uma profunda amizade, que fez com que o maestro se tornasse o grande defensor da música de Catalani, a quem homenagearia dando à sua filha mais velha o nome de Wally. Em sua versão revista, a ópera existe no selo Bongiovanni: trata-se de uma encenação de setembro de 1989, no Teatro del Giglio de Lucca, sob a regência de Massimo de Bernart.

Animado com a revisão da *Edmea*, o compositor decidiu-se, então, em 1889, a fazer o mesmo com a *Elda*, de dez anos antes. No ano anterior, porém, a Casa Lucca tinha sido comprada pela Ricordi e os novos patrões não tiveram interesse em manter com ele as mesmas relações de contrato que a signora Giovannina lhe oferecia antes. Desse ponto em diante, Catalani foi obrigado a envidar esforços pessoais para conseguir que suas óperas fossem encenadas – tarefa dificultada pelas suas responsabilidades como professor no Conservatório de Milão, e por um estado de saúde que se agravava pouco a pouco.

O libreto da *Elda* foi revisto por Zanardini e Giuseppe Depanis, sob o título de *Loreley*, e a música quase toda reformulada para a nova estréia, no Regio di Torino, em 16 de fevereiro de 1892. Edoardo Mascheroni regeu o espetáculo, cantado por Virginia Ferni Germano, Leonora Dexter e Eugenio Durot. Foi a primeira ópera de Catalani a fazer mais do que um sucesso local, sendo apresentada em diversos teatros europeus. Apesar de ainda haver alguns elementos que lembram a influência combinada de Wagner, Massenet e Ponchielli, esta já é uma obra em que a linguagem de Catalani começa a se afirmar com independência. Considerando muito prolixos os quatro atos originais, em que havia pouca ação externa, Catalani os fez desbastar para três, tornando a estrutura mais compacta. Mas conservou a maioria dos episódios orquestrais, o que a partitura original tinha de mais apreciável.

Embora esteja noivo de Anna di Rehburg, lord Walter apaixonou-se por uma moça misteriosa que encontrou nas margens do Reno. Confessa as suas dúvidas a Hermann, seu melhor amigo. Este está apaixonado por Anna, mas aconselha-o a seguir adiante com os planos de casamento. Quando Walter comunica à estranha moça que decidiu casar-se com Anna, ela se atira dentro do rio desesperada. De repente, o curso da água se interrompe e ela reaparece no alto de um rochedo, como a Loreley, penteando os seus cabelos dourados. E lhe diz que ele há de lhe pagar por tê-la desprezado. Apesar das advertências de Hermann de que Walter é inconstante, Anna o ama e está resolvida a se casar com ele. Quando a procissão nupcial se inicia, ouve-se o canto da sereia vindo do rio. Incapaz de resistir, Walter abandona a noiva e vai para as margens do Reno onde assiste, transfigurado, ao espetáculo da Loreley desaparecendo na água. Quando vêm lhe dizer que Anna morreu de tristeza, seu remorso é tão grande que ele cai inanimado. Ao recobrar os sentidos, vê a sereia estendendo-lhe os braços e atira-se no rio para segui-la.

O resultado final da revisão não chega a superar inteiramente os defeitos de origem. Mas *Loreley* já apresenta os primeiros exemplos do tipo de organização temática que vai caracterizar a ópera italiana na última década do século XIX, segundo demonstra Budden:

> *Elda* começava com a descrição de um nascer do sol, culminando em um motivo arpejado para as trompas que, depois, se entrelaçava ao tema da primeira cena de Sven, o tenor. Em *Loreley*, esse mesmo arpejo fornece a base temática sobre a qual constrói-se um ágil coro em estilo de conversação, entre pescadores e soldados. Comparar esse trecho com o coro de abertura da *Gioconda* é dar-se conta da distância que separa o velho do novo.

Também do ponto de vista da caracterização da vida na aldeia, e da freqüência com que apresenta páginas elaboradas com extrema segurança, esta ópera já pertence ao universo sonoro da *Wally*. Há números que assinalam decididamente a entrada de Catalani na plena maturidade artística:

- a cena do ato I em que Walther anuncia a Loreley a decisão de deixá-la;
- o diálogo da jovem com os espíritos aquáticos, que precede o momento em que ela se atira no Reno e volta a ser uma ninfa do rio;
- "Dança das Ondinas" e a bela ária de Anna, "Amor, celeste ebbrezza", no ato II;
- a música da procissão fúnebre de Anna, no III e, principalmente, o longo dueto final "Son

io, son io, ravvisami", antes que Walther se atire no rio, seguindo a ninfa que o enfeitiçou.

Com todas essas qualidades, o que falta ainda em *Loreley* – mas será alcançado na ópera seguinte – é a capacidade de efetuar uma síntese realmente pessoal para os elementos utilizados: o diatonicismo ingênuo, os modalismos bebidos na fase final de Verdi, a obsessão com as tríades aumentadas, os paralelismos flagrantes, as modulações insólitas para efetuar transições e uma série de outros achados pontuais. Não há nele, ainda, a individualidade de tom que Puccini terá, desde a *Manon Lescaut*, ao metabolizar ingredientes colhidos daqui dali, na experiência francesa ou alemã, ao longo de seus contatos com as grandes criações da música contemporânea a ele.

O selo Living Stage tem a apresentação ao vivo de Gianandrea Gavazzeni no Scala, em 1968, muito valorizada pelo elenco: Elena Suliotis, Gianfrance Cecchele, Rita Talarico, Piero Cappuccilli e Agostino Ferrin. Há também, na Bongiovanni, o espetáculo regido por Napoleone Anovazzi no Teatro del Giglio, de Lucca, em 1982, com distribuição correta – Piero Visconti e Martha Colalillo –, mas de qualidade inferior. Em vídeo, há uma apresentação de 1993 em Verona (Dimitrova, Merighi/ Masini).

Em 1890, enquanto preparava a produção da *Loreley* em Turim, Catalani já estava trabalhando na adaptação de *Die Geyer-Wally* (Wally a Abutre), novela de Wilhelmine von Hillern cuja tradução saíra, em folhetim, em 1887, no jornal milanês *La Perseveranza*. Hoje, essa história de amor pode nos parecer muito envelhecida. Mas fez durável sucesso, na Alemanha, a ponto de ter sido filmada duas vezes: em 1943, com Heidemarie Hatheyer, e em 1956, com Barbara Rütting. A novela cativou Catalani de saída, pois se passava num vilarejo alpino, paisagem pela qual o músico sempre tivera verdadeira paixão. O libretista que escolheu, desta vez, foi o brilhante jornalista Luigi Illica que, tendo vencido o concurso da prefeitura de Gênova, dava início à carreira de dramaturgo colaborando com Franchetti no *Cristoforo Colombo*. Illica, já demonstrando o infalível instinto teatral que marcaria seus grandes libretos do futuro, fez na intriga de von Hillern uma modificação que conferiu à história uma dimensão metafísica: enquanto o original termina com um inverossímil e açucarado final feliz, na ópera é o destino que decide a partida, através da montanha, cuja presença imponente e ameaçadora plana sobre toda a ação.

Catalani parecia pressentir que esse seria seu último e maior trabalho, pois fez questão de supervisionar pessoalmente todos os detalhes da produção. Acompanhado por Adolf Hohenstein, o cenógrafo das estréias do *Falstaff* e da *Tosca*, foi a Munique e Oberammergau encontrar-se com frau von Hillern, com quem discutiu os detalhes do cenário. Ele a achou "inteligente e espirituosa"; a romancista, por sua vez, encantada com o resultado da adaptação, faria questão de traduzir o libreto para o alemão quando da estréia em Hamburgo. Depois, músico e cenógrafo visitaram, no Tirol, aldeias semelhantes àquelas onde a ação se passa, para que Hohenstein pudesse fazer in loco os seus croquis. Catalani foi também intransigente na escolha do elenco. A princípio, queria dispensar Hericlea Darclée, por achar que a bela romena era muito fria e desinteressada. Mas esse susto parece tê-la motivado, pois sua interpretação do papel-título – ao lado de Pietro Cesari e Adelina Stehle-Garbin – foi tão calorosa que Catalani acabou por dedicar-lhe a partitura. Com todos esses cuidados, a primeira récita, no Scala, em 20 de janeiro de 1892, sob a regência de E. Mascheroni, arrebatou o público. Em seu jornal, *La Gazzetta Musicale*, Giulio Ricordi aclamou-a como "uma ópera ágil, interessante, vigorosa e cheia de juventude".

A ação passa-se no Tirol, em 1800. Wally, filha do velho Stromminger, ama Giuseppe Hagenbach, filho de um inimigo de seu pai. E rebela-se contra este, que quer casá-la com o caçador Vincenzo Gellner. Na aldeia de Sölden, onde foi morar depois de romper com o pai, ela se deixa beijar por Giuseppe, durante uma festa. Mas fica profundamente humilhada ao descobrir que ele o fez apenas para ganhar uma aposta. Para vingar-se, pede a Gellner, apaixonado por ela, que o mate. Arrepende-se logo em seguida, mas já tarde demais, pois Gellner atirou Giuseppe no fundo de uma ravina. Wally vai procurá-lo, encontra-o ainda com vida, entrega-o aos cuidados de sua noiva, Afra e, depois, cheia de vergonha, abandona a aldeia e isola-se no alto da montanha. Apesar dos pedidos de seu amigo, o adolescente Walther, recusa-se a voltar ao vilarejo diante da iminência de uma tempestade de neve. Hagenbach que, nesse meio tempo, percebeu estar apaixonado por ela, sobe à montanha decidido a resgatá-la e declara-lhe seu amor. Mas eles são colhidos por uma avalanche e morrem juntos.

Cinco gravações permitem o acesso à última ópera de Catalani:

G.O.P., 1953 – Tebaldi, Del Monaco, Guelfi/ Carlo Maria Giulini;
Fonit-Cetra, 1960 – Tebaldi, Prandelli, Majonica/Arturo Basile;
Intaglio, 1968 – Tebaldi, Bergonzi, Glossop/ Fausto Cleva;
Decca, 1969 – Tebaldi, Del Monaco, Cappuccilli/Cleva;
Eurodisc, 1990 – Márton, Araiza, Titus/ Pinchas Steinberg.

Apesar do som deficiente, o mais belo álbum é o da Intaglio devido à elegância do par Tebaldi-Bergonzi. A diva é a Wally por excelência, perfeita de maneiras diferentes em seus quatro registros, mesmo quando secundada pelo Hagenbach sem nuances de Del Monaco. Pinchas Steinberg rege também a versão em vídeo, do Festival de Bregrenz (1990), com Mara Zampieri e Michael Sylvester. Dentre os discos de trechos, recomendo o da VAI Audio, que traz o ato IV com Magda Olivero e Maurizio Frusoni, regido por A. Kerjens (1973).

Tem razão William Austin ao dizer que *La Wally*, estreada a poucos meses do *Falstaff*, de Verdi, e da *Manon Lescaut*, de Puccini, "é o mais claro exemplo da direção alternativa que a ópera italiana poderia ter tomado, se Catalani não tivesse morrido tão cedo". A trama contém diversos elementos que a vinculam à tradição do drama romântico: a vizinhança entre amor e ódio, a rebeldia da personagem-título, os sentimentos exacerbados, a turbulência da natureza ecoando a das paixões humanas, e a idéia, de matriz tristanesca, de que o amor só se liberta e se realiza plenamente na morte. Esses elementos afinavam-se muito bem com a personalidade atormentada de Catalani, perseguido desde muito cedo pelo medo de morrer, e angustiado com a paixão sem esperança que nutriu, a vida inteira, por Teresa Junck, a mulher de um de seus melhores amigos, o alsaciano Benedetto Junck. O *scapigliato* Tranquillo Cremona causou escândalo, na época, ao retratá-los num quadro intitulado *L'Edera* (A Hera). Nele, uma figura de homem, esguio e pálido, com a mesma cabeleira densa e negra, o mesmo rosto cavado e cheio de olheiras de Alfredo, abraça-se e enleia-se desesperadamente ao corpo de uma mulher loura, que permanece ereta, no centro da tela, numa atitude ao mesmo tempo de passividade e de entrega. O conteúdo passional da *Wally* continha os elementos ideais para mobilizar o melhor do talento de Catalani e levá-lo à plena maturidade. Mas, como no caso de Purcell ou Bizet, ao atingir o total domínio de seus recursos expressivos, essa evolução foi truncada, em 7 de agosto de 1893, pela morte prematura.

Embora de grande porte, *La Wally* já está inteiramente livre da influência do *grand-opéra* e de suas convenções. As linhas vocais são variadas e flexíveis, sem a solenidade e a circunspecção que ainda se sentem em *Mefistofele* e *La Gioconda*, no *Salvator Rosa* e em *Germania*. Ou seja, nesta ópera estreada dois anos depois da *Cavalleria Rusticana*, Catalani está se aproximando do estilo descontraído e informal, em tom de conversação, que será muito comum no final do século – em óperas como a *Bohème* ou *Fedora*, por exemplo. Para isso contribuem, sem dúvida nenhuma, os contatos que tinha com os músicos responsáveis pelo aparecimento da escola verista. Outra característica marcante é a continuidade do fluxo melódico. Desaparecem as divisões tradicionais em *scene* que, até 1889, ainda estavam sendo usadas por Carlos Gomes no *Schiavo*. O ato torna-se a principal unidade formal, embora, dentro desse discurso musical ininterrupto, ainda se destaquem números reconhecíveis – como é o caso da mais célebre ária da ópera, "Ebben? Ne andrò lontana", com que Wally se despede de sua aldeia depois da briga com o pai (a melodia dessa ária, como já foi dito, é reaproveitada de uma *Chanson Groënlandaise* dos tempos de estudante na França).

O modelo, portanto, é o do Verdi do *Otello*, que será levado adiante, nas décadas seguintes, pelos veristas e neo-românticos: a síntese entre

A tela de Tranqüilo Cremona intitulada *L'Edera* inspira-se na paixão desesperada e sem futuro de Catalani pela mulher de seu melhor amigo.

Desenho de E. Marchioro para uma encenação de *La Wally* de Catalani, no Scala, em 1921.

a estrutura tradicional italiana, que privilegia os *pezzi chiusi* e as grandes oportunidades para o desempenho vocal, e uma trama, que tem seu débito para com a experiência francesa e alemã, e busca a maior naturalidade teatral. As árias e cenas de conjunto são costuradas num tecido orquestral contínuo, em que é muito importante a função dos motivos. Ora esses motivos são recorrentes, servindo para identificar personagens, estados de espíritos ou situações; ora eles são o ponto de partida para desenvolvimentos sinfônicos que servem de transição entre um segmento da ação e outro. Em *Catalani and "La Wally"*, no folheto de introdução ao álbum da Decca, escreve William Weaver:

> O azar do compositor foi surgir entre dois momentos importantes da História da Ópera italiana: o auge da carreira de Verdi e o início da escola verista e da carreira de Puccini. Com sua atração pelos temas germânicos, sua orquestração cuidadosa e freqüentemente rica e original e sua preocupação em abolir a estrutura de números, Catalani não pode ser considerado um tradicionalista. Mas, apesar de algumas semelhanças superficiais, também não é um verista. Sua melhor ópera, *La Wally*, situa-o fora da corrente principal da ópera italiana em seu tempo. Posteriormente, foi comparado a Bellini; e essa comparação faz sentido, pois as linhas elaboradas e longas de suas melodias exigem o mesmo tipo de fraseado de que se precisa para cantar Bellini – ainda que, ao mesmo tempo, a ópera requeira o mesmo tipo de encenação realista da *Tosca*. Mas ao longo de toda a *Wally*, persiste uma melancolia tipicamente belliniana.

E que a associa, justamente, ao clima alpino e aldeão da *Sonâmbula*, descontadas, é claro, as diferenças de tom entre a comédia sentimental e o drama de fim trágico. Continua Weaver:

> É talvez essa delicadeza de sua arte que a impediu de ser amplamente popular. Ouvida ao lado das óperas violentas de Mascagni e Giordano, a sua música deve ter parecido "anêmica", como Mosco Carner, o biógrafo de Puccini, a chamou certa vez. Mas considerada por seus próprios méritos, tem um encanto e um valor verdadeiros. Catalani destilou todo o seu talento em *La Wally*, que foi o seu canto de cisne. Na morte da heroína, que precedeu em poucos meses a sua própria, e na forma como, em seu desespero, ela se transfigura, podemos pressentir a própria tragédia do compositor, sincera e profundamente comovente. "Brav'uomo ed eccellente musicista", disse Verdi a seu respeito. E quem somos nós para pôr em dúvida esse julgamento?

Quanto a Budden, eis o que nos diz do autor da *Wally*:

> Não é possível dizer se Catalani teria se igualado a seu conterrâneo de Lucca, Puccini, caso tivesse vivido mais tempo. Alguns de seus contemporâneos, especialmente Toscanini, achavam que, dos dois, era ele quem tinha a sensibilidade mais refinada. No entanto, até o fim, a música de Catalani continua a refletir o dilema que afligiu os compositores italianos durante duas décadas: como fazer algo de novo sem ter de envergar as plumagens alheias. Embora ele tenha acabado por resolver todos os problemas de escala e continuidade dramática e alcançado um tipo novo de liberdade de expressão, a sua própria personalidade artística parece pálida e dotada de pouca substância. Na época de *La Wally*, os ecos de Massenet, Wagner, Mendelssohn e Gounod já desapareceram; mas a voz do próprio Catalani parece nos fugir e muitas de suas idéias não são memoráveis. Depois de seu entusiasmo da vida inteira pelo Romantismo alemão, muito poucas enciclopédias germânicas lhe consagram verbetes exaustivos como os que há para Puccini ou Mascagni. Sua maior realização – a conquista, na *Loreley* e na *Wally*, daquele *Naturromantik* que Weber foi o primeiro a introduzir no teatro alemão, e que por muito tempo passou ao largo da ópera italiana e francesa – nunca chegou a ser devidamente apreciada pelos alemães, que nunca esperaram que os italianos fossem capaz de se notabilizar nesse campo. Eles nunca chegaram a reconhecer que *La Wally*, no dizer de Carlo Gatti, era "l'alta montagna portata nel teatro di musica".

Verismo e Neo-Romantismo: A Primeira Geração da Giovane Scuola

Verismo e Neo-Romantismo

Em 17 de maio de 1890, subiu à cena, no Teatro Costanzi de Roma, uma ópera em um ato cuja estréia constitui data fundamental para a História da Ópera: a *Cavalleria Rusticana*, de Pietro Mascagni. Segundo afirma Carlo Parmentola em sua *Storia dell'Opera*, esse título

> assinalou o retorno do melodrama italiano à ribalta internacional, num período em que esta era dominada pelas criações francesas e alemãs. Desde a trilogia romântica de Verdi, *Rigoletto, Trovatore, Traviata*, nenhuma ópera italiana tinha sido tão popular no exterior.

Na verdade, das partituras produzidas pelos compositores ativos no período pós-romântico, apenas o *Mefistofele* e *La Gioconda* permaneceram no repertório básico. *La Wally* está lentamente começando a ser redescoberta. Fora do Brasil, as óperas de Carlos Gomes são muito raramente encenadas (e mesmo aqui o interesse por elas é restrito, como o demonstrou a pobreza das comemorações no centenário da morte do compositor). Outros compositores ficam na dependência de teatros provincianos, ou de eventuais produtores que queiram, geralmente no quadro de festivais, sair fora da programação mais batida. Foi necessária uma efeméride como o centenário do Descobrimento da América para que se lembrassem de desengavetar o *Cristoforo Colombo*. Mas *Germania*, a ópera mais importante de Franchetti, continua no desterro. Mesmo na época, havia a consciência da situação dramática por que passava a ópera italiana. No fim da década de 1880, um crítico influente como Francesco d'Arcais lamentava, na *Rassegna Musicale*:

> Hoje em dia, os únicos italianos que conseguem pôr o pé fora da Itália são alguns patéticos compositores de romanças que vão a Londres ensinar canto às senhoras inglesas e às suas filhas.

D'Arcais referia-se, com um desprezo tingido de indisfarçável despeito, ao sucesso, no exterior, das romanças de salão e cançonetas de corte popular escritas por Francesco Paolo Tosti ou Luigi Denza, músicos "menores", a quem a crítica "séria" torcia o nariz. É possível entender, entretanto, esse encastelamento da ópera italiana nas décadas de 1870-1880, e as causas da perda da posição de prestígio que mantivera nos séculos XVII-XIX, criando a necessidade, para a nova geração de compositores, de reagir a esse estado de coisas com uma injeção de vitalidade em fórmulas que começavam a girar num beco sem saída. No início do século XIX, a ópera italiana tinha sido o espetáculo de massa por excelência: dirigia-se ao mais amplo espectro possível de público e atingia as mais diversas camadas da população, irmanadas no gosto comum pela música de Rossini, Donizetti, Bellini, Verdi e seus contemporâneos. Esse quadro, entretanto, começa a mudar a partir do momento em que as condições sócio-políticas da segunda metade do século alteram a relação entre o público e o drama lírico, e este perde, aos poucos, o caráter excepcional de fenômeno cultural aglutinador que tivera até 1850.

No capítulo sobre a *scapigliatura*, mencionamos a sensação de desarvoramento causada pela perda dos valores que tinham norteado a luta pela unificação. Isso é agravado pelas mudanças sociais aceleradas por que a Itália está passando, com a industrialização crescente. O país possuía nove mil fábricas em 1861 e chegara a 244 mil em 1911. Tornou-se, assim, ainda mais pronunciada a fratura, já existente no início do século, entre a burguesia e as classes populares. Enquanto aquela se fortalecia e aumentavam as discriminações e desigualdades, intensificavam-se, no outro extremo do espectro, os protestos políticos e as reivindicações das classes trabalhadoras. Entre 1870-1890, a Itália assistiu à emergência de dois movimentos, o socialista e o católico, que deveriam alterar radicalmente a natureza da luta política.

O Congresso de Rimini, em agosto de 1872, viu nascer a Federação Italiana da Associação Internacional de Trabalhadores, parcialmente inspirada pelas idéias anarquistas do russo Mikhaíl Bakúnin. Ela foi fruto do radicalismo da nova geração republicana, na qual havia muitos simpatizantes da Comuna de Paris, de 1871. A I Internacional que, na Itália, tinha orientação antiautoritária, anarquista e coletivista, espalhou-se por Nápoles, a Sicília e o centro do país, recrutando adeptos entre os trabalhadores urbanos e os jovens intelectuais. Mas não conseguiu o apoio do campesinato, apesar das insurreições rurais de 1877 estimuladas pelos internacionalistas. A futilidade desse método irredentista fez a Internacional entrar em crise, agravada pela cisão de alguns de seus líderes. Entre eles estava Andrea Costa: em 1881, ele fundara o Partido Socialista Revolucionário da Romagna que, três anos depois, adquiriu âmbito nacional. Além disso, em 1882, foi fundado em Milão o Partido Operário Italiano, reunindo os trabalhadores lombardos em torno de um programa assentado sobre a oposição dos sindicatos à política governamental. Na esteira desses movimentos, intelectuais como Filippo Turati, Leonida Bissolati e Antonio Labriola, impregnados de idéias marxistas, advogavam o estabelecimento na Itália de uma cultura socialista marxista, livre de ranços positivistas.

Aos católicos moderados, favoráveis ao entendimento e à solução de compromisso entre o Estado e a Igreja, opunham-se os "intransigentes". Estes defendiam os direitos do papado contra o Estado italiano, que viam como um "usurpador". Agrupados em torno da *Opera dei Congressi*, criada em 1875 e logo convertida num instrumento muito eficiente de organização, os "intransigentes" promoveram, a partir de 1885, atividades econômicas e sociais nas regiões rurais do centro-norte, deitando as raízes de um conservadorismo de que viria, mais tarde, o apoio ao regime totalitário.

No caso da ópera, o reflexo dessa mudança político-econômico-social é fazer com que desapareça a unanimidade de gostos que, na época do *Nabucco* ou do *Ernani*, fizera acorrer aos teatros o operário ou o banqueiro, com a mesma identidade de interesses. A burguesia, na segunda metade do século XIX, privilegiava cada vez mais os espetáculos suntuosos filiados ao *grand-opéra* de modelo francês, refletindo a imagem faustosa que tinha de si mesma. Os intelectuais, desenvolvendo as propostas dos *scapigliati*, sugeriam mudanças estéticas em geral inspiradas em modelos estrangeiros, o que era visto com extrema desconfiança pela crítica nacionalista e conservadora. Quanto ao povo, este continuava fiel à ópera tradicional, de temática e linguagem mais terra-a-terra, mas que do ponto de vista formal não avançara muito em relação ao idioma herdado da fase intermediária da carreira de Verdi. Para os compositores do final do século XIX, portanto, a adoção de uma temática e de um estilo significava, antes de mais nada, escolher a que tipo de público dirigir-se. O período 1870-1890 tinha sido marcado pela crise de incerteza quanto aos caminhos que a ópera deveria tomar, a partir do ponto a que Verdi a levara. Essa incerteza reflete-se muito claramente nos repetidos processos de revisão por que passaram algumas das óperas dessa fase de transição: *Mefistofele, Fosca, Gioconda, Loreley*.

Havia também um experimentalismo um tanto desordenado, que fez com que muitas partituras, depois de uma nomeada efêmera, desaparecessem nos arquivos de suas editoras. Mas, de modo geral, era forte, nos músicos da nova geração, a consciência da necessidade de operar uma revisão técnica e estilística no melodrama italiano: mudar a estrutura dramática e os procedimentos de encenação, renovar a linguagem vocal, reformular os recursos harmônicos e ampliar a função da orquestra, preservando, contra a crescente invasão da influência estrangeira, as características intrínsecas de um gênero musical nascido na Itália.

O primeiro ponto de que os jovens compositores tinham certeza – alertados pelo trabalho pioneiro de Boito – era o da urgência em reatar o diálogo entre a Música e a Literatura, retomando a grande tradição clássico-barroca da colaboração dos compositores com poetas como Metastasio ou Goldoni. Durante o Romantismo, os libretistas – mesmo quando competentes, como Salvatore Cammarano, Temistocle Solera, ou Francesco Maria Piave, de quem se chegou a dizer muito mal injustamente – não chegavam a ser poetas excepcionais (Felice Romani é uma das exceções). Também as fontes operísticas nem sempre eram alta literatura: havia nítida preferência por dramalhões franceses de qualidade muito irregular e nem todos buscavam, como Verdi, inspiração em Hugo, Schiller, Shakespeare. Após 1890, porém, vê-se surgir novos libretistas com bom valor literário.

O mais importante deles é Luigi Illica (1857-1919), jornalista e poeta, autor de cerca de oitenta libretos – alguns deles baseados em histórias originais – para Antonio Smareglia (*Il Vassallo di Szigeth* e *Le Nozze Istriane*), Alberto Franchetti (*Cristoforo Colombo* e *Germania*), Pietro Mascagni (*Iris, Le Maschere* e *Isabeau*), Alfredo Catalani (*La Wally*), Umberto Giordano (*Andrea Chénier* e *Siberia*), Franco Alfano (*La Fonte d'Enschir* e *Il Principe Zilah*), Italo Montemezzi (*Hèllera*), Camille d'Erlanger (*Tess*). Foi Illica quem introduziu, no libreto italiano, o costume, já existente na França, de acrescentar rubricas ao texto, dando instruções detalhadas sobre a movimentação das personagens, seus gestos e expressões, de modo a facilitar a encenação e explicitar as intenções dramatúrgicas. Em alguns casos, como os libretos que escreveu para Mascagni, essas rubricas estendem-se em considerações de caráter filosófico que ampliam a compreensão do que tencionava dizer com o entrecho de seus dramas (Illica é o veículo para a introdução, na Itália, da influência do Simbolismo francês).

O maior colaborador de Illica foi Giuseppe Giacosa (1847-1906), editor da revista *La Lettura* e fundador da Sociedade Dante Alighieri de Turim, o equivalente piemontês da *scapigliatura*. Nas décadas que precederam a eclosão do Verismo, Giacosa se impusera como o mais bem-sucedido autor italiano de dramas poéticos: *La Partita a Scacchi* (A Partida de Xadrez, 1873), *Trionfo d'Amore* (1875); *Tristi Amori* (1887), seu melhor drama na esteira do Naturalismo francês, escrito para Eleonora Duse; *Come le Foglie* (1900), onde é nítida a influência de Henrik Ibsen; e ainda *La Dame de Challant* (1903), destinada a Sarah Bernhardt. Quem percebeu muito bem a propensão natural de Giacosa para o palco lírico foi Benedetto Croce que, ao comentar *A Partida de Xadrez*, chamou-a de "um libreto *manqué*... no qual sentem-se claramente os pontos de apoio para a ária, o dueto, a cabaletta". Illica e ele foram convocados quando Marco Praga e Domenico Oliva declararam-se incapazes de dar conta da *Manon Lescaut* de modo a contentar Puccini. Deram-se tão bem que, juntos, produziram os três melhores libretos de Puccini: *La Bohème* (1896), *Tosca* (1900) e *Madama Butterfly* (1904). Não foi uma colaboração fácil, porém. Para começar, os dois tinham visões diametralmente opostas de sua tarefa. Illlica era impetuoso, gostava de improvisar, e admitia que "a forma do libreto é criada pela música, apenas pela música, não mais do que pela música" – como afirma numa carta de 1907 a Puccini. Para ele,

> um libreto não passa de um esboço. Méry tinha razão ao dizer: "Os versos, numa ópera, estão ali apenas para a conveniência dos surdos." Continuarei portanto a dar importância, em um libreto, apenas ao tratamento das personagens, ao corte das cenas, à verossimilhança do diálogo, das paixões e das situações.

Giacosa, ao contrário, era um perfeccionista atormentado pela procura do *mot juste*, do verso refinado. Numa carta a Ricordi, da época da *Bohème*, reclama:

Essas duas telas, do final do século XIX, ilustram as camadas bem diferentes de espectadores que freqüentam o teatro de ópera na Itália: do lado de fora do Scala, o público popular que faz fila, no frio, esperando para ser admitido às galerias; no saguão do teatro, o espetáculo brilhante da entrada das elegantíssimas damas de alta sociedade.

> Trabalhei das 11 horas até as três da manhã [na cena do Café Momus], sem conseguir produzir um só verso de que goste. Comecei de novo às 7:30; agora, já são cinco horas da tarde e a cena ainda não deu um só passo para a frente.

Para piorar as coisas, poucos compositores eram mais difíceis do que Puccini, inexorável em sua exigência de "um libreto que comova o mundo inteiro", mas incapaz, como Verdi, de explicar claramente o que queria, e sujeito a crises de dúvida que o paralisavam. A posteridade deve a Ricordi ter sido capaz de demover Giacosa de seu juramento, cada vez que um libreto escrito a quatro mãos com Illica terminava, de "nunca mais cair de novo nessa armadilha". Ricordi fez incríveis proezas para apaziguar o orgulho ferido dessa trinca, resolver conflitos aparentemente insolúveis e contornar impasses ameaçadores.

Mais tarde, outro grande nome viria juntar-se ao de Ilica e Giacosa: o do romancista, poeta e dramaturgo Gabriele d'Annunzio (1863-1938), cuja participação é fundamental para a evolução da ópera italiana na passagem do século. No momento em que o Verismo chega ao fim, o Decadentismo de D'Annunzio, cheio de afinidade com movimentos esteticistas contemporâneos como o Pré-rafaelismo inglês ou o Art Nouveau, contribuirá decisivamente para a eclosão do Neo-romantismo, que há de marcar a obra de Mascagni, Zandonai, Respighi e do próprio Puccini na *Turandot*. De suas peças de teatro, foram musicadas *La Figlia di Iorio* (1904) por Franchetti (1906) e Ildebrando Pizzetti (1954); *La Nave* (1908) por Montemezzi (1918); e *Fedra* (1909) por Pizzetti (1915). Para Mascagni e Zandonai, D'Annunzio escreveu os libretos de *Parisina* (1913) e *Francesca da Rimini* (1914), nesta última adaptando um texto teatral escrito em 1901 para sua amante, a atriz Eleonora Duse. E Pizzetti e Malipiero também recorreram a textos seus: *La Fiaccola sotto il Moggio* (1905) e *Il Sogno d'un Tramonto* (1905).

Dois outros libretistas destacam-se nessa fase. Giovanni Targioni-Tozzetti (1863-1934), fiel amigo de Mascagni, produziu para ele o texto de sete óperas. E Giovacchino Forzano (1884-1970), após apresentar-se como barítono em pequenos teatros de província, concluiu não ter boa voz, preferindo dedicar-se à literatura e, a partir de 1904, também à produção de espetáculos operísticos. Foi o responsável pelas estréias de *Turandot, Nerone* (Boito), *I Cavalieri di Ekebù* e *La Cena delle Beffe* (Giordano). Escreveu libretos para diversos compositores. Os mais significativos são *Lodoletta* e *Il Piccolo Marat* (Mascagni), *Suor Angelica* e *Gianni Schicchi* (Puccini), *Sly* (Wolf-Ferrari), *Edipo rè* (Leoncavallo) e *Il Rè* (Giordano). Convém registrar também outros nomes menores:

- Arturo Colautti (1851-1914), autor dos libretos de *Adriana Lecouvreur* (Cilea), *Fedora* (Giordano) e *Paolo e Francesca* (Mancinelli);
- o jornalista Arturo Rossato (1882-1942), que escreveu *Giulietta e Romeo, I Cavalieri di Ekebù* (Zandonai) e *Madonna Imperia* (Alfano);
- e o crítico teatral Renato Simoni (1875-1952), colaborador de Puccini (*Turandot*) e Giordano (*Madame Sans-Gêne*).

Entre 1880-1890, dois acontecimentos influenciam e preparam o caminho para a eclosão do Verismo. O primeiro deles é a estréia italiana da *Carmen*, ópera que desperta a atenção dos compositores e da crítica para as possibilidades novas do Realismo. Da mesma forma que o fizera o público parisiense, cinco anos antes, o italiano, confrontado às suas ousadias, reagiu com perplexidade quando a ópera de Bizet inaugurou o Teatro Bellini de Nápoles, em 1880. Mas ela despertou interesse muito maior ao ser reprisada no Teatro del Verme, de Milão, no ano seguinte. E a ópera conquistou definitivamente o público e o mundo musical italianos, em 1885, no San Carlo de Nápoles. Daí em diante, sinais de sua influência são enormes na ópera italiana: o início do ato IV da *Carmen* é o modelo que Puccini devia ter em mente ao escrever o ato II da *Bohème*; e a cena final já prenuncia à distância a confrontação de Santuzza e Turiddu na *Cavalleria Rusticana*. Antes mesmo disso, é forte o influxo da *Carmen* no *Edgar*, de Puccini, de que falaremos mais adiante. Influência, de resto, devolvida, pois uma das obras italianas que maior impacto exercera sobre Bizet fora a *Traviata* – precursora, ela também, do teatro musical realista, ao abordar um assunto contemporâneo de natureza escandalosa, escolher personagens comuns observadas do quotidiano, e colocar, como protagonista de um drama lírico, uma figura cujo comportamento a marginaliza dentro da sociedade (traços que, de certa forma, Violetta Valéry compartilha com a cigana de Mérimée).

O segundo fato, determinante para o surgimento do Verismo, é a criação, em 1884, pelo editor milanês Edoardo Sonzogno, de um prêmio para óperas em um ato: é esse concurso que Mascagni vencerá, em 1890, com a *Cavalleria*. No primeiro ano, Puccini inscreveu *Le Villi*, sua primeira ópera. Mas o fez quase no final do prazo, sem ter tido tempo de mandar preparar uma partitura passada a limpo por um copista; e seu manuscrito era tão difícil de ler que os juízes decidiram deixá-lo de lado sem sequer dar-lhe uma olhada. Nas partituras apresentadas a esse concurso desde 1884, percebe-se que o exemplo da *Carmen* está começando a dar frutos: as personagens são banais; as paixões, primitivas; e a música ensolarada deve muito ao generoso melodismo de Bizet, já fazendo pressentir a virada verista. A mudança está muito claramente delineada em três óperas precursoras do Verismo: *La Fata del Nord*, de Zuelli; *Flora Mirabilis*, de Samaras; e *Edgar*, de Puccini.

Zuelli

Aluno do Liceo Musicale de Bolonha, Guglielmo Zuelli (1859-1941) foi professor respeitado, diretor dos conservatórios de Palermo e Parma. No concurso Sonzogno de 1884, *A Fada do Norte*, cujo libreto, de N. Campanini, baseia-se numa lenda que tem pontos de contato com a de *Le Villi*, dividiu o primeiro prêmio com *Anna e Gualberto*, de Luigi Mapelli. Ambas foram estreadas em programa duplo, no Teatro Manzoni, em 4 de maio – mas a de Zuelli foi a que mais arrebatou o público; e Francesco d'Arcais chamou-a de "arauto do estilo do futuro". Sua linguagem, entretanto, equilibra-se ainda instavelmente entre as tradições pós-românticas e o prenúncio de uma maneira nova. E na única outra ópera que escreveu, *Il Profeta del Korasan* (1886), com libreto de Ferdinando Fontana, Zuelli reverteu a um estilo bem mais romântico e conservador, marcado por um orientalismo de matriz francesa. Em sua biografia de Puccini, Mosco Carner conta que, em entrevista concedida após a morte desse compositor, Zuelli admitiu que *Le Villi* era muito superior à sua *Fada do Norte*. Já em 1913, ao escrever a Giacomo para lhe pedir ajuda em um projeto musical, ele lhe enviara uma quadrinha na qual dizia:

> *Sebben di Sonzogno vincesse il concorso,*
> *il pelo rimisi qual fosse un grand'orso;*
> *e tu che perdesti il Concorso Sonzogno*
> *vincesti la gloria e a me restò il sogno.*

(Embora eu vencesse o Concurso Sonzogno, o pêlo cresceu em mim como se eu fosse um grande urso; e tu, que perdeste o Concurso Sonzogno, ganhaste a glória e para mim só restou o sonho.)

Quando Arnaldo Fracarolli publicou sua primeira biografia, Puccini fez questão de que incluísse nela esse bilhete. Cláudio Casini vê, nessa insistência, a admissão de que, tantos anos depois, o vaidoso Giacomo ainda se incomodava com o fato de ter sido derrotado por Zuelli.

Samaras

Filho de um diplomata e de mãe inglesa, Spyridôn Filískos Samaras (1861-1917) nasceu em Corfu, cidade com a mais antiga tradição operística da Grécia: ali foi construído, em 1733, o Teatro San Giacomo, para a apresentação de companhias itinerantes italianas. Samaras foi o primeiro compositor grego a obter renome internacional. Estudou com Spyridôn Xyndas, autor de *O Ypopsiphiós Vouléftis* (O Candidato ao Parlamento, 1857), a primeira ópera com libreto em grego, escrita para o San Giacomo. E depois com o italiano Enrico Stamcampiano, ex-aluno de Mercadante, que colaborou com ele em *Olas* (1882), a sua ópera de estréia. Sâmaras prosseguiu os estudos em Paris, com Théodore Dubois e Léo Delibes. Seguiu depois para a Itália, onde *Flora Mirabilis* foi muito aclamada ao estrear, em 1886. Nela já há os elementos essenciais do Verismo – a começar pela predileção por personagens populares, que já se podia perceber em seu trabalho de estudante –, embora muito misturados com ingredientes típicos da ópera romântica francesa. A boa acolhida se repetiu com *Medgé* (1888), *Lionella* (1891) e, principalmente, *La Martyre* (1894), cujo texto tinha sido encomendado por Sonzogno a seu melhor libretista, Luigi Illica. Esta, sim, concebida quatro anos depois do estouro da *Cavalleria*, é um drama naturalista que carrega nas tintas mais negras e abusa do *effeto catastrofe*.

Natalia, que tem um filho recém-nascido, sofre horrivelmente com o alcoolismo do marido, o operário Tristano, incapaz de resistir à dureza da miséria. Desesperada, tranca toda a casa, acende o fogão e suicida-se com monóxido de carbono, matando também o bebê. Quando Tristano volta para casa, inteiramente bêbado, é tarde demais para salvá-los. A cena da morte da protagonista, interminável, é de uma crueza intolerável: durante vários minutos, assiste-se à agonia de Natalia, que se arrepende no último minuto, mas não tem mais forças para abrir a janela e debate-se na inútil tentativa de sobreviver. A ação passa-se na Romênia: o único motivo para isso parece ser o de dar ao compositor a possibilidade – muito apreciada pelos veristas – de criar cor local através da música.

A violência explícita da *Mártir* agradou enormemente ao público do Scala. O mesmo não aconteceu quando ela foi encenada, com grande luxo, no Théâtre Lyrique de Paris. Sua música, considerada "desprovida de originalidade, cheia dos lugares comuns da ópera italiana", foi acusada de "não recuar diante de coisa alguma, por mais brutal ou vulgar que a situação seja". A crítica francesa considerou-a "vazia, de uma banalidade atroz, informe". Mas o público italiano não parecia importar-se muito com isso, pois continuou abrindo os braços a *La Furia Domata* (1895), livremente inspirada na megera de Shakespeare, *Storia d'Amore* (1903), *Mademoiselle de Belle Isle* (1905), *La Biondinetta* (1906) e *Rhea* (1908). Ambientada em Alexandria, esta última é uma das óperas mais interessantes de Samaras que, nela, utiliza canções folclóricas gregas e melodias litúrgicas bizantinas.

Apesar da grande popularidade de que desfrutava na Itália – *Rhea* foi encenada até no Cairo –, Samaras voltou para a Grécia em 1911 e, ali, dedicou-se a escrever peças ligeiras – as operetas *Polemós en Polemó* (A Guerra dentro da Guerra, 1914), *Pringipíssa tis Sassón* (A Princesa da Saxônia, 1915) e *Criticópoula* (A Garota Cretense, 1916) –, mais condizentes com o gosto do público de seu país. Mas estava trabalhando em uma ópera de grandes proporções, *Hi Tígris* (O Tigre) quando morreu, em 1917. *Flora Mirabilis* e *A Mártir* deram tanto prestígio a Samaras que, em 1895, o barão de Coupertin lhe encomendou o hino dos primeiros Jogos Olímpicos, a se realizarem em Atenas no ano seguinte. Tenho conhecimento da existência de gravações de *La Martyre* e *Biondinetta*, feitas por Byron Fidetzis, no selo grego Lyra (2000); mas não consegui ter acesso a elas.

Edgar

O libreto de Ferdinando Fontana para *Edgar* (1889), a segunda ópera de Puccini, baseia-se no drama em versos *La Coupe et les Lèvres*, de Alfred de Musset (1832), passada em Flandres durante a Idade Média. A situação básica ainda tem muito em comum com os enredos típicos do Romantismo, não fosse Musset um típico representante da plenitude romântica. A personagem-título é amada por duas mulheres de personalidades antagônicas: sua noiva, a doce e virtuosa Fidélia, e a ex-amante, a determinada e inescrupulosa cigana Tigrana (os nomes não poderiam ser mais óbvios!) Durante algum tempo, Edgar cede à tentação puramente física representada pela cigana. Mas depois a abandona, vai para a guerra, é dado como morto, volta disfarçado como um Frade e, durante breve instante, desfruta a felicidade ao lado de Fidelia. Mas Tigrana, incapaz de se resignar, apunhala a mulher que ele ama.

Verdi (Elisabetta e Eboli; Aida e Amneris), Carlos Gomes (Fosca e Delia), Ponchielli (Gioconda e Laura), Catalani (Dejanice e Argélia) já tinham explorado à exaustão o conflito entre mulheres de caráter diametralmente oposto. Mas nessas óperas, de modo geral, a mulher de personalidade forte, por estar apaixonada pelo homem e querer vê-lo feliz, optava por sacrificar-se, permitindo-lhe reunir-se àquela a quem amava (Amneris e Eboli são casos levemente diferentes, devido às especificidades da ação na *Aida* e no *Don Carlo*).

No *Edgar*, entretanto, esse desprendimento, típico do idealismo romântico, já não existe mais. As coisas resolvem-se de maneira cruamente realista. Ao preferir assassinar a rival a permitir que ela seja feliz com o homem que deseja, Tigrana mostra ter em comum com a cigana de Bizet a intransigência com que exerce o controle sobre o seu próprio destino, a recusa em contemporizar ou em aceitar menos do que aquilo que realmente deseja. Como Carmen, Tigrana também é *mezzo*, registro bastante raro nas personagens principais de óperas da época. À exceção de Suzuki e da Zia Principessa – que são personagens secundárias – ela é a única *mezzo* pucciniana. Musicalmente, porém, *Edgar* ainda é uma ópera de aprendizagem em que se espelha apenas parcialmente o grande Puccini que, em 1893, comporá a *Manon Lescaut*. Mais do que Verdi, é Ponchielli quem, a essa altura, exerce sobre seu aluno uma visível influência.

Porém, *Edgar* é historicamente importante porque, do ponto de vista temático – assim como *A Fada do Norte* ou *Flora Mirabilis* –, já adianta as tendências que, em 1890, vão-se cristalizar na *Cavalleria*. É interessante também na medida em que antecipa algumas características do idioma maduro de Puccini: certas progressões harmônicas, determinados detalhes de orquestração e de construção melódica, um estilo muito pessoal de declamação. Estreada na versão original em quatro atos (Scala, 21.4.1889), ela foi depois revista para apenas três e reapresentada no Comunale de Ferrara (28.2.1892). Um trecho do ato IV, cortado nessa revisão foi reaproveitado no dueto de amor do ato III da *Tosca*. Existe do *Edgar* uma única gravação: a de Eve Queler (CBS, 1977), com Carlo Bergonzi e Renata Scotto.

"Finalmente, as brisas aleatórias que vinham empurrando a ópera italiana de cá para lá uniram-se para formar um vento forte", escreve Julian Budden sobre a primeira ópera de Mascagni.

> Uma nova tradição italiana tinha sido fundada e poderia ser reconhecida como tal pela comunidade operística do mundo inteiro. E sob que signo? O de uma autoconfiança que em vão se há de procurar em Ponchielli, Carlos Gomes ou Catalani. Na *Cavalleria*, o compositor não tem a menor preocupação em exibir as lições aprendidas na Alemanha, nem em demonstrar as suas habilidades técnicas de Conservatório – o que fazia com que *Azrael* (1888), de Franchetti, acabasse parecendo um equivalente italiano do *Demônio*, de Antón Rubinstéin.

(Budden refere-se pejorativamente ao fato de esta última, pertencente à tendência cosmopolita da escola russa, ter um tom europeizante descaracterizado em relação às criações nacionalistas do Grupo dos Cinco). Julgamento semelhante é feito por Roberto Iovino em *Mascagni, l'Avventuroso dell'Opera*:

> A *Cavalleria* tem o mérito de devolver ao teatro lírico italiano a autoconfiança que ele estava arriscado de perder. Era uma ópera que agüentava perfeitamente o confronto com a produção estrangeira, sendo, ao mesmo tempo, a legítima herdeira da gloriosa tradição mediterrânea. E, aderindo ao Verismo, fazia a síntese entre o desejo de renovação do teatro musical e o de estar em dia com o que havia de mais moderno em termos de pesquisa literária.

Essa tendência moderna era o Realismo, surgido na França como uma reação ao Romantismo, e de lá exportado para outros países, entre eles a Itália, onde o terreno fértil para recebê-lo já tinha sido preparado. O termo, para descrever uma escola literária, nasce em 1857, quando Jules Husson, sob o pseudônimo de Champfleury, publica *Le Réalisme*, ensaio em que propõe uma arte baseada na observação rigorosa do mundo à sua volta, a partir da frase do pintor Gustave Courbet: "Só sei pintar o que vejo." Courbet é o autor de um revolucionário quadro em que, em plena vigência da iconografia idealista, retratava humildes operários quebrando pedras para construir uma estrada. As idéias de Champfleury sobre as formas de descrever o mundo tal como é, sem retoques, foram divulgadas na revista *Le Réalisme*, criada pelo crítico Louis Duranty. E logo viram-se consagradas, na prática, pela publicação do romance *Madame Bovary*, de Gustave Flaubert. Antes mesmo, porém, já houvera manifestações precursoras na precisão com que Balzac recria o mundo parisiense na *Comédie Humaine*, ou num drama de assunto contemporâneo – e escandaloso – como *La Dame aux Camélias* (1852) de Alexandre

Dumas filho. Em vez da imaginação a realidade, fatos em vez de sonhos, um estilo descritivo muito preciso substituindo a florida retórica romântica.

Nisso, os escritores refletiam, ou estavam simplesmente de acordo com as idéias de Auguste Comte, o fundador do Positivismo. De acordo com esse filósofo, a humanidade tinha superado a fase da teologia e da metafísica e, agora, tinha de preocupar-se apenas com "os fatos observáveis". Já não havia mais no mundo mistério algum que a rigorosa investigação científica não pudesse elucidar. O universo, e o homem dentro dele, com suas paixões, ideais e aspirações espirituais, faziam parte de uma imensa máquina natural, explicável em termos de causa e efeito. Não é à toa que esse determinismo intransigente de Comte levou John Stuart Mill a chamar o Positivismo de "o mais completo sistema de despotismo intelectual e espiritual que já emanou de uma mente humana". Mas foi o Positivismo a principal força intelectual por trás de um movimento literário francês que haveria de exercer grande influência na Itália: o Naturalismo, tal como formulado por Émile Zola em *Le Roman Expérimental* (1880):

> A Literatura é uma conseqüência da evolução científica do século. Ela continua e completa a Fisiologia que, por sua vez, apóia-se na Física e na Química, e substitui o estudo do homem abstrato e metafísico pelo do Homem Natural, submisso às leis físico-químicas e determinado pela influência do ambiente. Essa deve ser, em uma palavra, a literatura da nossa idade científica, da mesma forma que as literaturas clássica e romântica correspondiam às eras da escolástica e da teologia. Foi-se o tempo em que o leitor era mantido em suspense por uma história complicada, dramática, mas improvável. O único objetivo do romance moderno é o de registrar os acontecimentos humanos, de desnudar os mecanismos do corpo e da alma. A trama é simplificada; a primeira pessoa com quem você cruzar na rua pode converter-se no protagonista de sua obra; examine-o e tenha a certeza de que encontrará um drama autêntico, que será o suficiente para desencadear o mecanismo dos sentimentos e das paixões.

Nessa definição de Zola, é possível localizar os elementos básicos da ópera verista, de que há praticamente um manifesto nas palavras ditas pelo Prólogo, nos *Pagliacci* (1892), de Ruggiero Leoncavallo:

> *L'autore ha cercato [...] pingervi uno squarcio di vita*[1].
> *Egli ha per massima sol che l'artista è un uom*
> *e che per gli uomini scrivere ei deve.*
> *E al vero ispiravasi. [...]*
> *Dunque, vedrete amar si come s'amano gli esseri umani;*
> *vedrete de l'odio i tristi fruti, del dolor gli spasimi,*
> *urli di rabbia udrete, e risa ciniche.*

> (O autor procurou [...] pintar uma fatia de vida[1]. Ele tem por única máxima que o artista é um homem e que é para os homens que deve escrever. E foi na verdade que se inspirou. [...] Portanto, vereis amar como se amam os seres humanos; vereis os tristes frutos do ódio. Ouvireis os espasmos da dor, urros de raiva e risadas cínicas.)

O Naturalismo francês vai ser adotado pelos primeiros escritores veristas italianos. Giovanni Verga que, em 1881, publica *I Malavoglia*, proclama – juntamente com seu amigo, o também siciliano Luigi Capuana – o desejo de "aplicar à forma da novela os métodos científicos do Positivismo, criando uma obra de arte de perfeita impessoalidade". Seu tema será a realidade contemporânea em seus aspectos mais sórdidos e miseráveis, as raízes da criminalidade que estão nas condições de vida da classe operária, a análise psicológica das manifestações mórbidas e patológicas do comportamento humano. Os realistas italianos, porém, nunca foram tão politizados quanto os franceses. Não comungavam com a "orgia communarda di Parigi" e não tinham o mesmo empenho de Zola e seus seguidores em denunciar a corrupção das instituições nacionais. Isso é explicável: ao contrário dos franceses, filhos de um Estado há séculos unificado, vivendo numa sociedade que sentiam decadente, os italianos experimentavam pela primeira vez, desde o final da década de 1860, a sensação de serem cidadãos de um país renascido, que milaneses e sicilianos, romanos e napolitanos, genoveses, florentinos e venezianos podiam finalmente chamar de seu. Por mais decepcionante que tivesse sido a evolução imediata do *Risorgimento*, interessava-lhes preservar instituições obtidas a duras penas.

A essa altura, esses povos ainda pouco sabiam um do outro. Às vezes, mal entendiam o dialeto do vizinho. A observação científica do romance realista tornou-se, pois, um ins-

1. *Squarcio di vita* é a tradução literal de *tranche de vie*, expressão cunhada pelos naturalistas franceses para designar a intriga recortada da realidade.

trumento para explorar e revelar a nação desconhecida – que logo se estenderia também ao domínio da ópera. Por essa razão também, enquanto o Naturalismo francês é predominantemente urbano, o Verismo italiano será sobretudo rural, como um veículo para que se conheça um pouco mais a Sicília de Verga, os Abruzzos dos primeiros romances de D'Annunzio, a Sardenha de Grazia Deledda. No cerne dessa literatura havia, sobretudo, o elemento capaz de atiçar a imaginação dos operistas, porque ele é a matéria-prima do drama lírico de todas as idades: *les crimes de la passion*. Por maiores que fossem as pretensões científicas a retratar as condições sociais, é a paixão, em seus aspectos mais elementares – tornados mais selvagens pela falta de sofisticação intelectual da vida no interior – o grande tema dos romancistas (e, por extensão, dos libretistas). Ponto de partida dessa tendência é *Giacinta* (1879), o romance erótico de Luigi Capuana, que faz aplicação radical das teorias naturalistas, a ponto de os detalhes obsessivos a que se prende converterem sua ficção num quase relatório sobre um caso clínico de desvio sexual (Verga, seu discípulo e amigo, dizia que, em suas mãos, "o realismo tendia a ser mera realidade"). Levados pela postura cientificista, os escritores veristas cedo estarão propensos a debruçar-se sobre o mórbido, o patológico, o insólito em termos de comportamento. E é nessa predileção pelas manifestações mais sombrias da psique humana que veremos, dentro da plenitude verista, a semente do movimento decadentista, que vai predominar mais adiante quando, em reação, à fase polêmica de realismo radical, observa-se a revivescência neo-romântica.

Convencionou-se estabelecer, como limites para o Verismo musical, o período que vai de 1890 até os anos imediatamente posteriores ao início do século XX. Depois disso, as tendências veristas tardias misturam-se e confundem-se com as do Neo-romantismo, nutridas por influências do Simbolismo e do Decadentismo. No plano literário também, de resto, essas escolas convivem e se encavalam.

Como marco oficial do início do Verismo literário italiano, tomemos a publicação, em 1881, de *Malavoglia*, de Giovanni Verga, e *Malombra*, de Giovanni Fogazzaro – precedidos, em 1875, por *Giacinta*, de Capuana. A voga é relativamente curta, pois entre 1883-1886, ao lado de romances tipicamente realistas – *Terra vergine*, de D'Annunzio; as *Novelle Rusticane*, de Verga (que contêm o conto inspirador da *Cavalleria*); *Le Veglie di Neri*, de Renato Fucini –, já começam a surgir livros de um tom híbrido, em que os elementos veristas estão contaminados por um sentimentalismo prenunciador do retorno ao espírito romântico: *Daniele Cortis*, de Fogazzaro; *Teresa*, de G. Neera; e o lacrimogêneo *Cuore*, de Edmondo d'Amicis – hoje esquecido em nosso país, mas que era leitura obrigatória para todo adolescente brasileiro, nas décadas de 1940-1950.

É normal o descompasso no desenvolvimento de uma mesma tendência na literatura e na música. Em 1890, quando o Verismo musical está dando seus primeiros passos, o literário já está praticamente no fim com *Mastro Don Gesualdo*, a última obra-prima de Verga. A publicacão desse romance coincide, de resto, com a de *Il Piacere*, de D'Annunzio, cujo tom blasé, erotismo mórbido, esteticismo elitista e filosofia amoralista importa para a Itália a arte de *décadents* franceses como o Joris-Karl Huysmans de *À Rebours*.

Durante muito tempo, predominou, a respeito do Verismo, a visão reducionista de que as inovações por ele trazidas limitavam-se a modificações no texto, sem considerar outros aspectos especificamente musicais. Em sua *Histoire de l'Opéra*, o maestro René Leibowitz era um dos que assim avaliavam o movimento:

> A meu ver, a estética verista só pode ser definida com base na escolha do assunto. Não há meio de caracterizá-la partindo de noções puramente musicais. "Verista" é uma ópera cujo libreto expõe fatos em geral contemporâneos, simples e "verdadeiros", apresentados sem nenhum artifício estilístico. A trama evita, assim, as situações complexas e se apresenta mais como um fato retirado da realidade do que como um fruto da imaginação. Isso não exclui o jogo das paixões que, freqüentemente, se expressa em sua mais crua brutalidade. Naturalmente, a música da ópera verista também não poderia ser muito complexa, já que a sua função essencial é a de sublinhar e intensificar a ação cênica e, em caso algum, deverá transformar-se em uma elaboração sinfônica do drama, que criaria somente confusão e perturbaria a simplicidade da trama. Tudo isso poderia parecer um fenômeno de regressão; e talvez um tal juízo contenha uma parcela de verdade. Mas não nos

esqueçamos de que tal tendência tem suas origens em obras-primas da arte lírica como a *Traviata* e a *Carmen*, nas quais não se poderia encontrar qualquer "simplismo" ou vulgaridade. Não nos esqueçamos tampouco de que essa tendência encontrará a sua máxima expressão em certos pontos particularmente felizes da criação de Puccini; e se afirmará até mesmo numa ópera como o *Wozzeck*. Além disso, a própria reação determinada por essa estética nova foi, em muitos pontos, salutar. O idealismo wagneriano começava a produzir danos sérios: óperas de comprimento insuportável, nas quais as situações e as personagens se dissolviam numa espécie de simbolismo nebuloso, enquanto o drama e a música ficavam bem longe daquela rica e complexa estrutura que caracteriza a ópera de Wagner. A maior parte dos músicos que pretendia dar continuidade ao drama lírico wagneriano não tinha nem o gênio nem a capacidade técnica necessária para dar forma a seu ideal. Essa situação tinha, necessariamente, de provocar uma reação; e era natural que ela surgisse na Itália, berço da música lírica e do velho realismo cômico.

Ainda que superada do ponto de vista da avaliação musical, essa reflexão tem o mérito de apontar a importância do Verismo enquanto reação aos excessos do wagnerismo, e proposta de um caminho alternativo, de índole tipicamente peninsular. Os estudos mais recentes demonstraram que os veristas não só ampliaram a gama temática, trazendo para o palco da ópera de tema sério personagens, situações e um tipo de linguagem que, antes, estavam restritos apenas ao domínio bufo, como também forçaram uma renovação na escrita vocal e na técnica de acompanhamento orquestral. E, por reviver a temática de preocupação social – já presente em Verdi, por exemplo –, explorando assuntos que, freqüentemente, contém uma denúncia e um protesto, a ópera verista reflete a consciência, que começava a se impor com muita força na época, da desigualdade entre o Norte rico e industrializado e o Sul agrário, atrasado, com uma estrutura social primitiva, e sofrendo com os problemas da fome, desemprego, doenças, êxodo rural e emigração em massa.

São as seguintes as características gerais da ópera verista:

– Ela se baseia em fatos extraídos da vida quotidiana; e no caso dos *Pagliacci*, por exemplo, num crime real ocorrido durante a infância de Leoncavallo, e que foi julgado por seu pai, juiz de província.

– As personagens pertencem às classes sociais mais pobres e têm de lutar com dificuldade para sobreviver: são aldeões sicilianos na *Cavalleria*; pescadores paupérrimos no *Silvano*; atores ambulantes nos *Pagliacci*; estudantes e artistas pobres nas duas *Bohèmes*; atores de café-concerto na *Zazà*; a plebe revolucionária no *Andrea Chénier*; forçados e exilados em *Sibéria* e *Ressurreição*; mineiros e colonos na *Fanciulla del West*; trabalhadores da navegação fluvial no *Tabarro*. E mesmo quando se trata de personagens de alta extração, como Des Grieux na *Manon Lescaut*, Scarpia na *Tosca* ou Maddalena de Coigny no *Chénier*, são mostrados do ângulo de paixões elementares e violentas que os nivelam ao homem comum, tirando-lhes aquela pátina de excepcionalidade que aureolava o herói romântico. Observe-se que, tradicionalmente, o homem pobre, a gente simples, existia no domínio da comédia (*L'Elisir d'Amore, La Sonnambula*), mas estilizada e sem a preocupação de documentar a realidade. À exceção do Verdi maduro que, com *Rigoletto*, a Azucena do *Trovatore* ou Violetta Valéry na *Traviata*, valoriza a personagem comum ou deserdada, é só com o Verismo que o homem do povo vai poder tornar-se protagonista de uma ópera de assunto sério. Basta lembrar que, em 1883, Ricordi não concordara que um negro fosse a personagem principal do *Schiavo*, forçando Carlos Gomes a trocá-lo, muito artificialmente, por um índio – tipo de personagem "aceitável" pois já havia o precedente das óperas francesas de tema exótico, a que o próprio *Guarany* se filiara.

– Usa-se uma linguagem que recupera a cultura dialetal (por exemplo, a canção de Turiddu, que se ouve durante o Prelúdio da Cavalleria; a canção do pastor no início do ato III da Tosca; o uso do dialeto veneziano nos libretos das comédias de Wolf-Ferrari baseadas em Goldoni; e certas expressões que estão semeadas nos libretos de várias óperas). É bom lembrar um precedente: o texto da ária "Mia piccirella", do *Salvator Rosa*, em que Antonio Ghislanzoni utilizou várias expressões do dialeto napolitano. É comum também o regionalismo musical: utilização de temas folclóricos reelaborados de forma erudita (as melodias alsacianas no *Amico Fritz*; as russas, em *Fedora* e *Sibéria*). Dentro dessa categoria, devem ser também incluídas citações como as das canções revolucionárias francesas no *Chénier* ou – já no domínio neo-romântico – a do hino imperial chinês na cena dos enigmas da Turandot.

– À característica precedente liga-se o "ambientismo": gosto pela criação musical da cor local. Essa, como já foi dito antes, era uma preocupação inexistente no Romantismo, que a ópera italiana importa da França, onde o cuidado com a evocação musical dos ambientes já aparece em Auber e Meyerbeer, em Delibes ou Bizet. O clima oriental da *Iris, Madama Butterfly* ou *Turandot*, as melodias folclóricas de origem germânica que surgem em *L'Amico Fritz, I Rantzau* ou *Amica*, os eslavismos das óperas já citadas de Giordano ou Alfano são o resultado dessa influência.

– A predileção por paixões incontroláveis que, freqüentemente, destroem o amante ou o objeto desejado: o ciúme que Santuzza sente de Turiddu e Lola, o amor de Des Grieux por Manon, o desejo de Scarpia por Tosca, a paixão impossível do criado Gérard pela aristocrata Maddalena. Isso leva a uma construção que se caracteriza pela intensidade e a rapidez do desenvolvimento. Em sua biografia de Puccini, Mosco Carner escreve:

> A principal peculiaridade do Verismo é o excesso, a inflação desenfreada dos efeitos dramáticos e emotivos. A um clímax segue-se outro, em rápida sucessão, e uma atmosfera, apenas criada, já é destruída. [...] As personagens têm uma carga vital superior à normal e são arrastadas diante de um tribunal de paixões cuja mola mestra é o sexo.

– A expressão dessas paixões fortes faz-se através de uma declamação com frases fragmentadas, em que se alternam breves segmentos melódicos. As formas fechadas, os "números" da ópera tradicional, são abolidas e, em nome de maior aproximação da realidade, os concertatos também desaparecem, pois na vida real as pessoas não falam simultaneamente. Persistem apenas os duetos, mas sob a forma de diálogos muito flexíveis, em que as vozes se unem apenas em alguns momentos climáticos; e, de um modo geral, apenas nos trechos em que a melodia, expressando emoções muito intensas, tende para as regiões mais agudas. É o caso de cenas como as de Santuzza e Turiddu, na *Cavalleria*; Cavaradossi e Tosca; Pinkerton e Cio-cio San, na *Butterfly*; Chénier e Maddalena; Silvio e Nedda, nos *Pagliacci*. Essa técnica de construção do dueto, surgida com o Verismo, terá considerável desenvolvimento posterior nas óperas neo-românticas: *Guglielmo Ratcliff, Isabeau* e *Parisina*, de Mascagni; *Francesca da Rimini*, de Zandonai; *L'Amore di Tre Rè*, de Montemezzi; *La Cena delle Beffe*, de Giordano. Nas raras ocasiões em que se usa uma cena de conjunto, ela tem uma justificativa dramática clara. O quarteto do ato III da *Bohème* é, na verdade, constituído de dois duetos paralelos, no qual as vozes de Marcello e Musetta não se unem. E o trio do último ato da Butterfly explica-se pelo fato de as personagens envolvidas – Pinkerton, Suzuki e Sharpless – não estarem falando umas com as outras, mas refletindo separadamente sobre os acontecimentos.

– O canto, levando adiante um traço que já se percebia em óperas pré-veristas como a *Fosca*, de Carlos Gomes, e a *Gioconda*, de Ponchielli, tende a ser cada vez mais violento, intervindo com freqüência o grito puro e simples (no final do dueto de Turiddu com Santuzza, ela responde a seu "Dell'ira tua non mi curo" com um verdadeiro urro: "A te la mala Pasqua, spergiuro!"). A tessitura tende para o meio da pauta, renunciando aos extremos das vozes belcantísticas. A sensualidade exprime-se através de notas mais graves e cheias, de peito, e certos papéis de *mezzo* – como o de Santuzza – podem também ser feitos por sopranos dramáticos. A ruptura com as estruturas mais elaboradas da ária tradicional é outro elemento fundamental. No artigo *Il Verismo Musicale Italiano*, escrito para a obra coletiva *Mascagni*, o musicólogo Claudio Casini observa:

> A verdadeira inovação ocorreu no emprego do canto estrófico que, em vez dos tradicionais números fechados, comuns na retórica do melodrama anterior a 1890, ofereceu uma construção vocal de inequívoca feitura popularesca. A concisão, a intensidade, a simetria e a dicção do canto verista denunciam a sua íntima afinidade com a canção popular.

Essa deliberada aproximação da ária de ópera com a *canzone* – de que "Tra voi belle" de Des Grieux, na *Manon Lescaut*, é um exemplo típico – está ligada à valorização dos elementos simples e populares, inclusive como a forma de atingir um público mais amplo.

– O acompanhamento orquestral mostra predileção pelos efeitos rumorosos, marcados *con forza, con tutta forza*, e pelos contrastes súbitos de pianissimo e *fortissimo*, ou vice-versa. Pense-se, por exemplo, na explosão que se segue, no Prelúdio da Cavalleria, ao fim da canção dialetal. Ou no crescendo orquestral que, na *Butterfly*, precede a entrada *pianissimo* do tema do "Dueto das Flores". Para obter efeitos fortes, os compositores recorrem a liberdades de escrita, com modulações ou progressões harmônicas que ferem as regras do Conservatório. É o caso das dissonâncias que Mascagni usa, no "Voi lo sapete, o Mamma", da *Cavalleria*, para sugerir a angústia de Santuzza. Ou da repetição obsessiva de um acorde de mi bemol menor quando Des Grieux, na *Manon Lescaut*, assiste ao desfile das prostitutas que serão exiladas para o Novo Mundo, à espera de que, entre elas, passe a sua amada.

– Da mesma forma, os libretistas fazem drástica revisão no estilo e na linguagem de seus textos. Começa a ser freqüente o uso de formas coloquiais, de um diálogo desenvolto, como naquele trecho saboroso do início da *Bohème*, em que o pintor Marcelo comenta:

Rodolfo, io voglio dirti un mio pensier profondo: ho un freddo cane!

(Rodolfo, quero te dizer um meu pensamento profundo: estou sentindo um frio de cão!)

E o jovem poeta responde, no mesmo tom:

Ed io, Marcello, non ti nascondo che non credo al sudor della fronte.

(E eu, Marcelo, não te escondo que já não acredito mais no suor da fronte.)

A conversa muito coloquial de Pinkerton com Sharpless, no ato I da *Butterfly*, entremeada por perguntas prosaicas como "Milk-punch ou uísque?", teria feito arrepiarem-se os cabelos de Salvatore Cammarano que, em 1841, no libreto do um *Luigi Rolla* escrito para Luigi Ricci, punha na boca de Michelangelo uma frase absolutamente improvável:

Ora vado a prendere il mio solito cibo di latte.

(Agora vou tomar a minha costumeira refeição de leite.)

Basta lembrar que, numa carta de 15 de fevereiro de 1881, durante a revisão do *Simon Boccanegra*, Arrigo Boito dizia a Verdi que considerava grosseira a expressão "Stolido, va!", que poderia "provocar o riso da platéia com sua vulgaridade". O que teria ele pensado do libreto do *Tabarro*, onde Michele chama sua mulher Giorgetta de "sgualdrina" (prostituta)?

– O desejo de veracidade faz com que os libretistas se preocupem particularmente com o elemento temporal (Leoncavallo marca a data em que a ação transcorre no início de cada ato de sua *Bohème*). Além disso, a necessidade da ação concentrada, que se resolve com rapidez inexorável, volta a fazer surgir a unidade de tempo: *Cavalleria, Pagliacci, Tosca, Il Tabarro*, por exemplo, passam-se em um só dia.

– Há, finalmente, evolução também na técnica de metrificação. Em vez dos metros regulares, quinarii, senarii, otonarii, decassilabi, endecassilabi, que tinham predominado durante o Romantismo, os libretistas, a partir de 1890, começam a usar versos irregulares, freqüentemente sem rima, que possam restituir melhor o ritmo dissimétrico da frase falada. Os de Luigi Illica costumavam ser tão livres que Giacosa, brincando, os chamava de *illicassilabi*. Os compositores, aliás, acostumaram-se a essa metrificação irregular que lhes proporcionava mais flexibilidade na construção melódica. "Uma romança em versos regulares", escreveu Puccini a Tito Ricordi, "deixa-me num estado de semi-paralisia".

Essa campanha pela renovação do libreto e do estilo de canto – para a qual demonstramos a importância de Boito – remonta ao Verdi maduro e à sua defesa da *parola scenica*, a declamação melódica bem próxima da fala. Verdi exigia de seus dramaturgos que renunciassem às regras consagradas do *métier* em favor da concisão e da simplicidade de expressão – como foi o caso, com Antonio Ghislanzoni, a quem fez sofrer um bocado antes que este fosse capaz de escrever, para a *Aida*, um texto que lhe agradasse. Aliás, numa carta de 23 de fevereiro de 1883 a Charles Nuitter e Camille du Locle, Verdi os elogiava por terem traduzido o *Boccanegra* para o francês usando versos não-rimados, pois isso facilitava a preservação do sentido original das frases. Essa

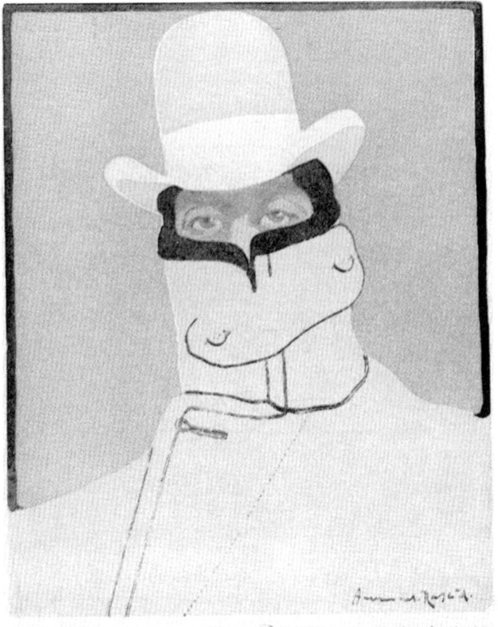

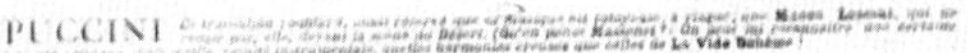

Aroun al-Rascid era o pseudônimo usado, como caricaturista, pelo cenógrafo Umberto Brunelleschi. Estas caricaturas de Puccini, Mascagni, Boito e Leoncavallo, com legendas que chegam a ser ofensivas, foram publicadas em 27 de setembro de 1902, num número especial da revista humorística parisiense *L'Assiette au Beurre*, intitulado "Nos Musiciens".

Este desenho imaginário, publicado na *L'Illustrazione Italiana* do início da década de 1890, mostra Verdi e Boito, num camarote de teatro, em companhia dos principais representantes da Giovane Scuola: Puccini, Mascagni, Leoncavallo e Giordano.

preocupação com a qualidade do texto, ainda que em detrimento das regras e tradições, será constante nos libretistas dessa fase.

As possibilidades abertas pelas propostas veristas ortodoxas eram, no entanto, limitadas. Muito cedo, libretistas e compositores, dando-se conta disso, deixaram-se levar pela influência de outras tendências literárias, como o Simbolismo ou o Decadentismo, retornando a atitudes tipicamente românticas, revitalizadas, contudo, pela passagem através dos filtros realistas. A superação do Verismo radical, o refúgio num extremo oposto de Romantismo revisitado, e até mesmo a oscilação entre esses dois pólos, de uma ópera para a outra, será comum nos compositores que trabalham entre 1890 e as primeiras décadas do século XX.

Em Puccini, por uma questão de sensibilidade natural, realismo e sentimentalismo sempre estiveram misturados de forma muito pessoal. Em Mascagni, ao lado das óperas veristas ortodoxas (*Cavalleria, Silvano, Amica*), haverá a busca incessante de caminhos alternativos: o romantismo exaltado em *Guglielmo Ratcliff*; a peça sentimental e de costumes em *L'Amico Fritz, I Rantzau* e *Lodoletta*; o drama simbolista em *Zanetto, Iris* e *Isabeau*; o drama estetizante, de cunho decadentista, na *Parisina*; a tentativa de resgate das tradições cômicas da Renascença em *Le Maschere*; a peça política no *Piccolo Marat*; o drama histórico, de longínquas vinculações com o *grand-opéra* romântico, em *Nerone*. Movimento semelhante observa-se na multiplicidade de caminhos por que se embrenham os músicos que estudaremos a seguir, ordenando-os cronologicamente pela sua data de nascimento. Eles se dividem nas duas gerações da *Giovane Scuola Italiana*:

- a primeira é a de Antonio Smareglia, Ruggero Leoncavallo, Puccini e Mascagni, Franco Leoni, Francesco Cilea e Umberto Giordano;
- a segunda é a de Italo Montemezzi, Franco Alfano, Ermanno Wolf-Ferrari e Ottorino Respighi;
- e na chamada *Generazione dell'Ottanta*: Ildebrando Pizzetti, Gian Francesco Malipiero, Felice Lattuada, Riccardo Pick-Mangiagalli, Alfredo Casella e Don Licinio Refice.

Ajuda-nos a ter uma idéia clara dessa interpenetração de estilos repassarmos o repertório temático da ópera italiana, no período que vai de 1890 até as primeiras décadas do século XX. A lista que se segue amplia e completa um levantamento feito por Franca Cella em "Policromia Letteraria dei Libretti Mascagnani", na já mencionada obra coletiva sobre Pietro Mascagni.

– Histórias regionalistas, geralmente decalcadas nos modelos básicos da *Cavalleria* e dos *Pagliacci*:

Mala Pasqua (1890), de Stanislao Gastaldon; *Mala Vita*, de U. Giordano e *A Santa Lucia,* de Pierantonio Tasca (ambas de 1892); *Malìa*, de Francesco Paolo Frontini, e *A Basso Porto*, de Nicola Spinelli (ambas de 1894); *Silvano*, de Mascagni, *Santuzza*, de Oreste Bimboni, *Mariedda*, de Gianni Bucceri, *Vendetta Sarda*, de E. Cellini, e *Nozze Istriane*, de Antonio Smareglia (todas elas de 1895); *La Collana di Pasqua*, de Gaetano Luporini e *Un Mafioso*, de E. Mineo (ambas de 1896); *Giovanni Gallurese* (1901), de I. Montemezzi; *La Cabrera* (1904), de Gabriel Dupont; *Turiddu* (1905), de Antonio Coronaro; *Cavalleria Rusticana* (1907), de Domenico Monleone; *Sperduti nel Buio* (1907), de Stefano Donaudy. Tardiamente, *I Gioielli della Madonna* (1911), de E. Wolf-Ferrari, o último grande sucesso do Verismo ortodoxo, principalmente nos EUA, e *Zingari* (1912), de Leoncavallo. Basta a lista de títulos para que se tenha uma idéia dos ambientes descritos, da temática envolvendo paixões e violência, e do decalque mascagnano – principalmente nas ingênuas tentativas de Coronaro e Monleone de reeditar seu sucesso, musicando outra vez o texto de Verga. Percebe-se também que o arco de popularidade do Verismo atinge seu auge em 1895, decrescendo em seguida e misturando-se com outras tendências.

– O drama sentimental de tom bem romântico, mas que parte de um retrato do quotidiano observado de maneira realista:

L'Amico Fritz (1891), de Mascagni; *Pagliacci*, de Leoncavallo, e *I Rantzau*, de Mascagni (ambas de 1892); as duas *Bohèmes*, de Puccini (1896) e Leoncavallo (1897); *L'Arlesiana* (1897), de Cilea; *Zazà* (1900), de Leoncavallo; *Amica* (1905), de Mascagni;

Marcella (1907), de Giordano; *Conchita* (1911), de Zandonai; *La Rondine*, de Puccini e *Lodoletta*, de Mascagni (ambas de 1917).

– O drama que retrata o ambiente de trabalho não como mero pano de fundo mas como um meio de compreender as relações entre ele e o ser humano, e a forma como a classe social condiciona a vida e as paixões:

– em Mascagni, as fiandeiras na cantata cênica *In Filanda* (1881), que será reaproveitada na *Pinotta*, de 1932; a vida dos pescadores, no *Silvano* (1895), com um sentido de denúncia da injustiça da pobreza; as lavadeiras e as gueixas na *Íris* (1898);

– em Puccini, o andaime do pintor e o escritório do chefe de polícia na *Tosca* (1900); o saloon em que se reúnem os mineradores na *Fanciulla del West* (1910); a barcaça de transporte fluvial no *Tabarro* (1918);

– além disso, a fábrica na *Conchita* (1911), de Zandonai (naturalmente, o modelo, para o italiano, é a tecelagem da *Louise*, de Charpentier; e para este, há uma fonte de inspiração mais recuada na fábrica de charutos da *Carmen*).

– Os levantes e revoluções como signo da nostalgia de uma época – em geral simbolizada pela Revolução Francesa – em que havia rebeliões contra a ordem estabelecida:

Andrea Chénier (1896), de Giordano; *Germania (*1902), de Franchetti; *Madame Sans-Gêne* (1915), de Giordano; *Il Piccolo Marat* (1921), de Mascagni.

– A atração pelo Oriente, revelado aos europeus pelas Exposições Universais em Paris, os dramas de David Belasco e os romances de Pierre Loti, além do gosto *art nouveau* pelas "chinoiseries"; uma herança também da voga romântica francesa do orientalismo, via David (*La Perle du Brésil*), Meyerbeer (*L'Africaine*), Bizet (*Les Pêcheurs de Perles*), Delibes (*Lakmé*), Saint-Saëns (*La Princesse Jaune* e *Samson et Dalila*) e Massenet (*Le Roi de Lahore, Hérodiade, Thaïs, Cléopâtre*).

Ao gosto pré-verista pelo exotismo não nos esqueçamos, é claro, de vincular *Il Guarany* e *Lo Schiavo*, de Carlos Gomes, tributários da fórmula francesa do *grand-opéra*:

Iris, de Mascagni, e *La Fonte d'Enschir*, de Alfano (ambas de 1898); *Ocèana* (1903), de Smareglia; *Madama Butterfly* (1904), de Puccini; *Semirâma* (1910), de Respighi; *La Leggenda di Sakùntala* (1921), de Alfano; *Dèbora e Jaele* (1922), de Pizzetti; *Turandot* (1926), de Puccini; *Maria Egiziaca* (1932), de Respighi.

– A atração pela Rússia, coincidindo com a construção da ferrovia Trans-siberiana (Moscou-Vladivostók-Port Arthur), que facilitou o acesso a regiões remotas do país; com as rebeliões do início do século, que provocaram exílios, deportações e relatos horripilantes sobre os campos siberianos de prisioneiros; além da ampla divulgação, no Ocidente, da grande literatura realista russa:

precedidas pela *Edmea* (1886), de Catalani, temos *Fedora* (1898) e *Siberia* (1903), ambas de Giordano; e também *Ressurreição* (1904), de Alfano, que se baseia no romance de Liev Tolstói. Nesse contexto, curiosamente, podemos citar o libreto de Ferdinando Fontana para *Maria Petrovna*, a respeito da conspiração fracassada para depor Catarina, a Grande. Escrita pelo brasileiro João Gomes de Araújo (1846-1943), a ópera deveria ter sido encenada na Itália; tendo fracassado esse projeto, ela estreou no Municipal de São Paulo em 15 de janeiro de 1929. Ao fascínio pelo que poderíamos chamar de "exotismo europeu", vinculemos ainda *Conchita* (1911) e *I Cavalieri di Ekebù* (1891), ambas de Zandonai, a primeira moldada no espanholismo estilizado do romance de Pierre Louÿs, a segunda tirada da *Saga de Gösta Berling*, da sueca Selma Lagerloff.

– O drama estetizante, de conteúdo simbolista, recriando ambientes medievais ou renascentistas em chave mais de evocação poética do que de precisa reconstituição histórica, e sofrendo influências cruzadas do grand-opéra, das idéias de Wagner, do teatro de Maeterlinck, dos pré-rafaelitas ingleses e da estética *Art nouveau*:

Zanetto (1896), *Isabeau* (1911) e *Parisina* (1913), de Mascagni; *La Falena* (1897), de Smareglia; *Gloria* (1907), de Cilea; *L'Amore dei Tre Rè* (1913), de Montemezzi; *Francesca da Rimini* (1914), de Zandonai; *Fedra* (1915), de Pizzetti; *Giulietta e Romeo* (1922), de Zandonai; *La Cena delle Beffe* (1924), de Giordano; *Madonna Imperia* (1927), de Alfano; *Belfagor* (1925), *La Campana Sommersa*

(1927) e *La Fiamma* (1934), de Respighi. Chame-se a atenção para o fato de que vários dos libretos das óperas citadas são de D'Annunzio ou de discípulos seus como Sem Bennelli ou Silvio Benco.

– O interesse pelos estudos históricos sobre as origens do teatro italiano, levando à tentativa de resgate das tradições da *Commedia dell'Arte*:

– a seqüência de "teatro dentro do teatro" que há nos *Pagliacci* (1892), de Leoncavallo; *Le Maschere* (1901), de Mascagni; o uso que Puccini faz, na *Turandot* (1926), das três máscaras de *Commedia*, Ping, Pang e Pong; *Il Rè* (1929), de Giordano; *Arlecchino* e *Turandot*, de Busoni, ambas de 1917.

Experiências sistemáticas nesse sentido serão feitas por Ermanno Wolf-Ferrari. Ele tentará uma ampla síntese entre a *Commedia dell'Arte*, a comédia clássica de Goldoni e Gozzi, o teatro popular em dialeto, a ópera bufa de Pergolesi, Galuppi, Cimarosa e Paisiello, e o *Falstaff* de Verdi, em óperas como *Cenerentola* (1900), *Le Donne Curiose* (1903), *I Quattro Rusteghi* (1906), *L'Amore Medico* (1913), *Gli Amanti Sposi* (1925), *La Vedova Scaltra* (1931), *Il Campiello* (1936), *La Dama Boba* (1939). Mesmo *Il Segreto di Susanna* (1909), de assunto contemporâneo – a surpresa do marido ao descobrir que sua mulher fuma escondido –, toma visivelmente por modelo *La Serva Padrona* (1733), o intermezzo de Pergolesi considerado o marco inicial da ópera bufa.

Outro seguidor dessa via será, mais adiante, Gian Francesco Malipiero com as *Tre Commedie Goldoniane* (1926), integradas por *La Bottega del caffè*, *Sior Todaro Brontolon* e *Le Baruffe Chiozzotte*; a trilogia *Il Mistero di Venezia* (1936), formada por *Le Aquile di Aquilea, Il Finto Arlecchino* e *I Corvi di San Marco*; além de *Filomela e l'Infatuata* (1928) e *Merlino Mastro d'Organi* (1934) e das três "invenções teatrais" *Capitano Spavento* (1955), *Rappresentazione e Festa di Carnesciale e della Quaresima (1961) e Don Tartuffo Bacchetone (1966).*

– A celebração do "monstro sagrado" do palco, reflexo de um fenômeno de origem francesa, o endeusamento de grandes estrelas como Sarah Bernhardt, Eleonora Duse, Isadora Duncan:

Fedora (1898), de Giordano; *Tosca,* de Puccini, e *Zazà*, de Leoncavallo (ambas de 1900); *Adriana Lecouvreur* (1902), de Cilea.

– E os temas históricos que recuperam a Antigüidade e a Renascença não como uma evocação poética ou esteticista, mas como uma forma de celebrar o passado glorioso da Itália (nesse caso, com freqüência ligado ao clima de exaltação nacional criado pelo Fascismo):

Nerone, de Mascagni, e *Orsèolo*, de Pizzetti (ambas de 1935); *Lucrezia* (1937), de Respighi; ou o *Giulio Cesare* (1936), de Malipiero, no qual a referência à personagem histórica é uma forma indireta de retratar a grandeza de Mussolini. Já estamos aqui numa fase, vizinha à II Guerra Mundial, em que a persistência das grandiosas formas românticas vai corresponder à estética do *kolossal* proposta pela política cultural fascista.

CAV / PAG

Um espetáculo do Metropolitan Opera House de Nova York as reuniu em dezembro de 1893. Desde então, elas raramente se separaram. O que é justo, pois parecem ter sido concebidas para formar um programa duplo. São curtas, densas, fáceis de montar, tematicamente aparentadas, e o elenco de uma pode participar da outra. Mais do que isso: do ponto de vista histórico, estão indissoluvelmente ligadas, pois são o pórtico de uma nova era, e ambas serviram de modelo a vários compositores que vieram depois. Não há de ser aqui, portanto, que vamos separá-las.

Cavalleria Rusticana

Desde muito menino, sabia-se que Pietro Antonio Stefano Mascagni (1863-1945) estava destinado à música. Mas seus estudos foram irregulares e tempestuosos. Pietro começou a freqüentar, aos treze anos, as aulas do professor Alfredo Soffredini, estimulado por seu maior amigo de infância, o tio Stefano, de quem levava o nome. Os resultados não se fizeram esperar: a romança *Duolo Eterno* que, em 1878, ele dedicou a Domenico, o seu pai, padeiro em Livorno; e uma *Sinfonia em fá maior*, escrita aos dezessete anos. E em 9 de fevereiro de 1881, Mascagni fez executar, no Instituto Cherubini, a cantata *In filanda* (Na tecelagem), com texto de Soffredini que, muitos anos depois, serviria de base para a ópera *Pinotta.* A arrogância de adolescente, cheio de confiança em si mesmo, não o deixou nem mesmo recuar diante da ousadia de musicar, na cantata *Alla Gioia*, estreada no Teatro Avvalorati em 27 de março de 1882, o mesmo poema de Schiller que Beethoven usara no movimento final da *Sinfonia n. 9*.

Os sinais inequívocos de que Pietro era um músico nato motivaram a campanha em seu favor, movida por Stefano e Soffredini. Ambos convenceram o velho Domenico a desistir dos planos de inscrevê-lo na Escola de Direito, e permitir que fosse estudar em Milão – ainda mais que havia quem se dispusesse a bancar essa despesa: um mecenas local, o conde Florestano de Larderel. O amigo Arnaldo Bonaventura deixou saborosa descrição de Pietro às vésperas de partir para a capital lombarda onde, em 12 de outubro de 1882, foi admitido no Conservatório:

> Alto, magrinho, esbelto, com olhos claros e brilhantes, cabelos abundantes mas ainda sem aquele característico topete que os caricaturistas imortalizaram, e também sem um pêlo na cara. [...] Belo rapaz, vivo, vulcânico, já àquela época um conversador contínuo e fecundo, impenitente fabricador de frases espirituosas, apaixonado pelo bilhar como, mais tarde, seria pelo *sccopone* e, desde então, imoderadamente fiel ao charuto *mezzo toscano*.

O encontro com o colega de quarto, Giacomo Puccini, com quem estreitou, para a vida toda, uma tortuosa amizade marcada por estima, admiração mútua e ferrenha competição; o contato com Ponchielli, cuja casa freqüentava; as amistosas relações com o professor Michele Saladino; a experiência profissional adquirida como contrabaixista do Teatro del Verme, foram o saldo positivo desses anos de aprendizagem milanesa. Mas a disciplina do Conservatório, as regras rígidas dos manuais de harmonia e contraponto, as exigências que lhe faziam seus mestres o irritavam, e Pietro não demorou a abandonar a escola. A gota d'água foi a reação do professor Antonio Bazzini a uma página para orquestra que escrevera, em 1885 e que, mais tarde, se transformaria no belíssimo intermezzo do sonho no *Guglielmo Ratcliff*: "É coisa de doido!", sentenciou Bazzini. Foi o que bastou para que, aos 22 anos, ele mandasse a escola às favas.

Na época, namorava Giuseppina Aconci, moça de rara beleza e temperamento explosivo. Foi o irmão dela, o tenor Dario Aconci, quem o apresentou a Alfonso e Ciro Scognamiglio, donos de uma companhia de operetas. Eles o contrataram para reger uma temporada em Gênova. Rompida a ligação com Giuseppina, que não tolerava o fascínio exercido sobre ele por todas as atrizinhas da companhia, Pietro passou por vários outros pequenos grupos até integrar-se, em 1886, ao de Luigi Maresca. Foi com ele que, viajando de um lugar para outro, acabou chegando a Cerignola, centro agrícola da província de Foggia, cuja pequena-burguesia tinha nítidas pretensões a uma vida cultural ativa: além do Teatro Mercadante, onde havia apresentações regulares de ópera, opereta e teatro falado, a cidadezinha dispunha de uma revista, *Scienza e Diletto*.

Pietro estava cansado da vida nômade e sem dinheiro das companhias de opereta. E tinha uma razão a mais para querer estabelecer-se: tinha-se ligado a Argenide Marcellina Carbognani, que ele chamava de Lina, e conhecera em Parma. Por isso aceitou a proposta do prefeito, comendador Giuseppe Cannone, para ficar em Cerignola dando aulas de música e dirigindo a Filarmônica que ele pretendia fundar. Maresca ficou furioso com a perspectiva de rescisão de contrato. Acompanhado por Lina que, a essa altura, estava grávida do primeiro filho, Pietro teve de fugir, numa gélida noite de inverno, e esconder-se em casa do genro de Cannone, até a companhia de opereta ter deixado a cidade.

Casando-se, em 7 de fevereiro de 1888, com Lina que, pela vida inteira, seria a dedicada esposa do mais infiel dos maridos, Mascagni foi nomeado, em 25 de março, pelo Conselho Municipal, "maestro di suono e canto", com um salário de cem liras mensais. Curiosamente, a carta de recomendação mais calorosa, vinda de Milão, era assinada por Bazzini, com quem ele se desentendera, e que foi suficientemente generoso para não mencionar a verdadeira causa de sua saída do Conservatório:

> O jovem Pietro Mascagni, aluno de nosso Conservatório, demonstrava qualidades verdadeiramente superiores. Infelizmente, por razões de família, teve de suspender seus estudos e não obteve o diploma; mas o que estudou e o que sabe valem mais do que qualquer diploma.

O primeiro filho de Mascagni, Domenico (Mimì), nasceu em julho, mas enfraquecido pelo mau estado de saúde da mãe, que não o pudera amamentar, morreu em outubro. O segundo filho, que recebeu o mesmo nome, veio ao mundo em 3 de fevereiro de 1889. Nessa época, aos 26 anos, autor de uma *Messa di Gloria* e de várias peças litúrgicas, Mascagni interrompeu o trabalho no *Guglielmo Ratcliff* – sobre a peça de Heinrich Heine que o apaixonara quando a lera pela primeira vez, em Milão, em 1882 –, e começou a compor a *Cavalleria Rusticana*, tencionando inscrever-se no Concorso Sonzogno. A novela em que se baseou fora publicada pela primeira vez em 1880, no jornal *Fanfulla della Domenica*. Em 1883, seu autor, Giovanni Verga, fizera dela uma adaptação teatral, a que Mascagni assistiu em Milão, com o ator siciliano Flavio Andò e a grande Eleonora Duse. O libreto foi preparado por Giovanni Targioni-Tozzetti, bibliotecário do Centro Filológico de Cerignola, e amigo de Pietro pela vida inteira. E foi revisto pelo livornês Guido Menasci, crítico e ensaista, que já tinha traduzido para o italiano o *Werther* de Massenet.

A música ficou pronta em maio de 1889 mas, na última hora, achando que não estava à altura do concurso, Mascagni decidiu não enviá-la. Foi Lina quem, às escondidas, pôs a

A equipe da estréia da *Cavalleria Rusticana*, no Teatro Costanzi de Roma, em 17 de maio de 1890: Roberto Stagno (Turiddu); o regente Leopoldo Mugnone; o compositor Pietro Mascagni, Gemma Bellincioni (Santuzza), Mario Ancona (Alfio), Ida Nobili (Lola) e Federica Casali (Mamma Lucia).

Litografia em um jornal da época, representando uma cena da *Cavalleria Rusticana*.

partitura no correio. E os juízes – os compositores Filippo Marchetti, Giovanni Sgambati e Pietro Platania, e os críticos Francesco d'Arcais, e Amintore Galli – a escolheram unanimemente, mesmo tendo chegado três dias depois de esgotado o prazo. Junto com ela, foram premiadas *Labilia*, de Nicola Spinelli, aluno de Mancinelli e Sgambati, e *Rudello*, de Vincenzo Ferroni (ver o capítulo *Outros nomes*). A *Cavalleria Rusticana* estreou no Teatro Costanzi de Roma, em 17 de maio de 1890, com o casal Roberto Stagno e Gemma Bellincioni, Gaudenzio Salassa e Annetta Guli, sob a regência de Leopoldo Mugnone. E foi delirantemente aclamada pelo público e acolhida pela crítica. Em *L'Opinione*, D'Arcais proclamou:

> Em seu gênero e suas proporções, a *Cavalleria* é uma obra-prima. Poucos e facilmente emendáveis são os seus sinais de inexperiência: em geral, a segurança é a de um maestro veterano.

Demorou pouco para que a ópera conquistasse o mundo inteiro e começasse a fazer escola. Diante disso, a atitude dos que, em Cerignola, faziam oposição ao voluntarioso regente da Filarmônica mudou radicalmente. Em 25 de maio de 1890, *Il Risveglio*, o jornal onde suas propostas e iniciativas eram sistematicamente atacadas, publicou na primeira página um artigo que começava com a frase: "Salve, o Mascagni, gloria d'Italia! In te il genio batte le ali!"

Mudou também, no entanto, a atitude de Verga. O escritor que, em 9 de abril de 1890, depois da estréia, tinha assinado um contrato com Mascagni cedendo-lhe os direitos autorais, passou a exigir uma porcentagem maior ao perceber o sucesso internacional que a ópera fazia. Mascagni alegava não haver motivo para reclamação pois, anteriormente, Verga já concordara que Stanislao Gastaldon, entusiasmado com o interesse que a *Cavalleria* despertava, fizesse nova adaptação (o libreto de Bartocci Fontana modificava sensivelmente a ação e o título fora trocado para *Mala Pasqua*). Mas o tribunal, a que Verga recorreu, deu-lhe ganho de causa em 12 de março de 1891 e, em 1893, assinou-se novo acordo, que lhe concedia 143.000 liras. Os aborrecimentos, porém, não tinham chegado ao fim: em 1902, o genovês Domenico Monleone obteve de Verga autorização para fazer nova adaptação da *Cavalleria Rusticana*, com libreto de seu irmão Giovanni, inscrita sem sucesso no Concorso Sonzogno, mas bem acolhida, em 1907, ao ser cantada em Amsterdã. Desta vez, foram Mascagni e Sonzogno quem entraram na Justiça contra Verga. O escritor ficou proibido de conceder novas permissões do gênero e Monleone teve de reciclar sua ópera, que passou a chamar-se *La Giostra dei Falchi* (A Justa dos Falcões).

A ação passa-se no domingo de Páscoa, em uma aldeia da Sicília. No passado, Turiddu namorou Lola, mas ao se afastar da aldeia para fazer o serviço militar, ela se casou com o carroceiro Alfio. Ao voltar, por despeito, Turiddu passou a namorar Santuzza, que se entregou a ele; e agora sente-se desonrada, pois descobriu que o rapaz voltou a encontrar-se com Lola, a quem nunca deixou de amar. Santuzza tenta recuperar o namorado, mas enfurecida com seu desprezo, conta a Alfio quem é o amante de sua mulher. Terminada a cerimônia de Páscoa na igreja, quando todos se reúnem na praça para fazer um brinde, Álfio se recusa a beber com Turiddu e, quando este vem lhe pedir satisfações, o desafia para um duelo. Ambos se afastam e, pouco depois, uma mulher entra apavorada, gritando: "Mataram o compadre Turiddu!"

A estrutura da *Cavalleria* ainda é a da ópera de números, mas desde o início, sente-se um talento original que quer desabrochar. O Prelúdio é interrompido por uma Siciliana em dialeto que o tenor canta por trás do pano. O texto é do jornalista e poeta amador Giacomo de Zerbi, amigo de Mascagni em Cerignola. Além de fazer, no primeiro verso, a referência a Lola, a ex-namorada, agora casada com Alfio, de quem Turiddu torna-se amante, o músico simplificou, para torná-lo mais compreensível, o texto que no original dizia:

> *Brunetta ca sì mmaniche ncammisa,*
> *sì gghianca e russa comm'a lu cirasa,*
> *quanno t'affacci fai lu pizzo a risa.*
> *Viato cui ti dà lu primu vasu.*
> *Mmocca'a la porta tua lu sango è spaso*
> *e nun me' mporta si nce moro accisu.*
> *E sin' ce moro a bbaiu nparavisu,*
> *si nun ce trove a ttia, manco nce traso.*

(Moreninha, que vestes a camisola curta e és tão branca e rubra como a cereja, quando te inclinas tu me fazes sorrir. Abençoado quem te der o primeiro beijo. Diante de tua porta há sangue espalhado e nem me importo de morrer assassinado. Mas se eu morrer, for para o paraíso e não te encontrar lá, volto para trás.)

Na verdade, a idéia de intercalar uma canção no prelúdio já tinha sido concebida para o *Ratcliff*, onde a sinistra balada cantada pela Ama interrompe a introdução. Quando a sua ópera, iniciada tantos anos antes, estreou, Mascagni foi injustamente acusado de ter requentado um procedimento já usado antes.

Desde a Siciliana, estabelece-se uma qualidade essencial da ópera: o ritmo. A irregularidade das frases, os acompanhamentos sincopados, os acentos freqüentemente deslocados conferem ao discurso musical um senso contínuo de violência dramática. A narrativa avança de forma inexorável e o espectador é arrastado para o epicentro da tragédia passional. Os coros, entretanto, têm sido freqüentemente criticados por serem de um caráter um tanto decorativo, em vez de terem por função caracterizar étnica ou socialmente a comunidade em que a ação se passa. Em seu estudo sobre o Verismo, *Addio Fiorito Asil*, assim se expressa Rubens Tedeschi:

> Desde a primeira ópera verista, falta ao povo uma voz sincera. Esse é um povo que vive não de pão, mas de canções; um povo estereotipado que trança guirlandas ao som dos sinos de Páscoa, murmurando o "terno canto que faz palpitar o coração". Puro cartão postal! É como os figos da Índia, o barrete vermelho com pompom, a calça de riscas e o "grande sol do Sul que faz amadurecer o vinho generoso e arder a terra e o sangue". Essa incapacidade de representar um povo em toda a sua verdade, reduzindo-o a um mero coro melodramático, disposto em círculo como espectador passivo dos sofrimentos das personagens, é a prova evidente de que o Verismo não conseguiu deixar de ser estranho à verdade. Os camponeses sicilianos, tais como foram descritos por Targioni-Tozzetti e Menasci, nunca empunharam uma enxada e nunca puxaram um arado: são pastores que emergem das estilizadas paisagens da Arcádia literária.

Apesar disso, a ópera está cheia de momentos muito eficientes de caracterização psicológica das personagens:

- a ária de Alfio, "Il cavallo scalpita" – descendente direta da "Canção do Toureador" da *Carmen* –, cujos ritmos escandidos pela batida do chicote sugerem de saída seu temperamento brutal;
- a seqüência de duetos de Santuzza com Turiddu e com Alfio, em que, por ter sido rejeitada pelo primeiro, ela revela ao segundo o caso que seu noivo está tendo com Lola;
- a ária "Voi lo sapete, o Mamma", em que Santuzza revela à mãe de Turiddu o que está se passando; a brilhante cena do brinde, "Viva il vino spumeggiante", que se encerra com o desafio para o duelo;
- o *intermezzo*, cuja função, após toda a tensão acumulada dos dois duetos, é permitir ao espectador respirar um pouco, antes da arremetida final, ainda mais tensa; esta é o primeiro exemplo de uma técnica que, no Mascagni maduro, terá muita importância, o do comentário orquestral sob a forma de poslúdio; futuramente, ele terá o sentido ainda mais articulado de síntese do que se passou e, ao mesmo tempo, preparação para o que virá;
- e, finalmente, o monólogo em que Turiddu despede-se de Mamma Lucia e recomenda-lhe que cuide de Santuzza, antes de ir encontrar a morte na ponta da faca de Alfio.

Outro traço bastante original é o desenlace da ópera. No futuro, o cânon verista implicará a exibição explícita de violência: o assassinato de Nedda nos *Pagliacci*; o esfaqueamento de Scarpia e a tortura e fuzilamento de Cavaradossi, na *Tosca*; o suicídio na *Madama Butterfly*, na *Iris* ou na *Martyre*, de Samaras; o assassinato de Luigi no *Tabarro*; o envenenamento em *Adriana Lecouvreur*. Mas Mascagni opta por um final que é mais eficiente, justamente por *não* mostrar a morte de Turiddu. Os libretistas tinham preparado um final mais elaborado, um dueto baseado nas linhas finais do conto de Verga, que descreve o duelo, o ferimento inicial em Turiddu, a facada que ele dá na virilha de Alfio e, finalmente, os dois golpes mortais que este lhe vibra na barriga e no coração. Mas o compositor disse aos libretistas preferir a solução encontrada pelo escritor na versão de palco:

> Desculpem-me, mas não gosto desses versos no final. Acho que esfriam a admirável conclusão do drama. Para despertar a emoção nos ouvintes, bastam as palavras "Hanno amazzato compare Turiddu"; e não preten-

do sequer musicá-las. É suficiente que cheguem aos ouvidos do espectador exatamente como acontece na peça de Verga.

É uma inteligente opção abrir mão das convenções vigentes, em favor de um desenlace mais conciso e, por isso mesmo, de maior impacto.

Musicalmente, a *Cavalleria* tem aquela simplicidade elementar de que falava René Leibowitz no texto que citamos no capítulo anterior. Mas aqui e ali, já existem claras promessas do excepcional orquestrador que será Mascagni no futuro. E a escrita vocal – o papel de Santuzza, escrito numa região que lhe permite ser cantado tanto por um *mezzo* quanto por um soprano dramático; e o de Turiddu, que exige do tenor uma solidez inédita no repertório italiano até aquela época, à exceção do *Otello* – já aponta para a extensão das tessituras a que assistiremos, na ópera peninsular, nesses anos de passagem do século XIX para o XX.

Cavalleria Rusticana é uma das óperas mais gravadas do repertório e seus primeiros registros são muito antigos (é bom lembrar que, em diversos casos, o álbum traz junto também os *Pagliacci*):

Gramophone, 1907 – Johanna, De Tura, s/ind. de orq. ou regente;
HMV, 1915 – Ermolli, Tumminello/Carlo Sabajno;
Columbia, 1927 – Blyth, Nash/Aylmer Buesst;
HMV, 1929 – Sanzio, Breviario/Sabajno (1929);
Columbia, 1930 – Arangi-Lombardi, Melandri/Lorenzo Molajoli;
Golden Age, 1937 – Elisabeth Rethberg, Rayner/Gennaro Papi;
Bongiovanni, 1938 – Lina Bruna-Rasa, Melandri/Pietro Mascagni (ao vivo);
EMI, 1940 – Bruna-Rasa, Beniamino Gigli/Mascagni;
UORC, 1943 – Zinka Milanov, Jagel/Cesare Sodero;
DG, 1943 – Scheppan, Hopf (em alemão)/Arthur Rother;
Disco, 1950 – Exner, Sándor Konya/Franz Marszalek;
Fonit-Cetra, 1950 – Giulietta Simionato, Braschi/Arturo Basile;
Remington, 1952 – Petrova, Ruhl/, Erasmo Ghiglia;
CBS, 1953 – Harshaw, Richard Tucker/Fausto Cleva;
EMI, 1953 – Maria Callas, Giuseppe di Stefano/Tullio Serafin;
Decca/London, 1953 – Elena Nicolai, Mario del Monaco/Franco Ghione;
RCA, 1953 – Milanov, Jussi Björling/Renato Cellini;
Remington, 1954 – Apolei, Spruzzola/George Sebastian;
Melodram, 1954 – Astrid Varnay, Hans Hopf/Wolfgang Sawallisch;
Fonit-Cetra, 1955 – Simionato, di Stefano/Scala, Antonino Votto;
Golden Age, 1956 – Nordmo-Lovberg, Björling/Kurt Bendix;
Decca/London, 1957 – Renata Tebaldi, Björling/Alberto Erede;
Period, 1957 – Clara Gavazzi, Ortica/Basile;
Melodram, 1957 – Milanov, Tucker/Cleva;
Philips, 1959 – Mancini, Gianni Poggi/Ugo Rapalo;
HRE, 1959 – Simionato, Björling/Nino Verchi;
Arkadia, 1959 – Daniele Barioni, Milanov/Dmitri Mitropoulos;
Decca/London, 1960 – Simionato, del Monaco/Serafin;
RP, 1961 – Simionato, Angelo Lo Forese/Giuseppe Morelli;
EMI, 1962 – Victoria de los Angeles, Franco Corelli/Gabriele Santini;
Fonit-Cetra, 1963 – Simionato, Corelli/Gianandrea Gavazzeni;
TD, 1964 – Ellen Farrell, Tucker/Santi;
Qualiton, 1965 – Dunszt, Simándi (em húngaro)/Miklós Lukács;
DG, 1965 – Fiorenza Cossotto, Carlo Bergonzi/Herbert von Karajan;
Electrecord, 1966 – Krilovici, Stavru/Mircea Popa;
Decca/London, 1967 – Elena Suliotis, del Monaco/Silvio Varviso;
DG, 1967 – Cossotto, Gianfranco Cecchele/von Karajan;
Frequenz, 1968 – Cossotto, Martino/von Karajan;
Decca/London, 1968 – Graziella Tucci, del Monaco/Francesco Molinari-Pradelli;
Decca/London, 1976 – Varady, Luciano Pavarotti/Gavazzeni;

RCA, 1978 – Renata Scotto, Plácido Domingo/James Levine;
EMI, 1979 – Montserrat Caballé, José Carreras/Riccardo Muti;
Melodya, 1981 – Ielena Obraztsôva, Sótkilava/Álgis Juraítis;
Eurodisc, 1981 – Martina Arroyo, Franco Bonisolli/Lamberto Gardelli;
Adès, 1982 – Sarroca, Alain Vanzo/Reynaldo Giovaninetti;
Philips, 1983 – Obraztsôva, Domingo/Georges Prêtre;
Eurodisc, 1984 – Lucia Popp, Vladímir Atlántov/Gardelli;
DG, 1989 – Agnes Baltsa, Domingo/Giuseppe Sinopoli;
Philips, 1990 – Jessye Norman, Giuseppe Giacomini/Semiôn Býchkov;
Foné, 1990 – K. Ikonomu, Giacomini/Bruno Bartoletti;
Chandos, 1998 – Nelly Miricioiu, Dennis O'Neill (em inglês).

A gravação de Herbert von Karajan no Scala (1968) ainda é, hoje, um dos melhores registros da *Cavalleria* já feito. A comercial do próprio Mascagni, de 1940, apesar da presença de Gigli, é prejudicada por uma regência letárgica; a de 1938, embora de som precário, é mais satisfatória nesse sentido. A de Prêtre (1983), problemática para a simples audição, funciona bem como a trilha sonora de um bonito filme dirigido por Franco Zefirelli (embora com opções discutíveis como a de mostrar, na última cena, o duelo que Mascagni desejava situar fora do palco). Existem, em vídeo, várias cópias pirata de montagem da *Cavalleria*: por exemplo, a do Metropolitan com Troyanos, Domingo/Levine. Comercialmente, há filmes de duas das versões mencionadas na lista acima: a Giuseppe Morelli, 1961 (preto e branco); e a Herbert von Karajan, 1967 (a cores).

Pagliacci

A musicalidade de Ruggero Leoncavallo (1857-1919) revelou-se cedo. Aos 16 anos, enquanto ainda estudava no Conservatório de Nápoles, compôs uma cantata que foi muito elogiada por Beniamino Cesi e Lauro Rossi, seus professores. Dotado também para a literatura – sempre foi o autor de seus próprios textos – escreveu o libreto de *Chatterton*, adaptado do drama de Alfred de Vigny, influenciado pelo poeta Giosuè Carducci, de quem foi aluno na Universidade de Bolonha. Acabava de fazer vinte anos quando terminou a partitura dessa ópera; mas não encontrou ninguém interessado em encená-la.

Desiludido, saiu perambulando pela Europa, vivendo de dar aulas aqui e ali. Em 1882, foi parar no Egito, onde tinha um tio diplomata. Chegou a trabalhar como pianista em casa do irmão do vice-rei, mas teve de fugir no momento da rebelião contra os ingleses. Seguiu então para Paris, onde tocou piano e compôs *chansonettes* para cafés-concerto. No cabaré *Eldorado*, fez amizade com Massenet e com o barítono Victor Maurel – o criador dos papéis de Iago e Falstaff –, que se propôs a apresentá-lo ao editor Giulio Ricordi. Este pareceu mais interessado no talento literário de Leoncavallo do que na ambiciosa proposta que este lhe fez de *Crepusculum*, uma trilogia sobre a Renascença italiana, inspirada no *Anel* wagneriano, pelo qual tinha grande admiração. A primeira parte, *I Medici*, chegou a ser composta, mas Ricordi o cozinhou em água fria, pedindo enquanto isso que participasse da equipe que estava redigindo para Puccini o libreto da *Manon Lescaut*. Mas essa foi uma colaboração de vida curta, pois as diferenças de temperamento entre os dois compositores fizeram-nos indispor-se rapidamente.

Ao perceber que Ricordi não tinha a menor intenção de montar *I Medici*, que considerava demasiado dispendiosa, Leoncavallo voltou-se para o editor rival, Edoardo Sonzogno, a quem foi apresentado por uma amiga, o soprano Lison Frandin. Corria o ano de 1890 e toda a Europa só falava do sucesso retumbante da *Cavalleria* e do que ela significava para a ópera italiana em termos de renovação. Leoncavallo dispôs-se então a seguir o exemplo de Mascagni compondo uma ópera curta, mais fácil de montar e que, obedecendo ao recém-estabelecido códice verista, se baseasse num fato real. Inspirou-se num crime passional ocorrido em Montalto, na Calábria, no feriado da Assunção, dia 15 de agosto de 1865.

Ruggero era menino nessa época, mas tinha-se envolvido de perto nessa história sanguinolenta. Saíra de casa, com um empregado de seu pai, para assistir ao espetáculo de uma trupe de atores ambulantes que se apresentava na cidadezinha. E voltara sozinho porque, durante o espetáculo, o empregado tinha sido assassinado pelo chefe da trupe, quando este descobriu que era ele o amante de sua mulher. O juiz Leoncavallo julgou o caso e condenou o criminoso. Mas o *pagliaccio* foi carregado do tribunal até a prisão nos ombros dos homens da cidade, que o aclamavam por ter lavado seu *onore di maschio* com sangue. Como se vê, o Verismo só poderia ter nascido na Itália!

Durante o Prólogo – a que já nos referimos no capítulo de introdução ao Verismo – Tonio vem advertir a platéia que ela está prestes a assistir a um drama observado da vida real (*uno squarcio di vita*). É a história de Canio, chefe de uma trupe de comediantes ambulantes, que chega a uma aldeia da Calábria no dia da Assunção. Ele é muito mais velho do que Nedda, sua mulher, a quem acolheu órfã e ainda menina. A essa altura, ela já está cansada da vida que leva a seu lado e planeja fugir com Silvio, o amante, que mora nas redondezas. Enquanto o espera, Nedda repele as investidas de Tonio, o corcunda, a quem acha grotesco, e o chicoteia. Este jura vingar-se e vai buscar Canio na taverna, trazendo-o para apanhar a esposa em flagrante com outro homem. Silvio foge e Canio não consegue arrancar da mulher o nome do rival. Embora esteja com o coração sangrando, tem de pintar a cara com alvaiade e vestir a sua roupa de palhaço, pois está na hora de entrar em cena. A peça que eles representam ecoa a situação que estão vivendo na vida real: cortejada por Taddeo, Colombina tem um caso com Arlequim na ausência de Pagliaccio, seu marido. Quando Canio entra em cena, Colombina está dizendo a Arlequim praticamente as mesmas palavras que ele ouviu Nedda dizer, ainda há pouco, a seu amante. Sem conseguir controlar-se, o marido enganado vai saindo aos poucos do papel e exige de Nedda que lhe diga com quem o está traindo. Como ela recusa, perde a cabeça e a apunhala. Silvio sobe no palco, tentando ajudá-la, e é morto também. Virando-se para o público, Canio anuncia: "La commedia è finita!"

Originalmente, essa frase pertencia a Tonio. Mas Fernando de Lucia e Caruso criaram o costume de que ela seja dita pelo tenor. Em termos cênicos, isso pode ser até mais forte. Mas perde-se com essa troca o efeito desejado pelo autor: o de fechar-se um ciclo narrativo aberto por Tonio que surge, no início, como uma personagem desencarnada – uma espécie de equivalente do coro na tragédia grega – e, no final, sai novamente de seu papel para dizer a palavra final – retomando a fórmula tradicional do "Plaudite! Commoedia finita est" no antigo teatro romano.

A avaliação dos críticos e historiadores tem endossado o aplauso que, em 21 de maio de 1892, consagrou a primeira apresentação de *Pagliacci* no Teatro del Verme, regida por Toscanini e tendo Maurel no papel de Tonio e do Prólogo. No ensaio de introdução à gravação Nello Santi, Richard Mohr afirma:

> Em poucas óperas, texto e música casam-se tão bem, a linha dramática soa tão realista e é tão naturalmente reforçada pela música.

Opinião com que concorda François-René Tranchefort (*L'Opéra: 2. De Tristan à nos jours*):

> *Pagliacci* é de longe melhor do que a *Cavalleria*, tanto pelo libreto (um dos melhores que já foram escritos) quanto por sua autêntica inspiração dramática, pois há adequação perfeita do verismo musical ao sentido da obra, criando uma ópera de notável intensidade expressiva.

Na sua *Histoire de l'Opéra*, o maestro René Leibowitz vai mais longe:

> Na ópera de Leoncavallo, o Verismo transforma-se no "próprio assunto do drama", e essa identificação absoluta do conteúdo e da forma, ou seja, a identificação entre o senso dramático e os meios empregados para realizá-lo, cria uma ópera poderosa, de rara intensidade expressiva. *Pagliacci* supera a *Cavalleria*, cuja força expressiva encontra-se multiplicada na ópera de Leoncavallo. E se podemos recriminar Mascagni por todo tipo de fragilidade musical ou dramática, confesso não conseguir formular reservas desse gênero quanto a *Pagliacci*, que sempre me pareceu digna de ocupar um lugar privilegiado entre as obras-primas da arte lírica. [...] Em termos de agenciamento dos elementos que compõem o drama, o libreto de *Pagliacci* é tão eficiente quanto o de *Così fan tutte*.

De fato, Leoncavallo resolve magistralmente a fusão entre os dois planos da ação cênica – o teatro e a vida real –, que tendem a se confundir e, ao fim e ao cabo, formam a en-

Litografia de A. Bonamore mostrando uma encenação dos *Pagliacci* de Leoncavallo em Berlim.

Enrico Caruso como Canio nos *Pagliacci* de Leoncavallo.

grenagem trágica em que as personagens se destroem. É inevitável a aproximação com o *Otello*, não só pelo tema que os une – o poder destruidor do ciúme – como pela construção das personagens. Temos a sensação de ouvir a voz melíflua de Iago quando Tonio, depois de ter mostrado a Canio o encontro de Nedda com o amante, lhe sussurra:

Calmatevi padrone. È meglio fingere.
Il ganzo tornerà. Di me fidatevi. Io la sorveglio.
Ora facciam la recita.
Chissà ch'egli non venga a lo spettacolo e si tradisca!
Or via. Bisogna fingere per riuscir...

(Acalme-se patrão. É melhor fingir. O amante há de voltar. Confie em mim. Eu a vigio. Agora, façamos a récita. Quem sabe ele não vem ao espetáculo e se trai. Agora vamos. É preciso fingir para ter bom resultado...)

E a frase sinistra que soa na orquestra, acompanhando a frase de Peppe, "Batti la cassa, Tonio", e contradizendo o seu tom animado, parece sair diretamente da ópera verdiana.

Mas bom libreto não é a única qualidade da obra. E é profundamente injusta a acusação já feita à ópera de que ela tem música vulgar, cheia de efeitos fáceis. Na verdade, a forma sem sutileza como tem sido interpretada faz perder de vista o refinamento de escrita de Leoncavallo. O exame detido da partitura revela as minúcias de interpretação exigidas. O solo de trompa do Prólogo, por exemplo, é marcado *ben cantato e con dolore*. Alguns compassos depois, pede-se para as cordas: *animando angoscioso*. E a todo momento há instruções do tipo *con grazia, con eleganza, misterioso*, que desmentem a visão, divulgada pelos adversários do Verismo, de que esta é uma música violenta e sem meias-tintas.

A influência wagneriana, muito forte em *Chatterton* e *I Medici*, aqui aparece perfeitamente assimilada e convertida em um idioma pessoal. Há motivos recorrentes, sim: o do riso do palhaço; uma sua variante que se transforma no tema do ciúme e do ódio; o do amor, que aparece várias vezes, e principalmente no final do dueto de Nedda com Silvio. Mas eles são usados sempre de forma muito apropriada. A mais original é a utilização do tema do riso, cuja força vem da parcimônia com que é usado, apenas três vezes, em situações fundamentais. No início do Prólogo, ele é exposto pela trompa com a indicação *mezzo forte*. Durante a grande cena de Canio, "Vesti la giubba", no final do ato I, aparece com a indicação *forte* na linha de canto, repetido pela orquestra em uníssono, uma oitava acima da citação precedente. Finalmente, na última página da partitura, explode num *fortissimo* em *tutti* orquestral, ainda uma oitava acima. Além de balizar três momentos essenciais da trama, a gradação dinâmica *mf* < *f* < *fff* e de tonalidade corresponde, estruturalmente, ao processo de crescimento do ciúme e do ódio de Canio, que se desencadeia de forma incontrolável.

De acordo com a praxe tradicional, cada um dos cantores tem o seu grande momento: o Prólogo para o barítono; a *Balatella* ("Stridono lassu") para o soprano; a "Serenata de Arlequim" para o segundo tenor. E para o protagonista, a grande cena "Vesti la giubba... Ridi pagliaccio", que fez a glória de todos os tenores, de Caruso a Pavarotti e Plácido Domingo. Mas nenhum desses números é estático ou meramente decorativo. Todos servem para fazer a ação avançar e/ou elucidar um traço de personalidade. Mesmo um trecho aparentemente mais convencional, como o coro dos sinos, "Don, din, don – suona vespero", além de ter escrita muito ágil e elegante, é eficiente como criador do ambiente da cidadezinha calabresa onde a história se passa.

Do ponto de vista da construção dramática, um dos melhores momentos é o do "teatro dentro do teatro", no ato II, por documentar a preservação popular, através dos grupos mambembes ambulantes, das mais nobres tradições seiscentistas da *Commedia dell'Arte*. Mas também pela solução musical propriamente dita. Como se trata de uma situação que está fora do plano da realidade – é a peça encenada num palco e assistida pelos aldeões/espectadores – Leoncavallo utiliza ritmos de dança para sugerir a distância entre essa música e a do corpo principal da ópera, essa sim ancorada na vida real:

- o minueto que acompanha os preparativos de Colombina para receber seu amante;
- a valsa com que é cantada a "Serenata";
- na cena Taddeo-Colombina, o tom de paródia do drama que, horas antes, aconteceu para valer (embora a retomada dos temas

usados na cena Tonio-Nedda, do ato I, sugira a gravidade do que está se passando por trás da comédia);
- a gavota da cena Colombina-Arlequim, cujo ritmo Nedda tenta inutilmente manter quando Canio começa a se enfurecer.

O uso dos ritmos de dança – úteis também para sugerir como o teatrinho mambembe de província é antiquado – interrompe-se quando Canio perde totalmente o controle. Nesse momento, a música abandona a estilização que correspondia ao "teatro dentro do teatro", e retorna à linguagem do restante da ópera – ou seja, voltamos à dura realidade e o que nos espera agora é o final trágico. O mais importante é que essa passagem de um plano dramático para outro *é realizada com meios essencialmente musicais.*

Todos os grandes tenores quiseram fazer a sua gravação de *Pagliacci* (muitos dos registros aqui indicados saíram, naturalmente, acoplados com a *Cavalleria*):

EMI/Angel, 1907 – Giuseppina Huguet, Antonio Paoli/Carlo Sabajno;
EMI/Angel, 1929 – Adelaide Saraceni, Alessandro Valente/Sabajno;
EMI/Angel, 1930 – Rosetta Pampanini, Francesco Merli/Lorenzo Molajoli;
EMI/Angel, 1934 – Iva Pacetti, Beniamino Gigli/Franco Ghione;
Walhall, 1934 – Queena Mario, Giovanni Martinelli/Vincenzo Bellezza (ao vivo);
Walhall, 1941 – Norina Greco, Martinelli/Ferruccio Calusio;
IMP, 1946 – O. Fineschi, G. Masini/Giuseppe Morelli;
CBS/Sony, 1951 – Lucine Amara, Richard Tucker/Fausto Cleva;
Cetra, 1951 – Carla Gavazzi, Carlo Bergonzi/Alfredo Simonetto;
Decca/London, 1952 – Clara Petrella, Mario del Monaco/Alberto Erede;
EMI/Angel, 1953 – Victoria de los Angeles, Jussi Björling/Renato Cellini;
EMI/Angel, 1954 – Maria Callas, Giuseppe di Stefano/Tullio Serafin;
Lyric, 1957 – R. Noll, del Monaco/Vincenzo Bellezza;
Philips, 1958 – Aureliana Beltrami, Gianni Poggi/Ugo Rapalo;
Decca/London, 1959 – Gabriella Tucci, del Monaco/Francesco Molinari-Pradelli;
Arkadia, 1959 – Lucine Amara, del Monaco/Dmitri Metropoulos (ao vivo);
EMI/Angel, 1960 – Amara, Franco Corelli/Lovro von Matacíc;
DG, 1965 – Joan Carlyle, Bergonzi/Herbert von Karajan;
Decca/London, 1967 – Pilar Lorengar, James McCracken/Lamberto Gardelli;
Memo, 1971 – M. Sighele, Tucker/Riccardo Muti;
RCA, 1971 – Montserrat Caballé, Plácido Domingo/Nello Santi;
Decca/London, 1977 – Mirella Freni, Luciano Pavarotti/Giuseppe Patanè;
EMI/Angel, 1979 – Renata Scotto, José Carreras/Muti;
Eurodisc, 1983 – Lucia Popp, Vladimir Atlántov/Gardelli;
Philips, 1983 – Teresa Stratas, Domingo/Georges Prêtre;
Philips, 1992 – Daniela Dessì, Pavarotti/Muti;
Naxos, 1993 – Miriam Gaucci, Niccola Martinucci/Alexander Rahbari.

Karajan/DG e Serafin/EMI são de longe as melhores gravações; Cellini/EMI também oferece um elenco com pontos fortes, da mesma forma que Molinari-Pradelli/Decca e von Matacíc/EMI. Mas todos esses álbuns têm algum atrativo, seja pelo tenor ou a soprano, seja pelo barítono que faz o Prólogo/Tonio: Apolo Granforte (1929), Giuseppe Valdengo (CBS, 1951), Leonard Warren (1953), Tito Gobbi (1954 e 1960). Gobbi, aliás, é a grande atração do filme preto e branco de 1951, em que ele faz o Prólogo, Tonio e Silvio, três interpretações magistralmente diferenciadas. Nesse filme, os demais papéis são cantados por G. Masini e Onelia Fineschi; mas Nedda, na tela, é dublada por Gina Lollobrigida. Há um vídeo P&B de Tóquio (1961), com Tucci, del Monaco e Morelli. A versão Prêtre é a trilha sonora do filme de Zeffirelli que acompanha a *Cavalleria.* Também a versão von Karajan/1967, antes mencionada, é acompanhado por um *Pagliacci* com Raina Kabaivanska, Jon Vickers e Rolando Panerai.

SMAREGLIA

As origens triestinas de Antonio Smareglia (1854-1929) explicam o caráter híbrido de seu estilo: ele é o fruto de um ambiente onde se misturavam tradições italianas, germânicas e eslavas. De família italiana, estudou em Milão com Franco Faccio, absorvendo os ideais transgressivos da *scapigliatura*. Mas tinha também atração muito forte pela música wagneriana, o que se percebe em suas harmonias e na forma sinfônica de tratar o acompanhamento orquestral (conta-se inclusive que, na estréia italiana do *Lohengrin* – Bolonha, 1873 – ele chegou às vias de fato com um espectador antiwagneriano). Mas a sua forma de trabalhar com a linha vocal é tipicamente italiana, de nítidas filiações verdianas.

A independência de espírito de Smareglia fez com que abandonasse o Conservatório em 1877, antes de se diplomar. Impediu-o também de ligar-se a um dos grupos de artistas e intelectuais daquela época, embora fosse muito amigo de Luigi Illica, vinculado à nova editora musical fundada por Edoardo Sonzogno em 1874. O fato de não ter fechado contrato nem com a Sonzogno nem com a Ricordi deixou-o numa imerecida posição de isolamento, de tal forma que hoje – à exceção de Trieste, onde sua obra continua a ser apresentada porque ele é uma glória local –, seu nome está relativamente esquecido na própria Itália, e é virtualmente ignorado no resto do mundo.

As primeiras óperas, compostas em Milão, não passaram de experiências ainda desprovidas de originalidade. *Preziosa*, com libreto de Angelo Zanardini extraído de *The Spanish Student* de Longfellow, reproduzia os modelos pós-verdianos costumeiros. Para um principiante, a estréia no Teatro dal Verme, em 19 de novembro de 1879, teve acolhida até que razoável. Tanto que o Scala concordou em montar, em 7 de fevereiro de 1882, a mais ambiciosa *Bianca da Cervia* – libreto de Fulvio Fulgenzio (pseudônimo de Ferdinando Pozza) –, um *grand opéra* do gênero que, na época, andava na moda. A resenha, na revista *Teatro Ilustrato*, assinada "Veridicus", reconhece a habilidade técnica do jovem compositor, admite que tem surpreendente talento para a orquestração, mas faz a ressalva: ele sofre de "scarsa fantasia melodica".

Na Áustria, onde ficou de 1888 a 1894, Smareglia conseguiu algum sucesso com *Il Vassallo di Szigeth* (Viena, 1888) e *Cornil Schutt* (Praga, 1893), ambas com libreto de Illica, em que estão patentes não só a influência dos modelos alemães como a lembrança das melodias eslavas que ouvia na infância ("A minha mãe, Giulia Stiglić, era croata", escreveu ele, "e desde pequeno aprendi com ela muitas canções de sua terra. Tinha uma voz muito delicada e, quando cantava, eu ficava fascinado: aquela onda de cálida melodia sempre me envolvia inteiramente e sinto que as raízes de minha alma ainda estão nessas canções.") A segunda dessas óperas, revisada em 1928 com o título de *I Pittori Fiamminghi*, ainda é reapresentada até hoje no Teatro Verdi, de Trieste. Trechos instrumentais de *Bianca, Il Vassallo* e *Cornil Schutt* foram gravados na Lituânia por Silvio Frontalini, com a Sinfônica de Vilnius, e lançados pela Bongiovanni.

De volta à Ístria, Smareglia celebrou a região natal em sua ópera mais importante, *Nozze Istriane*, ouvida pela primeira por um público entusiástico, em 28 de março de 1895, no Teatro Comunale de Trieste. Seus primeiros intérpretes foram Gemma Bellincioni e Roberto Stagno que, cinco anos antes, tinham criado Santuzza e Turiddu. Embora possua qualidades que a tornam capaz de agradar à mesma platéia universal que se encanta com a *Cavalleria rusticana*, esse drama naturalista, em que Illica se propôs a retratar todo o colorido da vida numa das cidadezinhas típicas da Ístria, só é praticamente encenada hoje na cidade que a viu nascer. São de lá, ao vivo, as gravações existentes, ambas do selo Bongiovanni: a de Manno Wolf-Ferrari (1973) e a de Tiziano Severini (2002).

Ação passa-se em Dignano, aldeia poucos quilômetros ao norte de Pola, onde Smareglia nasceu. O velho e avarento Bara Menico quer casar Marussa, a sua filha, com Nicola, o homem mais rico da comuna, que está perdidamente apaixonado por ela. Mas Marussa ama o fazendeiro Lorenzo e, de acordo com o costume local, ambos já trocaram presentes em sinal de amor e fidelidade: a moça deu ao namorado um coraçãozinho de ouro que pertenceu à sua mãe, e ele retribuiu dando-lhe os brincos que usava. O único jeito é usar de um estratagema para convencê-los de que foram traídos. Ajudado pelo intrigante Biagio, Bara encontra os brincos, que Marussa guardou aos pés de uma imagem da Virgem. Biagio pede então a Luze, vendedora ambulante de cerejas, que os devolva a Lorenzo, dizendo-lhe que vêm da parte de Marussa.

Supondo ter sido desprezado pela namorada, o rapaz devolve a Luze o coração de ouro, que Biaggio faz chegar às mãos da filha – e esta acredita na história de que o namorado traiu o voto de fidelidade pois apaixonou-se por outra. Para vingar-se dele, aceita a proposta do pai de que se case com Nicola. No dia da cerimônia, diz a Luze que precisa de um favor seu: tem de devolver a Lorenzo os brincos que recebeu dele. Espantada, Luze conta-lhe que já o fez, a pedido de Biagio. Ao constatar que a jóia desapareceu do lugar onde a guardara, aos pés da Madona, Marussa compreende que foi enganada. Pede a Luze que chame Lorenzo, explica-lhe o que aconteceu e propõe que fujam juntos. Mas o rapaz é honesto e quer fazer as coisas às claras. Prefere que ela se explique com Nicola, que não teve culpa do estratagema de Bara e Biagio. Marussa chama o noivo, conta a trama armada contra ela e pede-lhe que a libere do compromisso, pois é a Lorenzo que ama. Mas Nicola recusa-se a abrir mão dela e, louco de ciúme, apunhala Lorenzo quando este sai de seu esconderijo para tentar convencê-lo a ceder.

Como tantas óperas desse período, *As Bodas na Ístria* decalca o modelo da *Cavalleria* – embora tenha três atos e um número mais rico de situações – e em sua música é visível a influência de Mascagni. Mas sente-se também um refinamento tímbrico, fruto da simpatia por Wagner, e um desprezo pelos excessos de retórica, que são típicos de Smareglia. Isso não significa, porém, que a partitura esteja desprovida de tensão: ela se cria desde o acorde de mi menor com que se inicia o Prelúdio, sugerindo, à maneira do *Otello* de Verdi, a tempestade que está se abatendo sobre Dignano quando o pano se abre. O texto de Illica é muito denso, sem digressões inúteis, e isso permite a Smareglia fazer uma caracterização econômica e precisa de suas personagens. Simpatizante do drama wagneriano que é, porém, faz com que o papel mais importante caiba à orquestra. Seu comentário, além de muito rico, é dotado de toques imprevisíveis, enriquecido com harmonias sutis e surpreendentemente modernas, em que predominam tristonhos tons menores. Os procedimentos aprendidos com o mestre alemão são usados, mas de forma muito pessoal, integrados numa linguagem a que a já aludida mistura de melodias de origem italiana e eslava, típica daquela região do Adriático, dá sabor muito característico. Não raro a forma como Smareglia retrata seus aldeões traz à lembrança a espontaneidade de raízes folclóricas das óperas de Smetana.

Enquanto melodrama verista, *Nozze Istriane* é original por não constituir nem a adaptação de uma obra literária, como a *Cavalleria*, nem o reaproveitamento de um fato real, como os *Pagliacci*. Trata-se de um entrecho original, inteiramente imaginado por Illica. Mais importante do que a história de amor, engano e morte, que repete clichês comuns à tradição, é a reconstituição dos costumes triestinos. O verdadeiro valor dessas *Nozze* está nas vinhetas da vida interiorana: o encontro dos jovens na praça, os homens que jogam na taverna, a cena do noivado de Marussa com Nicola, que constitui o centro da ópera, e é interrompida pela voz de Lorenzo que, na rua, canta *bottonate*, ofendendo a noiva ("Il cor ferito m'hai"). Nesse painel, vão se inserindo muito naturalmente os "momentos" operísticos convencionais: por exemplo a cena de amor dos dois jovens, "Io pur Lorenzo vedi", no ato I; ou a bela ária de Marussa, "Qual presagio funesto... Madonna, mia Madonna", ao descobrir que foi traída.

Embora hoje negligenciada, houve ocasiões em que o valor de *Nozze Istriane* foi reconhecido. Na estréia veneziana de 1905, estava presente Puccini, que pediu para ser apresentado a Smareglia e o presenteou com uma partitura da *Butterfly*, "em sinal da gratidão pelo prazer em ouvir a sua música". A ópera obteve enorme sucesso na Volksoper de Viena, em janeiro de 1908 e, principalmente, em 15 de agosto de 1933, quando Umberto Berrettoni a regeu no espetáculo de reinauguração da Arena Romana de Pola, que tinha sido totalmente reformada.

Em 4 de setembro de 1897, estreou no Teatro Rossini de Veneza a ópera seguinte de Smareglia, *La Falena*. Foi esse o primeiro fruto da amizade que ligou o compositor, já maduro, a um jovem discípulo de D'Annunzio, o poeta Silvio Benco. As três óperas que haveriam de criar juntos combinam a nostalgia dos sonhos da *scapigliatura* com um gosto simbolista acentuado, tingido pela melancolia que, a essa altura, os problemas pessoais já traziam ao músico: na época da composição de *A Mariposa*, já começara a manifestar-se a enfermidade que, em 1900, o tornaria inteiramente cego. De *La Falena*, existe uma única gravação: a de Gianandrea Gavazzeni, ao vivo, no Teatro Verdi de Trieste, em 18 de março de 1976 (selo Bongiovanni), muito valorizada pela presença de Leyla Gencer no papel-título.

Ao contrário de *Bodas na Istria*, esta já é uma ópera tipicamente neo-romântica. Stellio, o jovem rei de um país imaginário à beira-mar, perde-se no bosque e encontra uma mulher/mariposa, de encanto irresistível. Por causa dela, abandona Albina, a sua noiva. Vendo a tristeza em que sua filha mergulhou, Uberto, o pai da noiva, vai procurar Stellio e pedir-lhe que se reconcilie com ela. Mas num combate noturno estimulado pela mulher/mariposa, é morto por Stellio. Ao amanhecer, a misteriosa mulher desapareceu e ao jovem rei resta apenas o remorso de ter sido o causador da morte de Uberto. Remorso que se agrava ainda mais quando ele procura Albina e lhe confessa o seu crime. Ela o perdoa e, depois, também cai morta a seus pés.

Este é um drama onírico, um pesadelo perpassado por raros clarões luminosos. O próprio compositor confessou que muitas das sugestões temáticas – o motivo do sofrimento de Albina, por exemplo – ocorreram-lhe quando estava de cama, lutando contra os acessos de febre. A história do homem que troca o amor puro e inocente pelo prazer que encontra nos braços da mulher demoníaca que o enfeitiçou é evocada sempre em termos perturbadores. Também a natureza, com seus mistérios e sugestões, é uma presença constante: o bosque, onde a Mariposa mora; ou o mar, que inspira ao compositor uma de suas mais belas páginas sinfônicas, o Prelúdio ao ato III.

À orquestra cabe criar o clima noturno, a sensação angustiosa de mistério, as luminosas transparências que com ela contrastam – e, nesse sentido, é exemplar o uso dos coloridos instrumentais. Há um fluxo contínuo de música – uma versão muito pessoal do conceito wagneriano de *Unendliche Melodie* (melodia infinita) – que não é perturbado pela linha vocal, muito discreta, sem grandes efusões de cantilena. Harmonicamente, é a partitura mais ousada de Smareglia, com modulações que estão constantemente carregando a melodia para tonalidades raras, produzindo efeitos de grande sutileza. Desta ópera, foi extraída uma página orquestral, *Seduzione e Lamento della Falena*, que de vez em quando se ouve, na Itália, em concertos sinfônicos.

"Para *Ocèana*", contou o compositor, "Silvio Benco e eu inspiramo-nos na impressão poética que tivemos ao contemplar o mar, no golfo de Muggia, uma noite de luar, depois de um cordial jantar entre amigos. Nessa ópera, os episódios líricos e descritivos foram-me sugeridos pela lembrança dessa contemplação noturna." Tanto *Ocèana* quanto *L'Abisso*, que a seguiu e foi a última colaboração de Smareglia e Benco, testemunham esse fascínio pelo mar – e estão fundamente marcadas pela atração que o compositor sentia, na época, pela música de Richard Strauss, cuja suntuosa orquestração deixa nele suas marcas. Toscanini, grande admirador de Smareglia, fez questão de estrear as duas óperas no Scala: *Ocèana* em 20 de janeiro de 1903, e *L'Abisso* em janeiro de 1911.

A ação de *Ocèana* se passa na Síria primitiva. A jovem escrava Nersa, amada pelo chefe tribal Vardar, refugia-se num mundo de fantasia para o qual sonha em fugir. Acaba sendo raptada por Init, o deus do mar, que faz dela a sua noiva. Vardar a recupera e decide casar-se com ela. Mas Nersa não consegue deixar de pensar em Init, por quem ficou fascinada. Quando o deus reaparece para buscá-la, o chefe tribal lhe pede uma graça: que o faça perder a razão, para que não sofra com a perda da mulher que ama; e é atendido. A linha narrativa é bastante frágil e a influência de D'Annunzio é ainda mais marcada no texto de Benco, extravagantemente florido; mas a música passa para segundo plano as debilidades do libreto. Tinha razão o crítico do jornal *Domenica del Corriere*, que chamou a ópera de "sinfonia fantástica em três atos". A música é muito mais atmosférica do que dramática, embora tenha momentos muito altos de inspiração, como o finale do ato II em que, ao movimento inexorável do mar, vem juntar-se o sedutor canto das sereias.

L'Abisso foi virtualmente esquecida depois da estréia. *Ocèana* ainda teve duas apresentações importantes: uma transmissão radiofônica em 1936, com Iris Adami Corradetti no papel de Nersa; e a remontagem do Teatro Verdi, em 1949, em que Clara Petrella foi aplaudidíssima. Depois disso, sobreviveu sob a forma de uma suíte sinfônica em quatro movimentos: "Notturno Marino", "Canzone della Dormiente", "Corteo dei Tritoni" e "Danza delle Ondine". O álbum da Bongiovanni em que há *Nozze Istriane* traz também uma gravação dessa peça, de 13 de fevereiro de 1959, com a Filarmônica de Trieste regida por Alberto Cambissa.

Em 1923, Toscanini convidou Smareglia a editar e completar *Nerone*, que Boito deixara inacabada. Mas devido à cegueira, ele teve de ser ajudado nesse trabalho por seu amigo Vincenzo Tommasini (1878-1950). Este foi um compositor de música sinfônica, de tendência neoclássica, mais conhecido pelo balé *Le Donne di Buon Umore* (1917), em que adapta temas de Domenico Scarlatti da mesma forma que o fazem Respighi e Casella. Suas óperas *Medea* (1906) e *Una Uguale Fortuna* (1913) fizeram menos sucesso do que os poemas sinfônicos *Paesaggi Toscani*, o *Poema Erotico* ou o *Hymne à la Beauté*, inspirado pelo poema de Baudelaire.

Leoncavallo

Preocupado em consolidar o enorme sucesso dos *Pagliacci*, o editor Edoardo Sonzogno concordou, logo após a sua estréia, em promover a encenação de *I Medici*, primeira parte da trilogia histórica *Crepusculum* que Leoncavallo lhe propusera. Mas o dispendioso espetáculo, levado à cena no Teatro del Verme em 10 de novembro de 1893, foi um desastre absoluto. A agilidade e a urgência dramática veristas tinham deixado totalmente fora de moda o formato de *grand-opéra* dos *Medici*, com assumida empostação wagneriana. A crítica massacrou a ópera e o público reagiu com desinteresse. Isso fez *Savonarola* e *Borgia* morrerem no nascedouro. Era preciso pensar rapidamente em outra coisa, para não deixar perder-se o prestígio angariado.

No final de 1892, meses após a estréia de *Pagliacci*, Leoncavallo tinha oferecido a Puccini um libreto que acabara de escrever. Este, porém, o recusou: na época, tinha planos de compor uma ópera baseada em *La Lupa*, de Giovanni Verga (ao escolher uma peça do mesmo autor da *Cavalleria*, Giacomo estava naturalmente pensando em enveredar pela lucrativa trilha do Verismo aberta por Mascagni). Diante disso, Leoncavallo decidiu-se a compor ele mesmo a música para *La Bohème*, extraída do livro de Henri Murger. Afinal, o que precisava era de um melodrama realista, de tom sentimental e descontraído, que viesse ao encontro da preferência da platéia.

No início do ano seguinte, Ruggero encontrou-se em um café com Puccini, que acabava de voltar de Turim, onde fora supervisionar a estréia da *Manon Lescaut*. E, estupefato, ficou sabendo das novidades: não só Giacomo desistira da peça de Verga – ela "tinha falatório demais e nem uma figura realmente luminosa" – como estava justamente trabalhando numa *Bohème*, mas com libreto preparado por Illica e Giacosa. Ao ouvir isso, Leoncavallo apressou-se em publicar, no *Secolo*, a declaração de que a idéia lhe tinha ocorrido primeiro. No dia seguinte, o *Corriere della Sera* trazia a resposta de Puccini: isso não tinha a menor importância. "Que ele componha a dele, eu comporei a minha, e deixemos que o público julgue."

O resto todo mundo sabe. A *Bohème* de Puccini ganhou a corrida. Estreou em 1º de fevereiro de 1896, no Regio de Turim. Leoncavallo se atrasou revendo *Chatterton* para que ela pudesse final estrear. Sonzogno tentava com isso recuperar um pouco do prejuízo sofrido com *I Medici*; mas só conseguiu acrescentar outro fracasso à carreira de seu contratado, pois mesmo reescrita, trata-se de uma obra de juventude, de estilo ainda anterior ao da malfadada *I Medici*. A "outra *Bohème*" só foi à cena em 6 de maio de 1897, no La Fenice de Veneza. Ficou longe de ser um fracasso, mas com o passar do tempo, o sucesso desmesurado da ópera de Puccini a foi mergulhando num imerecido esquecimento. E, como sempre acontece, ficou com a pecha de ser medíocre.

Por muito tempo, só se podia contar, para conhecê-la, com o registro da Cetra, feito por Alberto Zedda em 1963 e há muito tempo fora de catálogo. Uma séria reavaliação de suas qualidades iniciou-se em 1981, com o lançamento da ótima gravação de Heinz Wallberg (Orfeo), seguida em 1990 pela de John Latham-Koenig (Nuova Era). Existe também, no selo De Plein Vent, o registro de uma transmissão da Radio France, de 1975, regida por Nino Bonavolontà.

Embora tivesse sido publicado quase cinqüenta anos antes, o livro em que se basearam as duas *Bohèmes* – traduzido para o italiano pelo *scapigliato* Felice Camerone – ainda era bastante popular no fim do século. Henri Murger, o autor das *Scènes de la Vie de Bohème*, era filho de um modestíssimo alfaiate e, aos dezenove anos, conseguira o lugar de colaborador em *Le Moniteur de la Mode* e *Le Castor*, o jornal dos fabricantes de chapéus (o mesmo que Rodolfo cita no ato I da ópera de Puccini). Isso o pôs em contato com o mundo do jornalismo e, em 1844, abriu-lhe as portas da revista literária *Le Corsaire* para a publicação de um folhetim semi-autobiográfico, narrando as aventuras de um grupo de estudantes em meio à boêmia intelectual parisiense. Pela habilidade com que a ironia tempera a pieguice, e por suas qualidades de observação da vida de gente comum, em situações prosaicas e ambientes pobres, *Cenas da Vida de Boêmia* passou para a história literária como um significativo precursor do Realismo. Em 1849, ajudado pelo teatrólogo Théodore Barrière, Murger extraiu de seu folhetim o drama *La Vie de Bohème*. O sucesso no palco foi tão grande quanto no jornal. Ao ser publicado em livro, em 1851, o folhetim transformou-se num best-seller responsável pela vendagem, astronômica para a época, de 70 mil exemplares. Os direitos autorais permitiram a Murger sair da mansarda em que morava, no Quartier Latin. Mudou-se para um apartamento num bairro elegante, onde morreu rico e famoso aos 39 anos.

Leoncavallo segue muito mais de perto a sua fonte de inspiração do que Illica e Giacosa, a quem Puccini solicitou muitas modificações. Preocupa-se inclusive em indicar a data em que se passa cada ato da ópera, como o fazem Murger e Barrière em sua peça. O ato I passa-se na véspera de Natal, 24 de dezembro de 1837, no Café Momus – que realmente existiu, no número 15 da Rue des Prêtres Saint Germain l'Auxerrois. Em suas memórias, o compositor Alexandre Schanne – modelo do boêmio Schaunard – o descreve; e enumera, entre seus freqüentadores assíduos, os poetas Charles Baudelaire e Gérard de Nerval. Gaudenzio, o dono do Momus, está muito preocupado com a possibilidade de que o bando de estudantes venha de novo a seu restaurante sem ter como pagar a conta. Mas Schaunard lhe garante que desta vez isso não vai acontecer. Logo depois, chegam o poeta Rodolfo, o pintor Marcello e o filósofo Colline. Eles estão à espera da passadeira Eufemia, amante de Schaunard, e da florista Mimì, companheira de Rodolfo. As duas moças vêm em companhia de uma amiga, a costureira Musetta, por quem Marcello se apaixona à primeira vista. Na hora de pagar a conta, é claro que ninguém tem dinheiro. Schaunard salva a situação desafiando para uma partida de bilhar o professor Barbemuche, que há tempos vem tentando integrar-se ao bando. Derrota-o, dá-lhe a conta para pagar e sua providencial vitória é festejada por todos.

O ato II passa-se no dia 15 de abril de 1838, no pátio da casa da Rue Bruyère onde realmente morou Mariette, modelo muito popular entre os pintores e escultores de Montparnasse, em quem Murger inspirou-se para criar Musetta. Nesse meio tempo, o banqueiro que a sustentava descobriu o caso que ela vem mantendo com Marcello, parou de pagar o seu aluguel e Musetta está sendo despejada. Durand, o zelador, empilha no pátio todos os seus pertences. Os boêmios, a quem Musetta tinha convidado aquele dia, decidem fazer a festa no pátio, em meio aos badulaques, e acabam improvisando um divertido sarau com números musicais burlescos. No auge da festa, tentada pelas promessas do conde Paolo, um rico pretendente, Mimì abandona Rodolfo e sai de fininho com aquele. O burburinho da festa, que entra pela noite adentro, impede a vizinhança de dormir. Proferindo ameaças furiosas, eles acabam expulsando o alegre bando.

No ato III, vários meses se passaram. Estamos em outubro de 1838, na mansarda de Mar-

A capa do libreto de *Chatterton*, ópera do início da carreira de Leoncavallo, baseada no drama de Alfred de Vigny. Ela só foi encenada – sem sucesso – em 1896, depois dos *Pagliacci* terem feito a fama do compositor.

Numa foto de 1915, Ruggero Leoncavallo (na extrema direita) aparece em sua casa, jogando uma partida de *scopone* com um grupo de amigos.

cello. Sem ter onde cair mortos, Schaunard e ele concluem ter chegado a hora de fazer a suprema concessão ao mundo burguês: vão trabalhar para ganhar dinheiro. Marcello sai e Musetta, que já não suporta mais a vida de pobreza que leva a seu lado, decide abandoná-lo. Escreve uma carta de despedida e vai-se embora. Mimì vem procurar Rodolfo e tentar reconciliar-se com ele. Mas o rapaz não acredita mais em seus sentimentos e a rejeita desdenhosamente. Marcello também fica muito irritado por acreditar que foi Mimì quem indispôs Musetta contra ele.

Fecha-se o ciclo: no ato IV, chegou a véspera de Natal de 1838. Marcello e Rodolfo, cheios de saudade de suas namoradas, fazem uma melancólica ceia de Natal em companhia de Schaunard. Tinham convidado as duas garotas a cear com eles, mas já estão desistindo de esperar. Quando Mimì aparece, está nas últimas: o amante rico a abandonou ao descobrir que ela tem uma doença incurável. Os três amigos tentam desajeitadamente ajudá-la, mas não dispõem de recursos para socorrê-la. Ao chegar, Musetta vai empenhar suas jóias, tentando arranjar com que pagar um médico e os remédios. Mas é tarde demais. Mimì morre e a Rodolfo só resta o consolo de ter conseguido reconciliar-se com ela antes do fim.

A comparação deste libreto com o de Illica e Giacosa mostra as diferenças essenciais de abordagem entre as duas *Bohèmes*. Na mais famosa, o foco principal recai sobre o casal Rodolfo-Mimì (tenor-soprano), cujas características – fragilidade psicológica, amor ameaçado pela doença – o torna ideal para uma exploração que põe a ênfase no patético, no sentimental. Ênfase que é realçada pelo contraste com os traços truculentos e cômicos do relacionamento Marcello-Musetta. Na *Bohème-II*, Marcello é o tenor e Rodolfo o barítono: ora, de acordo com a visão tradicional da repartição dos registros, a voz de barítono convém menos a uma personagem como Rodolfo.

É Mosco Carner quem, em seu estudo sobre Puccini, chama a atenção para um outro problema de foco. Em Leoncavallo, Rodolfo e Mimì são, a maior parte do tempo, personagens secundárias. Só no final é que a morte da moça a traz, de forma um tanto brusca, para o primeiro plano. Além disso, sempre se louvou o equilíbrio com que, em Puccini, o cômico e o sério convivem o tempo todo – em especial na virtuosística seqüência do duplo dueto do ato III, passado na Barrière de l'Enfer; ao passo que, em Leoncavallo, estranhava-se a brusca mudança de tom dos dois primeiros atos, descontraídos e alegres, para os dois últimos, de clima cada vez mais sombrio.

Essa construção, porém, é proposital. Justificando o título do livro, os atos I e II apresentam-nos realmente dois instantâneos da vida despreocupada, alegre e exuberante de um grupo de jovens cuja única preocupação é desfrutar do momento que passa. O tratamento dado a essa primeira metade do melodrama é o de ópera cômica, com uma música leve e buliçosa, em que a paródia desempenha papel muito importante. A partir do ato III, porém, depois de termos assistido ao espetáculo público e externamente charmoso da *vie de bohème*, é como se passássemos a vê-la dos bastidores, dando-nos conta do preço a pagar pelas privações e a marginalização social.

Em Puccini, Mimì já está doente desde que a ópera começa (sua "gelida manina" o atesta); e isso faz dela, de saída, uma personagem merecedora de compaixão, tornando verossímeis os escrúpulos de Rodolfo em mantê-la a seu lado, o que a obrigará a levar uma vida que há de agravar seu estado de saúde. Em Leoncavallo, ao contrário, a enfermidade é o resultado das condições dissolutas de vida que Mimi leva. Seu caráter, de resto, não é idealizado, e se aproxima mais da descrição que Murger faz dela: "personalidade instável, malhumorada, de brutalidade quase selvagem, em que um fisiologista talvez tivesse reconhecido os indícios de um egoísmo profundo ou de uma grande insensibilidade" – haja vista a facilidade com que ela troca o amante pelo conde Paolo. A alegria, a descontração não passam de fachada, uma atitude provocadora que os estudantes assumem aos olhos do establishment burguês, representado pelo professor com fumaças de ser boêmio, em quem eles passam a perna; ou pela vizinhança cujo sono eles perturbam com sua cantoria.

Mas a realidade do frio e da fome faz Musetta concluir que fez um mau negócio ao trocar o amante rico pela ilusão de um amor cuja poesia é destruída pelas necessidades do dia-a-dia. Nesse sentido, a *Bohème* de Leoncavallo é mais amargamente realista do que a de Puccini – nesta, o que separa o pintor de sua explosiva amante é um acesso de ciúmes tratado de forma picaresca. A realidade joga na cara dos estudantes a constatação de que a recusa do mundo burguês e a liberdade, adquirida mediante uma opção de vida individual, são relativas, pois para sobreviver, eles dependem desse mesmo mundo que desprezam.

Essa passagem de um nível para outro exprime-se também no plano musical. Nos dois primeiros atos, predominam cantilenas de melodismo ensolarado, típicas do autor da popular *Mattinata*. "Io non ho che una povera stanzetta", do ato II, em que Marcello oferece seu humilde tugúrio a Musette recém-despejada, é típica do jovem convencido de que um amor e uma cabana é o que basta para ser feliz.

Le rondini, all'udir voce novella,
muto faranno il chiaro inno canoro...
i nostri baci ed il giulivo canto
l'eco della stanzetta riterrà.

proclama ele cheio de confiança

(As andorinhas, ao ouvir a nova voz, emudecerão seu claro hino canoro... e o eco do pequeno cômodo há de reter os nossos beijos e o alegre canto.)

São palavras cheias de otimismo que contrastam com as de Musetta, ao despedir-se dele na "Cena da Carta":

Mi tormenta la fame e, per distrarmi,
sui boulevards vagando me ne vo...
Ah!... se il merletto non costasse tanto!...
se certo almeno il pan fosse ogni dì!

(A fome me atormenta e, para distrair-me, vou vagando pelas avenidas... Ah!... se a renda não fosse tão cara e se o pão quotidiano fosse seguro!)

A partir do ato III, as árias de melodias fechadas e luminosas são substituídas por ariosos de tom mais declamatório, numa demonstração da capacidade que tem Leoncavallo de adequar a música à natureza do texto, como foi observado a respeito de *Pagliacci*. No último ato, Musetta repete "Mimì Pinson la biondinetta", a alegre ária que tinha cantado no Momus, no início da ópera, descrevendo a amiga que "corteggiar ciascuno vuol". Mas na repetição, a canção tem um tom tristonho, de inútil tentativa de reviver o passado. Antes, celebrava a alegria de viver de Mimì; agora, serve-lhe de elegia.

Mais longa e estruturalmente difusa, a *Bohème* de Leoncavallo não possui o magnético encanto melódico da de Puccini. Mas oferece atrativos musicais peculiares que não são de se negligenciar. Os momentos mais curiosos se encontram no ato II, que narra o despejo de Musetta – seqüência rejeitada por Puccini na sinopse originalmente preparada por seus libretistas, pois traria momentaneamente para primeiro plano o segundo casal, que ele queria manter como coadjuvante. No sarau burlesco que os estudantes improvisam no pátio, em meio à tralha do despejo, Schaunard interpreta, para seus amigos, uma cantata intitulada *Da Influência do Azul nas Artes* (este era, na realidade, o tema de uma sinfonia que Alexandre Schanne escreveu quando trocou a profissão de pintor pela de compositor). Essa cantata de estilo rossiniano, com a citação de temas dos *Huguenotes*, de Meyerbeer – que fazia furor na época em que o livro foi escrito –, é tocada em um piano que se desafinou ao ser transportado para o pátio: há sempre um acorde dissonante de ré e dó sustenido que se insinua no diatonicismo da melodia de Schaunard. A paródia do estilo de *grand-opéra* comparece também no pomposo "Inno alla Bohème" entoado pelos jovens. E referências constantes à música de café-concerto ou às romanças de salão – com as quais Leoncavallo estava tão familiarizado – estão presentes nos dois primeiros atos.

Uma ária tornou-se, desde o início, muito conhecida: "Musetta!, o gioia della mia dimora... Testa adorata", o lamento de Marcello no ato III, relembrando os dias felizes passados com sua amada. Muito estimada pelos tenores por seu generoso *slancio* melódico, é freqüentemente incluída em recitais. Mais tarde, tentando salvar a ópera do esquecimento em que a de Puccini a condenava a mergulhar, Leoncavallo condensou sua *Bohème* em três atos, reescreveu para tenor o papel de Rodolfo, e deu à obra um novo título: *Mimì Pinson, Scene della Vita di Bohème*. Mas a recriação no Massimo de Palermo, em 14 de abril de

1913, foi muito mal-sucedida e essa versão espúria foi felizmente abandonada (as três gravações aqui mencionadas retêm o original de 1897).

Em 1894, apesar do fracasso em Milão, Sonzogno insistira em levar *I Medici* a Berlim, onde a reação do público não foi diferente. Um único espectador, remando contra a corrente, entusiasmou-se com a ópera: o kaiser Guilherme II que, impressionado com a grandiosidade da montagem, encomendou ao compositor um grande drama glorificando a família dos Hohenzollern, prometendo-lhe que todos os recursos da Hofoper seriam mobilizados para encená-la. Leoncavallo passou dez anos trabalhando nessa partitura que – segundo disse em carta a Caruso – seria a sua obra-prima. A realidade haveria de demonstrar o quanto estava enganado. Nesse meio tempo, para o público doméstico, trabalhava em *Zazà*, extraída do melodrama de Charles Simon e Pierre-Samuel Berton. Foi o seu segundo sucesso, muito aplaudido ao estrear no Teatro Lirico de Milão, em 10 de novembro de 1900. Rosina Storchio, Edoardo Garbin e Mario Sammarco faziam os papéis principais, sob a regência de Toscanini. Esta "commedia lirica" também está, hoje, relegada ao limbo em que caiu a produção pós-*Pagliacci*. Apesar disso, o disco registrou as interpretações de Mafalda Favero/V. Ghione (EJS, 1947); Clara Petrella/Silipigni (Cetra, 1970); Lynne Strow/M. Arena (MRF, 1978) e Lisa Houben/Silvio Frontalini (Bongiovanni, 2000) – e todas elas demonstram o que uma boa cantora-atriz pode extrair desse papel.

Cantora de music-hall no Alcazar de Saint-Étienne, perto de Lyon, Zazà apaixona-se pelo parisiense Émile Dufresne, que lhe é apresentado pelo jornalista Bussy. Émile a princípio tenta evitá-la e diz a seu amigo que não quer contato com artistas, gente frívola e vaidosa. Mas, depois, não resiste à atração física que sente por ela. Ao fim de três meses de convivência, parte dizendo ter de fazer uma viagem aos EUA. Mas o empresário Cascart, que tem por Zazà uma paixão enrustida, vem lhe dizer que o viu na rua em Paris, em companhia de outra mulher. Ele a aconselha a dedicar-se a seu trabalho, consolando-se, com o sucesso na carreira, dessa decepção amorosa.

Mas Zazà, furiosa, vai à capital tirar satisfações do amante. Em Paris, descobre que Émile está de viagem marcada para os EUA, sim, mas pretende mudar-se para lá de vez, levando consigo a mulher e a filha. Vai à casa do traidor, disposta a desmascará-lo, mas ele acaba de sair com a mulher. Quem a recebe, muito carinhosamente, é a menina. A inocência e a felicidade despreocupada da criança a comovem. Zazà lembra-se da infância infeliz ao lado da mãe, que buscava, no alcoolismo, o consolo pela frustração de ter sido abandonada pelo marido. Não tem coragem de destruir o casamento do amante. Volta para Saint-Étienne, onde o empresário Courtois a espera, com uma oferta muito vantajosa de contrato. Mas ela não quer assumir nenhum compromisso de trabalho antes de ter tido um último encontro com o ex-amante.

De fato, como ela imaginava, Émile vai procurá-la, desatinado. Ele a insulta, quando Zazà confirma que esteve em sua casa e, para provocá-lo, mente, afirmando ter revelado à sua mulher a ligação entre ambos. O homem a humilha, diz que ama a esposa e despreza uma relação baseada apenas no desejo sexual. Diante disso, Zazà recupera a dignidade, confessa que mentiu – a esposa dele não sabe de nada – e mantém-se impassível diante da reação confusa dele. Só depois que Émile vai embora, tranqüilizado, é que ela se entrega à sua dor.

Em seu libreto, Leoncavallo não adaptou o ato V da peça de Berton e Simon. Nele, Zazà vai se apresentar em Paris, onde faz muito sucesso. Um dia, ela cruza com o ex-amante nos Champs-Elysées. Encantado com sua beleza e envaidecido pelo prestígio que ela adquiriu como cantora, Émile volta a se declarar a ela, mas Zazà rejeita polidamente suas tentativas de reconquistá-la. Foi acertada a decisão de eliminar esses episódios, pois além desse último ato chover no molhado, a ópera, tal como está, tem um final dramaticamente mais eficiente.

Um dos últimos exemplos do Verismo enquanto representação realista de um *squarcio di vita*, composta em estilo de conversação intercalado de cantábiles, *Zazà* exibe um tipo de sentimentalismo hoje bastante ultrapassado, mas muito apreciado na virada do século. É o mesmo da *Sapho* (1897) de Massenet, da *Conchita* (1911) de Zandonai, ou da *Rondine*

(1917) de Puccini, sem cadáveres em cena, mas com a exploração psicológica de aspectos prosaicos mas importantes da vida quotidiana. De um tipo perigoso, pois dependendo dos intérpretes, pode ser comovente ou intoleravelmente piegas. Como nas outras óperas mencionadas, *Zazà* trata do conflito entre a teimosa moralidade burguesa e o *demi-monde* dissipado, livre e despreocupado, povoado por atrizes, cantoras, as chamadas mulheres de vida fácil e toda uma fauna burguesa que as explorava como objeto de prazer, sem querer ter com elas ligações mais profundas. Na ambientação de *Zazà* reencontramos a ambientação francesa que seduzia o público parisiense, e produziu da *Traviata* à *Fedora*, passando pela *Manon Lescaut, Adrianna Lecouvreur* e *Il Tabarro*.

Como de hábito, o libreto é bem construído, com personagens desenvolvidas de forma consistente. Percebe-se a familiaridade de Leoncavallo com o grande teatro realista – Achille Torelli, Giuseppe Giacosa, Marco Praga, Roberto Bracco – na forma como ele traça não só as figuras centrais, mas também as secundárias, a empregada e amiga de Zazà, o dono do teatro, os jornalistas. É muito interessante a figura de Marco, o criado de Émile: assim que a dona da casa sai, esse Leporello *fin de siècle* baixa a guarda, acende um cigarro, comenta as notícias no jornal, reclama de ter de atender toda hora a campainha.

Leoncavallo retrata com muita habilidade a megera Anaïde, a mãe de Zazà, ranzinza e beberrona. Essa prima distante de Mrs. Quicly nunca ligou para a filha – e Zazà sabe disso, pois diz "Mamma? Io non l'ho avuta mai." Mas sua experiência de vida a faz entender claramente o que está acontecendo, pois quando Émile vai embora, ela exclama: "Non ritornasse mai..." Decisiva e comovente é a figura de Totò, a filhinha de Émile, que aparece brevemente no ato III. Ela não canta, mas com seu diálogo, abre os olhos de Zazà e determina seu comportamento futuro. Há também eficiente contraste entre a ambientação do ato I – os bastidores do Alcazar, num estilo reminiscente do ato I da *Adrianna* – e os demais atos, no apartamento desordenado da cantora ou na casa impecavelmente arrumada dos Dufrêne. Como espetáculo, sobretudo, a ópera é eficiente ao combinar riso, aplauso, dança, ao sofrimento, às lágrimas, à frustração da mulher humilhada em seu amor.

Em torno de Zazà gravitam duas figuras masculinas opostas e complementares. Émile, um machista que usa a mulher como objeto de prazer, tem semelhanças com Pinkerton ou Turiddu. Cascart, o empresário que ama Zazà em silêncio e a cerca com seu desajeitado carinho, é parente próximo de Michonnet, também desesperançadamente apaixonado por Adriana Lecouvreur. O ambiente do music-hall, que Leoncavallo conhecia muito bem desde os tempos de pianista em Paris, é recriado com cores vivas e naturais no ato I, com destaque para os retratos saborosos da cantora Floriane ou do empresário Courtois. Os números solistas se entrelaçam muito naturalmente ao fluxo de recitativo ou arioso em estilo de conversação.

São muito freqüentes os momentos em que Leoncavallo lança mão de números que não se prendem às convenções operísticas, mas se explicam por necessidades naturais da ação (isto é, momentos que, numa peça falada, constituiriam também páginas musicais). São assim, por exemplo, a canção "So che son capricciosa e sventatella", de Floriana, no início do ato I; o "Perchè soletta sei laggiù" que cantam à distância, quando o pano se ergue na casa de Émile; ou a *Ave Maria* de Cherubini, que Totò toca ao piano. E esse episódio singelo de vida doméstica serve de fundo ao solilóquio desarvorado de Zazà, da mesma forma que, na *Fedora*, a música tocada pelo pianista polonês acompanha a conversa da personagem-título com Loris.

A afinidade que o compositor tinha com o registro de barítono faz com que escreva duas árias muito eficientes para Cascart, em que ele expressa o amor pela cantora. "Buona Zazà del mio buon tempo", no ato II, é um cantábile *com estrema dolcezza*, antes que ele ataque o dueto com a cantora. Muito popular ficou o *andantino affetuoso* em 6/8 de "Zazà, piccola zingara", marcado *con affetuosa semplicità*. Ela leva a voz do barítono a um sol bemol sustentado, com uma ousada apojatura para lá bemol às palavras "uma manina d'angelo".

A brilhante *arietta* "È un riso gentile" de Émile que, no ato I, conversa com seu amigo Bussy, tem a mesma desenvolta fluência do diálogo entre Pinkerton e Sharpless no início

Leoncavallo com o elenco da estréia de *Zazà*, no Lírico de Milão, em 10 de novembro de 1900. À direita do compositor, Eduardo Gardin (Emilio) e Rosina Storchio (Zazà); à sua esquerda, uma comprimária e o barítono Mario Sammarco.

da *Butterfly*. Mais elaborada é a ária do tenor no ato III. O prelúdio *andante sostenuto*, com solo de flauta, leva ao arioso "O mio piccolo tavolo" e, em seguida, ao *cantabile molto sostenuto* de "Mai più, Zazà, raggiar vedrò", com a estrutura fluida, comum na ópera francesa, da ária ternária que oscila entre o mi bemol menor e maior, e alterna com muita naturalidade ritmos de 2/4, 3/4, 6/8, 9/8 e 2/4.

À protagonista, naturalmente, cabem as páginas mais trabalhadas e bem-sucedidas. O *andante* em ré maior "Lo sai tu che vuol dire" evoca a vida triste de sua mãe e explora com muita flexibilidade a estrutura dos versos de onze sílabas. Em "Non odi la tacita stanza", ela conversa com sua amiga Natalia. O momento mais poético da ópera é o melancólico *andante mesto* de "Mamma usciva di casa in sull'aurora", que culmina em "Questa per un fanciullo è la più gran sventura", marcada *spandendose con commozione ed affetto*. Essa cena se constrói, de resto, como um original dueto entre uma personagem que canta e outra que fala (que só tem paralelo na cena de Íris com o Cego, na ópera de Mascagni). Depois vem "Dir che ci sono al mondo creature", um límpido fá maior cujo tema é tocado pela orquestra e por Totò ao piano, cujo *pianto dirotto* contrasta com a alegria da menina que está tocando e com a entrada de Mme Dufresne, elegante e bem-educada.

Notáveis, nesta ópera – que, como *Pagliacci*, tem absoluta compatibilidade da música com o texto –, são os três duetos, muito diferentes entre si, da protagonista com seu amante. No primeiro, cheia de desejo por um homem ainda reticente, Zazà usa todos os seus voluptuosos atrativos para seduzi-lo. No segundo, convivem a certeza da atração que os liga e a consciência de que está próximo de se separarem, o *andantino quasi berceuse* chocando com as cores tórridas do *apassionato con fuoco*. A mesma preocupação que tínhamos percebido nos *Pagliacci*, de indicar precisamente as diversas nuances dinâmicas, mediante notações que se sucedem dando à cena um ritmo ofegante – *apassionato, largo triste, agitato cupo, largo, andante mosso* e assim por diante –, caracteriza o último encontro dos dois, em que Zazà finge, Émile se desespera e amaldiçoa, ela conta a verdade, ele se retira indignado deixando-a solitária. Este último, em particular, é muito rico em termos de observação psicológica.

Zazà não merecia o relativo descaso em que foi deixada. Não é uma ópera fácil de ser montada: exige quatorze solistas e encenação custosa. Mas nas mãos de uma cantora-atriz inteligente – é pena que Callas, Olivero ou Scotto não a tenham feito –, pode ter rendimento excepcional.

Guilherme II cumpriu a sua promessa quando *Der Roland von Berlin* foi estreada em Berlim, em 13 de dezembro de 1904. A produção faraônica e o aparelho propagandístico montado na imprensa despertaram grande curiosidade do público. Mas o interesse pelas formas antiquadas desse *grand-opéra*, que reeditava a antiga fascinação de Leoncavallo pela música de Wagner, não foi proporcional aos recursos despendidos para levá-lo à cena. Na Itália, o arraigado preconceito anti-germânico – em especial na área da ópera – fez com que o espetáculo fosse recebido com mal disfarçado desprezo. De resto, o próprio Leoncavallo renegou a ópera quando a I Guerra Mundial começou. Numa orgulhosa atitude de patriota, devolveu as condecorações e presentes que o kaiser lhe tinha ofertado. E, em 1916, respondeu a *Der Roland* com *Goffredo Mamelli*, cuja personagem é um dos heróis da luta pela reunificação, autor do poema que haveria de se tornar a letra do Hino Nacional italiano. Mas esta é uma obra de circunstância, de importância menor no conjunto da obra, da mesma forma que *Maja*, composta em 1910. Mais interessante e merecedora de atenção é *Zingari*.

O sucesso dos *Pagliacci*, no Hippodrome de Londres, em 1911, decidiu Leoncavallo a compor para esse teatro uma outra ópera com o mesmo formato. A escolha recaiu sobre *Tzigani* (1824), o poema narrativo de Aleksandr Púshkin que, em 1893, inspirara *Aliêko*, a primeira ópera de Rakhmáninov. Não era um tema desconhecido do público milanês: duas adaptações operísticas, a de Virgilio Sacchi (1899) e a de Andrea Ferretto (1900), já tinham sido apresentadas no Teatro Del Verme. Essa era a época em que os assuntos russos despertavam muita atenção, e o exemplo de Giordano com *Fedora* e *Sibéria* encorajava Leoncavallo a explorar o mesmo filão. *Zingari* é uma de suas poucas óperas de que ele próprio não escreveu o libreto: Sonzogno impôs-lhe a colaboração com Enrico Cavacchioli e Guglielmo Emanuel, contratados da casa.

A estréia no Hippodrome, em 12 de setembro de 1912, teve resultado bastante satisfatório, pois era alto, nesse momento, o prestígio do compositor junto à platéia londrina. O mesmo não se pode dizer da primeira apresentação italiana, no Lírico de Milão, no final daquele mesmo ano. Num sinal claro de que a *estetica del coltello* e o *melodramma plebeo* estavam ficando rapidamente superados, a crítica viu nos *Ciganos* "um mero papel carbono supérfluo dos *Pagliacci*". Acolhida melhor teve a ópera nos Estados Unidos: foi aplaudida em Filadélfia, em 1913, sob a regência de Cleofonte Campanini e, especialmente, nas ocasiões em que o próprio autor dirigiu espetáculos estrelados por Carmen Melis, em Chicago, San Francisco e Los Angeles. Houve apresentações em Magonza, Malta (1914) e Buenos Aires (1916). Depois, *Zingari* ficou esquecida até 1975, quando Elio Boncompagni a reviveu em Turim. Dessa apresentação, existe uma gravação pirata. Graças à técnica melhor de som, tem-se idéia mais exata da partitura no registro de Giovan Battista Varoli, feito na Sala Regina, durante o Festival das Termas de Montecatini, em setembro de 1999 (selo Kicco Classic, 2000).

O cigano Tamar denuncia ao Velho, chefe da tribo, o envolvimento de sua filha Fleana com um estrangeiro. E confessa ao pai da moça sentir por ela um amor não-correspondido. Nesse momento, outros ciganos trazem à presença do líder o homem que surpreenderam à beira do rio, junto com a garota. Ele se identifica: chama-se Radu, é muito rico, mas está cansado da vida solitária e deseja abandonar tudo para acompanhar a tribo em sua vida nômade. Fleana diz ao pai que o ama e está disposta a desposá-lo. O idílio dos dois é interrompido por Tamar, que vem se declarar a Fleana, dizendo-lhe estar apaixonado por ela desde criança. Mas a moça o rejeita e ele se afasta muito humilhado. As bodas se realizam segundo o ritual cigano e o casal celebra seu amor num extasiado dueto.

Um ano mais tarde, a situação se inverteu: o amor de Fleana por Radu se desgastou e, agora, ela se sente atraída por Tamar, que se tornou o chefe da tribo. Radu desconfia que a mulher o está traindo, mas não consegue que ela o admita. À noite, Fleana e Tamar se encontram e fecham-se numa cabana, onde acreditam estar seguros. Acordando e percebendo estar sozinho em sua tenda, Radu sai à procura da esposa. Aproxima-se da cabana e, ao perceber que ela está lá dentro com outro homem, bloqueia a porta com fardos de feno e toca-lhes fogo. Sacando o punhal, impede que os demais ciganos tentem salvar o casal adúltero e assiste, desvairado, ao momento em que o teto da cabana desaba, soterrando Tamar e Fleana.

Leoncavallo foi bastante cuidadoso na redação dessa partitura. Fez pesquisas sobre costumes, melodias e danças ciganas, e pediu ao *luthier* Valentino Zorzi que lhe fabricasse um contraviolino – instrumento a meio caminho entre o violino e a viola – com o qual pudesse, nas partes solistas, reproduzir as sonoridades características da rabeca folclórica cigana. E consegue efetivamente captar um certo sabor típico, em passagens como o bem escrito intermezzo entre os dois Episódios em que a história se divide. No entanto, a deliberada intenção de repetir a fórmula dos *Pagliacci* fez com que, de saída, *Zingari* estivesse condenada a não ter um tom muito original – e isso é visível na forma como Fleana decalca as inflexões e o estilo melódico de Nedda.

Mas *Zingari* é uma ópera solidamente escrita, e recebeu acolhida favorável do público nas poucas vezes em que foi recriada no século XX. Aos cantores principais são oferecidas boas possibilidades de canto, em árias bem construídas. Tamar expressa seu amor sem esperança em "Ah, taci, non lo dir!" Radu faz um eloqüente retrato de sua insatisfação com o mundo exterior na bonita "Principe, Radu io son!" E em "Ho perduto la pace vagabonda", rememora os dias felizes ao lado da mulher, num tom que tenta recuperar a amargura do lamento do Palhaço. Quanto a Fleana, a sua provocante "Amore, amore" tem a sensualidade da "Balatella" de Nedda. A semelhança com o *Pagliacci* estende-se ainda à confrontação entre Fleana e Tamar, no fim do ato I, quando ela rejeita sua declaração de amor, "E non seppi dirti mai l'ignoto amor", da mesma forma brusca como Nedda o faz com Tonio. Mas um elemento dramaticamente eficaz é acrescentado em seguida. Ao dueto de amor dos noivos, "Tutta la mia vita ti donerò", é superposto o canto tristonho do homem rejeitado, "Negli occhi tuoi sarà tutto il mio cuore", vindo de fora do palco.

O final da ópera tem também tom semelhante ao dos *Pagliacci*. Com o mesmo desespero de Tonio anunciando que a comédia acabou, Radu, transtornado, enfrenta os ciganos horrorizados gritando: "Ch'io vi senta agonizzare, siccome il mio dolore! Bruci com voi l'angoscia del mio regno perduto!" Nas *Atti del Secondo Convegno di Studi su Ruggero Leoncavallo*, Lucinde Lauer demonstrou ter partido de Cavicchioli a sugestão de modificar o final do poema. Em vez dos rituais funerários descritos por Púshkin, o libretista propôs o atual, de efeito cênico bastante eficiente.

A morte impediu Leoncavallo de terminar a sua última ópera, *Edipo Rè*, cujo libreto tinha sido escrito por Giovacchino Forzano seguindo muito de perto a tragédia de Sófocles. Mas mesmo que tivesse podido fazê-lo, é pouco provável que seu resultado geral fosse melhor do que o obtido por G. Pennachio, que a terminou. Há algumas passagens corais vigorosas, mas os trechos solistas, obedecendo aos preceitos habituais do canto operístico italiano, não chegam a ter a força requerida pelo tema. Cenas como "Tiresias, tu non vedi", na qual Édipo suplica ao velho vidente que revele o nome do responsável pela peste que assola Tebas, ou a longa "Notte orrenda", em que se amaldiçoa pelos sofrimentos que involuntariamente causou a seu povo, exigem um ator de muitos recursos. Giulio Fioravanti faz uma interpretação bastante honesta na gravação ao vivo que há no selo Legato: a do San Carlo de Nápoles (23.5.1970), regida por Armando La Rosa Parodi. *Édipo Rei* foi estreada em Chicago em 13 de dezembro de 1920 e cantada pela primeira vez na Itália numa transmissão da RAI de Turim, em 13 de outubro de 1939. Desde então, têm sido raríssimas as ocasiões de voltar a ouvi-la.

Na fase final de sua carreira, Leoncavallo deixou-se tentar também pela opereta, para a qual demonstrou ser muito dotado. Não teve sorte com *La Jeunessse de Figaro* (1906): o fracasso da estréia nos EUA foi tão grande que ele nunca se animou a encená-la em casa. Mas *Malbruck* (1910), *La Reginetta delle Rose* (1912), *Are You There?* (1913), *La Candidata* (1915), *Prestami Tua Moglie* (1916) e *A Chi la Giarretiera?* (1919) foram muito bem recebidas pelo público desse tipo de espetáculo ligeiro. O mesmo ocorreu com a encantadora *Il Primo Bacio*, encenada postumamente (1920). Infelizmente, a opereta italiana nunca teve o prestígio internacional da vienense ou da francesa, o que relega ao esquecimento parte apreciável da produção de um músico que tinha boa mão para a melodia simples, mas refinada – prova disso são cançonetas até hoje muito populares como *Mattinata, Lasciati Amar, Serenatella* ou a *Sérénade Française*.

PUCCINI*

Diz o musicólogo Mosco Carner, em *Puccini: a Critical Biography*, publicado em 1958:

> Um dos sinais do talento do artista é saber criar, com a sua fantasia, um mundo que somos forçados a reconhecer como particularmente seu. Isso não é, necessariamente, um sinônimo de grandeza, mas exige um alto grau de personalidade, um dos dons criativos mais preciosos.

Giacomo Puccini (1858-1924) é, sem dúvida alguma, um desses artistas: o mundo que criou tem um clima emotivo e dramático, além de um estilo musical, tipicamente seus, a tal ponto que se pode falar de uma *concepção pucciniana* da ópera – ainda que se trate de uma concepção restrita. Comparada ao universo de Mozart, Verdi, Wagner, Janáček, Richard Strauss ou Benjamin Britten, a órbita pucciniana é naturalmente limitada na escolha dos argumentos, na caracterização das personagens e na profundidade musical. Mas como Massenet, na França, ou Tchaikóvski, na Rússia, Puccini é insuperável no nível com o qual sente afinidade: o da paixão erótica, da sensualidade, da ternura, das emoções dominadoras e desesperadas. E, ao contrário de Massenet (*Le Cid*) ou Tchaikóvski (*A Donzela de Orleãs*), nunca se arriscou fora do território que conhecia bem.

O crítico austríaco Eduard Hanslick constatou, consternado, que Puccini "tem um interesse constrangedor pela dissolução nua e prosaica de nosso tempo". O que ele não percebeu é que Puccini é o poeta das pequenas coisas, capaz de perceber o que há por trás do banal, do lugar-comum e de expressar o que ele mesmo chamou de "a pulsação do espírito sob as palavras, o *non so che* que pede a música, essa arte divina que começa exatamente onde as palavras terminam".

Artista fora do comum, Puccini tem um senso teatral como poucos operistas jamais tiveram. Mas esse enorme talento é limitado por algumas contradições de sua índole: ele possuía mais ardor de sentimento do que profundidade espiritual – ou, como era o primeiro a dizer, "tinha mais coração do que cérebro". Possuía a capacidade de identificar-se totalmente com as suas personagens (principalmente as femininas), mas não a de fazer delas seres humanos exemplares, que transcendessem suas características circunstanciais para assumir uma dimensão mais ampla – como acontece com o Verdi da maturidade. Isso torna-se muito claro se compararmos, por exemplo, o par Mimì/Musetta, da *Bohème*, com Elisabetta/Eboli, no *Don Carlo*, ou com Aida e Amneris.

O instinto teatral de Puccini era enorme, e sua técnica dramática estupenda. Mas, mesmo no fim da vida, produziu óperas que, no conjunto, são dramaticamente frágeis – como *La Fanciulla del West* ou *Sor Angelica* – em

* Este capítulo expande anotações para um curso que ministrei em setembro de 1995, e baseia-se sobretudo no exemplar estudo de Mosco Carner aqui citado.

que pesem seus bons momentos isolados. "Puccini nunca é aborrecido ou prolixo, mas nunca consegue ser realmente sublime", afirma Mosco Carner – e basta comparar a *Tosca* ao *Otello*, ou *Madama Butterfly* ao *Cavaleiro da Rosa*, em termos de profundidade na prospecção das paixões, para se certificar de que este não é um julgamento demasiado severo. "Sua arte o situa na fronteira entre o gênio e o talento", conclui Carner, com uma fórmula que é bastante apropriada. Para orientar o leitor na leitura deste capítulo, é necessário que lhe seja fornecida a seqüência da obra de Puccini, indicando o nome do libretista e a fonte de inspiração do libreto, local e data da estréia, e breve sinopse da ação.

1. Le Villi (Ferdinando Fontana baseado no conto *Les Willis* de Alphonse Karr) – Teatro del Verme, Milão, 31.5.1884.

Numa aldeia da Floresta Negra, durante a Idade Média, os camponeses celebram o noivado de Anna com Roberto, que vai partir em viagem para reclamar uma herança. Ele promete voltar logo, mas levando com o dinheiro recebido uma vida dissipada, só retorna muitos meses depois e, nesse meio tempo, Anna morreu de tristeza. Guglielmo, o pai da moça, invoca seu espírito e o das vilis – as donzelas que estavam noivas e foram abandonadas por seus amados; Roberto abraça-se ao fantasma de Anna e dança com ele até cair morto.

2. Edgar (Fontana baseado em *La Coupe et les Lèvres* de Alfred de Musset) – Teatro alla Scala, Milão, 21.4.1889.

Em 1302, numa aldeia flamenga, Edgar é amado por duas mulheres, Fidélia e Tigrana. Frank, o irmão de Fidélia, ama Tigrana, que o despreza. Os camponeses condenam o comportamento de Tigrana, que entoa uma canção profana durante um culto religioso. Edgar a defende e foge com ela depois de ter posto fogo em sua casa. Frank tenta impedi-lo, mas na luta, é ferido. Edgar leva uma vida de prazeres com Tigrana, mas sente-se desiludido, tem saudades de Fidélia e acaba unindo-se a um regimento de soldados comandado por Frank. A notícia de que Edgar morreu na batalha entristece Fidélia, que defende a sua memória quando os monges, durante a cerimônia fúnebre por ele, relembram seu comportamento reprovável. Tigrana aparece e diz ao povo que Edgar planejava trair seu país. Indignados, os aldeões atacam o caixão, mas dentro dele, encontram apenas uma armadura vazia. Um dos monges revela então ser Edgar: ele denuncia a mentira de Tigrana e esta, para vingar-se, apunhala Fidélia, que morre nos braços do amado, enquanto sua rival vai presa.

3. Manon Lescaut (Domenico Oliva, Marco Praga, Luigi Illica, Giacomo Giacosa, Giulio Ricordi e o próprio Puccini, baseado no romance *Les Aventures de Manon Lescaut et du Chevalier Des Grieux*, do abade Prévôt) – Teatro Regio de Turim, 1º.2.1893.

Na França da segunda metade do século XVIII, o cavaleiro Des Grieux conhece, numa hospedaria de estrada, a jovem Manon Lescaut, que seu irmão está levando para um convento. Apaixona-se por ela e os dois fogem na carruagem do rico Geronte de Ravoir. Mas Lescaut convence Manon a abandonar Des Grieux e ir morar com Geronte, que lhe dá uma vida luxuosa. A moça porém sente saudades do amante e decide fugir novamente com ele, desta vez levando as jóias que ganhou de Geronte. Por isso é presa, acusada de roubo e prostituição. No Havre, deseperado por não ter conseguido a libertação de Manon, condenada à deportação, Des Grieux suplica ao capitão que lhe permita viajar com ela para o Novo Mundo. Eles conseguem fugir de Nova Orleans, mas Manon não resiste à travessia do deserto e morre nos braços de seu amado.

4. La Bohème (Illica e Giacosa, baseado em *Scènes de la Vie de Bohème*, de Henri Murger) – Teatro Regio de Turim, 1º.2.1896.

No Quartier Latin, de Paris, por volta de 1830, um grupo de estudantes pobres – o pintor Marcello, o poeta Rodolfo, o filósofo Colline e o músico Schaunard – prepara-se para a festa da véspera de Natal. Naquela noite, Rodolfo fica conhecendo uma vizinha, a florista Mimì, por quem se apaixona. Mais tarde, no Café Momus, Marcello se reconcilia com Musetta, sua ex-namorada que, ao revê-lo, abandona Alcindoro, um admirador mais velho. Algum tempo depois, o relacionamento de Rodolfo com Mimi chegou a um impasse. O poeta diz a Marcello que não pode mais continuar vivendo com ela; e além disso, sabe que a moça está seriamente doente, com tuberculose. Os dois concordam em se separar quan-

Duas intérpretes da *Manon Lescaut* de Puccini: acima, Cesire Ferrani na estréia, no Teatro Regio de Turim, em 1º de fevereiro de 1893; abaixo, Dorothy Kirsten, no Metropolitan de Nova York, na década de 1960.

do vier a primavera. Paralelamente, Marcello e Musetta voltam a brigar e também se separam. De novo na véspera do Natal, na água-furtada onde os jovens lamentam a perda de suas namoradas, Musetta vem dizer que Mimì está seriamente doente. Ela é trazida e, apesar dos esforços que os jovens fazem para cuidar dela, morre pouco depois.

5. Tosca (Illica e Giacosa, baseado na peça de Victorien Sardou) – Teatro Costanzi de Roma, 14.1.1900.

Em Roma, em junho de 1800, o preso político Angelotti, irmão da marquesa Attavanti, tendo fugido da prisão, tenta refugiar-se na capela da família, na igreja de Santa Maria della Vale, e encontra-se com o pintor Mario Cavaradossi, que lhe oferece esconderijo em sua villa. Os ciúmes da cantora Floria Tosca, amante do pintor, são despertados quando ela reconhece, na Maria Madalena que Mario está pintando, os traços da Attavanti – que ele tomou por modelo quando a nobre veio à igreja preparar a capela para receber seu irmão. Jogando com esses ciúmes, o chefe da polícia, barão Scarpia, que está à procura de Angelotti, convence Tosca de que Mario fugiu com a marquesa, e manda seus policiais seguirem-na. Os homens de Scarpia não encontram Angelotti, mas prendem Mario. Scarpia manda chamar Tosca a seu escritório e faz o pintor ser torturado diante dela, para forçá-la a contar onde está Angelotti. Depois, ela pede a Scarpia que Cavaradossi seja poupado, e o chefe da polícia, que sempre a desejou, concorda desde que a cantora se entregue a ele. Não tendo alternativa, Tosca aceita a chantagem. Scarpia combina com seu ajudante que a execução do pintor será simulada. E assina um salvo-conduto para que o casal possa sair de Roma. Quando vem cobrar de Tosca o seu preço, ela o apunhala. No terraço do Castel Sant'Angelo, pouco antes do amanhecer, Tosca vai contar a Mario que ele será libertado após o simulacro de fuzilamento. Mas depois dos tiros, ela descobre que Scarpia a enganou e Cavaradossi está realmente morto. A essa altura, os ajudantes de Scarpia, que descobriram seu assassinato, vêm procurá-la. Para não se entregar a eles, Tosca atira-se do alto do parapeito do castelo.

6. Madama Butterfly (Illica e Giacosa, baseado na peça de David Belasco, inspirada no conto de John Luther Long que, por sua vez, tem seu ponto de partida na novela *Madame Chrysanthème*, de Pierre Loti) – Teatro alla Scala, 17.2.1904 – versão revista: Teatro Grande de Brescia, 28.5.1904.

Em Nagasaki, no início do século XX, Benjamin Franklyn Pinkerton, oficial da marinha americana, faz com o agente matrimonial Goro um contrato de "casamento temporário" com a jovem gueixa Cio-Cio San, chamada de Madame Butterfly. Apesar das advertências de Sharpless, o cônsul americano, Pinkerton não percebe a seriedade com que Butterfly assume esse compromisso – tendo inclusive sido amaldiçoada pelo tio bonzo, pois renegou a religião de seus antepassados ao casar-se com um estrangeiro. Pinkerton vai embora, após algum tempo, sem saber que Butterfly estava grávida. Ela vive com muita dificuldade, mas recusa o pedido de casamento do rico Yamadori, porque acredita que um dia o seu amado vai voltar. Ao ouvir o tiro de canhão que anuncia a entrada no porto do navio de Pinkerton, Butterfly e Suzuki, a sua criada, enfeitam toda a casa com flores, para esperá-lo. Ela fica acordada a noite inteira, mas Pinkerton não aparece. Na manhã seguinte, quando, exausta, ela vai se deitar, Pinkerton aparece e conta a Suzuki que voltou, em companhia da americana Kate, com quem se casou, apenas para buscar o filho que teve no Japão. Mas não tem coragem de dizê-lo a Butterfly. A Kate, Cio-Cio San diz que entregará o filho se Pinkerton vier buscá-lo pessoalmente. A viver desonrada, ela prefere morrer. Quando Pinkerton vem buscar a criança, descobre que Butterfly se suicidou usando o mesmo sabre com que, tempos atrás, seu pai praticara o haraquiri.

7. La Fanciulla del West (Guelfo Civinini e Carlo Zangarini, baseado na peça *The Girl of the Golden West*, de David Belasco) – Metropolitan Opera House, de Nova York, 10.12.1910.

Durante a Corrida do Ouro na Califórnia, por volta de 1850. Os mineiros estão jogando cartas no *Polka Saloon* e tentam linchar um deles, que foi apanhado trapaceando. São impedidos pelo xerife Jack Rance, que está apaixonado por Minnie, a dona do saloon, e declara-se a ela. Mas a moça o rejeita, lembrando-lhe que já é casado. Chega um estranho, Dick Johnson, e Minnie reconhece nele o homem que conheceu em outros tempos e a quem sempre esperou rever. Na verdade, ele é o bandido Ramerrez e está ali para roubar o ouro dos mineiros, que fica guardado com Minnie. Ela lhe mostra onde o esconde, mas Johnson está tão atraído por ela que ignora o sinal de seu bando para atacar. Minnie recebe Johnson em sua cabana e os dois declaram-se seu amor. Como lá fora cai uma tempestade muito forte, Minnie pede-lhe que fique. Ela esconde Johnson quando Rance aparece com seu bando e, mostrando-lhe uma foto, prova que Johnson é Ramerrez. Depois que Rance vai embora, Johnson admite a verdade e Minnie o manda sair de sua casa. Logo em seguida, ouve-se um tiro, Johnson volta ferido e Minnie esconde-o no sótão. Rance vem procurá-lo e as gotas de sangue que pingam do sótão o denunciam. Minnie convence o xerife a jogar pôquer tendo o bandido como prêmio, trapaceia, ganha e Rance é obrigado a abandonar a perseguição. Dias depois, os mineiros capturam Johnson e preparam-se para enforcá-lo. A corda já está em seu pescoço quando Minnie chega, armada com uma espingarda, e força-os a libertar o homem que ama. Johnson e ela fogem juntos.

8. La Rondine (Giuseppe Adami, baseado na peça de A. M. Willner e H. Reichbert) – Casino de Monte Carlo, 27.3.1917.

Na França da década de 1850, Magda de Civry, a amante do banqueiro Rambaldo, está dando uma festa em seu apartamento parisiense. O poeta filósofo Prunier lê a sua mão e prevê que – como a *Andorinha* do título – em breve ela vai levantar vôo de Paris, em busca de seu verdadeiro amor. Chega Ruggiero, o filho de um amigo de Rambaldo, que veio da província e ainda não conhece Paris. Lisette, a empregadinha de Magda, lhe aconselha passar a primeira noite no Café Bullier. Magda decide acompanhá-lo disfarçada, dança com ele sem dar-se a conhecer, mas no momento em que o casal está brindando a um sentimento nascente, Rambaldo aparece, exigindo que Magda volte com ele para casa. Ela se recusa, dizendo que finalmente encontrou o amor. Magda e Ruggiero vão para a Riviera, onde vivem felizes por algum tempo. O rapaz quer casar-se com ela, já escreveu a respeito a seus pais e espera que estes lhe dêem seu consentimento. Magda, porém, sente-se inadequada para casar-se com ele. Quando Ruggiero chega com a carta em que a mãe abençoa o seu casamento, lhe diz que nunca poderá ser sua esposa, e deixa-o, cheia de tristeza, voltando a Paris, para onde Rambaldo a está chamando.

9. Il Trittico:

– *Il Tabarro* (Adami, baseado na peça *La Houppelande*, de Didier Gold).

À beira do Sena, no início do século XX. Michele, o dono de uma barcaça de transporte fluvial, suspeita que Giorgetta, a sua mulher, é infiel. Mas tenta reconquistá-la, lembrando os tempos em que eram felizes e, para proteger-se do frio, ela se abrigava sob o seu largo casacão (o "tabarro" que dá título à ópera). Giorgetta combinou para aquela noite um encontro com Luigi, seu amante, o rapaz que trabalha como ajudante do marido na barcaça. No escuro, quando Michele acende o seu cachimbo, Luigi acredita que é o sinal combinado com Giorgetta de que o caminho está livre. É surpreendido por Michele, que o mata e esconde debaixo de seu casaco. Quando Giorgetta aparece, Michele a convida a proteger-se debaixo da ampla vestimenta. Ela se aproxima, Michele mostra-lhe Luigi morto e, depois, atira-a sobre o cadáver do amante.

– *Suor Angelica* (original de Giovacchino Forzano).

Num convento da Toscana no fim do século XVII. A família nobre de Angélica a obrigou a tomar o véu depois que ela teve, fora do casamento, um filho de que nunca mais lhe deram notícia. Sete anos depois, sua tia, a Princesa, vem lhe pedir que assine um documento desistindo de sua parte na herança. Quando Angélica lhe pergunta sobre o filho, a Tia lhe diz que ele morreu dois anos antes. Desesperada, Angélica colhe ervas venenosas no jardim e faz uma poção para se suicidar. Depois que a toma, porém, dá-se conta do pecado que cometeu e, arrependida, pede perdão à Virgem. Ao morrer, tem a visão de Nossa Senhora que, em sinal de misericórdia, traz nos braços o seu filho para lhe entregar.

– *Gianni Schicchi* (Forzano, inspirado num episódio do Canto XXX da *Divina Commedia*, de Dante Alighieri) – essas três óperas em um ato estrearam no Metropolitan de Nova York, em 14.12.1918.

Em Florença, no ano de 1299, os parentes do rico Buoso Donati, que acaba de falecer, estão procurando o seu testamento, pois corre o rumor que ele deixou toda a fortuna para os frades. O jovem Rinuccio acha o documento, mas só o entrega depois da promessa de sua tia Zita de que, se o conteúdo for favorável, deixará que ele se case com Lauretta, a filha de Gianni Schicchi. A leitura do testamento, porém, confirma as piores previsões. Nessa altura, chega Schicchi que, depois de ser muito solicitado por todos – inclusive a filha – a encontrar uma solução, imagina um estratagema: finge ser Buoso agonizante e chama o tabelião para ditar novo testamento. Enquanto ele se prepara, todos os parentes lhe oferecem presentes para que os contemple com as melhores propriedades. Mas na hora de ditar as últimas vontades de Buoso, é para si mesmo que Gianni reserva a parte do leão. Depois que o tabelião e as testemunhas vão embora, os parentes, furiosos, mas impotentes, saqueiam a casa, enquanto Rinuccio e Lauretta celebram o seu amor. No final, Schicchi vem até o proscênio pedir à platéia que seja indulgente com o seu pecado – pelo qual Dante colocou-o no Inferno.

10. Turandot (Adami e Renato Simoni, baseado na peça *Turandotte* de Carlo Gozzi) – Teatro alla Scala, 25.4.1926, sem a cena final. Esta, escrita por Franco Alfano a partir dos rascunhos deixados por Puccini, foi ouvida na noite seguinte; a versão que se conhece do trabalho de Alfano foi drasticamente cortada por Toscanini; mas existe a documentação discográfica de sua forma integral – ver o capítulo sobre esse compositor).

Em Pequim, nos tempos lendários, a princesa Turandot prometeu só se casar com quem souber a resposta para três enigmas que ela propõe. O candidato que fracassar será decapitado. A cidade já está cheia das cabeças dos príncipes estrangeiros que perderam a vida por causa de sua beleza inatingível. Em meio à multidão que espera a morte do último condenado, está o velho Timur, rei deposto da Tartária, hoje acompanhado apenas por Liù, uma jovem escrava que se dedicou a cuidar dele. Timur encontra-se com o filho, Calaf, de quem há muitos anos está separado. O príncipe é obrigado a manter o anonimato para proteger-se de seus inimigos. Apesar dos pedidos de Timur, de Liù – que sempre o amou em segredo –, e de Ping, Pang e Pong, os três ministros do reino, Calaf decide candidatar-se também a resolver os enigmas e conquistar a mão da princesa. O imperador Altum, cansado de tantas mortes, é outro que tenta dissuadir Calaf de arriscar a sua vida. Mas ele insiste e encontra a resposta para os três enigmas. Turandot – que prometeu nunca se casar para vingar o sofrimento da avó nas mãos de um homem que a seduziu e abandonou – pede então ao pai que a libere da promessa de unir-se ao estrangeiro; mas Altum não se deixa demover. Calaf propõe então um outro jogo: se até o dia seguinte Turandot tiver descoberto o seu nome, poderá mandar executá-lo. Caso contrário, casa-se com ele. Timur e Liù, que foram vistos em companhia de Calaf, são capturados. Para poupar sofrimentos ao velho, a escrava diz que só ela sabe o nome do estrangeiro e, quando está sendo torturada, apodera-se de um punhal e se mata. Na cena final, composta por Alfano, Calaf declara seu amor a Turandot, beija-a à força e revela-lhe o seu nome. Turandot reúne a corte e diz a Altum: "Eu sei o nome do estrangeiro. E o seu nome é Amor."

A ópera pucciniana tem sido criticada por diversos motivos: pela insistência no erotismo e na sensualidade; pelo ataque sistemático à sensibilidade do espectador, visando a "far piangere"; por uma certa tendência à vulgaridade e à pieguice (acusação de que, no campo da ópera, ele está longe de ser a única vítima); pela sua falta de preocupação com questões éticas elevadas. Mas, na verdade, é um preconceito julgar uma obra de arte por aquilo que ela *não tem*, condenando-a por não corresponder a determinados padrões de gosto, por não se preocupar com a afirmação ou a discussão de valores filosóficos ou espirituais, ou por apresentar uma visão da vida que, de acordo com certos critérios, parece superficial. O que realmente importa é saber se essa obra consegue traduzir a visão que o artista tem do mundo – seja ela qual for – com intensidade e força de persuasão. Ou seja, se esse artista consegue – como o faz Puccini – levar seus espectadores a se identificarem com suas personagens, a experimentarem por elas a σνμ-παθια *(sym-pathia)* no sentido etimológico

Figurino de Umberto Brunelleschi para uma encenação da *Turandot* de Puccini.

de "sentir com", de saber como a personagem se sente, de compreender *por que* ela se sente assim e age da maneira como o faz. E isso, inegavelmente, Puccini obtém de seu público, não só em relação a personagens "positivas" e dignas de compaixão (Mimì, Butterfly, Angelica, Liù), mas também às "negativas", que inspiram asco ou antipatia (Scarpia, a Zia Principessa, Pinkerton ou Turandot).

Segundo Mosco Carner, Puccini ilustra perfeitamente a máxima de Henry James de que "um artista tem sorte quando suas realizações coincidem exatamente com as suas limitações". E o faz pelo fato, já apontado, de nunca sair dos limites do que lhe é afim, de nunca se aventurar fora do terreno em que sabe poder dispor da plena medida de seu talento. Nesse sentido, não se pode dizer que Chopin, Bellini ou Hugo Wolf tenham sido "artistas menores" porque tenham preferido ficar dentro de um campo em que tinham a certeza de explorar ao máximo suas melhores potencialidades criativas. E Puccini tinha a plena consciência desses limites. Numa carta a Giuseppe Adami, em que reclama da demora em ficar pronto o libreto da *Turandot*, afirma não poder trabalhar em outra coisa, senão numa ópera:

> Tenho o grande defeito de só saber escrever música quando os meus fantoches movem-se no palco. Se pudesse ser um sinfonista puro, enganaria o meu tempo e o meu público. Mas quando nasci, tantos e tantos anos atrás... quase um século... Deus santo tocou-me com o dedo mindinho e disse-me: "Escreve para o teatro. Mas presta atenção: só para o teatro!" – e eu segui seu supremo conselho. Se Ele me tivesse designado para outra profissão, talvez eu não estivesse, agora, sem matéria-prima.

Mas é absurda, por outro lado, a crítica que lhe foi feita de só saber fazer "musiquinha barata". Seja para o intimismo da *Bohème* ou a grandiosidade da *Turandot*, a violência de filme policial da *Tosca* ou a profunda ironia do *Gianni Schicchi*, Puccini sempre soube encontrar a perfeita correspondência entre meios e fins. Descendente de quatro gerações de compositores de Lucca, tinha alto grau de profissionalismo e, além disso, possuía dotes pessoais que lhe dão um estilo inimitável:

- facilidade para compor *melodias concisas*, extremamente líricas e de uma dramaticidade apaixonada;
- refinamento harmônico e enorme talento para a orquestração;
- mais do que tudo isso, um modo extremamente pessoal de escrever para a orquestra, que lhe permite assimilar vários procedimentos técnicos que estão sendo desenvolvidos por seus contemporâneos (por exemplo, o influxo de Stravínski ou dos impressionistas franceses, na fase final de sua obra) sem com isso alterar a personalidade própria de seu estilo.

Todas essas qualidades fizeram com que Puccini se tornasse o único compositor italiano, depois de Verdi, a conseguir que a maior parte de sua obra ficasse permanentemente no repertório. Numa fase em que – como temos demonstrado neste volume – muitos autores sobreviveram com apenas uma ou duas óperas, quando não foram sumariamente relegados ao esquecimento, dele apenas *Le Villi* e *Edgar*, dois trabalhos de início de carreira, ficaram como curiosidades de especialista. De *Manon Lescaut* em diante, todos os títulos pertencem à lista das óperas prediletas do público (e a trinca *Bohème, Tosca, Butterfly* está entre as óperas mais gravadas de toda a história do disco).

Verdi e Puccini eram, pelo temperamento e pelo período histórico em que viveram, homens e artistas completamente diferentes. Mas o que ambos tinham em comum era a convicção de que na ópera reside o filão principal da tradição musical italiana, e de que a ópera italiana deve ser *popular* – no sentido de que deve ser capaz de atingir as mais diversas camadas de público. Para isso, deve trabalhar essencialmente com as *emoções humanas*. Ao contrário da tendência germânica a explorar símbolos ou com idéias metafísicas, a tradição italiana, desde Monteverdi, sempre privilegiou temas que permitissem a seus melodramas possuir alta tensão emotiva, forte contraste de sentimentos e a concentração da melodia como a forma mais direta de dirigir-se aos *sentidos* do público. O fato dessas características serem a base mesma da dramaturgia pucciniana é uma das razões fundamentais para a popularidade de sua obra.

Mas essas características foram também as responsáveis por Puccini ter sido o alvo central dos ataques virulentos de compositores e críticos da vanguarda italiana do início do século XX: a chamada *Generazione dell'Ottanta*. Na esteira do movimento – em si mesmo louvável – que tentava despertar o interesse do público pela música sinfônica e de câmara, desviando-o da excessiva polarização lírica, foi Puccini o mais visado, justamente por ser o mais popular (embora nem mesmo Verdi tenha escapado das pedradas recebidas de um jovem compositor como Malipiero que, mais tarde, deu-se conta do equívoco e penitenciou-se por ele). Naturalmente, na fase polêmica dessa tendência a rejeitar a preferência nacional pela ópera, houve excessos que, hoje, nos parecem ridículos.

Em *Giacomo Puccini e l'Opera Internazionale*, publicado em 1912, o crítico Fausto Torrefranca, mentor da Geração da Década de 80, afirma que a grande contribuição italiana para a História da Música não está na ópera e, sim, na música instrumental dos séculos XVII/XVIII. Parece aberrante ouvir isso hoje, mas para Torrefranca, a ópera é uma "criação bastarda" que "não reflete a essência do gênio nacional italiano". Segundo esse crítico, Puccini era o exemplo acabado de "toda a decadência da música italiana atual" e representava "cínico comercialismo, a impotência, a triunfante voga internacional". E decretava: "De sua música sobrará, dentro de algumas dezenas de anos, apenas a lembrança." Já se passaram noventa anos desde que essa frase foi escrita e, cada vez mais, essa "profecia" – de resto ecoada por um autor como Joseph Kerman em *Ópera e Drama* – parece longe de se concretizar. A jovem vanguarda da *Generazione dell'Ottanta*, que conviveu com Puccini no auge de seu prestígio, era

– *idealista* – desejava mudar a mentalidade burguesa voltada para um Verismo despreocupado da espiritualidade e da defesa de altos valores morais

– e *nacionalista*, porque recusava as influências do pós-Romantismo alemão (Mahler, R. Strauss) e do Impressionismo francês (Debussy).

Esse é o ponto de partida de Ildebrando Pizzetti nos *Musicisti Contemporanei: Saggi Critici*, publicados em 1914. E, de resto, compositores como Pizzetti e Malipiero tentaram aplicar princípios novos à composição, praticando extensamente a música instrumental. Mas suas obras não-operísticas – independentemente das qualidades que possuam, e que não são poucas – não conseguiram impor-se no repertório da mesma forma que as óperas de Puccini. A acusação de "internacionalismo" feita por Torrefranca referia-se à afinidade natural de Puccini com os compositores franceses, não só do ponto de vista técnico (harmonia, orquestração) mas também da sensibilidade (o que justifica a freqüente comparação que se faz entre ele e Massenet). A "francofilia" de Puccini faz com que, de suas doze composições para o palco, cinco sejam tiradas de autores franceses e, destas, apenas a *Tosca* não se passe na França. Relembremos o que já foi mostrado na lista do obra do compositor: *Edgar* baseia-se em Alfred de Musset; *Manon Lescaut*, no romance do abade Prévôt, que também serviu de inspiração a Massenet; *La Bohème*, no romance de Henri Murger, igualmente musicado por Leoncavallo; *Tosca*, no melodrama de Victorien Sardou; e *Il Tabarro*, num dramalhão de Didier Gold, escrito para o teatrinho popular de *grand-guignol*, que sem a ópera hoje estaria totalmente esquecido.

A ópera pucciniana surge, portanto, como um cruzamento muito pessoal da passionalidade italiana com o refinamento sentimental francês, não só do ponto de vista do estilo musical, mas também do de construção de personagens. A típica heroína pucciniana – a Anna de *Le Villi*, a Fidelia do *Edgar*, Mimì, Butterfly, Magda na *Rondine*, Giorgetta no *Tabarro*, suor Angelica, a Lauretta do *Gianni Schicchi*, Liù na *Turandot* – tem uma dupla descendência. De um lado, estão as personagens verdianas mais frágeis e doces: Luisa Miller, Gilda, Violetta, a Leonora da *Forza del Destino*, Amelia, Aida, Desdemona, Nanetta. Do outro, a *soubrette* da ópera francesa: Mignon, Marguerite, Micaela, Manon, Lakmé. Essas personagens puccinianas combinam a intensidade e a incandescência emotiva verdianas com o sentimentalismo docemente nuançado das *petites amoureuses* francesas. Desse conjunto, porém, destoam Tosca e Turandot, que pertencem à tradição das "personagens fortes" verdianas, prolongada no Verismo. Destoa também a Tigrana do *Edgar*, muito influenciada pela *Carmen*, de Bizet, e pela *Gioconda*, de Ponchielli.

Puccini, em 1895, em companhia de seus libretistas, Giuseppe Giacosa (à esquerda) e Luigi Illica.

Cartaz desenhado por Adolph Hohenstein, em 1895, para a estréia da *Bohème* de Puccini.

Tampa de uma cigarreira de prata que pertenceu a Puccini, com a ilustração de uma cena do ato III da *Bohème*.

Outro elemento que denota a influência sobre Puccini da ópera e da literatura francesas é o seu senso de atmosfera (o *ambientismo*) como fonte de inspiração para o estilo musical e como elemento fundamental de elucidação da psicologia e comportamento das personagens. Essa é uma preocupação que, desde os primórdios do Romantismo, marcou o drama lírico parisiense, não tendo contrapartida em seus contemporâneos italianos. Para os mestres românticos italianos, a ação situada no estrangeiro funcionava como um pano de fundo pitoresco, mas raramente havia o cuidado em conferir-lhe autenticidade sonora. Já mencionamos, anteriormente, o fato de a Escócia da *Lucia di Lammermoor* ou dos *Puritani*, a Espanha do *Trovatore* ou da *Forza del Destino*, a Inglaterra da *Anna Bolena* ou do *Falstaff* terem sido recriadas em termos musicais muito parecidos, estritamente mediterrâneos. E se a tentativa do "ambientismo" surge na *Maria Padilla*, de Donizetti, na *Aida* ou no *Don Carlo*, é porque estas são *grands-opéras*, recortadas segundo o figurino meyerbeeriano.

O cuidado que Puccini tem com a documentação é o mesmo dos escritores realistas franceses: de Émile Zola, que conviveu com habitantes dos bairros pobres de Paris e com mineiros de carvão do norte da França, para escrever *L'Assomoir* e *Germinal*; de Gustave Flaubert, que fez estudos históricos e arqueológicos para escrever *Salammbô*, passado em Cartago, na Antigüidade, e pesquisou a literatura médica para poder descrever com precisão os sintomas do envenenamento por arsênico em *Madame Bovary*. Da mesma forma, Puccini consultou livros de etnografia e escutou gravações de música oriental quando estava compondo *Madama Butterfly* e *Turandot* (nesta última, chegou a fazer uma citação do Hino Imperial chinês, no início da cena dos enigmas, marcando a entrada do imperador Altum). E fez pesquisas muito cuidadosas para a *Tosca*: informou-se sobre os detalhes históricos da época, insistindo em que fossem muito precisos os locais citados no libreto (a igreja de Sant'Andrea della Valle, onde começa a ópera, próxima ao Castel Sant'Angelo, onde ela prossegue); inseriu, no ato II, uma cantata escrita por seu avô, contemporânea da ação descrita; pediu que um seu amigo romano anotasse para ele as tonalidades dos sinos ouvidos, de manhãzinha, em torno do Castel Sant'Angelo, para poder reproduzi-los no Prelúdio ao ato III.

Mosco Carner conta como ele visitou as favelas londrinas, quando esteve na Inglaterra em 1900, para a estréia da *Tosca* no Covent Garden. A impressão deixada por essa visita foi tão forte que, vinte anos depois, ele chegou a preparar o roteiro completo e a esboçar todo o primeiro ato de um *Oliver Twist* baseado no romance de Charles Dickens. Mas depois o abandonou – e, de fato, essa é uma história que nada parece ter em comum com a sensibilidade pucciniana. Mas, em uma carta a Adami, ele dizia que sua atenção foi despertada, em *La Houppelande* de Didier Gold – fonte de inspiração para o *Tabarro*, não pelas personagens, mas pela ambientação: "É uma coisa violenta, brutal, quase ofensiva, mas muito eficiente: a vida no rio, as cores do Sena, a Notre Dame no fundo!"

Mas o exotismo não é apenas um recurso exterior, decorativo, para realçar o colorido da partitura, como acontece na obra de compositores menores – por exemplo o inglês Albert William Ketèlbey, autor dos populares poemas sinfônicos *Num Mercado Persa, No Jardim de um Mosteiro* ou *Num Santuário Chinês*. Esse exotismo interage, em nível muito profundo, com a própria sensibilidade de Puccini, de tal forma que o orientalismo da *Butterfly* ou da *Turandot*, a atmosfera de western da *Fanciulla*, ou a evocação do clima parisiense – aristocrático na *Manon Lescaut*, popular na *Bohème* e no *Tabarro* – revertem sempre à homogeneidade de um estilo em que os aportes exteriores são assimilados em termos de um idioma musical extremamente pessoal. Carl Dahlhaus diz, em *Musikalischer Realismus*:

> A individualidade das óperas [de Puccini] depende menos da personalidade dos protagonistas, ou da originalidade dos acontecimentos em que eles estão envolvidos, do que das formas distintas do ambiente. As margens de rio da Paris que se industrializa, a corrida do ouro na Califórnia, a Pequim da antigüidade não são apenas panos de fundo para o drama de Giorgietta, Minnie e Turandot: eles próprios se transformam em atores que intervêm perceptivelmente na ação.

Mas ao lado dessa documentação precisa, de filiação realista, existe também uma tendência, de matriz impressionista, à evocação poética do ambiente, e que resgata com um frescor novo o antigo pendor do Romantismo a associar a paisagem aos estados de ânimo das personagens. Carner chama atenção, por exemplo, para a predileção que Puccini tem pelo amanhecer melancólico como expressão de desalento, tristeza e prenúncio de infelicidade, em geral colocado no início do ato III: o amanhecer no Havre, da *Manon Lescaut*; a cena da Barrière de l'Enfer na *Bohème*; a sombria alvorada sobre a floresta coberta de neve, na *Fanciulla del West*. Efeito especial tem a ambigüidade dramática do amanhecer, no ato III da *Tosca*: embora a serenidade da natureza pareça corresponder à esperança de felicidade dos amantes, a furtiva aparição do tema de Scarpia prenuncia os acontecimentos trágicos que vão se seguir. O amanhecer da *Butterfly*, sugerido no Interlúdio, também é enganoso: tem um tom alegre, que reflete as esperanças de Cio-Cio San; mas será logo desmentido da forma mais cruel, quando Pinkeron chegar com Kate, reclamando o filho que quer levar para os EUA.

É brilhante também a introdução ao *Tabarro*, um cinzento noturno de tom debussysta que evoca o fluxo impassível do rio, mas também sugere aqui e ali os arroubos de paixão dos seres que vivem e trabalham nele, tudo isso misturado a ruídos naturalísticos de sereias de barco, de veículos passando. "Essa música maravilhosamente sugestiva", diz David Kimbell, "vai impregnar toda a primeira parte do *Tabarro* da mesma forma que a música do mar no *Navio Fantasma* ou em *Peter Grimes* [de Britten]".

O gosto pela criação de atmosfera leva Puccini, inclusive, a se deter em "quadros" que não fazem a ação avançar, mas são importantes para caracterizar a época e o ambiente em que as personagens vivem e, com isso, reforçar alguns de seus traços psicológicos. É o caso da seqüência do madrigal e da lição de dança no ato II da *Manon Lescaut*, ato II); da animada cena de rua no ato II da *Bohème*; da vigília noturna, com o *coro a bocca chiusa*, com que se encerra o ato II da *Madama Butterfly*; das pitorescas vinhetas das personagens de rua – inclusive com a citação que o cantor ambulante faz da história de Mimì – no *Tabarro*; ou do trio das máscaras na primeira cena do ato II da *Turandot*.

Aliás, o *Trittico* é a ópera em que esse senso de criação de atmosfera melhor se manifesta. O ambientismo é a própria razão de ser da obra, que se propõe a contrastar três estilos teatrais diferentes: o melodrama realista, de tintas bem cruas, no *Tabarro* (junto com a *Tosca*, é ali que a veia verista de Puccini mais se afirma); o drama sentimental de traços bem românticos, com um final *larmoyant*, na *Suor Angelica*; e a comédia de costumes no *Gianni Schicchi*, cujas personagens mantêm parentesco longínquo, mas perceptível, com as figuras tradicionais da *Commedia dell'Arte*. O *Trittico*, além disso, repousa muito na evocação de ambientes para explicar o próprio motor da ação de suas personagens: a sordidez de um bairro paupérrimo às margens do Sena, causa da insatisfação de Giorgetta; o ambiente claustrofóbico do convento, onde Angelica se refugiou dos sofrimentos por que passou no mundo secular, gerando seu desespero e vontade de morrer; a prosperidade da casa de Buoso Donati, invejada por seus parentes mais pobres, que sempre desejaram sua morte para poder herdar a sua fortuna. Mas Mosco Carner adverte:

> Um compositor que dá à atmosfera papel tão importante em sua concepção dramática, corre o risco de ver as suas personagens se transformarem em simples emanações dessa atmosfera. Freqüentemente, em Puccini, é difícil distinguir o delineamento da personagem e o da atmosfera, pois as duas coisas tendem a confundir-se.

Nesse sentido, é necessário reconhecer que as criações puccinianas não têm a autonomia e a universalidade das de Verdi, por exemplo, que sempre assumem caráter mais generalizador pois, como alerta Carner:

> As personagens de Puccini são menos personalidades dotadas de uma vida própria do que projeções de uma determinada atmosfera, encarnação de estados emocionais e, em última análise, símbolo das tensões inconscientes do próprio compositor. Falam muito mais por seu criador do que por si mesmas. E se a sua personalidade nos atinge, é sobretudo em virtude da peculiar atmosfera dramática em que se movem.

A obra de Puccini forma o elo entre o Verismo e o Decadentismo "fin de siècle" que, nas óperas de compositores como Mascagni, Zandonai ou Montemezzi, assumirá o caráter de uma revivescência neo-romântica. No "fin

O corretor Mario Nunes Vais, amigo de Puccini, fotografou-o em 1910, no jardim de sua casa em Torre del Lago, às margens do lago Massaciuccoli, em 1910.

Puccini era apaixonado por automóveis; no banco de trás de seu veículo último tipo, Giacomo está em companhia de Luigi Illica; no banco da frente estão o barão Alberto Franchetti – que compartilhava com o amigo a paixão por carros – e o também compositor Cesare Galeotti.

de siècle", vemos intensificar-se a tendência do artista a projetar sua personalidade na obra, sem inibições, deixando nela transparecer seus impulsos e conflitos mais profundos, concedendo-se a plena liberdade de nela reviver as suas fantasias inconscientes de forma simbólica. Foi Freud quem disse: "O artista é o único homem capaz de fazer um uso positivo de suas neuroses". E ele o faz ao sublimá-las através da obra de arte. Giacomo Puccini é um representante típico desse período. O fato de sua personalidade artística ter-se desenvolvido contra esse fundo histórico e estético explica muitas de suas contradições íntimas e de seus traços mórbidos:

– *o egocentrismo* – a luta constante para ser conhecido por si mesmo, para fazer esquecer seus antepassados compositores; a escolha de temas que descartam o social ou o patriótico, em favor do intimista, porque este é o espelho em que ele pode refletir-se; o culto vaidosíssimo da personalidade convivendo com crises de dúvida que o deixam paralisado por longos períodos;

– *o horror à pobreza* – velho trauma de infância (o pai morreu quando ele tinha cinco anos e a mãe passou muitas dificuldades) que o faz desejar o luxo, a ostentação: a obsessão consumista o leva a querer ter sempre os modelos mais modernos de fonógrafo, de bicicleta, de automóvel, de utensílio doméstico; a casa de Torre del Lago transforma-se num monumento à sua própria glória (o contrário, por exemplo, do que é Sant'Agata para Verdi – um investimento voltado para a melhoria da qualidade de vida e das técnicas de cultivo na região; uma propriedade rural que o compositor, sem herdeiros, preocupou-se em providenciar para que se transferisse gradualmente à mão de seus lavradores, responsáveis por ela após sua morte);

– *a hipocondria* – a tendência à melancolia e à depressão torna-se muito forte, na época da composição da *Fanciulla del West*, devido a acontecimentos particularmente trágicos a que vamos nos referir logo a seguir, mas também quando Puccini descobre que é diabético; isso leva a um

– *pessimismo* que se torna cada vez mais forte com o passar do tempo: essa sensação de solidão expressa-se claramente num poema – de qualidade literária muito baixa, mero desabafo que ele não tinha a intenção de mostrar a ninguém – encontrado entre seus papéis, após sua morte:

> Non ho un amico,
> mi sento solo,
> anche la musica
> triste mi fa.
> Quando la morte
> verrà trovarmi,
> sarò felice
> di riposarmi.
> Oh com'è dura
> la vita mia!
> Eppur a molti
> sembro felice.
> Ma i miei successi
> passano... e resta
> ben poca cosa.
> Son cose effimere:
> la vita corre,
> va verso il baratro.
> Chi vive giovane
> si gode il mondo,
> ma si s'accorge
> di tutto questo?
> Passa veloce
> la giovinezza
> e l'occhio scruta
> l'eternità.

(Não tenho um só amigo, sinto-me sozinho; até mesmo a música me entristece. Quando a morte vier me encontrar, ficarei feliz em descansar. Oh, como é dura a minha vida! E, no entanto, para muita gente, parece feliz. Mas os meus sucessos passam... e fica bem pouca coisa. São coisas efêmeras: a vida corre, vai para o abismo. Quem está vivendo a juventude desfruta o mundo, mas quem se dá conta de tudo isso? A juventude passa velozmente e o olho fica perscrutando a eternidade.)

– *a fixação na figura materna* – Albina Puccini era uma mulher de caráter muito firme, com grande força de vontade, que marcou o filho profundamente, a ponto de ele ter – todos os seus biógrafos concordam nesse ponto – buscado uma "substituta" da autoridade materna em sua esposa, Elvira Geminiani, que abandonou o primeiro marido para viver com ele (apesar de ter tido vários outros relacionamentos amorosos, Puccini nunca se resolveu a deixar Elvira; e a prova dessa dependência é o fato de ter-se casado com ela numa fase em que as relações entre os dois já estavam totalmente deterioradas);

– *a sensualidade exacerbada* – ela o fazia procurar aventuras constantes e passageiras:

isso criava problemas para suas irmãs (uma delas era freira) na sociedade interiorana de Lucca; e foi fonte de atritos perpétuos com Elvira que, com o passar do tempo, tornou-se doentiamente ciumenta.

O caso Doria Manfredi foi o episódio mais trágico que resultou desse ciúme enlouquecido. Os Manfredi eram moradores de Torre del Lago e Doria tinha 16 anos ao começar a trabalhar na casa dos Puccini, em fevereiro de 1903, logo depois do acidente de carro sofrido por Giacomo, que passou a exigir cuidados especiais durante a sua recuperação. Todas as testemunhas ouvidas foram unânimes em reconhecer que era uma empregada exemplar. Não há dúvida de que devia sentir-se atraída pelo patrão, rico, bonito e famoso. E de que Giacomo, mulherengo como era, se sentissse lisonjeado pela paixão silenciosa daquela menina novinha e bonita. Em setembro de 1908, Elvira começou a dar ouvidos aos mexericos de membros de sua família – que sempre se intrometiam na vida dos Puccini – de que havia um romance entre Doria e seu marido. Não só a despediu como, várias vezes, a desacatou em público e foi pedir ao padre Michelucci, pároco da localidade, que exigisse da família Manfredi que mandasse Doria para fora da aldeia.

> *Quando la incontrava per la strada, cosa inevitabile in un posto così piccolo, davanti a tutti le urlava in faccia che era una troia, che era una schifa, che era una puttana perchè era la ganza del suo marito, che una volta o l'altra quant'è vero che c'era Cristo e la Madonna ce l'avrebbe affogata nel lago*[1].
>
> (Quando a encontrava na rua, coisa inevitável em lugar tão pequeno, diante de todos lhe gritava na cara que era uma meretriz, que era um nojo, que era uma puta, porque era a amante de seu marido e, um dia desses, tão certo quanto haver Cristo e Nossa Senhora, ela ainda a afogaria no lago.)

Desesperada, Doria envenenou-se com arsênico em 23 de janeiro de 1909. E morreu no dia 28, "fra le più atroci spasimi", como conta Giacomo numa carta à sua amiga Sybil Seligman. A família exigiu a autópsia. E constatou que ela era virgem. Elvira recusou-se teimosamente a alegar insanidade causada pelo ciúme. Alegou até o fim possuir provas da infidelidade do marido. Em 6 de julho daquele mesmo ano, foi julgada em Lucca e condenada a cinco meses e cinco dias de prisão, por difamação, injúrias e ameaças; ao pagamento de uma indenização de 700 liras e das despesas do processo. Nessa primeira fase, Puccini nada fez para defender a mulher. Só em outubro de 1909, após ter pago 12.000 liras à família Manfredi, conseguiu que o pai de Doria retirasse a acusação e o processo fosse arquivado.

Mas a morte de Doria Manfredi o marcou de forma terrível. E fez desmoronar definitivamente um casamento que já estava em frangalhos. Quando foi a Nova York, em dezembro de 1910, para a estréia da *Fanciulla del West*, Puccini recusou-se a levar Elvira consigo. Todos os seus biógrafos – Carner, William Ashbrook, Charles Osborne, George Marek, Ernest Newman, Claudio Casini, Orlando Martínez – concordam que a figura de Liù, na *Turandot*, é uma homenagem póstuma à figura trágica e inocente de Doria; e têm razão ao dizer isso. Liù não existe na *Turandotte* de Carlo Gozzi, em que o libreto se baseia. Foi incluída por uma sugestão do próprio Puccini aos autores do texto, Giuseppe Adami e Renato Simoni. Liù/Doria, tal como Puccini a concebeu, é uma escrava de enorme fidelidade e amor desinteressado, que prefere suicidar-se a trair Calaf, e é destruída pela figura gélida e autoritária de Turandot/Elvira. Pode não passar de coincidência, mas contam que, ao assistir à estréia da *Turandot*, Elvira Puccini teve uma descontrolada crise de choro na cena da morte de Liù. O cineasta inglês Tony Palmer, inspirando-se nesse episódio da vida do compositor, rodou um filme intitulado *Puccini* – já exibido no Brasil pela TV a cabo – em que, paralelamente à narrativa da trágica morte de Doria, faz um documentário sobre uma montagem inglesa da *Turandot*, evidenciando assim os laços existentes entre a personagem e a figura real.

A sensualidade de Puccini transparece a todo momento:

- no dueto de amor de Manon Lescaut e Des Grieux (II, 2), "*Tu, tu amore, tu*";
- nos duetos de Tosca com Mario Cavaradossi (atos I e III) e na "profissão de fé" de Scar-

1. Extraído dos autos do processo que se seguiu à morte de Doria.

pia: "Già, mi dicon venal, ma a donna bella non mi vendo a prezzo di moneta...";

- no dueto de amor do fim do ato I da *Bohème*: "O soave fanciulla";
- na mistura de inocência e luxúria de que está impregnado o dueto com que se encerra o ato I de *Madama Butterfly*: "Bimba dagli occhi pieni di malìa".

E todo o argumento da *Turandot* celebra a vitória da sexualidade: o beijo de Calaf liberta simbolicamente a princesa da armadura de frigidez em que seu erotismo estava reprimido. Talvez tenha razão David Kimbell ao dizer que além disso, como diz Carner, a música de Puccini espelha a sua constante hipersensibilidade:

> "Seu uso sistemático de rubatos e síncopes dá uma excitação febril às passagens rápidas e uma languidez enervante aos trechos lentos", diz Mosco Carner. "Os sinais dinâmicos e expressivos que constelam as suas partituras revelam a sua preocupação quase obsessiva em indicar as mais sutis nuances emocionais".

O próprio Puccini parecia ter consciência dessa "febre", dessa incessante pressão nervosa subjacente à sua música: "Sem essa febre não há produção", dizia ele, "porque a arte verdadeiramente sentida é uma espécie de doença, de estado de ânimo de exceção, hiperexcitação de todas as fibras, de todos os átomos do organismo" (em carta a Adami, na época da *Rondine*/1917). Essa hipersensibilidade, contudo, parece ser apenas o sintoma externo de um conflito interno muito profundo, desencadeado provavelmente pela conjunção das características de personalidade já mencionadas. A frase do cantor ambulante no *Tabarro* – "Chi ha vissuto per amore, per amore si morì" – pode servir de lema à maioria das óperas puccinianas, pois nela está sintetizado um tema recorrente de sua dramaturgia: a equação amor/morte, o choque de Eros e Tânatos, das energias criativas e destruidoras que existem dentro do Homem, cuja força é antagônica, mas complementar. É como se o amor sincero e sem freios (geralmente encarnado na heroína) constituísse uma culpa que a condenasse ao sofrimento e à destruição.

Como Puccini era muito exigente na escolha de seus temas, e rigoroso no controle da redação de seus libretos, é explicável que optasse, inconscientemente, por ações, personagens e atmosferas que refletiam os conflitos e impulsos que tinha dentro de si. Prova disso é que, de uma ópera para outra, há determinadas semelhanças nos assuntos, nos esquemas dramáticos e nos meios musicais empregados para descrever essas situações aparentadas de paixão, sofrimento, lamento, tortura física e espiritual. Os biógrafos de Puccini são unânimes em considerar que ele parece transferir para a sua dramaturgia o impasse fundamental de sua vida íntima.

Desde cedo esse tipo de abordagem surge nos autores que escrevem sobre ele. Vincent Seligman, filho da cantora Sybil Seligman, com quem Giacomo teve duradoura amizade, tentou-a timidamente em seu *Puccini among Friends*, escrito em 1938, mas sem se arriscar a entrar no terreno pantanoso das teorias freudianas. Uma geração mais tarde, George Marek foi mais contundente em seu *Puccini*, de 1951: para ele, as bases da vida e da arte do compositor da *Bohème* são eróticas. Mas Marek tampouco chega a optar por uma análise psicanalítica como o faz Carner, que já abria a primeira edição de *Puccini: a Critical Biography*, em 1958, afirmando: "O biógrafo moderno não pode se dar o luxo de ignorar os resultados da psicologia em profundidade" (aquilo que Freud define como "a ciência dos processos mentais inconscientes"). Carner esquadrinha a vida de Puccini em busca de pistas que elucidem o segredo de sua psique e, sempre que os fatos biográficos rareiam, é nas óperas que vai procurá-los, pois "onde a psicologia termina, a estética deve começar". Oferece do compositor, portanto, um polêmico perfil de caráter psicanalítico, que vale a pena resumir aqui.

Na sua opinião, o menino Giacomo, órfão de pai desde os cinco anos, fixou-se na figura idealizada da Mãe (Albina tinha 33 anos ao ficar viúva com sete filhos, e lutou bravamente para educar a família). Dessa figura inatingível de Mulher, a esposa, Elvira Gemignani, tornou-se uma espécie de *ersatz* (não é coincidência Giacomo ter fugido com Elvira em 1884, o mesmo ano em que Albina morreu). Mas a esposa era também uma figura inalcançável de Mulher e, passados os primeiros seis a oito anos de vida em comum, Giacomo teria começado a buscar aventuras constantes. Mas apenas com mulheres socialmente inferiores, porque a elas – que não estavam à altura da Esposa/Mãe – ele podia dominar, vencendo assim a sensação de dependência que tinha da figura idealizada. Por volta de 1903, esses relacionamentos tinham-se tornado tão notórios e freqüentes que chegaram a suscitar uma carta de seu editor chamando-o às falas. A relação com a "outra", portanto, vinha sempre marcada inconscientemente pela sensação de culpa, diz Carner, pois no fundo era a Mãe que ele estava traindo com suas amantes.

Ter em mente que, para o homem Puccini, amor está sempre associado à noção de culpa ajuda-nos a compreender a técnica de construção da heroína pucciniana e o tratamento cruel que invariavelmente lhe é dado. Essa heroína é quase sempre de baixa extração social: Mimì é uma florista pobre; Musetta, uma *demi-mondaine*; Cio-cio San, uma gueixa; Magda, uma cortesã; Minnie, a dona de um *saloon* no Oeste americano; Giorgetta, a mulher do dono de uma barcaça de transporte fluvial no Sena; Liù, uma escrava. E não raro elas têm moralidade duvidosa, como é o caso de Manon, Musetta, Magda ou Giorgetta. Mesmo quando pertencem a uma condição social mais alta, há algo em seu comportamento que as torna moralmente reprovável aos olhos da sociedade: Manon age como uma cortesã e, quando quer fugir, não hesita sequer em roubar as jóias que Geronte lhe deu. Tosca vive com Cavaradossi sem ser casada (sobre ela pesa, ainda, a condenação implícita que, na época, se fazia aos atores e cantores, considerados gentes de costumes muito livres). Angelica expia, no convento, o "crime" de ter tido um filho numa ligação amorosa fora do casamento. Uma exceção é a Lauretta do *Gianni Schicchi*; mas essa é mais um estereótipo de *Commedia dell'Arte* do que uma personagem real.

Ou seja, nenhuma dessas personagens femininas pode ombrear-se com a figura altiva e idealizada da Mãe. E é por isso que Giacomo consegue amá-las – pois se reconhece nelas – e escrever para elas a sua música mais inspirada e comovente. Mas é por isso, também, que sente a necessidade de fazê-las sofrer, como uma forma de levá-las a expiar os seus pecados – o que significa, simbolicamente, exorcizá-lo igualmente, por tabela, de sua própria culpa ao desejá-las. Mas como elas são as únicas criaturas que Puccini consegue realmente amar, sem misturar esse sentimento com temor, respeito ou dependência emocional, e como elas serão purificadas de sua "culpa" pelo sofrimento, isso faz com que ele as transforme em "figure luminose e simpatiche, innamorate fino al sacrificio di se stesse" – como exigia de seus libretistas que as retratassem. Se compararmos as heroínas puccinianas com seus originais – a Manon do romance do abade Prévôt; a Mimì do livro autobiográfico de Henri Murger; a Tosca da peça de Victorien Sardou; a Butterfly do conto de John Luther Long em que se baseia a peça de David Belasco; a Georgette da *Houpelande*, de Didier Gold – veremos que, na passagem para o libreto, elas sempre se tornam um pouco mais frágeis e inocentes. Ou como dizia o próprio Giacomo: "Queste belle peccatrici diventano radiosi angioletti." Mas, pergunta Carner:

> Mas como, então, o apaixonado amor de Puccini por elas deve estar sempre acompanhado de um impulso sádico? Por que ele tem sempre de matar as figuras que ama e desempenhar com elas o papel de Barba-Azul? [...] Provavelmente, com toda a sua "indignidade", essas heroínas eram, de algum modo, no inconsciente de Puccini, rivais da exaltada imagem que ele tinha de sua mãe. Ele pode até ter misturado um pouco as duas coisas, de tal forma que amá-las comportava também implicações incestuosas. Mas já que a sua consciência nunca lhe teria permitido admitir um tal desejo proibido, isso tinha de ser reprimido; a "culpa", entretanto, permanecia, e tinha de ser transferida dele para as suas heroínas, as quais, tendo "emporcalhado" involuntariamente a figura da Mãe, tinham de ser punidas por um "crime" que, na verdade, fora ele quem cometera. E esse castigo é infligido com um nítido prazer sado-masoquista, que prova a natureza "primária" das fantasias sexuais de Puccini. Fica claro, assim, por que as cenas de sofrimento, tortura e morte exerciam sobre ele tal fascinação: elas eram o grão de areia dentro de sua ostra. Até mesmo nas mais extasiadas cenas de amor – geralmente colocadas no ato I, quando o sol da paixão romântica ainda está brilhando esplendorosamente sobre os amantes – já existe, no horizonte, uma nuvem ameaçadora, já surge, na música (e às vezes até no texto, como no caso da *Butterfly*), algum aceno à catástrofe iminente. E é na paixão desesperada e na dor que Puccini pode dar livre curso à sua fantasia; e em nenhum outro momento é tanto ele mesmo, em nenhum outro momento revela tanto seu ser profundo como artista e como homem, quanto em seus lamentos. Nessas árias, Puccini exprime não só os senti-

Cartaz de Adolph Hohenstein para *Madama Butterfly* de Puccini.

Intérpretes da *Butterfly* no Scala: à esquerda, Giovanni Zenatello (Pinkerton) e Giuseppe de Lucca (Sharpless), na estréia, em 17 de fevereiro de 1904; à direita, Rosetta Pampanini como Cio-cio San, numa montagem posterior.

mentos de suas personagens como também o seu patético desespero em ser condenado a permanecer, para sempre, prisioneiro no cárcere de sua neurose, e de ser constantemente obrigado a destruir aquilo que mais ama.

É interessante observar como Puccini oscila entre os extremos de seu sentimento de culpa em relação ao amor ora trabalhando com heroínas ora explorando figuras de fibra mais doces e ternas, sobre as quais exerce formas indiretas e sutis de sadismo:

Le Villi (Anna)
Bohème (Mimì)
Butterfly (Cio-cio San)
La Rondine (Magda)
Suor Angelica

ora figuras fortes, com as quais a crueldade assume formas mais diretas e violentas:

Edgar (Fidelia)
Tosca
Tabarro (Giorgietta)
Fanciulla (Minnie)

E ambas as linhas convergem para a antítese Liù/Turandot, que forma uma síntese desses dois pólos. Há também uma oposição formal entre esses dois tipos de drama. Aqueles em que o elemento "terno" predomina estão ligados ao modelo francês do *opéra-comique*, de caráter mais lírico e intimista. Já os dramas "cruéis" tendem à grandiloqüência do *grand-opéra* (à exceção do *Tabarro*, cujo naturalismo cru tem ligações com a tradição do *grand-guignol*). Dentro do conjunto das heroínas de Puccini, há duas que destoam: a Zia Principessa, da *Suor Angelica*, e Turandot, ambas de posição social elevada, orgulhosas, cruéis, voluntariosas, inspirando mais temor do que afeto. Diz Carner:

> Eu ousaria afirmar que elas são, substancialmente, uma projeção da imagem da Mãe, não da verdadeira mãe de Puccini, que estava longe de ser um monstro, mas da *idéia* de uma figura dominadora de Mãe, que ele tinha formado em seu inconsciente, sob a pressão do conflito entre o amor culpado por ela e a censura moral.

Essa é, de resto, uma colocação que pode ser relacionada com o conceito junguiano da "Mãe terrível", uma imagem arquetípica que ele identifica na tradição folclórica: são as madrastas, as fadas más que infligem sofrimentos às crianças, ou as submetem a provas impossíveis – como é o caso dos três enigmas da *Turandot* que, aliás, tem, na base da peça de Gozzi, uma origem folclórica.

> Essa idéia precisava ser traduzida numa personagem dramática elevada e inatingível, porque só assim a figura da Mãe, mergulhada na obscura esfera do inconsciente, poderia ser temporariamente trazida à luz. A Tia e Turandot têm traços cruéis, em parte por um mecanismo de defesa contra os seus temores irracionais, mas principalmente, na minha opinião, porque Puccini via na Mãe a causa primária de sua culpa inconsciente e das mortais agonias que sofria ao ser forçado a perseguir e matar as heroínas que amava.

A prova da dor que ele sentia, ao ter de sacrificá-las, é o desenho dos ossos e da caveira, à margem do manuscrito da *Bohème*, no momento exato em que Mimì morre; e é uma irônica coincidência que a cena da morte de Liù tenha sido a última coisa que ele escreveu.

> Cada vez que Puccini conseguia libertar-se do vínculo que o acorrentava à Mãe onipotente e amava a "heroína" degradada, sentia-se depois obrigado a oferecê-la em holocausto. O simbolismo desse ato ritual se vê com a máxima clareza nos suicídios de Angélica e de Liù.

Colocada nessa perspectiva, torna-se muito clara a necessidade que Calaf tem de levar até o fim o processo de sedução de Turandot, mesmo depois de ela ter destruído brutalmente a única mulher que o amou de forma pura e desinteressada: simbolicamente, trata-se da *conquista e submissão* da figura dominadora – em que se fundem as imagens de Albina e Elvira, por oposição à fragilidade de Doria e de outras efêmeras presenças femininas em sua vida.

Também as personagens masculinas são, freqüentemente, projeções simbólicas das duas vertentes conflitantes da personalidade do próprio Puccini. Nelas estão permanentemente em choque

o *amante romântico*, que deseja o amor puro e o *perseguidor*, que quer seduzir, consumir, dominar, abandonar:

Des Grieux	←	Manon	→	Geronte
Cavaradossi	←	Tosca	→	Scarpia
Johnson	←	Minnie	→	Jack Rance
Luigi	←	Giorgetta	→	Michele
Ruggero	←	Magda	→	Rambaldo

(A esse quadro é possível, ainda, acrescentar

Calaf ← Liù → as três máscaras, enquanto instrumento da pressão de Turandot)

Os tenores da primeira fase (Roberto, Edgar, Des Grieux, Rodolfo, Pinkerton, Ruggero) são mais fracos do que a heroína, mais indecisos, com um componente feminino forte em sua personalidade. Os da fase final (Luigi, Johnson, Rinuccio, Calaf) desenvolvem aspectos que já eram visíveis em Cavaradossi: são mais viris, decididos, impositivos. Eles caracterizam a evolução de uma vertente "luminosa" da personalidade do próprio Puccini – que é contrabalançada por outra vertente, a "sombria", representada pelas personagens frias, cruéis, de um primitivismo instintivo:

- Geronte, o velho lúbrico que se vinga de Manon destruindo-a;
- Scarpia e Jack Rance, movidos por uma lascívia que cria neles impulsos homicidas facilitados pela própria profissão de policial;
- Michele, cujo amor e orgulho feridos o levam ao crime (como o Canio do *Pagliacci*, ele é um primo suburbano do *Otello*, embora não tenha, é claro, a mesma complexidade psicológica);
- Goro, o alcoviteiro, interessado em negociar o corpo de Cio-Cio San apenas como um pedaço de carne descartável;
- Rambaldo – nítido descendente do barão Douphol da *Traviata* – um Geronte mais jovem, que não hesita em usar seu dinheiro para comprar o prazer que Magda lhe dá.

[Nesse grupo, pode-se até mesmo incluir um prazer sádico de natureza mais brincalhona: o de Gianni Schicchi, que se diverte em passar a perna nos espertalhões que querem se apoderar da fortuna de Buoso Donati.]

Na galeria das personagens secundárias, há sempre figuras positivas e generosas:

- na *Bohème*, Marcello, Schaunard e, principalmente, Colline, que chega a vender a "vecchia zimarra", seu único casaco, para tentar salvar a vida de Mimì;
- Sharpless, que prevê o que vai acontecer a Butterfly e se condói por ela; e o príncipe Yamadori, que faz uma tentativa muito digna de salvá-la;
- Timur, de uma impotente nobreza, e o imperador Altum, horrorizado com a crueldade da filha e também impotente para deter o mecanismo de destruição que ela pôs em movimento.

Mas todos eles são incapazes de impedir ou atenuar o curso do drama. E é significativo que na dramaturgia de Puccini, órfão desde muito cedo, não haja figuras fortes de Pai, como na de Verdi. Guglielmo Wulf, o pai de Anna em *Le Villi*, é o único típico pai verdiano – inclusive barítono. Mas esta é uma obra de aprendizado em que as características do universo dramatúrgico ainda não se fixaram. Depois deles, são pais Timur e Altum. Mas o primeiro, já em Gozzi, é velho, cego e trôpego; quanto ao segundo, Puccini pede a seus libretistas que o façam muito mais idoso do que na peça original, para acentuar a sua total passividade diante da crueldade e determinação de sua filha.

Musicalmente, Puccini já é um compositor maduro aos 38 anos, quando estréia *La Bohème* (Turim, 1º.2.1896). Mas emocionalmente, essa maturidade só virá mais tarde: aos 52 anos, em 1910, quando ele escreve *La Fanciulla del West*, a primeira de suas óperas em que o amor, em vez de ser destrutivo, tem um caráter redentor. Será apenas uma coincidência trágica o fato de a fase de composição dessa ópera ter sido marcada pelo episódio Doria Manfredi? É na fase posterior aos 50 anos, em que as próprias mudanças biológicas trazem consigo uma visão mais distanciada e menos egocêntrica da vida emocional e da atividade erótica, que Puccini – no limiar de sua maturidade intelectual, emocional e espiritual – consegue primeiro representar a figura onipotente da Mãe punitiva em um símbolo concreto – a Zia Principessa – e, depois, chegar à síntese de superação do conflito com a figura de Turandot que, de *principessa di gelo*, transforma-se em *donna inamorata*. Por isso, certamente, ele afirmava que o dueto do último ato – que a morte não o deixou terminar – seria a coisa mais importante que escreveria em sua vida, o seu verdadeiro testamento artístico.

À exceção do *Tabarro* – que retorna deliberadamente ao molde verista, por necessidade de contraposição com as demais óperas do *Trittico* –, a última fase da obra de Puccini caracteriza-se pelo abandono do realismo, em favor de argumentos remotos no tempo. O século XVII da *Sor Angelica* é visto de forma romantizada, ao contrário do modo como o *Settecento* tinha sido tratado na *Manon Lescaut*. *Gianni Schicchi* se passa na Idade Média florentina. E *Turandot*, na China lendária. Há também uma mudança no estilo musical: a frase lírica entrecortada – que Carner chama de "invertebrada" – transforma-se numa cantilena de linhas mais estáveis e vigorosas. As frases, agora, são amplas. O ritmo, que os rubatos e síncopes freqüentes tornavam ofegante, é mais regular. A escrita se enriquece com bem assimiladas lições aprendidas com Debussy, Stravínski e outros compositores de vanguarda. Em vez de privilegiar a melodia sensual e insinuante, Puccini começa a preocupar-se com a caracterização concisa e a pura verdade dramática. Constrói suas personagens de forma mais objetiva, já conseguindo vê-las com distanciamento. Tornam-se mais raros os momentos típicos do Verismo em que a emotividade é expressa de forma histérica, através do grito. Essa evolução faz com que musicos como Ferruccio Busoni – que em 1908 tinha saído no meio de uma *Butterfly*, em Viena, declarando-a "insuportável" – revisem a sua opinião sobre Puccini e considerem o *Trittico* e *Turandot* obras-primas. Na época da *Turandot*, o próprio compositor dizia: "Toda a música que escrevi antes agora me parece uma brincadeira e já não me agrada mais".

O caráter neo-romântico, impregnado de decadentismo, da *Turandot*, é frisado por David Kimbell:

> Com sua ênfase no exotismo e na lenda, no espetáculo e no ritual, no sangue e na dor, a última ópera de Puccini está mais próxima em espírito do Teatro da Crueldade de Antonin Artaud do que do Verismo da década de 1890. "Uma experiência cerimonial primitiva... gestos, sons, cenografia desusada, luzes que se combinam para formar uma linguagem, superior às palavras, que possa ser usada para subverter o pensamento e a lógica". [Artaud] "pensava em restaurar o mito e o mistério no teatro, em explorar os instintos humanos mais profundos mediante a encantação, o movimento e o espetáculo da crueldade e da destruição". Estas citações são da *Encyclopaedia Britannica* (15ª edição) e do *Concise Oxford Dictionnary of French Literature*. Mas leia qualquer livro de referência sobre a obra de Artaud e ele tenderá a soar como uma descrição da *Turandot*. A preocupação de Artaud não era com uma obra de arte harmoniosa, equilibrada e filosoficamente racional; e achava que a platéia tinha de ser subvertida mediante o assédio a seu ser instintivo e subconsciente. O seu verniz de racionalismo tinha de ser rompido com um assalto físico e emocional que suscitaria dela uma reação visceral. Na ópera de Puccini, também, muitos detalhes não podem ser explicados pelos critérios racionais da arte clássica. Nem todas as suas partes têm um objetivo artístico relacionado com um todo coerente e a ele subordinado. Muita coisa está ali simplesmente para assaltar o espectador emocionalmente.

Puccini sabia que o final da Turandot, que ele planejava grandioso, significaria o triunfo final de Eros: "O amor deve tomar posse de todo o palco numa grande peroração orquestral", escreveu. Mas foi vítima de um câncer na garganta e morreu, num hospital de Bruxelas, em novembro de 1924. Tudo indica que, ao desaparecer, estava no limiar de uma nova fase. Infelizmente, nunca será possível saber que frutos ela produziria. Mosco Carner diz:

> As últimas obras de Puccini demonstram que havia nele um artista maior do que deixam supor as suas óperas intermediárias. Com o passar do tempo, Puccini aumentou a sua estatura escrevendo, com *Gianni Schicchi* e *Turandot*, duas óperas que quase podem ombrear-se com o *Otello* e o *Falstaff*. É impossível saber o que ele teria conseguido fazer, se tivesse vivido tanto tempo quanto Verdi ou Wagner. Como Tchaikóvski, Puccini era um músico para quem o homem interior funcionava como uma força retardadora e até mesmo inibitória do artista. Suas limitações eram, substancialmente, mais de ordem psicológica do que artística; e nisso consistiu a tragédia de um artista que foi potencialmente muito grande.

Por mais restrições que tenham sido feitas às suas óperas, tem-se de admitir que o instinto teatral inato de Puccini o leva a propor, à sua maneira, uma fórmula de *obra de arte total* em que todo o aparato cênico se conjuga aos cantores e à orquestra para obter o máximo de efeito dramático. Em *Puccini Interprete di Se Stesso* (1954), o maestro Luigi Ricci, que trabalhou na preparação de muitas de suas óperas, conta como ele insistia na clareza da dicção. E como dizia que os efeitos de iluminação deveriam ser regulado por "um ouvido atentíssimo à música". Nesse sentido, Puccini prossegue e amplia as preocupações de Verdi com a exata encenação de suas óperas. Em suas partituras, chega a indicar o momento exato em que o pano deve abrir-se, pois na sua opinião, "uma cortina baixada demasiado cedo ou demasiado tarde muitas vezes significa o insucesso da ópera". Ele exigia do libreto que tivesse um desenho claro e lógico, de modo a que o desenvolvimento fosse facilmente perceptível ao espectador. Numa fase de propensão ao realismo, isso implicava desbastar a ação dos episódios elaborados que, às vezes, sobrecarregavam os entrechos românticos. A melhor forma de constatar como é Puccini, o típico herdeiro da preocupação verdiana com a concisão, é comparar o libreto de sua *Bohème* com a de Leoncavallo. Illica e Giacosa tinham previsto, na sinopse, a cena em que Musetta é despejada de seu apartamento – correspondente ao ato II na versão de Leoncavallo –, mas ele a recusou por considerá-la dispersiva e desejar que a atenção do espectador se concentrasse fundamentalmente no patético relacionamento de Mimì e Rodolfo.

Puccini tinha, em alto grau, o que os franceses chamam de "*l'optique du théâtre*": o instinto para o efeito puramente visual de uma cena, capaz de cativar imediatamente o espectador. "É preciso ser menos verboso, e fazer com que os acontecimentos sejam claros, que saltem aos *olhos* mais do que aos *ouvidos*", escrevia ele, em 21 de setembro de 1921, a seu libretista Adami. E, de fato, em cada uma de suas óperas há esse tipo de cena de grande impacto visual, que inflama a sua inspiração:

- o embarque dos condenados na *Manon Lescaut*;
- a natureza invernal desolada como fundo para a ação na *Bohème* e na *Fanciulla del West*;
- o mesmo efeito com a paisagem desértica da *Manon Lescaut*;
- as cenas do *Te Deum*, da tortura de Cavaradossi e do fuzilamento na *Tosca*;
- a vigília de Butterfly acompanhada pelo coro *a bocca chiusa*;
- a cena do milagre na *Suor Angelica*;
- na *Turandot*, a grandiosidade da cena dos enigmas e o patético do cortejo fúnebre de Liù.

Consta inclusive que, quando Puccini viu pela primeira vez, em Londres, a peça *The Girl of the Golden West*, de David Belasco, o que mais o atraiu foi a cena em que o sangue do fora-da-lei Johnson, ferido e escondido no sótão da casa de Minnie, goteja sobre a mesa em que o xerife Jack Rance está sentado conversando com a garota. Ele percebeu de imediato o rendimento cênico que se poderia extrair dessa passagem. Em função desse gosto pelo visual, Puccini tem predileção por seqüências mudas carregadas de tensão dramática, para as quais escreve música de cena extremamente eficiente:

- a pantomima de Tosca após o assassinato de Scarpia (que, em Sardou, visava a explorar as notáveis qualidades mímicas de Sarah Bernhardt, para quem a peça foi escrita);
- a já mencionada vigília de Butterfly com Suzuki e o menino;
- a chegada e a partida da Zia Principessa, na *Suor Angelica*.

Mas Puccini é também um mestre no uso da *parola scenica* de estilo verdiano, um recitativo ágil, fluente, próximo da língua falada. O diálogo de Rodolfo com Marcello, no início dos atos I e IV da *Bohème*, é um bom exemplo disso. À exceção da "profissão de fé" de Scarpia e do "Vissi d'arte", todo o ato II da *Tosca* é conduzido através de um diálogo extremamente tenso. Os exemplos não faltam:

- a conversa de Pinkerton com Sharpless, no ato I da *Butterfly*;
- várias passagens de conversação na *Fanciulla*;
- praticamente todo o *Gianni Schicchi*, onde, tirando a ária de Rinuccio sobre Florença e a curtíssima "O mio babbino caro", de Lauretta, há poucos momentos de cantilena formal.

Ou seja, Puccini põe muito bem em prática o conselho dado por Verdi, numa carta de 16 de agosto de 1870, a Ghislanzoni, o libretista da da *Aida*: "A bem do teatro, às vezes é necessário que poetas e compositores tenham o talento de não fazer nem poesia nem música." Este é um compositor que trata o material dramático com extrema economia. Elimina as tramas acessórias (só na *Bohème* contrasta os pares Rodolfo/Mimì e Marcello/Musetta). Suprime os detalhes históricos ou ambientais que não sejam estritamente necessários. Se compararmos a sua *Tosca* à de Sardou, veremos que ele desbastou todas as informações sobre a época e os antecedentes biográficos das personagens, que o dramaturgo considerava indispensável fornecer; e cortou a cena do baile, no ato II da peça, durante a qual Sardou fazia aparecer figuras históricas reais. A cena do baile teria constituído uma boa possibilidade convencional para a cena de efeito, no estilo *grand-opéra*; mas a seus libretistas, ele fez ver que ela seria dispersiva e faria a ação perder o foco concentrado que tem. Puccini conserva, em suma, das personagens apenas os traços de caráter necessários ao desenvolvimento da ação; e restringe sua gama emotiva àqueles sentimentos relacionados com o comportamento amoroso. Como a maioria dos compositores veristas, multiplica as "situações fortes" que, em óperas como *Tosca* ou *Fanciulla del West*, parecem a razão de ser do próprio drama. Esse gosto pelos aspectos essenciais da trama e por uma ação rápida, com tensão contínua e "*coups de théâtre*" faz também com que a *Tosca*, as três óperas do *Trittico* e a *Turandot* optem pelas unidades clássicas de tempo, lugar e ação.

Mas essa ânsia de concentração tem também seu lado negativo. Pois não raro suprimem-se detalhes psicológicos importantes para explicar os móveis da ação. Na *Manon Lescaut*, há um salto entre os atos I e II que faz com que o espectador não familiarizado com o romance de Prévôt – ou a ópera de Massenet – deixe de entender por que a moça trocou Des Grieux por Geronte de Ravoir (foi um erro de cálculo, devido ao desejo dos libretistas de evitar a semelhança com a *Manon* francesa). Na *Bohème*, a separação de Rodolfo e Mimì é insuficientemente motivada. Também parece demasiado brusca a explosão de entusiasmo de Cavaradossi por Napoleão. A partir da *Tosca*, porém, a maturidade no uso da forma dramática resulta em personagens psicologicamente mais bem desenvolvidas – Butterfly, Michele, Angelica e sua tia, Gianni, Liù – embora ainda persistam figuras que são meras silhuetas sem história, como Pinkerton.

A técnica de apresentação de personagens tem uma característica interessante. A mais importante é sempre deixada para o fim, fazendo o público esperar por ela e, com isso, alimentando a sua curiosidade. Assim acontece com Manon, Mimì, Tosca, Scarpia, Butterfly, Johnson, Gianni Schicchi, Turandot. Às vezes a personagem é precedida por uma descrição ("è una donna gelosa", no caso da Tosca) que lhe serve de cartão de visitas. De um modo geral, quem aparece primeiro é o tenor: Des Grieux, Rodolfo, Cavaradossi, Pinkerton, Calaf.

Puccini gosta de propor-se o desafio de, logo de saída, ter de manobrar todo um grupo de personagens, com situações e estados de ânimo variados:

os fregueses do albergue na *Manon Lescaut*;
os "bohémiens" em sua água-furtada;
os convidados no casamento da Butterfly (na versão original eles ainda eram caracterizados com muito mais detalhes);
os fregueses do saloo*n* de Minnie;
todo o movimento de rua no *Tabarro*
as freirinhas no convento da *Suor Angelica*;
a cena de multidão na *Turandot*.

Esse gosto pelas cenas complexas é de tradição francesa. Nós a encontramos na *Muette de Portici* de Auber e na *Juive* de Halévy; em todos os *grands-opéras* de Meyerbeer; nas cenas de rua do *Fausto* de Gounod; nos atos I e IV da *Carmen*; em certas óperas de Massenet. Em Puccini, essa técnica de criar cenas de multidão chega a seu ponto mais elaborado no ato II da *Bohème* (a noite de Natal no Café Momus) e nas cenas da *Turandot* de que o povo participa.

Francesa também – pois antes só tinha sido usada por Léo Delibes na *Lakmé* – é a origem de um procedimento característico de Puccini para apresentar a heroína: o de fazer sua voz ser ouvida nos bastidores antes de ela aparecer em cena, o que cria tensão e a curiosidade de saber como é a mulher a quem pertence essa voz. Assim acontece com Mimì, Musetta, Tosca e Butterfly. Uma inversão dessa técnica, com o efeito de retardamento da revelação, ocorre na *Turandot*: a personagem-título aparece em silêncio no ato I; sua voz só será ouvida na cena dos enigmas, na segunda cena do ato II. No domínio italiano, há apenas um precedente isolado a ser registrado: o da apresentação de Figaro no *Barbiere* rossiniano, cujo La-la-la ouvimos fora do palco, antes que ele entre em cena.

Sobre um cartaz do *Nerone* de Boito, em 29 de novembro de 1924, é afixado o aviso de que o espetáculo foi cancelado, em sinal de luto pela morte de Puccini.

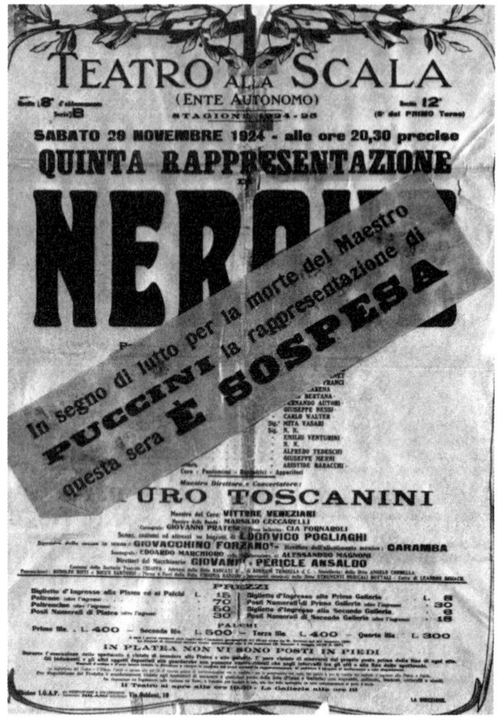

Capa do libreto de *La Fanciulla del West* de Puccini, publicado pela Ricordi em 1910.

Muitas vezes o ato I constrói-se sobre a situação básica *boy meets girl*: Manon e Des Grieux na estalagem; Mimì e Rodolfo na água furtada; Minnie e Johnson no saloon; Magda e Ruggero na festa em casa da cortesã. Variações desse esquema são a *Tosca*, em que ela e Cavaradossi já são amantes quando a ópera começa; e *Madama Butterfly*, em que o contrato de casamento já foi previamente acertado. Da mesma forma, *Turandot* oferece uma versão unilateral da fórmula *boy meets girl*, pois é só Calaf quem se sente atraído, no primeiro encontro, pela *principessa di gelo*. Em geral, o encontro do casal culmina num dueto de amor. Mas, para fugir do convencionalismo da forma fechada, Puccini usa interrupções que o tornam menos estático: dos amigos de Rodolfo na *Bohème*; de Suzuki, na *Butterfly*, arrumando a casa; de Nick, o garçon da *Fanciulla*, que vem falar a Minnie do "ceffo messicano" que foi visto rondando a casa. Interessante é a forma como isso acontece na *Tosca*: ela própria, movida pela suspeita, interrompe o dueto, entremeando-o com recitativos em tom dialogado.

Mesmo as árias individuais costumam ser interrompidas por intervenções de outras personagens, o que as tornam mais móveis e "em situação" (ou seja, elas não rompem tanto o fluxo da ação). Mimì faz comentários à valsa de Musetta; o sacristão, à "Recondita armonia", cantada por Cavaradossi; Calaf, a "In questa reggia", o monólogo de Turandot. Nunca é demais insistir na procedência dessa técnica, relativamente comum na ópera francesa. Para só ficar com um exemplo: as intervenções de Sansão na parte final de "Mon coeur s'ouvre à ta voix", a ária de Dalila na ópera de Saint-Saëns. Em geral, as árias são curtas, com uma simples repetição da estrofe ligeiramente variada e instrumentalmente mais rica. "E lucevan le stelle", da *Tosca*, é um exemplo típico. Algumas chegam a ser de brevidade epigramática, como "O mio babbino caro", no *Gianni Schicchi*. Exceções são, na *Bohème*, as duas árias de apresentacão ("Che gelida manina" e "Sì, mi chiamano Mimì") e a despedida "Addio senza rancor"; no *Butterfly*, "Um bel di"; e, na *Turandot*, o grande monólogo em que a princesa explica o seu estranho comportamento. Nestes casos, o formato de ária tradicional é perfeitamente justificável do ponto de vista dramático. Exceção é tambem "Vissi d'arte", na *Tosca*. Quanto a essa última, porém, Puccini dizia, no fim da vida, arrepender-se de tê-la incluído onde está, pois ela rompe a continuidade da ação num momento crucial (embora possa tornar-se verossímil, se a encararmos como um parêntesis de reflexão, que se passa dentro da cabeça da personagem, em meio à tortura a que está sendo submetida por Scarpia).

É aos duetos – em que se contrapõem e se entrelaçam os sentimentos das personagens – que Puccini reserva a elaboração maior. Alguns deles, como os do ato I da *Tosca* e da *Butterfly*, chegam a ser muito longos. O mais extenso, a que ele reservava um papel especial de síntese da obra, mas infelizmente não pôde escrever, é o da *Turandot* (a respeito dos problemas de edição dessa página, ver o capítulo sobre Franco Alfano).

Nas óperas de gênero *drame larmoyant* – *Manon Lescaut, Bohème, Madama Butterfly* e *Fanciulla del West* – o ato I tem uma divisão em duas partes, a primeira viva, a segunda lírica, terminando com um belo dueto de amor. Nas de modelo *grand-opéra* – *Tosca* e *Turandot* – o ato I se encerra com uma cena coral majestosa, mas de tom sinistro: num caso o "Te Deum" entrecortado pelas invectivas de Scarpia; no outro, as inúteis tentativas de Timur, Liù e das três máscaras de impedir Calaf de tocar o gongo e apresentar-se como candidato a decifrar os enigmas. No ato II (ou III, no caso da *Bohème*), há a reviravolta da ação, com uma bem preparada cena de confrontação entre os amantes – ou entre eles e seu antagonista – terminando com um golpe de cena:

- o retorno de Edgar, que abandonou Tigrana;
- na *Manon Lescaut*, o inflamado dueto "Tu, tu, amore tu", seguido da frustrada tentativa de fugir e a prisão da moça;
- na *Tosca*, a confrontação da cantora com o chefe da polícia, que a chantageia sexualmente, e acaba sendo assassinado por ela;
- na *Bohème*, a agridoce ruptura de Rodolfo e Mimì contrastando com o tom burlesco da briga de Marcello e Musetta;
- na *Butterfly*, a resistência da gueixa à tentativa de Sharpless de convencê-la a casar-se com o príncipe Yamadori, seguida da ilusó-

ria esperança representada pela chegada do navio de Pinkerton no porto;
- na *Fanciulla*, a cena entre Minnie e Johnson e o ferimento que ele recebe;
- na *Turandot*, finalmente, a forma como Calaf, depois de ter solucionado os enigmas propostos por Turandot, devolve-lhe a armadilha que ela montou para seus pretendentes, exigindo que ela descubra seu nome.

O ato final é sempre curto. Nele concentram-se os momentos mais comoventes do drama, em geral com a morte da heroína. Esse ato costuma incluir um lamento de grande efeito escrito para um dos protagonistas: o "Sola, perduta, abbandonata", na *Manon Lescaut*; "E lucevan le stelle", na *Tosca*; o lancinante "Tu, piccolo Iddio", na *Madama Butterfly*; "Ch'ella mi creda libero e lontano", na *Fanciulla del West*; "Tu che di gel sei cinta", na *Turandot*. Esse último ato apresenta menos material novo, pois Puccini gosta de trabalhar com o sistema verdiano das "reminiscências lógicas". Na *Manon Lescaut*, por exemplo, retoma o tema do minueto do ato II, para relembrar tudo o que a personagem-título perdeu ao ser condenada ao degredo em Nova Orleãs. No final da *Tosca*, o tema de "E lucevan le stelle" reaparece para demonstrar, melancolicamente, que Cavaradossi tinha razão ao achar que estava prestes a despedir-se do mundo e separar-se de sua amada para sempre (no realista Puccini, inexiste a consoladora idéia romântica da união dos amantes no outro mundo).

Como todos os compositores pós-wagnerianos, Puccini usa o discurso contínuo e a técnica dos motivos recorrentes. Mas mantém os números, mesmo reduzidos, perceptíveis dentro do fluxo musical, à maneira do último Verdi. Isso é ainda mais visível no neo-romantismo de final de obra do que nas óperas iniciais, mais ligadas ao códice verista. Na *Turandot*, por exemplo, "Signore ascolta" e "Tu che di gel sei cinta" – os apelos que Liù faz a Calaf e à princesa – e "Nessun dorma", a reflexão de Calaf durante a madrugada em que sua identidade está sendo investigada, destacam-se como momentos privilegiados. São casos em que, por razões dramáticas verossímeis, a forma tradicional da ária se impõe. Mas ela não chega a constituir o número fechado convencional.

Puccini não adota a técnica wagneriana do *leitmotiv* com rigor ou coerência. O mesmo motivo pode designar uma personagem, uma situação ou uma atmosfera. E pode até ser usado para realçar o comentário orquestral, sem um nexo obrigatório com o que está acontecendo na cena. São muito raros os exemplos de modificação na estrutura rítmica ou harmônica de um tema quando ele é reapresentado, como acontece no Mascagni maduro. Isso só ocorre, na maturidade, com os motivos ligados à Zia Principessa, da *Suor Angelica*, ou a Turandot. O mais comum é o tema só assumir seu pleno significado *a posteriori*, depois de ter sido exposto algumas vezes.

A continuidade orquestral é criada não pelo entrelaçamento dos temas, à maneira sinfônica, mas pela formação de um mosaico de minúsculas seções melódicas de poucos compassos, que são repetidas, variadas ou tratadas em progressão. Há aqui uma originalidade a se levar em conta: sendo Puccini um compositor cuja inspiração melódica é naturalmente de fôlego curto, ele transpõe para o domínio da ópera de tema sério uma técnica – a da pequena célula melódica usada de forma iterativa – que, antes dele, só tinha sido usada na ópera bufa (Cimarosa, Paisiello, Rossini). Mosco Carner comenta:

> Esse método é tratado com tal perícia e justeza, encaixado com tanta felicidade, que o mosaico consegue dar a impressão de um organismo musical. Expor esse organismo a uma crítica formal e examiná-lo pedaço por pedaço seria como desmontar um caleidoscópio para ver o que tem dentro. É só mesmo quando Puccini aplica esse mosaico a formas de mais larga escala – como os longos duetos de amor da *Manon Lescaut* ou da *Madama Butterfly*, ou a cena de tortura da *Tosca* – que a continuidade orgânica sofre e percebemos a falta de uma técnica sinfônica.

Essa técnica, inversamente, funciona à perfeição quando se trata de uma página mais condensada, como "O soave fanciulla", do ato I da *Bohème*, cuja breve melodia – em especial na explosão do "In te ravviso..." – é de efeito absolutamente encantatório.

Para conseguir coesão e unidade, Puccini constrói cenas ou atos inteiros com uma forma instrumental definida. As cenas de abertura da *Manon Lescaut, La Bohème* e *Madama Butterfly* são scherzos em forma de rondó. O dueto de amor do fim do ato I e o "Dueto das Flores", na *Butterfly*, são estruturas ternárias *da capo* (A.B.A.), em forma de arco. O ato I da *Turandot* tem quatro seções contrastantes, como os movimentos de uma sinfonia. Esta, aliás, é uma época em que procedimentos formais dessa natureza estão se tornando comuns. Compositores como Paul Dukas (*Ariane et Barbe-Bleue*), Albéric Magnard (*Bérénice*) e Franz Schreker (*Die ferne Klange*) constroem cenas de suas óperas com base em formas fixas. E é no *Wozzeck*, de Alban Berg, que essa técnica será sistematizada, estendendo-se a cada uma das cenas de atos concebidos de forma simétrica.

Outro expediente para obter a coesão é de caráter harmônico. Puccini faz as tonalidades se sucederem de acordo com um plano pré-estabelecido. Isso vai ser muito mais comum na fase anterior à influência impressionista, durante a qual o que predominará é uma certa fluidez tonal – na *Fanciulla del West*, por exemplo. Um ato pode ser polarizado por uma tonalidade básica. Ou, começando com determinada tonalidade, pode terminar com sua dominante, subdominante ou relativa maior, dependendo do tipo de caracterização dramática que se quer lhe dar. Como para outros compositores, determinadas tonalidades têm, para Puccini, um significado emotivo-simbólico. De modo geral cenas de angústia e desespero são em fá sustenido menor, dó sustenido menor e mi bemol menor. Na *Tosca* e na *Madama Butterfly*, o si menor está ligado aos lamentos de Cavaradossi e Cio-cio San. Para as cenas de amor, as tonalidades preferidas são o lá maior, o mi bemol maior, o fá maior, quando o tom é positivo e luminoso (os atos I da *Bohème*, da *Tosca*, da *Butterfly*) e lá bemol, ré bemol, sol bemol quando é necessário transmitir a impressão de ternura mas também de nostalgia.

"Sem a melodia espontânea e incisiva não pode haver música", dizia Puccini. É essa a sua característica mais pessoal, dentro da típica tradição italiana de melodismo que, de Rossini, passando por Donizetti e Bellini, chega a Verdi. Apesar de seu instintivo senso teatral e de sua técnica consumada, ele não teria atingido a popularidade que tem junto ao grande público, se não fosse um melodista tão cativante. Não se aplica a ele, porém, o axioma brincalhão de Giordano: "Trovate una buona romanza e puoi costruiteci l'opera intorno" (Achem uma boa romança e, depois, construam a ópera em torno dela). Puccini nunca sacrificava o efeito dramático à chance de inserir uma bela ária (haja vista o caso já relatado do arrependimento em relação a "Vissi d'arte"). A ária pucciniana é sensual, com linha vocal terna e luminosa, de melodia diatônica e eufônica – até mesmo quando ele namora com as harmonias wagnerianas, como é o caso da *Manon Lescaut*. Mas enquanto a ária de Verdi, por exemplo, começa de saída com o que Carner chama de uma "estocada dramática", é comum a de Puccini iniciar-se de forma hesitante, recitada. O tema vai se formando devagar na orquestra, antes de se firmar na linha vocal. "Che gelida manina" ou "E lucevan le stelle" são casos típicos.

> O estilo melódico de Puccini, especialmente na fase intermediária, tem um caráter nitidamente feminino. Terna, graciosa, acariciante [...] é a *phrase décadente* de Thomas, Gounod e Massenet transportada para um clima italiano, mais rico em sensualidade e expressão emotiva. Como Verdi, Wagner ou Richard Strauss, Puccini possuía a habilidade de concentrar, numa única frase, o sentimento que guia uma personagem numa determinada situação, e a atmosfera predominante de uma cena. A típica melodia pucciniana contém em si tudo o que é necessário exprimir naquele momento particular do drama. Funde palavra, ação, sentimento e puro som vocal em um todo – e daí vêm sua intensidade e o irresistível efeito que faz sobre o público. Mas enquanto Verdi reserva essa espécie de melodia concentrada para os momentos culminantes do drama, o verista que há em Puccini é tentado a torná-la perpétua, como se os espectadores devessem ser mantidos em um estado permanente de excitação febril.

Onde essa cantilena é mais característica é nos momentos em que a personagem, numa situação extrema, é confrontada com sua dor, fragilidade e medo da morte. Em "Sola, perduta, abbandonata" (*Manon Lescaut*) ou "E lucevan le stelle" (*Tosca*), a impressão de profundo cansaço e desalento é dada pelo andamento lento e atormentado, o uso de tonalidades menores e a tendência a intervalos que dão a impressão de que a todo momento a melodia se interrompe e recomeça, como se a ária não tivesse uma espinha dorsal – a "melodia invertebrada" – e se desenvolvesse com esforço. À tradição italiana do *lamento*, que vem de Monteverdi passando por Bellini e Donizetti,

A soprano romena Hariclea Darclée – pseudônimo de Hariclea Hartulary – teve seu nome ligado ao de Carlos Gomes, de quem provavelmente foi amante. Darclée criou *La Wally*, *Íris* e *Tosca*.

Maria Callas no ato I da *Tosca*: Covent Garden de Londres, cenários de Renzo Mongiardino, direção de Franco Zeffirelli.

Esboço para uma encenação do *Tabarro*, com anotações do próprio Puccini.

Esboço de Wakhevitch para uma encenação do *Gianni Schicchi* de Puccini no Théâtre de l'Opéra-Comique, de Paris, em 1967.

Cenário e figurinos de Ardengo Soffici para uma encenação de *Suor Angélica* de Puccini no Scala de Milão, em 1962.

une-se a influência da "*mélodie larmoyante*" francesa tipo Massenet (cf. *Manon*). Ao lado do cantábile lento, porém, é muito comum, no estilo pucciniano, o ritmo *ballabile*, saltitante, usado em cenas de tom brilhante, como o início da *Manon Lescaut*, o movimentado ato II da *Bohème* (que em seu centro tem a voluptuosa "Valsa de Musetta") ou a festa do casamento da *Madama Butterfly*. Mas esse ritmo saltitante pode também ser usado com objetivo cômico ou satírico: o Sacristão da *Tosca*; as máscaras da *Turandot*.

O recitativo pucciniano é um meio termo entre um arioso expressivo e um *parlando* com elementos melódicos nítidos. É a aplicação moderna do velho recitativo acompanhado, mas usado de forma bastante flexível, na linha aberta para a ópera italiana pela declamação melódica livre de Verdi (*parola scenica*) no *Otello* e no *Falstaff*. Já mencionamos, a esse respeito, os fluentes diálogos de Rodolfo e Marcello na *Bohème*, e de Pinkerton e Sharpless na *Butterfly*.

A riqueza harmônica é o que mais distingue Puccini de seus contemporâneos (à exceção do Mascagni maduro, cujo talento, entretanto, é de natureza muito diferente). É importante ressaltar que Puccini sempre esteve muito atento às inovações harmônicas de seu tempo. Já em *Le Villi* e *Edgar*, as notas alternadas, os acordes de nona e de sétima diminuída mostravam-no familiarizado com a escrita pós-romântica dos seguidores de Wagner. Na *Manon Lescaut*, além dos cromatismos de evidente influência wagneriana, surgem ocasionalmente quintas paralelas, antes de Debussy ter sistematizado esse procedimento. A *Bohème* já gravita na área da influência impressionista: há acordes de sétima diminuída e sexta aumentada em seqüências paralelas, dissonâncias não resolvidas, e tríades com a quinta aumentada. Entre a *Tosca* e a *Fanciulla*, o aparecimento da escala de tons inteiros – que Glinka usou pela primeira vez, em 1824, no *Russlán e Liudmíla* – mostra que ele está em dia com as novidades que vêm do Leste europeu. Finalmente, na *Turandot*, há bitonalidade, acordes de quartas superpostas, dissonâncias cruas e descobertas a respeito das quais já foi pronunciado o nome de Stravínski. É freqüente o uso de pedais para criar uma atmosfera desolada – no início do ato III da *Manon Lescaut*, por exemplo – ou de ritmos e melodias *ostinati* em momentos trágicos. Assim é representada a reação de Cio-cio San quando Sharpless tenta fazê-la compreender que Pinkerton pode não voltar. Ou a batida da percussão que representa o pulsar descontrolado de seu coração quando a tragédia se avizinha. Assim é expressa a agonia mortal de Angélica quando a tia lhe conta que o filho morreu. Mais concretos são esses efeitos na marcha do pelotão que vai fuzilar Cavaradossi. Ou no ritmo crescente das pressões com que a multidão enfurecida tenta forçar Liù a revelar o nome do Príncipe Desconhecido.

Puccini é um dos grandes orquestradores de seu tempo, dote que se manifesta desde as primeiras obras orquestrais que escreve, ainda estudante. Seu comentário instrumental é mais elaborado do que o da maioria de seus predecessores, pois ele mantém-se aberto às lições trazidas pelo drama lírico wagneriano. Mas é fiel à tradição italiana de enriquecer a orquestra sem que o núcleo do tecido musical deixe de estar na linha vocal (como acontece com o Verdi maduro). O papel de sua orquestra, porém, é muito variado: assegura a continuidade do fluxo musical; comenta as emoções mais secretas das personagens (na *Butterfly*, por exemplo); constitui elemento constante de criação de atmosfera (sobretudo nas óperas de cenário "exótico": *Butterfly, Fanciulla, Turandot*). Ouçamos mais uma vez a voz de Mosco Carner:

> Desde a *Manon Lescaut*, mas principalmente a partir da *Bohème*, a sensibilidade "francesa" de Puccini se manifesta em uma trama instrumental que é ao mesmo tempo leve, diáfana, flexível, e capaz de anular-se quando necessário. Ora ela sabe oferecer tons delicados, em surdina, de música de câmara; ora efusões melódicas que enriquecem o recitativo; mas ora sabe também calar-se inteiramente. Como Massenet e Debussy, Puccini trata as passagens instrumentais como uma filigrana, calibrando-as com a perícia e o cuidado amoroso de um ourives. É justamente nesses trechos que o artista *fin de siècle* demonstra a habilidade de que dispõe para extrair os mais refinados e complexos estímulos sensoriais, bem como a sua aristocrática sensibilidade, capaz de valorizar o som pelo efeito inebriante que ele exerce sobre o sistema nervoso do espectador.

Mas ao lado desse uso camerístico da orquestra, há também os momentos em que

Puccini recorre aos *tutti*. São as melodias dobradas ou triplicadas, uma oitava acima, pelas cordas, no ponto culminante de uma ária ou de um dueto (o do fim do ato I da *Butterfly*, por exemplo), numa derramada *violinata* que já foi muito criticada, pois é considerada um efeito fácil. Mas é um procedimento que remonta à Escola napolitana, no século XVIII, e aparece na maioria dos compositores do século XIX. Na *Lettre sur la Musique Française*, de 1753, Jean-Jacques Rousseau descreve "os freqüentes acompanhamentos em uníssono que se pode observar na música italiana e que, reforçando a melodia, tornam-na mais doce e rica e menos cansativa para o ouvido". Rousseau considera essa "unidade da melodia uma regra indispensável, tão importante quanto a unidade da ação na tragédia". O uníssono pucciniano constitui, portanto, o desenvolvimento natural de uma característica que perpassa toda a ópera italiana e visa a frisar a linha vocal com o máximo de urgência e calor emocional.

A orquestra é sempre grande, e ainda mais reforçada nas óperas vinculadas ao estilo *grand-opéra*. Mas há a tendência – que moderniza um procedimento cuja origem remonta ao Barroco – a reservar as cordas para os momentos de expansão amorosa; a trabalhar com as madeiras em cenas cômicas, grotescas ou de alegria explosiva; e a deixar os metais para as passagens de grande tensão, em que é necessário realçar um clímax emocional. Nas óperas "exóticas", os metais são usados também para criar cor local. Nesses casos, vêm associados a grande variedade de instrumentos de percussão (incluindo gongos, campainhas, tam-tam, sinos tubulares). Se compararmos *Tosca* a *Butterfly* ou *Turandot* veremos que cada uma das óperas de Puccini possui um colorido orquestral característico. Há nele também o hábito de associar determinados instrumentos às personagens – Cavaradossi/clarineta; Scarpia e a tia de Angelica/violas, violoncelos, contrabaixos; Butterfly e Liù/as madeiras agudas; Angelica/cordas e corne inglês – de tal forma que o próprio colorido orquestral auxilia-nos na identificação de determinadas "famílias" de personagens. A elas pertencem, de um lado, Scarpia, Jack Rance ou a Zia Principessa; do outro, Butterfly ou Liù.

O coro, para Puccini, não é apenas um pano de fundo. Freqüentemente trata-o como uma personagem coletiva, que toma parte ativa no drama. Os casos mais claros são os de *Le Villi*, *Manon Lescaut*, *Fanciulla del West*, *Turandot*. Sem estar diretamente ligado à ação, pode também ser usado para dar vida e movimento ao quadro, como na cena de rua do ato II da *Bohème*; no *Te-Deum* com que se encerra grandiosamente o ato I da *Tosca*; ou na agitação dos parentes durante a festa de casamento no ato I da *Madama Butterfly*. A escrita coral pucciniana é silábica, nota contra nota, obedecendo à tradição operística italiana. Mas a sensação de polifonia é criada pela hábil divisão das quatro vozes e pelos contrastes rítmicos. Sua técnica normal consiste em confiar a melodia principal à orquestra, e acrescentar a ela fragmentos dessa mesma melodia – ou de contratemas – desenvolvidos na linha vocal, até atingir um *tutti* em que coro e orquestra se unem na representação do tema principal. Essa perícia na escrita coral é natural em um músico que descendia de quatro gerações de compositores sacros e, em suas próprias obras de juventude, como a *Messa di Gloria*, demonstrou possuir sólidos conhecimentos de contraponto e saber manipular os antigos artifícios escolásticos. Em suas óperas, entretanto, ele não os usa, decerto porque a polifonia dificulta a compreensão do texto; e também porque sua exigência de espontaneidade e naturalidade excluía o uso de um procedimento cerebral como o contraponto – o que, uma vez mais, o insere numa tradição de clareza, simplicidade e leveza que é típica de toda a História da Ópera Italiana.

Projetos Inacabados

A insegurança de Puccini e a insatisfação com seu próprio trabalho fez com que estudasse ao todo sessenta libretos, que muitas vezes chegou a começar a musicar, pondo-os depois de lado. Muitos deles foram negociados e utilizados por outros compositores:

– *Adolphe*, de Benjamin Constant; *Anima allegra*, dos irmãos Quintero; *Anna Karênina*, de Liev Tolstói; *Aphrodite*, de Pierre Louÿs; *At the Barn*, de Anthony Wharton;

- *Calendimaggio*, de Valentino Soldani; *Cecco d'Ascoli*, de Gabriele d'Annunzio; *O Cigano*, de Máksim Górki; *Ciompi*, de Soldani; *Comédie de Celui qui Épousa une Femme Muette*, de Anatole France; *Cristoforo Sly*, de Giovacchino Forzano (musicado por Ermanno Wolf-Ferrari); *La Crociata degli Innocenti*, de D'Annunzio; *Cyrano de Bergerac*, de Edmond Rostand (musicado por Franco Alfano);
- *Daphnis*, de Paul de Koch; *Le Dernier Chouan*, de Honoré de Balzac; *Don Pietro Caruso*, de Pietro Bracco; *The Duchess of Padua*, de Oscar Wilde; *Due Zoccoletti* (Os dois tamanquinhos), de Ouïda (pseudônimo de Marie-Louise Ramée), musicado por Pietro Mascagni com o nome de *Lodoletta*);
- *Enoch Arden*, de lorde Alfred Tennyson;
- *La Faute de l'Abbée Mouret*, de Émile Zola; *La Femme et le Pantin*, de Pierre Louÿs (musicado por Riccardo Zandonai com o nome de *Conchita*); *Los Flores*, dos irmãos Quintero; *A Florentine Tragedy*, de Oscar Wilde (musicado por Alexander von Zemlinsky);
- *Gismonda*, de Victorien Sardou (musicado por Henri Février); *La Glu*, de François Richepin (musicado por Gabriel Dupont);
- *Hanneles Himmelfahrt* (A ascensão de Hanneles), de Gerhardt Hauptmann;
- *Johannisfeuer* (A fogueira de São João), de Hermann Sudermann;
- *Kan e Seu Filho*, de Máksim Górki; *King Lear*, de William Shakespeare;
- *Konovalióv*, de Górki; *Lea*, de Felice Cavalloti;
- *Liliom*, de Ferenc Molnár; *The Last Days of Pompeï*, de Edward Bulwer-Lytton; *La Locandiera*, de Carlo Goldoni; *Lorna Doone*, de Richard Blackmore; *La Luce che si Spense*, baseado em Rudyard Kipling; *La Lupa*, de Giovanni Verga (abandonado em favor da *Bohème*, cujo libreto, escrito por Leoncavallo, ele já tinha anteriormente recusado);
- *Margherita di Cortona*, de Soldani (musicado por Don Licinio Refice); *Maria Antonietta*, de Luigi Illica; *Marie Magdeleine*, de Maurice Maeterlinck; *Les Mauvais Bergers*, de Octave Mirbeau; *As Mil e uma Noites*, de anônimo árabe; *Les Misérables*, de Victor Hugo; *Monna Vanna*, de Maeterlinck (musicado por H. Février);
- *Notre-Dame de Paris*, de Victor Hugo (musicado por Franz Schmidt);
- *Oliver Twist*, de Charles Dickens; *L'Oiseau Bleu*, de Maeterlinck;
- *Parisina*, de D'Annunzio (musicado por Mascagni); *La Peau de l'Ours*, de Tristan Bernard; *Pelléas et Mélisande*, de Maeterlinck (musicado por Claude Debussy);
- *Recordações da Casa dos Mortos*, de Fiódor Dostoiévski (musicado por Leos Janáček); *Rip van Winkle*, de Washington Irving; *La Rosa di Cipro*, de D'Annunzio;
- *Tartarin de Tarascon*, de Alphonse Daudet; *Os Tecelões*, de G. Hauptmann; *Tierra Baixa*, de Ángel Guimerá (musicado por Eugen d'Albert com o nome de *Tiefland*); *La Tour de Nesle* e *Les Trois Mousquetaires*, de Alexandre Dumas pai; *Trilby*, de Georges du Maurier;
- *Vinte e Seis por Um*, de Górki.

Alguns desses títulos referem-se a obras que, visivelmente, nada tinham a ver com a sensibilidade de Puccini: não se consegue imaginá-lo compondo uma ópera sobre a *Casa dos Mortos*, de Dostoiévski, por exemplo. Em outros casos, é de se lamentar que o projeto tenha abortado. Seria muito interessante verificar em que se transformaria, em suas mãos, o *Pelléas et Mélisande*, de Maeterlinck, ou uma peça encantadora como *Liliom*, do húngaro Molnár. Em todo caso, esta lista de títulos atesta a diversidade de interesses do compositor, a amplitude de sua cultura literária, a preocupação de estar em dia com a arte literária de seu tempo e o perfeccionismo de um artista que, embora buscasse sua inspiração nos mais diversos campos, era tão exigente consigo mesmo que produziu apenas dez óperas em 42 anos de vida criativa.

Discografia Seletiva

Puccini é um dos compositores mais gravados na História da Ópera. Um levantamento extensivo desses registros – semelhante ao que, neste volume, tenta-se fazer para todos os autores – virá no volume específico consagrado à sua obra. Por enquanto, para a orientação do leitor, limito-me a indicar as gravações comerciais mais importantes de cada uma de suas óperas. Esta será, portanto, uma lista deliberadamente incompleta e provisória.

Le Villi

CBS, 1988 – Renata Scotto, Plácido Domingo/Lorin Maazel.

Edgar

CBS, 1989 – Scotto, Carlo Bergonzi, Gwyneth Killebrew/Eve Queler.

Manon Lescaut

Decca, 1954 – Renata Tebaldi, Mario del Monaco/Francesco Molinari-Pradelli.

EMI, 1957 – Maria Callas, Giuseppe di Stefano/Tullio Serafin.

EMI, 1971 – Montserrat Caballé, Domingo/ Bruno Bartoletti.

DG, 1983 – Mirella Freni, Domingo/Giuseppe Sinopoli.

Decca, 1987 – Kiri te Kanawa, José Carreras/ Riccardo Chailly.

Decca, 1992 – Freni, Luciano Pavarotti/James Levine.

Sony, 1992 – Nina Rautio, Petr Dvorský/Maazel.

La Bohème

Decca, 1951 – Tebaldi, Giacinto Prandelli/ Alberto Erede.

Cetra, 1952 – Rosanna Carteri, Ferruccio Tagliavini/Gabriele Santini.

EMI, 1956 – Victoria de los Angeles, Jussi Björling/Thomas Beecham.

EMI, 1956 – Callas, di Stefano/Antonino Votto.

Decca, 1959 – Tebaldi, Bergonzi/Serafin.

RCA, 1961 – Anna Moffo, Richard Tucker/ Erich Leinsdorf.

EMI, 1963 – Freni, Nicolai Gedda/Thomas Schippers.

Decca, 1972 – Freni, Pavarotti/Herbert von Karajan.

RCA, 1973 – Caballé, Domingo/sir Georg Solti.

Philips, 1979 – Katia Ricciarelli, Carreras/sir Colin Davis.

EMI, 1979 – Renata Scotto, Alfredo Kraus/ James Levine.

Erato, 1987 – Barbara Hendricks, Carreras/ James Conlon.

DG, 1988 – Angelina Réaux, Jerry Hadley/ Leonard Bernstein.

EMI, 1990 – Daniela Dessì, Giuseppe Sabbatini/Gianluigi Gelmetti.

Naxos, 1993 – Miriam Gauci, Giacomo Aragall/Alexander Rahbari.

VAI, 1994 – Kiri Te Kanawa, Richard Leech/ Kent Nagano.

Erato, 1995 – Ricciarelli, Francisco Araiza/ Anton Guadagno.

Tosca

EMI, 1938 – Maria Caniglia, Beniamino Gigli, Armando Borgioli/Oliviero de Fabritiis.

Decca, 1952 – Tebaldi, Giuseppe Campora, Enzo Mascherini/Erede.

EMI, 1953 – Callas, Di Stefano, Tito Gobbi/ Victor de Sabata.

RCA, 1957 – Zinka Milanov, Jussi Björling, Leonard Warren/Erich Leinsdorf.

Decca, 1959 – Tebaldi, del Monaco, George London/Molinari-Pradelli.

Decca, 1962 – Leontyne Price, di Stefano, Giuseppe Taddei/von Karajan.

EMI, 1964 – Callas, Bergonzi, Gobbi/Georges Prêtre.

Decca – Birgit Nilsson, Franco Corelli, Dietrich Fischer-Dieskau/Maazel.

RCA, 1972 – Price, Domingo, Sherrill Milnes/ Zubin Mehta.

DG, 1976 – Galina Vishniévskaia, Franco Bonisolli, Matteo Manuguerra/Mstislav Rostropóvitch.

Philips, 1976 – Caballé, Carreras, Ingvar Wixell/sir Colin Davis.

Decca, 1978 – Freni, Pavarotti, Milnes/Nicola Rescigno.

DG, 1979 – Ricciarelli, Carreras, Ruggero Raimondi/von Karajan.

EMI, 1980 – Scotto, Domingo, Renato Bruson/ Levine.

Decca, 1984 – Te Kanawa, Aragall, Nuci/Solti.

Sony, 1988 – Éva Marton, Carreras, Juan Pons/ Michael Tilson Thomas.

Naxos, 1991 – Nelly Miricioiu, Giorgio Lamberti, Silvano Caroli/Rahbari.

Philips, 1991 – Carol Vaness, Giuseppe Giacomini, Giorgio Zancanaro/Riccardo Muti.

DG, 1992 – Hildegarde Behrens, Domingo, Cornell McNeil/Giuseppe Sinopoli.

DG, 1992 – Freni, Domingo, Samuel Ramey/ Sinopoli.

Teldec, 1992 – Caterina Malfitano, Domingo, Raimondi/Mehta.

Madama Butterfly

Decca, 1951 – Tebaldi, Campora/Erede.

EMI, 1954 – de los Angeles, Di Stefano/ Gianandrea Gavazzeni.

EMI, 1955 – Callas, Gedda/von Karajan.
Decca, 1958 – Tebaldi, Bergonzi/Serafin.
RCA, 1958 – Moffo, Cesare Valetti/Leinsdorf.
EMI, 1959 – de los Angeles, Bjorling/Santini.
RCA, 1962 – Price, Tucker/Leinsdorf.
EMI, 1966 – Scotto, Bergonzi/sir John Barbirolli.
Decca, 1974 – Freni, Pavarotti/von Karajan.
CBS, 1978 – Scotto, Domingo/Maazel.
DG, 1988 – Freni, Carreras/Sinopoli.
Naxos, 1992 – Gauci, Yordi Ramiro/Rahbari.

La Fanciulla Del West
EMI, 1958 – Nilsson, João Gibin/Lovro von Matacic.
London, 1958 – Tebaldi, del Monaco/Franco Capuana.
DG, 1977 – Carol Neblett, Domingo/Mehta.
Sony, 1991 – Mara Zampieri, Domingo/Maazel.
RCA, 1992 – Marton, Dennis O'Neill/Leonard Slatkin.
Sine Qua Non, 1992 – Gwyneth Jones, Corneliu Murgu/Marcello Viotti.
DG, 1992 – Barbara Daniels, Domingo/Slatkin.

La Rondine
RCA, 1966 – Moffo, Daniele Barioni/Molinari-Pradelli.
CBS, 1982 – Te Kanawa, Domingo/Maazel.

Trittico (indicando apenas os álbuns que trazem as três óperas juntas)
Decca, 1961 – Tebaldi, del Monaco (Tabarro); Tebaldi, Giulietta Simionato (Suor Angelica); Tebaldi, Fernando Corena (Gianni Schicchi)/Gardelli.
CBS, 1977 – Scotto, Domingo; Scotto, Marilyn Horne; Ileana Cotrubas, Domingo, Gobbi/Maazel.
Eurodisc, 1987 – Ilona Tokody, Siegmund Nimsgern; Lucia Popp, Marjana Lipovsek; Helen Donath, Peter Seiffert, Rolando Panerai/Giuseppe Patanè.

Turandot
Cetra, 1937 – Gina Cigna, Magda Olivero, Francesco Merli/Franco Ghione.
Decca, 1955 – Inge Borkh, Tebaldi, del Monaco/Erede.
EMI, 1957 – Callas, Elisabeth Schwarzkopf, Eugenio Fernandi/Serafin.
RCA, 1959 – Nilsson, Tebaldi, Björling/Leinsdorf.
EMI, 1965 – Nilsson, Scotto, Corelli/Molinari-Pradelli.
Decca, 1972 – Joan Sutherland, Caballé, Pavarotti/Mehta.
EMI, 1977 – Caballé, Freni, Carreras/Alain Lombard
DG, 1981 – Ricciarelli, Hendricks, Domingo/von Karajan.
CBS, 1983 – Marton, Ricciarelli, Carreras/Maazel.
RCA, 1992 – Marton, Margaret Price, Ben Heppner/Roberto Abbado.
RCA, 1998 – Giovanna Casolla, Barbara Frittoli, Aldo Bottion/Mehta.

Mascagni

Quantas vezes já se ouviu dizer que Pietro Mascagni é "o compositor de uma ópera só", cuja fama, "apesar das outras obras que escreveu, repousa exclusivamente sobre a *Cavalleria Rusticana*"? Julgamentos como este – do maestro René Leibowitz em *L'Histoire de l'Opéra* – têm sido formulados com freqüência a respeito de um músico de quem se diz: "Em seus trabalhos posteriores, nunca mais reencontrou o vigor e a qualidade dessa primeira ópera". Há anos manuais e enciclopédias vêm remoendo comentários desse tipo, sem se preocupar em reavaliar essa "idée reçue", digna do Bouvard e do Pécuchet flaubertianos. A extrema popularidade da *Cavalleria* acabou por fazer mais mal do que bem ao conjunto de uma obra que os próprios compatriotas do compositor reconhecem ter sido relegada a imerecido segundo plano. Em 1987, no Prefácio a *Invito all'ascolto di Mascagni*, Gherardo Gherardini admitia:

> Quarenta anos após sua morte, Pietro Mascagni não deixou ainda de dar a impressão de um velho rei derrotado e exilado após processo sumário. Hoje ainda, pesa sobre sua figura artística uma obstinada conspiração do silêncio, certamente mais teatral do que musicológica.

E o próprio compositor parecia sabê-lo, pois lhe atribuem a frase: "Fui coroado antes de ser rei".

Como explicar a indiferença, o desinteresse, o desconhecimento que vêm cercando justamente a parte mais significativa da obra de Pietro Mascagni? É verdade que, na fase em que viveu e produziu, o enorme sucesso conquistado junto ao público por seu amigo e rival Giacomo Puccini contribuiu muito para deixar à sombra não só a sua obra como a de outros compositores contemporâneos. Uma comparação da técnica de composição de ambos pode, de resto, fornecer uma primeira pista para compreendermos o difícil processo de assimilação da música do Mascagni maduro pelo público.

Puccini trabalha com frases melódicas curtas e envolventes, fáceis de memorizar e de reconhecer a cada vez que são repetidas; e, embora utilize um comentário orquestral brilhante, evita procedimentos complexos de desenvolvimento sinfônico, como o contraponto. Já Mascagni, também um melodista a quem a inspiração raramente desampara, tende, ao longo de sua evolução, a trabalhar com motivos cada vez mais longos e elaborados, cujo desenvolvimento completo exige muita concentração por parte do ouvinte. É o caso, por exemplo, da lenta e sinuosa formação do tema do "Hino do Sol", na *Iris*, só enunciado integralmente pouco antes da entrada do coro. É um tema que se diferencia muito, em sua técnica de construção, dos concisos e emblemáticos motivos puccinianos, de que o mais típico exemplo é o de Scarpia, curto e brutal, que se ouve nos primeiros compassos da *Tosca*.

Além disso, se Puccini trabalha com um material melódico de grande beleza mas relativamente limitado, Mascagni multiplica seus temas e os metamorfoseia constantemente, o que exige do ouvinte várias audições antes que seja capaz de percebê-los em suas múltiplas interrelações. Em vista disso, as óperas do Mascagni maduro são "difíceis", por exigirem do público atitude mais participativa, no nível da compreensão e da fruição musicais. Acrescente-se, ainda, o fato de que se trata de óperas longas, de árdua encenação, necessitando cantores em condições de enfrentar tessituras do tipo *amazzavoci* (arrasa-voz), e que requerem, para sua plena apreciação, intimidade com textos de alta temperatura poética, ou que discutem idéias filosóficas.

Mas essas mesmas coisas podem ser ditas das óperas de Wagner ou de Richard Strauss e, nem por isso, elas deixam de ser encenadas ou gravadas. Até mesmo autores reputados "difíceis", como Alban Berg ou Leoš Janáček, encontram hoje um público crescente. Num momento em que raridades como as óperas de Franz Schreker, Alexander von Zemlinsky ou Erich Korngold encontram seu caminho para o disco, seria necessário procurar outras razões para o ostracismo em que se encontra a maior parte da obra mascagnana. Mas é que, no caso desses autores, estamos falando de operistas pertencentes ao domínio germânico, em que os hábitos de escuta são menos estabilizados do que no da ópera italiana. Prova disso é que o mesmo descaso afeta obras de Leoncavallo, Giordano, Zandonai, Alfano, Montemezzi, Wolff-Ferrari – desses outros membros da *Giovane Scuola* a inércia de público e crítica faz com que se conheça uma, às vezes duas óperas, e ignora-se o resto.

A estranheza causada, junto ao público convencional, por um modelo de ópera que foge aos padrões do melodrama peninsular; a negligência dos próprios italianos em valorizar seu repertório dessa fase; a inércia normal do público que gosta de ópera italiana, e prefere dormir sobre os louros do já confortavelmente familiar a animar-se à aventura do território desconhecido; os preconceitos contra um autor que, na fase final de sua vida, entusiasmou-se com a personalidade do ditador fascista podem ser apontados como algumas dessas razões.

Mas para isso têm colaborado também a leviandade e a preguiça de historiadores de música que, sem se preocupar em rever, através do contato direto com a obra, os comentários do tipo "compositor de uma obra só", herdados de outros autores, contentam-se em remastigá-los mecanicamente. Tudo isso justifica que, nestas páginas, se examine, com seriedade e sem idéias preconcebidas, a parte do iceberg mascagnano que ficou encoberta pela fama descomunal da *Cavalleria*.

O sucesso da *Cavalleria* fez o nome de Mascagni no mundo inteiro. O primeiro teatro estrangeiro a apresentá-la foi o Real de Madri, em dezembro de 1890. No mesmo mês, ela foi levada em Budapeste sob a regência de Gustav Mahler que, mais tarde, haveria de se tornar um sincero amigo do compositor. Até mesmo um crítico intransigente como Eduard Hanslick se rendeu quando, em março de 1891, ela foi montada na Staatsoper de Viena:

> As características típicas de Mascagni podem ser procuradas no fato de que, embora sendo inconfundivelmente italiano, ele é também modernamente europeu. [...] Seu talento evidencia-se e se torna claro, principalmente, na facilidade com que consegue dar a cada cena a atmosfera justa e as particularidades da expressão dramática.

Isso atraiu a atenção da Casa Ricordi, a maior editora musical italiana, interessada em contratar Mascagni, arrebatando-o ao rival Sanzogno. Mas quando este soube que Mascagni decidira vender o *Ratcliff* à Ricordi, ficou compreensivelmente indignado e exigiu o fim dessa transação. Para pacificá-lo, o compositor concordou em musicar um libreto que Sonzogno vinha lhe propondo, mas que, na realidade, não lhe interessava muito: *L'Amico Fritz*, que o jornalista Nicola Daspuro, sob o pseudônimo de "Suardon", extraíra de um romance sentimental de Émile Erckmann e Alexandre Chatrian, dois escritores alsacianos em moda na época. Publicado em 1864, o romance tinha sido convertido em peça teatral em 1877. Foi necessário, entretanto, que o libreto de Suardon, muito medíocre, fosse revisado por Angelo Zanardini e, depois, por Targioni-Tozzetti, antes de ter condições de ser musicado. Estreada em 31 de outubro de 1891, no Costanzi de Roma, a ópera teve uma acolhida morna. O público aplaudiu calorosamente a interpretação de Emma Calvé como Suzel, e de Fernando de Lucia no papel-título. Mas, acostumado aos temperos fortes do Verismo, recebeu sem muito entusiasmo essa história de um fazendeiro rico e generoso que tem horror da idéia de vir a se casar.

"Ho in odio il matrimonio, non so che sia l'amore", diz Fritz, explicando a sua fobia ao casamento. "E chi sospira e piange e si dispera per le donne, rider mi fa" (Odeio o casamento, não sei o que seja o amor. E quem suspira e chora e se desespera por causa das mulheres me faz rir). Essa misoginia será destruída pela atração que ele descobre sentir por Suzel, a filha de seu capataz. Com a eficiente ajuda de seu amigo David, um rabino casamenteiro, essa cidadela de resistência ao amor será expugnada e Fritz desposará a bela Suzel, com quem se espera que viva feliz para sempre. Curioso é observar que, depois do decreto anti-semita de 1938, o rabino foi transformado em um anódino "dottore". A gravação de 1941, regida pelo próprio Mascagni, com Ferruccio Tagliavini e Pia Tassinari nos papéis principais, documenta essa mudança de cunho político.

A velha guarda reagiu mal às novidades da ópera. O próprio Verdi, em carta a Boito, dizia:

> Durante a minha vida, li muitos libretos ruins. Mas nenhum tão tolo quanto este. Da música, a princípio, gostei um pouco; mas logo me cansei de tantas dissonâncias, daquelas falsas relações de modulação, de tantas cadências suspensas e de tantas mudanças de andamento quase a cada compasso. Coisas muito picantes, mas que ofendem o ouvido e o senso de ritmo. O acento das palavras é bom, mas nunca exprime as situações de maneira verídica. Manzoni dizia não ser difícil atingir o alvo um pouco mais para cima ou para baixo: difícil é atingi-lo bem no centro; e, assim, as coisas não ficam bem delineadas.

As "coisas picantes" a que Verdi se referia, e que ofenderam "o ouvido e o senso de ritmo" tradicionalistas, eram páginas como o *Preludietto* ao ato I, que se inicia com uma sucessão de acordes pertencentes a três tonalidades diferentes, criando efeito politonal. As liberdades cromáticas tomadas por Mascagni irritaram também Hanslick, que condenou "as horrendas sonoridades da música moderna, coexistindo com as melodias mais harmoniosas". Essas restrições, hoje, parecem-nos estranhas aplicadas a uma música que, a nossos ouvidos, soa muito delicada, melodiosa e de caráter quase camerístico, muito diferente da violência elementar da *Cavalleria*; e que recebe, além disso, um tempero muito suave com o uso que Mascagni faz de melodias folclóricas alsacianas, como o "Es trug das Madelein", que se ouve no oboé ao iniciar-se o ato II.

Pertencem a Suzel as melodias mais envolventes dessa ópera de charme bucólico: o lânguido tema de sua entrada, "Son pochi fiori"; a romança "Bel cavaliere"; o Dueto das Cerejas, marcando o início da atração dos dois, que se tornou uma das páginas isoladas mais populares de Mascagni; e o belo dueto de amor do ato III, que tem um final original – em vez de uma explosão apaixonada, encerra-se de forma pudica e recatada, bem de acordo com o temperamento introvertido das personagens (a crítica da época, não percebendo o quanto isso correspondia à exata caracterização dos tipos psicológicos, considerou-o "frouxo"). É importante destacar também a cena da leitura da Bíblia, "Faceasi vecchio Abramo", feita por Suzel com comentários de David entremeados. No recitativo que a precede, já se percebem os primeiros indícios do estilo de declamação que será característico da maturidade de Mascagni (mas aqui, por enquanto, ainda convencionalmente emoldurado por um fluxo orquestral intenso).

São apreciáveis também os momentos de lirismo reservados ao tenor: a declaração indireta de amor que faz a Suzel no ato II quando, ao referir-se à "stagion primaverile", acrescenta um ambíguo "tu sei bella" que tanto pode dirigir-se à Natureza quanto à moça; e "O amore, o bella luce del cuore" com que, no ato III, admite finalmente estar apaixonado por ela. Original é também o Interlúdio que, seguindo o modelo da *Cavalleria*, Mascagni coloca entre os atos II e III. Mas enquanto o daquela era lírico e sereno, para criar um momento de distensão antes de explodir a tragédia, o desta é turbulento, agitado, justamente para sugerir a irrerefreável paixão que, aos poucos, vai-se apoderando do coração do jovem fazendeiro.

L'amico Fritz conserva ainda algumas características veristas típicas: ambiente camponês, personagens simples, situações banais e verossímeis, linguagem comum e desenvolta. Mas não apresenta o passionalismo que, depois da ópera extraída da narrativa de Verga, tinha-se tornado de regra no teatro lírico italiano. Com sua suavidade pastoral, portanto, forma um contraste e oferece interessante alternativa à selvageria do modelo naturalista. E envolve a moldura verista em laivos sentimentais que já anunciam a entranhada qualidade neo-romântica que desabrochará, com o tempo, na obra de Mascagni.

São as seguintes as gravações disponíveis de *L'amico Fritz*:

Fonit-Cetra, 1941 – Ferruccio Tagliavini, Pia Tassinari/Pietro Mascagni;
Golden Age, 1951 – Beniamino e Rina Gigli/ Gianandrea Gavazzeni;
Bongiovanni, 1963 – Cesare Valetti, Rosanna Carteri/Vittorio Gui (ao vivo);
Fonit-Cetra, 1963 – Gianni Raimondi, Mirella Freni/Gavazzeni;
EMI, 1968 – Luciano Pavarotti, Freni/ Gavazzeni;
IE, 1973 – Giacomo Aragall, Maria Chiara/ Maurizio Arena.

Essa discografia é dominada pelo registro de 1968. A versão Mascagni de 1941, em que pesem os excelentes intérpretes, sofre do mesmo mal que a *Cavalleria* regida pelo autor um ano antes. A de 1951 tem Gigli, mas é prejudicada pela interpretaçação neutra de sua filha Rina. Em vídeo, há o espetáculo de Monte Carlo em 1999 (Alagna, Gheorghiu/Pidò).

Embora recebida sem muito entusiasmo em sua estréia, *L'Amico Fritz* colheu grande sucesso ao ser escolhida, em setembro de 1892, para abrir a mostra italiana na Exposição Universal de Música e Teatro, em Viena. Apresentado ao lado da *Halka*, do polonês Stanislaw Moniuszko, e da *Noiva Vendida* do tcheco Bedrich Smetana, foi tão aplaudida que encorajou Mascagni a levar adiante outro projeto, datado de 1890, e que interrompera, a pedido de Sonzogno, para trabalhar no *Fritz*. Uma vez mais, tratava-se de um libreto que Targioni-Tozzetti e Menasci tinham extraído de um romance de Erckmann-Chatrian, *Les Deux Frères*, convertido em peça de teatro em 1882. Ela lhe agradara quando a viu encenada pela companhia Manni. É a história melodramática de dois irmãos inimigos, que se reconciliam graças à paixão que o filho de um sente pela filha do outro.

A estréia, no Teatro La Pergola, de Florença, em 10 de novembro de 1892, foi um quase fracasso, apesar da regência de Rodolfo Ferrari, que Mascagni considerava um dos maiores maestros de sua época, e de um elenco em que havia Mattia Battistini e Fernando de Lucia, ao lado de Hericlea Darclée (futura criadora da *Tosca*). O libreto é muito fraco e a ópera tem uma estrutura antiquada de números interligados por recitativos. Algumas soluções harmônicas ousadas convivem com outras muito convencionais, o que dá à obra caráter fragmentário e desorganizado. Em seu livro sobre Mascagni, Roberto Iovino chama a atenção, a respeito de *I Rantzau*, para a tendência que o compositor tem a retroceder estilisticamente, antes de um grande avanço, "quase como se precisasse de alguns passos para trás que lhe dessem o impulso para um novo progresso". À exceção de Luisa, que exprime sua paixão pelo primo Giorgio em árias intensas como "Fa che i pensier non tornino", as outras personagens são caracterizadas de maneira muito superficial. Isolados na partitura, entretanto, há episódios que apontam para a evolução posterior de Mascagni:

- a cena do ato II em que, enquanto na casa de Gianni está sendo entoado um *kyrie*, do lado de fora o seu irmão Giacomo, com um grupo de amigos, vocifera canções licenciosas para provocá-lo; a construção é de grande eficiência dramática;
- e o final do ato III, em que os irmão inimigos se reencontram, e que é conduzida com um diálogo ágil, nervoso, com acompanhamento camerístico, que corresponde exatamente ao ideal da *parola scenica* formulado por Verdi.

Mas há um aspecto decepcionante nessa ópera cujo tema central é a paixão: o único dueto de amor, "Vieni qui, stringiti sul mio petto", só é cantado no ato IV. Em todo caso, é uma página de efeito muito convincente – dela Renata Scotto e Plácido Domingo fizeram uma bela gravação, num recital de duetos, lançado pela CBS na década de 1970. Apresentada várias vezes entre 1892 e 1899, *I Rantzau* desapareceu do "cartellone". Só foi reprisada em Livorno no fim de 1992. É dessa época a primeira gravação integral, com Rita Lantieri, Barry Anderson/Bruno Rigacci, lançada pelo selo Fonè.

O semi-fracasso dos *Rantzau* deixara tensas as relações de Pietro com seu editor. Ele decidiu então voltar ao projeto que abandonara, em 1889, para candidatar-se ao Concorso Sonzogno: o de musicar o *Wilhelm Ratcliff* (1822), de Heinrich Heine, traduzido por Andrea Maffei. Lera a peça por sugestão de um grande amigo o engenheiro Vittorio Gianfranceschi, de Livorno, a quem a ópera seria dedicada. Numa carta de 11 de agosto de 1886, Pietro lhe contou:

> Aqueles versos me pareciam tão bonitos, Vittorio, que eu os declamava, à noite, andando de um lado para o outro em meu quarto. Foi por isso que não mudei nada: musiquei todos os versos, sem tirar ou acrescentar uma sílaba.

Tratava-se, portanto, de uma novidade para a época: o primeiro exemplo da chamada *Literaturoper* (a ópera em que se usa diretamente os diálogos de uma peça de teatro, sem transformá-los em um libreto), muito antes que a experiência de Mússorgski com o *Casamento*, de Gógol, se tornasse conhecida na Itália. E muito antes que o *Pelléas et Mélisande* de Debussy e Maeterlinck, a *Salomé* de Richard Strauss e Oscar Wilde, ou o *Wozzeck* de Alban Berg e Georg Büchner tornassem essa prática relativamente corrente. Isso significava romper com as convenções estruturais do texto operístico, que exigia a alternância dos trechos em recitativos com as passagens onde pudessem ser inseridos os números: árias, duetos, concertatos, cenas corais. Ao optar pela transposição musical direta de uma peça de teatro falado, o compositor terá, automaticamente, de reformular o estilo de canto. E essa será, justamente, a mais significativa característica formal do *Guglielmo Ratcliff*.

Mascagni sentiu-se atraído pelo caráter inconformista da personagem de Heine, típico anti-herói romântico, da mesma estirpe do *Lorenzaccio*, de Musset, do *Chatterton*, de Vigny, ou das demoníacas criações byronianas, possuído por uma sede de Absoluto que o leva a preferir a morte, se a realidade não puder ser como deseja. Rejeitado por Maria McGregor, em quem identifica a Mulher Ideal que lhe aparece em sonhos, Guglielmo desafia em duelo e mata todos os pretendentes à sua mão. Agindo assim, está não apenas vingando o seu amor frustrado, mas também cedendo às pressões de um casal de amantes fantasmas que o assombra constantemente, exigindo que Maria não pertença a ninguém mais senão a ele. Quando Maria fica noiva do conde Douglas, Guglielmo o desafia como aos outros; mas não consegue matá-lo. Douglas, por sua vez, também não o mata, por ter reconhecido nele o homem que, uma vez, salvou-lhe a vida. Nesse meio tempo, Margherita, a governanta de Maria, velha e enlouquecida, conta à moça a história de sua mãe, que se apaixonara pelo pai de Guglielmo e morrera de tristeza depois que seu amante fora assassinado pelo marido. Tendo saído vivo do duelo com Douglas, Guglielmo chega à conclusão de que, agora, só lhe resta matar a mulher que ama e morrer com ela. Vai procurá-la e, durante seu encontro, os fantasmas reaparecem. Presa de uma crise de loucura, apunhala Maria e o pai dela, que tenta defendê-la. Em seguida, suicida-se. Só assim os dois espectros – o pai de Guglielmo e a mãe de Maria – podem abraçar-se e encontrar a paz na eternidade. Diz Gianandrea Gavazzeni:

> *Guglielmo Ratcliff* é o drama de uma idéia paroxística e exasperada. Mais do que uma personagem, o que ela gera é um fantasma; e a paixão amorosa transforma-se poeticamente numa trágica idéia fixa.

Ao estrear no Scala, em 16 de fevereiro de 1894, esse drama desabridamente romântico, de um gênero a que o público estava havia muito tempo desacostumado, foi razoavelmente bem-sucedido, embora causasse certa perplexidade com seu estilo anticonvencional de canto. Desta vez, porém, Verdi, antes tão rigoroso com *L'Amico Fritz*, foi muito elogioso: "Uma ópera profundamente sentida, rica e vibrante de inspiração, que deverá se impor, apesar de seu tom sombrio". Mas a crítica, em dúvida quanto à novidade de uma escrita que não sabia muito bem como julgar, preferiu escudar-se cautelosamente por trás de calorosos elogios à técnica de Mascagni como regente.

Fotos publicadas por *L'Illustrazione Italiana*, em 1913, mostrando Mascagni como o regente dos concertos sinfônicos da orquestra do Scala; freqüentemente criticado por seu comportamento histriônico no palco, Mascagni foi um dos grandes regentes de seu tempo.

Este é, aliás, um ponto para o qual cumpre abrir, neste ponto, um parêntese: a importância de Mascagni como um dos mais talentosos maestros de uma época marcada por tantos bons regentes-compositores, como Gustav Mahler ou Richard Strauss. Sua frouxa gravação da *Cavalleria*, realizada aos 77 anos, não lhe faz mais justiça como chefe de orquestra (no *Amico Fritz* de 1941, o estilo bucólico da partitura ainda sofre menos com as limitações de um regente envelhecido). Muito mais fiéis, apesar da técnica de som superada, são os trechos da *Parisina* (1914) com Francisca Solari, Alessandro Dolci e Laura del Lungo. Ou a coletânea comercializada pelos selos Timaclub e Bongiovanni, reunindo gravações feitas por Mascagni no fim da década de 20: *Visione Lirica*, *Canto del Lavoro*, o intermezzo do *Amico Fritz*, a Dança das Gueixas da *Iris*, a abertura de *Le Maschere* e o prelúdio de *I Rantzau* (selos Timaclub e Bongiovanni). Na verdade, maestro muito caloroso, Mascagni teve a carreira marcada por eventos de considerável importância:

- a estréia italiana da *Patética*, de Tchaikóvski, em 1898;
- o *Réquiem* de Verdi que conduziu em Viena, em 1901, por ocasião da morte do compositor;
- um histórico *Don Giovanni* encenado em Madri, em 1902, para comemorar a coroação de Alfonso XIII;
- uma famosa apresentação sem cortes do *Tristão e Isolda*, no Costanzi de Roma, em 1910;
- a série de concertos dedicados, em 1915, à obra de Rossini, que levaram à redescoberta do *Mosè*, do *Stabat Mater* e da *Petite Messe Solemnelle*;
- e a *IX Sinfonia* que, em 1927, celebrou, em Bucareste, o primeiro centenário da morte de Beethoven.

Esse talento como intérprete de suas próprias obras contou muito para a conquista dos que se deixaram impressionar pelo *Guglielmo Ratcliff*. Maria Kaschowska, sua Isolda em 1910, declarou à imprensa, na época: "Cantei o *Tristão* com os mais respeitados regentes do repertório wagneriano, mas poucos foram os que conseguiram, como Mascagni, conferir à música de Wagner uma tão verdadeira força triunfal". E Lucio d'Ambra, em "Mascagni sul Podio", artigo de 1935 citado por Iovino, deixa divertido testemunho:

> Lembro-me de Mascagni jovem, na estréia, que regeu, de suas óperas: *Ratcliff, Rantzau, Iris, Amica*. Um demônio, visto de costas. Gestos largos, envolventes, incisivos, a batuta para o alto como se quisesse perfurar o teto do teatro, atravessar o céu, tocar as estrelas e comandar – fortissimo! – até a elas. E a cabeleira em desordem, os grandes tufos de cabelos rebeldes que se agitavam. Mas com o tempo, tendo rareado os cabelos, Mascagni não perdeu o que faltou a Sansão ao lhe tosarem a cabeleira: a sua força. Mascagni perdeu somente um pouco de sua violência. Como nas suas polêmicas: naquela época, eram ásperas, vivas, cegas, absurdas, catastróficas, apolíticas. Agora não. A pena descansa dentro do tinteiro e a polêmica com os fariseus é verbal, em tom de conversa, irnica, bem educada, vestida cerimoniosamente com o fardão de acadêmico. Golpes de sabre às cegas, não mais. Mascagni visto de costas é, agora, mais moderado: movimentos econômicos, embora robustos e decididos, mão que agora consente em pender inerte, inativa, ao longo da perna esquerda, enquanto a outra, com gestos vigiados, controlados, faz o seu dever.

Foi idêntico o entusiasmo do editor Giulio Ricordi que, na manhã seguinte à estréia do *Ratcliff*, escrevia, na *Gazzetta musicale*: "A execução foi excelente, eficiente por parte de uma orquestra que Mascagni dirige com extrema habilidade, sem maneirismos ou exageros". E de Alfredo Colombani, no *Corriere della Sera*: "A orquestra, sob a batuta do melhor regente desejável, o próprio autor, não teve um só deslize, a noite inteira, e foi admiradíssima". A atitude dos críticos, concentrando-se na interpretação mais do que na música, explica-se pelo que ela lhes apresentava de inesperado.

Guglielmo Ratcliff rompe com o Verismo, prenunciando a virada neo-romântica que, no início do século XX, intervirá na obra não só de Mascagni como na de seus contemporâneos. Tendo sido, contudo, iniciada antes de 1890, a ópera contém procedimentos harmônicos ou desenhos melódicos com fortes reminiscências do estilo típico da fase da *Cavalleria*:

- a transição orquestral que, no ato III, leva ao monólogo de Guglielmo, "Non altro che delirio";
- a seção final da narrativa da Ama sobre o amor proibido da mãe de Maria pelo pai de Guglielmo (ato IV);

– e, sobretudo, a estrutura em crescendo do Prelúdio ao ato I, interrompido pela voz da Ama que, por trás do pano, canta a sinistra balada "Ucciso ho la mia cara".

Lembram também o tom do *Amico Fritz* a atmosfera pastoral do Intermezzo entre os atos III e IV; e o *Padre Nosso* que é cantado por um rapazinho, na cena da Taverna (ato II), e tem estrutura muito semelhante à da cena da leitura da Bíblia por Suzel.

Mas, em termo gerais, houve um salto estilístico espantoso. O canto mantém as inflexões operísticas tradicionais, mas a declamação do texto é contínua, sem o menor vestígio de divisão em "números". Formas fechadas persistem apenas em passagens acessórias, como a descrição que Douglas faz da sofisticação da vida londrina. Desaparecem também os artifícios de repetição de palavras ou segmentos de frase, floreios e ornamentos, ou as cenas de conjunto com momentos de canto simultâneo. Só em breves frases, no clímax de sua cena do ato IV, Guglielmo e Maria unem suas vozes. Em todo o resto da ópera, o recitativo contínuo respeita escrupulosamente a dinâmica do texto falado.

O drama de Heine, estático demais, com mais narrativa do que ação, e estrutura paralelística de episódios que o torna um tanto rígido, é aparentemente inviável para a transposição operística direta. Mas a música supre a falta de ação externa com a sugestão dos conflitos interiores, de forma como só encontraremos em *Da Casa dos Mortos*, de Janáček, também constituída de seqüências de monólogos. O melhor exemplo disso é a grande cena de Guglielmo, no fim do ato III, depois que Douglas recusou-se a matá-lo. Ali, as melodias obsessivas, de corte assimétrico, as bruscas mudanças de andamento, traduzem toda a sua crise psicológica. E a fluidez do endecassílabo escolhido por Andrea Maffei para fazer a sua tradução dobra-se à flutuação melódica, facilitando a eliminação do caráter de *pezzo chiuso*. Numa carta de 4 de abril de 1886 a Gianfranceschi, aliás, Mascagni conta que este trecho, um dos primeiros que compôs, custou-lhe grande desgaste emocional, por ter sido escrito sob o impacto emocional da ruptura com Giuseppina, a irmã do tenor Dario Aconci. Sofrimento intensificado pelo lamento do oboé com que o ato se encerra, em vez de um convencional finale altissonante.

Dramaticidade poderosa tem também a cena do duelo, no ato III. A descrição sinfônica do Penedo Negro, o lugar sombrio onde Guglielmo matara dois dos pretendentes de Maria, já sugere a mudança do sentimento de amizade por Douglas em ódio, quando Guglielmo descobre que é ele o seu novo rival no amor por Maria. E é muito forte o efeito da aparição das vítimas anteriores de Ratcliff, que ajudam Douglas a derrotá-lo. Ao lado desses instantes tensos e agressivos, porém, há também páginas de melodismo cativante: o "Quando ero fanciullo ancora", narrativa do sonho em que Guglielmo via reiteradamente a Mulher Ideal; e toda a seqüência final, da descoberta da paixão, que vai da narrativa da Ama até a morte dos amantes.

Guglielmo Ratcliff combina a inspiração melódica das primeiras óperas com a rigorosa capacidade de organização da matéria-prima musical que será típica da maturidade. E a tessitura do protagonista apresenta a qualidade lírico-dramática típica dos tenores verdianos da maturidade – Alvaro, Radamés –, que exigem ao mesmo tempo delicadeza e força. Turiddu era um prenúncio dessa tendência que, de resto, já tínhamos encontrado no Fausto do *Mefistofele*, no Enzo da *Gioconda*, no Paolo da *Fosca* e no *Salvator Rosa*. "Com *Guglielmo Ratcliff*", diz Giorgio Gualerzi, "nasce e se afirma o mito do tenor mascagnano". É praticamente a tessitura que, expandida, tornará dificílimos, no futuro, os papéis do Folco da *Isabeau*, do Ugo d'Este da *Parisina*, e do príncipe de Fleury no *Piccolo Marat*. Basta lembrar que o Guglielmo da estréia, Giovanni Battista de Negri, era um reputado tenor dramático, que disputou com Francesco Tamagno o título de maior intérprete do *Otello* em sua epoca. O mesmo pode-se dizer das exigências feitas ao meio-soprano (Margherita). Sua narrativa, mas também a elástica cantilena do ato I, "Apri, piccina, bambola mia, gli occhietti cari", parecem anunciar, à distância, a larga tessitura de Stella dell'Assasino na *Parisina*.

Além dos trechos gravados em 1954 por Vincenzo Bellezza (selo UORC), existem duas gravações completas da ópera:

- a de Armando La Rosa Parodi (Fonit-Cetra, 1963), tendo no papel-título Pier Miranda Ferraro, que não é um cantor elegante, mas domina sem dificuldade a sua parte;
- e a de Massimo de Bernart (Bongiovanni), ao vivo no Teatro La Gran Guardia de Livorno, em setembro de 1995, comemorando o centenário da estréia; nela, Maurizio Frusoni, esbarra em sérios problemas para criar o protagonista.

Em vídeo, há um espetáculo de Livorno, em 1984 (Piavko, Angeloni / Bacchelli).

Ratcliff não chegara a ser um semi-fracasso como *I Rantzau*. Mas era ousada demais para poder constituir-se em um sucesso comercial. Isso fez com que Sonzogno pressionasse Mascagni a escrever "uma outra *Cavalleria*". E o resultado foi *Silvano*, estreado no Scala em 25 de março de 1895. O libreto, de Targioni-Tozzetti, baseava-se num romance de Alphonse Karr. Mas a história tinha sido consideravelmente modificada, para evitar problemas de direito autoral. Silvano é um pescador que, forçado pela miséria a tornar-se contrabandista, passa muito tempo longe de sua aldeia, fugindo da polícia. Ao voltar, descobre que, durante a sua ausência, Matilde, sua mulher, foi obrigada pelo violento pescador Renzo a tornar-se sua companheira. Desafia o rival para um duelo e mata-o.

Na estréia, nem mesmo a regência brilhante de Rodolfo Ferrari impressionou muito. Só a interpretação de Fernando de Lucia, no papel-título, foi elogiada: "De Lucia foi o verdadeiro e único herói da noite", escreveu o crítico da *Gazzetta dei Teatri*. "Ai de Mascagni se não tivesse contado com esse artista verdadeiramente excepcional." O crítico Giannotto Bastianelli foi mais impiedoso: "É a pior ópera de Mascagni, um dramalhão sanguinolento em que as personagens são fantoches sem densidade ou razão de ser."

A mesma ambientação siciliana, a mesma distribuição de vozes, a mesma história de ciúme e crime com ênfase no realismo cru e nas paixões brutais fazem dessa versão requentada da *Cavalleria* um retrocesso estilístico em relação ao *Ratcliff*. É uma ópera de números estanques, interligados por recitativos mecânicos, que Mascagni visivelmente escreveu sem grande interesse, apenas para cumprir um contrato. Alguns trechos, como a meditação de Silvano diante do mar, no ato II, "S'è spento il sol... Su dall'onda viene una pace sovrumana al core...", têm o clima lírico do *Fritz*. Mas, justamente por esse caráter plácido, parecem não corresponder à psicologia de uma personagem exasperada, que está prestes a cometer um crime. Outros, como a narrativa das razões que levaram o protagonista a tornar-se contrabandista ("La scarsa pesca non bastava a dare un po' di pane alla mia madre"), ou o dueto com a mãe ("Come le barche sono lontane"), têm ainda um pouco daquele estilo incisivo de sua primeira ópera. Mas, no conjunto, *Silvano* é rotineira e decepcionante. O libreto de Targioni-Tozzetti está cheio de apressados clichês, indignos da qualidade literária de outros textos que escreveu para Mascagni. O dueto de Silvano com sua mulher é uma verdadeira coleção de lugares comuns do tipo "Io t'adoro e ti sospiro, e bramo, ah! quanto t'amo" ou "Potrai baciare il capo ricciutello di un bambinello nato da me". E as personagens são tão inanimadas que, às vezes, parecem meros componentes do cenário.

"S'è spento il sol", em todo caso, ocupa uma posição historicamente importante no conjunto da obra mascagnana. É nela que, pela primeira vez, aparece a técnica da peroração orquestral, encarregada de expandir e comentar os sentimentos expressos pela personagem. No futuro, esta será a pedra de toque do estilo de Mascagni. *Silvano* assinala, portanto, o final da primeira fase de sua produção, e a despedida do tipo de realismo de tintas fortes e sem nuanças que tinha marcado a plenitude do Verismo. O afastamento radical dessa fórmula vai-se evidenciar na aristocracia de tom da ópera seguinte. No selo MRF, havia a gravação Argento do *Silvano* (pirata, de 1954), com som medíocre. Só em 1995 foi feita a de Peter Tiboris, que saiu pelo selo Elysium.

A fria recepção a *Silvano* teve a vantagem de convencer Sonzogno de que não valia a pena exigir de seu compositor contratado que continuasse a escrever óperas num estilo que, àquela altura, já estava caindo de moda. Mascagni teve, assim, a possibilidade de desenvolver um trabalho bem mais pessoal durante a fase em que foi diretor do Liceo Rossini de Pesaro. O convite para substituir, nesse cargo, o compositor Carlo Pedrotti foi-lhe feito em outubro de 1895, enquanto estava em Frankfurt, numa turnê de concertos. Ofereciam-lhe 12.000 liras anuais e alojamento gratuito para toda a família, numa das alas do instituto. Ironicamente, um dos alunos mais indisciplinados que o Conservatório de Milão já conhecera aceitou a oferta e entregou-se ao trabalho com ilimitada dedicação.

Mascagni mais do que duplicou o número de alunos da escola (80 antes de 1895 e 180 em 1900). E formou toda uma fornada de bons músicos, entre os quais Francesco Balilla-Pratella e, principalmente, Riccardo Zandonai, um dos nomes mais influentes na segunda geração da *Giovane Scuola*. Revitalizou o interesse da cidade por música sinfônica e ressuscitou obras de Rossini, natural de Pesaro, que andavam esquecidas. Criou, com os alunos, uma orquestra de setenta membros que, em Paris, recebeu um prêmio na Exposição Universal de 1900. O relatório do compositor Giovanni Sgambati, enviado como inspetor do Ministero della Publica Istruzione, em agosto de 1900, afirma que, sob sua direção, a escola "atingiu alturas nunca antes alcançadas" e que, se ele tivesse de se afastar, seria muito difícil encontrar quem o substituísse.

Mas Pietro não demorou a entrar em rota de colisão com um conselho administrativo comunal, que se espantava com as dimensões inesperadas assumidas por seu trabalho, e que exigiam verbas não previstas nos planos iniciais. As autoridades passaram a acusá-lo de negligência cada vez que se ausentava para cumprir um compromisso como regente convidado de grandes orquestras. E uma junta foi nomeada para supervisionar o andamento do instituto. De nada adiantou o relatório favorável da comissão nomeada pelo ministério, e integrada por Boito, Marchetti e Ippolito Valetta, cuja conclusão foi a de que a ingerência excessiva das autoridades comunais só poderia ser prejudicial ao funcionamento da escola. Os socialistas, na oposição ao conselho, dominado por conservadores, ofereceram seu apoio a Mascagni. Mas este, que se recusava a aderir a facções políticas, respondeu que seu "partido era o da honestidade, o único que não fornece carteirinha a seus associados". Com isso, alienou a simpatia de ambas as partes. Alimentada pelo sensacionalismo da imprensa e os distúrbios provocados por grupos de alunos que se alinharam de um e de outro lado, a disputa se encerrou, em 20 de agosto de 1903, com sua demissão. Envergonhado com o decreto que fora obrigado a assinar, o ministro Nasi, da Instrução Pública, ofereceu-lhe, em 7 de fevereiro, um prêmio de consolação – a comenda de Cavaliere del Merito Civile di Savoia – que Pietro, altivamente, recusou.

Essa fase conturbada coincidiu ainda com a decisão de deixar definitivamente Cerignola, e instalar a família em Livorno. O que a motivou foi um incidente que o deixou indignado. A governanta alemã Anna Dietze que, havia anos, trabalhava com a família, contraiu tifo e o bispo exigiu, para prestar-lhe assistência religiosa, que ela se convertesse ao catolicismo. Lina e Pietro não tiveram coragem de pedir-lhe isso. Depois que Anna morreu, o músico teve de usar todo o peso de seu prestígio para que a municipalidade ignorasse a proibição eclesiástica de uma luterana ser enterrada no cemitério local. As relações de amizade que Mascagni mantinha com o prefeito Cannone e vários outros cerignoleses não arrefeceram. Mas ele nunca mais pôs os pés na cidade.

Período tão atormentado ainda não começara quando Mascagni produziu uma de suas obras mais pessoais, escrita sem a menor preocupação em satisfazer as exigências dos editores ou do público. *Zanetto* utiliza a peça *Le Passant*, de François Coppée, escrita em 1869 para Sarah Bernhardt. Traduzida pelo *scapigliato* Emilio Praga em 1872, ela foi reduzida às dimensões de um libreto, a pedido do compositor, por Targioni-Tozzetti e Menasci, mas sem alterar o texto original. Em Pesaro, em 2 de março de 1896, essa pequena obra-prima encantou seu seleto auditório. O mesmo efeito não se repetiu, porém, quando as mesmas intérpretes, Maria Pizzagalli e Stefania Collamarini, a levaram ao Scala, em 18 de março. O tamanho do teatro era inadequado para obra tão intimista, de texturas camerísticas. Tinha razão o crítico Edoardo Pompei ao dizer:

Seria como exibir uma miniatura na janela do terceiro andar, e querer que as pessoas, lá na rua, pudessem apreciá-la.

É, de fato, indispensável um teatro pequeno, que propicie contato mais íntimo da platéia com as personagens desse encontro noturno, na Florença renascentista, entre a prostituta Sílvia, cansada da vida de prazeres mundanos que leva, e o adolescente Zanetto, um poeta que a faz sentir de novo, ainda que fugazmente, a possibilidade do amor puro e desinteressado. Mas Sílvia não quer que o rapaz sofra ligando-se a uma mulher como ela; e despede-se de Zanetto preferindo ficar com a lembrança de um amor que, antes, amaldiçoava e acreditava ser impossível. Esse texto, de um esteticismo tipicamente parnasiano, ofereceu a Mascagni o material necessário para que escrevesse uma miniatura refinada, de clima onírico, antiverista, na qual já se sente descerrarem-se as portas que levarão à fase simbolista da *Iris*. Nas filigranas de uma instrumentação de tom camerístico, papel muito importante é desempenhado também pelos ecos arcaizantes das *frottole* e dos *stornelli* renascentistas que, por sua vez, preparam o caminho para o uso muito peculiar que, mais adiante, Mascagni fará da música de época nas *Maschere* e na *Parisina*. Efeitos muito delicados são extraídos da combinação dos timbres de soprano e contralto – Zanetto, de acordo com a tradição barroca, é um *trouser-role*, papel de adolescente cantado por voz feminina, como o Cherubino das *Nozze di Figaro* –, e do fluxo contínuo do arioso sobre melodias bem compactas, justificando o comentário de Ugo Ojetti, na época da estréia milanesa:

Creio que Mascagni compôs, nestas cenas deliciosas, sua ópera mais orgânica, mais original e mais contínua. Uma única nota que se tirasse ou acrescentasse danificaria essa pequena jóia, perturbaria a serenidade desses discursos ao luar, diante de Florença pálida e adormecida.

A placidez do arioso que, de uma forma muito especial, recupera o antigo ideal do *recitar cantando*, formulado pela Camerata Florentina nos primórdios da História da Ópera, é entretanto rompido, às vezes, por momentos de paixão incandescente. É o caso do desabafo da cortesã, lamentando seus envolvimentos sentimentais frustrados do passado ("Maledetto amor! non ho più lacrime"). Ou do "Non andar da Silvia! non cercar di collei", com que a prostituta, depois de ter-se recusado a tomar Zanetto a seu serviço, alegando ser uma viúva muito pobre, pede que não procure a mulher chamada Sílvia – a quem ele não conhece. A cortesã não deseja que, descobrindo o tipo de vida que ela leva, Zanetto destrua a imagem que há de guardar dela, e a lembrança dessa noite encantada.

O trecho mais original de *Zanetto* é o seu Prelúdio, cantado por um coro *a cappella*, em vocalise. Ao mesmo tempo que estabelece a atmosfera noturna e o tom lírico e nostálgico da ação, esse prelúdio, através de um recurso musical que é o da construção em forma de madrigal, introduz imediatamente o espectador em uma dimensão histórica específica: a da Florença do século XVI, em que a ópera se passa. *Zanetto* coloca-se, portanto, numa encruzilhada essencial em que Mascagni – tendo podido escrevê-la para si mesmo, de forma totalmente experimental – já vê delinearemse, à sua frente, os caminhos que o levarão às grandes obras do futuro: o simbolismo da *Iris* e da *Isabeau*; a revitalização das tradições teatrais renascentistas de *Le Maschere*; e o esteticismo neo-romântico da *Isabeau* medieval e da *Parisina* renascentista.

Não há nenhuma gravação comercial, de estúdio, do *Zanetto*. Durante muito tempo, o único acesso a elas era mediante duas versões pirata: a de Antonino Votto/Simionato, Carteri (MRF, 1955) – de som péssimo mas com intérpretes excepcionais – e a de Tito Petralia/Arista, Malgarini (Golden Voice, 1970). Em 1986, a Bongiovanni lançou o registro ao vivo de uma apresentação em Livorno, com Mauro Ceccanti/Vespasiani, Lantieri. Em vídeo, há um espetáculo de Ravenna,em 1988 (Lantieri, Vespasiani/Ceccanti).

Apesar de suas intensas atividades como professor, diretor de escola e regente, Mascagni ainda achou tempo para compor, no mesmo período do *Zanetto*, uma obra não-operística, mas que tem interesse para nossa análise. Nela, o músico leva adiante a técnica, já esboçada no *Silvano*, do amplo comentário orquestral intercalado às partes cantadas. A cantata *A Giacomo*

Leopardi, para soprano e orquestra, foi executado em Recanati, terra natal do poeta, em 29 de junho de 1898, no centenário de seu nascimento. A solista foi Maria Farneti, aluna do Liceo Rossini que, mais tarde, seria a primeira Isabeau. Existe o registro da execução dessa peça, também em Recanati, em 1987, nos 150 anos da morte do poeta: ela é cantada por Katia Riciarelli, sob a regência de Donato Renzetti. Duas outras gravações são:

– a de Denia Mazzola-Gavazzeni, no álbum *Héroines de Mascagni*, com Enrique Diemecke (Actes du Sud, 2000);

– e a de Gloria Borelli/Dirk de Caluwé, num álbum da Bongiovanni em que há também *Zanetto*, *Pinotta* e a cantata *L'Apoteosi della Cicogna*.

O ciclo da vida humana e das grandes paixões que a animam é evocado numa seqüência de versos extraídos da obra de Leopardi. Após a introdução *andante lento e sostenuto*, entram os versos "Nasce l'uomo a fatica ed è rischio di morte il nascimento" (É para a fadiga que o homem nasce e o nascimento é risco de morte), do *Canto Notturno*. Um interlúdio muito vivo traz o tema da juventude, com um trecho do *Sabbato del Vilaggio*: "Garzoncello scherzoso, codesta età fiorita è come un giorno d'allegrezza pieno" (Rapazinho brincalhão, esta idade florida é como um dia cheio de alegria). Outro *andante* precede o aparecimento do tema do amor: "Ohimè! se quest' è amor, com' ei travaglia" (Ai de mim, se este é o amor, como ele trabalha), do poema *Il Primo Amore*; a que se segue o desencantado "Amore, di nostra vita l'ultimo inganno" (Amor, última ilusão da nossa vida). Vem depois o inflamado *All'Italia*, em que vibra a veia patriótica de Leopardi. E a cantata se encerra com o amargurado *A Se Stesso*, em que o poeta reflete sobre a morte, dizendo a seu próprio coração: "Posa per sempre. Assai palpitasti... al gener' nostro il fato non donò che il morire" (Pousa para sempre. Já bateste demais... o destino deu apenas a morte ao gênero humano).

"Para mim, ele foi muito mais do que um libretista ou um amigo", escreveu Mascagni em 1919 quando morreu o seu colaborador Luigi Illica. "Foi também, freqüentemente, o conselheiro, o inspirador, pois possuía, como poucos, a visão das grandes linhas cênicas; em suma, criava o drama: não era apenas um simples redutor, como tantos outros." Illica era homem tão impetuoso, que perdeu meia orelha num duelo – de que o padrinho foi o poeta Giosuè Carducci – para defender suas idéias sobre jornalismo. E, aos 58 anos, voluntariou-se para a artilharia, na I Guerra Mundial, animado pelo fervor patriótico. Nada descreve melhor esse irrequieto intelectual de idéias radicais, reformador do libreto italiano, do que as palavras com que o Capitan Spavento se retrata em *Le Maschere,* a comédia que ele escreveu para Mascagni em 1901:

> *Pronto di lingua sono e più di mano,*
> *rintuzzo, abbatto, sgomino, fracasso,*
> *di taglio e punta meno e vado a sfondo;*
> *la gente si ritira quando passo.*

(Sou rápido de língua e de mão mais ainda,/rebato, derrubo, desarrumo, arrebento/com o corte e a ponta, e vou a fundo;/as pessoas se afastam quando passo.)

O primeiro contato de Illica com Mascagni deu-se depois que Alberto Franchetti recusou um libreto original que o poeta lhe oferecera, e deveria, inicialmente, intitular-se *La Giapponese*. Mascagni viu nessa oferta a possibilidade de contornar as dificuldades que lhe apresentava o projeto de uma *Nanà*, com libreto de Ugo Ojetti. Inviabilizava-o o fato de Émile Zola já ter vendido os direitos do romance a Tito Ricordi, com vistas a uma adaptação a ser redigida por Illica e Giacosa para Puccini – e que nunca chegou a ser realizada. Vendo que Mascagni se interessava pela *Giapponese*, Ricordi percebeu a oportunidade, pela qual esperava desde os tempos do *Ratcliff*, de assinar um contrato com compositor tão popular. Queria, além disso, associá-lo a seu libretista de maior prestígio, cujo *Andrea Chénier* (1896), escrito para Giordano, acabara de triunfar. Acertados os detalhes com a rival de Sonzogno, Mascagni atirou-se ao trabalho com grande entusiasmo. Mas não foram poucos os problemas que a história lhe oferecia, por mais que o apaixonasse. Em 27 de outubro de 1896, escreveu a Gianfranceschi:

> Encontro dificuldades que me parecem insuperáveis. Mas é isso exatamente que me incita a trabalhar. O que estou experimentando é a vertigem: vejo o perigo, mas

> sinto-me atraído por ele. Mas é impossível dizer quando a ópera ficará pronta: a cada dia ocorre-me uma idéia nova, um pensamento informe que aos poucos cresce, incha, se expande, ocupa toda a minha mente... É a primeiras vez que me agarro assim ao trabalho. A ópera é difícil, exige muito estudo e muito refinamento, tanto de estilo quanto de originalidade na composição das personagens e na expressão de seus sentimentos, sem falar nos conceitos morais que exprime.

A complexidade do libreto não seria o único obstáculo em que esbarraria durante a fase de gestação dessa nova ópera, que passara a se chamar *Iris*. Ao saber do contrato que Pietro assinara com o competidor, Sonzogno ameaçou-o com um processo, a menos que entregasse, até o final de 1897, uma nova ópera. E Mascagni teve, assim, de começar, paralelamente à *Iris*, o trabalho em um texto de inspiração diametralmente oposta: o de *Le Maschere*, igualmente escrito por Illica. Problemas com o libretista, apesar de todo o respeito mútuo existente, começaram também a surgir, pois o compositor não concordava com o final dado à história. Não queria que Iris morresse, por temer que isso pudesse parecer piegas ("tenho medo dessas mortes solitárias e monótonas que parecem ser a especialidade de Illica", confiava a Ricordi em 18 de dezembro de 1897). Mas Illica recusou a sua sugestão de que, no último ato, a moça fosse levada a um templo budista, onde os sacerdotes a consagrariam ao culto do Sol. As relações entre ambos, já tensas em vista dessas divergências, chegaram próximo do ponto de ruptura, em abril de 1897, quando Mascagni publicou, na *Cronaca Musicale* de Pesaro, um artigo defendendo a *Bohème* de Leoncavallo. Respondia ao crítico Carlo Palladini que, na *Gazzetta Musicale*, pertencente a Ricordi, a tinha desancado. E como era um brilhante polemista, reduziu ao ridículo o pobre Palladini. Todos sabiam que Pietro detestava a música da "bisbestia" (duplo animal), como chamava o pobre Leoncavallo. Mas a ocasião de dar uma alfinetada em Giacomo, seu amigo e rival da vida inteira, era boa demais para não ser aproveitada. Puccini e Illica, os autores da *Bohème* concorrente, ficaram muito irritados, é claro.

Superados esses tropeços, *Iris* ficou pronta no final de 1898. Mas a estréia ainda foi retardada pela indignação de Mascagni com a direção do Teatro Costanzi de Roma, que escolhera, para dirigi-la, o maestro Edoardo Mascheroni, que ele considerava não ter talento. Mascheroni estava longe de ser um incompetente: regera a primeira apresentação italiana do *Fidélio* (1866) e a estréia da *Wally* (1892) e do *Falstaff* (1893). Mas Pietro não o perdoava desde que, em 9 de maio de 1891, ele metera os pés pelas mãos numa apresentação desastrosa da *Cavalleria*, no Teatro Liceo de Barcelona, por ter feito apenas dois rápidos ensaios. Isso o fazia ficar intransigente: "O próprio *Falstaff*, com ele, era tão frouxo e descuidado", escreveu a Ricordi, em junho de 1898, "que quando o ouvi com Mugnone, no Teatro del Verme, parecia uma outra ópera. [...] A orquestração e a interpretação da *Iris* são dificílimas; não creio que o maestro Mascheroni seja capaz de compreendê-las".

Na verdade, o que queria era reger pessoalmente a estréia. Decidido isso, a ópera subiu à cena em 22 de novembro de 1898, com um belo elenco: Fernando de Lucia, Hericlea Darclée, Guglielmo Caruson e Giuseppe Tisci-Rubini. O público teve reações muito favoráveis, mas a crítica se dividiu. Enquanto Giannotto Bastianelli proclamava sua superioridade sobre a *Cavalleria*, Ippolito Valletta a declarava sem originalidade e "com uma penúria extrema de procedimentos técnicos". Puccini não perdeu a chance de dar o troco; em carta a seu amigo Alberto Crecchi, comentou:

> Para mim, esta ópera, que tem tantas coisas belas, e uma orquestração das mais coloridas, possui o defeito de origem: uma ação sem interesse e que se arrasta pelos três atos. Como conseqüência, se o próprio Senhor Deus tivesse musicado um tal libreto, não teria feito nada melhor do que Pietro fez. Você, que é amigo dele, diga-lhe que retorne à paixão, ao sentimento vivo e humano com o qual iniciou tão brilhantemente a sua carreira.

Pegando no ar a chance de desforrar-se de seu "(in)amigo", Giacomo nem sequer se dava conta da injustiça que estava cometendo com um dos poemas mais interessantes de seu próprio dramaturgo. O libreto de Illica inscreve-se na voga de fascínio pelo Oriente que, entre os séculos XIX e XX, enriqueceu o palco lírico, na França e na Itália, com tantos melodramas ambientados na China, Japão, Índia, Egito, Ceilão. É o resultado da desco-

A influência Art-nouveau é nítida no pôster do triestino Leopoldo Metlicowicz para a estréia da *Íris* de Mascagni, em 1898.

Capa da partitura da *Íris* de Mascagni.

berta do Oriente pelos ocidentais, a partir de expedições como a do americano Matthew Perry ao Japão, em 1854. Dali vieram gravuras que influenciaram decisivamente os pintores (o inglês Albert Moore, o americano James McNeill Whistler), e todo um universo literário inédito e insólito, em que os escritores iriam buscar inspiração. *Madame Chrysantème* (1887), de Pierre Loti, sugeriu a John Luther Long o conto de que David Belasco extrairia a sua peça *Madama Butterfly* – cujo tema é a incompatibilidade de culturas que impossibilita o amor entre um oficial da Marinha americana e uma gueixa (também André Messager comporia, em 1893, uma opereta baseada no romnce de Loti).

Em 1894 – ano em que o Japão, em guerra com a China pela posse da Coréia, ocupava as manchetes de primeira página dos jornais europeus –, Illica leu a obra que lhe forneceria os primeiros elementos para sua história. *Il Libro di Giada* era a tradução, feita por Tullio Massarani em 1882, de uma compilação de poemas japoneses e chineses, publicada em Paris por Judith Walter, a filha do poeta parnasiano Théophile Gautier. Mas o que atraiu o libretista foi menos o elemento externo de exotismo e pitoresco do que os conceitos da filosofia oriental, pelos quais tinha grande curiosidade, e que a história lhe permitiu desenvolver. A idéia da indiferença do mundo diante do sofrimento individual permeia a aventura da adolescente Íris – que, na origem, deveria chamar-se Miosotis ou Aloe.

Íris é a filha de um velho cego, desejada pelo rico e libertino Osaka. Com a ajuda do alcoviteiro Kyoto, este a seqüestra e leva para o Yoshiwara, o bairro dos bordéis. A noção da indiferença é contrabalançada pela do poder do espírito, que consegue transcender a maldade e projetar-se no Absoluto, simbolizado pela luz do Sol. Íris resiste à sedução de Osaka que, irritado, ordena a Kyoto exibi-la no bordel, onde seu pai vem encontrá-la. Acreditando que a filha se prostituiu, e nem lhe dando tempo para se explicar, o velho a amaldiçoa. Cheia de vergonha, Íris se atira em um canal de esgoto, símbolo da impureza e da degradação a que o mundo material a submete. No delírio da agonia, a moça ouve a voz dos três espectros do Egoísmo, de que foi vítima: o de Osaka e Kyoto, que tentaram pervertê-la; e o do Cego, que não soube compreendê-la. Em seguida, no momento em que está morrendo, transfigura-se e, em êxtase, funde-se com a luz, integra-se na Eternidade. Como no Prólogo do *Mefistofele*, a voz da divindade – neste caso o Sol – é expressa pelo coro.

Convenhamos que os símbolos são um tanto simplistas e que o texto está muito envelhecido – principalmente os comentários em prosa que acompanham as rubricas e, felizmente, não são para ser cantados, pois seu tom é desavergonhadamente meloso. Mas como estrutura dramática, o libreto de Illica tem uma virtude que convém precisamente à fase de desenvolvimento estilístico em que se encontra Mascagni: sua concisão abre à música todo o espaço de que precisa para ser a verdadeira intérprete das nuances psicológicas da personagem. Isso é tanto mais necessário porque Íris não é uma personagem, como a sua conterrânea Cio-cio San, e sim um arquétipo, símbolo de inocência ultrajada por um erotismo materialista, do qual só se liberta na morte. Não ter compreendido isso provocou, por exemplo, os protestos equivocados do crítico Gino Roncaglia contra a aparente insensibilidade com que a menina enfrenta as humilhações a que é sujeita:

> Sob o beijo de Osaka, ela não tem uma reação indignada, de rebelião, emoção, repulsa; nem uma palpitação de vida; nada. [...] Tal personagem pode, até certo ponto, despertar piedade, mas seu fim trágico [...] não pode despertar emoção.

Querer ver o comportamento de Íris sob a óptica verista é um erro básico: o de não perceber que o libreto de Illica já se inscreve no domínio simbolista, com um uso de estereótipos – por exemplo, Osaka e Kyoto, que não têm nome próprio, e sim o de cidades japonesas – e de neutralidade na ambientação que não deixa de lembrar a vagueza de situações e de caracterização em obras como o *Pelléas et Mélisande*, de Debussy e Maeterlinck. Exigir de Íris um comportamento realista seria o mesmo que esperar de Mélisande que explique quem é, de onde vem, e o que está fazendo à beira da fonte onde Golaud a encontra. É a música de Mascagni, mais do que o texto, que sugere o trajeto de Íris através da dor, da ingenuidade de garota, até o total desmantelamento moral da inocência que se quebrou contra a maldade do mundo. Daí, pela força regeneradora do espírito, ela chega à ascese que a livra da imperfeição, fundindo-a com a Luz e o Calor, ou seja, com as forças criadoras elementares do Universo.

A referência ao *Pelléas* tem, de resto, outra razão de ser. *Iris* evidencia não só os contatos de Illica com os simbolistas franceses, mas também a familiaridade de Mascagni com a música dos impressionistas – já sensível nas transparências de textura do *Zanetto*. A instrumentação tem detalhes marcantes que traem essa influência:

- a combinação do flautim com as percussões, na entrada dos saltimbancos (ato I), com os quais Kyoto distrai Íris para poder raptá-la;
- a imitação, no início do ato II, do som do *shamisen*, o instrumento de cordas japonês;
- o uso da escala de tons inteiros e de passagens em modo eólio, como na cadência da flauta, que introduz "Un dì, ero piccina", a ária da protagonista no ato II;
- e todos os efeitos timbrísticos exóticos que, no ato III, criam o clima de delírio e irrealidade – recursos aparentados aos que são introduzidos, na música ocidental, por Debussy, em quem é muito forte o impacto da descoberta da música do Oriente, através dos *gamelangs* javaneses ouvidos na Exposição Universal, em Paris.

A cintilante orquestração de Mascagni, em que rebrilham sobretudo os coloridos percussivos dos gongos, celestas, *glockenspiel* e sinos, antecipam procedimentos de escrita que Puccini utilizará na *Butterfly* e na *Turandot*. Quanto aos motivos condutores, eles são usados de forma muito pessoal, sempre associados à ação interior ou a conceitos abstratos – a inocência de Íris, sua resistência à corrupção, o poder purificador do Sol. Essa utilização econômica e epigramática dos temas recorrentes foi criticada, na época, por Luigi Torchi que, já acostumado ao uso ortodoxo dos *leitmotive* segundo a técnica wagneriana, considerou a partitura "episódica e desagregada", sem perceber que esse era, justamente, um de seus aspectos mais individuais. A ópera oferece esplêndidas páginas puramente instrumentais, de um melodismo cativante:

- a seqüência de dança do ato I, durante a qual Íris é capturada;
- o Prelúdio ao ato III que, para a Itália de 1898, é de um cromatismo bastante ousado;
- ou a embriagadora melodia para violino solo acompanhando o diálogo falado entre Osaka e Kyoto que, no ato II, contemplam Íris adormecida.

Predomina, no canto, um arioso muito flexível. Mas a linha vocal da protagonista tem a feição cantábile tradicional, com ornamentos que põem à prova a extensão do soprano, ou portamentos descendentes, de notas agudas sustentadas para pianissimos de grande delicadeza. Dentro do fluxo do arioso, entretanto, inserem-se alguns números deliberadamente fechados, dramaticamente justificados pela situação em que aparecem:

- as duas árias na seqüência de "teatro dentro do teatro" – "Ognor qui sola", da gueixa-atriz, e a serenata "Apri la tua finestra", de tessitura pesada e modulações harmônicas espiraladas, que se tornou uma favorita do repertório de tenor –;
- a canção sem palavras da gueixa, no início do ato II;
- ou, no início do ato III, a serenata do trapeiro para a lua, "Ad ora bruna e tarda".

De forma abertamente fluente são os monólogos de Íris: "Ho fato un triste sogno", no ato I, e "Un dì (ero piccina)", no II. Por outro lado, é extremamente original o modo como Mascagni renova, no ato I, o molde tradicional do concertato romântico. A ária de Íris, "In pure stile", entrelaça-se com o coro das lavadeiras, ao fundo ("L'acqua è limpida e tiepida!"), e com a voz falada do Cego, que faz uma oração a Buda: "Tu m'hai tolto la vista, ma io vedo la Tua Grandezza". Referindo-se a esse concertato, Barrymore Laurence Scherer escreve, no folheto da gravação Giuseppe Patanè (CBS): "Neste equivalente musical das telas anglo-japonesas de Whistler, Mascagni escreveu uma das mais belas páginas para vozes femininas desde a cena das Moças-flor no *Parsifal*".

A página mais famosa da ópera, com a qual ela começa e termina, é o *Hino do Sol*, "que ainda tem, muito visíveis, os traços daquele 'estilo milanês' que deixa filtrar Wagner através de Boito" (G. Gherardini). O Prólogo do *Mefistofele*, como o querem esse autor e B. L. Scherer, é de fato uma das fontes de inspiração desta página. Mas ambos parecem desconhecer uma outra, familiar a Mascagni, que tinha confessada admiração por seu autor: a "Alvorada", do *Schiavo*, de Carlos Gomes, de que ele conhecia a partitura, embora a ópera nunca tenha sido encenada na Itália. A diferença entre a peça de Mascagni e a do compositor brasileiro é que, em vez de uma função descritiva, ela tem um objetivo simbólico, o de evocar o poder regenerador da luz, tema central da história. Cada seção desse prelúdio coral traz os títulos indicados por Illica na longa rubrica de introdução ao ato I:

- *La Notte*, longa linha melódica dos contrabaixos, com acordes das outras cordas apoiados pelos tímpanos e tam-tam, tocada muito baixo;
- *I Primi Albori*, a entrada de uma frase muito delicada dos violinos, marcada *calmissimo*;
- *I Fiori*, acordes modulantes cercados de arpejos descendentes que levam a uma melodia dos violinos;
- *L'Aurora*, uma progressão modulante anunciada pelas trompas e retomada em crescendo por toda a orquestra;
- *I Primi Raggi*, entrada do coro que, sobre a melodia dos "primi albori", proclama: "Son io! Son io la vita! Son io la beltà infinita!";
- *Il Sole*, em que o coro, após uma breve passagem orquestral marcada *animando assai*, retoma o motivo da aurora com as palavras "Del mondo io la cagione" e, finalmente;
- *Il Giorno* em que, sobre as palavras "Calore, luce, amore", ditas pelo coro, toda a orquestra e a banda interna concluem triunfalmente a página com um luminoso acorde de ré maior.

Na forma como Mascagni trabalha essa introdução, já se evidencia o papel que *Iris* ocupa no conjunto de sua obra: o de uma estreita fusão entre as vertentes opostas do

– *Verismo* – notações realistas, personagens comuns, gosto por situações cruas ou chocantes, passionalismo desabrido

– e do *Neo-romantismo* – atmosfera poética e onírica, tema carregado de significados simbólicos, forte carga sentimental, recriação do ambiente exótico não de forma realista, mas numa chave esteticista que será típica do Decadentismo.

Ou seja: prolongando e confirmando tendências já presentes no *Zanetto*, *Iris* apresenta características que desabrocharão plenamente na *Isabeau* e na *Parisina*. A primeira gravação comercial da *Iris*, com Ilona Tokody e Plácido Domingo/Giuseppe Patanè (CBS/Sony) só foi feita em 1989. E em 1996, a Cetra lançou oficialmente um espetáculo ao vivo da Ópera de Roma, com Daniela Dessì e José Cura/Gianluigi Gelmetti. Antes disso, havia apenas registros pirata, de inegável valor documentário, por preservar a interpretação de cantoras do porte de Magda Olivero e Clara Petrella:

- Fonit-Cetra, 1956 – Olivero, Puma/Angelo Questa;
- Fonit-Cetra, 1958 – Petrella, Di Stefano/ Gianandrea Gavazzeni;
- Golden Age, 1960 – Petrella, Borsò / Gabriele Santini;
- MRF, 1963 – Olivero, Ottolini /Fulvio Vernizzi.

Em vídeo, há um espetáculo de Livorno, em 1988 (Maliponte, Glassunan/Moretti).

O acúmulo de trabalho, na fase final da *Iris*, fez com que *Le Maschere*, ao contrário do prometido, não ficasse pronta no final de 1897. Em represália, Sonzogno interrompeu o envio ao compositor de seu salário mensal e da porcentagem trimestral de seus direitos autorais, o que só serviu para aumentar a tensão entre ambos. A reconciliação só ocorreu em novembro de 1898. A essa altura, Mascagni comprometeu-se a estar com a nova ópera terminada em março de 1900. Outras circunstâncias, entretanto, retardaram a composição. A morte de Domenico, em 26 de maio de 1899, deixou Pietro muito abalado: "Pobre papai!", escreveu a Illica,

> morreu sem reconhecer-me, sem saber que eu estava ali, ao pé de seu leito, sem saber que eu o envolvia com meu santo afeto. E o corpo sobreviveu 53 horas à morte da mente. [...] Distrair-me como? Vejo-o sempre diante de mim e não consigo dormir.

Além dos encargos como diretor do Liceo Rossini – era a época em que a orquestra que criara produzia seus melhores resultados, revelando ao público italiano obras de Schumann e Cherubini, de Grieg e Goldmark, de Smetana e Brahms –, havia também os convites para apresentar-se no estrangeiro. O mais importante deles foi o que o levou à Rússia onde, com a Orquestra do Teatro Imperial, arrebatou o público com sua execução da *Patética*, de Tchaikóvski. "A orquestra de São Petersburgo, que a tocara com o autor, entusiasmou-se comigo", contou ele a Carlo de Salvo, "e muitos professores me disseram que eu a regia tão bem quanto ele" (in *Mascagni Parla*). Foi ele também o escolhido, em 9 de agosto de 1900, para reger um coro de 170 vozes, no funeral de Umberto I, assassinado, em 29 de julho, pelo anarquista Gaetano Bresci. Para essa ocasião, montou uma missa com trechos tirados de obras de grandes mestres da Renascença e do Barroco: Anerio, Vittoria, Palestrina, Rienzi e Terziani.

Ocupavam-no também projetos que, por diversas razões, não seriam levados adiante. Além de continuar tentando, inutilmente, contornar os obstáculos à *Nanà*, estudava um texto de Luigi Lodi sobre a vida de Georges Sand. E chegou a compor várias páginas para uma ópera de ambientação romana – *Vistilia*, com libreto de Targioni-Tozzetti e Menasci –, tentativa de revitalizar o plano, paralisado em 1891, de um *Nerone* que só seria composto em 1935 Isso não significa, entretanto, que estivesse desinteressado da ópera nova. Desde o início, demonstrara grande entusiasmo pelo libreto, a princípio intitulado *La Commedia*, em que Illica tentara ressuscitar os arquétipos da *Commedia dell'Arte*. "O único alívio", escreveu-lhe em 20 de abril de 1897, "eu o tive com o primeiro ato de tua *Commedia*. É uma verdadeira obra-prima! Quanto mais a leio, mais me convenço disso. Faremos grandes coisas com ela!" Lançou-se à composição com toda intensidade: "Trabalho a noite inteira", contava ao libretista em 17 de dezembro de 1899, "Vou para a cama às 7h da manhã, levanto-me às 2h ou 3h da tarde, como e bebo, jogo uma partidinha com os meus cúmplices e volto ao trabalho. Em suma, me divirto!" Sempre tinham sido excêntricos os hábitos de trabalho de Pietro. Seu amigo Arnaldo Fracarolli deixou deles a descrição:

> Josué parou o sol. Mascagni, respeitador das liberdades alheias, deixa-o girar tranquilamente, mas lhe disse: "Tu e eu nunca trabalharemos juntos". Mascagni é um trabalhador noturno: [...] senta-se ao piano às dez da noite e compõe até as sete, oito da manhã. [...] Nas fases boas, quando se apaixona por um libreto, é capaz de ficar seis, sete horas ao piano, sem cansar-se. E quando a inspiração flui, rápida e fiel, sobre a página alinha-se uma escrita musical tão nítida e regular que parece um trabalho impresso, e a fumaça do toscano torna-se mais rara. Mas se a veia melódica tropeça em algum obstáculo, o Maestro se desafoga puxando baforadas raivosas do charuto. Junto ao piano, há sempre um violino; o músico o usa às vezes para encontrar mais facilmente o caminho da expressão melódica.

Os *mezzi toscani* e o baralho eram a companhia obrigatória para esse ritmo espartano de trabalho. Com a fumaça dos pequenos charutos de que, nos dias mais ansiosos, chegava a fumar três dúzias, e com as cartas do *scopone*, que nunca jogava a dinheiro, relaxava e preparava-se para o ritual noturno da criação. Mas era um jogador difícil: "ninguém servia para jogar com ele", conta seu biógrafo e amigo Luigi Ricci, "e, por isso, ninguém queria ser seu parceiro, para evitar recriminações, comentários desagradáveis e, às vezes, até gritos". Em seu livro de memórias, *Si Inginocchi la Più Piccina*, a filha Emi Mascagni conta:

> Quanto a mim, tremo nas bases cada vez que papai me chama para jogar, e faço com ele pactos muito claros: a minha capacidade de suportar só vai até o adjetivo *idiota*; excepcionalmente, pode chegar até o substantivo *bestia*; ultrapassado esse limite, não tolero nada mais. Uma vez, porque joguei um dois em vez de um três, papai me disse que eu era indigna de ser sua filha.

As cartas e os charutos eram acessórios indispensáveis em tempos de trabalho duro como os de *Le Maschere*. Em 22 de setembro de 1900, ele contava a Illica:

> Imagine que chego a orquestrar 35 páginas de partitura por dia... isto é, por noite. Pense que são mais de mil páginas. Será um volume fenomenal. Numa ópera feita de movimentos rápidos, a música corre velozmente. Não estamos mais acostumados a esse gênero de música: hoje, com esses andamentos lentos e arrastados, bastam trinta páginas para fazer meia hora de música. Mas com o estilo das *Maschere*, para fazer meia hora de música são necessárias pelo menos cem páginas. Quando *Le maschere* estiver impressa, será tão volumosa quanto a *Tosca* e a *Iris* juntas.

O excesso de confiança que depositava nessa obra nova levou-o a concordar com o mirabolante plano de Sonzogno, que queria explorar a popularidade de que ele desfrutava em todo o país. *Le Maschere* foi programada simultaneamente, no dia 17 de janeiro de 1901, em sete teatros: o Costanzi, de Roma, com o autor; o Scala, de Milão, com Toscanini; o Regio, de Turim, com Rodolfo Ferrari; o La Fenice, de Veneza, com Agide Jacchia; o Carlo Felice, de Gênova, com Edoardo Vitale; o Filarmônico, de Verona, com Oscar Anselmi; e o San Carlo, de Nápoles, com Leopoldo Mugnone (mas nesse último, o tenor adoeceu e a estréia teve de ser adiada para o dia 19).

A fama do compositor e o excesso de expectativa gerado por esse lançamento faraônico, aliados à reação desconcertada do público diante de um estilo de ópera cômica que se tornara incomum ("noi non siamo più assuefatti a questo genere di musica", reconhecera o próprio compositor), explicam o resultado decepcionante dessas sete "premières" em cadeia. Em Roma, onde Mascagni era o "artista da casa", a ópera foi aplaudida. No Scala, graças a Toscanini – e principalmente a Enrico Caruso, que fazia o papel de Florindo –, a acolhida tampouco foi má. Nos demais teatros, variou da frieza à vaia declarada. Em Gênova, o espetáculo nem chegou ao fim. No cômputo geral, foi um grande fracasso: "Acreditava ter nas mãos o *settebello*", comentou Pietro, o jogador de cartas, "e, em vez disso, o que saiu foi um *sette... brutto*!"

O que é uma grande injustiça, pois *As Máscaras* tem o libreto mais extrovertido de Illica e uma música que, segundo o próprio autor, possui "melodias leves e fáceis de cantar, que querem reatar com a tradição de Cimarosa e Rossini" – com quem a experiência de Pesaro o fizera entrar em íntimo contato. Acrescente-se que esse retorno à tradição bufa dos séculos XVIII e XIX operava-se também por intermédio do *Falstaff*, pelo qual Mascagni tinha verdadeira veneração, e que homenageia citando, na abertura, o desenho rítmico-melódico do "Va, vecchio John", no ato III da última ópera de Verdi.

Mas o público da época, curtido em melodramas de gosto muito diferente, desacostumado de comédias pelo excesso de seriedade da temática verista, não tinha condições de avaliar a importância estética e, mais do que isso, histórica de *Le Maschere*. Ela assinala o início do interesse, na ópera cômica do século XX, pelas tradições da *Commedia dell'Arte*, desencadeado por estudos publicados, a partir de 1891, pelo historiador Alessandro d'Ancona, e que foram a fonte principal das pesquisas de Illica. Depois de Mascagni – cujo papel de pioneiro nesse campo foi esquecido pelos próprios italianos – os arquétipos da *Commedia* renascentista vão inspirar a *Ariadne auf Naxos* (1912), de Richard Strauss, *Arlecchino oder die Fenster* (1917), de Ferruccio Busoni, e toda uma série de obras para o palco compostas sob a égide do Neoclassicismo: o balé *Pulcinella* (1919), o melodrama *Perséphone* (1934) e as óperas *Oedipus Rex* (1927) e *The Rake's Progress* (1951), obras de Igor Stravínski; e as óperas *L'Amour des Trois Oranges* (1921), de Serguêi Prokófiev, e *La Donna Serpente* (1932), de Alfredo Casella, ambas adaptadas de peças do setecentista Carlo Gozzi. Alguns de seus elementos estarão presentes ainda nas três máscaras que Puccini utiliza na *Turandot*, e nas comédias de Wolf-Ferrari, Pizzetti e Malipiero. Uma defesa dessa incompreendida comédia foi feita pelo próprio Mascagni, no artigo que publicou, em 15 de julho de 1907, no *La Perseveranza*, de Milão:

> "Que coisa querem representar essas *Máscaras*, no teatro contemporâneo, senão um retorno à boa serenidade de nossa grande tradição cômica e ao sorriso da *Commedia dell'Arte*? Nós autores já não sabemos mais rir no palco: parece que a maravilhosa veia do humorismo italiano secou com Rossini" (o que não deixa de ser uma injustiça com o teatro cômico de Donizetti). "*Le maschere* é o símbolo do espírito italiano sadio e autêntico, de uma revisitação dos estilos musicais de todos os tempos, de Mozart a nossos dias [...] Por que, depois de Rossini, nenhum de nós deve tentar abrir, no ambiente sombrio do teatro contemporâneo, um respiradouro para aquele sorriso, aquela sátira serena e alegre? [...] O público, que não estava preparado para acolher essa forma renovadora de comédia musical, ficou surpreso e desorientado. E a rejeitou. Isso me deixa triste mas não desencorajado. [...] O público deve tentar compreender e aceitar essas personagens como são, pois elas descendem diretamente da comédia satírica [...] e o humorismo é eterno, como é eterno o alegre espírito das Máscaras italianas".

Todos os clichês da *Commedia* são mobilizados por Illica para contar a história de Rosaura, filha de Pantalone, que está apaixonada por Florindo; mas seu pai quer que ela se case com o truculento Capitan Spavento. Os criados de Pantalone, Colombina e Brighella, ajudam os dois namorados: no dia do noivado da moça com o capitão, derramam no vinho um pó branco que torna todos os convidados extremamente loquazes, criando grande balbúrdia e forçando o adiamento da festa. Depois, os namorados e Colombina pedem a ajuda de Arlecchino, o criado de Spavento. Como este ama Colombina, fala-lhe de papéis comprometedores, que se encontram numa pasta perdida durante a confusão, no fim da festa. Essa pasta foi parar nas mãos do dottore Graziano, amigo de Pantalone. Os criados pedem ao doutor que examine os tais papéis e este denuncia Spavento ao pai de Rosaura, por tentativa de bigamia. Pantalone concorda, finalmente, que a filha se case com o homem que ama.

Em sua partitura, acompanhando esses clichês, Mascagni trança também habilidosos pastiches dos mais variados estilos de compositores de comédia clássica. E inicia a ópera com um procedimento original: nem bem o regente deu sinal à orquestra para que comece a abertura – uma peça brilhante, que combina o característico lirismo mascagnano, nos temas ligados ao amor de Rosaura e Florindo, com os ritmos buliçosos da ópera bufa –, e é interrompido pelo comediante Giocadio. Este, num texto falado, faz a apresentação dos cantores e das personagens que eles vão representar. Um aspecto curioso dessa fala é a paródia que faz do Prólogo dos *Pagliacci*. Enquanto Leoncavallo chama a atenção do público para o fato de que vai deparar-se com gente de verdade e com uma história que é "uno squarcio di vita", o que Giocadio diz é:

Ricordatevi che voi non siete uomini, siete maschere. Voi siete nati dalla fantasia del popolo. Siete eterni ed immortali. La nostra missione è quella di rendere viva e palpitante questa fantasia del mondo.

(Lembrem-se de que vocês não são homens, são máscaras. Nasceram da fantasia do povo. São eternos e imortais. Nossa missão é tornar viva e palpitante essa visão fantasiosa do mundo.)

Mascagni constrói com muito cuidado cada uma das figuras, dotando-as de estilos vocais contrastantes, o que compensa por serem arquétipos e não personagens com psicologia complexa. Arlequim sempre usa os procedimentos vocais de forma burlesca, para obter efeitos engraçados. A escrita de Colombina é virtuosística, com ornamentação muito acrobática. Rosaura e Florindo cantam linhas melódicas amplas, de intenso lirismo; são as personagens cuja música mais se aparenta ao costumeiro cantábile mascagnano, de tom caloroso e fôlego amplo. Spavento tem melodias bruscas, em *staccato*, que acentuam seu lado grotesco e fanfarrão.

Uma das personagens de caracterização mais interessante é Tartaglia. Esse gaguinho lembra Vašek, o personagem da *Noiva Vendida*, de Smetana, que Mascagni ouvira na Exposição Internacional de Música e Teatro, em 1892. Seu balbuciar, segundo conta L. Ricci, foi decalcado no de um barítono amigo do compositor, que também gaguejava. Mas na cena da festa, ao tomar o pó que destrava a língua, Tartaglia perde a gagueira e dispara a falar mais do que todo mundo junto, decerto para compensar por todos os anos em que teve dificuldades para se expressar. É ele quem, no auge da loquacidade, faz para Spavento uma descrição ainda muito atual do "bel Paese":

La gente nova fa gran baccano,
ma i vecchi non mollano il timone...
Carabinieri in gran quantità
ma i ladri sempre in sproporzione...
Qualche pesciolino va in prigione,
ma le balene rimangono in libertà.

(A gente nova faz muito barulho, mas os velhos não desgrudam do timão... há policiais em grande quantidade mas os ladrões são sempre desproporcionais... alguns peixinhos vão para a prisão, mas as baleias ficam em liberdade.)

Estará ele falando da Itália somente?

Em *Le Maschere*, são resgatados procedimentos da ópera clássica e romântica, que o Verismo abandonara: o concertato, principalmente o da cena da festa; e as danças, fazendo o pastiche de formas antigas, orquestrados com extrema elegância (em especial a pavana que precede o episódio do pó que faz falar). O próprio compositor, entretanto, concluiu, depois da estréia, que a ópera era longa demais, e isso poderia ter contribuído para que fosse mal recebida pelo público. Para as apresentações subseqüentes, fez revisões que comprimiram e tornaram mais ágeis algumas cenas. A remon-

Cartão-postal em lembrança da estréia de *Le Maschere* de Mascagni.

tagem de 1905, no Adriano de Roma, fez muito sucesso, mas com o corte do Prólogo falado, o que é privar a ópera de um de seus momentos mais originais. A revisão crítica da partitura, recolocada numa perspectiva que valoriza seu significado histórico e suas qualidades estéticas, tornou-se possível a partir da remontagem da década de 1950, feita por Gianandrea Gavazzeni para o Maggio Musicale Fiorentino. O auspicioso lançamento, em 1993, da gravação de Gianluigi Gelmetti, ao vivo no Comunale de Bolonha em 1988 (selo Ricordi/Qualiton), abriu a possibilidade da valorização, por um público mais amplo, desta ópera essencial para a evolução do gênero no início do século. Antes disso, só se dispunha da pirata de 1961 (MRF), regida por Bruno Bartoletti. Há também, em vídeo, uma montagem de Livorno,em 1983 (Feddici, Baggiore/Sbaccea).

Luigi Ricci conta que, em 1931, quando *Le Maschere* estava para ser remontada no Scala, o soprano Bianca Scacciati perdeu um parente querido e pediu para ser liberada do papel de Rosaura. Mascagni ficou muito descontente por terem escolhido uma estreante para substituí-la e, de muita má vontade, concordou em submetê-la a um teste. Quando a candidata começou os primeiros compassos de "Sole delle mie giornate", sua expressão de tédio converteu-se em entusiasmo. E quando ela entoou um entusiástico "Io son colui che vive di sua brama", não conseguiu esconder um gesto de aprovação. Aproximando-se dela, exclamou: "Brava, lei sarà la mia Rosaura!". O jovem soprano chamava-se Maria Caniglia; e ao lado dela, como Colombina, havia outra estreante: Mafalda Favero. Ambas estavam destinadas a ser nomes de primeira linha no canto italiano.

Depois de *Le Maschere*, seguiu-se um período, entre 1901 e 1904, em que o músico, talvez para recuperar-se da frustração do insucesso, dedicou-se intensamente à carreira internacional como regente. Em Viena, homenageou Verdi, que acabara de morrer, dirigindo o *Réquiem*. Em recompensa, ganhou de presente, do embaixador italiano, Costantino Nigra, uma batuta que pertencera a Rossini. Regeu a *Cavalleria*, no Hoftheater, a convite de Mahler, com quem fez amizade. E em junho de 1902, dois meses antes de ser destituído da direção do Liceu de Pesaro, inaugurou o monumento fúnebre a Rossini, em Santa Croce, com um concerto da orquestra que fundara e à qual dera o nome do compositor. Demitido, dedicou ainda mais tempo aos concertos. Partiu para os Estados Unidos mas, apesar do sucesso obtido pela *Cavalleria, Zanetto* e *Iris*, foi ludibriado pelo empresário americano, Mittenthal, que não pagou o prometido. Quando os músicos que levara consigo começaram a desertar e Pietro reagiu cancelando seus compromissos, o empresário o acusou de inadimplência e fez com que fosse preso em seu quarto de hotel, obrigado a pagar US$ 4.000 como caução, até que a justiça de Boston lhe desse ganho de causa.

Musicalmente, porém, a turnê foi um sucesso. Lugares como San Francisco, "onde o clima é dulcíssimo, onde há flores, frutas, sol e temos a impressão de estar na Itália", lhe agradaram muito. Mas ele não via a hora de voltar para casa. Desta vez, transferiu-se de Livorno para Roma, instalou-se em um apartamento do Palazzo Maggiorani, na rua Vittorio Emanuele, e aceitou o convite para dirigir a Scuola Musicale Romana, da praça Santa Chiara, cargo em se que manteve até 1911.

Era outra fase de crise. Inseguro diante da reação do público à sua última ópera, não conseguia decidir-se quanto aos libretos que lhe eram oferecidos. Recusou *Théodore*, da peça de Victorien Sardou, ao saber que Giacosa, de quem não gostava, colaboraria com Illica na redação do libreto. Interessou-se, em 1903, por *Liberazione*, baseado num conto de Dostoiévski. Mas desistiu diante dos protestos de Giordano, temeroso de que uma outra ópera de assunto russo diminuísse as chances de sua *Siberia*. Há tempos Illica vinha lhe oferecendo *Maria Antonieta*, porém esse tema histórico não lhe dizia nada. Mas ficar tanto tempo sem compor angustiava-o, além de lhe criar problemas financeiros. Foi por isso que, em abril de 1904, aceitou musicar um libreto que não correspondia a seus interesses momentâneos. Mas o cachê oferecido, de 30 mil francos, era muito tentador.

Tratava-se de um dramalhão muito fraco, escrito pelo editor francês Paul Choudens sob o pseudônimo de Paul Bérel, num estilo verista a essa altura obsoleto. Mascagni fora escolhido para compor a música porque a estrutura do libreto retomava características básicas da *Cavalleria*, tinha semelhanças com a pré-verista *Wally*, de Catalani – a paisagem montanhesa, agreste e primitiva – e com a "*Cavalleria* alemã", o *Tiefland* de Eugen d'Albert: casamento forçado, fuga para a montanha, confrontação entre personagens rudes, clima de violência incontrolável.

A órfã Amica vive na fazenda de seu tio e tutor, *maître* Camoine. Ele a obriga a casar-se com Giorgio, um de seus empregados, que a ama. O velho quer que Amica deixe de ser a incômoda testemunha de seus amores com uma das moças da propriedade. Mas a jovem está apaixonada por Rinaldo, irmão de Giorgio, cujo temperamento violento fez com que Camoine o afastasse da fazenda, mandando-o pastorear as cabras na montanha. Sabendo que querem casá-la contra a sua vontade, Rinaldo desce à planície e vem propor-lhe que fuja com ele para a montanha. Giorgio os persegue e, quando Rinaldo descobre que o noivo a ela destinado é o irmão caçula, a quem sempre protegera, desde que os pais morreram, diz a Amica que não pode mais ficar com ela. Pede-lhe que aceite o casamento, para fazer a felicidade do outro. Diante da recusa da moça, escala um rochedo escarpado, para afastar-se dela. Amica tenta segui-lo, mas não conseguindo equilibrar-se na encosta íngreme, cai na torrente, no fundo do despenhadeiro, enquanto Rinaldo exclama: "Amore maledetto!".

Além de melodramático, o libreto era tão mal escrito que Mascagni teve de pedir a Menasci, cujo francês era perfeito, que o retocasse. *Amica* estreou na Ópera de Montecarlo, em 16 de março de 1905, com Charles Rousselière e Maurice Renaud. O papel-título deveria ter sido criado por Emma Calvé. Mas esta foi substituída por Geraldine Farrar, depois que Mascagni recusou-se a baixar em um tom e meio a tessitura duríssima do papel. A estréia italiana foi no Costanzi, em 13 de maio do mesmo ano, na tradução de Targioni-Tozzetti, sempre utilizada nas raras ocasiões em que a ópera voltou a ser apresentada (e é nessa forma, portanto, que são citados os títulos dos trechos).

Embora Boito a tenha saudado como "potentemente mascagnana", *Amica* é a ópera mais irregular do compositor. Possui, inegavelmente, algumas páginas inspiradas, como a ária "M'ascoltate per pietà... Padre io vi chiamai", em que a moça tenta convencer Camoine a não forçá-la a se casar; ou seu dueto do ato I com Rinaldo. Mas a música, de modo geral, é de um nível de inspiração bem inferior ao da média mascagnana. Contudo, trata-se de um elo fundamental em sua evolução como operista, pois nela é formalizado o uso que, assistematicamente, vinha sendo feito daquilo que os estudiosos de sua obra convencionaram chamar de *stile enfatico* – as extensas perorações orquestrais com que Mascagni comenta as emoções das personagens em determinados momentos climáticos. As vozes mantêm-se numa estrita linha de recitativo melódico. E a orquestra, em efusões sinfônicas que precedem o canto, seguem-no ou entrelaçam-se a ele em elaborada textura contrapontística, sublinha e expande os sentimentos descritos pelo texto.

Não faltou quem atribuísse essa técnica à influência de Wagner. Gherardini fala em "compromisso wagneriano entre renovação e tradição, melodismo e complexidade sinfônica". Mas o *stile enfatico* está muito distante do uso ortodoxo do motivo condutor que, na *Iris*, já era empregado de maneira um tanto peculiar. O material melódico é tão variado e, a cada reaparição, retrabalhado de forma tão extensa, que deixa de ser imediatamente perceptível a relação que os temas, já desenvolvidos, têm com a sua forma original. Ou seja: a menos que se examine a partitura, não se tem a impressão de que o compositor esteja associando estreitamente certos temas a determinadas situações. Essa técnica da peroração já surgira esporadicamente desde o *Amico Fritz*, em que o tema do "Noi siamo figli" é retomado pela orquestra, no ato II, após o dueto do protagonista com Suzel. E torna-se gradualmente mais freqüente nas óperas posteriores, em especial no *Ratcliff* e na *Iris*. Mas é a partir da *Amica* que se torna a pedra angular da composição mascagnana. E passa a influenciar contemporâneos seus, como Zandonai, Montemezzi ou Respighi, a ponto de seu amigo, o crítico Arnaldo Bonaventura, ter dito:

> Com o ato II de *Amica*, surge a forma nova do poema musical moderno italiano [...], em que drama e música

se igualam e se fundem sem poder, como no velho melodrama, serem desvinculados; moderno porque é assim que ele soa em sua elaboração harmônica; e italiano porque o substrato da ópera é, em sua essência, a melodia, com a qual o elemento sinfônico não entra em choque, antes associa-se a ela para ampliar o significado musical.

Mas se, em *Amica*, Mascagni define uma forma de composição, ainda não consegue, em termos puramente musicais, realizá-la com desenvoltura. Talvez justamente porque esta seja uma obra de circunstância, que não suscita dele envolvimento muito profundo, o discurso harmônico é rígido, em que pese a avaliação positiva de Bonaventura. A inspiração melódica só raramente se alça ao nível de sua veia lírica habitual. E a tentativa de representar, orquestralmente, a agreste natureza que emoldura a ação é, com freqüência, apenas ruidosa e exagerada. Não deixava de ter razão Giannotto Bastianelli ao comentar ironicamente a cena final:

E o ridículo chega ao cúmulo quando Amica – que, como todas as garotas, mesmo as das aldeias alpinas, não deve pesar mais, ainda que bem rechonchudas, do que uns noventa quilos – despenca do rochedo com um tal fragor de *Schlaginstrumente*, que faz suspeitar não ser só uma moça que está rolando montanha abaixo, mas todo um batalhão de artilharia.

De *Amica* existem duas gravações: no selo Bongiovanni, a de Kes Bakels feita ao vivo, em 1988, na Ópera de Utrecht; e no Kicco Classics, a de estúdio de Marco Pace (1995), com Katia Ricciarelli e Fabio Armiliato.

Mesmo não tendo ainda encontrado o equilíbrio entre as vozes e a massa orquestral, e incorrendo num sinfonismo hipertrofiado que resvala para o kitsch – um desses típicos passos para trás que, como *Silvano*, trazem embutido um avanço –, *Amica* abre caminho para as duas óperas da fase neo-romântica que levam ao apogeu do estilo mascagnano: *Isabeau* (1911), onde ao comentário orquestral incumbirá sugerir complexos conceitos de ordem metafísica; e *Parisina* (1913), que fará a grande síntese entre o poético, o refinadamente psicológico e o desabridamente passional.

A fase de composição da *Isabeau* é marcada por estados de espírito muito conflitantes. Após os atritos com Sonzogno, por ter firmado contratos com os editores rivais Ricordi e Choudens, ambos chegam a um acordo que aplaina as divergências. E em agosto de 1909, além de tranquilidade financeira, a nomeação para a direção artística do Costanzi durante a temporada de 1910 traz também a Mascagni grande satisfação profissional. Mas é um momento de instabilidade emocional pois, em abril de 1909, ele iniciara uma ligação que se estenderia até o fim de sua vida, constituindo foco constante de tensão familiar.

Anna Lolli cantava no coro do Costanzi. Tinha 22 anos em 1910, quando conheceu Pietro, então com 47. Era "linda, delicada, o rosto sereno que exprimia a sua bondade", descreve-a Luigi Ricci, "com lábios carnudos, sensuais, que convidavam a serem beijados, e olhos verdes estupendos, profundos, como nunca vi iguais em minha vida". Olhos que Mascagni celebrou numa estranha carta em que lhes atribuiu a inspiração para escrever a *Cavalleria* – fantasia que se explica pela coincidência de Anna ter nascido, em Bagnara, na Emilia Romagna, em 10 de setembro de 1888, exatamente o dia em que ele começou a compor a ópera que o tornaria célebre. Nas quase cinco mil cartas que lhe escreveu entre 1910 e 1944, transparece uma exuberância emocional ausente de todos os seus outros relacionamentos amorosos, Donna Lina incluída:

Nada tenho de mais sagrado do que tua honra; ninguém saberá cuidar melhor do que eu de teu coração. Serei para ti o que quiseres que eu seja. És a minha Rainha [...] Só amo e desejo a ti. Qualquer outra mulher me repugna: minha mente e meu coração estão de tal forma cheios de ti que sequer posso ver outra mulher. Tu... apenas tu, minha alma, és meu pensamento e meu amor (3 de maio de 1910).

Pietro estava finalmente apaixonado. E só a Anna ele foi fiel.

Embora mons. Alberto Mongardi, o vigário de Bagnara, sempre a tivesse tratado com extrema dureza, devido à sua "vida em pecado com o maestro Mascagni", foi ele a única pessoa em quem Anna confiou, ao morrer, como guardião não só das cartas como de toda uma série de relíquias do compositor: manuscritos, primeiras edições autografadas, retratos, álbuns e mais álbuns de fotografias. Em setembro de 1995, ao comemorar-se o cinqüentenário da morte do compositor, o atual guardião do espólio, o pároco Francesco Bonnello, colaborou para a organização da mostra *Mascagni Ritrovato: l'Uomo, il Musicista*, exposta no Museo Teatrale alla Scala, em Milão. Na época, Anna Maria Berardi, a curadora do Museu Mascagni de 1Bagnara, que conheceu Anna pessoalmente, declarou à imprensa:

> Foi um triângulo dificilmente imaginável em nossos dias. Ela mesma nunca pediu ao maestro que deixasse a sua esposa. Sempre ficou na sombra. Admitia ter renunciado a tudo por causa dele: nome, vida própria, um filho. "Não sei se o faria de novo", costumava dizer. Mas era uma mulher de grande inteligência e personalidade. Nos últimos anos, vivia com muita parcimônia, em Lugo, mas nunca aceitou vender nada que tivesse pertencido ao maestro. Tinha por ele uma veneração de outros tempos. Basta pensar em quantas ocasiões ela teve, vivendo em Roma, naquele ambiente. E, no entanto, sempre lhe permaneceu fiel. Creio que merece todo o nosso respeito.

Não era a primeira vez que Mascagni se envolvia com outras mulheres. Bonito, bem conservado até em idade avançada, falante e envolvente, o olhar sempre luminoso, penetrante, Pietro Mascagni exercia enorme fascínio sobre o sexo oposto. Num artigo em que o compara a Verdi, escreve Giulio Confalonieri:

> Diante dos casacos sempre longos e negros de Verdi, de sua gravatona oitocentista e de sua barba histórica, semelhante à de Pisacane, Garibaldi, Carlo Tenca, Mazzini e Orsini, os coletes armados de Mascagni, o penteado revolto que logo recebeu seu nome, os paletós curtos à Picadilly suscitavam mal reprimida emoção. Senhoras e senhoritas ficavam loucas com o maestro livornês e por méritos outros dos que os demonstrados na *Cavalleria Rusticana*. Ainda hoje, senhoras idosas e cheias de netos contam-nos como suas mães vigiavam atentamente os excessos de seu entusiasmo por Mascagni, sua mania de querer saber tudo sobre Mascagni, de obter fotografias de Mascagni, de escrever secretamente a Mascagni.

Donna Lina, de modo geral, era paciente com as escapadelas do marido – mesmo quando tornavam-se notórias. Foi o caso da ligação que Pietro manteve com o soprano australiano Nellie Melba, que conheceu, em 1893, como Luisa na montagem londrina dos *Rantzau*. Seria muito difícil esconder dos jornais sensacionalistas o caso entre duas personalidades musicais tão célebres. Até isso a conformada Sra. Mascagni era capaz de tolerar, porque sabia que era fogo de palha e, passada a fase de euforia, o volúvel marido voltava para casa. Mas Anna, não. Conhecendo Mascagni melhor do que ninguém, desde o início percebeu a diferença, e a signorina Lolli foi, até o fim, um osso atravessado em sua garganta. Sabendo disso, toda a família agia como se Anna não existisse, cercando o caso de amor do dono da casa com uma verdadeira conspiração do silêncio. A esse propósito, Iovino relata uma anedota que ficou tristemente célebre no folclore familiar:

> Mascagni estava em um hotel com a mulher, a filha Emi e o neto, Pier Marcello Farinelli, filho desta última. À hora do jantar, as duas senhoras e o menino desceram para o restaurante enquanto o músico acabava de se arrumar. Pier Marcello, gulosíssimo como o avô, quis logo saber quais eram as sobremesas. "Há um sorvete", disse a avó, "a Coppa Melba", e acrescentou: "como o nome de uma das amantes de seu vovô". Logo depois, Mascagni chegou, sentou-se à mesa e também perguntou o que havia de sobremesa. O menino apressou-se em responder: "Tem a Coppa Annetta". Muitos anos depois, Pier Marcello ainda se lembrava dos pontapés que recebera, por baixo da mesa, de seus avós: Annetta não era "*uma* das amantes" de Mascagni; era "*a* amante", seu grande amor, a protagonista de uma história romântica que durou 35 anos.

Essas duas forças antagônicas – condições profissionais que lhe permitem trabalhar exclusivamente segundo suas propensões, e a perturbação sentimental causada pela redescoberta do amor – vão condicionar o tratamento que Mascagni dará ao libreto de *Isabeau*, que Illica já oferecera a Puccini, Franchetti e Marco Bossi, antes que ele o aceitasse em maio de 1908. Contrariando seu hábito de falar muito com a imprensa, adiantando toda sorte de detalhes sobre o andamento de seus projetos, desta vez Mascagni preferiu manter total sigilo, nada revelando sobre o que pretendia fazer nessa nova ópera. Nem ao ensaio geral que fez em Gênova, em abril de 1911, admitiu a presença de críticos ou repórteres. Mas trabalhou com grande entusiasmo, motivado, paralelamente, pelo sucesso da temporada que montara no Costanzi, onde foi muito aplaudido regendo *Tristão e Isolda, Lohengrin* e *Don Carlo* que, desde 1887, não era representado em Roma. Seu trabalho resultou num aumento das assinaturas, que chegaram a 130.000 liras, soma considerável para a época.

Sentiu-se também muito feliz com a iniciativa de Puccini de reconciliar-se com ele, pondo uma pedra sobre o ressentimento causado pelas críticas mútuas à *Iris* e à *Butterfly*. Em 30 de outubro de 1910, antes de partir para Nova Iorque, onde a *Fanciulla del West* seria estreada no Metropolitan, por Toscanini e Caruso, Giacomo fez questão de visitar seu antigo colega de quarto. "Conversamos afetuosamente por uma hora e meia", escreveu Pietro à sua mulher, "toquei para ele o *Intermezzo* e a *Canção de Folco* (da *Isabeau*), beijamo-nos e abraçamo-nos desejando-nos felicidades e dizendo até a vista... no outro mundo".

Dominado como estava, na época da composição da *Isabeau*, por uma crise pessoal que, em carta de 22 de abril de 1910 a Illica, descrevia como "uma luta interna que me perturba de modo assustador", era natural que Mascagni se sentisse identificado com Folco e visse em Anna Lolli, esse amor descoberto em plena meia-idade, um objetivo inalcançável como é a princesa para o falcoeiro. O clima atormentado dessa aventura amorosa transparece na dedicatória a ela, em 4 de abril de 1911, da partitura de *Isabeau*: "A ti, minha Annuccia, ofereço esta música, que me foi inspirada por teus profundos olhos, no dia do primeiro aniversário de nosso primeiro beijo, de nosso primeiro pranto".

Parecia saber que *Isabeau* seria uma virada importante em sua obra. Por isso, quis testá-la fora da Europa, antes de deixar que seus compatriotas a ouvissem, evitando assim, talvez, a desagradável surpresa da estréia de *Le Maschere*. A nova ópera foi cantada pela primeira vez, em 26 de junho de 1911, no Coliseo de Buenos Aires, durante uma excursão pela América Latina, que o levou também ao Uruguai, Chile e Brasil – onde se apresentou no Rio, São Paulo e Santos. Em 20 de janeiro de 1912, a ópera subiu simultaneamente à cena, no La Fenice de Veneza, regida pelo autor, e no Scala de Milão, com Tullio Serafin – contra a vontade de Mascagni, que não gostava desse ilustre maestro e, em carta de 15 de novembro de 1905 a Illica, fulminara: "Uma noite fui a Como onde ouvi uma *Iris* vergonhosa; de lá para cá, todo mundo sabe que esse Serafin é o maior asno do orbe terráqueo".

A animosidade contra esse maestro, um dos maiores da Itália no século XX, era injustificada. Em Milão como em Veneza, foi muito bem recebida a história da princesa Isabeau, filha do rei Raimondo, de um país imaginário, que se recusa a aceitar os pretendentes a ela apresentados durante uma "tenzone d'amore", competição poética de que o prêmio é a sua mão. Inspirado pelo cruel ministro Cornelius, seu pai impõe-lhe um castigo. Terá de cavalgar nua pela cidade como uma forma de rebaixar seu orgulho e extremo pudor: "Allor che il Sol sia giunto a mezza via, sulla bianca chinea cavalcherai traverso la città ignuda tutta a ingiuria d'occhi e rai di popolo e di sole". Compadecido, o povo, que a ama, obtém do rei que proclame um edito condenando à cegueira quem sair à rua à sua passagem. Mas o jovem camponês Folco, que veio à cidade para ser o falcoeiro do rei, e ainda não sabe do edito, vê Isabeau cavalgando nua e, extasiado com a sua beleza, cobre-a de flores, sendo preso por isso. Cheia de piedade, Isabeau vai visitá-lo na prisão e propõe-se a ajudá-lo a escapar. Mas Folco, depois de ter experimentado a perfeita felicidade ao contemplar a sua beleza, quer agora morrer para expiar o crime de ter profanado sem querer a sua inocência. Compreendendo ter finalmente encontrado o homem a quem pode amar, Isabeau corre a dizer a seu pai que está pronta a casar-se com ele. Mas Cornelius, que assistiu escondido à entrevista dos dois, amotina a multidão contra Folco. Ao vê-lo ser linchado, Isabeau atira-se no meio do povo e deixa-se pisotear para morrer com ele.

Inspirado na *Lady Godiva*, de lord Alfred Tennyson, mas agregando também situações de matriz wagneriana (a competição poética do *Tannhäuser* e dos *Mestres Cantores*, o binômio amor/morte do *Tristão*), o libreto de Illica amplia a discussão, já presente na *Iris*, sobre o conflito básico entre o mundo material e o espiritual, retomando o tema do trajeto da inocência à sabedoria através do sofrimento. É por intermédio do amor de Folco, "que chegou à percepção profunda das coisas", que Isabeau – já tendo recusado as glórias mundanas representadas pelos príncipes pretendentes – atingirá a plenitude da iluminação mística. Como já acontecera com *Iris*, a forma muito condensada do texto de Illica favorece a expansão dos comentários orquestrais. E a música, grandiloqüente, mas de uma sobriedade que faltava a *Amica*, faz o que o próprio Mas-

Cartaz de G. Palanti para a estréia da *Isabeau* de Mascagni.

cagni chamava de "uma evocação fantástica e sentimental da Idade Média em seu aspecto mais orgulhoso e áspero, violento e cruel".

No ato I, na fase de exposição da ação, nota-se deliberada diferença de caracterização entre o mundo cortesão, retratado de forma estilizada e arquetípica, e o par Isabeau-Folco, impregnado de lirismo e de uma calorosa autenticidade como seres humanos. Eles surgem como as duas únicas figuras reais, recortando-se contra um telão de papel pintado de sentimentos e atitudes convencionais, que correspondem à falsidade e à superficialidade de atitudes do mundo em que vivem. Isso nem sempre foi compreendido: quando Iovino diz que as personagens não são verossímeis e Gianandrea Gavazzeni acusa compositor e libretista de "terem posto em cena uma Idade Média genérica e vagamente delineada", ambos parecem não se dar conta de que este é um efeito deliberado.

No tratamento dos motivos melódicos, há a mesma constante mobilidade já observada em *Amica*. Mas o equilíbrio voz/orquestra é muito maior; e começa a aparecer um uso da dissonância que, em *Parisina*, adquirirá função narrativa fundamental. A história articula-se sobre os temas – de filiação wagneriana – do Sonho, do Amor e da Morte, e suas intersecções. À relação idealizada Sonho/Morte (a perfeição amorosa não pode existir no plano contingente e imperfeito da realidade), segue-se a equação de Amor/Morte (só no outro mundo os amantes encontrarão a plena realização amorosa no plano espiritual, pois estarão livres das contingências materiais). É importante notar que essa temática, de origem schopenhaueriana, de que o *Tristão* já estava impregnado, terá ampla vigência durante toda a fase neo-romântica, do *Roi Arthus* de Chausson à *Francesca da Rimini* de Zandonai, da *Gwendoline* de Chabrier ao *Amore di Tre Rè* de Montemezzi. E é justamente à exploração desses temas interrelacionados que se ligam os momentos mais bem-sucedidos da ópera:

- o monólogo em que Folco descreve o Sonho como o supremo instante de realização mística;
- o Intermezzo que descreve a cavalgada de Isabeau e o êxtase de Folco, uma das mais bem acabadas páginas sinfônicas de Mascagni;
- a cena "O popolo di vili", em que o *stile declamato* renova a dinâmica tradicional da ária romântica;
- ou o radioso dueto de amor do último ato em que, no encadeamento dos temas, há toda uma recapitulação e síntese das idéias expressas no libreto.

Esses trechos, entretanto, não são números fechados pois, em *Isabeau*, Mascagni chega à fórmula da plena continuidade sinfônica. Por outro lado, a linha vocal, embora mantendo o estilo de declamação melódica ininterrupta, não perde o vínculo com a vocação lírica mediterrânea, principalmente no nível das tessituras, que confirmam a reputação de *amazzavoci* dos papéis da maturidade mascagnana. "A tessitura da Canção de Folco é toda central", escreveu o próprio músico, reconhecendo, entretanto: "Não há uma única nota aguda, mas é muito difícil encontrar para ela o tenor ideal" – que deve ter a difícil combinação do *squillo* italiano com a solidez do *Heldentenor* alemão. O próprio Bernardo de Muro, criador do papel, tinha consciência das dificuldades que tivera de superar e da importância que essa parte tivera em sua carreira pois, ao escrever sua autobiografia, intitulou-a *Quand'Ero Folco*. Sua interpretação do papel ficou, aliás, documentada em registros, feitos em 1912, das árias "Tu che odi il mio grido" e "Passerà la viva creatura", além do dueto "Dormivi? Sognavo", com o soprano Valentina Bartolomasi.

"Contrariamente à crença muito difundida", escreve o musicólogo Eugenio Gara, "as dificuldades para o tenor e o soprano, em *Isabeau*, não estão nos saltos de quinta ou sexta, mas nas notas sustentadas durante longos trechos, muitas vezes marteladas, que devem abrir passagem através da compacta floresta sonora da orquestra". Isso responde à observação feita pelo próprio compositor: as vozes adequadas para Folco e Isabeau precisam, mais ainda do que de extensão, de muito volume e um registro médio firme. O que faz prolongar-se, neo-romantismo adentro, o típico conceito da agressiva vocalidade verista, em que o que conta é a força expressiva e, com freqüência, o canto confina com o grito (haja vista a clara manifestação disso em óperas neo-românticas bem características como a *Turandot*, de Puccini, ou a *Francesca da Rimini*, de Zandonai).

Não se trata, entretanto, de uma ópera que suscite unanimidade crítica. Iovino fala da "rumorosa inconsistência de um discurso musical que raramente sugere emoção ao espectador". Tem razão ao dizer que o dueto de Ermyngarde e Ermyntrude, no ato II, procedendo por terças nota contra nota, é monótono. E que os acordes de trombeta com que a ópera se abre, em que há uma nítida reminiscência do *Lohengrin*, são demasiado reiterados. Mas não ao considerar esquemático o desenvolvimento da página orquestral que descreve a cavalgada de Isabeau, divisor de águas entre as esferas do real e do irreal. Esse verdadeiro poema sinfônico está menos empenhado em descrever concretamente a nudez da heroína do que em sugerir a exaltação de Folco com a visão que não deveria ter tido e, portanto, estará condenado a só reviver dentro de suas pupilas cegas. A música, nesta página, prolongando as sensações, definindo espaços interiores, evocando as metamorfoses mais complexas do ânimo humano, traduz muito bem o ímpeto da protagonista pela pureza, e que fará com que, digno de seu amor, seja apenas quem soube profanar sua nudez com o olhar da inocência.

Isabeau ainda não tem as personagens e situações devastadoras da *Parisina*. Mas é a glorificação do amor físico como um caminho para a realização maior no plano espiritual, num momento em que a ópera italiana está muito polarizada pelo erótico e o materialista (em Puccini, por exemplo) – e por esse motivo, permanece como uma experiência única no teatro lírico de seu tempo. Há duas integrais pirata da *Isabeau*, ambas com Marcela Pobbe e Pier Miranda Ferraro: a de Tullio Serafin em Sanremo (1962), do selo Bongiovanni; e a de Ugo Rapalo no San Carlo de Nápoles (1972), que existia no selo MRF. Os trechos mencionados de 1912, com Bartolomasi e De Muro sob a regência de Virgilio Ranzato e Carlo Sabajno, também saíram pela Bongiovanni.

Os primeiros contatos entre Mascagni e o poeta Gabriele d'Annunzio tinham sido tempestuosos e nada parecia indicar que um dia pudessem retornar ao nível da cordialidade. Aparentemente, Pietro nunca lhe perdoaria um maldoso artigo, *Il Capobanda* (O Maestro de Banda), publicado em 3 de setembro de 1892, no *Mattino*, de Nápoles, logo depois do enorme sucesso do *Amico Fritz* em Viena:

> Um amigo meu, que voltou de Livorno há algumas semanas contou-me ter visto, expostos na vitrine de um sapateiro, sapatos de couro vermelho flamejante denominados *scarpe alla Mascagni*; e me garantiu que o autor do *Amico Fritz* gosta de vagar entre os delicados oleandros de sua casa à beira-mar, todo vestido de vermelho, como um maestro de banda de San Severo. Esse aí, então, nasceu maestro de banda como se nasce músico, poeta, pintor? Não me enganei, portanto, em meu primeiro julgamento, ao vê-lo comparecer no palco, sob as luzes da ribalta que o cegavam, enquanto à sua volta erguiam-se os urros e os ruídos inauditos da bestialidade romana aglomerada na platéia. Não me enganei quando, naquele momento, a minha imaginação o pintou vestido com um casaco coberto de alamares, cordões e inúmeros botões, com um penacho em cima de um boné ornado com uma lira de metal resplandecente. É um excelente maestro de banda, pensei.

E ao terminar seu venenoso artigo, o poeta – mal disfarçando a inveja que, doentiamente vaidoso como era, sentia do sucesso obtido pelo outro no estrangeiro – lamentava que o "austero culto da arte" fosse "vilipendiado pela lisonja da fortuna plebéia". Unindo a ofensa à injúria, o libretista Arturo Colautti, discípulo do poeta, publicou logo depois uma série de sete artigos intitulados *Il Fenomeno Mascagni*, em que se dedicava sistematicamente a demolir o novo ídolo das multidões.

A animosidade entre Mascagni e D'Annunzio, entretanto, começou a serenar depois que, em 1899, o poeta referiu-se muito elogiosamente à *Iris*, o que é compreensível levando-se em conta o caráter simbolista dessa ópera. A Gabriele, o que desagradava – a julgar pelo romantismo declarado dos textos que escreveu para Debussy, Franchetti ou Zandonai – era o realismo cru dos entrechos veristas. Percebendo que a tensão se atenuava, Lorenzo Sonzogno, o sucessor do velho Edoardo na direção da editora, empenhou-se em formalizar uma reconciliação, interessado nos eventuais resultados da aproximação entre um dos maiores músicos e o poeta mais polêmico da Itália na época. As pazes foram feitas, em janeiro de 1908, durante um jantar em que Sonzogno conseguiu interessar Mascagni num projeto de D'Annunzio anteriormente recusado por Puccini e Franchetti: o de compor uma trilogia sobre a família renascentista dos Malatesta.

A primeira parte baseava-se em um episódio histórico que já inspirara *El Castigo sin Venganza* (1634), de Lope de Veja; o poema narrativo *Parisina* (1816), de lord Byron e, extraída deste último, a ópera de Donizetti, *Parisina d'Este* (1833), com libreto de Felice Romani. A segunda parte, *Francesca da Rimini*, viria a ser musicada por Zandonai. A terceira nunca chegou a ser escrita.

Em 1418, para casar-se com a adolescente Parisina – filha de Lucrezia degli Ordelaffi e de Malatesta Malatesta, senhor de Cesena e Fossombrone –, Niccolò d'Este teve de repudiar sua antiga amante, Stella de Tolomei, também chamada de Stella dell'Assassino (corruptela de Assisino, pois sua família era originária de Assis). Humilhada por esse repúdio, Stella incitou Ugo, o filho que tivera com Niccolò, a odiar e hostilizar de todas as maneiras a sua jovem madrasta, como uma forma de vingá-la. Ugo, a princípio, assim o fez; mas a proximidade levou os dois a se apaixonarem e tornarem-se amantes. Ao descobri-lo, Niccolò os condenou à morte: eles foram decapitados em 21 de maio de 1425.

O texto de D'Annunzio, que ficou pronto em 25 de março de 1912, é uma maciça peça de teatro em versos, com visível influência do *Tristão e Isolda*; e não somente do ponto de vista do quadro geral da ação, em que uma mulher jovem (Isolda/Parisina), ligada pelo casamento a um homem mais velho (Marke/Niccolò), apaixona-se por alguém de sua idade (Tristão/Ugo) que tem, em relação a seu marido, um dever de fidelidade. Afinal de contas, o *Pelléas et Mélisande*, de Maeterlinck/Debussy, ou o *Amore di Tre Rè*, de Sem Bennelli/Montemezzi, partem desse mesmo esquema dramático, mas o desenvolvem de forma independente. No caso de D'Annunzio, porém, o decalque estende-se à própria estrutura do ato III, que retoma a do ato II da ópera wagneriana. O encadeamento do diálogo de Parisina e La Verde, sua dama de companhia, com a cena de amor entre Ugo e ela, seguida da aparição de Niccolò, que os surpreende juntos, reproduz a seqüência Isolda/Brangäne, Isolda/Tristão, Tristão/Marke.

E há outras semelhanças que poderiam ser apontadas. No ato II, logo depois de os dois terem se dado conta de que estão apaixonados um pelo outro, quando Parisina diz "A noite está chegando" e pede que as tochas sejam acesas, Ugo responde, exaltado:

Taci! Taci! L'ultima luce
recato ha l'ultima ombra
per me sulla terra,
e la notte senz'alba.
Taci! Se taluno reca la fiaccola,
io l'atterro e nel viso
gli spengo la fiamma.

(Cala-te! Cala-te! A última luz trouxe para mim a última sombra sobre a terra, e a noite sem alvorada. Cala-te! Se alguém trouxer o archote, eu o derrubo no chão e apago a chama em seu rosto.)

É tipicamente wagneriana essa busca da escuridão protetora da noite, na qual os amantes poderão esconder o amor proibido, que não pode se mostrar à luz do dia.

Mesmo consciente das dificuldades que esse libreto prolixo lhe traria, Mascagni enfrentou entusiasmadamente o desafio. Alugou uma casa em Bellevue, nos arredores de Paris, levando consigo a filha Emi. Convidou também, para juntar-se a eles, a amante, Anna Lolli que, em 2 de maio, já o acompanhara a um encontro com D'Annunzio em Paris, e fizera amizade com o poeta. Este sempre teve mais facilidade para comunicar-se com o compositor através dela do que de Donna Lina, a Sra. Mascagni. Coisa curiosa: Emi não só aceitou muito bem a amante do pai como tambem ficou muito ligada a ela. Ao casar-se, em outubro de 1913, em Rapallo, com o músico Guido Farinelli, mandou-lhe um convite, e Anna deu um jeito de comparecer, anônima em meio à multidão. "Posso finalmente dizer-lhe a doce emoção que senti ao perceber que você estava na igreja", escreveu-lhe Emi. "Obrigado por ter vindo: isso certamente me trará sorte."

O poeta vinha, todos os dias, encontrar-se com o compositor em Bellevue. Os dois desentendiam-se regularmente sobre seus hábitos alimentares diferentes – frugais para Gabriele, gargantuescos para Pietro –, mas punham-se de acordo sobre cada detalhe da elaboração da ópera. Antes que deixassem Bellevue, em dezembro de 1912, o galante escritor deu à amante do músico uma sua foto com a dedicatoria "A suor Anna, Frate Gabri", e um exemplar de seu romance *L'Innocente*, no qual inscrevera: "Alla gentile amica dei giorni solitari in cui fu l'ombra stessa di Parisina".

A expectativa despertada pela colaboração entre esses dois grandes nomes da arte italiana, e a excelência de um elenco em que havia Tina Poli Randaccio, Hipolito Lazaro, Carlo Galeffi e Luisa Garibaldi, fez com que à noite da estréia, no Scala, em 15 de dezembro de 1913, comparecesse todo o mundo intelectual milanês. Além de todos os nomes importantes da *Giovane Scuola*, estavam lá também veteranos de um outro tempo, como Boito e Franchetti.

Mas o público e os próprios músicos profissionais reagiram desorientados diante de uma ópera que durava mais de quatro horas, o que era totalmente fora dos padrões a que a concisão de Verdi ou Puccini os acostumara. Ao contrário da *Isabeau*, em que o texto de Illica fora generosamente enxugado, o entusiasmo e o respeito que Mascagni sentia pelos versos de D'Annunzio tinham feito com que ele os musicasse quase integralmente. As críticas reiteradas à prolixidade da ópera fizeram com que, para as representações sucessivas, durante 1914, o compositor concordasse em fazer cortes drásticos:

- eliminou o belo poslúdio sinfônico ao dueto de amor do ato II;
- quase toda a cena noturna em que Parisina lê a história de Paolo e Francesca – que ecoa a sua – enquanto ouve o canto do rouxinol;
- e chegou até, em determinado momento, a permitir que se cortasse todo o ato IV, onde estão algumas das melhores páginas da partitura – e que Fedele d'Amico chamava de "a pérola desta ópera, lúgubre mas serena elegia de dois amantes à espera da morte".

Foi o clássico caso de emenda pior do que o soneto, pois os cortes só serviram para prejudicar o equilíbrio de sua obra mais bem acabada; tanto assim que esses trechos foram restabelecidos ao se fazer a edição de 1938. E incluídos, em 1977, na gravação de Pierluigi Urbino, que só existe em versão pirata de som muito precário. Infelizmente, em 2001, ao montar a ópera em Montpellier, com Denia Mazzola-Gavazzeni e um elenco de cantores russos, o regente Enrique Diemecke optou pela cortadíssima versão em três atos, que elimina o deslumbrante dueto final, e faz verdadeira carnificina em diversas partes do drama. Essa é, contudo, a gravação, distribuída pelo selo Actes Sud (2000), que melhor permite o acesso a essa maltratada obra-prima.

E no entanto, *Parisina* não é mais longa do que o *Tristão*, o *Parsifal* ou *O Cavaleiro da Rosa*. Apenas apresenta uma duração que, normalmente aceita pelo público germânico, contraria os hábitos das platéias mediterrâneas. E, é claro, a partir do momento em que se aceita como viável uma versão truncada, não se questiona mais esse ponto, alegando-se até que esta teria sido a vontade do compositor. Os defensores desse ponto de vista se esquecem de que o autor foi forçado a concordar com essa solução insatisfatória, para que sua ópera não fosse recusada pelos teatros. *Parisina*, portanto, é a típica ópera que precisa de um resgate discográfico integral e com boa qualidade técnica, para que se possa realmente avaliar o pináculo que ela representa na obra de Mascagni – e na ópera neo-romântica italiana das primeiras décadas do século XX.

Parisina representa um nítido salto de qualidade em relação à *Isabeau*, do ponto de vista do refinamento harmônico, do bom gosto no desenho de uma linha vocal muito cantábile, e do uso da orquestra. A instrumentação é extremamente brilhante, mas perfeitamente equilibrada em relação ao canto. E trechos sinfônicos como os prelúdios dos atos I e III mostram o compositor em pleno domínio do colorido orquestral. O "sinfonismo" iniciado com *Isabeau* prossegue; mas as digressões orquestrais não são um mero ornamento. Elas prolongam a intensidade evocativa das palavras e das situações, funcionando como uma tela sobre a qual projetam-se os estados de ânimo. Sintetizam idéias apenas sugeridas pelo texto: por exemplo, a paixão latente de Ugo por Parisina, numa fase do ato I em que eles nem sequer perceberam ainda que esse sentimento existe (no diálogo com a mãe, Ugo fica perturbadíssimo quando Stella exige que ele diga que odeia a jovem que veio tomar seu lugar junto do pai). Através de modulações obsessivas, essas digressões mostram o aspecto

O poeta Gabriele d'Annunzio posou várias vezes para o fotógrafo amador Mario Nunes Vais. Em 1906, ele foi fotografado em sua casa de La Capponcina, onde escreveu a tragédia *Francesca da Rimini*, musicada por Zandonai.

conflituoso e constantemente cambiante das emoções das personagens.

Além disso, o comentário orquestral cria, com a utilização de recursos arcaizantes – da mesma forma que já tinha sido feito no *Zanetto* – um ambiente de época. Dois bons exemplos são a entrada de Parisina, no ato I, ao som de uma melodia que relembra as *frotolle* e os madrigais renascentistas; ou o clima monástico obtido, com sábios pastiches de canto gregoriano, no ato II. Esse ato se passa no Santuário de Loreto, onde os dois jovens declaram seu amor um pelo outro, depois de Ugo ter vencido uma batalha contra os corsários.

No ato II, em especial, Mascagni demonstra o alto grau de eficiência a que chegou no uso do coro, tanto na seqüência da batalha, construída com a superposição de três temas diferentes, quanto na do Santuário[1]. Não se trata de mero exibicionismo de erudição musical, mas de colocar um sólido conhecimento de História da Música a serviço da maior eficiência dramática. Nesse sentido, será inegável a influência da *Parisina* sobre o Respighi de *La Fiamma*, onde serão feitas, por exemplo, reconstituições de madrigais no estilo monteverdiano para evocar a ambientação de época. Em "Mascagni, la Creazione Musicale", artigo escrito para a obra coletiva da Electa Editrice já mencionada, afirma Guido Salvetti:

> "É bom esclarecer que o tipo de harmonização da *Parisina* espelha claramente um trabalho realizado no teclado do piano, mais do que um pensamento orquestral autônomo. Isso poderia explicar a grande mobilidade das tensões que, como na *Isabeau*, são dificilmente redutíveis a um mínimo de sistema. [...] O próprio Mascagni constatou, posteriormente, em carta de 1912 a seu amigo Gianfranceschi: 'A ópera é temática por excelência, com retornos constantes dos motivos, e com a repercussão e a reprodução das idéias; no entanto, esses retornos e essas repercussões baseiam-se em um conceito profundo e, às vezes, filosófico, que busca espelhar os sentimentos das personagens, mais do que seu aspecto físico ou as suas palavras; e todas as reproduções dos temas são sempre veladas, algumas vezes até mesmo ocultas, a não ser em casos muito especiais, em que o retorno do tema deve impor-se ao auditório. Isso são coisas que percebo agora, examinando o trabalho terminado. Enquanto estava trabalhando, sequer sabia se estava repetindo idéias musicais já expressas'.
>
> Talvez seja interessante observar que um dos procedimentos mais freqüentes, que aflora a todo momento com as formas melódicas e rítmicas mais variadas, é uma seqüência de quatro notas contendo um tom entre as duas primeiras e um semi-tom entre as últimas. Sem estar plagiando, naturalmente, Mascagni seguia também um 'fio' muito próximo àquele que Wagner declarou seguir ao usar, no *Tristão*, uma figura de quatro notas separadas por um semi-tom, e que ficou sendo conhecida como o 'acorde de Tristão'. Mas o fluxo sinfônico está bem longe de ter apenas um valor harmônico. Hoje, tornou-se quase moda dizer maravilhas do cuidado com que Mascagni orquestrou a *Parisina*; e isso corresponde à qualidade da imaginação que interferiu constantemente na composição, como se pode ver estudando os primeiros esboços que, em vários pontos, são feitos em três ou quatro pautas simultâneas, já contendo ricas indicações preliminares das instrumentação."
>
> Além disso, depois de ter trabalhado quatro meses na partitura escrita ao piano, Mascagni levou outros cinco só para orquestrá-la. O cuidado com que procedeu levava em conta a preocupação em fazer com que a palavra cantada fosse compreendida, sem sacrifício da riqueza dos significados trazidos pela orquestra. Mas acredito que a razão mais profunda desse cuidado esteja no conceito básico de que à orquestra compete definir um dos ritmos cênicos mais lentos de toda a História do melodrama italiano" (e, nesse sentido, seria lícito dizer que, a nível musical, esse andamento compassado – comparável ao do *Tristão* ou ao do *Parsifal* – é um equivalente do wagnerismo de que está impregnado o texto de D'Annunzio, embora, do ponto de vista das sonoridades, a música de Mascagni não se pareça nem um pouco com a de Wagner).
>
> "Numa partitura em que cada episódio move-se entre o *largo* e o *adagio*, em que, durante longos trechos, a palavra cala-se e à orquestra incumbe abrir os horizontes marinhos ou as idílicas perspectivas noturnas, em que se confia aos instrumentos uma longuíssima continuação do dueto de amor, o interesse pelo tipo de orquestração torna-se decisivo para definir a função reflexiva e contemplativa da dimensão sinfônica. E dela nascem os refinamentos da escrita: as transparências dos instrumentos agudos, o ressoar sombrio e ameaçador dos metais, os estáticos solos do oboé ou da flauta, a atormentada escrita camerística do quarteto de cordas".

Todos esses ricos recursos são postos a serviço da caracterização de personagens cuja ambigüidade de sentimentos os torna muito complexos. Desde o início da ação, Ugo mostra-se corroído pela ansiedade. A seu amigo Aldobrandino Rangone ele confessa a vontade de morrer em combate:

> *Balestrerò senza pavese e senza giaco,*
> *e col capo scoperto, e a tutta gola*
> *cantando la canzone del macello:*
> *"Menatemi al macel se far volete*
> *cosa che piaccia al mio dannato core."*

1. Para ouvi-los é necessário recorrer à gravação Urbino, pois na Diemecke esses coros são sumariamente eliminados.

[...]
Attutar la follia di primavera
mi bisogna. Mangiato ho il miel selvaggio,
Aldobrandino, e perso ho l'animo nei vènti.
[...]
Sono infermo di gioia, ti dico, fratel mio.
Odo il mio sangue cantare
come tutte le fontane di Belfiore.
Entro il petto il core vivo mi balza
come il cerbiatto che il mio padre insegue
nelle selve di Po.
Se di gioia si muore, lode a Dio,
io son prossimo a morte, Aldobrandino.

(Lutarei sem escudo e sem couraça, de cabeça descoberta, e cantando a plenos pulmões o rondel da matança: "Leva-me para a matança, se queres fazer aquilo que agrada a meu coração amaldiçoado".//Preciso acalmar a loucura da primavera. Comi o mel selvagem, Aldobrandino, e perdi meus sentidos pelo vento.//Estou enfermo de alegria, te digo, meu irmão. Ouço o meu sangue cantar como todas as fontes de Belfiore. Dentro do peito, o coração vivo pulsa como a presa que o meu pai persegue nas selvas do Pó. Se se morre de alegria, Deus seja louvado, estou próximo da morte, Aldobrandino.)

Ugo é de grande rudeza nos primeiros encontros com o pai e a madrasta. Mas é de uma insegurança total diante da mãe – e na cena em que dialoga com ela ("Ugo, figlio mio dolce"), expressa-se através de um recitativo mecânico que acentua essa dependência. É uma personagem tensa, sofrida. Quando a mãe lhe pergunta por que está tão perturbado, responde:

Non so, madre, non so.
Il cor m'è cieco e ondeggia per un mare
pien di fragore e d'ombra.
E sotto il vento lagni raccolgo e doglia,
e rimpianto di ciò che fu perduto per me,
se bene non mi sovvenga.

(Não sei, mãe, não sei. Meu coração está cego e navega em um mar cheio de ruído e sombra. Açoitado pelo vento, recolho aflições e tristeza, e lamento tudo o que se perdeu para mim, pois já não me lembro mais da felicidade.)

Mas, para compreender a causa de seu tormento, basta observar como ele reage quando Stella, transbordando de fúria, exige dele que proclame o ódio à mulher mais jovem que tomou seu lugar no coração de Niccolò. O conceito wagneriano de *Todgeweihtes Haupt* (cabeça votada à morte), expresso no *Tristão*, descreve bem essa personagem, que tem sempre na boca o gosto da destruição. "M'hai fato per morire", afirma a Stella, "brama non ho se non di perdermi". E é essa vontade de morrer, para livrar-se da infelicidade, que o faz, ao procurar o fim contra as armas dos corsários, encontrá-lo nos braços da madrasta.

Parisina é altiva e orgulhosa ao rebelar-se contra as calúnias de Stella e exigir vingança do marido (ato I), mas de uma doçura extrema nas cenas de amor com Ugo. A do ato II é de uma energia sensual que confina com a blasfêmia, pois é dentro do templo que eles declaram seu amor. No erotismo quase alucinado do III, feito de culpa e desejo sexual incontrolável, a paixão associa-se, em sua cabeça, à de Francesca da Rimini, com a qual ela se identifica e se confunde:

Francesca! Francesca!
Or ell'è tra la lampa e la notte.
E mi guarda, ela guardo come se me medesma
io mirasse in funesto specchio;
chè, com'io m'ebbi a mezzo il petto
quella macchia vermiglia,
a mezzo il petto una profonda polla di sangue ell'hà;
che fumiga e del tristo vapore m'empie il mio respiro.
Et anche il mio peccato è scritto in quel libro,
come il suo nel libro ch'ella lesse.
Ma ella s'interrupe,
e convien ch'io legga sino in fondo[2]*...*

(Francesca! Francesca! Agora ela está entre a lâmpada e a noite. E me olha e eu a olho como se mirasse a mim mesma num espelho funesto; porque, da mesma forma que no centro de meu peito eu tinha aquela mancha vermelha[3], no centro de seu peito ela também tem uma profunda fonte de sangue; que fumega e enche meu hálito com seu triste vapor. O meu pecado também está escrito nesse livro, como o dela no livro que ela estava lendo. Mas ela parou no meio, e eu, convém que eu leia até o fim...)

Mas é principalmente no ato IV, na cena que se passa na Torre del Leone, onde os aman-

2. Parisina refere-se à história dos amores de Lancilotto e Ginevra que Paolo e Francesca estão lendo juntos quando não resistem à tentação de confessar um ao outro que se amam. Cria-se assim um curioso jogo de associações: Lancilotto declarando-se a Ginevra; Paolo e Francesca lendo a respeito e declarando-se seu amor; Parisina lendo esse relato e admitindo que também sente um amor proibido por Ugo.

3. No ato II, voltando do combate com os corsários, Ugo vem coberto do sangue de seus inimigos até o Santuário de Loreto, onde Parisina está rezando; ao vê-lo ensangüentado, ela corre a abraçá-lo e a branca veste que está usando fica com uma enorme mancha vermelha no peito – símbolo da paixão que ferve dentro dele.

tes esperam pela execução, que está a mais bela página de lírica amorosa jamais escrita por Mascagni. Descoberta a sua traição, Parisina se enriquece com um novo elemento: a sede de sacrifício. E assume força extraordinária, não só quando enfrenta a fúria de Niccolò, que a surpreendeu com o amante – o monólogo "Or guarda me, che sola son la fiera a te dinanzi", do ato III – mas também quando aceita serenamente, no último ato, a idéia da morte, que a libertará e ao homem que ama.

Niccolò e Stella também exigem cantores com fortes dons interpretativos. A amante desprezada e envelhecida pertence àquela linhagem dos *mezzos* verdianos – Azucena, Eboli, Amneris –, de personalidade forte e indomável, que a humilhação, o ódio e o desejo de vingança levam à beira do desequilíbrio mental. Tem de ser uma grande atriz a *mezzo* que se descontrola, quando vê surgir a figura radiosamente bela da mulher que lhe usurpou o lugar – tão bela que, na rubrica, D'Annunzio a compara ao "Triunfo de Vênus nos afrescos do palácio de Schiffanoia". O ódio transborda e Stella a insulta com ofensas pesadas:

O Parisina Malatesta, figlia dell'Ordelaffa,
sangue di rubatori, traditori e drude,
color di vita più non hai,
nè osi fissar negli occhi miei
gli occhi tuoi falsi.
Ma non temere che toccarti non degno.
Non io ti strapperò con le mie mani
alla soglia non tua dove giungeste
quando ti vendette il tuo padre in Cesena
come schiavetta al giacitore d'Este.
E non nubile ancora eri,
troppo al mercato acerba!
No, l'anima perdere non mi vale
per sì vil sangue!

(Ó Parisina Malatesta, filha da Ordelaffi, sangue de ladrões, de traidores e prostitutas, não tens mais a cor da vida e nem ousas me encarar com teus olhos falsos; mas não tema porque não me digno te tocar. Não sou eu quem te arrancará, com as minhas próprias mãos, da casa que não te pertence e à qual chegaste quando o teu pai te vendeu, em Cesena, como uma escrava para esse sedutor dos Este, quando ainda nem eras núbil e estavas imatura para o mercado! Não, não vale a pena perder a minha alma por sangue tão vil!)

E é dolorosíssima a cena em que vai à Torre del Leone, na tentativa desesperada de salvar o filho – que prefere morrer com sua amada a acompanhá-la. A seus angustiados apelos – "Sciogliti; slacciati, da te scacciala, salva l'anima tua" – responde a imobilidade de Ugo; e como uma fera que defende a cria ela esbraveja:

Scrollerò
il ferro, torcerò
le sbarre, strapperò
i serrami. Ho la forza
di mille. O mala femmina,
lascialo! Ti commando
di sciogliere il mio figlio!

(Sacudirei as correntes, torcerei as barras, arrancarei os cadeados. Tenho a força de mil pessoas. Ó mulher má, deixa-o! eu te ordeno que largues meu filho!),

mas é tudo em vão. Embora Parisina lhe diga "Vedi, non io lo serro e non io tel diniego", Ugo não arreda pé do lado dela e, diante de sua mãe, que "irrompe num urro desumano", toma a amada pela mão e, junto com ela, ajoelha-se diante do cepo do carrasco.

Quanto ao marido, enganado pelo próprio filho, basta citar seu dolorido monólogo do ato III: "Cristo Signore, perchè tu mi fulmini?". Este é, em todo o teatro da maturidade mascagnana, um dos mais impressionantes exemplos do uso do *stile enfatico*.

Em adesão aberta ao esteticismo de D'Annunzio, *Parisina* é uma ópera muito mais voltada para as nuances dos movimentos psicológicos do que para a ação exterior. A preocupação que a música tem em desvelar os mais sutis detalhes de comportamento das personagens evidencia-se, inclusive, na riqueza das notações dinâmico-expressivas usadas a todo momento pelo compositor – *eccitato, nostalgico, veemente, ansioso, esaltato, straziante* –, chamando a atenção do intérprete para as minúcias de caracterização. É também o tipo de teatro apaixonado pela aristocracia da palavra: a música esposa voluptuosamente as suntuosas sonoridades do texto poético. Isso se sente, por exemplo, na forma como ela emoldura e colore a enumeração dos objetos pessoais que Parisina oferece à Virgem de Loreto, ao invocá-la pedindo-lhe que a proteja contra a tentação do pecado:

Ecco la rete dei miei cappelli,
ecco il mio vello. Sul viso ignudo

io riceva da te la tua rugiada.
Ecco tutti gli anelli.
Ecco il mio manto, che non ha stele.
Della tua grazia ammanta il mio dolore.
Ecco il mio cinto che sì m'aggrava.
La mia fática fascia del tuo vigore.
Ecco il mio drappo che brilla e opprime.
sol porti io vestimento di caritade.
Ecco mi tolgo anche i calzari.
Bianca e scalza io cammini per le tue strade.

(Eis a rede de meus cabelos. Que eu me cubra com a guirlanda da vigilância. Eis o meu véu. Que eu receba o teu orvalho sobre o meu rosto nu. Eis os meus colares. Eis todos os anéis. Eis o meu manto que não tem estrelas. Cobre a minha dor com o manto de tua graça. Eis o meu cinto que se tornou tão pesado para mim. Coloca o teu vigor como uma faixa para a minha fadiga. Eis o vestido que brilha e me oprime. Que eu use apenas a vestimenta da caridade. Tiro também os meus calçados. Pálida e descalça, que eu caminhe pelas tuas estradas.)

A música é incandescente na descontrolada explosão amorosa de Ugo, que converge para o impulsivo:

Sapete perchè grido guerra guerra?
Perchè pace non trovo al mio languire.
Sapete perchè grido serra serra?
Perchè le porte non mi vole aprire.

(Sabes por que grito guerra guerra?/ Porque não encontro paz para o meu sofrer./ Sabes por que grito tranca, tranca?/ Porque não me queres abrir as portas.)

Vocalmente, como na *Isabeau*, o que predomina é a declamação melódica, numa linha que descende diretamente do arioso wagneriano, inclusive no que diz respeito às exigências feitas aos protagonistas, que precisam ter a resistência e o temperamento de um *Heldentenor* e de uma *Hohesopran*. Mas essa linha vocal se expressa em termos estritamente peninsulares, na medida em que o canto mantém, em relação à orquestra, uma autonomia muito mais próxima da tradição da maturidade verdiana do que do modelo alemão. A dificuldade em encontrar cantores em condições de enfrentar papéis tão pesados, aliada aos problemas de encenação de um drama tão longo e trabalhoso, explicam a raridade com que a ópera é encenada hoje.

Parisina é, sem dúvida alguma, a culminação da obra dramática de Mascagni, pelo domínio pleno que, nela, o compositor demonstra ter atingido da técnica de declamação livre; pelo uso de um cromatismo e de soluções harmônicas e timbrísticas que atestam a sua abertura para a música européia contemporânea (os pós-wagnerianos alemães, os impressionistas franceses, a escola russa), mas sem perder as amarras com a tradição lírica de seu país, à qual permanece intimamente fiel; e pela profundidade que alcança na exploração de um texto poético de alto valor literário. *Parisina* é, também, a culminação da temática – unindo o amor, o sonho, a inocência, a renúncia e a morte – que perpassa as anteriores *Zanetto, Iris* e *Isabeau*, para nela alcançar sua realização mais madura.

Quando a I Guerra começou, Leoncavallo estreou em Gênova a ópera patriótica *Goffredo Mamelli* e devolveu ao kaiser as condecorações recebidas na Alemanha. Luigi Illica alistou-se, apesar da idade. Bem antes disso, Mascagni tinha-se declarado anti-intervencionista: "A guerra faz-nos retroceder muitos séculos", escreveu a Anna Loli em 17 de maio de 1914. "Faz-nos percorrer às avessas o caminho da sociedade, até mesmo politicamente. As mais ousadas concepções sociais, as conquistas do internacionalismo e do socialismo, onde vão parar? Tudo está submerso, desaparecido". Recusou-se a musicar um poema patriótico de Illica, que lhe fora proposto pelo Grupo de Resistência de Piacenza. E desagradou duplamente a seu libretista ao rejeitar a idéia de um libreto baseado na *Eneida*, pois este não passaria de um pretexto para a glorificação nacionalista. Não se subtraiu, entretanto, ao que considerava seu dever moral, regendo concertos beneficentes, para ajudar familiares de soldados caídos na frente de batalha. Seus dois filhos, Dino e Domenico, foram convocados, e o primeiro foi preso em Caporetto, o que lhe causou grande angústia.

Para manter a família, teve de aceitar trabalhos novos, entre eles o de escrever a trilha sonora para o filme *Rapsódia Satânica*, versão feminina da história do Fausto, estrelada por Lydia Borelli, atriz que, em 1912, tinha-se tornado famosa fazendo a *Salomé* de Oscar Wilde. A direção era do poeta Nino Oxilia, que andou também se interessando por cinema. Em "Il Valore della Musica nel Film", artigo escrito em 1959 para a revista romana *Musica e*

Film, o cineasta Carmine Gallone afirma que "as imagens pareciam projetar-se na tela apenas para comentar a fluida melodia do Maestro" e enfatiza a "propriedade com que a partitura de Mascagni sublinha os diversos estados de ânimo das personagens".

Logo depois, teve a atenção atraída por *Two Little Wooden Shoes* (Os Dois Tamanquinhos), novela do gênero *larmoyant* escrita por Ouida (pseudônimo de Marie Louise de la Ramée), romancista inglesa que, no fim da vida, radicara-se na Toscana, onde morrera em 1908, extremamente pobre. Mas havia um problema: Puccini lançara olhares sobre o livro, cuja heroína lembrava o tipo de personagem frágil e sofredora que tanto sucesso fizera com a *Butterfly*. "Já estou acostumado a essas duplas", escreveu Giacomo, em 1º de junho de 1914, à sua amiga Sybil Seligman: "as duas *Manon*, as duas *Bohème* e, agora... os quatro tamanquinhos". Como Ouida deixara um número incrível de dívidas, seus credores viram, nessa disputa, uma forma de recuperar parte do dinheiro e organizaram um leilão, em Viareggio, em 18 de março de 1915. Os direitos foram arrematados por Ricordi, para Puccini, por 4.000 liras.

Mas Giacomo atravessava uma de suas habituais fases de indecisão. Andava muito envolvido com o projeto do *Trittico* e acabou desistindo de compor uma ópera sobre *I Due Zoccoletti*. Os direitos foram, então, revendidos a Sonzogno, que os entregou a Mascagni. O libretista escolhido foi Giovacchino Forzano, que conhecia bem a obra, pois na época do leilão, fora nomeado perito literário pela Justiça, encarregado de avaliar o manuscrito. Forzano realizaria a proeza de trabalhar simultaneamente para dois músicos irascíveis, amigos mas rivais, que desconfiavam profundamente um do outro. Não foram poucos os obstáculos que teve de contornar para fornecer a Mascagni os textos da *Lodoletta* e do *Piccolo Marat*, ao mesmo tempo que escrevia para Puccini a *Suor Angelica* e o *Gianni Schicchi*. Mas desempenhou-se da tarefa com muito talento, transfomando o meloso romance de Ouida em um libreto sentimental, é verdade, mas dramaticamente muito eficiente.

A adolescente holandesa Lodoletta – nome mais melodioso e sugestivo do que a Bébée original –, filha adotiva do velho Antonio, apaixona-se por Flammen, pintor parisiense que se refugiou em sua aldeia por razões políticas. O amor surge quando ele a cerca de carinho, para consolá-la da morte do pai adotivo, após a queda de uma árvore. Mas toda a aldeia censura a ligação, sobretudo depois que Flammen, que tem por ela apenas atração sexual, a abandona e volta para Paris, onde foi anistiado. Lodoletta, calçando os tamanquinhos vermelhos que Antonio lhe dera, no início da ópera, no dia de seu aniversário de 16 anos, vai a pé até Paris, para procurá-lo. Chega exausta à sua casa, no dia da passagem do ano e, pela janela, vê Flammen festejando com os amigos. Exaurida pela fome e o frio, desmaia na neve e morre congelada. Quando o pintor, que está cheio de saudade e remorso por tê-la abandonado, sai no jardim, encontra os seus tamanquinhos; depois, horrorizado, depara com seu cadáver.

Na estréia da *Lodoletta*, no Costanzi, em 30 de abril de 1917, sob a regência do autor, Rosina Storchio foi aclamada no papel-título, ao lado de Giuseppe Campioni, Enrico Molinari e Leone Paci. Flammen foi um dos grandes papéis da carreira de Beniamino Gigli que, na época da estréia livornesa, em 28 de julho do mesmo ano, tinha 27 anos. Ele sempre teve grande carinho por um papel de que fez 75 récitas só em 1917-1918. "Quem não ouviu o Gigli de 1917 na *Lodoletta*", escreveu Ernesto Gragnani, "perdeu não só a oportunidade de ouvir uma das mais belas vozes de tenor do mundo, mas também de conhecer um cantor que sabia frasear 'mascagnescamente'".

A simplicidade melódica desta ópera, seu desenvolto tom de conversação – nela, Mascagni abandona a declamação enfática, que ficaria deslocada num tema tão singelo, optando por um arioso muito fluido –, estão bem de acordo com o cândido caráter da personagem adolescente e com a bucólica pintura que a música faz do campo flamengo. O estilo assemelha-se, naturalmente, ao do *Amico Fritz*, mas com uma maturidade maior: é mais sofisticada a escrita e muito grande o domínio teatral. Não resta dúvida de que a intriga é tênue e melodramática, embora não mais do que a da *Butterfly*, por exemplo. Mas Mascagni e Forzano souberam explorar muito bem os traços delicados e melancólicos da personagem-título, de tal forma que a ela pertencem os melhores momentos da partitura:

- sua entrada, "Comari, comari che corsa", com tercinas e escalas de um brilho belcantístico, em que resplandece a alegria despreocupada da garotinha no dia de seu aniversário;
- a cena em que reage, encantada, ao retrato que Flammen faz dela; ou o lirismo apaixonado da ária em que oferece rosas à Virgem;
- e, principalmente, o monólogo final, em que passa da alegria, por ter finalmente encontrado a casa de Flammen, à desesperança, por vê-lo festejando com os amigos e acreditar que se esqueceu inteiramente dela.

Além disso, bastante organicidade vem da unidade de tempo conferida à ação, que transcorre durante um ano inteiro, o que permite jogar com as mudanças de colorido melódico sugeridas pela passagem das estações: o ato I intitula-se "Crepúsculo de primavera"; o II, "Alvorada de novembro"; o III, "A última noite do ano, em Paris". Em *Lodoletta*, estão presentes os traços básicos do Mascagni lírico e popular:

- os corais de sabor folclórico – os meninos que brincam de esconde-esconde, no ato I; a cena com as comadres, logo depois da morte de Antonio; as vendedoras de leite no II;
- as expansões orquestrais – a marcha fúnebre para o velho Antonio no III; a evocação da festa de réveillon, no início do III, em que transparece a simpatia do compositor pela música de Tchaikóvski;
- e, sobretudo, um melodismo que retoma o estilo de cantábile da *Cavalleria*, do *Fritz* e de alguns trechos da *Iris*: o "Ah!, ritrovarla", de Flammen, e o amargurado "Flammen, perdonami", da protagonista, no final.

Mas essa escrita mais simples, próxima da gramática verista, convive com refinamentos típicos das elaboradas óperas anteriores: a sofisticação de certas soluções harmônicas; a extrema transparência da orquestração onde, uma vez mais, sente-se a afinidade mascagnana com a lição impressionista; e o uso de formas fixas clássicas como moldura para a ação (a cena inicial, por exemplo, tem a estrutura de um *scherzo/trio*). Não é demais chamar a atenção, aliás, para o fato de que, nessa época, parece estar no ar a idéia da utilização de formas fixas como arcabouço para as cenas de uma ópera. O que, de forma intuitiva, fazem Mascagni na *Lodoletta,* Albéric Magnard na *Bérénice* e Paul Dukas na *Ariane et Barbe Bleue*, será, logo depois, sistematizado por Franz Schreker em *Die ferne Klange* e, principalmente, por Alban Berg no *Wozzeck*.

Depois das tumultuadas paixões da *Amica, Isabeau* e *Parisina*, e antes da intensidade dramática do *Piccolo Marat*, Mascagni parece dar-se um tempo para respirar. E volta a trabalhar com um teatro semelhante ao do Puccini e do Leoncavallo da *Bohème* em que, às notações realistas, misturam-se equilibradamente os ingredientes sentimentais (é óbvia, de resto, a semelhança entre a holandesinha e as duas Mimìs). Abandonando provisoriamente os eloqüentes afrescos sonoros das óperas anteriores, Mascagni desenha, com técnica de miniaturista, vinhetas de contida emoção, que exigem dos cantores muita sutileza e a sistemática recusa de efeitos expressivos derramados.

Só em 1990 o selo Hungaroton lançou comercialmente a gravação de Charles Rosenkrans, com Maria Spacagna e Peter Kelen. Antes disso, era necessário recorrer a duas piratas uma excelente, de Alberto Paoletti, com Giuliana Tavolaccini e Giuseppe Campora (Golden Age, 1957); a outra, correta, de G. Mucci no Teatro La Gran Guardia (Fonè, 1960).

Em 13 de dezembro de 1919, estreava no Teatro Quirino, de Roma, a opereta *Sì*, única incursão de Mascagni fora do domínio da ópera propriamente dita. O texto era de Carlo Lombardo, libretista desse tipo de espetáculo a quem, anteriormente, o compositor recusara a permissão para fazer uma colagem de temas de diversas obras suas, numa opereta que deveria chamar-se *Clo-Clo*. Diante dessa recusa, Lombardo procurara o músico, propondo-lhe um libreto original. Pietro, encantado com a idéia de fazer uma experiência nova, concordou em musicar a história sério-cômica de uma bailarina do Folies Bergères cujo apelido é Sì, pois não sabe dizer não a ninguém. Ela aceita um casamento de fachada com o duque de Châblis, para que este possa receber uma herança. Mas apaixona-se pelo marido e não consegue, como tinha sido combinado, traí-lo para lhe dar logo um pretexto para o divórcio. O estratagema é desmascarado por Vera, a prima do duque, que acaba seduzindo o leviano libertino. E Sì sofre quando este, tendo-se cumprido as cláusulas do trato entre os dois, a repudia. Sentindo-se usada e humilhada, ela age com toda a dignidade e volta à vida de bailarina no teatro de variedades. Há uma semelhança razoável entre essa personagem e Zazà, a protagonista da ópera de Leoncavallo.

A opereta equilibra-se entre os números satíricos e alegres, comuns ao gênero, e outros que são sentimentais e melancólicos, ensejados pelo lado tristonho da história. Neste último caso, a valsa triste "Rose languenti", a romança "Fogli vergati", a "Serenata alla Luna" ou o "Duettino del pianto" são os mais felizes. Nos duetos, em especial, há a densidade lírica típica dos momentos mais sentimentais nas óperas sérias de Mascagni, e que é totalmente desusada para um gênero descontraído como a opereta. Por outro lado, o retrato irônico de determinados aspectos da vida contemporânea aparece na "Valsa del telegrafo" ou no "Duetto americano". Este último, em especial, mostra um Mascagni ranzinzamente nacionalista, ridicularizando o gosto da época pela música popular americana – em especial o jazz, que detestava e contra o qual se manifestou em artigos de jornal que beiram o conservadorismo reacionário.

Sì, entretanto, permanece como mera curiosidade, manifestação de um aspecto da personalidade do homem – o bom-humor, o gosto pela resposta pronta e sarcástica – que, segundo todos os que conviveram com ele, era extremamente marcante. Em 1990, o selo Bongiovanni lançou a gravação de Sandro Sanna feita no Cantiere Internazionale d'Arte de Montepulcinao. É uma interpretação um tanto amadora, mas permite que se tenha uma idéia razoável da partitura.

A fase que se segue à I Guerra Mundial apresenta um quadro de crise que, a curto prazo, vai trazer, para a vida italiana, modificações cujos reflexos se encontram na vida e obra de Mascagni e de seus contemporâneos. Ao entrar no conflito, a Itália já passava por um período em que o nacionalismo frustrado gerava amplo sentimento de humilhação e de desprezo pelo regime. A perda da Tunísia para a França, em 1881, e a derrota na Batalha de Adua, em 1890, contra os etíopes, aumentara o descrédito de uma classe política já desmoralizada pelos altos níveis de corrupção e incompetência do governo.

A I Guerra teve efeitos devastadores: morte de 700.000 homens, prejuízos da ordem de US$ 15 bilhões, a perda do Fiume para o recém-fundado Estado iugoslavo, a exclusão da Itália no momento da partilha das colônias alemãs na África – um conjunto de circunstâncias a que os nacionalistas radicais davam o nome de "vittoria mutilata". A isso veio juntar-se uma situação interna economicamente caótica. A inflação galopante, agravada pela especulação financeira, tornava-se ainda pior com o problema do desemprego, devido ao retorno em massa dos soldados à vida civil. Assim, no plano político, radicalizavam-se as posições. Em 1919, enquanto o padre Luigi Sturzo reunia a direita católica no Partido Popular Italiano e os socialistas aderiam à II Internacional, Benito Mussolini fundava os *Fasci di Combattimento*, inspirado nas teorias ultranacionalistas de ideólogos de extrema-direita como Giovanni Gentile e Giuseppe Prezzolini, que pregavam a missão iluminadora do espírito italiano.

Relacionado com essa filosofia ufanista, e detonado também pelas frustrações nacionalistas, está o episódio da invasão do Fiume, em setembro de 1919, por uma força paramilitar reunida pelo poeta Gabriele d'Annunzio que, naquele território, instituiu um governo provisório, a *Reggenza del Carnaro*. Este foi um gesto de total desprezo pelo governo do primeiro-ministro Francesco Savero Nitti que, de resto, mostrou-se absolutamente incapaz de solucionar o problema. Foi preciso esperar por seu sucessor, Giovanni Giolitti, para que a crise fosse resolvida, em setembro de 1920, com o Tratado de Rapallo, nos termos do qual a Itália, em troca do Fiume, cedeu à Iugoslávia parte da costa dálmata.

O episódio do Fiume coincidiu com outro problema interno de grandes proporções. Em 1919, operários ligados aos sindicatos socialistas assumiram o controle de cerca de cem fábricas e, na zona rural, Ligas Vermelhas foram formadas para forçar os proprietários a dividir suas terras improdutivas e reduzir suas rendas. Embora de curta duração, essas experiências sobressaltaram a classe proprietária, deixando-a disposta a apoiar um regime forte, que impedisse o confisco de seus bens. A corrupção, a desmoralização e a indecisão dos políticos faria com que, em breve, o regime parlamentar entrasse em colapso, emergindo dessa crise o homem forte pelo qual os setores conservadores esperavam: o líder do Partido Nacional Fascista. Desde muito cedo, Benito Mussolini contou com a simpatia de grande parte dos intelectuais. O próprio Puccini dissera, a seu respeito: "Mi piacciono uomini che comandano e non si fanno comandare". O mussolinismo – o entusiasmo pela figura de um homem que parece encarnar o antigo ideal renascentista da *virtù* máscula, mistura de coragem, pureza de objetivos e senso de grandeza – vai contaminar muitas das cabeças pensantes do país, antes que se possam dar conta do que significa, na prática, o totalitarismo do Fascio. Mascagni também não estará isento dessa euforia, dessa sensação de que se encontrou um líder capaz de, finalmente, devolver ao país seu orgulho e respeito próprio.

Mas curioso é que, num primeiro momento, ele demonstrou extrema simpatia pela causa operária, tendo chegado a visitar o estaleiro *Luigi Orlando*, de Livorno, para dar apoio aos grevistas que o ocupavam. Visita que lhe valeu sardônico comentário do semanário humorístico *Il Travaso delle Idee*: "Mascagni dagli spartiti non communi passa ai partiti communisti e dai soffieti ai sovieti" (Mascagni das partituras incomuns passa aos partidos comunistas e, das vaias, aos sovietes). É nesse clima de mobilização política, em que o artista está consciente da necessidade de dar um testemunho sobre a insatisfação e as reivindicações sociais por que passa seu país, que ele vai escolher seu próximo libreto. Tendo estudado e rejeitado, durante 1920, projetos de libreto sobre temas não-engajados – a *Cléopâtre*, de Victorien Sardou, a *Faida*, de Forzano, *Il Piccolo Santo* e *Gli Occhi Consacrati*, de Roberto Bracco – vai, finalmente, optar por um entrecho de tema político: *Il Piccolo Marat*, de Forzano, inspirado em um episódio ocorrido durante a Revolução Francesa.

Em *Les Noyades de Nantes*, Georges Lenôtre conta o processo de execução em massa de aristocratas utilizado por Carrier, o governador revolucionário dessa cidade francesa. As vítimas eram colocadas em enormes barcaças que, em seguida, fazia-se naufragar em pontos onde a correnteza muito forte do rio Loire os impedia de salvar-se a nado. Era finalmente a chance, para Mascagni, de trabalhar com um tema relacionado com a Revolução Francesa, que sempre o tentara, movido talvez pelo sucesso do *Chénier*, de Giordano. Não tinham ido adiante a *Carlotta Corday* e a *Maria Antonietta* que lhe foram propostas por Illica. Depois, chegara a pedir a Forzano que lhe escrevesse um libreto sobre a vida de Robespierre. Mas esbarrava em dúvidas e hesitações: "Como se pode musicar a aquisição do direito de voto pelos deputados da Convenção?", perguntava em carta a seu novo libretista. "E como é que se pode fazer Robespierre cantar, meu caro Forzano? O senhor o vê como tenor, barítono ou baixo profundo? Eu, para falar a verdade, não o vejo de modo algum". E batendo na tecla de que, para ele, personagens políticos são muito prosaicas: "Parece-lhe possível que, dentro de um século, façam Lênin cantar? Para essas personagens, o que se precisa é de prosa, não de música."

A personagem central da história imaginada por Forzano é um aristocrata, o príncipe de Fleury. Ele se infiltra no regimento revolucionário dos *marats*, formado logo após a derrubada da monarquia, visando a ganhar as boas graças do Ogre, o governador da cidade. E o faz para encontrar um meio de pôr em liberdade sua mãe, que está no cárcere. A aproximação é, aliás, facilitada por ele ter salvo, da fúria da multidão esfaimada, a jovem vivandeira Mariella, sobrinha do Ogre – pela qual, naturalmente, se apaixona. Os revolucionários o acolhem com simpatia, dando-lhe o apelido de Pequeno Marat. Fleury monta uma emboscada para o governador, ajudado pela namorada, que não suporta mais a crueldade com que é tratada pelo tio. Conta também com a ajuda do Carpinteiro, enojado com a gratuidade da matança promovida pelo Ogre, que o encarregou de fabricar as barcaças em que os nobres serão levados ao rio, para serem afogados. Aproveitando uma noite em que o Ogre volta para casa embriagado, o Pequeno Marat o prende e força-o a assinar a ordem de libertação de sua mãe. Mas o governador consegue libertar-se e ferir o príncipe, antes de ser morto pelo Carpinteiro, que lhe racha a cabeça com um candelabro. Fleury pede então a Mariella que corra com o Carpinteiro até a prisão, para obter a soltura de sua mãe. Na cena final, de sentido simbólico, vê-se surgir no porto, ao longe, o perfil de uma vela branca que levará as personagens para um outro local, onde possam ser livres e felizes.

O drama de Forzano é o cruzamento de dois modelos operísticos diferentes: o verista, de situações violentas tratadas de forma crua e direta, mas com uma empostação épica que lhe é emprestada pelo tema político; e a fórmula romântica da *pièce à sauvetage*. Surgida no início do século XIX, em decorrência de eventos acontecidos durante a Revolução Francesa (ver *A Ópera Francesa*, desta coleção), a "ópera de resgate" tem seus exemplos mais típicos em *Les Deux Journées*, de Cherubini, e no *Fidélio*, de Beethoven. Nela, uma personagem sempre encontra um meio de pôr em liberdade ou possibilitar a fuga de uma pessoa querida, vítima de perseguição política. Embora a fonte de inspiração tenha sido um fato histórico preciso, Forzano preferiu, de modo a garantir maior universalidade a seu libreto, não especificar o local nem a época em que a ação se passa. Da mesma forma, à exceção do príncipe e de Mariella, as demais personagens sequer têm nome próprio: são designadas de forma arquetípica – o Ogre, o Carpinteiro, o Soldado –, o que lhes confere significado mais genérico.

Desta vez, porém, a colaboração com o libretista não foi tão fácil quanto na época da *Lodoletta*. Os dois homens estiveram à beira da ruptura de relações, no segundo semestre de 1920, quando Forzano estava em Turim, tratando da estréia local do *Trittico*, e Mascagni – provavelmente enciumado com a atenção que ele dispensava à obra de seu rival – exigiu que voltasse a Livorno para escrever trechos adicionais do libreto. Como o poeta se recusasse a fazê-lo, Targioni-Tozzetti foi acionado, o que deixou Forzano furioso. Apoiado por Puccini – o que só serviu para azedar ainda mais as coisas –, ameaçou entrar na Justiça para exigir a eliminação dessas adições ao libreto. Mas acabou concordando em que, na edição impressa, elas fossem indicadas por aspas.

A reconciliação só veio às vésperas da estréia que, como de hábito, foi no Costanzi, em 2 de maio de 1921, com Mascagni regendo. Ao lado de Gilda dalla Rizza, o tenor Hipolito Lazaro, "garganta de aço, coração de artista generoso", foi muito elogiado pelo crítico da *Tribuna*, devido ao "canto sempre límpido, sempre intensamente expressivo" de que deu provas nesse "papel diabolicamente cansativo". Interessante é constatar que Gigli, acostumado a enfrentar, nos estágios iniciais de sua carreira, papéis cuja tessitura, hoje, não nos parece ter muito a ver com seu tipo de voz, foi um aplaudido Marat, no Coliseo de Buenos Aires, em 20 de setembro de 1921, com Dalla Rizza, sob a regência de Gino Marinuzzi – o que lhe valeu uma carta de felicitações em que Mascagni dizia: "Vejo que, em sua carreira, o senhor está subindo os degraus de quatro em quatro."

A curiosidade despertada, naquela fase da vida política italiana, pelo tema da ópera fez com que houvesse grande afluência de público dos mais diversos segmentos ideológicos. Todos eles se interessaram em capitalizar, para seus próprios fins, o significado do texto – o que foi possível porque, na verdade, a ambigüidade ideológica da trama, onde as noções de revolução, reação, opressão e luta pela liberdade são tratadas de forma bastante vaga, permitia que esquerda e direita a aclamassem como a confirmação de seus pontos de vista. Em *Musica e Musicisti nel Ventennio Fascista*, Fiamma Niccolodi escreve:

> Tome-se, por exemplo, a invectiva do Soldado contra os abusos cometidos em nome dos princípios revolucionários e a pronta resposta do Ogre, que os justifica alegando o precedente estado de escravidão. Ou então, observe-se a multidão, retratada em sua contínua oscilação entre sentimentos legítimos de reivindicação social e a irresponsabilidade de um comportamento que a leva a decretar a morte de quem tentava justamente desmascarar o caráter anti-liberal da revolução. Soam contraditórias, também, as ações do Pequeno Marat, que acaba por reabilitar justamente a classe que a lógica pseudo-social do texto condenava à extinção. Nesse clima difuso e, mais do que isso, indistinto, de subversão, pode-se talvez identificar o valor mais resistente do *Piccolo Marat*, em que os conceitos de revolução e de reação se intercambiam constantemente, contra o fundo de um horizonte político que tampouco é especificado. E por trás das idéias vagas que percorrem essa intri-

ga improvável, não deixa de ser interessante perceber os reflexos e sedimentos inconscientes da fase política atribulada por que passava a Itália de então: a insatisfação com a "vitória mutilada", o desemprego, a miséria, o mal-estar dos trabalhadores misturando-se à intolerância quanto à classe dirigente, o temor de que se descontrolassem a crise social, as greves, a agitação contra o custo de vida, as ocupações das fábricas. Nesse meio tempo, o movimento fascista, assestando um golpe à direita outro à esquerda, iniciava a sua ascensão, abrindo para si mesmo um espaço entre as consciências angustiadas e insatisfeitas da nação.

Um sinal dessa vontade dos fascistas de encampar *Il Piccolo Marat* foi a coroa de louros, enfeitada com a fita tricolor do partido, oferecida a Mascagni, depois da estréia, por uma delegação do PNF. No *La Stampa*, o crítico Eugenio Checchi disse ter "acreditado perceber, nos olhares dos funcionários públicos" (presumivelmente filiados ao Fascio), "uma espécie de adesão natural às instâncias patrióticas da ópera". Paolo Buzzi, ao contrário, afirmou, no jornal esquerdista *Popolo d'Italia*, ter ouvido nos coros da ópera "sugestões de bolchevismo". A crítica, portanto, dividiu-se, vendo no *Piccolo Marat* exatamente o que queria ver, uns descrevendo-a como uma "obra antitotalitária", outros definindo-a, mais tarde, como "um marco na arte do período protofascista". O próprio Mascasgni tinha-se preocupado em deixar claro o quanto, por seu tema e linguagem, essa ópera se destacava do conjunto de sua obra, ao dizer, em carta a seu amigo Giovanni Orsini:

> *Il piccolo Marat* é forte, tem músculos de aço. Sua força está em sua voz: ele não fala e nem canta, urra! urra! urra! Escrevi a ópera de punhos cerrados como a minha alma! Não se procure canto nela, não se procure melodia: no *Marat* há apenas sangue! É o hino da minha consciência!

Essa declaração situa claramente a ópera, portanto, como o produto de um estado de espírito perturbado, revoltado com uma situação política, econômica e social desagregada, contra a qual o artista quer protestar. O tipo de indignação que gera o *Piccolo Marat* e que, a princípio, não sabe se quer canalizar-se para a esquerda ou a direita, vai sofrer, mais tarde, uma guinada conservadora, na medida em que o novo regime lhe dará – como a muitos contemporâneos seus – a sensação de corresponder à necessidade de ordem, disciplina, progresso e recuperação do senso de grandeza nacional que a maioria dos italianos experimentava na época.

Do ponto de vista teatral esta é, graças à agilidade do texto de Forzano, uma das óperas mais eficientes de Mascagni. Embora seja muito trabalhada a instrumentação, em que predominam metais e madeiras para obter efeitos escuros e sinistros, a urgência da ação força o compositor, desta vez, a refrear a sua técnica da peroração orquestral. Ela se limita apenas a raros momentos, como o final do ato II. No resto, a orquestra restringe-se a apoiar, com muita precisão, o fluxo de um recitativo que não perde inteiramente o vínculo com suas raízes cantábile italianas mas que, do ponto de vista da relação canto/fala, está muito mais próximo do tipo de experiência com a declamação, próxima das inflexões naturais da fala, feito por Mússorgski ou Janáček. Uma outra aproximação – talvez não intencional – pode ser feita com o modelo russo de ópera de assunto histórico: a importância dada ao coro como personagem coletiva, o que, em termos de ópera italiana, antecipa em cinco anos o uso que Puccini fará da massa coral na *Turandot* (1926). Desde a estréia, aliás, uma das páginas mais elogiadas foi o "Coro dei diavoli neri" (ato III). O elemento lírico comparece apenas nos momentos em que se quer caracterizar Fleury e Mariella como personagens, por oposição aos arquétipos do Ogre, o Tigre, o Ladrão ou o Espião, traçados de modo deliberadamente simples. Exemplos disso são a narrativa do príncipe, "C'era una volta la mamma prigioniera" (ato I), ou o lamento da moça, "Perchè non sono io stata ferita"(ato III).

Mas os momentos mais fortes são, inegavelmente, os de dimensão épica, a que Gianandrea Gavazzeni chamou de "lúcida crueza à maneira de Serguêi Eisenstéin": a cena de revolta popular, no início da ópera; a confrontação entre o Ogre e o Soldado, a que se refere Fiamma Niccolodi; o interrogatório dos prisioneiros. E principalmente o final do ato III, em que o príncipe, ferido pelo Ogre, imagina cada gesto de Mariella, que foi à prisão libertar sua mãe: "La prigione è vicina... corri, corri, sveglia il guardiano, lui ti conosce... Ecco, così, mostra l'ordine, è in regola, perfetto... Ecco, schiude la cella... Mamma!" (A prisão está perto... corre, corre, acorda o guarda, ele te conhece... Isso, assim, mostra a autorização, ela está em ordem, perfeito... Isso, abre a cela... Mamãe!) Suas frases entrecortadas, *in stile concitato*, convergem para uma última e suntuosa peroração, em que a orquestra, muito eloqüente, descreve a chegada da nave em que as personagens poderão, finalmente, evadir-se para um futuro melhor.

Raramente remontada nas últimas décadas, *Il piccolo Marat* despertou grande interesse ao ser encenada por Stephen Medcalf, no Festival de Wexford de 1992, sob a regência de Albert Rosen, tendo sido aclamada pela crítica européia como "uma revelação". Pena nunca ter-se concretizado o projeto, muitas vezes anunciado por Plácido Domingo, de acrescentar o príncipe de Fleury à sua lista de personagens: por suas qualidades vocais e dramáticas, ele teria sido o intérprete indicado para o papel. Existem três gravações ao vivo do *Piccolo Marat*: a de Oliviero de Fabritiis (Fonè, 1961), a de Ottavio Ziino (Fonit-Cetra, 1962) e a de Kes Bakels (Bongiovanni, 1992).

Il Piccolo Marat é levado à cena em um momento em que já começou a escalada do PNF que levará o Fascio ao poder. Em 1921, o declínio da produção industrial provocou drástico aumento do desemprego e a falência da *Banca di Sconto* arruinou milhares de pequenos e médios investidores. Nas eleições desse ano, nenhum dos quatro principais partidos obteve a maioria: a máquina legislativa estava paralisada; os ministérios sucediam-se, tornando a situação insustentável; cresciam, por um lado, as reivindicações dos sindicatos e, por outro, as dos defensores de um regime centralizado nas mãos de um só homem. Esse estado de coisas convenceu Mascagni, assim que a temporada no Costanzi terminou, a aceitar o convite do empresário Walter Mocchi para uma nova turnê na América do Sul.

"Mas o destino de Mascagni", comenta Iovino, "era viver, durante as turnês ao exterior, dias agitados por culpa dos empresários". Mocchi meteu os pés pelas mãos contratando três tenores de primeira linha – Miguel Fleta, Giacomo Lauri-Volpi e Hipolito Lazaro – com a promessa, feita a todos eles, de que teriam o primeiro papel na *Favorita*, de Donizetti, em Buenos Aires. Fleta e Lazaro ficaram irritadíssimos quanto Lauri-Volpi foi o escolhido para fazê-lo. O problema tornou-se incontornável em 25 de maio, data nacional argentina. Como mandava a tradição, foi o próprio presidente da República, Hipólito Yrigoyen, quem escolheu o programa do concerto comemorativo: a *Cavalleria*, o ato I da *Traviata* e o ato IV da *Favorita*. Mas Lauri-Volpi não sabia o papel de Turiddu, Lazaro há muito tempo o tirara de seu repertório e Fleta, em represália por ter sido preterido, recusou-se a fazê-lo. Foi necessário, com grande desagrado de Yrigoyen e de Mascagni, substituir a *Cavalleria* por dois atos da *Carmen*. Esse incidente abreviou a estada em Buenos Aires.

Quando Mascagni chegou de volta à Itália, Mussolini já estava no poder. Aproveitando o medo que a alta burguesia tinha dos "bolcheviques" e tirando proveito do imobilismo dos liberais, as *squadre d'azione* fascistas tinham desencadeado a guerrilha contra os líderes sindicais. Os liberais, que tinham perdido terreno para a esquerda nas urnas, fecharam os olhos às arbitrariedades que os livravam desses incômodos oposicionistas. Ao mesmo tempo, moderando seu discurso anticlerical dos primeiros tempos, Mussolini assumira, em relação à Igreja, ameaçada pela desapropriação dos bens eclesiásticos, um tom bem mais conciliador, que conquistou a simpatia de Pio IX, o novo papa.

Em 28 de outubro de 1922, Mussolini efetuou a Marcha sobre Roma, ocupou a capital com seus camisas-negras – a tradição fascista dizia que com 50 mil deles, mas hoje sabe-se que o número era bem inferior e a manobra não passou de um blefe bem-sucedido – e obrigou o rei a entregar-lhe o cargo de primeiro-ministro. O divisor de águas para a transformação do governo fascista em uma ditadura assumida foi o Caso Matteoti. As irresponsíveis acusações de fraude que o deputado Giacomo Matteoti, secretário-geral do Partido Socialista, formulou contra o PNF, após as eleições de 1923, fizeram com que fosse seqüestrado e morto pelos camisas-negras em 10 de junho de 1924. A indignação nacional com o assassinato de um político muito respeitado deixou o governo à beira da queda. Quando a renúncia parecia iminente, Mussolini conseguiu revirar subitamente a situação. Foi a público e, embora negasse ter conhecimento do que os camisas-negras pretendiam fazer, assumiu, como chefe do governo, a plena responsabilidade pelo que ocorrera – o que lhe valeu a simpatia das camadas mais conservadoras da população. Em seguida, aproveitando as hesitações e divisões naturais da oposição, o PNF cassou a licença de todos os advogados antifascistas, aboliu a autonomia das cidades e das vilas, impôs o monopartidarismo, dissolveu o gabinete e restringiu as funções do Parlamento à de mero ratificador de decretos. A Itália tinha sido convertida em um Estado corporativista, baseado em uma ideologia nacionalista, militarista e totalitária.

Mascagni só se inscreveu no partido em 1932, mas em carta a seu amigo Orsini, escrita em 1934, contou: "Há dois anos também sou fascista. Mas antes o que havia era o ímpeto espontâneo que me avizinhava espiritualmente do Homem que amei e admirei sempre; e todos sabem que eu, sendo não-fascista, servi o Regime com entusiasmo por causa do afeto que sentia pelo *Capo*." Sobre sua adesão ao regime, portanto, talvez seja mais adequado falar de "mussolinismo" do que propriamente de "fascismo". Em Fiamma Niccolodi, lê-se:

> Homem simples e antiquado, Mascagni não consegue (ou não quer) ver além das névoas retóricas do cerimonial de corte, das fórmulas de ocasião, das sagazes manobras de sedução do *Capo* em relação aos artistas. E para satisfazer a sua vaidade, talvez tenham bastado comunicados como o da agência *Stefani*, em 10 de outubro de 1927: "O Duce conversou demoradamente com o maestro Mascagni, desejando ser minuciosamente informado sobre sua atividade artística, e comprazendo-se com a obra de *italianità* que ele vem desenvolvendo no exterior". Ou o telegrama que o líder lhe enviou, em 2 de outubro de 1930, no 40º aniversário da *Cavalleria*: "Os bons livorneses que o homenageiam interpretam o desejo de todos os italianos que lhe são reconhecidos por tudo o que o senhor criou de novo e de grande no reino da Beleza pura e da divina Harmonia".

Mussolini nomeou Mascagni representante da Itália, em Viena, em abril de 1927, para as celebrações do centenário da morte de Beethoven. E o conservadorismo do compositor, muito exacerbado a essa altura, manifestou-se claramente no repúdio à adaptação do balé *As Ruínas de Atenas*, feita para a ocasião por Richard Strauss e Hugo von Hofmannsthal. "Esses dois senhores", escreveu ele da Áustria, "remanejaram a obra original como quiseram, acrescentando cenas e música. Riccardo Strauss [*sic*] tomou os temas mais famosos daquelas sinfonias que deveriam ser consideradas coisas sagradas e adaptou-as a seu gosto bárbaro, cometendo um verdadeiro crime artístico." Esse conservadorismo, de resto, vai-se acentuar com a idade. Na opereta *Sì*, Pietro já tinha zombado do interesse popular pela música americana. Pois em 1926 definiu o jazz como "barbárie, ópio, cocaína" e, em 1929, publicou o artigo *Mascagni Contro il Novecentismo*, duro ataque aos compositores de vanguarda, que lhe valeu uma polêmica resposta de Alfredo Casella. Este ressaltava a sua dificuldade em acompanhar os caminhos pelos quais seguia, em sua evolução, a música contemporânea.

Da mesma forma que Richard Strauss na Alemanha, Mascagni era uma figura de prestígio, que valia a pena ser exibida como uma espécie de troféu nacional: "Não foi uma personagem 'construída' por Mussolini, mas 'usada' por ele", afirma Iovino. Mas, como Strauss, seu relacionamento com o governo não esteve totalmente isento de choques. Entrou em rota de colisão com a burocracia fascista ao criticar abertamente sua política em relação aos teatros italianos. Num relatório de 24 de junho de 1926, sobre o funcionamento do Costanzi, propôs, por exemplo, a diminuição do número de espetáculos, para que se pudesse garantir maior apuro na produção, e para que se tivesse condições de fugir à rotina de repertórios convencionais que não abriam espaço a autores novos – posição curiosa e sem preconceitos, se confrontada à desconfiança com que ele via os compositores jovens. O desagrado das autoridades foi ainda maior quando Mascagni se pôs a denunciar casos de corrupção e desvio de verbas que ocorriam no ineficiente Consórcio Italiano da Ópera Lírica, autarquia criada em 1931 pela Federação Nacional Fascista da Indústria do Espetáculo. Nenhuma sanção direta foi tomada contra ele, pois considerava-se importante preservar a adesão ao partido de figura tão respeitada internacionalmente, e sempre disposta a funcionar, no exterior, como cartão de visitas da política cultural do Fascio. Mas isso explica que, já anos antes, lhe tivesse sido discretamente negada uma honraria que sempre ambicionara: a de ser indicado para o cargo de senador.

Desde 1915, encontram-se, em sua correspondência com Anna Lolli, referências a seu desejo de ser escolhido para essa função honorífica, no que era relegado por não ter relações muito cordiais com os sucessivos governos italianos. Pietro ficou, portanto, duplamente ofendido quando, em 18 de setembro de 1924, o escolhido foi Puccini que, no entanto, morreu, em 29 de novembro, antes de ter podido tomar posse. Além disso, o músico tinha seus pontos irredutíveis, que não aumentavam as simpatias dos tacanhos burocratas do Fascio por ele. E em 1927, fincou o pé e recusou a encomenda de um *Inno degli Avanguardisti*, feita pelo PNF. Giordano não hesitaria em compor a música para o *Inno del Decenale del '32*. E Puccini não protestou quando os fascistas incorporaram a seu cancioneiro o *Inno a Roma*[4] que, em junho de 1920, ele dedicara à princesa Iolanda de Savóia. Apesar de ter sido nomeado para a Reale Accademia d'Italia, fundada em 18 de outubro de 1929; de lhe ter sido concedida, em 1938, uma pensão de 480.000 liras anuais; e de ter sido, nas temporadas entre 1935 e 1942, o autor mais representado da Itália, Mascagni sentia-se marginalizado, pois apenas duas ou três óperas antigas eram relembradas, e não havia o menor interesse oficial em valorizar suas obras mais recentes. Desacostumado a controlar um verbo sempre muito fácil, não hesitava, nas entrevistas aos jornais, que adorava conceder, em externar seu descontentamento. E o preço a pagar, em termos de desfavor, era às vezes pesado. Em 1933, ainda conseguiu ser convidado para o Convegno Internazionale di Musica, em Florença. Mas, no ano seguinte, preferiram enviar às celebrações cremonesas em honra a Ponchielli, seu mestre querido, um músico medíocre, Roberto Farinacci, exaltado militante do Fascio. Isso explica que, depois do *Piccolo Marat*, tenham-se passado quatorze anos antes que Mascagni se animasse a compor uma nova ópera. Nesse meio tempo, tentou apenas exumar, do baú de reminiscências, uma relíquia de seu passado em Cerignola.

A música da ópera que Mascagni fez estrear, em 23 de março de 1932, em Sanremo, pertence, na verdade, à cantata *In Filanda* (Na Tecelagem), que escrevera em 1881, aos 18 anos de idade – quase dez anos, portanto, antes da *Cavalleria* –, sobre um texto de seu professor, o maestro Alfredo Soffredini. Reformulado por Targioni-Tozzetti, o libreto narra a adocicada história dos amores de dois jovens camponeses, Baldo e Pinotta. É uma mera curiosidade musicológica, que permite documentar os caminhos percorridos pelo compositor antes de encontrar, com a ópera em um ato premiada no Concorso Sonzogno, um idioma mais pessoal. *Pinotta* não é anacronística apenas do ponto de vista da música, que sequer tem o charme bucólico do *Amico Fritz*, mas também da temática: na década de 30, era inadmissível ver operários cantando felizes em torno de seu bom patrão.

A ressurreição dessa partitura juvenil explica-se, entretanto, pelo desejo de Mascagni, conservador no fim da vida, de responder, com uma obra ligada a um modelo tradicionalíssimo de ópera italiana, aos caminhos não-ortodoxos pelos quais a nova geração propunha-se a ingressar. Mesmo que haja um certo charme velhusco em páginas como o dueto de amor dos dois camponeses, para o qual ele reaproveitou uma romança, *La Tua Stella*, originalmente escrita para canto e piano, *Pinotta* não passa, como diz Iovino, "de um recurso para, aos 69 anos, experimentar de novo as emoções da ribalta, por parte de alguém que não podia passar sem ela". Para conhecê-la, existe o registro de Dirk de Caluwé, num álbum da Bongiovanni em que ela é acompanhada pelas cantatas *A Giacomo Leopardi* e *L'Apoteosi della Cicogna*, e a gravação de *Zanetto* feita por Dino Ceccanti.

Só o fato de *Nerone* ter sido dedicada a Mussolini explica o preconceito, o descaso, a verdadeira cortina de silêncio que, por muitos anos, ergueu-se em torno da última ópera de Mascagni – estreada no Scala em 16 de janeiro de 1935, com libreto de Targioni-Tozzetti

4. A curiosa história desse hino merece ser aqui referida. A melodia original era a de um *Inno a Diana*, que Giacomo escrevera em 1897, dedicando-o a seus companheiros de caça de Torre del Lago. Só em março de 1919, por sugestão do príncipe Prospero Colonna, adaptou a melodia dessa marcha – que ele próprio achava "una porcheria" – aos versos de Fausto Salvatori celebrando a capital do país.

baseado na peça de Pietro Cossa. A primeira gravação só foi feita em Utrecht, por Kes Bakels, em 1986. Até então, dela nem sequer existia, como das demais obras da maturidade, a versão pirata ao vivo. Só a partir do registro de Bakels foi possível iniciar uma reavaliação crítica desse trabalho. O mais contraditório, entretanto, é na época da estréia a ópera ter sido mal recebida pela crítica oficial, que condenou a idéia de se celebrar a Roma dos Césares através de personagem tão negativa quanto Nero. Houve até quem suspeitasse que, na figura do imperador demente que mandou atear fogo em Roma, Mascagni tivesse querido satirizar a figura ditatorial do Duce – o que, manifestamente, não era o caso. Essa desconfiança, aliás, contribuiu muito para que surgissem dificuldades e desinteresse quanto à montagem da ópera, suscitando reclamações indignadas do já ressentido compositor.

Pietro escrevia a seu amigo Orsini, em 23 de junho de 1934:

> Na Itália, representam-se, nos maiores teatros, as óperas de Malipiero, Cattozzo, Mulè, Casella, etc.; e por essas óperas gastam-se milhares de liras; mas uma obra de Pietro Mascagni, composta aos 70 anos com o objetivo sacrossanto de dar um pouco de impulso ao nosso teatro lírico, que parece estar em agonia, esta não deve ser representada.

Ele se sentia excluído, por exemplo, da programação mais experimental e elitista do Maggio Musicale Fiorentino, o que o magoava muito, azedando o tom de suas críticas às autoridades culturais. É a única explicação para que se tenham visto intenções contestadoras, de fato não existentes, no que produzia. É o caso do *Nerone*, cujo "strano senso di romanità" foi severamente condenado, em *Il Regime Fascista*, por Roberto Farinacci.

E, no entanto, o compositor não tivera intenção satírica alguma. Apenas voltara, numa fase de fim de vida, em que se sentia lentamente ultrapassado pela evolução global da música européia, a um antigo projeto, contemporâneo da *Cavalleria*, do qual, por circunstâncias externas à questão puramente musical, tivera de desistir. Em 1891, ao ver, em Livorno, a peça de Pietro Cossa representada pelo famoso ator Ernesto Rossi, criador do papel-título, Mascagni sentira-se imediatamente atraído pela figura contraditória do imperador poeta, louco e tirano. No artigo "Perchè Ho Scritto Nerone", publicado em janeiro de 1935, explicou a atração que a personagem exercera sobre ele desde aquela época:

> Sua vida foi a de um artista, mal-sucedido, se quiserem, mas a de um artista. Aliás, é nessa sua aspiração frustrada, nesse querer ser e não conseguir, que está o drama interessante de sua existência. Dele poderíamos dizer o que já se disse de outros homens: poderia ter sido soberbo e contentou-se em ser vão. Esse homem que, comandante supremo de legiões imensas e gloriosas, nunca chefiou um exército e mostrou-se raivosamente invejoso de seus generais, esse homem que não teve nenhuma dignidade pessoal embora o tivessem colocado em um trono cujo poder nunca foi superado, foi menor do que poderia ter sido, mas também foi maior do que o julgaram. Considerada com serenidade, essa questão não poderia oferecer elementos dignos de um tratamento artístico? Nero foi um artista; até mesmo o incêndio de Roma veio do desejo de desembaraçar a cidade de sórdidos tugúrios, da visão de uma Roma resplandecente de palácios de mármore, de um sonho de beleza.

É o mesmo fascínio, em suma, que levara o Monteverdi da *Coroação de Popéia* (1642), o Carlo Pallavicino do *Nerone* (1679), o Händel da *Agrippina* (1709), e o Boito do *Nerone* a escreverem óperas sobre a personagem. Pois foi justamente o colaborador de Verdi a causa do fracasso desse projeto. Com o hábito que sempre tivera de falar demais e de comunicar aos jornalistas os mínimos detalhes do que pretendia fazer, antes mesmo de começar a compor, Mascagni fez, em 1891, declarações desajeitadas a *Il secolo XIX*, de Gênova. Falava de sua intenção de escrever uma ópera sobre Nero já que, pelo visto, Boito nunca terminaria a sua própria sobre esse mesmo assunto. É claro que esse comentário desagradou profundamente ao venerando Arrigo Boito que, havia muitos anos, encalhara em seu *Nerone*. Em defesa do ofendido libretista-compositor saiu nada menos do que o próprio Verdi, fustigando, do alto de sua autoridade como o maior compositor vivo da Itália, a ousadia do artista mais jovem. E Gabriele d'Annunzio, enciumado com o sucesso do novato, não perdeu a chance de pegar carona na indignação de Verdi. No artigo "Il Capobanda", a que já nos referimos, dizia:

> Agora, depois que esse vaidoso músico extemporâneo, com ininterruptas batidas de tambor, anunciou

dez óperas novas; agora, zombando das severas exigências consigo mesmo de um artista que tem um poder criador e um respeito pela arte bem maiores do que os seus, põe-se a gritar: "Eu lhes darei um *Nerone* em duas semanas". Esse aí é bem capaz de musicar todo Suetônio em uma só noite.

Para não se indispor com esses dois monumentos da arte lírica, Mascagni houve por bem engavetar, o mais depressa possível, a idéia de musicar a peça de Cossa. O mal-estar, com o tempo, haveria de passar, e suas relações com Verdi e Boito se tornariam extremamente calorosas. Mais tarde, como já tivemos a oportunidade de mencionar num capítulo anterior, ele conceberia outro projeto "romano": *Vistilia*, baseada num conto de Roco de Zerbi, com libreto de Targioni-Tozzetti e Menasci, para a qual chegou a escrever várias páginas. Mas, aos poucos, foi-se desinteressando da história, ajudado nisso pelo relacionamento tortuoso que tinha, na época, com Sonzogno e Ricordi, pois nenhum dos dois, em plena vigência verista, parecia disposto a aceitar uma ópera de tema histórico tão remoto. Em 1904, Mascagni chegou a nutrir a esperança de que Paul Choudens comprasse a idéia. Mas recusou quando este, em troca, propôs-lhe um libreto sobre o *Quo Vadis*, de Henryk Sienkiewicz – que, finalmente, seria musicado por Jean Nouguès. Por volta de 1910, já tinha abandonado *Vistilia* inteiramente. A partir de 1918, entretanto, começam a surgir, em sua correspondência, alusões à vontade de voltar a tratar "um tema romano", em que pudesse reaproveitar a música já escrita para *Vistilia*. Na década de 30, a esse desejo juntaria também o de recuperar as formas tradicionais da ópera italiana. "*Nerone*, como todas as minhas óperas que a precederam", afirmou na entrevista coletiva que precedeu a estréia, "será uma batalha. Sempre combati, e combato ainda, em defesa da gloriosa tradição italiana do melodrama. *Nerone* é um combate ardente contra todo aquele que queira negar ou alterar o nosso melodrama".

Ao pensar em tirar da gaveta, depois de todos aqueles anos, a peça de Cossa – agora que o "affaire *Nerone* de Boito" era coisa arquivada –, recorreu primeiro a Arturo Rossato, o jornalista que escrevera para Alfano o libreto de *Madonna Imperio* e, para Zandonai, os de *Giulietta e Romeo* e *I Cavalieri di Ekebù*. Mas ficou muito pouco satisfeito com o resultado: "Se eu publicar um verso que seja desse libreto", escreveu a seu primo Mario, "Rossato vai se afogar nas gargalhadas do público". Confiou então a tarefa, uma vez mais, a seu fiel Targioni-Tozzetti embora, a essa altura, ele já estivesse muito doente. "Trabalho dificílimo para ele", escreveu Pietro ao primo. "Tenho de ir à sua casa, onde ele fica o tempo todo deitado, num estado deplorável, pois o coração já não agüenta mais. Não posso trabalhar com ele mais do que uma hora por dia porque vem a febre e temos de parar". Foi no leito de enfermo que Targioni-Tozzetti terminou o libreto, antes de morrer, aos 72 anos, em 30 de maio de 1934 – um baque muito forte para Pietro, que sempre tivera nele um amigo e um confiabilíssimo colaborador. "Morreu um fidalgo", escreveu ele no *Telegrafo*, de Livorno.

Tenho a impressão de que a partida de Nanni fecha o ciclo da minha arte. Com ele, iniciei meu caminho na áspera via da arte. Ninguém jamais poderá imaginar o golpe terrível que significou para mim a sua morte, no momento em que sua grande mente e sua veia poética punham a palavra fim no libreto do *Nerone*, corrigido, revisto, tornado perfeito nestes últimos dias de sua impiedosa doença.

Foi um honroso canto de cisne do libretista, pois seu *Nerone* é um ótimo exemplo de drama lírico despretensioso e eficaz. Embora eliminasse todo o ato I da peça, transferindo algumas de suas situações fundamentais para o ato I da ópera, no resto foi muito fiel ao texto de Cossa, versificando-o de forma fluente e natural, sem repetições ou inversões sobrecarregadas e, tanto quanto possível, conservando as próprias expressões do dramaturgo. A curiosidade por uma ópera nova de Mascagni foi grande, apesar de suas reiteradas reclamações de que fora esquecido. Os jornais abriram-lhe amplo espaço e o Sindicato Interprovincial Fascista dedicou-lhe um número especial de sua revista, no qual Giovanni Cenzato fez um detalhado relatório da primeira audição da partitura, a que fora admitido, em 12 de setembro de 1933, numa sala do Albergo Plaza, com Mascagni ao piano. O elenco da estréia, que tinha preparado pessoalmente suas partes com o compositor, hospedado durante vários dias em sua casa de Livorno, foi uma das razões para que, a princípio, *Nerone* fizesse muito sucesso. Além de Aureliano Pertile e Lina Bruna-Rasa, então no auge do prestígio, o espetáculo revelou a jovem Margherita Carosio, que viria a ser um dos grandes sopranos líricos daquele período. (É curioso notar que Pertile foi, portanto, o criador dos dois *Nerones*, o de Boito e o de Mascagni). Contribuiu muito também para a boa acolhida o estilo do melodrama: ele agradava ao público mais tradicionalista que, no dizer de Fiamma Niccolodi, "tinha horror a todas aquelas esquisitices modernas". Só mais para a frente é que as objeções dos críticos fascistas, como Farinacci ou Marco Ramperti, para quem "essa ópera antifascista tinha nascido com o objetivo de ridicularizar os mais exaltados valores do regime", começaram a fazê-la parecer suspeita. E à frieza com que foi envolta na época, vieram juntar-se, depois, os preconceitos de pós-guerra, condenando-a a um ostracismo do qual, cerca de quarenta anos depois, começa apenas a sair. A estréia de dois *Nerone*, com poucos anos de diferença, não poderia deixar de suscitar comparações. A mais interessante foi feita pelo crítico Alberto Gasco:

> Boito fez-nos conhecer um Nero que desabava sob o peso de seus próprios crimes, um matricida insone, perseguido pelas Fúrias. Pietro Mascagni quis, ao contrário, frisar o caráter cínico, zombeteiro e, sobretudo, sensual do imperador, mostrando-o como se risse de tudo e de todos, até mesmo do destino do Império, levando a sério apenas os beijos das mulheres levianas.

É muito livre a versão da História Romana, durante o reinado de Nero, que se tem na peça de Cossa. Nos anos finais de seu governo, numa das tabernas que costuma freqüentar incógnito, ele conhece a jovem dançarina grega Egloge, por quem se apaixona. E negligencia sua amante Atte, escrava liberta, única pessoa ainda preocupada em fazer com que preserve sua dignidade de soberano, que o desequilíbrio mental já começou a corroer. Mas sua única obsessão é fazer-se reconhecer como artista. Quando, na primeira cena do ato III, os convidados cantam um hino ao imperador, exclamando "Evviva il padre dela patria! Evviva il nostro dio Nerone", ele os corrige: "Dite meglio: viva l'artista!" Incapaz de impedir uma ligação que a exclui do séquito de Nero, Atte decide envenenar Egloge. Durante uma orgia, o escravo Faonte vem avisar a Nero, emocionalmente destroçado pela morte da mulher que amava, que Roma revoltou-se contra ele. Acovardado, o imperador recusa a proposta de Atte de que se envenenem juntos, e prefere fugir. Mas é perseguido pelos revoltosos e, somente ao perceber que não conseguirá fugir, é que se convence a seguir o exemplo de Atte, que se apunhalou. Após muitas hesitações, atira-se sobre a espada de Faonte, proferindo a frase: "Che grande artista muore".

Não é de se espantar que a ópera tenha suscitado tanto embaraço em ambientes fascistas. Palavras como a do velho senador Nevio, no ato I, poderiam ser muito perigosas:

> Como é possível viver? Ouçam-me... a tirania domina, há vergonha, ócio, cadeias, todas as virtudes são ridicularizadas... Nas tribunas abandonadas do Fórum reina um silêncio vil que iguala os vivos aos mortos... A Urbe transformou-se em tétrico sepulcro! Quem pode salvar Roma e o mundo da ruína? O indigno sucessor dos Césares, o feroz tirano, o histrião, o matricida, o imperador embriagado?

Embora, em uma de suas entrevistas coletivas, Mascagni dissesse aos jornalistas que "via a Roma antiga de maneira diatônica", há na partitura muitas evidências de que ele ainda procurava saídas novas para a sua linguagem harmônica. Os constantes choques entre tonalidades diferentes e longínquas criam o efeito da politonalidade. E a declamação melódica predominante contrasta com trechos cantábile, de fraseado amplo e apaixonado. "*Nerone* será um ensaio sobre a expressão musical da palavra falada", tinha ele dito, em abril de 1934, numa carta a seu amigo Lucio d'Ambra. Vários momentos se destacam, na partitura, por seu lirismo particular. A ária de apresentação de Egloge, "Canto notte e dì", constrói-se sobre uma sinuosa frase ascensional das madeiras. Durante o dueto de amor, "Egloge, o tutta bella, o fior purissimo", as palavras "già le garrule rondini han fatto il nido" são acompanhadas por uma frase de torneado voluptuoso que será repetida, daí em diante, como o emblema do amor de Nero pela jovem dançarina. A ária "Quando al soave anelito", de Nero, é um *andantino sostenuto* com a característica marca melódica mascagnana, e com a curiosidade de oferecer 33 compassos consecutivos sem pausa, o que exige do tenor uma excepcional técnica de respiração e de controle do *legato*. A cena da morte de Egloge demonstra que, apesar da idade, o compositor não perdeu o senso do efeito dramático. E a plangente ária de Atte, "Ne possa tu risvegliarti", tem um sugestivo acompanhamento de quarteto de violoncelos.

Lugar todo especial cabe à poderosa cena de confrontação de Egloge com Atte em que se retoma aquele tipo de situação tradicional, na História da Ópera italiana, a que já nos referimos no capítulo introdutório sobre o Verismo: o choque entre a mulher apaixonada, mais madura e, geralmente, de temperamento forte, com sua jovem rival. Em compensação, há trechos fracos, tornados monótonos pelo tom rotineiro da declamação e do acompanhamento. E há páginas de gosto duvidoso, como o intermezzo sinfônico entre os dois quadros do ato III, que visa a sugerir a grandiosidade de Roma, mas consegue apenas ser mais barulhento do que imponente. Na verdade, esse estardalhaço sinfônico vincula-se ao gosto fascista pelo *kolossal*, de que encontramos o equivalente na arquitetura grandiosa que retoma as formas greco-romanas, no cinema e no teatro de empostação épica e, no próprio campo da música, em certas peças de sinfonismo hipertrofiado.

Nerone foi a última ópera de Pietro Mascagni. Os anos seguintes, ele os dedicou à regência: ainda foram marcos, em sua carreira, o concerto inaugural da Orchestra Labronica, no Teatro Goldoni, de Livorno, em 26 de junho de 1937; e o cinqüentenário da *Cavalleria*, em 1940, de que foi feita uma gravação. Mas foram anos também de grande tristeza. Em 3 de outubro de 1933, quando as tropas italianas invadiram a Etiópia, Dino Mascagni se alistou, para pôr fim a um desentendimento com o irmão Domenico em conseqüência da ligação que mantinha com uma senhora de Livorno (como se as relações extra-conjugais fossem novidade na família). Atleta, timoneiro da equipe de regatas Scarronzoni, que obtivera o segundo lugar nas Olimpíadas de Los Angeles (1932) e de Berlim (1936), Dino morreu na Somália em junho de 1936. Em 1942, a neta, filha mais velha de Dino, também morreu de tuberculose, após prolongada agonia.

A última aparição pública de Mascagni foi em Roma, em 1944, regendo a *Cavalleria* e o *Amico Fritz*, com Gigli e Caniglia. Depois disso, preso a uma cadeira de rodas, já quase não saía mais do Hotel Plaza, onde recebera autorização para permanecer, mesmo depois de o prédio ter sido requisitado pelos alemães, em junho de 1944. Afastou-se dos circuitos oficiais, desgostoso da vida pública e bastante solitário. Mas não há indício de repúdio aberto ao regime nem de mudança em sua admiração pelo Duce. Donna Lina, nesses últimos tempos, estava totalmente senil e nem sequer se deu conta de que o marido morrera, em 2 de agosto de 1945, de complicações pulmonares. Quando viu que o vestiam com o fraque, perguntou: "Che, Pietro oggi ha un concerto?" O comando de ocupação francesa, que tinha substituído os alemães no hotel, hasteou a bandeira italiana a meio-pau. Veio uma mensagem de condolências do governo britânico e a Rádio Moscou transmitiu um programa especial, com trechos de suas óperas. Mas as autoridades locais não se manifestaram. "Os funerais não chegaram a ser um deserto", escreve Gherardini, "mas transcorreram no mais evidente anonimato. Alguns telegramas chegaram do exterior; o governo italiano brilhou pela ausência".

Considerada em seu conjunto, a obra de Mascagni apresenta uma linha evolutiva constante e coerente, apesar de suas ocasionais hesitações ou retrocessos (mas que contêm sempre em germe o passo adiante). Ela se organiza dialeticamente, em ciclos que se complementam progressivamente, revelando uma consciente busca da superação das fórmulas do melodrama de corte verdiano, e abrindo as portas à ópera do séulo XX (por caminhos diferentes, Giacomo Puccini também estará fazendo a mesma coisa). Depois da criação, com a *Cavalleria*, da ópera verista de paixões muito violentas, vem a antítese disso – mas mantendo o mesmo caráter popular – no charme bucólico e nos sentimentos suaves e pudicos do *Amico Fritz*. A delicadeza de uma e a violência da outra são cruzadas em *I Rantzau*, onde já surgem os primeiros indícios do *stile declamato*. Estes vão se intensificar no *Guglielmo Ratcliff*, deliberado retorno à intensidade emocional do Romantismo, e também a primeira tentativa de musicar um texto literariamente muito rico, mas prolixo e demasiado estático.

Depois da recaída verista de *Silvano* – importante, em todo caso, por já conter o esboço do que, no futuro, será a técnica de peroração orquestral –, o romantismo retoma os seus direitos com *Zanetto*, incursão em um mundo de fantasia e de sentimentalismo, mas de um estilo não-piegas e anti-retórico. *Iris* será uma síntese dessas duas vertentes: nela, os rompantes realistas são amaciados pela sutileza da escrita e pelo clima irreal da história; e o uso do arioso se afina, ganha em precisão. É também o marco oficial do aparecimento do Simbolismo na ópera italiana. Já *Le Maschere* revela um lado novo: o Mascagni bem-humorado que escreverá também, em 1919, a opereta *Sì*, e que já é capaz de dar variedade de caracterização a personagens que, na origem, não passavam de arquétipos monocromáticos. *As Máscaras*, injustamente esquecida, ocupa, na História da Ópera, papel importante como precursora – da mesma forma que *Ariadne auf Naxos*, de Richard Strauss – do interesse pelas raízes teatrais renascentistas, que será típica do movimento neoclássico.

A forma como Mascagni passa de um registro a outro, de um estilo a outro, caracteriza bem o que Gherardini chama de "artista entusiasta e combativo até o limite do inverossímil mas, ao mesmo tempo, perturbado por fortes incongruências entre pensamento e ação". Espírito empreendedor, que gostava de arriscar, às vezes sequer avaliando com clareza os perigos e as dificuldades a que se expunha – não é por outra razão que Iovino dá a seu livro o subtítulo de *L'Avventuroso dell'Opera* –, Mascagni dá à sua obra uma diversidade que é a fonte de suas virtudes mais originais e de seus defeitos mais constrangedores. Uma vez mais é inevitável o confronto com seu maior amigo e contemporâneo: "Giacomo Puccini administra sabiamente seus próprios recursos", escreve Gherardini, "limitando-se a ser um determinado tipo de músico, enquanto Mascagni gosta de dispersar suas energias, ampliando seu raio de ação e aventurando-se em terrenos minados, não sem uma pontinha de veleidade". A busca incessante dos caminhos novos, na carreira de compositor como na de regente – basta citar a revelação, ao público italiano, de autores eslavos como Tchaikóvski ou Smetana –, leva-o a passos incertos ou a retrocessos, ao lado de achados conscientes e inovadores. Mas mesmo nos momentos mais decepcionantes há, no ar, a promessa de uma nova saída: *Amica* abandona, é certo, a sutileza da *Iris* e mesmo das *Máscaras*, retomando um superado tom brutal verista; mas sistematiza o uso da declamação associada à função narrativa da orquestra.

Isabeau expande esse recurso e, ao mesmo tempo, retoma o clima lírico e a complexidade filosófica da *Iris*, levando adiante idéias ali esboçadas. Ainda não é uma obra plenamente realizada, mas é o trampolim que levará ao salto da *Parisina*, para a qual convergem as aquisições de 23 anos de carreira: dando vida e dinamismo a um texto prolixo, fundindo nela o romanesco medieval e o passionalismo naturalista, Mascagni desenha, com meios musicais muito elaborados, personagens contraditórias, cuja ambigüidade de sentimentos e motivações as insere na mais rica linhagem das grandes figuras operísticas. *Lodoletta* e o *Piccolo Marat*, finalmente, consolidam vertentes paralelas do temperamento mascagnano: numa, a graça pastoral do *Amico Fritz*, mas com a intensidade poética e a elegância melódica da *Iris*; noutra, a tendência heróica à ópera em grande escala, em termos tanto musicais quanto de pensamento; e explorando o *stile declamato* que, rompendo com os maneirismos convencionais das *fioriture* operísticas, procura a máxima proximidade com os ritmos naturais da fala – o que significa um instintivo retorno à pureza do ideal de *recitar cantando* que estava na base dos princípios propostos pela Escola Florentina, retomados na obra de Claudio Monteverdi, responsáveis pela criação das primeiras óperas.

"Na realidade", comenta o musicólogo americano David Stivender, regente do coro do Metropolitan, "Mascagni sempre foi menos criticado pelo que fez do que por aquilo, mais previsível, que se esperava que fizesse". Em 22 de novembro de 1981, às vésperas de mais uma encenação da *Cavalleria Rusticana* no Teatro Municipal de São Paulo, publiquei, no "Caderno de Sábado" do *Jornal da Tarde*, uma matéria sobre o lado desconhecido de sua obra, que se encerrava com a pergunta: "Numa época como a nossa, em que se assiste à redescoberta de autores como Massenet ou Janáček, e em que raridades como as óperas de Goldmark, Korngold ou Zemlinsky encontram seu caminho para o disco, já não está na hora de valorizar Mascagni pelo que realizou, e na medida em que – seja na *Cavalleria*, na *Iris* ou na *Parisina* – sempre permaneceu fiel a seus instintos e a seus ideais artísticos?" Mais de vinte anos se passaram desde que esse artigo foi publicado. Só em 2002, *Parisina* mereceu uma gravação comercial e, ainda assim, longe de lhe fazer justiça. Mas a aparição de registros como os de *Le Maschere*, da *Amica*, de *Lodoletta* e de *Nerone*; as duas gravações diferentes da *Iris* (Patanè e Gelmetti); ou uma montagem importante como a que foi feita do *Piccolo Marat* no Festival de Wexford, fizeram crescer essas esperanças.

LEONI

O fracasso de *Raggio de Luna*, estreada em 1890, decidiu Franco Leoni (1864-1949), aluno de Ponchielli no Conservatório de Milão, a mudar-se para Londres. Ali fez carreira como regente e compositor de melodias de salão, razoavelmente apreciadas na época. Foi moderado o sucesso de *Rip van Winkle* (1897) e *Ib and Little Christina* (1901), ambas com texto em inglês. A reputação internacional veio com uma única ópera, *L'Oracolo*. O selo Decca tem a gravação de Richard Bonynge feita em 1966, uma das últimas de que participou o grande barítono Tito Gobbi. O libreto de Camilo Zanoni baseia-se em *The Cat and the Cherub* (1896), conto de horror de Chester Bailey Fernald. A ação tem unidade de tempo: passa-se na Chinatown de São Francisco, durante as 24 horas do dia de Ano Novo chinês.

O maléfico Cim-Fen, dono de um salão de ópio, deseja Ah-Joe, sobrinha do rico mercador Hu-Tsin. Ela é a namorada de Uin-San-Lui, filho do médico do bairro. Para obter o que quer, Cim-Fen não hesita em seqüestrar o menino Hua-Qui, filho mais novo do mercador. Depois, oferece-se para resgatá-lo, como uma forma de ganhar as boas graças do tio de Ah-Joe. E mata Uin-San-Lui, para afastá-lo de seu caminho. No final, embora seja um homem sábio e pacato, é o Dr. Uin-Sci, pai do rapaz assassinado, quem mata Cim-Fen, estrangulando-o com seu rabicho.

O compositor francês André Messager regeu no Covent Garden, em 28 de junho de 1905, a estréia dessa ópera verista tardia. O grande barítono Antonio Scotti ficou fascinado pelo papel de Cim-Fen, uma espécie de Scarpia de rabicho. Sua interpretação muito intensa garantiu o triunfo espetacular que a ópera teve no Metropolitan de Nova York, em 15 de fevereiro de 1915. A música de Leoni é extremamente cantábile, mas não muito pessoal. Numa ária como "Bianca luce silente", de Ah-Joe, ou em seu dueto com San-Lui, "Splendente vergine", são evidentes os decalques puccinianos. O canto dos fiéis que, no templo, entoam um hino a Confúcio e ao rei dos Três Mundos, lembra muito certas passagens da *Iris*, de Mascagni. A cena de rua, logo a seguir, parece sair do ato II da *Bohème*. E é claro que Leoni estava tomando como modelo o chefe da polícia romana ao compor a caracterização de seu vilão.

Mas é música perfeitamente adequada para uma história contada sem sutileza alguma, no estilo cruamente granguinholesco do *Tabarro*. De resto, *L'Oracolo* compartilha, com a primeira parte do *Trittico*, a presença de sons externos à orquestra – sinos, canto de galo, ruído de rebocadores no porto, vozes da multidão –, que servem para criar a paisagem sonora. Em compensação, Leoni não se esforça por criar cor local com recursos musicais: não utiliza temas chineses autênticos, nem tenta recriá-los à moda "orientalista" da época. Em trechos como a "Procissão do Dragão de Ano Novo", porém, obtém efeitos coloridos de grande teatralidade. E sabe encontrar acentos convincentes para a grande ária "Ferito! L'hanno ferito!", em que Ah-Joe lamenta a morte de San-Lui. Nas mãos de uma cantora como Joan Sutherland, no registro de Bonynge, ela tem ótimo rendimento. Mesmo estando ausentes os traços orientalizantes, *L'Oracolo* merece o registro, pois nela há algumas texturas orquestrais e modos de tratamento vocal que a situam como precursora de *Turandot*.

Leoni nunca mais alcançou resultado semelhante. A expectativa que o prestígio de *L'Oracolo* criou em torno de *Tzigana* (1910) só aumentou a decepção do público com a falta de individualidade da partitura. *Francesca da Rimini*, estreada no Opéra-Comique de Paris em 1913, foi retirada de cartaz após a sétima récita, por falta de público. Ao ser encenada em Milão, não teve melhor sorte. A escrita pesada e rotineira fez fracassar essa sua tentativa de ingressar no circuito das óperas históricas de corte neo-romântico. Tampouco deram certo a ópera bufa *Le Baruffe Chiozzotte* (As Rixas de Chioggia, 1920), baseada em Goldoni; o simbolismo muito artificial de *Falene* (Mariposas, 1920); e *La Terra del Sogno* (1920). Desencorajado, Leoni retornou às romanças e demais peças de música ligeira, nem chegando a terminar *Massemarello*.

CILEA

Francesco Florimo, bibliotecário do Conservatório de Nápoles e grande amigo de Bellini, foi quem percebeu a vocação precoce do pequeno Francesco. Florimo usou de seu prestígio para convencer o advogado Giuseppe Cilea a mandar seu filho fazer estudos regulares de música. Nascido em Palmi, na Calábria, Francesco Cilea (1866-1950) entrou em 1881 para o Conservatório de Nápoles, onde foi colega de Giordano na classe de composição de Paolo Serrao. Decisão acertada, pois logo teve de assumir a responsabilidade por si próprio. A morte do pai agravou a tendência depressiva da mãe, ela foi internada em um asilo de doente mentais, e Cilea teve de começar muito cedo a dar aulas particulares de piano, para se sustentar. Em 1896, tornou-se professor de harmonia e contraponto no Reale Istituto di Musica de Florença. Depois, passou longos períodos dirigindo os conservatórios de Palermo e Nápoles.

A primeira ópera foi ainda um trabalho de estudante. O autor do libreto de *Gina* (1881) era o mesmo Enrico Golisciani que escrevera para Giordano o texto de sua *Marina* juvenil. Em 2002, o selo Bongiovanni lançou a gravação ao vivo dessa obra de juventude, regida por Christopher Franklin. Inscrita no Concorso Sonzogno, *Gina* não recebeu prêmio algum. Mas chegou às mãos do editor que, bem impressionado com ela, resolveu dar uma oportunidade ao jovem. Convidou-o a musicar um dramalhão de Angelo Zanardini, em tudo conforme ao receituário do Verismo nascente. *La Tilda* chegou a ser apresentada no Pagliano de Florença, em 7 de abril de 1892, mas não causou grande efeito no público. Foi preciso esperar até 27 de novembro de 1897, quando o Lirico de Milão assistiu à primeira récita da *L'Arlesiana*, para que se começasse a falar do nome de Cilea. O libreto de Leopoldo Marenco, de um realismo cru, tinha todos os ingredientes violentos em moda na época. A peça de Alphonse Daudet, estreada em Paris em 1872, fora extraída de um dos contos de seu livro *Les Lettres de Mon Moulin*, que contém narrativas de caráter folclórico, ambientadas na Provença. Para a estréia parisiense desse drama, de grande popularidade, Georges Bizet já compusera a música incidental que, convertida em suite, celebrizou-se como peça de concerto.

Federico, filho da rica fazendeira Rosa Mammai, apaixonou-se perdidamente por uma jovem que ficou conhecendo em Arles e deseja casar-se com ela. A mãe tem dúvidas, temendo que a moça esteja apenas interessada em seu dinheiro. Mas seu irmão Marco, que é vidente, lhe garante que "a presa é prodigiosa" e ela pode tranqüilamente pedi-la em casamento para o filho. Surge, porém, um certo Metifio, guardador de cavalos nos pântanos de Faraman. Ele vem contar a Rosa que, em outros tempos, a moça foi sua amante. Como prova, mostra-lhe duas cartas que ela lhe escreveu. Desesperado, Federico deixa-se convencer pela mãe a romper com a noiva e a casar-se com Vivetta, sua amiga de infância, que o ama. Durante a preparação das bodas, Federico tenta matar Metifio, com quem tem violenta altercação, pois este lhe diz que ainda não desistiu da garota arlesiana. Ajudada pelo velho pastor Baldassare, Rosa os separa e leva o filho para seu quarto. Mas no meio da noite, enlouquecido de ciúme, Federico sobe à torre do celeiro e, apesar de Rosa e Vivetta tentarem impedi-lo, atira-se lá de cima.

A história já não é nenhum prodígio e o texto de Marenco é de construção muito pobre. Ele nem sequer consegue explorar com eficácia o fato da personagem-título planar inapelavelmente sobre toda a ação, embora nunca apareça em cena. Mas as melodias atraentes de Cilea foram muito bem recebidas e algumas das árias ficaram famosas. São realmente bem escritas a narrativa do pastor, "Come due tizzi accesi", baseada na história da cabra de monsieur Seguin, o conto mais famoso das *Cartas de Meu Moinho*; e a oração de Rosa, "Esser madre è un inferno". O intermezzo entre os atos II e III, "La Notte di Sant'Eligio", é às vezes ouvido em concertos sinfônicos. Credite-se também a Cilea o esforço para caracterizar musicalmente o ambiente provençal, na fazenda do Castelet, que pertence a Rosa, e na desolada laguna de Vaccarès, na região desértica da Camarga, onde se passa o ato II.

Não há tenor que não tenha em seu repertório o melancólico "Lamento" cantado por Federico nesse ato: "È la solita storia del pastore." Aliás, *L'Arlesiana* marcou a estréia no palco de Enrico Caruso, e essa ária sempre foi um de seus cavalos-de-batalha. Na verdade, as críticas favoráveis, após a estréia, elogiaram muito mais o tenor do que a própria música. O carinho que Caruso tinha por esse primeiro papel, para o qual fora cuidadosamente preparado pelo próprio Cilea, concorreu muito para o renome da ópera. A nota aguda com que a ária hoje se encerra, e que não fazia parte da partitura original, foi-lhe sugerida por Beniamino Gigli, cuja gravação se encarregou de popularizar a ária. Para uma ópera que nunca se impôs no repertório básico, *A Arlesiana* teve sorte. Há dela duas gravações comerciais bastante satisfatórias: a de Arturo Basile (Cetra, 1955) e a Charles Rosenkrans (Quintana/Harmonia Mundi, 1992), com elenco ítalo-húngaro.

O pequeno prestígio angariado pelo compositor com a *Arlesiana* foi definitivamente consolidado, em 6 de novembro de 1902, por *Adriana Lecouvreur*. Caruso, Angelica Pandolfini, Edvige Ghibaudo e Giuseppe de Lucca a estrearam no Lirico de Milão. Arturo Colautti, o autor do libreto, adaptara uma das peças mais famosas de Eugène Scribe e Ernest Legouvé, sobre personagens que, embora tratadas com a costumeira liberdade romântica, são reais. Adrienne Lecouvreur (1692-1730) foi uma celebrada atriz trágica do século XVIII. Muito jovem, começou a freqüentar os ensaios da Comédie Française, onde conheceu o ator e dramaturgo Marc-Antoine Legrand, que a tomou por amante. Legrand era ator medíocre, mas excelente professor e, em suas mãos, o talento instintivo da atriz floresceu de forma extraordinária. Pela sua espontaneidade, Mlle Lecouvreur revolucionou a representação do teatro francês, numa época em que predominava um estilo de declamação pomposo e artificial. Sua estréia na Comédie, em 14 de maio de 1717, fazendo a *Electre* de Prosper de Crébillon, marca uma data na história da técnica de interpretação teatral. Diversos autores escreveram para ela, entre os quais Voltaire, que lhe dedicou *Oedipe*, foi seu amigo e eterno apaixonado, assistiu à sua morte e compôs para ela a comovida *Elégie à la Mort de Mlle Lecouvreur*.

Adrienne teve vários amantes; mas seu caso mais duradouro foi com Hermann-Mauritz, conde de Saxe, filho natural de Augusto, o Eleitor da Saxônia que, mais tarde, seria rei da Polônia. Em 1729, Mauritz conheceu a duquesa de Bouillon, da ilustre casa de La Tour d'Auvergne, casada com um homem quarenta anos mais velho do que ela, famosa por sua beleza e suas insaciáveis aventuras amorosas. Mme de Bouillon era, para Mauritz, um degrau importante na escalada social mas, por amor a Adrienne, ele resistiu às suas tentativas de sedução. Parece que de fato a duquesa tentou envenenar a atriz, ajudada por um certo abade Bouret, amante de seu jovem *valet de chambre*. Bouret, porém, acovardou-se no último minuto e revelou o plano à polícia. Tendo conhecimento da tentativa contra sua vida, Adrienne vingou-se de Mme Bouillon num episódio famoso, que tanto Scribe quanto Colautti nos mostram. Em 10 de novembro de 1729, durante uma encenação da *Phèdre*, de Racine, a que estavam presentes a duquesa e Mauritz, ela apontou para o camarote da aristocrata ao declamar os versos:

Je ne suis point de ces femmes hardies
qui, goûtant dans le crime une tranquille paix,
ont su se faire un front qui ne rougit jamais.

(Não sou dessas mulheres de ousadia extrema/que, gozando no crime uma tranqüila paz,/ostentam uma fronte que nunca enrubesce.)

Foi o que bastou para que se espalhasse a lenda de que Mme de Bouillon envenenara Adrienne, pois a atriz morreu cinco meses depois e foi enterrada à noite, numa vala comum, às margens do Sena. Na verdade, Adrienne foi a prosaica vítima de uma disenteria crônica de que sofria desde 1725, e funerais desse tipo eram comuns para as atrizes que, durante muito tempo, foram vistas com preconceito pelos "bem-pensantes".

Scribe e Legouvé conceberam sua peça no auge da batalha entre clássicos e românticos pela renovação do gênero teatral e, nela, reconhecemos as características essenciais do tipo de drama proposto por Victor Hugo em *Hernani*: abolição das unidades clássicas de tempo, lugar e ação; mistura de gêneros; exploração dos aspectos sentimentais mais exacerbados da intriga; introdução de episódios e personagens imaginários; uso muito livre dos fatos históricos. Um exemplo: Michonnet, o empresário apaixonado por Adrienne, parece ser o cruzamento de Legrand com Voltaire, que sempre foi rejeitado pela atriz, mas nunca deixou de amá-la, permanecendo a seu lado até o fim. Há também o abandono da *bienséance*, a regra que proibia a exibição de tudo o que pudesse ser grotesco, vulgar ou violento, pois a morte de Adrienne, retorcendo-se de dor sob o efeito do veneno, ocorre diante dos olhos do público. A peça de Scribe destinou-se à primeira incursão da *tragédienne* Rachel fora do repertório clássico e significou uma grande virada em sua carreira. Por uma estranha coincidência, ao morrer, em 1858, desgastada por excesso de trabalho e uma vida amorosa tumultuada, Rachel tinha 38 anos – exatamente a mesma idade de Adrienne. Depois dela, o papel atraiu grandes nomes do palco: Sarah Bernardt, Eleonora Duse, a inglesa Eliza Logan e a polonesa Helena Modjeska, que fez dele uma alavanca para se impor como estrela, em Nova York, quando imigrou para os EUA. Foi isso o que fascinou Cilea que, em fevereiro de 1899, assinou com Edoardo Sonzogno um contrato em que se comprometia a lhe oferecer uma ópera sobre esse tema. Nessa época, o músico escreveu:

A variedade da ação que as situações novas e elegantes poderiam oferecer-me, a fusão de comédia e drama dentro de um ambiente setecentesco que eu conhecia bem, o amor apaixonado da protagonista tocaram o meu coração e acenderam a minha imaginação. Meu editor propôsme o nome de Colautti como libretista. Eu já tinha conhecido o poeta em Nápoles, onde ele era o respeitado diretor de um jornal e freqüentador apaixonado do Teatro San Carlo.

Enquanto Colautti trabalhava no libreto – o que lhe exigiu bastante tempo – Cilea procedeu a pesquisas minuciosas sobre a vida e a época de Lecouvreur. Iniciada durante as férias de fim de ano, a composição se arrastou, com as interrupções e hesitações comuns em um artista exigente e inseguro como Cilea, até o outono de 1902 – momento em que ele viu-se obrigado a pôr um ponto final na partitura, pois Sonzogno insistia em estrear em novembro. Apesar do entusiasmo do público e da simpatia da crítica, essa primeira versão não agradava a seu autor. Embora expusesse os elementos da trama com muito mais clareza, ele a achava demasiado longa e estruturalmente difusa. Por isso, reviu-a em 1930, eliminando trechos que considerava musicalmente repetitivos ou teatralmente arrastados. Sob essa forma, *Adriana Lecouvreur* é conhecida hoje. Mas em alguns pontos a revisão prejudicou a continuidade da ação, tornando-a confusa para quem não estiver familiarizado com o texto de Scribe. Não fica muito clara, por exemplo, a proveniência das jóias que, no ato IV, Adriana usa para pagar as dívidas de jogo de Maurizio. Na primeira versão, era-nos dito que ela as ganhara de presente da Rainha. Mais tarde, foi feita uma versão intermediária do libreto, em que alguns dos pontos obscuros – mas não todos – foram elucidados.

Foto de Francesco Cilea, autor de *Adriana Lecouvreur*.

Caricatura feita por Enrico Caruso, que o mostra como o Maurizio da *Adriana Lecouvreur* de Cilea; em sua companhia está Lina Cavalieri como Adriana.

Esboço feito em 1953, pelo figurinista Jean-Denis Malclès, para o traje da protagonista na *Adriana Lecouvreur* de Cilea.

O ato I tem uma estrutura híbrida: o tom de comédia galante, que predomina no início, é de repente substituído por um clima de sentimentalismo desabrido. As intrigas e equívocos dos episódios de abertura, de que participam o príncipe de Bouillon e o abade de Chazeuil, são tratados com vivacidade rítmica e música deliberadamente ligeira, para recriar o ambiente frívolo de *galanterie* – de modo semelhante a Giordano no ato I do *Andrea Chénier*. Isso muda a partir do momento em que Adriana entra em cena. Ela é retratada na ária "Io son l'umile ancella", cujo tema funcionará como motivo condutor da ação e elemento caracterizador de sua personalidade. No decorrer do ato I, Adriana recebe duas declarações de amor de caráter tocantemente diverso. A primeira é a de Maurizio, "La dolcissima effigie", e expressa a segurança do jovem que se sabe desejado e tem consciência do efeito de suas palavras sobre a mulher amada. É uma página concisa, mas de grande intensidade lírica, fiel à tradição verista da *arietta* bem concentrada, como o "Amor ti vieta" da *Fedora*, de Giordano. – A segunda declaração, de Michonnet, "Ecco il monologo", é feita enquanto Adriana está no palco representando. Num estilo que mistura o cantábile à declamação melódica, é a confissão dolorida do homem mais velho cujos sentimentos nunca serão correspondidos.

No ato II, a ária "Acerba voluttà", em que a princesa de Bouillon, esperando por Maurizio, extravasa a turbulência de sua paixão por ele, faz o drama adensar-se. Este será um ato sério, tenso, marcado pelo dueto "Ma dunque è vero", em que Maurizio confessa seu amor à atriz; e pelo momento em que esta e a princesa descobrem ser rivais – cena que ecoa uma situação clássica da *Aida*, da *Gioconda*, da *Fosca*, da *Dejanice* de Catalani. O ato III, passado na sala de recepções do palácio da princesa, é de novo híbrido, pois combina o elemento decorativo, caracterizador de ambiente – numa linha "massenetiana" que lembra certas cenas da *Manon* –, com o ponto culminante da tensão dramática: ao declamar o monólogo de Fedra, Adriana ofende a princesa e esta jura vingar-se. A tempestade de que o ar está carregado e vai desembocar nessa passagem, extremamente forte, é cercada pela evocação da leviandade dos salões aristocráticos setecentescos. Não falta nem mesmo o toque de pastiche arcaizante ao ser apresentado o balé *Il Giudizio di Paride*, de tema mitológico – cujo tema evoca a situação de Maurizio, dividido entre duas beldades.

O que se afirma de vez, no ato IV, é o tom dramático, mas agora com uma nuance elegíaca e crepuscular. Precedida por mais uma dolorida declaração de amor de Michonnet, "So ch'ella dorme", a ária "Poveri Fiori", em que a atriz lamenta ter perdido Maurizio, pois este não a procurou mais, tem um sentido dúbio. Adriana aspira as violetas que a princesa lhe mandou e diz:

col vostro olezzo
muoia il disprezzo:
con voi d'un giorno
senza ritorno
cessi l'error.
Tutto è finito.

(com o seu aroma, morra o desprezo: com vocês termine o erro de um dia sem volta. Tudo acabou.)

Adriana acredita estar-se referindo ao fim de seu romance com o conde de Saxe. Mas não sabe, na verdade, que está se intoxicando com o veneno de que as pétalas das flores estão impregnadas. A temperatura trágica sobe com a chegada de Maurizio e a sua confissão amorosa, "Perdona l'oblio d'un istante", antes que o veneno comece a fazer efeito e se siga "Ecco la luce", a cena de delírio e morte da personagem com que a ópera se encerra.

Adriana Lecouvreur é a típica ópera na confluência do Verismo e do Neo-romantismo. Permanecem veristas certa crueza no trato das paixões descontroladas, a concisão das formas musicais e o caráter enfático da técnica vocal nos momentos mais intensos. Mas já são neo-românticos a estilização do ambiente aristocrático – no qual há mais apuro decadentista do que preocupação com a verdade histórica – e o sentimentalismo refinado. Este, é claro, está associado a um traço característico da personalidade de Cilea, cujo melodismo adocicado tem mais a ver com a tradição pós-romântica do que com o tom incisivo dos veristas. Se compararmos *Adriana* com *Andrea Chénier*, por exemplo, veremos que nesta há também a ambientação setecentista e o forte componente sentimental, mas resolvidos através de uma música de tom mais másculo, cujos vínculos com o Verismo são mais evidentes. Para ouvir *Adriana Lecouvreur* existem, em gravação comercial:

Colosseum, 1949 – Mafalda Favero, Nicola Filacuridi/Federico del Cupolo;
Cetra, 1950 – Carla Gavazzi, Giacinto Prandelli/Alfredo Simonetto;
Melodram, 1959 – Magda Olivero, Franco Corelli/ Mario Rossi.
Decca, 1961 – Renata Tebaldi, Mario del Monaco/Franco Capuana;
G. O. P., 1963 – Tebaldi, Corelli/ Silvio Varviso;
CBS/Sony, 1977 – Renata Scotto, Plácido Domingo/James Levine;
Myto, 1977 – Scotto, Jaime Aragall/Gavazzeni;
RCA, 1985 – Raina Kabaivanska, Alberto Cupido/ Maurizio Arena;
Decca, 1990 – Joan Sutherland, Carlo Bergonzi/Richard Bonynge.

A gravação de Levine é, sem dúvida alguma, a preferivel. Mas é preciso ouvir também o registro pirata de Magda Olivero (com Franco Corelli), a intérprete predileta do próprio Cilea – foi ele quem lhe pediu que voltasse ao palco, após uma fase de interrupção da carreira devido ao casamento, para interpretar a sua personagem. Em vídeo, existem as seguintes opções:

1955 – filme da RAI de Milão – Pobbe, Filacuridi/Simonetto;1976 – NHK de Tóquio – Caballé, Carreras/Masini;
1979 – Filarmonico de Verona – Kabaivanska, Tagliavini/Müller;
1984 – Ópera de Sydney – Sutherland, Austin/ Bonynge;
1989 – Scala de Milão – Freni, Dvorský/ Gavazzeni;
1994 – Colón de Buenos Aires – Evstatieva, Armiliato/Veltri.

A tendência à guinada neo-romântica, que será a de toda uma geração na Itália, já está claramente prefigurada na última ópera encenada por Cilea. A raridade das composições do autor da *Adriana* fez com que o Scala aceitasse *Gloria* para a sua temporada de 1907, esperando que se repetisse o grande sucesso da ópera anterior. Dotou-a de um elenco de primeira – Salomea Kruscenisky, Giovanni Zenatello, Pasquale Amato, Nazareno de Angelis – e estreou-a em 15 de abril, regida por Toscanini. Não foi má a reação do público. Naquele ano, a ópera teve boa aceitação. Depois foi gradualmente caindo no esquecimento. Para avaliá-la, existe apenas, no selo Kicco Classic, o registro pirata de uma transmissão da RAI de Turim, de 1969, regida por Fernando Previtali.

A ação passa-se em Siena no final do século XV. Aquilante dei Bardi está inaugurando uma fonte para comemorar a paz e a anistia concedida a todos os exilados. Durante a cerimônia, surge um desconhecido que revela ser Lionetto, amigo de infância de Gloria, a filha do senhor da cidade. No passado seu pai foi morto pela classe dominante, pois acreditava na liberdade para todos. Hoje, Lionetto é um renegado que luta por justiça. Adotou o nome de Fortebrando ("espada forte"), transformou-se num temido *condottiere* e está vindo com seus homens tomar a cidade. Quando lhe perguntam o que quer para poupar os cidadãos de Siena, responde: a mão de Gloria. Brando, o irmão da moça, recusa indignado. Os aristocratas e os invasores entram em choque, Brando é ferido e Gloria é seqüestrada por Lionetto.

Siena está sendo assediada, mas Lionetto dispõe-se a suspender o cerco se Gloria concordar em casar-se com ele. A moça está propensa a aceitar porque, desde muito nova, sente-se atraída pelo rapaz. Disfarçado de vendedor de jóias oriental, Bardo vem procurar a irmã e lhe diz que o pai morreu na batalha. Pede que ela o vingue envenenando Lionetto. Dividida entre o dever de vingar a morte do pai e o horror com a idéia de assassinar o homem a quem ama, Gloria decide morrer junto com ele. Mas quando tenta beber o vinho envenenado, Lionetto arranca-lhe a taça das mãos, anuncia que por amor a ela suspendeu o cerco, e os dois atiram-se nos braços um do outro.

Na capela dos Bardi, depois de ter-se casado com Gloria e proclamado a paz entre os rebeldes e os aristocratas de Siena, Lionetto aproxima-se de Bardo e oferece-lhe o abraço de reconciliação. Este, porém, puxa uma adaga e o apunhala. Os rebeldes, com apoio popular, lutam contra os soldados, mas são expulsos da capela, dentro da qual Bardo deixa

Um fotógrafo de província reconstituiu, com cantores pouco conhecidos, a cena da morte da protagonista, no ato IV da *Adriana Lecouvreur* de Cilea.

Gloria trancada. Ela se recusa a abandonar Lionetto, que está agonizando. O rapaz morre em seus braços, deplorando a traição e relembrando os dias felizes em que eles se conheceram. Sentindo-se incapaz de continuar vivendo sem ele, Gloria apanha a adaga com que Bardo o matou e se apunhala também.

Quatro anos antes de *Isabeau* e sete antes da *Francesca da Rimini*, a última ópera de Cilea a ter sido encenada já contém todos os ingredientes do Neo-romantismo. Por seu estilo de linguagem e repertório de temas – traição, desejo, vingança, assassinato e suicídio –, o libreto original de Arturo Colautti poderia ter sido assinado por Salvatore Cammarano. As personagens – o irmão cego de ódio, o rebelde cheio de ideais de defesa do povo, a heroína dividida entre o desejo de vingar o pai e o amor pelo responsável por sua morte – parecem sair de uma ópera do início da carreira de Verdi. O problema é serem figuras estáticas, sem qualquer evolução psicológica, o que abre ao compositor possibilidades teatrais muito reduzidas.

À sua maneira, a música de Cilea é competente, tecnicamente sólida, bastante melodiosa, embora nunca dotada da ousadia que encontramos em Puccini e Mascagni – ou até mesmo em Giordano. Trechos como a narrativa de Lionetto, "Storia ho di sangue", ou o monólogo de Gloria, "O mia cuna, fiorita di sogni e di melodi", no ato II, têm a marca característica do compositor. E à exceção da música de batalha, que é convencional e pouco inspirada, é no ato III que estão as melhores páginas da ópera, a começar por um Prelúdio intensamente atmosférico. E os sentimentos pacifistas de Cilea lhe sugerem acentos especialmente felizes para o "Popolo, esulta! La divina pace l'ali distende" com que o ato se inicia.

O tom etéreo de "Ora d'ebrezza", o dueto com que Lionetto e Gloria se despedem, não deixa dúvidas quanto à sua fonte de inspiração: a cena final da *Aida*. Aqui, porém, há um enérgico episódio central, "Il Fortebrando non morrà a tradimento", em que o rapaz invectiva os seus traidores, seguido da doçura de "Torna all'amore, o mio diletto", antes que ele morra com as inevitáveis exclamações: "Ahimè! Io manco! Non reggo più!" Desde que não se exija dela mais do que pode oferecer, é uma partitura de audição bastante agradável. Pela sua importância histórica, mas também pelo interesse musical que não deixa de possuir, *Gloria* – ainda mais do que *L'Arlesiana* – mereceria um resgate discográfico sério.

Absorvido pelo trabalho de direção dos conservatórios de Palermo e Nápoles, paralisado pela insegurança, que o levava a revisar constantemente suas obras, e com o passar do tempo persuadido de que estava superado como compositor, Cilea pôs fim muito cedo à carreira de criador: *Il Matrimonio Selvaggio*, de 1909, permaneceu inédita. Afligido pela surdez no fim da vida, retirou-se para sua casa em Varazzo, na costa da Ligúria, onde morreu em 1950. No ensaio de apresentação da gravação London, Peggie Cochrane escreve:

> Toda a Itália lamentou a sua perda e prestou tributo à sua memória. Nessa ocasião, enfatizou-se a generosidade melódica de sua música e sua refinada qualidade lírica, duas características que não escapam aos ouvintes de sua ópera mais conhecida. No entanto, seu senso de desenvolvimento estrutural era pobre, e ele se contentava em repetir, quase sem modificações, cada vez que a ocasião se apresentava, as belas melodias que associava a cada personagem. E isso se desgasta facilmente, trazendo uma sensação de monotonia que pode, no entanto, até passar despercebida, se formos arrastados, numa boa representação, pelo jorro contínuo de seu lirismo.

A observação de Cochrane conduz a uma conclusão que, de certa forma, sintetiza o teatro de Cilea. Óperas como *Adriana* ou *Gloria* pertencem à mesma categoria da *Gioconda*, por exemplo: são obras que dependem fundamentalmente da excelência do elenco para se sustentarem no palco, pois a sua matéria-prima musical, embora basicamente interessante, não chega a ser de primeiríssima ordem.

GIORDANO

Em 1889, Umberto Giordano (1867-1948) ainda era estudante no Real Collegio di Musica di San Pietro a Majella, em Nápoles, quando entrou no Concorso Sonzogno de óperas em um ato. Naquele ano, a premiada foi a *Cavalleria Rusticana*, de Mascagni, que inaugurou um capítulo novo na História da Ópera. Mas a *Marina* desse aluno de conservatório ficou num honroso sexto lugar. E num artigo escrito em 1892 para *Il Teatro Illustrato*, um dos membros do júri, Amintore Galli, diria que a premiação só não fora melhor devido ao libreto de Enrico Golisciani, "destituído de interesse, sem vida dramática, personagens ou ambientes".

Era a prova de que Umberto necessitava de que tinha escolhido a carreira certa. Anos antes, precisara entrar em choque com o pai para que este lhe permitisse fazer estudos musicais regulares. E Lodovico Giordano só desistira do projeto de fazê-lo estudar farmácia, para tornar-se seu sucessor no negócio familiar em Foggia, graças à intervenção do engenheiro Gaetano Briganti – uma curiosa figura de músico amador que, entre outras coisas, inventara uma espécie de pianola. Tomando-se de afeto por Umberto e reconhecendo que ele tinha talento, Briganti convencera Giordano pai a deixar que ele fosse estudar composição com Paolo Serrao, em vez de ser condenado a ficar atrás do balcão da farmácia, na via Pescheria.

O editor Edoardo Sanzogno também ficou bem impressionado com esse primeiro trabalho, tanto assim que, em 1890, contratou Giordano para compor uma nova ópera. Pôs-lhe nas mãos *Mala Vita*, a adaptação que Nicola Daspuro fizera de *O Voto*, "cenas populares" em dialeto napolitano escritas por Salvatore di Giacomo e Goffredo Cognetti em 1888. O resultado, como não poderia deixar de ser, é um papel carbono da *Cavalleria*, cujo sucesso em toda Europa era cada vez maior. Ambientada no baixo mundo napolitano, é a história de Vito Amante, um operário que sofre de tuberculose e promete à Virgem empenhar-se em regenerar Cristina, uma prostituta, se ela o ajudar a curar-se.

Apesar da mediocridade gritante do libreto, a ópera foi bem, ao estrear no Argentina, de Roma, em 21 de fevereiro de 1892. Para isso, ajudou muito a interpretação forte de Roberto Stagno e Gemma Bellincioni – o casal criador de Turiddu e Santuzza – nos papéis principais. Em Nápoles, porém, o fracasso foi total, apesar da peça ter ido bem no palco. O público de ópera, mais conservador do que o de teatro falado, escandalizou-se com o retrato sombrio do submundo local e, após uma única recita, *Mala Vita* foi retirada de cartaz. Ainda assim, o crítico austríaco Eduard Hanslick elogiou a partitura quando o dramalhão foi cantado em Viena, em setembro daquele mesmo ano, durante a Exposição Internacional de Música.

Sonzogno animou-se então a fazer nova encomenda ao compositor estreante. Mas o libreto de Targioni-Tozzetti e Menasci para *Regina Diaz*, contando uma tortuosa história de adultério e conspiração ambientada na Renascença, era de um estilo pós-romântico – "monótono, velhusco, edificante", sentenciou Amintore Galli – que já não agradava mais a um público habituado aos temperos naturalistas fortes. A estréia no Mercadante de Nápoles, em 15 de março de 1894, foi um fiasco. O próprio editor decidiu tirá-la de cartaz depois de duas récitas infelizes.

Diante disso, o espetáculo seguinte seria crucial: dele haveria de depender a continuidade da carreira de Giordano. Não podia haver margem de erro. Ao próprio Sonzogno interessava ajudá-lo, por perceber no jovem um talento que merecia ser explorado. Recomendou-lhe então um novo libretista, Luigi Illica, que obtivera bons resultados em suas colaborações anteriores com Catalani e Franchetti. Giordano propôs ao futuro libretista da *Tosca* que adaptassem *Fedora*, um dramalhão que arrancara aplausos do público ao ser apresentado por Sarah Bernhardt e Pierre Berton em Nápoles, em 1885. Anos antes, ainda no Conservatório, ele escrevera a Victorien Sardou, o autor da peça, pedindo-lhe a permissão para musicá-la. Mas o dramaturgo, torcendo o nariz ao excesso de pretensão de um iniciante, respondera apenas: "On verra plus tard!" (Mais tarde veremos). Quem sabe, desta vez, ele seria mais condescendente? Sardou não recusou, mas exigiu direitos exorbitantes, que Giordano não tinha como pagar.

A idéia seguinte – *Jocelyn*, de Alphonse de Lamartine – veio de Illica. Mas foi também abandonada quando se descobriu que Benjamin Godard já tinha composto uma ópera sobre esse assunto, em 1888, para o Théâtre de la Monnaie, em Bruxelas. As coisas estavam mal paradas: ocupado com a redação de *La Martyre* para Spiro Samaras e já começando a discutir com Giuseppe Giacosa o libreto de *La Bohème* para Puccini, Illica não tinha muito tempo para lhe dispensar. Giordano estava pensando seriamente em candidatar-se a um cargo de regente de banda, para sobreviver, quando recebeu, em 20 de abril de 1894, uma carta de Alberto Franchetti, com quem fizera amizade logo depois do fracasso de *Regina Diaz*. O barão Franchetti sabia que ele estava em dificuldades para encontrar um libreto, e lhe oferecia um argumento do próprio Illica, pelo qual já pagara 200 libras, mas não lhe interessava. "O barão cometeu um grande erro", comentou o editor Ricordi ao saber que Franchetti desdenhara um libreto baseado na vida do poeta pré-romântico francês André Chénier, guilhotinado em 25 de julho de 1794. "Mas eu o conheço", arrematou, "não foi o seu único erro e não será o seu último". Ricordi sabia do que estava falando pois, anos mais tarde, ele próprio convenceria o barão a ceder a Puccini os direitos sobre a *Tosca*, que ele tinha comprado de Sardou.

Foi acidentada a colaboração entre Illica e Giordano durante a redação e composição de *Andrea Chénier*. O libretista queria incluir um dueto para La Bersi e Gérard, pensando em sua "protegida" Lison Frandin, a quem queria confiar o papel. Mas o compositor achava que isso estragaria o efeito de "La mamma morta", a grande ária de Maddalena, principal personagem feminina. E só convenceu o poeta quando o ameaçou com um revólver – que Illica, aliviado, descobriu depois ser de brinquedo. Quando a ópera ficou pronta, Amintore Galli, a quem Sonzogno pedira o aconselhamento editorial, recomendou-lhe recusá-la, pois a partitura "não valia um figo podre". Giordano teve de recorrer a Mascagni, a grande estrela da editora. Só com sua interferência conseguiu que *Andrea Chénier* fosse programada para a temporada de 1896, no Scala.

A estréia, em 28 de março, com Giuseppe Borgati, Evelina Carrera e Mario Sammarco, foi um triunfo retumbante. "Bastaria o final do ato III para colocar *Andrea Chénier* entre as melhores óperas modernas", escreveu Alfredo Colombani no *Corriere della Sera*. Sonzogno aumentou imediatamente o contrato de Giordano, para impedir que ele fosse levado pela Casa Ricordi. E entrou em negociações com Sardou para conseguir, finalmente, os direitos da tão desejada *Fedora*. Com *Chénier*, o jovem compositor atraiu também a atenção de Verdi, que lhe ofereceu a sua amizade e, generosamente, intercedeu junto a Joseph Spatz para que este aprovasse o casamento de Umberto com sua filha, Olga Spatz-Wurms. Proprietário da rede de hotéis suíça a que pertencia o Grand Hôtel de Milan – onde

Verdi se hospedava sempre que ia à cidade, e o lugar em que viria a falecer –, Spatz não podia recusar um pedido do seu cliente mais ilustre, verdadeiro monumento vivo da música italiana. O casamento realizou-se em 18 de novembro. Giordano estava em viagem de lua-de-mel quando ficou sabendo que, no dia 15, a ópera tinha sido aclamada em Nova York, na Academy of Music do major Mapleson, com Hericlea Darclée no papel de Maddalena.

Durante uma festa em sua casa, a aristocrata Maddalena de Coigny fica conhecendo o poeta Andrea Chénier que, convidado a declamar um de seus poemas, improvisa versos de inflamado liberalismo. A festa é interrompida por camponeses revoltados, liderados pelo mordomo Gérard, que abandonou a libré para tomar-lhes a frente. Os intrusos são mandados embora e os convivas retomam a festa, como se nada tivesse acontecido. Cinco anos depois, a monarquia foi derrubada pela Revolução e Chénier está desiludido com os excessos do Terror. Seu amigo Roucher, que lhe conseguiu um passaporte, encoraja-o a ir para o exterior, mas ele hesita, pois uma mulher desconhecida lhe escreveu, marcando um encontro para aquela noite. É Maddalena, que lhe pede proteção. Gérard, hoje transformado em agente de Robespierre, aparece e tenta seqüestrar Maddalena, a quem amava desde os tempos em que trabalhava em sua casa. Ao tentar impedi-lo, Chénier o fere. Enquanto isso, Roucher consegue fugir com a moça. Ao lhe perguntarem quem o atacou, Gérard recusa-se generosamente a identificar o poeta. Chénier é preso e Gérard o denuncia como contra-revolucionário. Maddalena vem procurar seu antigo empregado e lhe suplica que salve o poeta, nem que, para isso, tenha de entregar-se a ele. Durante o julgamento, apesar da defesa inflamada que Chénier faz de si próprio, Gérard não consegue impedir que ele seja condenado. O poeta é levado para a prisão de St. Lazare, onde espera pela execução. Ajudada por Gérard, Maddalena consegue entrar na prisão, trocar de lugar com uma das condenadas e acompanhar seu amado na guilhotina.

Curiosa mistura de verismo e fantasia histórica – que Illica dizia ter extraído não de fatos reais, mas de idéias que lhe foram sugeridas pelo editor das obras poéticas do verdadeiro Chénier –, a ópera deve seu encanto, sobretudo, às possibilidades que oferece aos intérpretes dos papéis principais. No ensaio de introdução ao álbum da RCA com a gravação de James Levine, o crítico Harvey Phillips afirma:

> *Andrea Chénier* transformou-se num dos veículos prediletos para algumas das maiores personalidades do canto lírico neste século, e o público apaixonou-se por ela tanto quanto os seus intérpretes. Sua juvenil plenitude de emoção e a riqueza de sua imaginação musical nunca deixam de comover a platéia. E a habilidade de Giordano em manter a tensão dramática faz com que a ópera seja dessas que sobrevivem até mesmo a uma interpretação medíocre.

Nem todos, entretanto, compartilham essa opinião. Não falta quem acuse a ópera de vulgaridade, como o poeta americano Ezra Pound, que a chamou de "uma lata de lixo cheia de refugos operísticos". Ou o musicólogo francês François-René Tranchefort que, em *L'Opéra de Tristan à nos jours*, escreve:

> O conjunto da partitura trai uma falta de originalidade mais ou menos constante, uma harmonia e orquestração pobres, com certa delicadeza mas desprovidas de vigor e sutileza. A impressão final dominante é a de uma extrema pobreza musical que é mascarada pela hábil exploração de efeitos puramente melodramáticos.

Esses julgamentos rigorosos parecem recusar-se a considerar a eficiência de um libreto que torna perfeitamente dependentes um do outro o drama passional – o triângulo de amor/ódio de Chénier-Maddalena-Gérard – e o ambiente histórico em que a história se passa: de fato, é a turbulência social da Revolução Francesa que condiciona as relações entre as personagens. Por outro lado, é preciso levar em conta a capacidade que tem Giordano de traduzir musicalmente essa situação, sintetizando não só o tema central do amor e da libertação pela morte como também as idéias acessórias de patriotismo e idealismo poético. Admitamos, porém, que nem tudo, no *Chénier*, é do mesmo nível de inspiração. A partitura é desigual, sim; mas o próprio Tranchefort acaba tendo de reconhecer:

> A escrita melódica do papel do protagonista, generosa e brilhantemente concebida para a voz do tenor, [...] inspirou ao compositor algumas páginas comoventes, nobremente líricas.

Um dos melhores exemplos disso é o "Improviso" do ato I, modelo da técnica verista de ária que não tem estrutura rígida, mas constrói-se, em função das flutuações internas do texto, a partir de uma alternância espontânea de recitativo, arioso e cantábile. A introdução, "Colpito qui m'avete", é um recitativo em estilo de conversação, com a predominância de graus conjuntos – notas vizinhas umas das outras –, que reconstitui o fluxo normal da fala. Ela leva ao arioso "Un dì all'azzurro spazio", com que a declamação do poema se inicia, num tom de emoção moderada, para desembocar numa seção de caráter mais cantábile, "Su dalla terra". Mas logo retorna-se ao arioso, pois a narração é retomada com "Varcai d'una chiesa la soglia..." Em seguida, o recitativo melódico "In cotanta miseria" vai modulando gradualmente, até converter-se numa seção abertamente cantábile, de grande emoção, "Ecco la bellezza", marcada *con slancio*. Quando Chénier se interrompe para dirigir-se diretamente a Maddalena, "O giovinetta bella", retorna o recitativo melódico, e a eficiente alternância de *crescendi/diminuendi* prepara o caminho para a seção final, "Non conoscete amor", de estilo cantábile exuberantemente impositivo.

O "Improviso" constitui síntese muito inteligente da tradição romântica – a da ária de linha melódica fechada e muito elaborada – com o estilo declamatório inaugurado pelos veristas. A mesma construção contrastada se observa na ária "Come un bel dì di maggio". Precedida por um recitativo em tom de conversação, ela começa com uma melodia delicada, reminescente de Massenet e, depois, vai num crescendo até o final – "Sia! Strofe última Dea!" – que é de tom retórico derramado, fiel à generosa *vocalità* italiana. Essa mesma técnica pode ser observada nas demais páginas da ópera prediletas dos cantores e do público:

- a cena do ato II que leva à ária "Eravate possente" e ao dueto "Ora soave, sublime ora d'amore";
- o monólogo de Gérard, "Nemico della patria";
- a grande ária de Maddalena, "La mamma morta";
- e o empolgante dueto final, "Vicino a te s'acqueta".

Típica "ópera de cantores", *Andrea Chénier* foi gravada várias vezes, com grandes nomes da lírica neste século:

EMI/Angel, 1920 – V. Bartolomasi, L. Lupato, A. Pacini/Carlo Sabajno.
EMI/Angel, 1931 – Lina Bruna-Rasa, Luigi Marini, Carlo Galeffi/Lorenzo Molajoli.
EMI/Angel, 1941 – Maria Caniglia, Beniamino Gigli, Gino Bechi/Oliviero de Fabritiis.
Urania, 1951 – F. Sacchi, G. Sarri, C. Manca Serra/A. Paoletti.
MET, 1954 – Zinka Milanov, Mario del Monaco, Leonard Warren/Fausto Cleva.
DG, 1954 – Renata Tebaldi, J. Soler, Ugo Savarese/Arturo Basile.
Myto, 1955 – Antonietta Stella, del Monaco, Giuseppe Taddei/Angelo Questa (ao vivo).
London, 1956 – Tebaldi, del Monabo, Ettore Bastianini/Gianandrea Gavazzeni.
MRF, 1960 – Tebaldi, Corelli, Bastianini/ Lovro von Matacic (ao vivo)
EMI/Angel, 1963 – Stella, Corelli, Mario Sereni/Gabriele Santini.
Myto, 1970 – Angeles Gulin, Carlo Bergonzi, Sherrill Milnes/Anton Guadagno (ao vivo).
RCA, 1976 – Renata Scotto, Plácido Domingo, Mines/James Levine.
London, 1982 – Montserrat Caballé, Luciano Pavarotti, Leo Nucci/Riccardo Chailly.
CBS/Sony, 1987 – Éva Marton, José Carreras, Giorgio Zancanaro/Giuseppe Patané.

São as seguintes as alternativas em vídeo:

1955 – filme da RAI de Milão – Del Monaco, Stella, Taddei/Questa;
1961 – NHK de Tóquio – Del Monaco, Tebaldi, Protti/Capuana;
1970 – filme da RAI de Roma – Corelli, Casapietra, Cappuccilli/Bartoletti;
1981 – Ópera de Viena – Domingo, Benacková-Capová, Cappuccilli/Santi;
1985 – Covent Garden – Domingo, Tomowa-Sintow, Zancanaro/Rudel;
1985 – Scala de Milão – Carreras, Márton, Cappuccilli/Chailly;
1989 – Rádio de Frankfurt – Bonisolli, Guleghina, Bruson/Viotti (concerto);
1996 – Metropolitan – Pavarotti, Guleghina, Pons/Levine.

Sardou era um hábil homem de negócios. Diante do prestígio que Giordano granjeara com o *Chénier*, concluiu ter chegado a hora de pedir pela *Fedora* um preço que Sonzogno estivesse disposto a pagar. Em 1º de outubro de 1897, o contrato foi assinado. Nesse meio tempo, o compositor trabalhava na revisão de *Mala Vita*, eliminando a personagem do mafioso Annentiello, que ofendera tanto os napolitanos, e expurgando os trechos de linguagem mais crua. Rebatizada como *Il Voto*, ela reestreou no Lirico Internazionale de Milão, em 10 de novembro de 1897. Mas nem a presença de Rosina Storchio no papel da prostituta Cristina conseguiu aumentar o interesse do público. Colombani matou a charada, em sua crítica: "Agora ela já não ofende mais. Mas também já não comove."

Illica teria sido o libretista ideal para comprimir *Fedora*, prolixo drama de amor e vingança equivocada, que se desenrola sobre um pano de fundo de terrorismo e intrigas da polícia secreta – temas que atraíam muito o público desde o brutal assassinato, em 1881, do tsar Alexandre II, feito em pedaços pela bomba de um niilista. Mas as relações de trabalho entre Illica e Giordano tinham sido muito penosas. Além disso, o poeta, um *workaholic* que nunca recusava trabalho, estava ocupadíssimo redigindo simultaneamente *La Fonte d'Enschir* (Alfano), *Íris* e *Le Maschere* (Mascagni), e colaborando com Giacosa na *Tosca*, para Puccini. Por isso Sonzogno decidiu convocar o jornalista e poeta Arturo Colautti que, mais tarde, ficaria conhecido como o autor do libreto da *Adriana Lecouvreur*, de Cilea. Colautti fez um bom trabalho. Reduziu para três os quatro longos atos do original. Eliminou a maioria das personagens secundárias. E transferiu para o jardim da casa de Fedora, nos Alpes suíços, a ação do ato III, que se passava em seu apartamento parisiense – o que permite uma encenação mais charmosa. Condensou ao máximo as longas explicações sobre os antecedentes das personagens, que Sardou não resiste a fazer. Com isso abriu espaço para as expansões líricas do compositor. Para não melindrar a família imperial russa – com quem, na época, o governo italiano insistia em ter muito boas relações –, trocou o sobrenome da protagonista de Románov para Romázov. Quanto ao embaixador francês Giovanni de Siriex, seu estranho nome é o resultado de um prosaico erro de imprensa na tradução italiana pois, no original, ele se chama Jean de Sirieux.

"Tenho trabalhado da manhã à noite, sem um dia de descanso", escreveu Umberto a seu pai. A ópera, iniciada em dezembro de 1897, estava pronta em novembro do ano seguinte. Gemma Bellincioni tinha sido prevista desde o início para criar o papel, tendo em vista as suas qualidades como atriz, embora a voz já estivesse em declínio – o que explica a tessitura relativamente grave do papel, que pode ser feito também por *mezzos* (Gianna Pederzini, Ebbe Stignani) ou por sopranos que já não tenham muita desenvoltura no registro agudo (Magda Olivero, Renata Scotto). Naturalmente, Giordano escrevera Loris Ipanoff pensando em Roberto Stagno, o marido da Bellincioni. Mas este morreu subitamente, de um ataque do coração, poucos meses antes da estréia. A preferência do compositor recaía em Fernando de Lucia, seu contemporâneo em San Pietro a Majella, e em quem já pensara como o intérprete ideal para o *Chénier*. Mas o tenor não pôde aceitar, pois tinha-se comprometido com Mascagni para cantar o principal papel masculino da *Iris*. Sonzogno pediu então à Bellincioni que fosse ouvir um jovem tenor de quem lhe tinham falado bem, e que estava fazendo *Pagliacci* no Politeama de Livorno. "Voz magnífica presença agradável contrate depressa", dizia o telegrama com que ela respondeu ao editor. Em 1897, esse artista já tinha feito muito sucesso com a criação de Federico na *Arlesiana*, de Cilea, sob a orientação do próprio compositor. Mas seria Loris quem o tornaria realmente conhecido. Seu nome era Enrico Caruso.

Embora o assassinato da imperatriz Elisabete da Áustria, em setembro, tornasse o tema da ópera particularmente palpitante, o público que compareceu ao Teatro Lirico, de Milão, na noite de 17 de novembro de 1898, reagiu a princípio com extrema frieza – o que não é de se estranhar, pois a longa fase de exposição do ato I não contém nenhum momento musical realmente memorável. Mas quando Caruso atacou a breve e cativante "Amor ti vieta", o gelo derreteu. No dia seguinte, a crítica celebrava "os dons inegáveis de um compositor elegante e apaixonado". E um crítico arrebatado cometia o trocadilho: "Caruso cantò la *Fedora* e la fe d'oro" ("Caruso cantou a *Fedora* e a converteu em ouro").

Para conhecer *Fedora*, há duas boas gravações comerciais. A de Lamberto Gardelli (Decca, 1969) traz Mario del Monaco ao lado de Magda Olivero, uma das maiores intérpretes do papel; na de Giuseppe Patanè (CBS, 1986), há Éva Marton e José Carreras. É mais difícil conseguir os registros de

- Dalla Rizza, Melandri/Molajoli (GQX, 1931),
- Calma, Pellizzoni/Argeo Quadri (CSM, 1952) e
- Caniglia, Prandelli/Mario Rossi (Cetra, 1952),
- Olivero, Di Steffano/Napoleone Annovazzi (GOP, 1969).

pois todos estão fora de catálogo. Ao vivo há a versão de Arturo Basile, com Tebaldi, di Stefano, Sereni (Arkadia, 1961), de som muito ruim. Entre os discos de trechos, vale a pena mencionar, por sua curiosidade, um pirata do selo Eklipse, gravado no Municipal do Rio de Janeiro em 22.8.1951, com Gigli, o *mezzo* Elena Nicolai e o regente Nino Sanzogno – nele, de Siriex é feito pelo barítono brasileiro Paulo Fortes. Quanto aos vídeos, estão disponíveis:

1988 – Liceo de Barcelona – Scotto, Domingo/Gatto;
1993 – Scala de Milão – Freni, Domingo/Gavazzeni;
1997 – Metropolitan – Freni, Domingo/Abbado.

A princesa Fedora quer vingar-se do conde Loris Ipanoff, suspeito de ter assassinado, em São Petersburgo, o seu noivo, conde Vladímir Andrêievitch. Consegue localizá-lo e atraí-lo para uma festa em sua residência parisiense onde, ao conhecê-la, Loris sente-se imediatamente apaixonado. Durante a conversa com ela, conta-lhe não poder voltar à Rússia, pois é procurado pela morte de Vladímir. Mas jura ser inocente e promete voltar, depois que a festa terminar, para prová-lo. Quando ele sai, Fedora entrega ao policial Grech uma carta para o general Jarischkin, em São Petersburgo. Nela, acusa Loris, seu irmão e seu amigo Sókolov de serem os responsáveis pela morte de seu noivo. Loris volta mais tarde e lhe conta por que matou Vladímir: descobriu que ele era o amante de Wanda, a sua mulher. Mostra-lhe cartas que o provam e fala de um inimigo misterioso que, desde então, o vem perseguindo. Fedora admite finalmente que também está apaixonada por ele e o impede de sair para que não caia nas mãos dos policiais que colocou de tocaia, do lado de fora da casa. Loris passa a noite com ela. A princesa leva-o então para a sua casa nos Alpes suíços, onde vivem um breve idílio. Um dia, durante a ausência de Loris, que foi até a cidadezinha próxima, Fedora recebe a visita de seu amigo, o embaixador francês Giovanni de Siriex. Este lhe conta que dois jovens foram presos, em São Petersburgo, e acusados do assassinato de Vladímir. Um deles fugiu, mas o outro, chamado Valerian Ipanoff, foi preso e morreu afogado, em sua cela, durante uma cheia do Neva. Com isso, a velha mãe do rapaz morreu de tristeza. Ao voltar, Loris encontra um telegrama anunciando-lhe que pode voltar à Rússia, pois foi agraciado. Mas há também uma carta dizendo-lhe que a denúncia de uma mulher desconhecida provocou a morte de sua mãe e de seu irmão. Horrorizada com o mal que causou, Fedora toma o veneno que guarda dentro de sua cruz, e morre nos braços de Loris, que a perdoa.

Embora a sua intriga tenha uma empostação tipicamente romântica, há em *Fedora* traços veristas típicos. A princesa é uma mulher emancipada, de vistas largas, que não hesita em assumir o relacionamento com Lóris e, em seu círculo de amizades, tem uma doidivanas como Olga, cujo perfil de "spensierata" lembra muito o de Musetta. E o libreto preocupa-se em fazer referências precisas – e prosaicas – a aspectos da vida quotidiana: a champanha Veuve Clicquot que é servida durante a festa, por exemplo, ou a bicicleta em que De Siriex aparece montado, no último ato, quando vai visitar Fedora.

Acusada de "ter uma melodia só" – a da brevíssima "Amor ti vieta" – *Fedora* é realmente uma ópera desigual. O ato I é muito bem construído, do ponto de vista teatral, mas é musicalmente neutro. No II, há páginas muito inspiradas: a conversa de Fedora com Loris

Esta gravura de Benamore, publicada por *L'Illustrazione Italiana*, representa um trecho do ato III da estréia de *Andrea Chénier*, no Scala, em 28 de março de 1896.

Esboço de Nicolas Benois para o cenário da *Fedora* de Giordano montada no Scala de Milão em 1955.

tendo por fundo o pastiche de uma peça de Chopin, tocada por um dos convidados, o pianista polonês Lazinski; o dramático interlúdio e toda a cena 2. Mas isso convive com banalidades como a ária "La donna russa", cantada por De Siriex (cuja melodia foi extraída da canção *Soloviêi*/O rouxinol, do compositor russo Aleksandr Aliábiev). Na estréia, o público deve ter sorrido, pois na época, era comum os sopranos inserirem essa peça na Cena da Lição do *Barbeiro de Sevilha*. No ato III, há uma eficiente gradação entre a conversa despreocupada de Fedora com sua amiga Olga; o encontro com De Siriex, cheio de tensas revelações; e o final melodramático, a partir do retorno de Loris. No ensaio de apresentação do álbum Patané, ao comparar a última cena da *Fedora* com a da *Tosca* – duas óperas baseadas em peças de Sardou, escritas para Sarah Bernhardt –, Barrymore Laurence Scherer diz:

> Ambas são mulheres que reagem com precipitação e acabam vítimas de situações emocionais e políticas que escapam a seu controle. Mas a morte de Tosca, por mais comovente que seja, é traçada com largas pinceladas e permanece, de certa forma, impessoal. [...] Quanto à de Fedora, ela ocorre diante da platéia, no equivalente a um *close-up* cinematográfico. O intimismo de seus últimos momentos faz com que ele nos afete muito mais. [...] Fiel às tradições do teatro romântico, Sardou devia querer que, nas montagens da peça, houvesse música incidental para esta cena. Pois nem em sonhos poderia imaginar música melhor do que a escrita por Giordano.

Ouçamos também o que tem a dizer William Weaver. Na conclusão do ensaio que acompanha a gravação Gardelli, ele escreve:

> Para aquele tipo de crítico que já considera a *Tosca* um melodrama barato, é óbvio que *Fedora* é desprezível. E quem já não leva a sério a maioria das obras da escola verista decerto não há de ficar impressionado com esta obra de Giordano. Mas até mesmo os adversários do compositor não poderão deixar de levar em conta seu seguro instinto teatral. *Fedora* é teatro que não se envergonha de ser teatro. A cena, por exemplo, em que a heroína arranca uma confissão de assassinato do herói apaixonado, tendo como fundo um noturno que imita os de Chopin, é um momento de grande eficácia dramática. E nessa ópera há muitos momentos assim. Giordano sabia escrever uma boa ária tradicional, como "Amor ti vieta" e, ao mesmo tempo, sabia utilizar bem o *parlato*. Um bom exemplo disso é a cena da morte de Fedora, contra um comentário orquestral que relembra o tema da ária de Loris no ato I. Ninguém está querendo dizer que *Fedora* é uma obra-prima. Mas na Itália, pelo menos, há muita gente que a considera uma ópera muito bem composta.

O bom resultado de *Fedora* levou Giordano a optar novamente por um tema russo, em sua próxima obra. Illica, com quem Sonzogno insistia que ele voltasse a colaborar, propôs-lhe *Liberazione*, extraído de "O marido de Akúlia", uma das narrativas feitas pelos prisioneiros do campo de concentração nas *Recordações da Casa dos Mortos*, de Dostoiévski. Giordano o recusou. Mas a idéia do clima sombrio de um campo de prisioneiros lhe agradava, e ele pediu que o libretista a explorasse numa história original. *Siberia*, porém, demorou um pouco a ficar pronta porque Illica, para variar, estava uma vez mais à disposição de Puccini, redigindo o libreto da *Madama Butterfly* a quatro mãos com Giacosa. O Scala montou finalmente a ópera em 19 de dezembro de 1903, mobilizando para isso um elenco de primeira: Giovanni Zenatello, Rosina Storchio e Giuseppe de Lucca, sob a regência de Cleofonte Campanini. Pelo que se entende das resenhas publicadas na época, o público reagiu mais à fama do compositor do que à qualidade da música. Ao cronista do *Secolo*, parecia impressionar mais a presença de Gabriele d'Annunzio entre os espectadores do que qualquer outra virtude da partitura. Entre 1903-1911, *Siberia* foi relativamente bem acolhida na Itália e na França – onde chegou a ser elogiada por Bruneau e Fauré. Depois, foi caindo no esquecimento. O selo MRF tinha o registro pirata de uma de suas raras remontagens, de 1974, regida por Danilo Belardinelli.

Vassili, oficial da cavalaria, reconhece na cortesã Stephana, amante do príncipe Alexis, a mulher por quem se apaixonara acreditando que ela era uma operária, de baixa extração. Declara-lhe seu amor; mas ambos são surpreendidos por Alexis que, furioso, ofende Vassili. Este reage, fere o príncipe num duelo, é preso e exilado para a Sibéria. Stephana infiltra-se entre os prisioneiros e, apesar dos esforços de Vassili para dissuadi-la, segue-o até o campo de trabalhos forçados das minas do Transbaikal. Ali, é procurada por Gleby, espião a soldo de Alexis, que também a deseja e tenta inutilmente convencê-la a fugir com ele por uma passagem secreta, num poço abandonado. Não o conseguindo, Gleby tenta desmoralizá-la aos olhos de Vassili. No dia da festa de Páscoa, conta aos outros internos como a conheceu e a profissão que ela exercia antes. É Stephana quem impede o namorado de agredir o espião. Tendo fracassado de novo, Gleby vigia o casal e, ao vê-los entrar no poço abandonado, denuncia aos guardas do campo a sua tentativa de fuga. Quando estes vão impedi-los de escapar, há um tiroteio e Stephana, acidentalmente atingida pelos disparos de Vassili, morre em seus braços, reafirmando que o ama.

Melodramático e cheio de clichês, este é provavelmente o libreto mais fraco de Illica. Além disso, *Siberia* sofre do mesmo desequilíbrio de *Fedora*. O ato I, de exposição, é arrastado e musicalmente indefinido. Seu único bom momento é a ária "Nel suo amore", em que Stephana conta como se apaixonou por Vassili, seguida da confissão do tenor, "T'incontrai". É no ato II que se concentram as melhores páginas de caracterização do ambiente russo. Nele também está a ária "Orride steppe", de escrita nitidamente impressionista, em que Vassili descreve a desolação da paisagem siberiana. Este é um trecho que comparece com freqüência no repertório dos tenores. No ato III, destacam-se a cena de confrontação entre Stephana e Gleby, conduzida num ágil recitativo em tom de conversa, que culmina na melhor ária do soprano: "Qual vergogna tu mi porti col ricordo della bellezza mia". É interessante também a invocação "A te portai l'anima mia, o Siberia!" Para criar cor local, Giordano utiliza, trançadas na trama orquestral, citações do Hino Imperial Russo ou de canções folclóricas como "Barqueiros do Volga".

Foi justamente essa reconstituição musical dos ambientes eslavos que ganhou para *Siberia* o favor do público francês, acostumado desde a plenitude romântica a esse tipo de "paisagismo melódico". Esta foi a primeira ópera italiana, depois das de Verdi, a ser aceita no repertório do Opéra de Paris. Em casa, tentando melhorar a aceitação da platéia, Giordano preparou uma versão revista, que apresentou no Scala em 4 de dezembro de 1927 – sem contudo obter com ela resultados melhores do que os da estréia.

Seguem-se duas "recaídas" veristas de pouca relevância no conjunto da obra de Giordano. *Marcella* é um "idílio moderno", com libreto de Henri Cain e Édouard Adenis traduzido por Olindo Guerrini. Tem música ensolarada e belas árias para o tenor – "Calda una fiamma" e "O mia Marcella! Abbandonarti?" – mas isso não bastou para agradar o público do Lirico de Milão, em 9 de novembro de 1907. Bellincioni e De Lucia conseguiram apenas "applausi deboli", registra o jornal *La Sera*.

O "esboço lírico" *Mese Mariano*, de feitura deliberadamente simples, não teve melhor sorte. Giordano vira, no Teatro dei Filodrammatici de Milão, a versão em italiano de *O Mese Mariano*, dramalhão em dialeto napolitano de Salvatore di Giacomo. Após vitoriosa estréia em Nápoles, em 1898, a companhia de Alfredo Sainati estava excursionando com a peça por todo o país. Impressionado com a ação e o ambiente de um dramalhão que tem pontos de contato com os da *Suor Angélica*, de Puccini, Giordano pediu ao próprio Di Giacomo que lhe preparasse o libreto. Foi muito fria a recepção, quando a ópera estreou no Massimo de Palermo, em 17 de março de 1910, num espetáculo duplo com *Amica*, de Mascagni (não se pode imaginar parceria mais disparatada). No dia 17 de abril, no Costanzi de Roma, a regência arrebatada de Mascagni e a interpretação de Emma Carelli arrancaram mais aplausos do público, o suficiente para que os empresários se animassem a fazê-la viajar para Viena, Budapeste e a América do Sul. Quando a ópera chegou ao Scala, em 15 de novembro de 1910, Giordano a revisou: eliminou uma personagem, Pietro, o pescador; e fez diversas modificações menores. Ainda assim, *Mês Mariano* não permaneceu no repertório. Além de duas gravações pirata difíceis de conseguir – a de G. Rivoli no Scala em 1951 (CSM); e a de F. Caracciolo no San Carlo em 1967 (GAO) – pode-se conhecê-la mediante o registro ao vivo do Festival de Martina Franca, em agosto de 1998, sob a regência de Renato Palumbo (Musica Viva).

A ação se passa no pátio do jardim de infância, no Albergo dei Poveri. As crianças recebem a Condessa, benfeitora do orfanato, a quem homenageiam com flores e um poema. Depois que todos entram na igreja para a missa, aparece Carmela, que pede para ver seu filho. Suor Pazienza, que a conheceu em outros tempos, conta sua história à Superiora: seduzida por um namorado que a abandonou grávida, ela não pôde conservar o filho quando encontrou um homem que quis casar-se com ela. Carmela confirma: o marido não quis saber do enteado e obrigou-a a deixá-lo com uma velha parente; e ela se viu forçada a entrega-lo ao Albergo quando essa senhora morreu. Pazienza leva Carmela para dentro da igreja, enquanto as irmãs vão buscar o menino. Mas estas voltam, muito agitadas, e revelam à Superiora que o pequeno Nino estava doente e morreu durante aquela noite. Ninguém tem coragem de dar a terrível notícia à mãe da criança. As irmãs lhe dizem que Nino está com os outros meninos, dentro da igreja, participando da celebração do mês de Maria, e não pode ser chamado. Relutante, Carmela deixa-se convencer a voltar na semana seguinte. Mas antes de ir embora, pede a Pazienza que entregue a Nino a *sfogliatella*, o pequeno bolo de massa folhada, agora frio, que trouxe para ele.

Compreende-se que esse libreto lacrimogêneo não tenha agradado a um público pós-*Chénier* e *Fedora*. A rejeição à história piegas deve ter sido o motivo pelo qual não se percebeu que Giordano tratou com muito pudor e sobriedade musical um argumento que beira a inconsistência. Apesar da monotonia das situações, os traços usados para desenhar a figura de Carmela são simples e refinados. O breve intermezzo é bastante comovente e a ambientação do convento é recriada em termos harmônicos simples e eficientes, com um intimismo que nada tem a ver com a truculência característica dos melodramas veristas. Nesse sentido, é muito seguro o efeito obtido com a tragédia da morte do menino: nas mãos do espectador, fica a informação dolorosa de que a própria mãe não tem conhecimento.

Esta é uma fase difícil para Giordano. Após a morte de Edoardo Sonzogno, seus herdeiros, os sobrinhos Riccardo e Lorenzo, entraram em rota de colisão e acabaram cindindo a editora de que dependia a publicação de suas obras. Mascagni e Franchetti ficaram com a ala dirigida por Riccardo. Giordano foi uma vez mais sondado pela Ricordi, interessada em editar a sua próxima ópera. No entanto, após alguma hesitação, ele confiou a Lorenzo o novo trabalho: *Madame Sans-Gêne*, extraída por Renato Simoni da comédia homônima de Sardou e Émile Moreau (para compô-la, tinha desistido de uma *Festa del Nilo*, dos mesmos autores, que vinha lhe dando dores de cabeça desde 1905, pois não acertava o passo com seu estilo ultrapassado de *grand-opéra*). Para *Madame Sans-Gêne*, uma oferta interessante lhe tinha sido feita por Giulio Gatti-Casazza, o diretor do Metropolitan Opera House: a garantia de um espetáculo de primeira – a começar pela regência de Arturo Toscanini – se ele concordasse em ceder a esse teatro nova-iorquino os direitos da "prima assoluta". A palavra foi cumprida. Geraldine Farrar, Giovanni Martinelli e Pasquale Amato encabeçavam o enorme elenco que, na noite de 25 de janeiro de 1915, contou ao público americano a história da jovem e bela alsaciana Caterina Hubscher, chamada de "Madame Sans-Gêne" devido a seus modos despachados e sem papas na língua.

A ação se inicia em Paris, em 10 de agosto de 1792, o dia da tomada das Tulherias. Caterina é a dona de uma lavanderia e um de seus clientes é o revolucionário Fouché, que lhe faz a corte. Mas ela não lhe dá atenção: prefere um vizinho, um jovem oficial taciturno, de origem corsa, que parece intimidado pela sua beleza. Na hora de fechar a loja, surge um homem ferido que lhe pede ajuda, pois está sendo procurado pelo exército revolucionário. É um oficial austríaco, o conde de Neipperg, e ela o esconde em seu quarto. O noivo de Caterina, o sargento Lefebvre, vem procurá-lo com um destacamento da guarda mas, compreendendo as intenções humanitárias da moça, diz a seus companheiros que não há ningém dentro do quarto. Durante a noite, ele mesmo volta para ajudar Neipperg a se evadir.

O ato II passa-se no castelo de Compiègne, em setembro de 1811, no auge do império napoleônico. Caterina casou-se com Lefebvre que, após distinguir-se na Batalha de Dantzig, foi promovido a marechal e recebeu o título de Duque de Dantzig. Mas o comportamento desbocado e pouco convencional de Madame Sans-Gêne irrita o imperador, e este exigiu que Lefebvre se divorcie e arranje uma esposa mais condizente com seu nível atual. O casal não deseja separar-se e, além disso, preocupa-se com as suspeitas de Napoleão de que seu amigo, o conde de Neipperg, seja amante da imperatriz Maria Luísa. Durante uma recepção na corte, as irmãs do imperador zombam das gafes cometidas por Caterina, e esta lhes dá o troco insultando-as na frente de todo mundo. Pouco depois, um mordomo vem lhe dizer que Napoleão deseja falar com ela em particular. O imperador lhe ordena friamente que se separe do marido, pois não foi feita para a vida na corte. Caterina lembra os tempos em que ele era apenas um jovem oficial de artilharia, para quem ela fazia serviços fiado em sua lavanderia. O imperador fica comovido. Nisso, vêm dizer que Neipperg foi surpreendido entrando no quarto da imperatriz e Napoleão ordena que ele seja imediatamente executado. É Caterina quem intervém para demonstrar a sua inocência e, pela segunda vez, salva a vida do amigo. Napoleão fica impressionado com a sua inteligência e generosidade, muito mais importantes do que a falta de boas maneiras. Os mexeriqueiros, que esperavam ver Madame Sans-Gêne expulsa da corte, ficam boquiabertos com a forma respeitosa como Bonaparte a trata quando eles saem de seu escritório.

Madame Sans-Gêne tem a vivacidade da opereta e é rica em cor local, reconstituindo, num registro cômico e desenvolto, o mesmo tipo de atmosfera que Giordano soube tão bem captar no *Chénier*. Temas revolucionários como a *Carmagnole* ou o *Ça ira!* estão naturalmente costurados à partitura, e a evocação de ambientes populares é muito feliz em trechos como "Lo conobbi non son due mesi", do ato I, em que Caterina conta como encontrou Lefebvre. E é exaltado o tom de "Alle giubbe scarlatte diam la caccia", com que o noivo da lavadeira narra a invasão do palácio real e a perseguição aos realistas, sem saber que um deles está escondido dentro da loja. Embora só apareça no ato III, Bonaparte está presente desde o início da ópera. Quando Fouché é acusado de ser mau pagador, defende-se ("Non sono il solo!") reclamando da preferência que ela tem por um certo Timoleone,

un corso selvatico,
verdognolo e secco,
dall'occhio enigmatico,
dal naso che è un becco!

(um corso selvagem, esverdeado e seco, com um olhar enigmático e um nariz que mais parece um bico!)

O tom caricatural predomina no início do ato II: os valetes, que se lembram com saudade dos tempos em que trabalhavam para a aristocracia de verdade, não conseguem ensinar os costumes da nobreza à plebéia que se tornou duquesa. É curiosa a figura de Gelsomino, que zomba de Caterina:

Rido di certe nobiltà che sanno
d'amido e ranno
e di lavanderia.

(Estou rindo de certas nobres que cheiram a goma, detergente e lavanderia.),

ao mesmo tempo que relembra a época em que era valete do duque de Penthièvre:

Oh bei tempi! Tempi fini
e pieni di fragranza,
tempi d'ogni eleganza!

(Belos tempos aqueles! Tempos finos, cheios de fragrância, tempo de toda elegância!)

E é muito engraçada a seqüência em que eles se esforçam inutilmente para ensinar Madame Sans-Gêne a fazer uma reverência, "l'essenza del passo di danza, il ballo in potenza, il ritmo in sostanza..." Mas a brincadeira logo cede ao estilo mais tipicamente giordaniano, assim que se fala da exigência do imperador de que o duque e a duquesa de Dantzig se separem. O clímax do ato está na longa cena de amor entre marido e mulher. Estamos definitivamente fora do domínio da opereta quando Lefebvre diz a Caterina que, em troca do divórcio, Napoleão lhe ofereceu ricas propriedades. É no tom mais inflamado da ópera séria de tema amoroso que ela lhe diz o que teria respondido ao imperador:

Che me ne faccio del vostro castello?
Che me ne faccio del vostro denaro?
Ho il mio Lefebvre e me lo tengo stretto!
L'ho amato nella miseria,
ho stentato con lui la dura vita,
l'ho arrischiata al suo fianco,
ho pianto per la prima sua ferita,
ho cantata la sua prima vittoria!
Chi me lo strappa, strappa la mia carne!
Siamo impastati, inchiodati,
uno stesso cuore, uno stesso sangue!

Cenários e figurinos de Giulio Coltellacci para uma encenação da *Madame Sans-Gêne* de Giordano no Scala de Milão, em 1966, dirigida por Franco Enríquez.

E se ci tagliano in due, i brani dolorosi
si cercheranno ancora,
si incoleranno ancora!

(O que faço de seus castelos? O que faço de seu dinheiro? Tenho o meu Lefebvre e fico com ele! Eu o amei na miséria, enfrentei com ele a vida dura, arrisquei tudo a seu lado, chorei por seu primeiro ferimento, cantei sua primeira vitória! Quem o arrancar de mim, arranca a minha carne! Estamos grudados, pregados um ao outro, um só coração, um só sangue! E se nos cortarem em dois, os pedaços doloridos ainda hão de se procurar para colarem-se um ao outro!)

Depois disso, a alegria do amor reafirmado se expressa na ária "Questa tua bocca profumata", em que Lefebvre declara-se à mulher.

No ato III, encontramo-nos finalmente com Napoleão. Mesmo aí, porém, investido do título de imperador, o "corso selvatico" fica em segundo plano em relação à mulher do povo que, em resposta às suas recriminações, tira do bolso uma conta de lavanderia que o militar de dezenove anos nunca teve condições de pagar. De uma ponta à outra, Madame Sans-Gêne domina a cena: pela dignidade com que defende seu casamento e sua maneira simples de ser; e pela habilidade como encontra formas de inocentar Neipperg que, esses anos todos, permaneceu seu amigo fiel. *Madame Sans-Gêne* está longe de ser uma das óperas mais importantes de Giordano. Mas oferece bons momentos, como o demonstram os registros discográficos existentes:

- Bongiovanni, 1957 – Magda László, Danilo Verga, Carlo Tagliabue/Arturo Basile;
- MRF, 1967 – Orianna Santunione, Franco Tagliavini, Mario Zanasi/Gianandrea Gavazzeni
- Dynamics, 1966 – Mirella Freni, Giorgio Merighi, Mauro Buda/Stefano Ranzani.

Quando *Madame Sans-Gêne* estreou em Monte Carlo, em março de 1916, ocorreu um episódio curioso, que Giordano contou numa carta de 21.4.1934 ao crítico Adriano Lualdi:

Durante o ensaio geral, a que eu estava assistindo ao lado de Raoul Gunsbourg, o diretor do teatro, aconteceu um fato engraçado. De repente, na cena do ato III entre Caterina e o imperador, Napoleão pôs-se a cantar uma romança xaroposa. Espantado, perguntei a Gunsbourg: "Mas o que é isso?" E ele me respondeu: "Caro maestro, o senhor não se preocupou em dar alguma coisa a cantar a Napoleão; então, eu o fiz." "Mas essa música não é minha!" "Não, maestro. É minha e... não se ofenda, parece-me a melhor de toda a ópera! Eu a dou de presente ao senhor, sem nada cobrar pelos meus direitos autorais. E se quiser, pode até dizer que é sua, pois manterei o segredo!"

Gunsbourg, que tinha fumaças de ser também compositor, era famoso pelas "inserções" que tomava a liberdade de fazer em obras de outros autores quando as montava em Monte Carlo. Giordano, é claro, jogou a romança no lixo assim que o vaidoso diretor virou as costas.

O Teatro La Pariola, de Roma, assistiu em 15 de julho de 1921 à estréia de um projeto que vinha se arrastando desde dezembro de 1899: a comédia *Giove a Pompei*, de tema mitológico, escrita juntamente com Franchetti. Era uma opereta amalucada, que misturava, deliberadamente, elementos antigos e modernos, a erupção do Vesúvio e o telefone, os deuses do Olimpo e os dirigíveis da década de 1920 (Roberto Verti a chama de "uma *Helzapoppin* do palco lírico"). O próprio autor do libreto, Luigi Illica, sugerira que os dois amigos a realizassem a quatro mãos. Mas as hesitações do barão e o interesse de Giordano em outros libretos tinha feito que esse trabalho fosse constantemente adiado. Em 1919, o helenista Ettore Romagnoli fizera uma revisão no texto. Ocupar-se com essa partitura de tom superficial e derivativo – que nunca chegou a se impor no repertório – foi a forma que Umberto encontrou de passar o tempo, enquanto um penoso problema contratual estava sendo resolvido.

Havia tempos que Giordano estava interessado no "poema drammatico" *La Cena delle Beffe*, de Sem Benelli, encenado com grande sucesso em 1909. Mas naquele mesmo ano, os direitos de adaptação operística tinham sido adquiridos pelo crítico e compositor Tommaso Montefiore que, nos dez anos seguintes, nada faria com eles. Sabendo das pretensões de Giordano à peça, Carlo Clausetti e Renzo Valcarenghi, da Casa Ricordi, tinham-se disposto a negociar a cessão dos direitos, vendo nisso a possibilidade, há muito almejada, de atraí-lo para a sua editora. Mas Montefiore recusou-se teimosamente a ceder a qualquer aproximação da Ricordi. Nesse meio tempo, por sugestão do próprio Benelli, Giordano já tinha começado a compor a música e, em 20 de maio de 1922, escrevia ao dramaturgo para lhe anunciar que os atos I e IV já estavam prontos. Ao fim e ao cabo foi mesmo Sonzogno quem conseguiu dobrar Montefiore. Em 15 de setembro de 1923, ao lhe informarem que já estava pronta a partitura, escrita por um músico de prestígio muito maior, Montefiore declarou por escrito "não se opor à representação de *La Cena delle Beffe*" – que Robert Raphael chama de "a mais indesculpavelmente negligenciada de todas as óperas italianas do período pós-verdiano" e é a mais importante manifestação do neo-romantismo giordaniano. A estréia foi no Scala, em 20 de dezembro de 1924, sob a regência de Toscanini. Hipolito Lazaro, Benvenuto Franci e Carmen Melis encabeçavam o elenco. "Seria difícil imaginar êxito mais caloroso", escreveu Lualdi no *Secolo*. Embora fizesse restrições ao drama, que considerava fora de moda, "com efeitos cinematográficos e absoluta falta de vida interior nas personagens", o crítico considerava a ópera "digna de estar entre as obras mais bem-sucedidas de Giordano."

A ação situa-se em Florença, na época de Lourenço o Magnífico. Ao descobrir que Giannetto Malespini estava apaixonado por Ginevra, a sua amante, Neri Chiamantesi atraiu-o à sua casa, marcou-o com ferro em brasa e atirou-o ao Arno dentro de um saco. Agora, atendendo a um pedido do Magnífico, Giannetto convida Neri para uma ceia de reconciliação em casa do cavalheiro Tornaquinci; mas, na verdade, está à procura de um meio de vingar-se. No início do jantar, Neri desentende-se com seu irmão Gabriello, pois este também está visivelmente atraído pela bela Ginevra. Depois, deixa-se iludir por Giannetto, que põe em dúvida a sua coragem de ir de madrugada ao bairro de Vacchereccia, onde se reúnem os desordeiros de Florença, e desafiar Ceccherino, o mais notório deles. Quando seu truculento convidado sai, Giannetto pede a Tornaquinci que vá a Vacchereccia, e espalhe a notícia de que Neri enlouqueceu. Depois, disfarçando-se com o manto que Neri esqueceu em sua casa, introduz-se na alcova de Ginevra, fazendo-a crer que é o seu amante. Na manhã seguinte, quando ela reconhece com quem passou a noite, Giannetto lhe declara o seu amor e a moça admite que tampouco lhe é indiferente. Neri volta, ferido, em desalinho, e fica furioso ao encontrá-los juntos. Mas os homens de Giannetto, a quem também foi dito que ele tinha perdido a razão, desarmam-no e levam-no preso para um subterrâneo no palácio dos Medici. Ali, para humilhá-lo, Giannetto o amarra em uma cadeira e o expõe às zombarias das pessoas a quem, no passado, ele maltratou.

Mas uma delas, sua ex-amante Lisabetta, ainda o ama e decide-se a ajudá-lo: propõe-lhe que se faça realmente de louco, para que Giannetto o liberte. O estratagema funciona; mas Giannetto, não de todo convencido da "loucura" de Neri, o avisa de que esta noite pretende voltar a visitar Ginevra. E acrescenta que essa poderá ser a derradeiera confrontação entre ambos. Neri vai para a casa de Ginevra, acusa-a de infidelidade e esconde-se dentro de seu quarto, de onde ouve a voz de homem que, no jardim, canta uma serenata à sua amante. Quando sai do quarto, tendo nas mãos o punhal sujo do sangue de Ginevra e desse homem, depara com Gianetto, que lhe conta ter emprestado o seu manto a Gabriello, para que ele pudesse aproximar-se da mulher que desejava. Ao perceber que matou o próprio irmão, Neri enlouquece de fato e, balbuciando o nome de Lisabetta, sai cambaleando e desaparece dentro da noite.

Os maneirismos de Gabriele d'Annunzio impregnam o estilo do dramaturgo Sem Benelli (1877-1949), seu discípulo: dramas de personalidades e situações excessivas, ambientados numa Renascença estilizada, reconstruída com o esteticismo típico da escola decadentista; gosto por uma linguagem rebuscada, cheia de arcaísmos e metáforas trabalhadas. Tanto aqui quanto em *L'Amore di Tre Rè* – que foi musicada por Italo Montemezzi – Benelli explora a situação comum a várias peças do período simbolista e neo-romântico: o triângulo formado por uma mulher ligada a um homem mais velho, que se apaixona por um jovem. É o mesmo esquema narrativo da *Parisina* e *Francesca da Rimini*, de D'Annunzio (musicadas por Mascagni e Zandonai), da *Fiamma*, de Guastalla/Respighi, e fora da Itália do *Pelléas et Mélisande*, de Maeterlinck/Debussy, ou do *Roi Arthus* de Chausson – todas elas tendo uma matriz comum de inspiração: o *Tristão e Isolda* wagneriano.

Em *La Cena delle Beffe*, Giordano adere declaradamente ao molde neo-romântico de ópera. Trabalha diretamente com o texto muito elaborado de uma peça de teatro, limitando-se a fazer nele alguns cortes. Assume um estilo retórico de escrita que corresponde ao distanciamento requerido pela ambientação histórica e pelo caráter aristocrático das personagens. Dá grande destaque ao comentário orquestral e exibe deliberada busca de soluções harmônicas originais. Adota tessituras muito pesadas, especialmente para o tenor e o barítono, levando às últimas conseqüências o *canto a squarciagola* (de arrebentar a garganta) que, iniciando-se com o Verismo, assume vigor especial na fase Neo-romântica. A esse respeito, escreve Gianfranco Landini[1]:

> A vocalidade da *Cena delle Beffe* é representativa do estilo de canto dos compositores da Giovanne Scuola e que já tinha sido experimentada em trabalhos precedentes de Mascagni: *Isabeau, Il Piccolo Marat* e, sobretudo, *Parisina*. O canto franco e fácil da primeira década da temporada verista, que conquistara as platéias do mundo inteiro, cedera lugar a uma vocalidade mais moderna, dominada por uma declamação ora sensual, ora tensa até o espasmo, inimiga dos cantábiles fáceis, sempre pronta a levar a frase aos limites do grito, numa tensão contínua. Resultou daí uma linguagem que parece a versão italiana do expressionismo, em que vozes e instrumentos declinam o paroxismo das paixões numa modalidade mais doméstica da frenética violência straussiana, mas que, a seu modo, faz parte daquele universo expressivo.

O elemento verista persiste no gosto pelo tratamento cru das paixões humanas – sensualidade, ciúme, desejo de vingança –, expressas em toda a sua violência elementar. John Waterhouse diz que "*La Cena delle Beffe* é a ópera mais sádica da escola verista" e a própria maneira histérica como Giordano trabalha com a tessitura do tenor que faz Giannetto visa a sugerir musicalmente uma personalidade doentia, inclinada de modo patológico a fazer o mal. Os traços veristas comparecem também em procedimentos de escrita típicos da plenitude dessa escola. É sentimental e popular o tom da ária "Ahi, che tormento" com que, no ato I, Giannetto narra a armadilha em que Neri o fez cair. O mesmo acontece com o arioso "Guarda, guarda: non vedi che mi piaci" com que, na cena do subterrâneo, Neri seduz Lisabetta. Por outro lado, observamos o retorno de formas a que o Verismo tinha renunciado. É o caso da cena de conjunto, típica do Romantismo. A mais interessante delas é o sexteto do ato III, em que a voz de Lisabetta se destaca contra o fundo unívoco e paralelo das outras.

La Cena delle Beffe é a ópera mais bem escrita de Giordano. Além da segura utilização da orquestra, tem um estilo harmônico rebuscado e de bom gosto. Mais ainda do que os melodramas populares, *Andrea Chénier*, *Fedora*, oferece momentos extremamente bem concebidos:

- o dueto de Giannetto e Ginevra, no ato II – "Se pure non mi sono assai spiegato stanotte... voglio dirvi che v'amo" –, a música mais sensual produzida pelo compositor;
- no III, o monólogo "Più ne tremo e più mi piace il gioco", momento emblemático para perceber como a vocalidade de Giannetto traduz sua psicologia desequilibrada;
- o contraste entre a escarninha confrontação de Neri com suas vítimas, no subterrâneo e, em seguida, a cena com Lisabetta – único momento de abandono sentimental de uma personagem dominada por paixões e gestos irrefletidos;
- o contraste, no ato IV, entre a delicadeza da ária de Ginevra, "Alle fattezze mie ed al mio garbo", cujo tema foi ouvido no prelúdio ao ato, e a violência incontida da cena com Neri;
- a elegância da "Canzone di Maggio", a serenata que Gabriello faz a Ginevra, de fora do palco, em que Giordano reproduz um típico *stornello* renascentista.

La Cena delle Beffe é uma ópera bem escrita, sobretudo, pela riqueza de um comentário orquestral de grande mobilidade rítmica, que confere agilidade à ação e acentua, de uma forma que se afasta dos habituais padrões naturalistas, a violência gratuita que caracteriza o universo habitado pelas personagens de Benelli. Esteve em cena até o fim da década de 1940, e nomes como Titta Ruffo, Gigli, Lauri-Volpi, Granforte, Tagliabue foram ouvidos nela. Depois desapareceu até a reprise de

1. *La Legge della Crudeltà e del Denaro, una Storia d'Oggi*, na revista *L'Opera*, ano XIII, n. 127, março de 1999.

Foggia, em 1961, com Oliviero de Fabritiis (registro pirata da EJS, de som precário, mas com excelentes intérpretes). Foi dada em versão de concerto, no auditório da RAI de Milão, em 1971, com Nino Bonvolontà (razoável registro pirata da MRF). Reapresentada no San Carlo de Nápoles em 1973 e no Festival de Wexford em 1987, no ano seguinte foi gravada ao vivo pela Bongiovanni, no Teatro Giordano de Foggia, com Gian Paolo Sanzogno (discos tecnicamente melhores, mas com elenco e desempenho orquestral muito inferior). A polêmica montagem de Liliana Cavani em Zurique (1995), com Bruno Bartoletti, foi reencenada com grande sucesso em Bolonha, quatro anos depois.

Numa entrevista de 1925 ao *Giornale d'Italia*, Giordano descreveu os planos que tinha para o trabalho seguinte:

> A ópera tem uma forma totalmente nova: possui três breves quadros, com cenas e ambientes distintos, mas é executada sem que, entre um quadro e outro, haja interrupção musical. A novidade está nos elos musicais que unem um trecho ao outro.

Novidade para Giordano, embora não para a ópera em si, pois na década de 1920, já eram muito comuns os melodramas de estrutura contínua, com seqüências interligadas por interlúdios. O libretista escolhido foi Giovacchino Forzano, responsável pela encenação da *Cena delle Beffe* e autor também de textos para Puccini, Mascagni e Leoncavallo. A ele Giordano escreveu dizendo de que modo via Rosalinda, a protagonista de *Il Rè*:

> Será um soprano ligeiro para o qual escreverei acrobacias vocais que terão um sabor de modernidade e um efeito infalível. Como disseste, deves fazer de Rosalinda uma garota moderna, de seus dezoito anos, bonita, meio doidinha, cabeça de vento, caprichosa, prepotente e cheia de malícia. Nada deve haver nela de sensual: a paixão pelo rei é o capricho de uma menina que quer a todo custo um brinquedo novo. Teremos assim uma personagem nova, que me evitará recair no perigoso lirismo sentimental.

É de fato um tom mais distanciado que Giordano busca atingir na história, de tom alegórico, de Rosalina, a filha do moleiro, que decide romper o noivado com Colombello, seu namorado, porque viu o rei na floresta e ficou enfeitiçada pelo que acredita ser a sua beleza. Chamados pela família, o padre, o advogado e o astrólogo não conseguem dissuadi-la do sonho de casar-se com o soberano – ou com ninguém mais. Os pais de Rosalinda conseguem uma audiência com o rei, lhe explicam seu problema, e ele responde que tirará a idéia de sua cabeça, desde que a moça venha passar uma noite com ele. Escandalizados, os pais recusam. Mas o rei manda prendê-los e ordena ao mordomo que traga Rosalinda a seu quarto. Diante da moça maravilhada, manda que um criado o dispa e, sem a peruca, o manto e as roupas bordadas a ouro, mostra-se a ela como realmente é: velho, enrugado, careca e apoiado numa bengala. Rompe-se o encanto, Rosalina volta para o namorado, que a ama, e os pais louvam a sabedoria do rei, que dá ao casal preciosos presentes de casamento.

Essa fantasiosa *novella musicale* estreou no Scala, em programa duplo com *Pagliacci*, em 12 da janeiro de 1929, na véspera da entrega a Giordano do título de *accademico d'Italia*. Toscanini regeu o espetáculo, de que participavam Toti dal Monte e Enzo de Muro Lomanto, Antonio Crabbé e Tancredi Pasero. Esses nomes ilustres não impediram a crítica de acusar a ópera de "intelectualismo frio". No *Popolo d'Italia*, Alceo Toni decretou:

> Escrita com bravura, de recorte formal nítido e seguro, a ópera tem muita coisa para ser admirada, mas muito pouco que nos possa comover.

Decerto Toni esperava de Giordano o "perigoso lirismo sentimental" que ele quisera evitar. Nas duas únicas reapresentações em vida do autor – 1929 em Buenos Aires e 1930 em Roma, ambas sem muito sucesso – a personagem foi feita pela brasileira Bidu Sayão. *O Rei* foi revivida em 1971, por Fabbio Biondi, na Ópera de Foggia (o selo MRF tinha um registro pirata desse espetáculo, de som muito precário); e depois no Festival de Martina Franca de 1998, sob a regência de Renato Palumbo (a gravação faz companhia a *Mese Mariano*, no álbum do selo Dynamic).

Drama de simbolismo transparente, *O Rei* tem intermezzos muito graciosos, e harmonicamente ousados para os padrões giordanianos, ligando uma cena à outra. Sobre esse comentário orquestral contínuo, desenvolvem-se diálogos em estilo *parlando*, de ópera bufa, ariosos expressivos típicos do apogeu do Verismo, e árias de coloratura para Rosalinda (a mais famosa delas é "Colombello, sposarti", do ato I, com ornamentações que chegam até o mi agudo). O tratamento estereotipado dado por Forzano às personagens que gravitam em torno de Rosalina insere *Il Rè* nas tentativas de resgate das tradições da *Commedia dell'Arte* feitas por Mascagni, Busoni, Casella, Wolf-Ferrari e o Puccini da *Turandot*. Esta ópera representa o desejo de Giordano de modernizar a sua escrita através do uso de dissonâncias, e de uma orquestração que recorre freqüentemente a técnicas camerísticas (inclusive com o uso do piano em determinados trechos, numa reminiscência do cravo que acompanhava o recitativo seco na ópera barroca e clássica). Tentativa sem futuro, pois esse seria seu último trabalho para o palco.

Ou o penúltimo, se levarmos em conta também a música incidental para *Cesare*, o "dramma corale" que Forzano escrevera a quatro mãos (dizem!) com Benito Mussolini. Estreado com toda pompa no Argentina, de Roma, em 24 de abril de 1939, *Cesare* foi descrito como "o drama do herói solitário, que despreza o perigo e a inadequação moral daqueles que o cercam e, no final, ergue-se vencedor". Ao coro geral de elogios, Renato Simoni sentiu-se obrigado a acrescentar o seu, no *Corriere della Sera*:

> Os belos comentários musicais de Umberto Giordano acrescentam vibração e fôlego melódico à grande animação cênica.

Essas palavras, porém, dissimulavam o fato de que a partitura limitava-se a remoer, de forma mecânica, os mais surrados clichês oitocentistas e não passa de uma peça de propaganda do regime totalmente descartável. Giordano tinha 62 anos ao estrear *Il Rè*. Olga morreu em 1940 e, dois anos depois, ele voltou a casar-se com Sara de Cristofaro. Viveria até 1948, produzindo apenas peças menores, para canto ou câmara. Mas aposentou-se como operista – talvez por perceber que o melodrama italiano estava passando por modificações que já não tinha mais condições ou o desejo de acompanhar.

MANCINELLI

Entre as duas versões do *Mefistofele*, Boito tinha escrito e começado a musicar *Ero e Leandro*. Mas, insatisfeito com o resultado, destruiu o que já compusera, preservando apenas o dueto "Lontano, lontano", e uma barcarola, "La luna diffonde", que publicou em versão para coro e piano. Mais tarde, ele cederia esse libreto ao violoncelista Luigi Mancinelli (1848-1921) que, depois de um inesperado convite para reger a *Aida* na Perúgia, em 1874, também dera início a uma bem-sucedida carreira de regente.

Mancinelli é um nome de destaque na história da regência italiana. Seu rigoroso respeito à partitura e a disciplina que impunha aos instrumentistas fazem dele um dos elos de ligação entre Franco Faccio e Toscanini. Profundo conhecedor de música alemã, admirador de Wagner, de quem apresentava interpretações polêmicas mas inspiradas, foi um dos fundadores da Società del Quartetto de Bolonha. E, a partir de 1º de agosto de 1879, expandiu com concertos sinfônicos as atividades dessa instituição. Ele próprio regeu o primeiro concerto, com obras de Weber, Mendelssohn, Beethoven, Mozart e Liszt. E em 1884, dirigiu em Bolonha um mini-ciclo das sinfonias de Beethoven, fazendo a estréia nessa cidade da *Eroica*, da Quinta, da Sétima e da Nona. Em *Ottocento Strumentale Italiano*, Sergio Martinotti mostra que o compositor Mancinelli – ao contrário do que acontecia com a média dos músicos de seu tempo – está aberto à influência européia:

> Os resultados já são visíveis nos *Intermezzi Sinfonici* compostos, entre 1878-1879, para as tragédias *Cleópatra* e *Messalina*, do dramaturgo romano Pietro Cossa. Nessas páginas, o bom-gosto aristocrático, que combina os timbres heróicos do sinfonismo com freqüentes expansões líricas, demonstra que Mancinelli mantinha distância dos rompantes melódicos que preparam a eclosão do Verismo. O gosto sinfônico de Mancinelli dá provas da completa assimilação das lições européias, um processo de aprendizagem que não deve ser confundido com as veleidades provincianas de muitos músicos italianos daquela fase. Denota, ao contrário, uma abordagem rigorosa em que revivem, de forma muito original, lembranças de Franck e Tchaikóvski, com a capacidade de antecipar soluções que, mais tarde, serão adotadas pela escola francesa. É o caso da *Fuga degli Amanti a Chioggia*, um dos movimentos das *Scene Veneziane*, que prenuncia, com seu andamento obsessivo, a construção do célebre *Apprenti Sorcier* de Paul Dukas.

Valeria a pena exumar *Isora di Provenza*, a primeira tentativa lírica de Mancinelli. Segundo seu biógrafo Giacomo Orefice, essa ópera – escrita em 1884, seis anos antes da eclosão do Verismo – é um prenúncio à distância da tendência a evocar a Idade Média de forma estetizante. Isso a coloca como uma precursora da fase neo-romântica, de matriz decadentista, que há de vigorar nas primeiras décadas do século XX – da qual *Paolo e Francesca*, composta em 1907, já é uma representante típica. Mas *Isora* foi logo esquecida, apesar da boa acolhida inicial no Teatro

Comunale de Bolonha. Em todo caso, a forma consciente como Mancinelli reagiu às tendências gerais da ópera de seu tempo, e em especial à influência de Puccini e Mascagni, justifica que o situemos no bloco dos compositores neo-românticos, embora cronologicamente ele pertença à geração pós-verdiana de Boito, Franchetti e Ponchielli.

Ero, sacerdotisa de Afrodite em Sestos, às margens do Helesponto, apaixona-se por Leandro, o vencedor do concurso atlético em honra da deusa – o texto das odes que ele canta, na competição, é adaptado de poemas de Anacreonte. Por causa desse amor, Ero rejeita Ariofarnes, o arconte da Trácia, que presidia os jogos afrodísios. Este jura vingar-se e ordena que ela seja encerrada na Torre da Virgem – o que a obriga, segundo o antigo costume, a renunciar ao amor terreno, para dedicar-se ao serviço da divindade. Ariofarnes lhe diz que ela será liberada do dever de vigiar o mar e avisar se uma tempestade se aproxima, se aceitar seu amor. Ero recusa novamente e Leandro, furioso, ataca o arconte. Por esse motivo, é banido de Sestos para a outra margem do Helesponto. Mas, todas as noites, Leandro atravessa a nado o braço de mar, para ir encontrar-se com Ero. Uma noite, é surpreendido por Ariofarnes e uma procissão de sacerdotes, que vêm fazer um ritual para que a deusa acalme as águas furiosas do oceano. Obrigado a atirar-se de novo no mar, Leandro é despedaçado contra os rochedos. Ero morre de dor.

Uma mistura de traços herdados da ópera do fim do Romantismo e de elementos novos, fruto de sua abertura para a música francesa e alemã, impregna *Ero e Leandro*. O libreto de Boito é conservado sem modificações. Mas Mancinelli compôs um oratório cênico, mais do que uma verdadeira ópera. É muito ativa a participação do coro – tanto que a estréia, em inglês, foi no festival de corais de Norwich (1896), em forma de concerto; e só em 30 de novembro do ano seguinte teve a primeira montagem de palco, no Teatro Real de Madri. Principal maestro italiano do Metropolitan de Nova York entre 1893-1903, Mancinelli regeu duas vezes ali a sua ópera, em 1899 e 1903. Dessa última montagem, com a participação de Johanna Gadski, Emilio de Marchi e Edouard de Reszke, existem o fim do ato II e o início do III gravados em cilindros por Lionel Mapelson, um dos pioneiros do registro fonográfico de ópera. Esses trechos foram lançados em CD em 1985. Existia, além disso, no selo MRF, a gravação de trechos dessa ópera, em transmissão radiofônica da RAI de Roma, feita na década de 50.

Sogno di una Notte di Estate (1916) foi acolhida friamente. Mas, antes dela, Mancinelli tinha-se saído melhor, aos olhos do público, com *Paolo e Francesca*. Ele próprio regeu a aplaudida estréia no Comunale de Bolonha, em 11 de novembro de 1907. Elena Bianchini Cappelli e Italo Cristalli faziam os papéis título, secundados por Giuseppe Pacini e Gaetano Pini-Corsi. No entanto, foram irregulares as apresentações dessa ópera – cerca de trinta récitas entre a estréia e 1948, quando ela foi revivida na Ópera de Roma, no centenário de nascimento do compositor. Depois disso, *Paolo e Francesca* só voltou à cena em Faenza, em abril de 1999. O selo Bongiovanni lançou a gravação ao vivo desse espetáculo, em que Barbara di Maio e Donato Tota fazem o casal de amantes, sob a regência de Marco Berdondini – álbum que permite a reavaliação de uma pequena obra-prima esquecida.

Paolo e Francesca tem um dos melhores textos do jornalista Arturo Colautti, libretista da *Adriana Lecouvreur* e da *Fedora*. As sonoridades de seus versos, muito flexíveis, são enriquecidas por assonâncias e rimas internas, de uma maneira que trai a influência da técnica wagneriana da *Stabreim* (os jogos prolongados de aliteração):

un nome dolce come
l'arome del pomo d'Adam,
una parola sola che vola
e consola la gola,
una fola, figliuola del cor...

(um nome doce como o aroma da maçã [que tentou] Adão, uma só palavra que voa e consola a garganta, uma fantasia que brotou do coração...)

O libreto de Colautti é mais compacto e sóbrio do que o de D'Annunzio para Zandonai. Mas não é tão sumário quanto o de Módest Tchaikóvski para Rakhmáninov – o que impediu o compositor russo de dar um perfil psicológico mais aprofundado aos amantes, em sua versão da história.

Colautti segue muito de perto a narrativa de Dante no canto V do *Inferno*. E recorre inclusive a citações de versos da *Divina Commedia*. Mas, ao mesmo tempo, o dramaturgo toma a liberdade de inserir uma personagem nova: o bufão, a que dá o nome de Louco. Cheio de desejo pela bela e inatingível Francesca da Rimini, rejeitado quando tenta insinuar-se, Il Matto enche-se de ressentimento e revela a Gianciotto Malatesta, o marido, que ela está apaixonada por seu irmão mais jovem, Paolo. Nesta versão, portanto, o bufão desempenha o mesmo papel que Malatestino na tragédia de D'Annunzio/Zandonai.

Colautti dizia ter-se inspirado na figura shakespeariana do Louco, no *Rei Lear*. Mas, evidentemente, é outra a fonte para Il Matto: ele é um primo medieval do Tonio dos *Pagliacci*. Ambos são feios e deformados, os dois têm uma paixão sexual irrealizável, que se converte em ódio e desejo de vingança. Não devemos nos esquecer de que esta é, na Itália, a época do entusiasmo pelas teorias – hoje muito discutíveis – de Cesare Lombroso, expostas em seu *Archivio di Antropologia Criminale*, sobre a relação entre o tipo físico e a criminalidade. Tanto Leoncavallo, filho de juiz, quanto Colautti – que fizera Direito em Zara, na Dalmácia, onde nasceu, antes de tornar-se jornalista em Milão – podem ter-se deixado influenciar por elas, ao atribuir sentimentos perversos a uma personagem fisicamente deformada e, por isso mesmo, sexualmente recalcada.

Em um ato apenas, *Paolo e Francesca* rejeita os números fechados e estrutura-se em quadros que fluem um para o outro sem interrupção. Não há abertura, apenas uma ríspida fanfarra que introduz uma cena de caçada, criando de imediato o clima violento da corte de Malatesta, e estabelecendo o contraste entre a personalidade viril e franca de Paolo e o comportamento subreptício do Louco. Paolo é um tenor lírico spinto que se expressa num estilo declamatório de estampa nitidamente mascagnana. Ele tem a mesma tessitura central do Guglielmo Ratcliff ou do Folco da *Isabeau*, com subidas a notas sólidas e agudas, além da perigosa insistência em áreas de passagem, o que põe à prova a precisão do cantor. Quanto ao Louco, ele é um tenor característico, na linha do Mime do *Anel*, com o timbre claro, mas também estridente e metálico, que tradicionalmente expressa a impotência, a dissimulação, a covardia. Desde sua primeira intervenção, o efeito brusco de pianíssimo sobre a palavra "nuoce" sugere seu caráter sinuoso e antecipa o modo como agirá na trama:

Qual più feroce, uom od augello
rapace? E questo e quello
al suo fratello nuoce;
ma l'uno e altro
scaltro al suo fratel soggiace...

(Qual dos dois é mais feroz, o homem ou a ave de rapina? Ambos fazem mal a seu irmão; mas um e outro, astutos, submetem-se a seu irmão...)

Para uma ópera que dura pouco mais de uma hora, é considerável a função do coro, não como personagem autônoma e sim – da mesma forma que em *Ero e Leandro* –, como uma moldura criadora de ambiente e, ao mesmo tempo, um artifício musical para reforçar certos aspectos da psicologia das personagens centrais. Isso é bem visível na entrada de Francesca, precedida por uma seção mais lírica do monólogo de Paolo, "O dolce falcone". Retomando um procedimento de origem francesa, caro a Puccini, Mancinelli nos faz ouvir sua voz, nos bastidores, cantando "Maggio, bel maggio", antes de sua entrada em cena, para que imaginemos, antes de vê-la, a mulher a quem pertence essa voz. A delicada melodia cromática, de acentos levemente arcaizantes, envolta em etéreo comentário do coro, é de gosto claramente decadentista.

Essa primeira ária contrasta com a apaixonada "Fosche, erme antiche mura", o monólogo em que Francesca lamenta a vida que leva, aprisionada a uma família que a faz infeliz. Essa reflexão é desencadeada pelas palavras do romance cortesão que tem nas mãos e, mais adiante, lerá em companhia de Paolo. Esse arioso culmina numa região aguda que exige muito da voz do soprano. Lamentando a altivez de Francesca – "O superbezza cieca con tutti" –, que o impede de aproximar-se dela, o Louco assiste à distância o encontro que Paolo a convenceu a lhe conceder. E presencia o momento em que o rapaz, não resistindo à emoção, confessa à cunhada o que sente por ela, no nobre mas exaltado "Pellegrino di

Soria", em que a voz tem de subir várias vezes ao lá agudo.

Irritado com o que viu, o Louco refere-se a Francesca de modo desrespeitoso ao encontrar-se com Paolo diante dos cortesãos, e é esbofeteado pelo rapaz. Quando Gianciotto vem perguntar ao bufão por que foi agredido por seu irmão mais novo, Il Matto comporta-se exatamente como Iago: sugere sem dizer claramente, fazendo com isso despertar, no espírito do marido, suspeitas que se expressam no monólogo "O voce orrenda!". Logo em seguida, Gianciotto procura o irmão e lhe ordena que assuma a chefia do exército dos Malatesta. Percebendo que o mais velho o está querendo banir do castelo da família, Paolo o acusa de ter-lhe roubado Francesca (de fato, Gianciotto mandara Paolo a Rimini, fazendo-o crer que ia pedir para si mesmo a mão da bela jovem; depois de firmado o contrato de união, decidira desposá-la ele mesmo, sem se importar com os sentimentos que, a essa altura, eles nutriam um pelo outro). Paolo protesta, mas acaba, a contragosto, aceitando a ordem de afastar-se. No fundo sabe que, se ficar, não resistirá à paixão pela cunhada.

O diálogo entre os dois irmãos, ora tenso e imperioso, ora controlado, mas com aquela calma aparente que precede a tempestade, é comentado na orquestra por uma densa rede de temas recorrentes, que não chegam, porém, a organizar-se em *letmotive* à maneira wagneriana. Buscando escapar das soluções estereotipadas – como seriam comuns no Verismo, no caso de tal confrontação – Mancinelli faz as vozes se calarem, no auge dessa cena, e pede à orquestra que descreva os sentimentos tumultuosos de ambos. A mesma fuga do convencional observa-se no monólogo do barítono, "O gelosia, reina degli affanni". Em vez da explosão esperada, o que Mancinelli pede, no recitativo de introdução, é um *largamente e a mezza voce* que exige muita sutileza do cantor. O ciúme e a insegurança do homem sem atrativos, e mais velho do que a mulher, levam Gianciotto à beira do descontrole, como o sugere a repetição obsessiva:

Ei l'ama! Ei l'ama! Ei l'ama!
Non partirà, non partirà, lo sento...
qui lo ritien sua brama
per mio tormento!...

(Ele a ama e sinto que não partirá... aqui o retém seu desejo, para o meu tormento!...)

Nas palavras de Gianciotto, em seu monólogo, percebemos o reflexo de outro modelo inevitável, o *Otello* do libreto de Boito:

O gelosia...
mentre io scendo la scalea degli anni,
perchè mi serri nelle tue ritorte? [...]
Non più sogni di gloria e di ventura!
Non più vigilie di preghieri e d'armi!
Non più, non più di giocondezza carmi!...

(Ó ciúme... enquanto desço a ladeira dos anos, por que me apertas em tuas garras?... não mais sonhos de glória e de ventura! Não mais vigílias de orações e de batalhas! Nunca mais, nunca mais poemas cheios de alegria!...)

A mesma mistura de suavidade melíflua e fingida – "Dove n'ite, Madonna?" – e de raiva mal contida – "Che cerchi al cielo?" – comparece no diálogo seguinte, em que Gianciotto pergunta à esposa se, rezando, ela pede "o perdão de Deus para seus desejos impuros". A tessitura do barítono é cruelmente explorada, primeiro num recitativo que, do registro médio, baixa até o dó grave; depois, numa declamação violenta que sobe ao extremo agudo. Aqui também é visível o modelo verdiano, não só na adoção da *parola scenica* quanto na forma liricamente submissa de "Pietà, che nella mente mi ragiona", com que Francesca reage às acusações do marido: "Honestamente, o coração diz: perdoa esse erro cego." Há em seu tom a reminiscência do modo desajeitado como Desdêmona responde à fúria do mouro quando, no ato III do *Otello*, ele a acusa de infidelidade.

O soar de trompas e trompetes apoiados por violas anuncia o chamado para a caça e introduz as canções de Gianciotto, "Saetta leggera la fiera ne aspetta", e a do Louco, "Covate nei nidi", ambas contendo o prenúncio de uma caçada bem mais cruel a vir logo em seguida – e é de bonito efeito, nesta passagem, a intervenção do coro que, de fora da cena, invoca Santo Umberto, o padroeiro dos caçadores, criando a moldura de ambientação a que já nos referimos. Essas vozes vão desaparecendo na distância, mudando o cenário para a cena culminante da ópera, a do encontro de Paolo com a sua amada. Ela é preparada pela oração "Squilla del vespro", que leva a voz da soprano às regiões mais graves de sua tessitura, num belo efeito que sugere o escurecimento no final do dia. Uma vez mais a voz do Louco lhe responde, dos bastidores, com a lírica canção "Alla cuna dell'aurora", acompanhada ao alaúde.

A melancolia de fim de tarde faz vir a tona a saudade de sua terra natal e, num tom verdiano que remete à *Aida* e à Elisabetta do *Don Carlos*, Francesca lamenta, com uma melodia de desadornada beleza: "O mia Ravenna, o dolce cuna, antico nido dei sogni, più non ti vedrò." Não se trata de uma ária elaborada como a "Patria mia" verdiana, e sim de uma breve canção, logo interrompida pela chegada de Paolo que, num tom muito contido ("Dolce sorella"), vem lhe anunciar sua partida iminente. Mas o *allegro appassionato* de "Tu pure, tu pure, o vanamente ambita involontaria suora", acompanhado pela orquestra com a vivacidade rítmica que é típica da linguagem de Mancinelli, demonstra que o rapaz já não consegue mais reprimir seus sentimentos – e as nuances agógicas de um estilo nervoso de canto, que sobe ao si bemol marcado *con acento disperato*, frisam essa paixão. Francesca ainda tenta fazê-lo recuperar o controle, chamando-o de sonhador e pedindo-lhe que obedeça à ordem do irmão. Neste ponto, ao iniciar-se o elaborado dueto dos amantes, Colautti faz a adaptação livre de um trecho famoso de Dante. E as palavras do poeta inspiram a Mancinelli seus mais belos momentos melódicos:

PAOLO – Quali colombe dal disio chiamate, verran per l'aer miei dolci sospiri leggeramente, quando muoia il giorno: e su tua fronte, ch'è diana Stella, movendo i crini come foglie d'oro, faranti amica con lor tristi lai...

FRANCESCA – E come i gru van cantando lor lai, non tosto nato del congedo il giorno; similemente alterni i miei sospiri risponderanno a tue dolci chiamate, fin che non sorga più benigna stella a benedirci col suo lume d'oro...

(Como pombas convocadas pelo desejo, meus doces suspiros hão de vir levemente pelos ares, ao morrer do dia, e sobre a tua fronte, que é a estrela do entardecer, acariciando teus cabelos como se eles fossem folhas de ouro, te farão a confidência de suas tristes canções...//E como as cegonhas vão cantando as suas tristes canções, mal o dia nasceu da despedida da noite, da mesma forma os meus suspiros responderão a teus doces apelos, até que surja uma estrela mais favorável para abençoar-nos com a sua luz dourada...)

Uma vez mais o Louco observou toda a cena sem ser visto, e tenta interrompê-los com sua canção. Mas Paolo tranqüiliza Francesca, dizendo-lhe que são sons trazidos da praia pelo vento. Para distraí-la, pede-lhe que leiam juntos, antes de sua partida, a história de Lancilotto e de Ginevra, no livro que ele lhe levou de presente quando foi a Ravenna, pedir sua mão em casamento. É a cena mais famosa do canto V do *Inferno*. De uma maneira que relembra nitidamente os *Pagliacci*, o Louco acena a alguém, fora do palco, e faz-lhe sinal para que venha assistir ao que se passa no jardim. Gianciotto aparece, reage furioso ao ver juntos a mulher e o irmão, mas o Louco o refreia, e só o deixa intervir depois que ficou clara a paixão dos dois:

PAOLO – "Donna" (*così le favellò Galeotto*), "abbiate pieta!... egli è tale che v'ama più di se stesso..."

FRANCESCA –*Ancor più innanzi...*

PAOLO – *Dove?...* ("Ed erasi fatta notte grandemente, E la luna era levata, e facea chiaro Sì ch'ella lucea per tutto il prato...")

FRANCESCA – *Ancora, ancora!...*

PAOLO – *Qui... dopo il convengno?*

FRANCESCA – *Sì.*

PAOLO – "E la Regina, in vederlo così smunto e pallido e doloroso, scolorossi per la pietà nel viso..."

FRANCESCA – ...e vacillando, gli cadde tra le braccia...

PAOLO – ...e lungamente in sulla bocca lo baciò..."

(Abandonando de repente a leitura, Francesca olha Paolo amorosamente; o jovem lhe aperta a mão)

FRANCESCA – *O come mai?*

PAOLO – *Così...*

(Trêmulo, Paolo atrai Francesca para si e beija-a avidamente na boca. Gianciotto, com um urro de fera, irrompe entre os dois. O Louco, de lado, ri escarninho)

GIANCIOTTO – *Per l'inferno!... Traditori!*

(Minha senhora – assim falou Galeotto – tenha piedade!... Ele a ama mais do que a si mesmo...//Um pouco adiante.//Onde? – E tinha anoitecido e a lua se erguera e estava tão claro que ela brilhava sobre toda a pradaria...// Mais, mais!...//Aqui? Depois do encontro?//Sim...//E a rainha, ao vê-lo tão desfeito e pálido e condoído, empalideceu de pena...//...e, vacilando, caiu-lhe nos braços...//...e beijou-o longamente na boca...//Como foi?//Assim...//Pelo inferno! Traidores!)

Culmina, na cena da leitura, o pudor e sobriedade com que Mancinelli trata os momentos de emoção mais intensa, virando as costas ao clichê da expressão hiperbólica, tanto vocal quanto instrumental. A voz falada – no texto do livro, em itálico no exemplo acima – combinando-se com o estilo de *recitar cantando* das frases de ligação, é envolta por um delicadíssimo comentário do violino solo. É música de contida sensualidade, comparável à discrição com que, no *Pelléas et Mélisande*, Debussy trata a cena da confissão amorosa – e Mancinelli, grande admirador da música francesa, devia lembrar-se dessa passagem, em tudo aparentada à do *Paolo e Francesca*. A cena final, embora cheia de violência, tampouco resvala para os rompantes naturalistas. Ela tem, pelo contrário, um colorido estetizante claramente *Art Nouveau*.

Gianciotto tenta apunhalar o irmão, mas Francesca interpõe-se entre os dois, e é ela quem leva o golpe. Querendo reunir-se à amada na morte – tema do Romantismo germânico que impregna fortemente o Neo-romantismo –, Paolo permanece imóvel, e deixa-se apunhalar também. O Louco, regozijando-se em sua vingança de impotente, exclama: "Gran mercè! Bel colpo, affè! Un, due, fan tre..." E Gianciotto, vendo as brancas vestes da esposa inundarem-se de sangue, murmura dolorosamente: "Rosa dei Malatesta, or sei vermiglia!" Tudo isso é rápido, veemente; mas a ópera não termina aí, no fragor de uma coda rumorosa. A rubrica de Colautti, no libreto, depois que o Louco arrasta Gianciotto para dentro do castelo, ao som lúgubre do sino que toca o sinal de recolher, diz: "Profundo silêncio, rompido apenas pelos dobres do sino. Toda a cena é invadida pelos rubros reflexos do ocaso."

É nesse silêncio que soam, num estilo austero de *parola scenica*, as vozes dos amantes que agonizam. Antes que, num "pio bacio", numa "dolce morte", eles entrem juntos na eternidade, o coro interno nos faz ouvir pela última vez fragmentos dos versos belíssimos de Dante:

> *Amor che a cor gentil ratto s'apprende,*
> *amor che a nullo amato amar perdona,*
> *nell'eterno Dolor con voi discende.*
> *Amor vi prese e più non v'abbandona...*
> *Amor sarà più dell'Averno forte!...*

(Amor, que ao coração gentil pronto apreende, amor que a nenhum ser amado perdoa ter amado, à eterna Dor convosco desce. O amor vos tomou e não mais vos abandona. O amor será mais forte do que o Inferno!...)

Ouçamos o que diz Guido Salvetti, em *Storia dell'Opera: l'Ottocento Minore*, a respeito deste documento do Decadentismo italiano que, graças ao álbum da Bongiovanni, temos agora a possibilidade de colocar em sua justa perspectiva de importância estética e histórica:

> Em alguns aspectos, o teatro de Mancinelli pode ser definido como a síntese de todas as aspirações ao enobrecimento da linguagem operística, proposta pelos *scapigliati* desde a década de 1860 e, aqui, finalmente esboçada com verdadeiro decoro lingüístico e profunda intensidade expressiva e dramática, numa moldura um tanto estetizante, mas seguramente muito culta.

Curiosa é também a observação de Giancarlo Landini que, na introdução ao álbum da Bongiovanni, após frisar a importância de Mancinelli por abrir caminho para soluções que virão, com a *Generazione dell'Ottanta*, nas óperas de Pizzetti, Casella e Malipiero, acrescenta:

> Nunca é demais lembrar que, para nossos bisavós, tanto Fedora quanto Francesca [ambas criadas pelo mesmo libretista, Colautti] tinham o mesmo rosto: o de Sarah Bernardt – ou seja, dois mundos tão diferentes respiraram o mesmo ar, o do estilo *Liberty* com seus sinuosos ornamentos florais, e o de suas primadonas condenadas à morte por amor.

A Segunda Geração da Giovane Scuola

Montemezzi

Este é um dos típicos casos de "compositor de uma ópera só", comuns na História da Música italiana na virada do século. Embora haja indícios de que as sete obras para o palco que Montemezzi compôs não estejam desprovidas de qualidades que lhes permitiriam sustentar o interesse do público contemporâneo, só uma delas, *L'Amore di Tre Rè*, de 1913, conseguiu impor-se no repertório. Mesmo ela, porém, não é mais representada com muita freqüência hoje em dia. As demais estão virtualmente esquecidas, por diversas razões:

- *Bianca* (libreto de Zuppone-Strani, 1903, inédita);
- *Giovanni Gallurese* (Francesco d'Angelantonio, Turim, 28.1.1905);
- *Hellèra* (Luigi Illica, Turim, 17.3.1909);
- *La Nave* (Gabriele d'Annunzio, adap. Tito Ricordi, Scala, 3.9.1918);
- *La Notte di Zoraima* (M. Ghisalberti da Ruffini, Scala, 31.1.1931) e
- *L'Incantesimo* (Sem Benelli, ópera radiofônica transmitida pela RAI e a NBC em 1943, e encenada na Arena de Verona em 1952).

E no entanto, historiadores e musicólogos não negam a Montemezzi o reconhecimento de que

> ele é um compositor sensível e tecnicamente bem dotado, que enriqueceu sua produção operística, de caráter essencialmente verista, com procedimentos formais e módulos instrumentais de derivação wagneriana, embora mantendo-se fiel à tradicional linguagem vocal italiana (Claudio Sartori no *Dizionario Ricordi dei Musicisti*).

Aluno brilhante de Michele Saladino (contraponto) e Vincenzo Ferroni (composição) no Conservatório de Milão, Italo Montemezzi (1875-1952) graduou-se em 1900 com um *Cantico dei Cantici* para coro e orquestra, tão elogiado por seus professores que o próprio Toscanini ofereceu-se para reger a estréia. Foi também o autor de dois poemas-sinfônicos hoje esquecidos, mas muito apreciados na época: *Paolo e Virginia* (1929) e *Italia mia, Nulla Fermerà il Tuo Canto* (1934), já da fase fascista. Muito programada nos concertos sinfônicos e na rádio, como forma de incentivar os sentimentos patrióticos, a peça foi violentamente rejeitada, após a II Guerra. A simpatia de Montemezzi por Mussolini fez com que ele, e outros compositores, caíssem em desgraça na esteira da rejeição ao Fascismo.

De início, *Giovanni Gallurese* foi bem recebida. A extrema popularidade do *Amor de Três Reis* fez com que fosse apresentada no Metropolitan de Nova York, em 19 de fevereiro de 1925. Para se ter uma idéia do prestígio de que Montemezzi desfrutava naquele momento nos Estados Unidos, a produção, extremamente bem cuidada, contava com um elenco de primeiríssima ordem: Giacomo Lauri-Volpi, Maria Müller, Giuseppe Danise e Adamo Didur.

Esta é uma ópera estranha e híbrida que, por suas características peculiares, mereceria ser redescoberta. São tipicamente veristas a crueza com que é narrada a história e a preocupação com a cor local: o drama é ambientado na Sardenha, evocada de um modo que relembra nitidamente a *Cavalleria Rusticana*. Mas, ao contrário do modelo mascagnano, *Galurese* tem proporções e características de *grand-opéra*: três longos atos e reconstituição muito livre de um tema histórico – a personagem-título é um bandoleiro que lutou, no século XVII, contra a dominação espanhola da província. Além disso, é visível, no plano harmônico e da orquestração, a influência wagneriana. Essa mistura de Verismo tardio e de Neo-romantismo ainda mal definido faz de *Giovanni Gallurese* um curioso documento de transição.

O camponês Giovanni está apaixonado por Maria, a filha do moleiro Nuvis, e salva-a de ser raptada pelo oficial catalão Rivegas e seus dois ajudantes de ordens, José e Tropea. Na luta, este último morre, caindo num despenhadeiro. A moça que, antes, nem se dava conta da existência da rapaz, sente-se grata e acaba retribuindo seus sentimentos. Mais tarde, na praça da aldeia, Rivegas é visto se gabando de ter salvo Maria das mãos de Giovanni Gallurese, temido chefe de bandoleiros cujo grupo assalta os viajantes nas estradas ("gallurese", no dialeto sardo, é o nome que se dá aos habitantes da ilha). Bastiano, o amigo de Giovanni, o desmente e conta a todos a verdade. Irritado, Rivegas manda chamar suas tropas para prendê-lo mas, quando os soldados chegam, não o encontram mais por perto. Em compensação, logo depois, surgem os homens de Gallurese e capturam Rivegas. Maria, porém, se assusta ao descobrir que o homem que ama é um bandido, e foge.

No ato III, descobre-se que o fora da lei é, na realidade, um revolucionário. Esse Robin Hood sardo luta contra a ocupação espanhola, ajuda àqueles que foram privados de seus bens pelos invasores, e colabora com a fuga dos que são perseguidos. Em seu refúgio das montanhas, Galurese diz a Rivegas que chegou a hora de fazer justiça. Desembainha o punhal, mas em vez de matá-lo, corta as cordas que o prendem e oferece-lhe um acordo: a liberdade em troca de um salvo-conduto para que um grupo de refugiados possa deixar a ilha em segurança. Rivegas concorda.

Enquanto ele se afasta, Maria vem procurar Giovanni. Descobriu quem ele realmente é, e isso fez aumentar a paixão que sente pelo rapaz. Maria mostra-se disposta a abandonar a casa do pai e acompanhar o homem que ama. Nesse momento, Rivegas surge armado com um arcabuz e fere Giovanni mortalmente. Antes de ser capturada pelo catalão, Maria consegue apoderar-se da buzina de chifre que o namorado leva à cintura e tocá-la, dando o sinal aos bandoleiros de que seu chefe precisa de socorro. Bastiano surge à frente do bando, mata Rivegas e liberta Maria. Giovanni morre nos braços da amada, cantando um hino à liberdade da Sardenha.

Em *Giovanni Gallurese*, sente-se Montemezzi preparando-se para o vôo mais ambicioso que virá logo a seguir. Ainda está preso a fórmulas tradicionais: a ária ternária do ato I, por exemplo, em que Giovanni afirma não haver sentido em viver numa terra miserável, oprimida pelo estrangeiro, se não tiver o amor da mulher que deseja. Mas pratica essas fórmulas com desenvoltura, obtendo resultados sempre muito eficientes. Em particular, é envolvente a escrita dos amplos duetos de amor, um em cada ato, cheios daquele ensolarado melodismo meridional. Tem bastante ímpeto também o hino à liberdade, entoado pelos bandoleiros em sua primeira aparição e retomado pelo tenor na cena final, com aquele tom patriótico das páginas inseridas pelos compositores em suas óperas na fase do *Risorgimento*.

A recuperação da cultura dialetal – traço típico do Verismo – comparece no início do ato II em que, durante a cena passada na praça da aldeia, assiste-se ao povo dançando e cantando em dialeto sardo. Do ponto de vista da construção, o trecho mais elaborado da ópera é o seguinte, no qual sente-se a atenção ao modelo proposto por Mascagni na *Cavalleria*. Os moradores da aldeia estão entrando na igreja, cantando um hino a Santo Antonio, de quem é a festa naquele dia. À melodia muito atraente do hino, trançam-se o diálogo de Rivegas, na taverna, com os beberrões a quem conta suas mentiras, e o trio para Maria, Giovanni e Bastiano que, ouvindo as suas palavras, têm reações diversas. Apesar dessas qualidades, porém, não tenho notícia de nenhum registro discográfico dessa ópera.

Montemezzi escolheu *L'Amore di Tre Rè*, de Sem Benelli, de olho no promissor mercado americano. Anos antes, Lyonel Barrymore triunfara na Broadway com *The Jest* (A Brincadeira), uma outra peça desse discípulo de D'Annunzio. Esse era o título com que fora traduzida *La Cena delle Beffe* (A Ceia dos Enganos), transformada em ópera por Giordano. E a escolha demonstrou-se acertada. Ao estrear no Scala, em 10 de abril de 1913, sob a regência de Tullio Serafin, *O Amor de Três Reis* foi muito bem acolhida. Mas o verdadeiro delírio veio, de fato, no ano seguinte, quando o Metropolitan de Nova York a ouviu pela primeira vez. Ficou na história do teatro a récita inaugural americana, na noite de 2 de janeiro de 1914. Toscanini regeu um elenco espetacular formado por Lucrezia Bori, Edoardo Ferrari-Fontana (o criador de Avito no Scala), Pasquale Amato e Adamo Didur. O sucesso retumbante repetiu-se em Chicago, primeiro com Louise Edvina – que cantara a estréia no Covent Garden, de Londres – e depois com Mary Garden, de quem disse o crítico Edward Moore:

> Seu desempenho, no dueto de amor, não deixaria a menor dúvida no espírito de um censor cinematográfico bem-pensante.

De resto, por sua sensualidade, e pelo fascínio que exerce sobre as figuras masculinas que tem à sua volta, Fiora, a personagem central da ópera, sempre atraiu as grandes cantoras-atrizes: Rosa Ponselle, Claudia Muzio, Dorothy Kirsten, Gilda dalla Rizza, Elisabeth Rethberg. O selo Eklipse oferece uma gravação ao vivo de 1941 que, apesar do som medíocre, tem valor documentário: o próprio Montemezzi rege um elenco em que há Grace Moore, Charles Kullman e Ezio Pinza. Além disso existe, no selo Cetra, a gravação de Arturo Basile (década de 50), com Clara Petrella. A gravação comercial foi feita por Nello Santi para a RCA. Nesse álbum, Anna Moffo – já com a voz em nítido declínio, mas ainda muito convincente do ponto de vista dramático – é ladeada por Plácido Domingo, Pablo Elvira e Cesare Siepi. Para nós, reveste-se de importância especial uma montagem de 1953, no Scala, regida por Victor de Sabata. Naquela noite, três grandes cantores – Giacinto Prandelli, Giuseppe Valdengo e Nicola Rossi-Lemeni – fizeram o papel dos três reis apaixonados pela brasileira Constantina Araújo[1].

Fiora estava noiva do príncipe italiano Avito. Mas foi obrigada a fazer um casamento de interesse com Manfredo, o filho de Archibaldo, o rei estrangeiro que, muitos anos antes, invadira e conquistara o seu condado. Durante uma das ausências de Manfredo, que se afasta freqüentemente em campanha militar, o seu pai, que está totalmente cego, pede ao criado Flamínio que o ajude a descobrir se a nora está traindo o marido com o antigo noivo. Mas como Flamínio é italiano, esconde do amo estrangeiro que Avito, seu compatriota, é amante de Fiora e encontra-se com ela em segredo todas as noites.

Quando Manfredo tem de partir para outra viagem, pede à mulher que se despeça dele fazendo-lhe sinais do alto da torre, até que ele desapareça no horizonte. Subitamente tomada de ternura pela demonstração de carinho do marido, ela concorda em fazê-lo. Mas quando sobe ao alto da torre, Avito surge e eles se abraçam apaixonadamente. Archibaldo ouve suas vozes e tenta surpreendê-los. Avisado por Flamínio, Avito consegue escapar; mas o sogro, furioso, estrangula Fiora depois dela ter-se recusado a revelar o nome do amante. Manfredo, que voltara para o castelo preocupado assim que Fiora parou de acenar, chega tarde demais. Compreende o que aconteceu, mas perdoa a mulher, a quem sempre amou.

O corpo de Fiora é exposto na cripta à visitação do povo, que a estimava. Avito vem vê-la às escondidas e beija-lhe a boca. Mas morre, porque Archibaldo cobrira de veneno

1. Foi bastante curta a carreira da paulista Constantina Araújo: apenas 19 anos. Tendo estreado em 1947, no *Trovatore*, ela morreu prematuramente, em 1966, aos 40 anos, de uma embolia pulmonar após uma intervenção cirúrgica. Na Itália, onde chegou em 1950, Constantina fez muito sucesso cantando *Aida, Baile de Máscaras, Madama Butterfly, Ernani* e também a ópera de Montemezzi.

os lábios do cadáver. Pouco depois, é Manfredo quem vem despedir-se da esposa e também morre com seu beijo envenenado. Ao entrar na cripta, a princípio Archibaldo se regozija com a morte de seu inimigo. Porém, ao reconhecer os gemidos do filho agonizante, expressa seu desespero num grito de dor.

Uma vez mais, no texto de Benelli – assim como nos de D'Annunzio e Guastalla citados nas análises de *Parisina, Francesca da Rimini* e *La Fiamma* – reconhecemos a influência do esquema narrativo do *Tristão e Isolda* (com a diferença de que, aqui, embora Archibaldo represente um papel semelhante ao do rei Marke, o dever de fidelidade de Fiora refira-se a seu marido). O papel de Flamínio, na história, assemelha-se ao de Brangäne, com a característica dele ser devotado tanto a Avito quanto a Fiora. Existe, porém, um traço original: a carga erótica implícita e mal-assumida que tinge as relações do sogro com a nora – sexualidade por pessoa interposta – e que explica a violência com que ele a destrói ao constatar a sua infidelidade. É a violência do ciumento que também se sente traído. Outro elemento a se levar em conta é a contaminação da figura de Archibaldo pela do rei Arkel – também cego e dotado de um nome com sonoridades próximas – do *Pelléas et Mélisande* de Maeterlinck (e Debussy), uma das peças mais estimadas pelos dramaturgos simbolistas e decadentistas. Mas trata-se de um Arkel sensual, enrustido e amargurado pela necessidade de sufocar seus desejos proibidos.

Em *O Livro Completo da Ópera*, Gustave Kobbé alerta para "o sentido mais profundo" que se acrescenta a esse quadro de amores contrariados. Não se trata apenas do drama individual, da impotência de Archibaldo, cuja idade e situação como pai não lhe permitem ter a mulher que deseja; nem da frustração de Manfredo, que nunca terá o amor da esposa, forçada a casar-se com ele; nem da situação em que se encontra Avito, amado por Fiora, mas impossibilitado de unir-se a ela.

> Na tragédia de Sem Benelli, pode-se dizer que os três reis amam a Itália, personificada por Fiora, que odeia e despreza o conquistador de sua pátria, despreza friamente o seu filho e herdeiro, e morre por um príncipe de sua própria raça. O resultado dos esforços do conquistador para reinar sobre um povo reticente é sempre trágico. Mas não nos esqueçamos de que ele é cego.

A observação é pertinente, na medida em que situa a peça de Benelli no quadro das manifestações patrióticas tipicamente protofascistas, a que pertencem também algumas das obras de seu mestre D'Annunzio – e o caso mais claro é *La Nave*, em que Montemezzi há de se inspirar mais tarde.

A música de *L'Amore di Tre Rè* delineia, de forma claramente diferenciada, o caráter das personagens. Cada uma delas tem seu grande momento, a começar por Archibaldo no monólogo do ato I, "Son quarant'anni che discesi", em que rememora a conquista da Itália. As lembranças transformam-se num canto de exaltação a essa "bela presa", no qual ele exclama:

> *dea natante fra due mari...*
> *amante novella, tutta fresca,*
> *tutta d'oro, chè se ci fosse madre*
> *c'insegnerebbe a dominare il mondo*
>
> (deusa que nada entre dois mares... amante nova, toda fresca, toda dourada que, se fosse nossa mãe, nos ensinaria a dominar o mundo)

A orquestra, sugerindo o ritmo do galope de cavalos, comenta em tom viril este monólogo, no qual já transparece o tom ufanista característico da mentalidade fascista. E é muito brilhante a escrita para o registro do baixo: na coda, por exemplo, a voz se ergue através de um arpejo em si bemol, atingindo o fá maior no topo do registro – procedimento muito apreciado por Montemezzi, que o repete na cena final quando Avito, despedindo-se de Fiora, passa por um arpejo em mi bemol para um si bemol, também no extremo do registro de tenor. Archibaldo é uma personagem fundamental, o eixo em torno do qual gira a ação. É a ele e às suas reações que Benelli confia cada fim de ato, marcando assim as etapas da evolução do drama. E elas são sempre interpretadas com música tórrida, da maior expressividade:

– no ato I, a opção por fugir do risco de uma descoberta que desencadeará inevitavelmente a tragédia: "Signore mio, se tu m'hai tolto gli occhi, fa ch'io non veda. Che sia cieco! Cieco!" (Senhor, se me tiraste os olhos, faz com que eu não veja. Que seja cego! Cego!);

- no ato II, a decisão de assumir a sua missão como instrumento da tragédia, ao ordenar ao filho que lhe abra caminho: "Vedresti alla sua gola la collana di morte delle mie dita paterne." (Verás em sua garganta o colar de morte dos meus dedos paternos) – e, nesse ponto, a voz do cantor tem de descer a um gravíssimo mi bemol;
- no ato III, finalmente, a consciência da solidão em que o deixa o desenlace trágico, ao constatar a morte do filho que ele próprio, sem querer, provocou: "Manfredo! Manfredo! Anche tu, dunque, senza rimedio sei con me nell'ombra." (Manfredo! então até tu estás irremediavelmente na sombra comigo).

O barítono tem seus melhores momentos no ato I, quando volta da guerra ("Troppo era lungo e tedioso l'assedio") e saúda amorosamente a esposa ("Fiora!, piccolo fiore, vieni sul mio petto"). E no ato II, quando se despede dela ("Suonata è l'ora della partenza") e lhe pede, numa inesperada demonstração de carinho: "Monta qui sul muro e col tuo velo manda il tuo saluto allo sposo che parte" (Sobe aqui na muralha e, com o teu véu, manda uma saudação ao esposo que parte). Quanto aos dois apaixonados duetos de Fiora e Avito, há neles uma incandescência que os remete a grandes modelos: "Già nella notte densa", no ato I do *Otello*; e o onipresente "Sink hernieder Nacht der Liebe", no ato II do *Tristão e Isolda*. O apelo de Fiora ao amante, "Dammi le labbra e tanta ti darò di questa pace", é de uma sensualidade exacerbada, tipicamente decadentista – a mesma que encontramos nas cenas de amor entre Parisina e Ugo (*Parisina*), Francesca e Paolo (*Francesca da Rimini*), Silvana e Donello (*La Fiamma*).

A proximidade com os modelos wagnerianos é ainda maior no segundo dueto. Ele também é interrompido por um criado – só que, aqui, Flamínio traz a Fiora o véu branco com que ela terá de acenar para o marido (adoção de mais um símbolo tristanesco, o do sinal que se espera e não vem). O dueto culmina igualmente com a aparição do velho rei, cheio de suspeitas. Mas ele não vem apenas fazer aos amantes uma doída admoestação; castiga Fiora com a morte por ela ter traído o marido. Morte essa que, uma vez mais, terá um significado libertador, pois permitirá a união dos amantes na eternidade (com um traço a mais, entretanto: nessa morte, eles serão seguidos por Manfredo, que tampouco poderá sobreviver à perda da mulher que ama).

No ensaio de apresentação do álbum da RCA, o crítico americano Paul Hume chama a atenção para o cuidado com que Montemezzi interpreta musicalmente até mesmo as meticulosas rubricas em que Benelli descreve as menores variações de sentimento das suas personagens, ou até mesmo os gestos que eles têm de fazer no palco:

> Um dos elementos mais difíceis, na interpretação do papel de Fiora, é a forma como o soprano deve alterar o colorido vocal, por exemplo, no momento em que, em rápida sucessão, fala com extremo afeto a Avito e depois enfrenta Archibaldo num tom de gélida amargura. [...] Durante a longa cena do último encontro de Fiora com Avito, Montemezzi marca explicitamente, na partitura, os pontos em que ela agita o longo véu branco em sinal de devoção a Manfredo que está partindo. Obediente à promessa que fez ao marido, acena cinco vezes e seu senso de dever é inequivocamente sugerido pela sensação que transmite de que aquele leve tecido pesa uma tonelada. Aí Avito volta e lhe diz que está indo embora. Perturbada ao ouvir isso, Fiora pára de acenar por um instante. Mas quando Avito pede para tocar o véu, ela se sente culpada e recomeça a acenar, embora com esforço cada vez maior. Consegue cumprir mais quatro vezes a promessa feita a Manfredo antes que o desejo por Avito a domine. Com infinita ternura, este lhe pede que o deixe beijar a bainha dourada de seu vestido, que ela própria bordou. Num gesto rápido, apodera-se do tecido e o beija. Enquanto isso, Benelli usa a interrupção do gesto de Fiora como um sinal para que o agora já distante Manfredo volte ao castelo, tentando descobrir por que sua esposa parou de acenar. Mas antes que ele volte, ouvimos uma vez mais o tema ameaçador que representa Archibaldo. Seus sinistros acordes interrompem Fiora e Avito, perdidos num abraço apaixonado. Desta vez, quando Avito foge, não pode disfarçar o ruído de seus passos. O velho acusa Fiora de ter traído Manfredo e a ele próprio. E quando, finalmente, ela não só admite como orgulhosamente proclama a verdade de sua acusação, a tragédia atinge o ponto culminante inevitavelmente violento.

Os papéis menores são usados com parcimônia e de modo a obter efeitos que frisem aspectos essenciais da trama. Por reação nacionalista, o criado Flamínio tenta inutilmente ocultar de Archibaldo o segredo de Fiora e, para salvá-la, chama de volta Manfredo, mas tarde demais. Flamínio é uma espécie de Brangäne com motivação patriótica. No final do dueto do ato II, ouve-se a voz de um cantor distante, efeito de melancólico contraponto, em que há a premonição do final trágico. Interessante também é a breve aparição de duas mulheres do povo, na cena da cripta: enquanto a mais jovem relembra a bondade de Fiora e a amargura que ela sentia por ser obrigada a viver entre estranhos, a mais velha pede vingança por sua morte.

Não há concessões a clichês tradicionais. O coro só é usado no início do ato III, no momento em que os aldeões vêm visitar o corpo de Fiora e lamentar a sua morte, pois é ali que a sua aparição é natural e verossímil. É curioso o sabor eslavo desse coro, testemunha da curiosidade que, nessa época, começava a surgir na Itália pelas produções da escola russa – na qual um dos elementos de maior peso é justamente a participação do coro. Hume comenta:

> O drama de Montemezzi, tendo a soberba peça de Benelli como alicerce, lança suas raízes num solo previamente preparado por Verdi e Puccini. Mas canta com uma forte beleza que lhe é própria, de um modo que os dois compositores mais velhos haveriam de compreender e, por certo, aprovar.

O ostracismo de Montemezzi na Itália, porém, começou relativamente cedo, o que explica a sua decisão de passar temporadas cada vez maiores nos EUA, onde a sua música era muito bem recebida. Durante a guerra, para deixar esquecer as relações muito próximas que tivera com o Fascismo, mudou-se para a Califórnia, onde residiu até 1944. Em *Musica e Musicisti nel Ventennio Fascista*, Fiamma Nicolodi reproduz várias cartas que ele escreveu a Mussolini, entre 1928-1938, pedindo-lhe que interviesse para que as suas óperas fossem programadas nos teatros italianos. Empenhou-se particularmente em conseguir que *La Nave* fosse reencenada. Afirmando repetidamente que esta era a sua melhor obra, chamava a atenção do Duce para o seu conteúdo patriótico: "a italianidade do tema, a agitação de um povo que quer construir a sua própria vida, deram-me a coragem e a inspiração necessárias para a realização de um sonho tão vasto e poderoso" (junho de 1930). A peça de D'Annunzio – que John Waterhouse chama de "controvertida e suntuosamente decadente" – liga-se à campanha que o poeta fazia pela retomada dos territórios italianos no Adriático, e resultaria no episódio da ocupação de Fiume. A partitura de Montemezzi, traindo nítidas influências de Strauss, tem momentos atraentes, mas é muito irregular e peca pelos exageros de retórica.

O Duce interessou-se pela solicitação, pois um espetáculo dessa natureza poderia ser um bom instrumento propagandístico. Mas a direção da Ópera de Roma respondeu, em 16 de junho, que *La Nave* exigia "grandes movimentos cênicos e, portanto, é muito dispendiosa – e além disso, por ser muito pesada, não agradou ao público na estréia". Nas cartas que continuou a mandar a Mussolini, o compositor sempre se referia ao "tratamento injusto e cruel" que recebia em seu próprio país. À "prostração moral que me humilha e põe fim a todo o meu fervor" (7.5.1935), causado pelo esquecimento em casa, contrapunha a atenção que, no exterior, era dada à sua obra – principalmente ao *Amor de Três Reis*. Finalmente, conseguiu que *Hellèra* fosse transmitida pela RAI de Roma, em 12 e 14 de dezembro de 1937, sob a regência de Fernando Previtali; e que *La Nave* fosse programada pela Ópera de Roma, em 14 de dezembro de 1938, regida por Tullio Serafin. Em ambos os casos, celebrava-se a ascensão do Fascismo ao poder. Mas não há notícia de que, desde então, elas tenham voltado a ser representadas. São óperas de proporções proibitivas, vocalmente muito difíceis. Além disso, a íntima associação que se estabeleceu entre elas e o ufanismo patriótico fascista explica que, de lá para cá, não se tenha dado a elas maior atenção.

Riccitelli

Muito popular na época de sua criação – São Paulo a assistiu em 1923, o ano da estréia em Roma, com uma companhia itinerante italiana – *I Compagnacci* foi sendo depois gradualmente esquecida. O resgate foi feito pelo encenador Ivo Stefanutti e pelo regente Antonio Pirolli, no Teatro Comunale di Atri, em Teramo, em 14 de novembro de 1999. Lançada pelo selo Bongiovanni, a gravação ao vivo desse espetáculo permite a avaliação de um título significativo do Neo-Romantismo.

Na pia batismal, o fazendeiro Giuseppe Riccitelli, de Cognoli di Campli, nos Abruzzos, deu a seu primogênito o nome desgracioso de Pancrazio. Mais tarde, como era o filho mais velho, o compositor adotou o nome artístico de Primo Riccitelli (1875-1941). Entregue a um tio padre, D. Emidio Riccitelli, para que o educasse, Pancrazio foi encaminhado ao seminário, onde teve as primeiras lições de música com Nicola Dati, o *maestro di cappella* da Catedral de Teramo. Mas vocação sacerdotal não era o forte do rapaz, e ele fugiu do seminário, para dedicar-se a uma carreira musical autodidata. D. Edimio o perdoou pela falta de propensão religiosa, e o inscreveu no Liceo Musicale de Pesaro, onde Riccitelli caiu nas boas graças do diretor, Pietro Mascagni. Durante os anos de estudante, já com o nome de Primo, ele comporá as primeiras obras, que permanecerão inéditas: uma *Francesca da Rimini* usando a tragédia de Silvio Pellico; a "cena siciliana" *Nena*; e a cantata *Heremos*, com texto de Carlos Zangarini. Em todas elas é muito forte, naturalmente, a influência de Mascagni – e também de Zandonai, seu colega mais experiente, a quem Mascagni incumbiu de lhe dar aulas suplementares.

Em 1907, foi Mascagni quem o apresentou à sua editora, a Sonzogno, e consegiu para ele o primeiro contrato: musicar *Madonnetta*, um libreto de Luigi Illica. Mas a sorte não estava de seu lado, pois desentendimentos entre os irmãos Riccardo e Enzo fizeram o projeto fracassar, e *Madonneta* foi fazer companhia, no fundo da gaveta, a todas as outras partituras inéditas.

Só em 1916 Riccitelli verá em cena uma obra sua: *Maria del Monte*, com libreto de Carlo Zangarini, montada pelo Teatro Carcano de Milão. A acolhida foi boa o suficiente para permitir a seu eterno protetor, Mascagni, voltar à carga, desta vez junto a Augusto Laganà, conselheiro da Società del Teatro Lirico Italiano. Este o apresentou a Giovacchino Forzano que, em 1920, o convidou a hospedar-se em sua luxuosa villa de Viareggio, onde ambos discutiram um libreto de comédia sentimental, ambientado em Florença em 1498, durante o processo que levou à fogueira o monge Savonarola. Fracassaram, porém, as negociações para fazer com que o San Carlo de Nápoles aceitasse *I Compagnacci*, na temporada de 1921. Diante disso, Riccitelli inscreveu sua ópera em um ato no concurso do Ministero della Publica Istruzione, e o júri composto por Puccini, Mascagni, Cilea, o maestro Bernardino Molinari e os críticos Alberto Gasco e Nicola d'Atri conferiu-lhe o primeiro prêmio.

Foi um triunfo a estréia de *I Compagnacci* no Costanzi de Roma, em 10 de abril de 1923, sob a regência de Gabriele Santini, com Taurino Parvis e Ofelia Parisini nos papéis centrais. Sucesso que se repetiu em 15 de novembro, no Scala, quando Vittorio Gui dirigiu Margherita Sheridan e Carmelo Alabiso na luxuosa produção dirigida pelo próprio Forzano. Muito estranho é que essa ópera tenha sido apresentada em programa duplo com *Salomé*, de Richard Strauss – um típico caso de água e azeite. Seja como for, o renome que *I Compagnacci* trouxera a Riccitelli – sobretudo depois que Beniamino Gigli e Elisabeth Rethberg a cantaram no Metropolitan de Nova York, em janeiro de de 1924 – fez a Ópera de Roma aceitar *Madonna Oretta*, que Forzano e ele tinham escrito em 1927. Gianna Pederzini, Antonio Melandri e Carmen Melis, regidos por Gabriele Santini, foram muito aplaudidos em 4 de fevereiro de 1932, na *prima assoluta* dessa peça também de estilo neo-romântico – a essa altura já tardio. Riccitelli estava trabalhando em *Capitan Fracassa*, com libreto de Giuseppe Maria Viti baseado no romance de Théophile Gautier, quando morreu, em Giulianova, após enfermidade breve e fulminante, agravada pelas privações da época de guerra.

A audição de *I Compagnacci* leva a crer que *Madonna Oretta* também merece o resgate discográfico, pois seu interesse não deve ser menor. A ópera que fez a fama de Riccitelli conta, antes de mais nada, com um ótimo libreto, concebido com a agilidade, a ironia e a elegância verbal típicas de Forzano. A ação passa-se em Florença, em 7 de abril de 1748. Antes do pano erguer-se, um arauto, com um texto falado, vem anunciar um "giudizio di Dio": tanto fra Domenico da Pescia, da catedral de San Marco, quanto Fra Giuliano, dos Frades Menores, vão passar pelo fogo – e aquele que não se queimar demonstrará estar com a razão. O primeiro quer demonstrar que a excomunhão de Girolamo Savonarola pelo Vaticano é nula e não deve ser aplicada. O segundo defende a idéia de que a decisão papal é válida e deve prevalecer.

O juiz aposentado Bernardo del Nero faz parte dos *Piagnoni*, adeptos de Savonarola e inimigo dos Médici; e está furioso porque sua sobrinha, Anna Maria, apaixonou-se pelo jovem Baldo, membro dos *Compagnacci* – também chamados de *Arrabbiati* –, o grupo que se opunha ao rígido puritanismo imposto a Florença por Savonarola e seus seguidores. Bernardo decidiu que a sobrinha há de se casar com um dos *Piagnoni*, o feio e rude Noferi di Ceccone dalle Corniole. E fica mais raivoso ainda ao saber, por La Fantesca, a sua empregada, que mesmo trancada dentro de casa, Anna Maria deu um jeito de fazer Baldo saber o risco que estão correndo, e este prometeu vir resgatá-la.

A casa é invadida por um grupo de jovens seguidores de Savonarola, que vêm confiscar tudo o que há ali de pecaminoso: livros profanos, pinturas, partituras, roupas muito coloridas. Anna Maria fica indignada porque eles tiram de seus aposentos o vaso de cravos, as fitas com que enfeita seus vestidos, e as cartas do namorado. Ela enfrenta o tio, este insiste no casamento com Noferi e, quando chama o notário para forçá-la a assinar o contrato nupcial, Anna Maria grita por Baldo, este invade a cena juntamente com seus *Compagnacci*, e a Bernardo não resta alternativa senão sair correndo à procura do Bargello, o chefe da polícia.

Sozinhos, Baldo e Anna Maria juram amor e fidelidade um ao outro. Diante das autoridades policiais, Baldo propõe a Bernardo um desafio: se um dos dois frades conseguir passar pelo fogo sem se queimar, ele renunciará à mão da namorada; caso contrário, o juiz lhe permitirá desposar Anna Maria. Incapacitado de desacreditar no *giudizio divino*, Bernardo é obrigado a aceitar. Lá fora, passa a procissão, cantando salmos e acendendo a fogueira. Mas os dois frades, que não querem arriscar a pele nas chamas, se lançam a uma discussão teológica interminável, protelando o *giudizio*, até que a fogueira se extingue. Baldo ganhou. A contragosto, Bernardo permite o casamento, e os *Compagnacci* cantam um hino à amizade e ao amor.

Riccitelli tem a mão fácil para a melodia generosa, o cantábile expansivo à maneira de Puccini ou de seu mestre Mascagni. É cativante a cena em que Anna Maria, lamentando-se de ter de enfrentar sozinha, sem Baldo, todas aquelas pressões, lê às escondidas uma das cartas que escapou à sanha dos jovens adeptos de Savonarola ("Soave anima mia, o mia piccina"). Tanto ela quanto Baldo são líricos do tipo spinto, exigindo vozes volumosas e extensas, capazes de se alçar aos extremos do registro agudo no dueto de amor "Quanto ho sofferto!... Fra l'Appennin, dalle pendici ombrate", que culmina nas notas estratosféricas de "Così ti baci il sole... e ti baci l'amore". Ajudado pela carpintaria teatral segura de Forzano, Riccitelli constrói habilmente a seqüência dramática de uma ópera que possui apenas um ato, mas na qual as situações não parecem sumariamente resolvidas. São eficientes o uso do coro, a estruturação das cenas de conjunto, e exuberante o "Quant'è bella giovinezza" com que a comédia se encerra.

Riccitelli não é um grande gênio esquecido, mas tampouco é um músico que mereça o esquecimento. Compreende-se por que, após o espetáculo de 1923 no Scala, Gaetano Cesari tenha escrito no *Corriere della Sera* que ele "fez a noite terminar bem, com uma espiral de raios do sol, depois das densas nuvens de pesadelo da *Salomé*". Não se trata sequer de tentar a comparação descabida com a partitura de Strauss, que se situa num patamar de criatividade muito mais elevado; apenas de registrar que nessa partitura ensolarada identificamos algumas das mais típicas características do melodrama peninsular.

ALFANO

Ao concordar em escrever a cena final da *Turandot*, que Puccini deixara inacabada ao morrer em 1924, Franco Alfano (1876-1954) já tinha 48 anos, era um dos mais bem-sucedidos compositores italianos e o respeitado diretor do Conservatório de Turim. Sob todos os aspectos, parecia natural escolhê-lo para essa tarefa – importante mas, também, como se veria depois, extremamente ingrata. Alfano não esperava que o mundo inteiro o cumulasse de honrarias pelo que encarava apenas como um trabalho bem feito. Mas não merecia tampouco a série de dissabores que esse encargo, de que se desincumbiu com amor e desprendimento, haveria de lhe causar.

Toscanini, escolhido para reger a estréia da *Turandot*, indicara Zandonai para terminá-la. Mas a família de Puccini preferiu Alfano, decerto por achar que, sendo ele um homem amável e de personalidade pouco agressiva, não tentaria impor marca demasiado pessoal ao material deixado por Giacomo. Alfano trabalhou conscienciosamente com os rascunhos do compositor, esforçando-se por seguir rigorosamente todas as suas indicações. Mas não conseguiu agradar ao temperamental maestro. Em sua biografia do regente, Harvey Sachs conta:

> Toscanini irritou-se muito quando Alfano lhe trouxe o trabalho terminado. Por uma carta de Alfano ao crítico Gaetano Cesari, do *Corriere della Sera*, ficamos sabendo que o próprio Toscanini insistira com ele para que ampliasse o finale em relação à versão que lhe apresentara inicialmente; e foi justamente a essa versão ampliada que ele fez severas críticas, cortando-a depois sem dó nem piedade. Conta-se que, depois do ensaio geral, Alfano aproximou-se de Toscanini e perguntou: "E o senhor, o que diz maestro?" E Toscanini respondeu: "Digo que, do fundo do palco, eu via Puccini vir a meu encontro para dar-me um par de bofetadas".

O finale original de Alfano foi publicado na primeira edição da partitura vocal de *Turandot*. Mas, em geral, o que se utiliza no palco é a forma reduzida, com os cortes de Toscanini. A partitura de Alfano foi ouvida pela primeira vez em 3 de novembro de 1982, no Barbican Hall, de Londres, numa apresentação da ópera em versão de concerto, regida por Christopher Keene, tendo Linda Kelm e Jon Fredric West nos papéis principais. No mesmo ano, foi incluída numa montagem do New York City Opera. Nessas duas ocasiões, a crítica referiu-se a ela de forma muito elogiosa. No Brasil, ela foi ouvida em maio de 2002, numa encenação da *Turandot* feita no Teatro Municipal do Rio de Janeiro, sob a regência de Silvio Barbato. O trabalho de Alfano pode ser avaliado mediante duas gravações:

- a pirata, de Christopher Keene, acoplada ao álbum da Standing Room Only, 1985, de *Rissurezione* regida por E. Boncompagni;
- e a comercial, de John Mauceri (London/ 1989), com Josephine Barstow e Lando Bartolini.

Ambas permitem constatar que, em termos arquitetônicos, esse finale é mais equilibrado do que a versão impiedosamente retalhada por Toscanini. E faz de forma mais sistemática a recapitulação dos motivos empregados durante toda a ópera, como Puccini pretendia. É verdade que impõe aos cantores, já cansados no fim do espetáculo, passagens de tessitura muito árdua. Isso pode explicar a preferência pela forma reduzida, à qual o público já se habituou.

Em todo caso, é injusto que Franco Alfano seja lembrado, hoje, apenas pela tarefa mais frustrante que teve de realizar. Afinal, ele é o autor de onze óperas, duas sinfonias, poemas sinfônicos, balés, um concerto para piano, muita música de câmara e vários ciclos de canções – entre os quais têm escrita particularmente refinada os que se baseiam em poemas do indiano Rabindranath Tagore. Alfano estudou em Posilippo, perto de Nápoles, onde nasceu, com Camillo de Nardis (harmonia), Paolo Serrao (composição) e Alessandro Longo (piano). Em 1895, foi para a Alemanha. O resultado dos estudos com Hans Sitt, em Leipzig, e com Salomon Jadassohn, em Berlim, foi o interesse que ele demonstrou desde cedo pela música instrumental, ao contrário de seus conterrâneos, que costumavam dar prioridade absoluta à ópera.

Miranda (1896), adaptada de um conto de Antonio Fogazzaro, ficou inédita. Mas *La Fonte d'Enschir*, com libreto de Luigi Illica, conseguiu sucesso razoável ao ser estreada em Breslau, em 8 de novembro de 1898. No ano seguinte, Alfano seguiu para Paris, onde se interessou por música ligeira. Foram muito bem recebidos os balés *Napoli* (1900) e *Lorenza* (1901), que compôs para as Folies-Bergères. Esse período de formação permitiu-lhe assimilar as principais inovações da linguagem de vanguarda franco-germânica, o que se faz sentir com clareza em sua primeira obra importante. Foi em Paris que ele assistiu em 1902, no Théâtre de l'Odéon, *Résurrection*, a adaptação cênica do romance de Liev Tolstói. Entusiasmado com a história, encomendou um libreto a Cesare Hanau – que o escreveu em colaboração com Claudio Antona Traversi. Alfano trabalhou na partitura durante dois anos, período que o levou inclusive a Petrogrado, numa turnê como pianista, de que aproveitou para impregnar-se do ambiente russo. Essa era, de resto, uma época em que as óperas de tema eslavo exerciam atração sobre o público: títulos como *Fedora* e *Siberia*, de Giordano, faziam muito sucesso, e a música do Grupo dos Cinco despertava grande curiosidade.

Não foi este, porém, o único motivo para a estréia triunfal de *Rissurezione*, no Teatro Vittorio Emmanuele de Turim, em 30 de novembro de 1904, sob a regência de Tullio Serafin. A boa qualidade da música de Alfano e o desempenho de Elvira Magliulo e Angelo Scandiani garantiram o aplauso da platéia. É estranho que hoje – à exceção de apresentações eventuais em teatros de província italianos – descaso total cerque uma ópera que, em 1951, tinha atingido mil encenações e, na década de 20, foi um dos grandes papéis de Mary Garden. "Katiúsha, em *Ressurreição*", dizia essa cantora, "dava-me a oportunidade única de representar uma mulher diferente em cada ato". Esse foi também, nas décadas de 50-60, um dos melhores papéis do grande soprano Magda Olivero. É com ela a única gravação existente, um registro pirata da RAI, de 22 de outubro de 1971, regido por Elio Boncompagni (Standing Room Only).

A camponesa Iekaterina Liubôva (Katiúsha), dama de companhia da aristocrata Sofia Ivánovna, é seduzida pelo sobrinho da patroa, o príncipe Dmitri Niekhlúdov, que a conhecia desde menina, e viera despedir-se da tia antes de partir para a guerra. Ao descobrir que ela está grávida, Sofia a expulsa de sua casa. Katiúsha tenta falar com Dmitri numa estação de estrada de ferro da Ucrânia, por onde ele deve passar. Mas ao vê-lo chegar acompanhado de uma prostituta, não tem coragem de abordá-lo. Após ter perdido no parto o bebê que esperava, ela se prostitui. Acusada de um assassinato de que é inocente, é deportada para a Sibéria. Dmitri serve de jurado no processo que a condenou. Reconhece e, cheio de remorsos, procura-a na prisão e oferece-se para casar-se com ela. Mas Katiúsha – agora conhecida como a Maslôva – está tão amargurada e desiludida que o recusa. No caminho para o exílio, ela reencontra um sentido para a vida cuidando de seus companheiros de infortúnio.

O príncipe, que a ama sinceramente e seguiu-a até a Sibéria, consegue que seja agraciada e pede-a de novo em casamento. Mas Katiúsha volta a recusá-lo pois, embora seus sentimentos não se tenham modificado, agora sabe que só a renúncia e a dedicação ao próximo poderão trazer-lhe a redenção.

Ressurreição sofre do problema inevitável de ter um libreto um tanto sumário, adaptado de um romance muito longo e rico em peripécias. As personagens que gravitam em torno de Katiúsha recebem caracterização muito sumária. Muitos dos episódios importantes acontecem fora da ação e são narrados de forma bastante superficial. Além disso, as transições são às vezes atropeladas (problema que, de resto, aflige também um libreto como o da *Manon Lescaut*). As únicas cenas mais satisfatórias, do ponto de vista do texto, são as dos encontros de Dmitri com Katiúsha, em geral nos finais de ato: "Qualcuno giù in giardino... È Katiusha!", do I; "Non viene! Non verrà!... Tornerò sola indietro..." do II; "Ecco, è qui ch'ogni speranza muor!" do III; e o comovente "Katiusha, ho da parlarti" com que a ópera se encerra.

Apesar disso, o libreto – e principalmente a música – conseguem traçar de forma muito eficiente a evolução psicológica da protagonista. O sofrimento faz a mocinha doce, ingênua e cheia de ilusões transformar-se numa mulher devassa e desiludida. De dentro dela emerge, mais tarde, a mulher amadurecida pelo contato com a dor do próximo, redimida pela descoberta da solidariedade. Isso se reflete claramente nas melodias de Alfano: a princípio apaixonadas, mas buliçosas, com uma leveza que beira a do *opéra-comique* que ele conhecia tão bem; depois, harmonicamente torturadas, tonalmente instáveis, com contrastes bruscos de dinâmica que traduzem a turbulência interior; e adquirindo finalmente uma serenidade olímpica, em que a paixão pode exprimir-se de forma exaltada mas cheia de espiritualidade. Essa evolução culmina na nobreza da coda do último ato: uma melodia em tom de hino, de caráter triunfante, que se dissolve na doçura do tema do "Cristo è rissuscitato! Osanna!" – ouvida no início do ato I, que se passa durante a Páscoa –, símbolo da ressurreição interior de Katiúsha e Dmitri.

Ressurreição é um típico melodrama verista, cujo estilo o liga à plenitude dessa tendência. Mas na forma contínua de articular os números fechados – ajudado sobretudo pelo fato do libreto de Hanau ser em prosa –, já há uma indicação do desenvolvimento ulterior de Alfano. O corte melódico, a maneira de trabalhar com células temáticas pequenas, a autonomia que se estabelece entre a linha vocal e o comentário orquestral traem a inevitável influência de Puccini. Mas o destaque dado à orquestra, com as freqüentes transições ou perorações instrumentais, aponta também para o modelo mascagnano. O poslúdio mais típico é o do fim do ato II, que traduz os sentimentos desesperançados de Katiúsha após sua explosão de revolta por ter visto Dmitri em companhia de outra mulher. Uma outra influência a considerar é a da *Louise*, de Charpentier, que impressionou muito Alfano quando ele a viu durante sua estada em Paris. As duas óperas têm a mesma estrutura autocontida de "scènes tirées d'un roman", e há semelhanças no tratamento das pequenas situações prosaicas, diretamente observadas da vida quotidiana, que surgem ao longo da ação.

Após um período inteiramente consagrado à música sinfônica, vieram duas óperas que exploravam um idioma musical mais avançado e, por isso mesmo, nunca chegaram a ter muita popularidade. Illica extraiu de uma peça de Jules Claretie o libreto de *Il Principe Zilah*, estreada no Carlo Felice de Gênova em 3 de fevereiro de 1909. Quanto a *L'Ombra di Don Giovanni* (libreto de E. Moschino), ouvida pela primeira vez no Scala em 2 de abril de 1914, seu traço mais original é a parte preponderante reservada ao coro que, em alguns momentos, desempenha o papel principal na ação. Para o Maggio Musicale Fiorentino, onde ela foi reapresentada em 28 de maio de 1941, Alfano a remanejou com o título de *Don Juan de Mañara*. Mas o interesse do público permaneceu limitado. A importância dessas duas óperas é mostrar que, do ponto de vista da escolha do tema e do estilo musical, o compositor estava abandonando rapidamente o códice verista e evoluindo para uma linguagem nitidamente neo-romântica. Essa tendência se afirma na obra em que ele trabalhou durante a I Guerra, e que biógrafos como Guido Gatti consideram a sua obra-prima.

O próprio Alfano escreveu o libreto de *La Leggenda di Sakùntala*, baseando-se no *Abhijnana-Shakúntala* (Sakúntala e o Anel do Reconhecimento), o clássico drama de Kalidasa, escrito no século V. A filosofia e a arte indianas sempre o tinham atraído, razão pela qual musicara vários poemas de Rabindranath Tagore. Em sua adaptação, Alfano elimina os episódios cômicos, que dão sabor muito próprio ao texto original, mas constrói um libreto bastante eficiente. O sucesso da estréia no Comunale de Bolonha, em 10 de dezembro de 1921, regida por Serafin, repetiu-se em Buenos Aires, Montevidéu e Düsseldorf, onde ela foi muito aplaudida. Durante a II Guerra, porém, a única partitura completa foi destruída e Alfano teve de reconstituir a orquestração de memória, partindo de uma redução para piano. A segunda versão, intitulada apenas *Sakùntala*, foi estreada na Ópera de Roma, em 9 de janeiro de 1945, e gravada em 1979 por Otavio Ziino (relançada em CD, em 1997, pelo selo Tryphon), com Celestina Casapietra e Didier Gambardella.

Caçando na floresta, o jovem rei se apaixona por Sakùntala, uma linda órfã criada pelo asceta Kanva em sua ermida. Ela se entrega ao rei que, sabendo de suas origens nobres, decide-se a desposá-la e coloca em seu dedo um anel de noivado. Mas um eremita, a quem a jovem ofendeu sem querer, castiga-a fazendo com que o rei se esqueça dela assim que eles se separam. Só a reconhecerá se voltar a ver o anel. Mas este desapareceu e, quando é reencontrado, já é tarde demais: a essa altura, desesperada, Sakùntala se atirou no lago e foi levada para o céu numa nuvem de fogo. Mas na margem do lago ficou o recém-nascido, fruto de seu amor pelo rei, que os eremitas lhe trazem para ser o príncipe-herdeiro.

O aspecto mais admirável da ópera são as suas suntuosas texturas orquestrais. A linha vocal, oscilando entre a exuberância pucciniana e o exemplo mais sobrio do recitativo melódico de Debussy no *Pelléas*, nunca chega a ser tão fascinante quanto os ricos cromatismos de uma instrumentação em que se combinam as influências tanto de Strauss quanto de Ravel, dando às vozes um apoio de uma variedade de efeitos timbrísticos pouco usual nos operistas da época. Embora não haja a preocupação específica de usar recursos de escrita típicos da música indiana, a ambientação oriental criada é mais do que adequada. Em "Franco Alfano", artigo publicado na *Opera News* de 28.3.1987, escreve Peter Davis:

> A música, tal como existe hoje, relembrada em 1952 pelo compositor já idoso, talvez não seja uma reprodução exata da primeira versão. Seja como for, *Sakùntala* soa inteiramente diferente de *Ressurezione*, escrita menos de vinte anos antes. Sempre atraído pela música francesa, Alfano já tinha, a essa altura, absorvido os avançados idiomas harmônicos de Debussy, Ravel e Roussel. E em *Sakùntala*, elaborou uma intrincada e resplandescente tapeçaria sonora, ilustrando, com música apropriadamente sensual, a história do jovem rei que conquista e perde a sua amante. Há também surpreendentes semelhanças musicais e dramáticas com a *Mulher Sem Sombra*, de Richard Strauss, que é igualmente exótica e de um simbolismo complexo, e estava sendo composta mais ou menos na mesma época, do outro lado dos Alpes.

O papel de Sakùntala e o do rei exigem vozes dramáticas de grande extensão, assemelhando-se, em tessitura, às de Calaf e Turandot na ópera de Puccini que coube a Alfano completar. A ária "O nuvola", do ato II, em que a moça pede a uma nuvem que leve ao rei a mensagem de que ela nunca o esqueceu, permaneceu no repertório de soprano. Em concertos sinfônicos, é comum ouvir-se também, na Itália, as danças muito coloridas com que se encerra o ato III.

Nova mudança de direção é assinalada por *Madonna Imperia*. Com libreto de Arturo Rossato, baseada em um conto de Honoré de Balzac, essa ópera em um ato estreou no Metropolitan de Nova York, em 15 de maio de 1927, sob a regência de Tullio Serafin. Segundo Giuseppe Bamboschek, maestro da segunda parte do espetáculo – *O Galo de Ouro*, de Rímski-Kórsakov – *Madona Imperia* "não agradou porque, embora muito interessante, era moderna demais para a platéia". O crítico W. J. Henderson, do jornal *The Sun*, chegou a chamá-la de "um melancólico desperdício de tédio". Não é essa a opinião de Peter Davis:

> Lendo a partitura, conclui-se que *Madonna Imperia* tem uma narrativa encantadora, envolvendo um clerigozinho humilde que consegue transformar uma charmosa

cortesã numa mulher honesta. A ópera passa-se em Constança, durante o grande concílio de 1414. Alfano, a princípio, traça um pano de fundo solenemente religioso para, depois, suplantá-lo com o erótico retrato do relacionamento de Filippo com Imperia, sutilmente caracterizado em uma seqüência de conversações líricas delicadas e estilizadas, expressas com habilidade e discrição. Ao contrário da *Turandot*, em que Alfano estava trabalhando na época, *Madonna Imperia* é uma terna bagatela, na qual o amor triunfa de forma modesta e serena. À sua maneira muito discreta, o compositor deve ter-se divertido em escrever, simultaneamente, duas cenas finais sobre o mesmo assunto – a vitória de um homem que conquista uma mulher aparentemente inacessível –, uma delas terminando com um grito, a outra com um sussurro.

As palavras de Davis fazem-nos vir à mente a rarefeita elegância do *Zanetto*, de Mascagni. E também o clima místico-erótico da *Thaïs*, de Massenet, que o francófilo Alfano não devia deixar de apreciar. Quanto a *L'Ultimo Lord*, com libreto de Ugo Falena, é de Richard Strauss a influência visível sobre a sua escrita orquestral opulenta. Mas ela teve acolhida muito fria ao estrear no San Carlo de Nápoles, em 19 de abril de 1930, e não há notícia de que tenha sido reencenada. Seis anos haveriam de se passar antes que Alfano produzisse a sua terceira ópera a merecer o aplauso do público e o elogio da crítica.

Cyrano de Bergerac é a culminação da tendência neo-romântica do compositor – a começar pela escolha da peça de Edmond Rostand em que se baseia, reedição tardia, mas extremamente bem-sucedida, do estilo retórico de drama em versos que, na plenitude romântica, era praticado por Hugo, Vigny ou Musset. Savinien Cyrano de Bergerac (1619-1655) foi um dos escritores mais curiosos do século XVII, autor da sátira filosófica *Le Voyage aux États et Empires de la Lune et du Soleil*. Mas Rostand, com a liberdade usual dos românticos em relação à História, faz dele o poeta-espadachim perdidamente apaixonado por sua prima Roxane, a quem não ousa declarar-se, pois é muito feio e tem o rosto deformado por um nariz descomunal. Roxane pede-lhe que proteja o homem a quem ama, Christian de Neuvilette, cadete em seu regimento de mosqueteiros. Christian é belo, mas tolo e não sabe fazer à sua amada as floridas declarações que o *style précieux* setecentista tornava obrigatórias. É o inspirado Cyrano quem escreve para ele as cartas de amor ou, escondendo-se no escuro do jardim, sob o balcão de Roxane, sopra para ele inflamadas declarações de amor – forma dolorida de namorar a prima por procuração.

Depois que Christian morre no cerco de La Rochelle, Cyrano continua cuidando da prima que, toda chorosa, entrou para um convento. Aos domingos, ele vai visitá-la e distraí-la com os mexericos da corte. Num desses domingos, a caminho do convento, é emboscado por seus inimigos e seriamente ferido. Sabendo que aquela será a sua última oportunidade de ver a mulher que nunca deixou de amar, ignora o ferimento e vai a seu encontro. Diante dela, já agonizante, diz as palavras da última carta de amor que Christian – ele mesmo, na verdade – lhe escrevera. Ao ver que ele sabe de cor as palavras de uma carta que, supostamente, não deveria conhecer, Roxane dá-se conta, mas já tarde demais, de quem é o homem cujo espírito e profundidade de sentimento a tinham realmente fascinado todos aqueles anos.

O libreto de Henri Cain foi escrito em francês. Mas a obra estreou na Ópera de Roma, em 22 de janeiro de 1936, numa tradução italiana de C. Meano e F. Bursa. José Luccioni, Maria Caniglia e Alessio de Paolis contribuíram muito para a acolhida dada à partitura, que Paris ouviu no original em 29 de maio do mesmo ano. Embora se trate de um trabalho com plenas condições de satisfazer ao público – ela contém todos os ingredientes de que precisa uma boa ópera romântica –, as dificuldades apresentadas pela tessitura pesada dos papéis centrais e o alto custo da encenação talvez expliquem a raridade de suas reprises. Ainda assim, tiveram muito sucesso as encenações no Scala, em 1954, com Ramón Vinay; e na Ópera de Turim, em 20 de setembro de 1975, em francês, com William Johns, Olivia Stapp e Ezio di Cesare – dessa última, existia o registro pirata no selo MRF. Haveria todo interesse no lançamento de uma gravação comercial de *Cyrano de Bergerac*. Ela faria a merecida divulgação de uma ópera excelente, na qual – segundo Guido Peragalli em *L'Opéra de 1597 à nos jours* – "Alfano, acusado de 'afrancesar' a música italiana, tentou na verdade uma síntese, adotando um estilo vocal tipicamente italiano, mas dando também grande importância à orquestra." Sobre *Cyrano*, escreve Peter Davies:

> Para esta ópera, é absolutamente essencial um tenor prodigiosamente dotado, um amálgama de Errol Flynn e de Enrico Caruso, que possa declamar com eloqüência, mover-se com elegância e emitir montes de dós agudos, enquanto mantém centenas de homens à distância com sua espada. Se algum dia surgir o artista capaz de fazer justiça a esse papel fabuloso, *Cyrano de Bergerac* terá seu valor reconhecido. Essa partitura rica, colorida e cuidadosamente composta é a criação mais madura de Alfano e dá provas de suas melhores qualidades: senso de teatro e sofisticação técnica, que nunca o desertaram, junto com aquela sensibilidade especial de compositor de ópera nato, cujas personagens adquirem vida através das canções.

Além de um comentário orquestral que, pela própria natureza do tema, se acomoda bem à influência francesa – de Ravel principalmente –, o compositor aqui demonstra ter dominado com desenvoltura o equilíbrio entre as cenas dialogadas, em recitativo melódico, e os números fechados, que costura habilmente no tecido musical contínuo. O exaltado drama de Rostand, de resto, não regateia ao operista ocasiões para essas páginas de grande efeito. Há vários momentos muito bem-sucedidos. Entre eles estão o "envoi" de Cyrano, "Je jette avec grâce mon feutre", na cena do duelo com o jovem marquês enfatuado que o ofendeu chamando-o de narigudo (ato I); o hino do regimento "Ce sont les cadets de Gascogne", do ato II; ou a canção heróica "Approche, Bertrandou, ancien berger", do III. O lirismo de Alfano encontra onde se espraiar no final do ato II: a grande cena da serenata a Roxane em que Cyrano, escondido sob a sacada e falando em nome de Christian, declara-se à mulher que ama. E também, nesse mesmo ato, na bela ária de Roxane, "Je t'adorais depuis qu'un soir". Especialmente bem realizado é todo o último ato. Nele está a grande jóia da ópera: a comovente cena final, da morte de Cyrano, em que Roxane descobre finalmente que era ele o autor das palavras inflamadas pelas quais se apaixonara.

Alfano compôs ainda, sobre libreto de M. Ghisalberti da Ruffini, a comédia *Dottor Antonio*, estreada na Ópera de Roma em 30 de abril de 1949. No mesmo ano, aceitou da RAI a encomenda de uma ópera radiofônica, *Vesuvius*, sobre texto de V. Viviani, transmitida uma única vez na primavera de 1950.

WOLF-FERRARI

Numa carta de 6 de março de 1902 a seu amigo Karl Straube, Kantor da Thomaskirche de Leipzig, o próprio Ermanno Wolf-Ferrari (1876-1948) contou a história de sua família. O pai, o pintor bávaro Augustus Wolf, foi mandado a Veneza por um grande colecionador, o conde Schock, encarregado de fazer cópias dos mestres renascentistas para a sua galeria em Munique. Lá, ele se apaixonou por Emilia Ferrari, de legendária beleza, e Hermann Friedrich Wolf nasceu em 12 de janeiro de 1876. Ele agradecia ao pai, "que, desde criança me tratou como poucos pais tratam os filhos", pelos "elementos alemães que há em minha natureza". Mas, ao escolher o nome artístico, passou a chamar-se Ermanno Wolf-Ferrari, pois "de minha mãe herdei dons que não têm preço: a disposição ensolarada, a fé no futuro, a capacidade de acreditar na coisas, os nervos fortes".

O sobrenome que une os nomes do pai e da mãe sintetiza a dupla natureza de um artista que, como Busoni, sempre teve um pé em cada uma das duas culturas e tentou, tanto na ópera quanto em sua abundante música instrumental, fazer a síntese das melhores qualidades de ambas. Nas partituras de Wolf-Ferrari, está presente o lirismo meridional característico, domado pelo rigor do estilo germânico de escrita – o que explica a irônica descrição feita dele pelo *Time*, em seu obituário (2.2.1948): "Um compositor peso-pesado de óperas ligeiras."

Muito cedo Ermanno demonstrou incrível propensão para a música. Dizem que, aos onze anos, tocou à primeira leitura a *Fantasia Cromática* de Bach. E ele próprio conta a Straube que, aos doze, tocava todas as sonatas de Beethoven, "inclusive a temível op. 106!, com muitos erros, mas também com muito sentimento". Wolf pai, entretanto, o destinava às artes plásticas – carreira para a qual demonstrava talento também. E o matriculou na Escola de Belas Artes de Bonn mesmo depois do menino, aos treze anos, ter tido uma experiência emocionalmente devastadora quando uma tia, que morava em Bayreuth, o levou a assistir *Tristão, Parsifal* e *Os Mestres Cantores*. Foi em Munique, onde o pai o mandou para aperfeiçoar seus conhecimentos de desenho na Holsay Schule, que a crise inevitável aconteceu. Possuído pelo "demônio da música", como ele mesmo dizia, trancou a matrícula na escola de artes plásticas, e candidatou-se a um lugar na classe de composição de Joseph Rheinberger. Já era, a essa altura, autor de uma *Serenata em mi bemol maior* de escrita orquestral muito competente.

Organista e compositor notável, Rheinberger também fora menino prodígio em Vaduz, no Liechtenstein, onde nascera. Mas era conservador, antiwagneriano até a medula, um dos líderes da escola que rejeitava a *Zunkunft Musik*, e um professor rigorosíssimo, que exigia dos estudantes obediência absoluta. Ermanno, que não escondia a admiração pelo autor do *Tristão*, embora sempre mantivesse a independência dos wagnerismos, era um dos alunos mais brilhantes de Rheinberger. Mas enfurecia o mestre com suas demonstrações de independência. Quando Rheinberger pediu a seus alunos que escrevessem uma fuga a quatro vozes sobre um tema que lhes deu, Ermanno compôs uma fuga dupla a oito vozes, sobre um tema original, usando o do professor como segundo motivo. Este sentiu-se ridicularizado e reagiu tão mal que Ermanno viu-se forçado a abandonar o conservatório – embora nunca tivesse deixado de externar a admiração que sentia pelo professor.

Não se deve esquecer, observa Herbert Rosendorfer em seu esboço biográfico,

> que a fase de formação de Wolf-Ferrari e de suas primeiras obras e primeiros sucessos coicide com um período em que Brahms e Verdi ainda estavam vivos, as últimas sinfonias de Bruckner ainda não tinham sido executadas, era amarga a disputa em torno das qualidades ou defeitos da "nova escola germânica", e a tradicional forma sinfônica estava sendo abandonada. Era também a época em que as primeiras obras de Debussy e Ravel encontravam ressonância fora das fronteiras francesas, Stravínski se empenhava em criar um novo idioma nacional russo, e Bartók um equivalente nacional húngaro. Wolf-Ferrari achava essas disputas odiosas: rejeitava todas as polêmicas ideológicas político-musicais. Pode ter sido essa uma das razões pelas quais saiu de Munique e voltou para a sua cidade natal, a cidade de sua mãe.

Indo para Veneza, Wolf-Ferrari esperava conseguir encenar *Irene* (1896), uma ópera escrita em versão para voz e piano, mas ainda não orquestrada. Não foi bem-sucedido nessa empreitada, mas fez amizade com o conde Lugoni, um mecenas que o pôs em contato com Don Lorenzo Perosi, o renovador da música sacra italiana, então regente do coro na catedral de São Marcos. Perosi o fez conhecer Palestrina e Monteverdi, e a música desses mestres veio juntar-se à de Haydn, Mozart e Beethoven, que ele venerava. Don Lorenzo lhe apresentou também pessoalmente Boito e Verdi. Iam-se assim delineando as grandes influências formadoras de sua linguagem. A tutela de Perosi presidiu à composição da primeira obra de grande porte, o oratório *La Sulamita*, cantado no Teatro Rossini, de Veneza, em 26 de fevereiro de 1899. Chegara a hora de tentar a sorte com uma ópera.

Depois de *Irene* e *La Camargo*, de 1897, deixada incompleta, Wolf-Ferrari conseguiu que, em 22 de fevereiro de 1900, o Teatro La Fenice apresentasse *Cenerentola*. Os modelos desse conto de fadas, com libreto de Maria Pezze-Pascolato baseado nos irmãos Grimm, eram Verdi, Wagner e o *Hänsel und Gretel*, de Humperdinck. O decalque é evidente: há um balé para os anjos na cena em que o espírito da mãe de Cinderela aparece; uma marcha das fadas e uma cena triunfal copiada da *Aida*; uma cena de baile, um intermezzo com trompas que se respondem parecendo saídas do *Lohengrin*; e um gigantesco finale para todo o elenco. Foi um desastre proporcional às ambições do jovem músico. A montagem era muito pobre, os cantores estavam insuficientemente preparados, e o público achou insuportavelmente longas as 1007 páginas da partitura. Desbastada de uma boa quantidade de música, a ópera foi reapresentada em Bremen, em 31 de janeiro de 1902, com o título de *Aschenbrödel* (Borralheira). Desta vez, foi compensador o aplauso de um público mais afeito a óperas longas e de escrita sinfônica cerrada.

Nesse meio tempo, duas obras vocais não-operísticas o tinham colocado na lista dos mais promissores músicos jovens: o oratório *Talitha Kumi*, que conta a história do encontro de Cristo com a filha de Jairo; e o belíssimo *Vita Nuova*, baseado no poema em que Dante celebra a beleza de Beatrice e o Amor Ideal. O musicólogo James Ringo colocou *Vida Nova* ao lado do *Dream of Gerontius*, de Elgar, como "os oratórios mais bem-sucedidos desse início de século". A obra lhe valeu o convite para dirigir o Liceo Benedetto Marcello, de Veneza, cargo que Wolf-Ferrari manteve até 1912. Além da gravação pirata de Erwin Loehrer, de grande valor histórico, que existia no selo MRF, para conhecer esse oratório há também, no Koch Schwann, a bela versão de Roland Bader, gravada na catedral de St. Hedwig em Berlim.

Como diretor do Benedetto Marcello, Wolf-Ferrari promoveu a redescoberta de várias óperas de compositores do século XVIII. Em fevereiro de 1907, para o festival que comemorava o bicentenário de Carlo Goldoni, editou *Il Filosofo di Campagna*, de Baldassare Galuppi, de que o dramaturgo veneziano era o libretista. A essa altura, a imensa afinidade que tinha com esse mestre da comédia setecentista veneziana já o fizera escolhê-lo como a inspiração para sua ópera seguinte: *Le Donne Curiose*, com libreto de Luigi Sugana. Ermanno esperava que o La Fenice estreasse essa comédia, baseada na obra de um dos maiores cronistas da vida em Veneza. Mas ninguém é profeta em sua própria casa. A direção do teatro, decerto lembrando-se do fiasco da *Cinderela*, recusou-se a montá-la. A Casa Ricordi tampouco demonstrou interesse num autor de música sacra em cujo futuro como operista não apostava. Só depois da I Guerra Wolf-Ferrari conseguiria que uma editora italiana, a Casa Sonzogno, se resolvesse a publicá-lo. Até então, era a Josef Weinberger Verlag, de Munique, quem o editava. Com isso, ele acabou transferindo para a Baviera a estréia das *Mulheres Curiosas*. Elas ali se fizeram conhecer, no Residenztheater de Munique, em 27 de novembro de 1903, com o título de *Die neugierigen Frauen*. Inaugurava-se assim um padrão que se tornaria muito comum na carreira de Wolf-Ferrari: o de óperas originalmente concebidas sobre libretos em italiano que, para serem ouvidas pela primeira vez, teriam de ser traduzidas para o alemão.

Enquanto os homens se divertem em seu clube fechado, as mulheres e namoradas ficam em casa imaginando o que eles fazem lá dentro. Na verdade, eles estão planejando um grande jantar para comemorar o casamento próximo de Florindo com Rosaura, a filha de Ottavio. Na casa de Ottavio, a sua mulher, Beatrice, tem certeza de que seus maridos passam o tempo jogando; Rosaura teme que eles recebam outras mulheres; Eleonora fantasia que eles estão à procura da pedra filosofal; e a criada Colombina acredita que eles estão desenterrando tesouros escondidos. Rosaura e Colombina fazem de tudo para que Florindo revele alguns dos segredos do clube. Eleonora também deixa Lelio, seu marido, quase doido com as suas perguntas. As mulheres decidem então que vão usar de todos os recursos para conseguir acesso ao lugar proibido. Com subornos e ameaças, conseguem convencer Arlequim, cozinheiro e mordomo do lugar, a deixá-las entrar. Lá dentro, descobrem que os homens estão apenas jantando e conversando tranqüilamente, longe das pressões importunas a que estão sujeitos em casa, e não há segredo tenebroso nenhum. Descobrindo-as, eles as perdoam por sua curiosidade e – aquela noite apenas – as convidam a participar das festividades.

Há, nesse libreto, a marca característica das comédias de Goldoni: intrigas muito simples, misturando personagens reais e máscaras da *Commedia dell'Arte*, que servem de fio condutor para o retrato dos costumes venezianos e de suas personagens típicas. Explorando com leveza e bom-humor essa trama "politicamente incorreta", Wolf-Ferrari surpreendeu a crítica alemã pela ausência de influência wagneriana ou verista, numa época em que a maioria das obras se baseava nessas duas grandes matrizes, ambas mortalmente sérias. Edgar Steiger escreveu, após a estréia:

> Ontem foi um dia que os críticos devem assinalar com tinta vermelha no calendário, pois ele será um marco na História da Ópera. Até que enfim surgiu um salvador que saberá ensinar-nos de novo a rir em música.

Se modelos havia, eram o de Mozart, contemporâneo à ação descrita e, mais recente, o do *Falstaff* verdiano – que plana sobre todas as comédias italianas do início de século, das *Maschere*, de Mascagni, ao *Basi e bote*, de Pick-Mangiagalli. Ao observar o frescor e a leveza de uma comédia que contrastava com as pesadas óperas em moda na época, o crítico do *Allgemeine Musik Zeitschrift* observou, com uma ironia que visava as opulentas partituras de Strauss, Schreker ou Zemlinsky:

> Não há Heckelphone, nem celesta, nem tam-tam, nem glockenspiel, nem castanholas, não se pede dezesseis primeiros e segundos violinos, não há nem sequer trombone, tuba ou corne inglês nessa partitura.

"Bom artesanato", "sonoridades fluentes e naturais", "gosto pelos efeitos intimistas", "extremo cuidado com os detalhes" foram expressões empregadas nos comentários às *Mulheres Curiosas*; e que, no futuro, retornariam com freqüência, cada vez que se falasse das óperas de Wolf-Ferrari. Mas se foi boa a reação do público de Munique, ela não se compara ao entusiasmo da platéia e da crítica quando o Metropolitan de Nova York apresentou a mais famosa montagem dessa ópera, em 3 de janeiro de 1912. Toscanini regia um elenco em que havia Geraldine Farrar – a mais encantadora das Rosauras –, Hermann Jadlowker, Adamo Didur e Antonio Scotti. A espontaneidade melódica, a graça de um texto em que italiano e dialeto se misturam com agilidade fez com que o compositor fosse chamado "um membro da velha raça dos *bouffonistes*".

Tirando preciosa lição do fracasso da *Cenerentola*, Wolf-Ferrari aprendera a controlar os excessos de inspiração e a ser mais conciso. Mesmo depois da bem-sucedida estréia alemã, reescrevera a abertura de forma mais sucinta, condensara os atos I e II e dera forma compacta a alguns dos números de conjunto. É assim que a ópera existe na gravação pirata de Alfredo Simonetto (MRF, s/d), numa transmissão da RAI de Milão. Ouvindo-a, não há como explicar que música de tão grande comunicabilidade tenha desaparecido do repertório (no Met, por exemplo, depois de oito encenações triunfais entre 1911-1913, *The Curious Women* nunca mais voltou à cena).

Goldoni foi a fonte de inspiração para a ópera seguinte, iniciada logo após as *Mulheres Curiosas*. Ao adaptar *I Rusteghi* (1760), Sugana e Giuseppe Pizzolato preservaram o saboroso dialeto vêneto em que ela é escrita. Uma só personagem, o conde Riccardo, fala italiano, e isso caracteriza as suas origens aristocráticas e de forasteiro, estranho à cidade. A música de Wolf-Ferrari amolda-se de tal maneira às inflexões idiossincráticas do dialeto de sua cidade natal, que *I Quattro Rusteghi* perde muito quando traduzida. E, no entanto, foi em tradução que a ouviram pela primeira vez. Tendo novamente fracassado em interessar o La Fenice, o compositor levou sua comédia para a Alemanha. Depois do sucesso da ópera anterior, Berlim e Munique competiram pelo direito de estreá-la. E foi o Hoftheater desta última que encenou a aclamada tradução de H. Teibler, *Die vier Grobianer*, em 19 de março de 1906. Existem, hoje em dia, três gravações dos *Quatro Broncos*, que já foi descrita como "a comédia italiana mais refinada depois do *Falstaff*" (John Waterhouse). A de Alfredo Simonetto (Cetra) é da década de 40; a de Antonino Votto (Fonit-Cetra), de 1954. Ambas têm elencos muito atraentes, com grandes nomes das respectivas épocas. A de Daniele Callegari (Agorá Musica), ao vivo no Teatro Grande de Brescia em 13 de novembro de 1993, tem técnica de som mais moderna e elenco menos experiente. As três, porém, defendem brilhantemente a causa de uma comédia que só se perde em desconhecer. Em vídeo, há um espetáculo de Treviso, em 1993 (D. di Stefano, De Mola, Bertanolli/renzetti).

Os *rusteghi* do título são os mercadores Lunardo, Maurizio e Simon, e o rico burguês Cancian, velhos, pedantes e quadrados, agarrados a costumes tradicionais de que não querem abrir mão, incapazes de perceber que o mundo está mudando e eles estão ficando para trás. Lunardo contratou o casamento de sua filha, Lucieta, com Filipeto, o filho de Maurizio. Mas eles querem que se obedeça ao antigo costume: os noivos não devem se ver antes do dia das bodas. Contra essa tradição absurda, se insurgem Margarita, madrasta de Lucieta, Marina, a tia de Filipeto, e Felice, a mulher de Cancian. Aliando-se ao conde Riccardo – que não é da cidade e, portanto, nada tem a ver com seus usos arraigados –, contrabandeiam o rapaz para dentro da casa de Lunardo, fantasiado de mulher. Basta os dois jovens se verem para se apaixonarem instantaneamente. Mas ao saber que sua ordem foi violada, o cabeçudo Lunardo decide cancelar o casamento, no que é apoiado pelos outros três velhos ranzinzas. Só os esforços dos outros e, em especial, o persuasivo discurso de Felice, consegue demovê-los do absurdo de querer impedir, em nome de um princípio superado, a felicidade de dois jovens que eles mesmos queriam unir. Um projeto a que os dois alvos não opõem obstáculo algum, pois estão loucos um pelo outro.

Uma vez mais, a intriga é tênue, mas o texto delicioso permite a evocação dos ambientes setecentistas e caracterizações memoráveis. O texto de Sugana e Pizzolato ameniza sensivelmente o de Goldoni, em que o caráter dos *rusteghi* é muito mais intratável. Aqui, eles se parecem com os "vilões" tradicionais da ópera bufa, o Bartolo do *Barbiere* ou Don Pasquale, figuras mais ridículas do que realmente

Telão pintado por F. Laurenti para uma encenação de *Le Donne Curiose* de Wolf-Ferrari, em Veneza, em 1967.

maus caracteres. E Wolf-Ferrari extrai ótimos efeitos vocais da combinação de três baixos e um barítono. Mas, fazendo como as personagens progressistas de sua comédia, o compositor demonstra que as velhas fórmulas da ópera bufa devem ser tomadas apenas como o ponto de partida para uma forma que tem de ser reinventada. Na moldura da ópera cômica tradicional, ele insere pastiches de Verdi e Wagner; recorre a dissonâncias de gosto mais moderno quando as situações assim o exigem; e atualiza a cor local usando temas de música popular veneziana que dão um senso de atemporalidade aos tipos e situações descritos. No entanto, esse ecletismo é unificado pelo tom extremamente pessoal da invenção melódica e pela riqueza de uma orquestração toda em filigranas, atenta às inesgotáveis lições da escrita instrumental do *Falstaff*. A linha vocal oscila entre os recursos convencionais da ópera bufa e a ágil aplicação da *parola scenica* ao domínio cômico. Wolf-Ferrari demonstra ser um digno herdeiro do grande legado do cantábile mediterrâneo em cenas como

- a grande ária "I mè vol zirar... Un mario, sior sì", do início do ato II, em que Lucietta pede à Virgem que a proteja na escolha de um marido;
- o nostálgico dueto "La dona de un tempo la gera un zogelo", em que Lunardo e Simon sentem saudades da época em que as mulheres eram mais submissas;
- a cena em que Marina e Felice combinam a apresentação dos candidatos a noivo, culminando no buliçoso dueto "Che gringola, che godi, che alegria!", com a citação de uma melodia popular napolitana;
- ou dois elaborados concertatos: "O come che me godo... Nel cor che me va in estasi", marcando o instante da descoberta do amor pelos dois jovens; e o rumoroso "Siora mare, Filipeto, difendelo...", quando os *rusteghi* pegam o casalzinho com a boca na botija e a casa arrisca vir abaixo.

Inserido na grande tradição clássica do monólogo cômico, tem lugar de destaque na ópera o discurso com que a sensata Felice chama às falas os quatro turrões e os convence da bobagem que a intolerância os está levando a fazer:

Eh, via, tasè là... satrapi, tasè, orsi d'inferno,
Che co sto modo che tratè le done
Non le vel pol amar in sempiterno. [...]
Sior Lunardo, so fia vol maridar:
Gnente l'à da saver, piasa o non piasa la lo ga da tor.
Gavè una fia sola, par Diana gavè,
E l'assassinè?

(Vamos, calem-se... tiranos, calem-se, ursos do inferno, que com esse seu jeito de tratar as mulheres, elas não poderão amá-los para sempre. Senhor Lunardo, a sua filha quer se casar: nada mais há para saber, lhe agradando ou não, é isso que ela quer. O senhor tem uma filha só, por Diana que tem, e a quer assassinar?)

Sucesso imediato na Alemanha, *I Quattro Rusteghi* demorou muito a conquistar o público italiano. Foi preciso que o Sadler's Well a aclamasse, em 7 de junho de 1946, na brilhante tradução do musicólogo Edward Dent intitulada *School for Fathers*, para que lhe começassem a dar atenção em sua própria terra. Hoje, pelo menos, os três registros já existentes provam que essa negligência não é total. Sua popularidade, porém, nunca chegou a igualar a da peça mais conhecida – e por coincidência, a mais curta – de Wolf-Ferrari.

As personagens e ambientação de *Il Segreto di Susanna* são contemporâneas, e a trama deliberadamente comum. Por isso, a ópera não deixa de ter um certo vínculo com o molde ainda vigente do Verismo. Não significa, porém, que Wolf-Ferrari tenha renunciado às suas costumeiras fontes históricas de inspiração. O libreto de Enrico de Golisciani imita o de um marco na História da Ópera: *La Serva Padrona* (1733), o *intermezzo* de Pergolesi tido como o modelo do qual evoluiu a ópera cômica. A estrutura é a mesma: um soprano, um barítono, uma personagem muda que faz o papel de Sante, o criado; uma historinha banal fotografando um flagrante do quotidiano. Até o chocolate servido ao casal é o mesmo.

O conde Gil suspeita que Susanna, a sua jovem esposa, tenha um amante. De outra forma, como explicar o persistente cheiro de tabaco que paira pela casa? E por que motivo a todo momento ela sai às escondidas? Ao cabo de alguns quiproquós, o segredo vem à tona: é Susanna quem gosta de fumar e, quando sai, é para comprar cigarros. Aliviado, Gil concorda em começar também a fumar para lhe fazer companhia. Essa simpática bobaginha conquistou o coração do público quando estreou, em 4 de dezembro de 1909, no Hoftheater de Munique, na tradução de Max Kalbeck intitulada *Susannens Geheimnis*. A música, mais do que a história tolinha, foi a responsável pela aceitação desse intermezzo, de que existem duas otimas gravações: a de Lamberto Gardelli (Decca, 1976) com Maria Chiara/Bernd Weikl; e a de John Pritchard (CBS, 1981) com Renata Scotto/Renato Bruson.

A pequena abertura é uma obra-prima de contraponto – que teria enchido de orgulho o exigente Rheinberger –, com suas quatro melodias independentes que se integram admiravelmente quando soam juntas na coda. Há várias alusões à ópera cômica tradicional: Rossini, é claro, a todo momento; ou Donizetti, na ária do soprano, "Se t'offesi non volendo", e no dueto com que a ópera se encerra – cujo texto, "Tutto è fumo a questo mondo", parece uma brincadeira com o "Tutto nel mondo è burla" do final do *Falstaff*. Mas Debussy também dá as caras: os sinuosos arabescos cromáticos com que o clarinete imita as volutas da fumaça, na ária de Susanna, "O gioia la nube leggera", parodiam o tema do *Prélude à l'après midi d'un faune*. Essas brincadeiras estilísticas não significam, porém, que *O Segredo de Susanna* seja uma peça derivativa. Ela é despretensiosa, isso sim; mas o sabor individual que Wolf-Ferrari consegue dar às suas melodias – basicamente diatônicas, mas com um perfume cromático que relembra constantemente a atmosfera Art Nouveau da época em que foram criadas – dá-lhes personalidade inconfundível. Essa unidade de tom fazia o maestro Felix Mottl dizer: "Vocês podem achar paradoxal, mas esta é a ópera mais wagneriana que eu conheço." E demonstra que seu autor sabe beber em diversas fontes sem, com isso, tornar-se apenas um epígono. De resto, ele estava sempre pronto a tentar caminhos novos, como faria na ópera seguinte.

Desafetos de Wold-Ferrari disseram que seu único objetivo, com *I Gioielli della Madonna*, tinha sido ganhar dinheiro, aproveitando a voga das óperas violentas, com histórias de crime e paixão. Se isso é verdade, o alvo foi plenamente atingido, pois esta inesperada guinada para o Verismo pós-mascagnano foi o drama musical que mais lucros lhe rendeu. Ela lhe valeria um outro galardão: o sucesso retumbante na Alemanha e nos EUA faria com que, finalmente, a Itália se desse conta que lhe pertencia o autor de melodrama tão solicitado no exterior. Mas isso seria mais tarde. Por enquanto, o destino das *Jóias da Madonna* seria o de sempre: estrear na Alemanha.

Reeditando o que acontecera duas décadas antes com a *Cavalleria*, os críticos berlinenses não pouparam elogios a *Der Schmuck der Madonna* quando Selmar Meyrowitz regeu a bem cuidada produção de Maximilian Morris na Kurfürstenoper, em 23 de dezembro de 1911. Nada que se comparasse, porém, com a tempestade que a ópera desencadeou, no Chicago Auditorium, em 16 de janeiro do ano seguinte, quando Cleofonte Campanini conduziu a primeira versão em língua original. A ópera de Wolf-Ferrari fez esquecer os espetáculos anteriores da temporada, todos muito apreciados: *Cendrillon* e *Le Jongleur de Notre-Dame*, de Massenet, *Natoma*, de Victor Herbert, e a hoje esquecida *Quo Vadis?*, de Jean Nouguès, que naquela época era um dos títulos mais solicitados do repertório. Carlo Zangarini e Enrico Golisciani assinam o libreto das *Jóias da Madona*. Mas hoje sabe-se que eles se limitaram a versificar uma detalhada sinopse desse "dramma della vita popolare napolitana", escrito pelo próprio compositor a partir de uma notícia que tinha lido num jornal.

No dia da festa da Virgem, em vão o ferreiro Gennaro implora à santa que o livre do amor sem esperanças que nutre por Maliella, a bela órfã recolhida por Carmela, a sua mãe. A moça não lhe dá a mínima, diverte-se, dança, canta, provoca um homem mais velho, Biaso, o escrivão público do bairro, e deixa-se cortejar por Rafaele, o chefe dos camorristas. Este lhe diz que por ela seria capaz até de roubar as jóias que adornam a imagem da Virgem nos dias de procissão. Quando Maliella conta a Gennaro que pretende deixar a casa de Carmela, ele tenta impedi-la e confessa que a ama. Mas a moça responde que só conseguirá amar um homem corajoso o bastante para roubar as jóias da Virgem e lhe oferecer de presente. Gennaro a tranca em casa e sai mas, na rua, a vê na janela, prometendo a Rafaele, que veio lhe fazer uma serenata, ir encontrar-se com ele, no esconderijo da Camorra, no dia seguinte.

Gennaro volta, pouco depois, trazendo para a garota as jóias pedidas. Fascinada, Maliella põe o colar de pérolas no pescoço e a tiara na cabeça, e não se opõe a que Gennaro a abrace. Mas logo se arrepende e corre a pedir a ajuda de Rafaele que, em seu refúgio, está se vangloriando de ter feito uma nova conquista. O bandido a rejeita ao perceber que a moça se entregou a Gennaro, e recua horrorizado ao ver que ela está usando as jóias da santa. Gennaro vem procurá-la, mas Mariella atira as jóias a seus pés e foge. Os bandidos se afastam também, pois não querem passar por cúmplices do sacrilégio. Gennaro recolhe as jóias, vai colocá-las aos pés da imagem da Virgem e, cheio de remorsos, se apunhala.

A ópera tem todos os ingredientes que se exigia do melodrama naturalista: paixões descontroladas com um tempero de escândalo. Em Filadélfia, informou a imprensa local, "Caroline White deixou de colocar no pescoço as jóias da Virgem, para não ofender os católicos presentes". Por outro lado, o libreto oferece ao compositor abundantes possibilidades de fazer o colorido retrato da vida nas ruas napolitanas. Nisso, mais do que na história central, acaba concentrando-se hoje o interesse da partitura. A cena inicial, com sua mistura de italiano e dialeto napolitano, mostrando a agitação dos vendedores de macarrão, queijo e frutas, é de um brilhantismo que merece que se a coloque ao lado do ato II da *Bohème*. Os temas de sabor popular napolitano utilizados por Wolf-Ferrari são submetidos a complexa elaboração sinfônica, mas nem por isso se descaracterizam ou perdem a espontaneidade. No plano vocal, um bom exemplo dessa incorporação muito natural do estilo popular de cançoneta é "Aprila, o bella, la finestrella", a serenata que Rafaele faz para Maliella no ato II.

Dado o estilo pouco usual de ópera com que Wolf-Ferrari estava trabalhando, eram inevitáveis as influências. *Cavalleria, Carmen* e a *Louise* de Charpentier são as mais óbvias e mais freqüentemente mencionadas. O lirismo bem típico do compositor, porém, manifesta-se em passagens como a seção final de "Figliuolo, abbi pazienza", o dueto do ato I em que Carmela tenta consolar o filho, que sofre por não ser amado. Quanto à crua exuberância das melodias veristas, decalcando o estilo direto do primeiro Mascagni, ela se encontra bem representada em "Che devo darti", a ária em que Gennaro afirma estar pronto a demonstrar seu amor oferecendo à moça as próprias jóias da Virgem. E principalmente no "La Madonna sai che non l'offesi", do ato II, em que, numa espécie de delírio a que é levado pelo extremo de desejo, o rapaz confunde sacrilegamente a imagem erótica de Maliella com a visão mística da própria Virgem. Há também passagens instrumentais extremamente bem escritas, algumas das quais, como o *Intermezzo*, encontraram o caminho para os programas de concerto. Dos *Gioielli della Madonna* só existe um registro pirata (MRF). Como sempre acontece – parece ser essa a sina de Wolf-Ferrari – não é uma gravação italiana. Alberto Erede a realizou em Londres, em 1976, com um bom elenco inglês encabeçado por Pauline Tinsley, Andre Turp e Peter Glossop. Não tenho notícia de que tenha sido remasterizada em CD – o que é uma pena, pois o som dos Lps é sofrível.

Foi uma das poucas incursões do compositor fora do domínio cômico de inspiração clássico-barroca. Logo a seguir, Wolf-Ferrari voltou ao tipo de ópera com que melhor sabia trabalhar. *L'Amore Medico*, encenada em Dresden, em 4 de dezembro de 1913 com o título de *Der Liebhaber als Arzt*, tem libreto de Golisciani baseado na peça de Molière. Waterhouse considera-a "injustamente negligenciada". Logo em seguida veio a I Guerra Mundial e, com ela, anos de crise profunda para o compositor. Em carta de outubro de 1915 a Clemens Von Franckenstein, diretor do Hoftheater de Munique, ele pergunta:

> Você sabe o que significa ser filho de pai alemão e mãe italiana, e ver esses dois países estarem em guerra? Ninguém com uma alma cromática ou enarmônica pode imaginar como me sinto dividido. Se eu soubesse onde te encontrar sem ter de cruzar com ninguém, iria te fazer uma visita.

A última frase sugere o isolamento em que a depressão o deixou, morando em Zurique e, segundo ele próprio conta, absolutamente incapaz de compor durante seis anos. Ao sofrimento com o conflito vinham somar-se a dissolução de seu casamento e a descoberta de que Josef Weinberger, seu editor vienense, o estava enganando. Só em 19 de fevereiro de 1925 conseguiu voltar a estrear uma ópera: *Gli Amanti Sposi*, baseada em Goldoni e em tudo reminescente do estilo das *Mulheres Curiosas*. Desta vez, pelo menos, conseguiu – pela primeira vez desde a *Cenerentola* – que a criação fosse no La Fenice.

O mesmo não aconteceu, porém, com o trabalho seguinte. O próprio compositor preparou o libreto de *La Veste di Cielo*, baseando-se em *Peau d'Âne*, o conto de Charles Perrault. Nenhum teatro italiano tendo-se interessado por ela, Wolf-Ferrari levou-a uma vez mais para a Alemanha, onde a *Märchenoper* (a ópera baseada em contos de fada) sempre teve público fiel. A Ópera Nacional de Munique deu encenação luxuosa a *Das Himmelskleid*, em 21 de abril de 1927, com um excelente elenco encabeçado por Fritz Krauss e Luise Willer, sob a regência de Hans Knappertsbusch. Mas a reação da crítica foi morna: falou-se no "peso de idéias demasiado filosóficas e estetizantes", e na "ausência de tensão dramática de um poema muito longo, que não tem o fôlego persuasivo necessário ao drama, sem o qual uma obra cênica não tem existência teatral". Houve, porém, quem reconhecesse as qualidades da obra. Astrid Rech, no ensaio de apresentação da ópera no álbum do selo Marco Pólo, cita – sem mencionar seu nome – um dos críticos bávaros que escreveu:

> Neste mundo crepuscular e simbólico, que se eleva musicalmente à grandeza religiosa e ao universo onírico, Wolf-Ferrari demonstrou todo o fervor de que dispõe como compositor. Entrega-se ao êxtase lírico e a sua invenção musical, bem como o brilho de sua instrumentação, estão no mais alto nível, arriscando-se inclusive a perder de vista o próprio teatro. Vemos e ouvimos apenas aquele que busca Deus entre os seres espirituais ou os emissários do Céu. [...] Musicalmente, Wolf-Ferrari mostra-se, nesse novo mundo, como um idealista e um romântico. Aqui, parecemos reconhecer um novo aspecto do compositor – para mim, trata-se apenas de uma nova prova de seus dons musicais muito originais que, obedecendo a um sentimento interior infalível, podem expressar exaustivamente tudo o que cada situação exige. A sensibilidade desse som e a percepção de colorido são espantosas e os resultados são tão evidentes por si mesmos que a estrutura torna-se quase ou nada aparente.

Para Wolf-Ferrari, de fato, *O Vestido do Céu* não era apenas mais um título a acrescentar a seu catálogo, como o demonstra o texto que escreveu para o programa da estréia:

> "Muitos se espantam com o fato de que esta minha obra é apresentada como uma 'lenda em três atos', e não uma ópera cômica. Muita gente acha que estou me aventurando em território que é novo para mim. Mas quem conhece a obra coral *La Vita Nuova*, baseada em Dante, que escrevi 25 anos atrás, sabe que não. Eu também me espantei com o fato de, um ano apenas depois de *La Vita Nuova*, eu tenha começado a escrever *Le Donne Curiose*, que é uma ópera cômica. Hoje, isso não me surpreende mais, porque sei, atualmente, uma série de coisas que, naquela época, eu não sabia. Colocando a coisa em termos simples, todo homem, visto de fora, é uma figura cômica e, visto por dentro, é uma figura trágica.
>
> Se agora musiquei uma lenda, não tenho com isso a intenção de estar fazendo algo de 'mais sério' do que antes, pois afinal de contas, num certo sentido, a arte é sempre alegre; mas me afastei do dia-a-dia, deixando que as personagens, ao se comportarem no palco, mostrassem o seu eu interior; conseqüentemente, elas parecem muito menos em conflito consigo mesmas. Não se espere tampouco que elas se mostrem contidas, limitadas, restritas. Não, se de alguma maneira a minha obra for bem-sucedida, ela o será apenas mediante uma espécie de atração magnética que emana dela e à qual o ouvinte há de sucumbir. É uma obra estática, nascida da imobilidade e pedindo a imobilidade. Por que não poderia ser exatamente aquilo de que precisamos, num tempo de grandes distúrbios como é esse nosso?"

Em sinal de gratidão pela sua bondade e amor por seu povo, um misterioso mendigo tinha dado ao rei de um pequeno país um asno de ouro, que lhe garantia a prosperidade material. Quando o rei morreu, a Princesa, sua filha, subiu ao trono, e o mendigo veio procurá-la, dizendo-lhe que ela só seria feliz se possuísse os vestidos do vento, da lua e do sol. A ambiciosa Princesa emitiu a proclamação de que só se casaria com quem a presenteasse com essas roupagens. Muitos príncipes vieram oferecer-lhe vestimentas preciosíssimas, mas todos foram rejeitados, o que deixou o povo descontente, pois os países vizinhos, sentindo a debilidade da Princesa, começavam a pensar em invadir suas terras. Um novo Príncipe aparece, e a Princesa sente-se atraída por ele. Mas esse belo rapaz lhe traz apenas uma flor, e a moça exige que não volte à sua presença antes de ter conseguido os três vestidos. Quando o Príncipe parte, a temperamental soberana tem uma crise de fúria e, atribuindo ao asno de ouro o motivo para a sua infelicidade, quebra a estátua. A mágica do asno se dissipa, o reinado cai em ruínas, e à Princesa, expulsa por seu povo, outra coisa não resta senão vagar pelas estradas vestida apenas com a pele de asno que dá o título ao conto de Perrault.

No Reino do Ar, onde foi procurar o vestido do vento, o Príncipe enfrenta a zombaria dos espíritos aéreos. No Reino da Lua, a Fada Lunar tenta seduzi-lo, mas expulsa-o cheia de desprezo ao descobrir que ele quer apenas o vestido da lua. No Reino do Sol, as donzelas solares lhe dizem que nenhum mortal pode envergar o flamejante vestido desse astro sem ser consumido pelo fogo. Ao saber que a Princesa foi expulsa de seu palácio, o Príncipe volta correndo para a Terra, e a encontra exaurida, agonizante, na floresta, envolta na pele de asno. Continua não tendo os três vestidos a lhe oferecer mas, agora, ela se dá conta de que no amor dele reside algo de mais precioso do que essas roupagens impossíveis de obter. A mágica do asno de ouro se renova, o reino volta a florescer e o povo prepara-se para recebê-la, e ao Príncipe consorte, em triunfo.

A história da Princesa ambiciosa é uma parábola do amadurecimento da alma humana. Na verdade, ela nasceu envergando a veste do céu mas, ao longo de sua vida, a cobiça, o gosto pelo luxo e o desejo de poder a fizeram esquecê-la. Através do "santo mendigo", ela se vê privada de seus bens materiais – e também do amor de um homem puro, a quem desprezou, a menos que ele realize uma proeza impossível – e é obrigada a perambular, miserável e solitária, até se dar conta, na cena final:

Kleider? Ach, da war ich dumm.
Die hat man ja schon,
wenn man geboren wird.
Man ist meistens schon tot
bis man es weiß.
Da steht man nackt
erst vor dem Richter.
Jetzt weiß ich:
ich hab' sie an.
Luft, Mond und Sonne.
Mein Himmelskleid. So ist's.
Nur weine nicht, mein Lieb.
's ist ja vorbei.
Gott, war ich bös zu dir.
Weißt', ich hatte dich lieb
von Anfang an. Komm, komm,
laß dich herzen.

(Vestidos! Ah, como fui tola. Já os trazemos conosco ao nascer. E em geral estamos mortos antes de sabê-lo. Aí ficamos nus pela primeira vez diante do juiz. Eu os tenho: o ar, a lua, o sol. Meu vestido do sol. É isso. Não chore, meu amor, acabou. Meu Deus, como fui má para você. Saiba que te amei desde o início. Venha, venha, deixe-me abraçá-lo.)

E ao dizer isso, recupera as forças e vê-se, subitamente, em companhia do Príncipe, no jardim do castelo de seu pai, livre e amadurecida para recomeçar a vida. É o Mendigo quem diz a última palavra:

Die Geschichte ist nun aus.
Genau so wollte ich's haben.

(A história acabou. Era exatamente assim que eu a queria.)

Tipicamente neo-romântica em suas texturas orquestrais encorpadas e riqueza de inspiração melódica na linha vocal, *Das Himmelskleid* mostra seu autor atento ao que ocorria na ópera germânica daquele período. Nessa partitura muito rica há ecos visíveis de Schreker, Zemlinsky ou Korngold, embora costurados e assimilados à sua linguagem pessoal. *A Veste de Céu* foi injustamente subvalorizada pela crítica alemã na época da estréia, pois trata-se de uma das óperas mais gratificantes de Wolf-Ferrari do ponto de vista musical – tanto no que se refere às páginas sinfônicas (por exemplo, a brilhante marcha da entrada da Princesa em cena) quanto às vocais. E nesse sentido, um dos mais belos trechos da ópera é o longo lamento "Ach, nein! Bin nimmer froh" (Ah, não! Nunca sou feliz), em que a Princesa fala de sua insatisfação por não possuir os três vestidos de que o Mendigo lhe falara. Igualmente feliz – e de acentos wagnerianos que parodiam amavelmente o "In fernem Land" do *Lohengrin* – é, logo em seguida, o monólogo de apresentação do Príncipe: "Fern, in der Väter Park, ein tiefer See verschwiegen ruht" (Lá longe, no parque ancestral, um lago profundo jaz silencioso). O Príncipe fala da linda flor, filha do silêncio, que cresce na ilha, no centro desse lago, e que ele lhe quer oferecer em sinal de seu amor. O concertato em que os cortesãos comentam suas palavras é de extática beleza.

São muitos os momentos, nesta ópera injustamente pouco conhecida, que merecem menção: o bem construído Prelúdio ao ato II; a ambientação contrastante e docemente irônica das seqüências que se passam nos reinos do Ar, da Lua e do Sol; a deliciosa caracterização da Fada Lunar, papel escrito para um *mezzo* coloratura de corte rossiniano; e, naturalmente a cena final. Felizmente, para conhecer *Das Himmelskleid*, existe, no selo Marco Pólo, a gravação de Gerhard Markson. Ela é o resultado de uma encenação no Stadthalle Hagen, em janeiro de 1996. Angelina Ruzzafante e Sibrand Basa interpretam com muita competência o par central.

É na ópera seguinte que estão patentes os sinais do distúrbio profundo por que Wolf-Ferrari passara durante a I Guerra Mundial – e que, cioso de sua privacidade, cuidara de manter afastados dos olhos do público. O libreto de *Sly ovvero La Leggenda del Dormiente Risvegliato* é de Giovacchino Forzano, tomando como ponto de partida o Prólogo da *Megera Domada*, de Shakespeare, mas tratando-o como um drama sombrio. É um texto tão estranho que se compreende por que Puccini o recusou. Em *Sly*, Wolf-Ferrari, que já atingira os 50 anos quando o musicou, encontrou provavelmente uma ressonância para as suas próprias inquietações. Ele, que o público estava habituado a catalogar como um amável autor de comédias descomprometidas, identificou-se decerto com esse François Villon anônimo que, por capricho de um aristocrata, vê-se promovido a rei por um dia e, em seguida, é devolvido ao abismo de uma angustiosa situação sem saída.

Sly foi montado no Teatro alla Scala em 29 de dezembro de 1927, com Aureliano Pertile no papel principal. E aborda questões que, de modo mais ou menos parecido, eram formuladas por outras obras de peso compostas na mesma época: o *Doktor Faust*, de Busoni, o *Palestrina*, de Pfitzner, *Cardillac* e *Mathias o Pintor*, de Hindemith. Qual é o lugar do artista na sociedade? Qual é a influência recíproca da arte e da comunidade? Imprensada entre as duas guerras mundiais, *Sly* dá a mais amarga das respostas a essas indagações: o artista, já ameaçado por sua fragilidade inata, é uma vítima dos caprichos, da arrogância, da falta de escrúpulos da sociedade em que vive. Esta o ilude e, depois, deixa que mergulhe em sua miséria.

Procurando sua amante, Dolly que, cansada da vida futil e artificial no castelo, veio se distrair um pouco com os freqüentadores da Taverna do Falcão, o conde de Westmoreland fica conhecendo Sly. Este é um homem sensível, um poeta paupérrimo que, aspirando apaixonadamente ao amor verdadeiro, consola-se no álcool da frustração de não consegui-lo. Westmoreland, sempre em busca de novidades que o distraiam da vida de prazeres vazios que leva, tem uma idéia: levar para sua casa Sly, que caiu de bêbado, vesti-lo ricamente e fazê-lo crer que se transformou num aristocrata. O ator John Plake é o único que se opõe inutilmente a que façam com seu amigo essa brincadeira de mau gosto.

Quando Sly desperta, todo o séquito e os criados de Westmoreland unem-se na brincadeira, fazendo-o acreditar que, na realidade, é riquíssimo e, devido a uma estranha doença, perdeu a memória. Mostram-lhe um retrato de Dolly e convencem-no de que é sua esposa que, todos esses anos, esperou fielmente pelo seu retorno. Levam-no ao salão do castelo, onde Sly é apresentado à amante do nobre. Esta, perturbada pela sinceridade dos sentimentos que ele experimenta ao vê-la, esquece-se do papel que o amante lhe pediu que interpretasse. O amor que lhe declara é autêntico. Mas o conde, escondido atrás de um reposteiro, faz uma brincadeira cruel: imita a voz de Snare, o agente da penitenciária de Newgate, onde eram aprisionados os devedores insolventes (no início da ópera, Sly tivera de se esconder de Snare, que o viera procurar na taverna, para cobrar suas dívidas). O pobre bêbado percebe que lhe estão pregando uma peça e acredita que Dolly faz parte do engodo.

Os criados do conde divertem-se atormentando Sly, preso na adega do castelo. Mas este só se preocupa com a idéia de que Dolly o traiu e, com isso, perdeu-se a sua única possibilidade de conhecer o amor verdadeiro. Desesperado, quebra uma garrafa e, com um caco, abre as veias. Quando Dolly vem procurá-lo, para lhe garantir que o ama realmente, encontra-o agonizante. Ela arranca as jóias que o conde lhe deu, amaldiçoa-o pela sua crueldade, e abraça-se chorando ao cadáver de Sly.

Nesta fase da ópera italiana, talvez só *La Cena delle Beffe*, de Giordano, seja tão explícita na exibição da crueldade. *Sly* é uma ópera perturbadora, que começa como uma das habituais comédias do autor, com um tom de aparente frivolidade e, aos poucos, vai pegando o espectador de surpresa, envolvendo-o numa sinistra tragédia que nem sequer lhe reserva o consolo de uma catarse. O clima se adensa de forma gradual, mas inexorável, até o amargor revelar-se em toda a sua extensão – o que explica a perplexidade com que a ópera foi recebida em sua noite de estréia. O público, preparado para assistir a mais uma comédia, não sabia o que pensar da bofetada que, no final, lhe é dada na cara.

O ato I, bastante longo, utiliza todas as características estilísticas de Wolf-Ferrari a que estamos habituados. Há um animado retrato da taverna e de seus freqüentadores: estudantes, marinheiros, soldados, prostitutas e os atores sem um tostão da companhia de John Plake. Há vinhetas divertidas: a ópera se abre com a indignação do soldado que denuncia as trapaças do carroceiro com quem está jogando baralho: "Tu bevessi veleno da topi. Io dico che t'aiuta Belzebu!". Segue-se a cena muito divertida da taverneira que briga com John Plake, porque ele e seus atores mortos de fome roubaram, da adega, sete garrafas de seu melhor vinho das Canárias, de vinte anos. Plake e os beberrões cantam

Eran sette sorelline
sotterate da bambine.
Invecchiavan le sorelle
e restavano pulzelle.

(Eram sete irmãzinhas enterradas desde meninas. As irmãs envelheciam e continuavam virgens.),

para explicar por que fizeram a caridade de tirar aquele vinho da adega. Na agitação dessa cena de taverna e, sobretudo, na pequena vinheta do Giudice Campestre, que se retira indignado porque os beberrões estão perturbando seu jogo de cartas, fica patente o modelo – onipresente para o compositor – do *Falstaff* (o Giudice, particularmente, lembra muito o Dr. Caius, na primeira cena da comédia verdiana). Os devaneios de John Plake e suas discussões com a taverneira são interrompidas por uma ruptura de tom: a introdução do elemento lírico com a chegada de Dolly que, com sua presença, causa espanto e interesse. Ela se apresenta como "una donna che ha sete d'allegria".

As vozes predominam sobre a orquestra nos trechos de feitura tradicional. Exemplo disso é "Un orso in musoliera innamorato", que Sly entoa quando começa a se embriagar. Chama a atenção, nessa passagem, a semelhança, de situação e de tratamento dado à personagem, entre Sly e a personagem título dos *Contos de Hoffmann*, de Offenbach. Os dois são poetas, encontram na bebida consolo para a sua marginalização, estão à procura do amor puro, que rompa a sua solidão, e ambos falam indiretamente de si mesmos em suas canções: a de Hoffmann sobre o anão Kleinzach; a de Sly sobre o urso cheio de amor para dar. Um dia, ele vê uma gata "che, al colore, gli ricordava l'orsa del suo cuore"; e vai-lhe fazer a serenata. Mas a gatinha, "che non capisce la língua dell'orso", não lhe dá a menor importância. O animal "alfin si spazientò, se la prese e la mangiò". A canção de Sly termina com a frase "Viva l'orso-filosofo-amatore, che divora l'amante per amore!" Esse número ocupa posição fundamental no conjunto da partitura, pois seu tema vai reaparecer, não exatamente com um *leitmotiv*, mas como uma reminiscência melódica retrabalhada de diversas formas, no decorrer do resto da ópera. Importante é também a inflamada ária "Ma bevi! Bevi!", em que Sly fala do amor que tanto procura:

Lo so che tutti quando si risvegliano
Hano una bocca amata da bacciare.
Io no... io no... e allora darei
(ma guarda um poco... è buffa sai?...)
darei la vita... (ora ti faccio ridere)
soltanto per sentir la voce
d'una donna o di un bambino che mi dicesse
"Buon giorno Sly".

(Sei que todo mundo, quando acorda, tem uma boca amada para beijar. Eu não... eu não... e, então, eu daria... [veja que coisa... é engraçado, sabia?] ...daria toda a minha vida... [agora você vai rir de mim] ...apenas para ouvir a voz de uma mulher ou de uma criança que me dissessem: "Bom dia, Sly".)

Um melancólico solo de violino sintetiza as emoções tristonhas de Sly, no final desse monólogo. Mas Plake, comovido com o tom de suas palavras, estende-lhe um copo. E da mesma forma que Falstaff, que se metamorfoseia quando joga vinho em cima da água do Tâmisa que bebeu, também se Sly se transforma ao beber:

Tu! Tu mi salvi! Si.
Quando ho bevuto,
Io mi tramuto!
E son un re! No! Più d'un re!
Ora sono uma nuvola argentata!
Cavalco la luna falcata
e viaggio pel ciel a coglier versi!
Son la lama tagliente d'una spada!

(Tu! Tu me salvas! Sim. Quando bebo, me transformo. E sou um rei! Não. Mais do que um rei! Agora sou uma nuvem prateada! Cavalgo a lua crescente e viajo pelo céu colhendo versos! Sou a lâmina cortante de uma espada!)

Esse monólogo exaltado, de linhas amplas, que levam a voz do tenor a um pesado registro agudo, vai aos poucos ficando arrastado, as palavras saem indistintas e sonolentas até que, vencido pelo álcool, o poeta adormeça.

Mas há também trechos de *parlato*, usado para obter efeito caricatural. Eles demonstram a familiaridade do autor, radicado em terras de língua alemã, em cruzar as formas tradicionais do *parlato* herdados da comédia napolitana com as modalidades novas de declamação pelas quais o *Sprechgesang* vienense fazia o canto lírico enveredar. Não são poucas as páginas visando a obter resultado grotesco:

- a marcha triunfal de entrada dos cavaleiros, na tonalidade heróica de mi bemol maior;
- a cena construída sobre um *ostinato*, em que a dona da taverna põe para fora os desordeiros;
- as cenas de conjunto que parodiam os grandes momentos climáticos das óperas cômicas do passado – ou as do próprio Wolf-Ferrari.

Progressivamente, a música se adensa e, mesmo conservando os elementos externos da comédia – no primeiro quadro do ato II, em que Sly é enganado com todas as mentiras que lhe contam sobre seu passado –, deixa infiltrar-se lentamente a tragédia de um ser sensível impiedosamente destruído por um mundo insensível. A princípio, Sly não se convence muito, nem mesmo quando o conde, no monólogo "Cercate di frugar nella memoria", conta-lhe em detalhes a suposta história de sua amnésia. Mas sua atitude muda quando ele é confrontado a Dolly que, fazendo o papel a ela imposto por Westmoreland, apresenta-se como sua esposa. A marca inconfundível do lirismo de Wolf-Ferrari impregna essa seqüência, no centro da ópera (II, 2). A princípio, Sly reage com estranheza às palavras de Dolly, "Signore! Sposo mio! Riconoscete alfine la vostra sposa in me?" Depois, num belíssimo monólogo, identifica nela o objeto de seus sonhos:

... io t'ho veduta: io t'ho veduta tante volte...
Sì, nella mia follia o realtà... o mistero
della mente... non so... [...]
Io mi creavo con la fantasia
l'immagine soave d'una donna...
bella... come tu sei! [...]
Ti riconosco, sì... ti riconosco:
Eri tu, eri tu... la donna mia,
quella che è sola al mondo... [...]
Ed ho paura di sognare ancora,
di risvegliarmi e non vederti più.

(...eu te vi: eu te vi tantas vezes. Sim... na minha loucura ou realidade... ó mistério da mente... não sei... eu criava, com a minha fantasia, a imagem suave de uma mulher bela, assim como tu és! Te reconheço: és tu, a minha mulher, a que é única no mundo... e tenho medo de ainda estar sonhando, de acordar e não te ver mais.)

Perturbada pela sinceridade de suas palavras – "Quale pietosa pena ora m'invade?" – Dolly se esquece do papel que lhe impuseram representar – "Non voglio che tu pianga" – e assume a imagem da esposa que o poeta mereceria ter: "Credi, Sly, sì, io sono la tua sposa... e t'amo... t'amo!" É muito ambígua a posição de Dolly: ela *sabe* que Sly não pode lembrar-se de algo que nunca existiu, mas *quer* que ele se lembre daquilo que, no fundo de seu coração, ela desejaria que tivesse existido. Nesse momento, a fronteira entre ilusão e realidade torna-se muito tênue, e as cores, a luz, o calor da fantasia são muito mais verdadeiras do que a realidade cinzenta e frustrante em que eles vivem.

Ouvindo as palavras de Dolly, Sly irrompe no extasiado "È la vita finalmente!", de uma expansividade grandiosa, que remete ao obrigatório modelo do *Tristão e Isolda*:

È la vita! La vita finalmente! Viene
come um torrente da lontano e romba

il suo fragore tutto um conto d'amore!...
Viene, mi croscia in cuore...
Io son travolto!

(É a vida! A vida finalmente! Vem como uma torrente longínqua e, em seu fragor, ruge toda uma história de amor! Vem, me faz explodir o coração... Sinto-me transfigurado!)

Dolly sente a mesma coisa: "È l'amore tuo che mi da vita." E as vozes dos dois unem-se no luminoso

"Son tutta amore, sentimi, son tua!
Sei viva, ardente e bella, sei mia!"
Amor, amor su noi discendi, tu
della vita rifulgente sole, amor,
amore, divina gioia...
Abbandonarsi a te!"

(Sou toda amor, ouve-me, sou tua! Estás viva, ardente e bela, és minha! Amor, desce sobre nós, tu, amor, sol refulgente da vida, amor, alegria divina... Entregar-me a ti!)

É verossímil a adesão dos dois à fantasia pois, afinal de contas, a vida tal como deveria ter sido é exatamente aquilo com o que os dois sonharam, o ideal que em vão perseguiram todo o tempo. Mas é, ao mesmo tempo, uma situação muito dolorosa, pois logo em seguida, Sly é arrancado a seu sonho pelo conde que, por trás de um reposteiro, imita a voz de Snare fazendo-o cair em si e relembrar sua vida sórdida, seus temores, a taverna em que se embriagou antes de vir parar no castelo. Os nobres entram, zombeteiros, e lhe revelam a brincadeira de que foi alvo, antes do ato terminar bruscamente.

Desse momento em diante, a atmosfera torna-se sinistramente surrealista. Os elementos costumeiros da comédia, que persistem no ato III – as brincadeiras dos criados, que escarnecem de Sly –, são agora utilizados para acentuar a frieza do processo de esmagamento da personagem. O ato III, curto e intenso, é dominado pelo longo monólogo de Sly, cuja construção remete à de um monólogo verista como o de Canio nos *Pagliacci*: começando declamatório, com forma de recitativo, ele assume gradativamente contornos de cantilena. Ao mesmo tempo que Sly se revolta com a insensibilidade dos que o submeteram a brincadeira tão maldosa, tortura-se imaginando as razões de Dolly para agir como agiu:

Eppure... era commossa...
Forse la compassione, la pietà... [...]
No, non era pieta! No... no, quand'ella
m'ha baciato era sincera.

A idéia de libertar-se e de fugir com ela passa-lhe pela cabeça. Mas logo ele se força a ver as coisas friamente:

Ora sei pazzo veramente, Sly!
A quest'ora la donna "tua" sarà
fra le braccia d'un altro,
innamorata, tutta fremente!... [...]
Ah! E tu, povero Sly,
ritorna alla taverna! Presto! [...]

E o cantábile se espraia a partir das frases:

No, io non sono un buffone,
io sono un povero uomo che soffre tanto
e ha sempre pianto, sempre pianto solo.

(E, no entanto, estava comovida... talvez a compaixão, a piedade... Não, não era piedade! Não, quando ela me beijou estava sendo sincera. Agora estás louco de verdade, Sly! A essa hora, a "tua" mulher deve estar nos braços de um outro, enamorada, toda fremente! Ah! E tu, pobre Sly, volta para a taverna, depressa! Não, eu não sou um palhaço, sou um pobre homem que sofre tanto e sempre chorou, sempre chorou sozinho.)

Ele se acalma com a idéia da morte – "in questo nero il tuo biancore mi riposa" –, toma da garrafa, e pede-lhe um último favor:

In questo istante tu non potevi mancarmi.
Sei stata tu la sola compagna
che m'hai dato sempre l'oblio
e con l'oblio le gioie!
Ti sono grato e ti demando l'ultima.

(Neste instante não me podias faltar. Sempre foste a única companheira que me deu o esquecimento e, com o esquecimento, a alegria! Te agradeço e te peço a última.)

Quando Dolly chega, para lhe dizer que não estava simulando – "io non fingeva, Sly, io ero sincera" – encontra-o agonizante. Mas a música agora é perfeitamente tranqüila: Sly morre em paz, sem medo de Snare, do conde, da vida.

Profundamente pessimista, *Sly* é provavelmente a obra em que Wolf-Ferrari deixou transparecer seu lado mais secreto e pessoal. Embora tenha sido estreada no Scala, não se tem notícia de que a *Lenda do Adormecido Despertado* tenha sido remontada na Itália. As suas apresentações sempre foram em países de língua alemã, desde que ela estreou simultaneamente, na noite de 13 de outubro de 1928, na Stadtsoper de Dresden – sob a regência de Fritz Busch – e em Hanôver. Foi na Niedersächsischen Staatsoper de Hanôver que, em 28 de maio de 1982, realizou-se o espetáculo comemorativo dirigido por Heinz Lukas-Kindermann. O selo Arts tem a gravação de *Sly oder Die Legende vom wiedererweckten Schäfer*, em versão alemã de Walter Dahms, regida por Robert Maxym e tendo Hans-Dieter Bader e Deborah Polaski nos papéis principais. Em 2001, porém, o selo Koch-Schwann lançou um álbum que permite conhecer o libreto em italiano: trata-se do registro ao vivo, de junho de 2000, de uma co-produção do Liceo de Barcelona com a Ópera de Zurique. José Carreras, Isabelle Kabatu e Sherril Milnes são regidos por David Giménez.

Importante para a redescoberta dessa ópera foi a sua primeira apresentação no Metropolitan de Nova York, em 1º de abril de 2002, com Plácido Domingo, Maria Guleghina, Juan Pons, John Fanning, sob a regência de Marco Armiliato. Esse espetáculo foi transmitido ao vivo pela Rádio Cultura de São Paulo. Nessa ocasião, o maestro Walter Lourenção convidou a profª. Mirian Marques e a mim para comentar a transmissão. Por motivos contratuais, a emissora não tem registro do espetáculo em seu acervo, mas ele deve existir em mãos de colecionadores que o terão eventualmente gravado.

Depois desse desabafo, a serenidade retorna nas óperas compostas durante a década de 30. E com ela, a satisfação de verse finalmente reconhecido em sua própria terra. É na Ópera de Roma que estréia, em 5 de março de 1931, *La Vedova Scaltra*, com libreto de Mario Ghisalberti. Goldoni é terreno perfeitamente conhecido para este músico, que Fiamma Nicolodi chama de "um especialista na arte setecentista de fama internacionalmente reconhecida". E, voltando a trabalhar, com suas personagens e ambientes, Wolf-Ferrari reencontra a mesma vitalidade que fazia o encanto das *Donne Curiose* ou dos *Quattro Rusteghi* – como se pode verificar mediante a gravação pirata de Nino Sanzogno (MRF, 1955).

Os quatro pretendentes à mão de Rosaura, viúva bela e jovem, são de nacionalidade diferente: o inglês milord Rubenif, o francês chevalier le Bleau, o espanhol Don Alvaro e o italiano conde de Bosconero. Só isso já é um prato cheio para o compositor, que pode lançar mão de diversos sotaques e recursos musicais contrastantes para retratá-los. Ajudada por seu ardiloso criado Arlequim, Rosaura, que não sabe qual dos três escolher, imagina um estratagema, bem típico da comédia galante do século XVIII: apresenta-se a eles sob disfarce e deixa-se cortejar. Não tem dificuldades em conseguir provas de amor do refinado Le Bleau, do fogoso Don Alvaro, até mesmo do comedido Rubenif. Só Bosconero resiste à sedução, pois está realmente apaixonado pela viuvinha e pretende permanecer fiel. Com isso, ganha a confiança e a mão de Rosaura.

A Viúva Astuciosa mostra Wolf-Ferrari readquirindo rapidamente o tom leve e elegante das comédias anteriores aos anos de crise. O frescor de inspiração retorna e ele sabe não só desenhar cada um dos pretendentes com traços distintos, como também fazer da viuvinha um perfil sedutor, malicioso e apaixonante. Mas ele sabia que o teatro que fazia estava ficando rapidamente fora de moda e, em carta ao amigo suíço Keller-Huguenin, comenta:

> As novidades que, hoje dão prazer só continuam dando prazer enquanto são novidades, ou seja, por muito pouco tempo. *Sly*, por exemplo, já foi deixado repousar em paz após dois anos apenas. As pessoas estão sempre em busca de algo diferente.

Sua carreira de operista estava chegando ao fim. Em 1931, ano em que rompeu finalmente com Weinberger e transferiu para Sonzogno a edição de suas óperas, ele fez apenas a edição do *Idomeneo*, de Mozart, incluindo uma nova tradução alemã. Não foi incomodado pelo nazismo, pois não era judeu e sua música não tinha o caráter experimentalista que o regime considerava "degenerado". Mas seu respeito pela liberdade pessoal o fazia rejeitar o racismo, o militarismo e a política cultural opressiva do nacional-socialismo. A partir de 1933, passava o verão em Krailing, perto de Munique, e o inverno em Roma, produzindo basicamente música instrumental: o *Livro das Canções Italianas*, coleção de 44 poemas tradicionais toscanos; o *Tríptico* e a *Suíte Veneziana* para orquestra. Nesse meio tempo, desde 1934, preparava uma nova comédia, que Ricordi lhe encomendara para a temporada de 1936 do Scala. Feliz de estar finalmente trabalhando para a maior editora e o mais respeitado teatro da Itália, inspirado pela paisagem primaveril em torno da casa para onde se retirou, nos arredores de Roma, expressou sua alegria na carta a um amigo:

> Quando tinha 27 anos, voltei a ser criança para escrever *Le Donne Curiose*. Hoje, aos 60, a mesma coisa me acontece quando trabalho em *Il Campiello*. Sim, uma criança: eu o fui, ainda sou, e sempre serei.

E é de fato uma mistura de inocência infantil e de melancolia sem amargura alguma que encontramos em *A Pracinha*, uma de suas óperas mais encantadoras. A estréia foi no Scala em 12 de fevereiro de 1936, sob regência de Gino Marinuzzi. No elenco que criou essa ópera, hoje incompreensivelmente afastada do repertório básico, havia Mafalda Favero, Giuseppe Nessi, Margherita Carosio e Salvatore Baccaloni. O sucesso retumbante que ela colheu na noite da *prima assoluta*, e nas demais vezes em que foi remontada, torna ainda mais difícil de entender a raridade com que hoje é remontada. Duas dessas encenações ficaram documentadas: uma de 1963, regida por Ettore de Gracis (MRF); e a do Teatro Verdi de Trieste, em 1992, regida por Niksa Bareza (Ricordi). Esta última, de técnica sonora mais apurada, possui um elenco excelente: Marina Bolgari, Giusy Devinu, Daniella Mazzucato, Max-René Cosotti, Ugo Benelli, Ildebrando d'Arcangelo.

Dessa vez, Mario Ghisalberti não teve problema algum em preparar o libreto. O compositor o encarregou apenas de condensar a peça de Goldoni, de 1756, originalmente escrita em versos e em dialeto vêneto – trabalho que ele fez com absoluta eficiência. A ação se passa numa pracinha, em torno da qual há residências e um albergue. O cavaleiro napolitano Astolfi, nobre arruinado, faz a corte a Gasparina, que tem pedantes pretensões a ser uma *précieuse*. Mas como é volúvel e também está sem um tostão, ele lança olhares ao mesmo tempo sobre duas das mocinhas casadouras do bairro: Lucieta, que está apaixonada pelo mercador ambulante Anzoleto; e Gnese, a namorada de Zorzeto. As intrigas amorosas dos jovens são seguidas com muito interesse pelos velhos: Òrsola, a mãe de Zorzeto; Donna Cate Panciana, a mãe de Lucieta – que aceita em seu lugar o anel oferecido por Astolfi à filha –; e a mexeriqueira do bairro, Donna Pasqua Polegana (os papéis de Cate e Pasqua são cantados por homens).

Exasperada com o barulho e a vulgaridade da "gentalha" que mora na pracinha, Gasparina recusa-se a ir ao jantar que Astolfi oferece a todos os vizinhos. Prefere ficar trancada em casa com seu tio Fabrizio, que também é napolitano e, por isso, vê com bons olhos o pretendente à mão de sua sobrinha. Pouco importa que ele não tenha onde cair morto, desde que o livre daquela criatura desagradável. Fabrizio também já não agüenta mais as brigas constantes, seguidas de ruidosas reconciliações, de seus turbulentos vizinhos. No final, como as suas tentativas de seduzir as duas meninas estão provocando desavenças constantes entre Zorzeto e Anzoleto, Astolfi conclui ter chegado a hora de restabelecer de vez a paz e anunciar que decidiu casar-se com Gasparina. Esta despede-se de sua Veneza bem-amada, antes de partir com o marido para a distante Nápoles.

Trama simples, linear, cujo interesse vem do ritmo endiabrado com que se sucedem as espalhafatosas altercações e precárias reconciliações, permitindo fazer bem observados retratos dos tipos humanos mais variados: esta é a imutável receita das comédias goldonianas – a "arte de tirar algo do nada" – a que Wolf-Ferrari tão bem se adapta. A intriga, aqui, é ainda mais tênue do que nas óperas anteriores. O que conta é o sorriso indulgente com que o mestre da comédia clássica encara a vida das ruas. E em especial dos microuniversos que eram os *campielli* venezianos, cada um deles com seu café, suas lojinhas e vendedores, suas portas e janelas que nunca se fechavam, o que fazia as coisas mais íntimas – a briga de Donna Cate com Anzoletto sobre o dote de Luçietta, por exemplo – acabarem sendo discutidas a céu aberto.

Os cortes feitos por Ghisalberti foram muito inteligentes. Eliminar a primeira cena da peça, em que Goldoni mostra os moradores da praça brigando pelos bilhetes da "Venturina", uma espécie de loteria, permite a Wolf-Ferrari passar diretamente do delicado Preludietto, que evoca a alvorada sobre os canais, para a nostálgica ária "Ancuo zè una zornada cuzzì bella", em que Gasparina, na varanda, lamenta ter de ficar presa em casa num dia tão bonito. Ghisalberti abriu espaço também para que, no ato II, o compositor introduzisse um pitoresco "baletto", representando o jantar de congraçamento dos moradores da pracinha. Inspirando-se nos irônicos títulos dos *Péchés de vieillesse* de Rossini, Wolf-Ferrari deu a cada uma das sete seções desse balé um nome engraçado:

- *La Lengua Salmistrada*, em que se serve um suculento antepasto constituído de língua marinada, salame e presunto cru;
- *El Vin*, do qual todos abusam e que se torna o responsável por todas as desordens que vão se seguir;
- *La Torta e i Rosoli*, em que são trazidos para a mesa um enorme bolo, as frutas e generosas doses de licor Strega;
- *Le Tose*, seção na qual as serventes têm de defender o bolo, e principalmente o licor, dos ataques de passantes intrusos;
- *I Peociosi*, assinalando a chegada dos mendigos que, depois de brigar pela comida, divertem os convivas com a desafinada *Serenata dei Peociosi*;
- e, finalmente, o ponto alto da festa, o instante em que é servida uma gigantesca *Polenta*, sobre a qual todos se atiram, fazendo o ato terminar num indescritível pandemônio.

Um achado do compositor é a inclusão dos dois papéis travestis – Donna Pasqua, surda como uma porta, e Donna Cate, mexeriqueira e banguela – criadas para os tenores Giuseppe Nessi e Luigi Nardi. Familiarizado como estava com a História da Ópera, Wolf-Ferrari deve ter-se lembrado da Ninfea, em *La Callisto*, de Cavalli; da Feiticeira no *Platée*, de Rameau; sem falar na impagável Mamm'Agata de *Le Convenienze ed Inconvenienze Teatrali*, de Donizetti – todos eles papéis cômicos femininos escritos para vozes masculinas[1]. O efeito é hilariante, mas deixou perplexos os críticos da época, desabituados dessa praxe (embora Prokófiev já o tivesse reeditado, em 1921, com a Cozinheira do *Amor de Três Laranjas*).

O senso de humor de Wolf-Ferrari encontra, nesta ópera, diversas ocasiões de se manifestar. Um dos momentos mais finos é o primeiro encontro de Astolfi com Gasparina, no ato I. Ele não entende direito o que a moça fala, pois ainda não está familiarizado com o dialeto da cidade. Mas não quer dar o braço a torcer e isso é fonte de inúmeros equívocos. Por outro lado, beiram o ridículo as postiças tentativas de Gasparina de impressionar o estranho com seus modos aristocráticos. A habilidade técnica adquirida ao longo dos anos é a responsável por cenas de conjunto extremamente bem escritas, como a dos brindes ("Co son in allegria"), durante a festa do ato II; ou o quarteto "Ah! Parcossa mè dalo", do ato III. À linguagem ricamente diatônica dos *Quattro Rusteghi* juntam-se, agora, dissonâncias típicas da vanguarda contemporânea, para temperar as intermináveis cenas de briga entre os unidos vizinhos, que não conseguem viver uns sem os outros – por que senão a quem terão para brigar? Gasparina terá saudade daquela "gentalha". Ao deixar a pracinha, despede-se dela com palavras cheias de ternura:

> *Cara mia Venezia, me dezpiacerà zerto de lazzarla;*
> *ma prima de partir voi zaludarla.*
> *Bondì, Venezia cara, bondì, Venezia mia;*
> *bondì veneziani siorìa.*
> *Bondì caro campielo:*
> *non dirò che ti zii bruto né bello.*
> *Ze bruto ti zè stà, mi me dezpiaze:*
> *no zè bel quel ch'è bel ma quel che piaze.*

(Minha querida Veneza, é claro que me desagrada ter de deixá-la; mas antes de partir quero saudá-la. Bom dia, Veneza cara, bom dia, Veneza minha; bom dia, senhores venezianos. Bom dia, cara pracinha: não direi que és bonita nem feia. E se és feia, sinto muito: o belo não é aquilo que é bonito e, sim, o que nos agrada.)

"No zè bel quel ch'è bel ma quel che piaze." Estas doces palavras de despedida podem ficar como uma epígrafe final ao próprio teatro de Wolf-Ferrari.

Il Campiello não foi sua última ópera. Em 1º de fevereiro de 1939, Umberto Berrettoni regeu, no Scala onde, agora, ele se tornara um

1. Ver *A Ópera Barroca Italiana*, *A Ópera na França* e *A Ópera Romântica Italiana*, volumes desta coleção.

Esboço de Mario Vellani-Marchi para o cenário de *Il Campiello* de Wolf-Ferrari, numa montagem de 1949.

nome respeitado, sua última homenagem ao teatro clássico: *La Dama Boba*, que Ghisalberti adaptara da comédia de Lope de Vega. As duas filhas casadouras de Ottavio são Nise, muito inteligente, e Finea, uma bobinha que, aos vinte anos, ainda não sabe ler. Liseo pensara em casar-se com ela, mas ao saber que é um tanto retardada, passa a fazer a corte a Nise. O jovem Lorenzo também gosta dela, mas ao se dar conta que o dote da irmã tolinha é mais polpudo, é por Finea que se interessa. A descoberta do amor fez Finea sair do marasmo intelectual em que vivia. Quando Liseo se reaproxima, ela já não o quer mais, e faz-se de boba para afastá-lo. O quadrângulo amoroso dos patrões é ecoado pelo dos servidores, representados pelos obrigatórios estereótipos de *Commedia dell'Arte*. No final, tudo se arranja e a história termina com uma série de casamentos emparelhados.

Wolf-Ferrari ainda haveria de compor *Gli Dei a Tebe*, uma opereta de tema mitológico estreada em Hanôver, em 5 de junho de 1943, com o título de *Der Kukuck von Theben* (O Cuco de Tebas), que não acrescenta muito ao conjunto da obra. Em 1939, ficara muito honrado com o convite para ensinar composição no Mozarteum de Salzburgo. Mas os problemas criados pela guerra tornaram essa experiência muito frustrante e, em maio de 1944, ele teve de se refugiar na aldeia austríaca de Alt-Auseer See, onde as condições de vida eram extremamente difíceis, mas ele estava a salvo dos ataques aéreos. A única queixa que encontramos em suas cartas da época é que era difícil conseguir papel de música, pois desejava continuar compondo. Em 1946, foi para a Suíça e, dali, para Veneza, onde instalou-se em casa do irmão, professor de música. Morreu de um ataque cardíaco, dois dias depois de fazer 72 anos, e foi enterrado na ilha de San Michele, de que gostava tanto. Na casa da Via Samuele, onde morreu, há uma placa com os dizeres:

> Tendo voltado, peregrino cansado, para Veneza, musa de sua música, foi desta casa que saiu para entrar na eternidade.

Ermanno Wolf-Ferrari está longe de enquadrar-se na definição de Theodor Adorno de que "o material musical só é moralmente aceitável se corresponder ao nível dos mais recentes desenvolvimentos históricos". Nesse sentido, não se pode dizer dele que tenha sido *a child of his times*. Conservador, produto de uma era que estava chegando ao fim, ele sintetizou admiravelmente o legado de seus ancestrais – Bach e Mozart não fizeram o mesmo? – ao preço de, por muito tempo, o establishment vanguardista ter torcido o nariz a um músico que lhe parecia passadista e obsoleto. Hoje, esse estado de coisas mudou e é outra a avaliação de sua importância. Ouçamos o musicólogo alemão Klaus Schumann que, no ensaio introdutório à gravação de *Sly*, assim julga a sua obra:

> Numa certa época, as óperas cômicas contribuíram para a fama de um compositor que se considerava um mediador entre as escolas germânica e italiana de música. Mas as elegantes histórias ambientadas na Veneza setecentista de Goldoni hoje fazem com que ele seja visto apenas como um fruto do esteticismo que glorificava nostalgicamente os "bons velhos tempos" do fim do Rococó, por ver nele um mundo inocente, supostamente melhor do que o atual. Pensa-se em Wolf-Ferrari como um autor de *tableaux de genre*, talentoso mas anacronístico, situado à margem de seu século. As pessoas parecem ter uma certa dificuldade em refletir no possível significado histórico dessas bagatelas operísticas.
>
> E no entanto, muitos anos antes do *Cavaleiro da Rosa* e de *Ariadne auf Naxos*, elas foram o primeiro antídoto para contrabalançar o efeito de um ideal de drama musical que parecia onipotente. *Le Donne Curiose* fez o público rir em 1903, numa época em que o mito e a lenda tinham envolto o palco lírico num manto de sombria profundidade, num momento em que – pouco tempo depois do *Falstaff* (1893) e muito antes do *Gianni Schicchi* (1918) – parecia que a ópera italiana tinha sucumbido definitivamente ao Verismo. Wolf-Ferrari tornou-se então o único guardião de uma especialidade italiana que há muito tempo parecia ter-se tornado coisa do passado: a *opera buffa*.
>
> Na virada do século, Wolf-Ferrari foi um dos primeiros a ensinar o público de ópera a rir de novo. Refinamento formal, melodias diatônicas elegantemente manipuladas, pequena orquestra, tipos padronizados em vez de caracteres problemáticos, árias atraentes, conjuntos graciosos, ação rápida em vez de cenas arrastadas e sobrecarregadas de significados intelectuais – essas eram as características básicas da ópera bufa que ele conseguiu manter vivas século XX adentro, antes mesmo delas terem sido redescobertas pelos adeptos anti-românticos do Neoclassicismo. É uma pena, portanto, que essas óperas, historicamente tão úteis, não tenham resistido às injúrias do tempo e que, hoje em dia, as suas deliciosas comédias venezianas sejam tão raramente encenadas.

GNECCHI

Vítima do preconceito e da inveja de desafetos que se apressaram em jogar lenha na fogueira de um escândalo inexistente, Vittorio Gnecchi (1876-1954) viu prejudicada a carreira de sua obra mais original. Somente em 13 de julho de 2000, durante o XVI Festival de Montpellier, *Cassandra* voltou à cena, após 58 anos de gaveta: a última vez que subira à cena tinha sido numa tímida encenação da Ópera de Roma, em 21 de março de 1942, com Oliviero de Fabritiis. O bem cuidado espetáculo do Opéra Berlioz-Le Corum foi regido pelo mexicano Enrique Diemecke e tinha, no elenco, Tea Demurishvili, Alberto Cupido, Denia Mazzola-Gavazzeni e Arnold Kocharian. Gravada pela Radio France, ela foi distribuída num álbum do selo Agorá Music, que demonstra o quanto foi injusto ter deixado de lado obra tão gratificante – e de contornos tão intrigantes no conjunto da História da Ópera na primeira década do século XX.

A própria prosperidade dos Gnecchi irritava os inimigos de Vittorio, que sempre o acusaram de "diletantismo", como conta Mario Nordio na biografia que escreveu dele em 1932. O pai do compositor era o dono de uma grande fábrica de seda em Milão, e um colecionador de moedas conhecido de todos os numismatas italianos. Foi ele quem pagou para o filho aulas particulares com os melhores mestres da cidade: Michele Saladino, o professor de Mascagni e Victor de Sabata; e Gaetano Coronaro, em cujas aulas Vittorio teve como colega o maestro Tullio Serafin. Reconhecendo desde cedo o talento do filho, Gnecchi pai usou do prestígio que tinha para levar à sua mansão de Verderio os maiores nomes da crítica italiana, para assistir a uma suntuosa montagem privada de *Virtù d'Amore*. Essa primeira ópera, composta por Vittorio aos dezenove anos, tinha libreto da tia, Maria Rossi Bozzetti, uma versão livre da história de Ariadne na ilha de Naxos. Na platéia estava o editor Giulio Riccordi que, na *Gazzetta Musicale*, escreveu:

> Vittorio Gnecchi deu esplêndida prova de seu engenho; e se aqui e ali encontramos alguma exuberância da forma, alguma complicação das idéias [...], esse é um belíssimo defeito, fruto do entusiasmo juvenil, conseqüência de riqueza, não de pobreza de inspiração. Mas o mérito principal desse jovem músico é poder dizer: "Senhores, tudo isso é farinha de meu próprio saco".

Diante do bom resultado dessa primeira experiência, Gnecchi propôs-se um desafio mais ambicioso, inspirado na *Orestíada* de Ésquilo, pela qual sentia-se fascinado. As boas graças de Ricordi permitiram-lhe entrar em contato com Luigi Illica, a quem pediu ajuda. Percebendo as qualidades do jovem, o grande libretista propôs-se a escrever o poema e a guiá-lo com sua experiência superior de homem de teatro. A extensa correspondência trocada entre ambos demonstra que o texto de *Cassandra* foi o resultado da colaboração muito estreita entre dramaturgo e compositor. Ricordi, porém, não se entusiasmou com a partitura, quando ela lhe foi mostrada em 1903, dizendo que ela não interessaria a nenhum grande teatro. Sem deixar-se desencorajar, Gnecchi serviu-se da amizade de Serafin para chegar a Arturo Toscanini – que, ao contrário do editor, apaixonou-se pela música. Ele próprio regeu a estréia, no Comunale de Bolonha, em 5 de dezembro de 1905, à frente de um ótimo elenco: Elisa Bruno, Salomea Krusceniski e Giuseppe Borgatti.

O sucesso de público e o apoio de Toscanini enfureceram ainda mais os que viam em Gnecchi um amador "filhinho de papai". E a evidente simpatia do músico pela densidade de escrita polifônica e a riqueza de orquestração típicas da música germânica atraíram acusações de que ele era exagerado e exibicionista. O uso de escalas modais de origem helênica, sobretudo na cena final, o fez ser chamado de pretensioso. Ricordi mudou de opinião e publicou a partitura, o que irritou ainda mais certos setores da crítica, que chegaram a acusar Toscanini de ter sido regiamente pago por Gnecchi pai para reger a ópera do filho. Ofendido, o maestro não rompeu as relações de amizade com Vittorio; mas disse-lhe que não conduziria mais suas obras, pois não desejava que o mal-entendido se prolongasse. Curiosamente, problemas semelhantes foram enfrentados, na Áustria, pelo menino prodígio Erich Wolfgang Korngold, a quem os invejosos acusavam de ter sido "inventado" pelo pai, o importante crítico Julius Korngold. Em vista da campanha contra *Cassandra*, só o teatro de Ferrara, depois do de Bolonha, interessou-se em montá-la, num espetáculo que foi solenemente esnobado pela crítica.

Em 22 de dezembro de 1906, Richard Strauss regeu no Regio de Turim a estréia italiana da *Salomé*, e Gnecchi, que tinha por ele sincera admiração, presenteou-o com a redução para canto e piano de *Cassandra*, que o alemão, ao agradecer, prometeu "ler cuidadosamente". Era a segunda vez que o fazia, de resto: no ano anterior, Gnecchi já lhe enviara a partitura e, numa carta de agosto de 1905, Strauss agradecera e fizera elogios à escrita musical. No início de 1908, estava em negociações com Ernst von Schuch a possibilidade de a ópera de Gnecchi ser encenada na Ópera de Dresden na temporada do ano seguinte, quando esse maestro regeu, em 25 de janeiro, a estréia de *Elektra* na casa de que era o diretor artístico. Meses depois, o musicólogo Giovanni Tebaldini publicou, na *Rivista Musicale Italiana*, um ensaio intitulado *Telepatia Musicale*, no qual apontava paralelos musicais e dramáticos entre as duas obras, ilustrando-os inclusive com a comparação de cinqüenta exemplos de recortes melódicos aparentados. Nesse ensaio, Tebaldini não fazia nenhuma acusação de plagiato a Strauss; essa "telepatia", ele a atribuía à

> visão quase idêntica de um mundo heróico, distante do nosso, mas muito vivo na nossa imaginação; e também à analogia espiritual que, através da sensibilidade psíquica por sentimentos e paixões intensas que, no início da elaboração formal das duas obras, despertaram temas de expressão muito semelhante na alma e no cérebro dos dois autores.

Suas palavras, porém, não foram assim interpretadas por quem estava interessado em polêmicas facciosas. Pietro Mazzini, editor de *L'Italie et la France: Revue des Pays Latins*, apressou-se em traduzir o texto de Tebaldini e, na capa do número 8 de sua publicação, de 30 de maio de 1909, fazia uma chamada provocadora: "Richard Strauss um plagiador? Cerca de cinqüenta temas de *Cassandra* – ópera de V. Gnecchi – aparecem na *Elektra* de Strauss?" O alemão, naturalmente, ficou furioso, e afirmou nunca ter lido a partitura de Gnecchi – esquecendo-se decerto da carta que lhe escrevera em 1905. Se pensarmos na tonelada de obras novas que músicos jovens enviavam a um compositor e regente internacionalmente famoso como ele, é bem possível que Richard sequer tenha tido tempo de abrir as páginas de *Cassandra*. Se o fez, não é possível sabê-lo. E se – como afirmaram alguns autores – guardou dela lembranças inconscientes, que se manifestaram no recorte de algumas frases, isso é pura conjectura. Na verdade, basta ouvir as duas óperas para se dar conta de que elas habitam universos diferentes: apesar de sua energia, de toda a sua elétrica intensidade, o neo-romantismo assumido de *Cassandra* está muito distante do neurótico pré-expressionismo de *Elektra* que, sob todos os aspectos, é obra superior. Quanto às semelhanças de texto, elas são pura coincidência. A peça de Hugo von Hofmannsthal foi escrita em agosto de 1903, no momento em que Gnecchi estava terminando *Cassandra*; e é fantasiosa a hipótese de que o poeta austríaco de 28 anos pudesse ter tido acesso ao texto ainda inédito do libretista italiano. O que se pode dizer é que, naqueles anos tensos de virada de século, havia coisas no ar que foram captadas de forma parecida pelas antenas sensíveis dos quatro artistas.

Não havia razão para polêmica. Mas o crítico Rudolf Hartmann saiu em defesa de Strauss dizendo que ele devia levar Tebaldini à barra dos tribunais, por calúnia. E von Schuch, que nem sequer era mencionado no ensaio de Tebaldini, sentiu-se ofendido, sabe-se lá por quê, e interrompeu as negociações com Gnecchi. É claro que a corda parte sempre do lado mais fraco. Não demorou a aparecer quem acusasse Gnecchi de ter plagiado Strauss, esquecendo-se de que *Cassandra* fora escrita quatro anos antes de *Elektra*. Como o lugar onde o galo canta nem sempre é preocupação primordial dos jornalistas, a imprensa de Filadélfia – que não conhecia nem uma nem outra – jurou de pés juntos que *Cassandra* era "todinha copiada de *Elektra*", quando Cleofonte Campanini a programou para encenação nessa cidade, em janeiro de 1914, com Rosa Raisa no papel de Clitemnestra. Na Itália não foi diferente. Em 1909, o duque Visconti di Modrone, presidente da comissão encarregada de programar as temporadas do Scala, propôs a encenação de *Cassandra*. O diretor artístico Vittorio Mingardi lhe respondeu que, pessoalmente, apreciava muito Gnecchi, mas tinha de vetar essa idéia *pour ne pas déplaire à Strauss*. Comentando a carta, Quirino Príncipe, um dos defensores de Gnecchi, diz:

> Para tomar essa decisão infeliz, Mingardi usou uma frase em francês para tentar dar um pouco de nobreza a um gesto que era de total baixeza.

Com o tempo, os próprios alemães deram-se conta do ridículo, e se encarregaram de fazer o *mea culpa* sob a forma de apresentações da ópera. Willem Mengelberg a regeu na Volksoper de Viena, em março de 1911, na presença do autor – e Maria Jeritza estava no elenco, fazendo o papel de Clitemnestra. O pianista Walter Gieseking, o regente Bruno Walter e o compositor Serguêi Prokófiev manifestaram-se entusiasticamente a favor da ópera. Volkmar Andreae regeu-a em Zurique, Georg Schneevoigt em Paris, e Campanini em Filadélfia. Na Itália, porém, *Cassandra* só foi reapresentada duas vezes: no Teatro del Verme, de Milão, em 1913, e na versão de 1942 a que já fizemos referência. Diante disso, foi na Áustria que Gnecchi estreou suas próximas obras: *La Rosiera* (1927), com libreto baseado na comédia romântica *On ne Badine pas avec l'Amour*, de Alfred de Musset; o balé *Atalanta* (1929), baseado em danças gregas; e o poema heróico *Notte nel Campo di Oloferne* (1932), adaptando a música escrita em 1914 para uma *Giuditta* com libreto de Illica que, diante da decepção sofrida com *Cassandra*, nunca chegou a ser encenada.

O valor artístico de Gnecchi foi reconhecido pelo Festival de Salzburgo. Em 1934, ali foi estreada a sua *Cantata Bíblica* e, no ano seguinte, Karl Koch regeu na catedral a *Missa Salisburgensis*, dedicada à cidade. Terminada a II Guerra, essa foi a peça escolhida para execução no palco do Mozarteum, sob a regência de Joseph Messner. Na mesma temporada, assistiu-se a uma apresentação de *Atalanta*. E no final de 1953, poucos meses antes da morte do compositor, em fevereiro do ano seguinte, a *Missa* voltou a ser cantada na Jakobskirche de Innsbruck; e no festival, foi feita a execução de *Giuditta* em forma de concerto. Há, nessa ópera, a evidente simpatia pelas formas sinfônicas amplas de Strauss, Schreker e Korngold; mas o sabor melódico é nitidamente italiano.

Cassandra possui um ato dividido em duas partes, e precedido de uma introdução em que o Prólogo, acompanhado pelo coro das Eumênides, anuncia o retorno de Agamêmnon. Ele traz de Tróia uma prisioneira: a profetisa Cassandra, filha de Príamo e Hécuba. O Prólogo prevê: "Del Fato l'implacata mano/ grava su Micene e già colpisce." (A mão implacável do Destino já se abate sobre Micene e golpeia). No palácio dos Atridas, a alegria das coéforas com o retorno do rei contrasta com a angústia de Clitemnestra. Ela ainda está cheia de ódio pelo marido que, antes de partir para a guerra, sacrificou a filha Ifigênia aos deuses. Ao mesmo tempo, está apaixonada por Egisto, de quem diz: "l'amo come più amar non san gli dei" (eu o amo como nem os deuses sabem amar). Enquanto a população aclama o soberano, Egisto aproxima-se da amante e fala de sua decisão de partir, pois "il lauro di Marte è una superba chioma che tenta e vince Venere". Clitemnestra suplica-lhe que não a abandone, e a primeira parte se encerra com a hábil exploração dos sentimentos opostos experimentados pelos dois homens: a alegria de Agamêmnon por estar de volta ao lar, e a raiva e inveja de Egisto, assustado com a possibilidade de perder a mulher amada.

Na segunda parte, cercada de cantores e dançarinos, Clitemnestra vem ao encontro do marido, que renova seus votos de amor. A princípio, a rainha simula estar feliz com seu retorno, mas se horroriza ao ouvir, vindo do navio, uma voz sinistra que grita: "Sangue!" Agamêmnon a acalma e faz ser retirado do navio seu rico butim de guerra, enquanto Cassandra relembra sua pátria, derrotada e arrasada. Em meio ao regozijo popular, o rei vê Egisto e se irrita com sua presença ali; aceita a sua explicação de que foi arrastado às praias de Micene por um furacão, mas ordena-lhe que vá embora imediatamente. Apesar das advertências de Cassandra, que lhe pede para não deixá-la sozinha, Agamêmnon retira-se para o palácio com a esposa.

Sozinha, Cassandra tem a clara visão da tragédia iminente, e vê sair fogo dos olhos da estátua de Minerva, que os gregos trouxeram de Tróia, um sinal evidente de destruição. Ninguém dá atenção às suas palavras, pois ela é considerada louca. Um grito de dor vem de dentro do palácio. Agamêmnon surge, ferido, cai ao chão ensangüentado e, atrás dele, surge Clitemnestra empunhando o machado sujo de sangue e exclamando: "Or Ifigenia è vendicata!" Cassandra molha as mãos no sangue de Agamêmnon e respinga com ele a rainha, chamando-a de adúltera e incestuosa. Clitemnestra fere-a com o machado e, agonizando, a princesa troiana faz sua última profecia ao dizer: "Oreste! Oreste!", acenando para um futuro de ódio, vingança e matricídio. O coro das Eumênides encerra a ópera: "È la catastrofe! È la catastrofe!"

Existem realmente semelhanças entre *Cassandra* e *Elektra*? Sim, mas não a ponto de se poder falar em plágio – e certamente não a ponto de se dever reduzir a música de Gnecchi a simples curiosidade, pelos pontos ocasionais de convergência que tem com uma partitura de maior renome. O início do prelúdio, um agressivo acorde ascendente/descendente marcado *furioso*, tem a mesma forma da frase que a Elektra de Strauss usará, no auge do desespero, ao dizer pela primeira vez o nome do pai. Há parentesco também entre a melodia associada a Orestes – que em *Cassandra* aparece brevemente, na segunda parte da ópera, ainda menino – e desenhos melódicos muito líricos que, na partitura de Strauss, surgem na cena em que os dois irmãos se reconhecem. Mas quem tinha razão, desde o início, era Tebaldini ao escrever:

> Não parece excessivo afirmar que um mesmo sopro de inspiração, ainda que de forma puramente intuitiva, anime as duas óperas e, sem estabelecer comparações retumbantes e inoportunas de técnica ou de estética, possamos dizer que a fonte animadora e fecundadora dos temas que se desenvolvem nessas obras tenha sido a mesma para os dois autores.

Mais importante é apontar as qualidades específicas dessa ópera por tanto tempo desvalorizada. O Prólogo, por sua densidade de escrita e tensão dramática interiorizada, já estabelece o clima de um drama relativamente curto que, em uma hora e meia de duração, constrói a situação trágica com preciso senso de *timing* e a conduz, com muita desenvoltura teatral, a seu inexorável desenlace. Entremeados de participações corais que os trançam uns nos outros, desenvolvem-se "números" reconhecíveis, mas que não são estanques, pois integram-se a uma narrativa musical continua:

- o monólogo "No, non propiziarie preci!", em que Clitemnestra reafirma o ódio pelo marido, que não hesitou em sacrificar a filha às suas ambições militares e políticas; mas depois explode numa apaixonada cantilena, "Ed amo Egisto di smisurato amore!", quando ela compara o ressentimento contra Agamêmnon aos sentimentos que nutre pelo amante;
- a longa cena de amor entre Clitemnestra e Egisto: a ária "O preci e inutili scongiuri"

em que ele afirma ser inútil lutar contra o destino; o arioso "Obliar? Quando al tuo passo", em que Clitemnestra reage à decisão do amante de ir embora; e o apaixonado dueto "Ah! Mi dilania questa voce tua divina... Tutto, tutto per te! Scettro e patria!", em que as personagens se confessam seu amor; nesses dois quadros estão os melhores exemplos de um talento melódico firmemente enraizado no que o Neo-romantismo italiano tem de mais típico;

- o elaborado final da primeira parte: para jogar com emoções conflitantes, Gnecchi constrói não um dueto, mas dois monólogos emparelhados e desenvolvidos lado a lado – o de Agamêmnon que saúda a paisagem da pátria reencontrada, "O bel ciel dell'Argolide... Ti riveggo, alma mia patria"; e o de Egisto, cheio de medo, ressentimento e ameaça, "Canto d'acheta al sol... Udir cantare Agamennone e ridere!"

Na segunda parte, é importante ressaltar também:

- a cena de regozijo em que, ao entusiasmo real de Agamêmnon, responde a alegria simulada de sua esposa; "Amo!", diz ele, "la tua bellezza dà spasimi. Irruente sangue di giovinezza batte a mie vene ardente!", sem perceber a ironia nas palavras de Clitemnestra quando ela pede à população em festa: "Ricoprite di porpora il suolo. La porpora, color che non scema, non langue, non muta come amore, Agamennone!" (Cubram o chão de púrpura, cor que não desbota, não se cansa, não muda como o amor, Agamêmnon);
- em seguida a tensão introduzida pela descoberta de Egisto, que tenta em vão explicar sua presença ali – "Infausti il mare, il cielo e il Fato spinsero la nave mia sulla scogliera argolica" –, e ouve o rei ordenar-lhe friamente que se retire de suas terras, sem saber que, com isso, está assinando a sua própria sentença de morte;
- o extenso monólogo em que Cassandra, fitando os olhos sem pupilas da deusa Minerva, vê neles "o negro futuro, o mistério de um drama desapiedado"; a maldição que pesa sobre a princesa troiana, de nunca ser levada a sério em suas profecias, faz a população meio embriagada zombar do que considera meros desvarios, até o grito de morte do rei ressoar dentro do palácio.

Apresentando o álbum da Agorá Music, Marco Ianelli escreve palavras que nos podem servir de conclusão:

> O que é mais admirável na música de Gnecchi é ele ter recriado, de forma tão viva e profunda, a antiga correspondência helênica entre a melodia e as palavras por meio de modos e escalas que são específicas da escrita musical grega, caracterizando perfeitamente as fronteiras mágicas da emoção trágica, numa ópera que é extraordinariamente moderna mas, apesar disso, nunca foi devidamente compreendida.

Chega a hora de fazê-lo, e a gravação de Diemecke em Montpellier é o primeiro grande passo nesse sentido.

RESPIGHI

Poemas sinfônicos brilhantemente orquestrados, arranjos livres e decorativos de música antiga foram, durante muito tempo, os únicos responsáveis pela fama de Ottorino Respighi (1879-1936). Suas óperas permaneceram esquecidas durante longos anos. É recente o resgate discográfico desse repertório em selos como Hungaroton ou Marco Polo, não pertencentes ao circuito das grandes gravadoras. E isso é injustificável, pois suas realizações nessa área podem ser desiguais, mas oferecem abordagem eclética e alguns momentos de alta qualidade. São diversas as influências formadoras do estilo de Respighi:

– Os estudos clássicos que fez no Liceo Musicale de Bolonha, a cidade onde nasceu. Ali, foi aluno do compositor Giuseppe Martucci – sinfonista notável, entusiástico propagador na Itália da obra dos grandes mestres do Classicismo e do Romantismo alemão – e do musicólogo Luigi Torchi. Este último publicou os sete volumes de *L'Arte Musicale in Italia*, a primeira grande coletânea da música instrumental dos séculos XVII-XVIII. Foi Torchi o responsável por despertar em Respighi o interesse pela antiga tradição italiana, que vai se manifestar em obras como o poema sinfônico *Gli Ucelli*, a orquestração das *Antiche Arie e Danze per Liuto*, a *Boutique Fantasque* construída sobre temas de Rossini, ou a edição – hoje obsoleta mas, para a sua época, pioneira – que o compositor fez do *Orfeo* de Monteverdi, contribuindo para resgatá-lo do esquecimento.

– A técnica de orquestração de Nikolái Rímski-Kórsakov, com quem estudou entre 1900-1903, quando trabalhou como primeiro violista da Ópera de São Petersburgo. Também serão incorporadas a seu estilo algumas características de escrita da escola russa: o uso da escala de tons inteiros, o modalismo da música litúrgica eslava, algumas progressões harmônicas típicas do folclore oriental.

– A tradição romântica alemã, de Mendelssohn, Schumann e Brahms, através dos estudos que fez com Max Bruch, em Berlim, ao voltar da Rússia.

– A atração – que compartilha com os demais membros da *Giovane Scuola* – pelo impressionismo de Debussy e o neo-romantismo de R. Strauss. Todas essas forças combinam-se de forma muito peculiar nas suas obras instrumentais mais populares, os poemas-sinfônicos *Fontane di Roma* (1917) e *Pini di Roma* (1924). Quando Respighi morreu, em abril de 1936, o maestro Gianandrea Gavazzeni escreveu, em seu obituário:

A música italiana do século XX foi marcada por duas tendências: uma corrente espiritual e introvertida; e um estilo decorativo e suntuoso, mas que é bem representativo sem ser superficial. É a esse último que se liga Respighi. Sua música nunca foi abstrata nem hermética: ele sempre se esforçou para ter um contato direto com as coisas e fazer delas uma evocação plástica. É precisamente por isso que exerceu influência tão considerável sobre a renascença da música italiana, pois demonstrou que a produção nacional não consistia apenas de ópera romântica ou verista, mas que existia também um sinfonismo italiano e, o que é mais, especificamente italiano, um sinfonismo que se enraizava mais na tradição doméstica do que nos modelos europeus. Respighi não escapou à sorte reservada aos criadores dos chamados períodos de transição. Depois de suas iniciativas, incontestavelmente novas e estimulantes, os músicos italianos mais jovens abandonaram o seu estilo decorativo para elaborar formas de expressão mais despojadas e mais essencialmente musicais. Nada disso diminui, entretanto, o caráter evocador da música de Respighi, sua riqueza de colorido, seu genial tratamento do material orquestral, sua linguagem direta e o fato de que ele soube retornar às fontes da música italiana da Renascença e do Barroco.

Essas características, apontadas por Gavazzeni referindo-se à produção orquestral do compositor, aplicam-se também, de forma muito peculiar, à sua vasta produção operística. Ao voltar a Bolonha, depois das viagens de estudo e trabalho, Respighi fez as primeiras experiências nesse sentido. *Rè Enzo* (1905), com libreto de A. Donini, e *Marie Victoire* (1909), com texto em francês de E. Guiraud, não chegaram a ser encenadas. Mas *Semirama* subiu ao palco no Comunale de Bolonha, em 20 de novembro de 1910, e suscitou de Ildebrando Pizzetti o seguinte comentário, em *Il Secolo*:

> Esta noite, Ottorino Respighi exibiu qualidades tão grandes de compositor e dramaturgo que se pode esperar dele que se converta, dentro de pouco tempo, num dos músicos mais respeitáveis da Itália. [Em *Semirama*] há melodias doces e puras, perfeitamente bem acabadas, que são também perfeitamente coloridas pelos tons raros da orquestra. Tudo isso lhe dá uma riqueza musical a que não estamos mais habituados, há muito tempo, nem nas novas óperas italianas, nem nas novas óperas estrangeiras.

Na época em que a chamada Geração dos 80 – Pizzetti, Alfano, Casella, Malipiero, um grupo a que Respighi viria se associar – empenhava-se em lutar contra a prioridade absoluta que a cultura musical italiana dava à ópera, procurando despertar o interesse do público pelas composições orquestrais e de câmara, era muito forte a atração pela obra de Richard Strauss – e não faltou quem chamasse *Semirama* de "a primeira ópera straussiana de autor italiano". E de fato o nome do autor da *Salomé* – apresentada com sucesso de escândalo na Itália em 1906 – é o primeiro a nos ocorrer diante do turbulento e colorido exotismo com que Respighi evoca a ambientação babilônica.

Típico epígono de D'Annunzio, o poeta Alessandro Cerè, autor do libreto, tem o mesmo prazer em explorar uma linguagem pitoresca, rica em arcaísmos e expressões literárias raras, beirando muitas vezes a afetação e o hermetismo. Mas é um texto que se casa bem às roupagens sinfônicas elaboradas com que Respighi o veste, da mesma forma que, na *Parisina*, a música de Mascagni e os versos de D'Annunzio pareciam feitos um para o outro. Mais tarde, o compositor há de encontrar equilíbrio mais natural para vozes e orquestra. Mas, por enquanto, fiel à tendência muito comum nas primeiras décadas do século XX, o que predomina é uma matéria orquestral opulenta, à qual as vozes mantêm-se subjugadas.

Num dos jardins suspensos do palácio real da Babilônia, a rainha Semirama e sua dama de companhia, a princesa caldéia Susiane, esperam a chegada do general Merodach, que retorna de uma campanha vitoriosa contra o inimigo. Os cativos medos que Merodach traz consigo rebelam-se contra os guardas babilônios, e a soberana quer mandar executar Pharno, o seu rei. Mas o general, a quem ela acaba de presentear com o colar de Ishtar, pede clemência para os prisioneiros e eles são perdoados. As duas mulheres deixam o terraço, mas Susiane volta logo depois à procura de Merodach, a quem conhece desde criança e por quem está apaixonada. O dueto de amor dos dois – uma das páginas mais elogiadas por Pizetti em sua crítica – tem como fundo as palavras irritadas de Semirama, que também deseja o jovem general.

Após assistirmos ao ritual da alvorada, no templo, com invocações e orações a Baal, chega a caravana de Phalasar, o tetrarca da Assíria, que vem pedir a ajuda do sumo-sacerdote Ormus. Semirama não parece disposta a cumprir a promessa que lhe fez de casar-se com ele, e só responde com desprezo às suas tentativas de se aproximar. Da conversa entre os dois, depreende-se que foi Phalasar quem, inspirado pela rainha, matou Nino, seu primeiro marido. À chegada de Semirama, Ormus se afasta e, quando Phalasar reafirma sua declaração de amor, ela lhe revela a intenção de casar-se com Merodach. Com a reação furiosa do assírio, descobrimos que foi ele realmente o matador de Nino, e o seqüestrador do filho de Semirama, do qual nunca mais se ouviu falar. Lembrando a profecia de que esse menino haveria, um dia, de voltar a Babilônia, Phalasar lhe pergunta: e se Merodach fosse o filho dela? A altercação entre os dois é interrompida pela "Danza dell'Aurora", a obrigatória cena de balé do formato *grand-opéra*. Depois, retornam as ameaças: Phalasar promete contar tudo ao general, e a rainha responde que o mandará matar se o fizer.

O lamento de Susiane, a quem Semirama conseguiu roubar o namorado, é interrompido pela chegada dos convidados para a cerimônia de casamento da rainha com Merodach. Ormus exige que a soberana faça penitência no mausoléu de Nino, pedindo seu perdão antes de unir-se ao novo marido. Ela aceita, mas ao entrar na cripta, assusta-se, e é Merodach quem a tranqüiliza falando-lhe de seu amor. O dueto dos dois vai culminar num beijo apaixonado, quando Susiane irrompe no mausoléu: Phalasar lhe revelou a verdade e ela vem dizer a Merodach que Semirama é sua mãe. O general quer vingar a morte do pai matando o tetrarca assírio, mas na escuridão da cripta, se engana e apunhala a rainha. Semirama expia seus pecados morrendo nos braços do filho.

Devido à sua textura sinfônica, *Semirama* é uma ópera de estrutura contínua, com uma tapeçaria sonora muito elaborada – inclusive inúmeros interlúdios entre uma intervenção vocal e outra –, a que os diálogos e monólogos vêm se justapor. Nesses interlúdios, a influência straussiana é forte: o que se segue ao trio "Di sangue è già piena", do ato I, é visivelmente decalcado na descrição do retorno de Jokanaan à cisterna, na *Salomé*. Nesta primeira experiência dramática, é evidente a facilidade maior do sinfonista para trabalhar com o acompanhamento. Ainda assim, não são poucas as passagens vocais em que se percebe, em embrião, as qualidades futuras do autor da *Fiamma*. São muito bem escritos

- o dueto "Hai detto con spasmo: Merodach", das duas mulheres que esperam a chegada do general;
- a longa cena do final do ato I, "Se gli occhi tu fissi su me", em que Merodach e Susiane se reencontram após longa separação;
- o monólogo de Susiane, "Ahime, non posso restare!... Già migrano gli íbis nel vespro turchino", em que a princesa caldéia lamenta a perda do homem que ama;
- ou a elaborada cena de amor do ato III, "Dagli astri tu suggi la luce".

Em agosto de 1990, Lamberto Gardelli gravou *Semirama* para o selo Hungaroton, com Éva Marton, Veronika Kincsés e Lando Bartolini, dentro do projeto de registro de todas as operas de Respighi, que a sua morte, pouco depois, deixou inacabado. Antes disso, a página mais conhecida da ópera era a "Danza dell'Aurora", que o compositor transplantara, em 1931, para o balé *Belkis, Regina di Saba*, encomendado pelo Scala de Milão. Coreografado por Leonid Massine, ele ali estreou com Leila Bederkhan e David Lishin, em 23 de janeiro de 1932, numa opulenta montagem de Nicola Benois. A gravação da suite desse balé, feita em 1985 por Geoffrey Simon para o selo Chandos, mostra o parentesco evidente, do ponto de vista da estrutura e das sonoridades, entre esse movimento e a "Dança dos Sete Véus" da *Salomé*.

O primeiro grande sucesso lírico de Respighi não se destinou ao palco de ópera convencional. *La Bella Adormentata nel Bosco* foi escrita para a companhia de marionetes *I Piccoli*, de Vittorio Podrecca, de fama internacional – até no Brasil ela excursionou, entre as décadas de 40/50. A versão original, orquestrada por Vincenzo di Donato, foi apresentada no Teatro Odescalchi de Roma, em 13 de abril de 1922, regida por Renzo Massarani, aluno do compositor. Esse manuscrito se perdeu. Em 1933, atendendo a uma encomenda da Ópera de Turim, Respighi refez a partitura a partir da redução para piano, transformando-a numa ópera infantil intitulada *La Bella Dormente nel Bosco*.

O próprio autor regeu a estréia dessa segunda versão em 9 de abril de 1934. Crianças faziam mímicas no palco enquanto cantores e atores ficavam no fosso, juntamente com a pequena orquestra de sete instrumentos de sopro, cordas, percussão, piano, celesta e cravo. Essa foi a partitura utilizada em várias apresentações subseqüentes. Após a morte do compositor, sua viúva, a cantora e pianista Elsa Olivieri-Sangiacomo, preparou para a RAI de Turim uma versão reduzida, transmitida em 13 de junho de 1967 sob a regência de Arturo Basile (o selo Anna possuía dela uma gravação pirata). Além dos cortes, o fox-trot com que a ópera se encerrava originalmente foi substituído por um ridículo twist escrito por Gian Lucca Tocchi. A gravação do selo Marco Polo, feita em 1994, na Eslováquia, pelo regente suíço Adriano, restitui à ópera o seu formato de 1934.

O libreto de Gian Bistolfi toma diversas liberdades em relação à história da Bela Adormecida, tal como foi contada por Charles Perrault em 1689. Por exemplo, a Princesa é despertada em 1940 pelo Príncipe Abril, que se tornou sócio, numa empresa chamada Paper Hunt, do americano Mr. Dollar Chèques, que fala um italiano todo estropiado. Essas inclusões permitem a Respighi fazer uma série de pastiches, que vão desde a pomposa música do final do Barroco até Wagner, Debussy e canções populares do século XX. A viagem do Príncipe até o castelo da adormecida ecoa a de Siegfried pelo Reno. O tema de Freia é ouvido no melodrama da Fada Verde, e o de Brünhilde na cena do despertar da adormecida. O dueto de amor final é descaradamente pucciniano. Debussy assinaria embaixo do *cakewalk* que caracteriza Mr. Dollar. Stravínski dá o ar da graça em alguns dos números de dança. Mas há também auto-citações: do *Belfagor*, por exemplo, em que Respighi já estava trabalhando quando começou a primeira versão da ópera. No conjunto, a *Bela Adormecida* inscreve-se na mesma linha de *L'Enfant et les Sortilèges* de Ravel, pelo hibridismo das fontes de inspiração musical e pela graciosa fantasia com que trabalha com situações de conto de fada.

Apesar de todos esses traços de paródia, o conjunto soa surpreendentemente homogêneo, graças à capacidade do artista de encontrar, para cada trecho, o tom apropriado. A música é leve e delicada, com uma orquestração de grande transparência, que não deixa de evocar a de Richard Strauss para a *Ariadne auf Naxos*. Nas passagens líricas, muito numerosas, predomina a coloratura para as vozes femininas, que trai visível influência do último ato do *Falstaff*, nos recursos melódicos e de instrumentação para criar o clima suave e vaporoso de irrealidade e fantasia. *A Bela Adormecida* alinha-se com o *Hänsel e Gretel* de Humperdinck como uma obra original e de charme muito direto, a despeito de toda a sofisticação com que é construída, em condições de conquistar platéias de todas as idades.

Em 1918, Respighi tinha sido apresentado a Claudio Guastalla (1880-1948), que haveria de ser seu mais íntimo amigo e constante colaborador. Poeta, jornalista e crítico literário, Guastalla era um dos discípulos de Gabriele d'Annunzio, cujo estilo barroco imitava, embora enriquecendo-o com elementos de origem mais popular. No ano seguinte, foi o jornalista quem apresentou o compositor ao poeta florentino Ercole Luigi Morselli, com quem discutiram a possibilidade de transformar numa ópera a sua recém-publicada *Arcidiavoleria*. Essa peça baseava-se no *Belfagor* (1520), de Niccolò Maquiavel, inspirando-se também em dois textos: um dos contos das *Notti Piacevoli* de Gianfrancesco Straparola; e a peça *Belphegor or the Marriage of the Devil* (1691), do elizabetano John Wilson.

Morselli entusiasmou-se com o projeto e dispôs-se a ser co-autor do libreto. Mas já estava muito doente – viria a morrer meses depois – e Guastalla teve de fazer sozinho a redução da peça. Foi um trabalho muito difícil, pois destinada à leitura e não à encenação, *Arcidiavoleria* tinha um texto muito difuso. A redação do ato II arrastou-se tanto que Respighi chegou a interromper a composição para escrever a *Bela Adormecida no Bosque* e o *Concerto Gregoriano*. A ópera ficou pronta, finalmente, em junho de 1922, mas uma série de contratempos retardou a estréia no Scala.

Por motivos contratuais, Toscanini teve de ser substituído na última hora por Antonio Guarnieri. O encenador Giovacchino Forzano – libretista de Puccini e Mascagni – negligenciou tanto os ensaios que, na véspera da estréia, o barítono Mariano Stabile ameaçou abandonar o papel-título. Assim sendo, apesar do bom elenco – Stabile, Margaret Sheridan,

Francesco Merli –, a primeira récita, em 26 de abril de 1923, foi um quase fracasso. A crítica elogiou a música, mas desancou o libreto. Diante desse resultado, numa atitude sem precedentes para aquela casa, a direção do teatro milanês mandou desmontar os cenários e a ópera não pôde ser apresentada, como previsto, no Festival de Outono, em Bolonha. *Belfagor* foi encenada algumas vezes na Alemanha e na Tchecoslováquia, entre 1925-1938. Mas só voltou a ser cantada na Itália em 1942, na Ópera de Roma. Existia, no selo MRF, a versão pirata de uma execução em forma de concerto, regida por Eve Queller em Nova York, em 22 de março de 1971. A primeira gravação comercial só foi feita em 1989, por Lamberto Gardelli, para o selo Hungaroton.

Belfagor é um demônio de orelhas e cauda enormes, mas sem chifres, enviado à Terra para verificar a constante afirmação dos condenados ao inferno de que o casamento é a fonte de todos os crimes e pecados. Recebeu de Belzebu, portanto, a ordem de se casar com uma mortal. Para isso, traz consigo cem mil ducados de dote. Ao ficar sabendo dessa pequena fortuna, o farmacêutico Mirocleto lhe oferece as suas três filhas – inclusive a mais nova, Candida, apaixonada pelo marinheiro Baldo. Esse rapaz deve embarcar para Livorno, mas antes, foi em peregrinação ao santuário da Madonna di Montenero pedir a sua proteção para a viagem. No dia seguinte ao do encontro com Mirocleto, Belfagor apresenta-se em sua casa sob forma humana, dizendo ser o rico mercador Ipsilone. As duas filhas mais velhas, Fidelia e Maddalena, tentam conquistá-lo. Mas ele prefere a bela Candida que, ofendida, responde a seu pedido com uma bofetada. Ainda assim, Mirocleto obriga a caçula a se casar com Ipsilone que, nesse meio tempo, apaixonou-se de verdade por ela. Mas o diabo fica furioso quando, depois da cerimônia, Candida impede-o de tocá-la. O comportamento emburrado da moça se modifica quando ela fica sabendo que Baldo voltou e sua mãe deixou-o entrar em sua casa às escondidas, prometendo-lhe um encontro com ela.

À mãe, Candida conta que, na hora do casamento, não disse o "sim" ao padre e pediu à Madonna um milagre que impedisse a união. E este foi feito, pois os sinos não tocaram após a cerimônia – o que significa que o casamento é nulo. Candida pede a Ipsilone que lhe conceda um prazo antes de entregar-se a ele. Depois do baile com que se comemora o casamento, Ipsilone declara-se apaixonadamente à mulher e esta finge corresponder. Mas pede-lhe novo tempo de espera... e foge com Baldo. Mas quando os dois jovens vão procurar o padre para casá-los, cruzam na praça com Belfagor. Ele se disfarçou de mendigo e está contando a um outro homem que, antes de ser abandonado pela mulher, Ipsilone chegou a consumar o casamento. Furioso, Baldo bota o diabo para correr, mas quer também romper com a namorada. Esta lhe conta, então, o milagre da Madonna e, para lhe dar razão, os sinos começam subitamente a tocar sozinhos. Na cena final, toda a população comemora alegremente a união dos amantes.

Escreve Carlo Mosso em sua *Storia dell'Opera*:

> Foi com *Belfagor* que Respighi obteve definitivamente para si um lugar no palco. Mas, ao mesmo tempo, essa obra evidencia os limites de sua personalidade: uma linguagem harmônica refinada, de uma elegância natural; um amplo fôlego melódico e uma orquestração cheia de maestria – elementos esses que, no entanto, não são completados de modo adequado por uma invenção melódica original. O uso freqüente do gregoriano e, mais especialmente, das tonalidades arcaicas, raramente vai além de um brilhante decorativismo. E isso explica por que as personagens são tão esquemáticas.

Belfagor está longe de ser uma obra-prima que tenha deixado uma marca indelével na História da Ópera; mas a opinião de Mosso é demasiado severa. Para um compositor que, após algumas experiências preliminares, estava começando finalmente a encontrar, no domínio operístico, uma linguagem pessoal, as influencias são inevitáveis. A mais importante delas é a do Verdi do *Falstaff* (que, de resto, se exerce sobre outros autores desse período, o Mascagni de *Le Maschere*, o Wolf-Ferrari dos *Quattro Rusteghi*, o Malipiero das comédias goldonianas). Essa influência se manifesta no tom *scherzando* da ópera, em sua constante ebulição melódica e rítmica, e na maneira como os números fechados se encadeiam aos diálogos e ao comentário orquestral contínuo.

A apresentação de Belfagor no Prólogo ("Io sono qui per ordine superiore"), ou a ária de Baldo no Epílogo ("Ma se fosse vero?") são típicos exemplos da inserção natural de um número com o formato A.B.A. dentro da trama sinfônica, sem que haja solução de continuidade entre recitativo e cantilena. Da mesma forma, o final do ato I ("Baldo, o Baldo mio") é um concertato dentro da mais pura tradição verdiana, e o monólogo de Ipsilone, nesse ato, lembra deliberadamente o "È sogno o realtà?" de Ford, no ato II do *Falstaff*.

Puccini, que tinha grande admiração por Respighi – ele chegou a pedir-lhe ajuda para resolver um problema de orquestração no *Tabarro*, na época da estréia em Roma – é outra influência visível. Sente-se a sua marca no melodismo generoso das passagens líricas e no estilo de construção dramática. Como em diversas obras suas – de caráter religioso ou não –, Respighi é fortemente inspirado pelo canto gregoriano, a que tinha sido introduzido por sua mulher, que o estudara no Conservatório. Isso é muito visível sobretudo nas melodias que escreve para Candida e Baldo. As danças do ato II revelam também a intenção de homenagear Monteverdi, pelo qual sempre teve verdadeira veneração. Atento à técnica wagneriana do *leitmotiv*, e ao procedimento do tema recorrente, tão comum em Verdi e Puccini, Respighi utiliza também motivos dessa natureza:

- o de Belfagor, que se ouve logo no início da ópera, construído sobre o tradicional trítono *diabolus in música*, com a quinta diminuída (assim chamado, na época da música modal, porque não se inseria em nenhum dos modos existentes);
- o tema do dueto de Candida e Baldo, no final do Prólogo, que vai reaparecer sempre que se tratar do amor de ambos, integralmente repetido ou com variantes (é visível a matriz pucciniana desse procedimento);
- algumas repetições de acordes característicos, por exemplo no início do Prólogo e do Epílogo, com o objetivo de amarrar melhor a simetria estrutural: é o caso da retomada, no fim da ópera, do tema do monólogo com que, no ato II, Candida suplica a ajuda da Madonna; ou da repetição de uma série de três acordes menores perfeitos, que simbolizam a fidelidade de Candida a Baldo, e sempre reaparecem nas passagens líricas.

Esses procedimentos, porém, têm aspectos negativos que, na época da estréia, foram assinalados pelo crítico Gaetano Cesari, numa resenha publicada no *Corriere della Sera*, de Milão:

> Se se abstraem os valores absolutos da música de Respighi, parece inegável que a eficácia das idéias musicais associadas às imagens verbais do texto deve resultar da repercussão direta que umas têm sobre as outras. No caso dos caracteres musicais ligados ao tipo de comédia latina, portanto, o essencial deve residir na densidade e nos contornos bem nítidos da idéia melódica, bem como em sua estreita ligação com a expressão do texto. Ora, essa concisão e essa variedade, tão notáveis no *Falstaff*, só se manifestam muito aproximadamente na quantidade e na qualidade das idéias desse gênero de que Respighi dispõe em *Belfagor*. E é daí que procede essa impressão de uniformidade que prejudica sobretudo a expressão cômica.

Cesari tem razão, pois uma certa monotonia melódica é o ponto negativo numa ópera que, sob outros aspectos, é muito bem concebida.

Uma encomenda do Stadttheater de Hamburg originou a ópera seguinte, baseada em *Die versunkene Glocke*, (O Sino Submerso, 1896), o drama simbolista de Gerhardt Hauptmann que, em determinada época, estivera nos planos de Puccini. A princípio, Respighi pensou em usar diretamente o texto em prosa de Hauptmann, fazendo dele uma versão condensada. Depois, optou por uma adaptação italiana, confiando-a a Guastalla. *La Campana Sommersa* estreou em 18 de novembro de 1927. A peça, descrevendo a incompatibilidade entre o mundo das fadas e o dos mortais, é também uma metáfora do conflito entre a vida do ser humano comum e a do artista criador.

Os habitantes de um prado encantado – o fauno, o Ondino e a garota-elfo Rautendelein – não desejam que os humanos construam uma igreja no topo do monte próximo. Para impedi-lo, provocam um acidente, fazendo com que o sino a ela destinado caia no fundo do lago. Mas Rautendelein apaixonou-se pelo ferreiro Enrico, que transportava o sino e se feriu ao tentar segurá-lo quando ele caiu na água. Leva-o de volta para casa e entrega-o a Magda, sua mulher, e aos dois filhos, que cuidam de seus ferimentos. Mas Enrico já não se contenta mais com a tranqüilidade do amor doméstico, depois que conheceu a garota-elfo. Quando Rautendelein vem ver se ele está melhor e o beija nos olhos, o ferreiro descortina um mundo novo e fantástico, cheio de promessas ideais. Retira-se com Rautendelein para o alto da montanha, onde empreende uma obra ambiciosa e gigantesca: a construção de um templo dedicado a uma humanidade melhor. O pároco da aldeia vem procurá-lo dizendo que Magda, abandonada, suicidou-se, atirando-se no lago, e seus dois filhos estão sozinhos. Nesse momento, ouve-se soar o sino submerso. Louco de dor e de remorso, Enrico expulsa Rautendelein. Mas não consegue viver sem ela e, sentindo-se doente, pede a uma feiticeira que a invoque, para que possa vê-la uma última vez antes de morrer. Rautendelein reaparece, recrimina-o por tê-la abandonado, depois perdoa-o. Beija-o e assiste-o em sua agonia, enquanto Enrico morre invocando o sol, símbolo da força criadora do espírito humano.

Apesar da boa acolhida em Hamburgo, atribuível ao fato de *O Sino Submerso* basear-se em uma peça muito popular na Alemanha, esta é uma ópera que, na Itália, nunca desfrutou de muito prestígio, devido ao entrecho pesadamente simbólico, de um tipo ao qual as platéias peninsulares não estão afeitas. A partitura, além disso, é bastante irregular. Os trechos líricos trazem a costumeira marca da influência pucciniana, sem originalidade maior. Os que se referem ao mundo fantástico, sim, prolongando a tendência já observável em *Belfagor*, são mais vivos e brilhantes. As passagens orquestrais com que, no ato I, Respighi descreve o reino das fadas igualam as melhores páginas de seus poemas-sinfônicos, recuperando o frescor com que, na *Bela Adormecida*, ele evocava o domínio dos contos de fada. Existia, no selo MRF, a gravação pirata de uma transmissão radiofônica de 1976, regida por Bruno Bartoletti.

A promessa de uma ópera-oratório, feita por Respighi em 1929 à direção dos Concertos Augusteo, de Roma, deu origem a *Maria Egiziaca*. Foi o compositor quem sugeriu utilizar a lenda da santa anacoreta de Alexandria, contada pelo frei Domenico Cavalca de Pisa em suas *Vite dei Santi Padri* (século XIV). Mas partiu de Guastalla a idéia de que a ópera assumisse a forma estática das *sacre rappresentazioni* medievais, que conviria perfeitamente ao gênero concertante. Ficou decidido que os três episódios em que se divide o libreto seriam cantados diante de um tríptico, como o de um retábulo de igreja – projetado pelo cenógrafo Nicola Benois para o concerto de estréia, que acabou se realizando no Carnegie Hall, de Nova York, em 16 de março de 1932. Toscanini deveria reger, mas acometido de uma repentina crise de artrite, foi substituído à última hora pelo próprio Respighi. A estréia italiana ocorreu em abril do mesmo ano, no Augusteo, sob a regência de Bernardino Molinari, com Gina Cigna no papel-título. O selo Bongiovanni possui uma gravação ao vivo de Ottavio Ziino, com alunos da Academia de Santa Cecília, cujo nível de interpretação é muito irregular. A primeira gravação comercial de estúdio foi feita em 1989, por Lamberto Gardelli, para o selo Hungaroton.

Maria é uma prostituta que, um dia, vendo peregrinos embarcar para a Terra Santa, sente-se compelida a acompanhá-los. Paga ao barqueiro com o seu corpo, como está acostumada a fazer, mas ao tentar entrar na Igreja do Santo Sepulcro, é impedida por uma estranha força interior. Um anjo aparece e lhe diz que só depois de purificar seu corpo ela terá acesso aos lugares santos. Maria converte-se e retira-se para uma ermida no deserto, onde morre anos depois reconfortada pelo abade Zósimo. A cova onde será enterrada é escavada por um leão domesticado, símbolo do controle da vontade sobre os instintos.

A música dos três episódios é deliberadamente simples e sóbria, com texturas de organum medieval. E a declamação, moldada nas inflexões da língua falada, inspira-se muito em temas gregorianos. Os dois interlúdios, em compensação, têm um estilo de desenvolvimento mais elaborado, reminescente dos poemas sinfônicos romanos do início da carreira do compositor. A canção do marujo, "Giammai non mi conforto", no início do primeiro episódio, tem tom deliberadamente popular. Já o monólogo de Maria no segundo episódio, "Schiuma il tuo furore... O bianco astore, Angelo del Signore...", assume um estilo monódico que relembra o *recitar cantando* da Escola Florentina, nos primórdios da ópera. Há em *Maria Egipcíaca* um *leitmotiv* não melódico mas rítmico: uma batida em 3/2 marcando de forma incisiva as palavras do Peregrino que, nas duas primeiras partes, recrimina Maria por sua vida de devassidão. No terceiro episódio, essa fórmula rítmica torna-se muito suave e é a base métrica para o dueto "Tu, madre, benedicimi... Ah! Non son degna di sciogliere il laccio dei tuoi sandali", quando Maria e Zósimo se encontram. A simplicidade deliberada e o tom arcaizante da música e do texto correspondem ao desejo de recriar um "mistério" no estilo dos que se encenavam nos adros de igreja, durante a Idade Média (ver "A Pré-História da Ópera" em *A Ópera Barroca Italiana*, desta coleção).

À idéia de Guastalla de que adaptassem o drama *A Feiticeira Anna Pedersdotter* (1908), do norueguês Hans Wiers-Jenssen, Respighi respondeu que aceitaria, desde que a ação fosse transferida para Ravenna no século VII. Ao visitar essa cidade com Elsa e seu libretista, durante a composição de *Maria Egiziaca*, Ottorino já tinha pensado em escrever uma ópera que se passasse no apogeu do período bizantino. Intitulado *La Fiamma*, o novo drama lírico teve estréia triunfal na Ópera de Roma, em 23 de janeiro de 1934, com Giuseppina Cobelli no papel principal. O sucesso se repetiu no Colón, com Claudia Muzio; em Chicago, com Rosa Raisa; e no Scala, com Gina Cigna. Em 16 de abril de 1935, o empresário húngaro Miklós Radnai promoveu, na Ópera de Budapeste, uma suntuosa montagem assinada por Gusztáv Oláh. Foi para comemorar o cinqüentenário desse espetáculo memorável que, em 1985, a Hungaroton lançou a gravação integral da ópera, sob a regência de Lamberto Gardelli. Em vídeo, há uma encenação de 1997 em Roma (Miricioiu, Sade, Pentcheva/Gelnetti).

Antes mesmo de ser obrigada a casar-se com Basílio, o exarca bizantino de Ravenna, Silvana já amava seu filho Donello que, hoje, é seu enteado. Além de se angustiar com esse amor proibido, ela também se sente sufocada dentro do palácio, onde é severamente controlada por Eudossia, a sua sogra. Por pura piedade, Silvana tentou ajudar a feiticeira Agnese di Cervia, que estava sendo ameaçada de linchamento: escondeu-a no palácio, mas a maga acabou sendo encontrada, foi levada a julgamento e queimada na fogueira. Antes de morrer, porém, Agnese revelou que a mãe de Silvana possuía poderes mágicos e os usara para fazer com que o exarca a escolhesse como noiva. Silvana interroga o marido e ele admite que isso é verdade. Mas garante-lhe que, com o tempo, passou a amá-la de verdade.

Ao saber dos poderes da mãe, Silvana se pergunta se não os terá herdado. Invoca o nome de Donello, ele surge diante dela e ambos se unem num abraço apaixonado. No dia seguinte, Eudossia os surpreende juntos no quarto de Silvana e promete castigá-los. Basílio vem avisar que o seu filho está sendo chamado de volta a Bizâncio pela imperatriz Irena; e Silvana percebe que esse afastamento foi combinado pelo marido com a sogra. Furiosa, amaldiçoa o marido, desejando que ele estivesse morto. É o que basta para que o exarca caia sem vida a seus pés. Acusada por Eudossia de feitiçaria e assassinato, Silvana é levada diante do tribunal eclesiástico, onde o bispo exige que jure sua inocência diante de um relicário. Percebendo que até Donello duvida dela, a jovem é incapaz de repetir o juramento que lhe é ditado pelo bispo. Aos olhos do povo, este é o julgamento de Deus. Ela é condenada como feiticeira.

Como tantas outras óperas desse início de século de que já falamos em capítulos anteriores, *La Fiamma* também tem uma matriz narrativa "tristanesca". Casada com um homem idoso, a protagonista apaixona-se por um jovem que tem, em relação a seu marido, um dever de fidelidade (neste caso, como no da *Parisina*, o dever do filho para com o pai). O amor dos dois esbarra na figura de uma antagonista, aqui representada por Eudossia, mãe, sogra e avó. Só essa estruturação dramática já bastaria para situar a ópera como um produto típico do Neo-romantismo italiano. Tanto mais que, ao compô-la, Respighi desejava deliberadamente retornar à grande tradição operística do século XIX: "Acho que o papel da linha vocal é o de expressar as emoções humanas e, em ópera, isso não pode e nem deve subordinar-se a qualquer outra coisa", escreveu a seu libretista enquanto trabalhava na partitura.

La Fiamma, com suas formas amplas e suntuosas, revisita o *grand-opéra* oitocentista e tem com ele algumas semelhanças estruturais nítidas. Por exemplo, a simetria das cenas grandiosas com que se encerram os atos I e III, com reprodução do estilo cerimonial da música litúrgica bizantina. Esses dois *tableaux* monumentais enquadram um momento introspectivo e misterioso, o da invocação de Donello por Silvana, que por contraste recebe tratamento camerístico muito intimista.

Mas, como é comum no Neo-romantismo, o retorno às formas tradicionais está impregnado das lições do desenvolvimento historico pós-verdiano e pós-wagneriano. Há números fechados, sim, mas Respighi os insere, da mesma forma que Mascagni, Giordano ou Zandonai, dentro de um fluxo orquestral ininterrupto, de forma a criar um compromisso entre os *pezzi chiusi*, apreciados pelo público, e a técnica *durchkomponiert* que assegura a estruturação sinfônica do ato. A unidade interna é garantida pelo uso econômico de alguns motivos recorrentes, que não chegam a constituir *leitmotive* sistemáticos: o exemplo mais claro é a ameaçadora melodia com ritmo pontuado que surge desde a introdução do ato I, e estará sempre associada à idéia do destino trágico das personagens.

Elementos decorativos, visando a fornecer a cor local indispensável ao grande afresco histórico, sempre foram característica típica do modelo meyerbeeriano de *grand-opéra*. Mas os recursos de que Respighi lança mão para reconstituir o ambiente bizantino – intervalos exóticos, modulações inesperadas, cromatismos, modos eclesiásticos – em primeiro lugar são traços estilísticos comuns à música italiana dessa fase (desde o Mascagni de *Le Maschere*, da *Isabeau* e da *Parisina*, já existe a tendência a dar importância à pesquisa e resgate da música do passado). Além disso, esses são componentes essenciais do estilo pessoal de Respighi, como o demonstram peças tão variadas quanto as *Danças Antigas*, o *Trittico Botticelliano*, o *Quarteto Dórico*, o *Concerto Gregoriano*, o *Concerto em Modo Mixolídico* ou o tema e variações para orquestra intitulado *Metamorphoseon XII Modi*.

Relacionada com essa veneração pelo passado está também a homenagem que Respighi faz uma vez mais a Monteverdi, na primeira cena do ato III. Monodia muito semelhante à da *Incoronazione di Poppea* – nos moldes do antigo *recitar cantando* florentino – é utilizada no "Io sono nata quella notte", seguido do monólogo "Dolce la morte" que, depois, converte-se no dueto "Forse null'altra cosa". E a orquestra transforma-se naquilo que, no ensaio de introdução ao álbum da Hungaroton, o crítico húngaro Kristóf Csengery chama de "um único grande contínuo soando harmonias estáticas". É Csengery de resto quem chama a atenção para o componente romântico muito forte que há na personalidade artística de Respighi:

> Respighi nunca se afastou inteiramente do espírito da música de *fin-de-siècle*, a ponto desta sua decisão de compor uma ópera romântica poder ser considerada um caso deliberado de arcaicismo. A atitude de Respighi difere essencialmente do relacionamento que outros compositores de seu tempo têm com a música antiga. Esta, sim, é postura de revivescência neo-romântica ou neoclássica, enquanto *La Fiamma* é um prosseguimento tardio e anacronístico de algo que não pode mais ser continuado.

Csengery tem razão num ponto: ao contrário de Mascagni, Giordano ou Zandonai, o autor da *Fiamma* não passou por uma fase verista antes de encaminhar-se para a temática e o estilo neo-românticos. De fato, essa afinidade inata já está presente nele desde as primeiras experiências operísticas.

Outro aspecto fundamental da escrita de Respighi em *La Fiamma* é a sua atração pelo Impressionismo. A orquestra utilizada é grande, com extensa seção de sopros, na qual os metais desempenham papel importante. Mas é raramente usada em conjunto: o colorido orquestral é econômico, camerístico, às vezes com o uso de instrumentos solistas – por exemplo, o contrafagote que acompanha a cena em que Silvana oferece refúgio à feiticeira Agnese. Essas transparências orquestrais de matrizes debussystas contrastam com a pasta espessa e ricamente cromática das partes vocais, cujas tessituras são muito pesadas (tendência normal na fase pós-verista). Mas faz também com que se expressem com muita propriedade as nuances de erotismo, morbidez, histeria, perversão, atração pelo desconhecido que há nas personagens – o que confere à obra nítidas características decadentistas tardias. Muito

Cenário e figurinos de Salvatore Fiume para uma encenação de *La Fiamma,* de Respighi.

penetrante, o estudo de Csengery merece, em suas conclusões, ser citado de forma mais extensa:

> *La Fiamma* consiste de duas camadas diferentes. A mais superficial é a da história de horror: bruxas, feitiçaria, maldições e a fogueira. Mas com as palavras de Silvana defendendo-se diante do bispo. Guastalla e Respighi criaram uma segunda camada, delicadamente poética, que se aplica retrospectivamente a toda a história. Essas sentenças sugerem que o ouvinte, se preferir, não precisa renunciar à sombria e romântica história de feitiçaria; mas pode, ao mesmo tempo, ler a partitura como uma obra poética. Assim sendo, a "chama" do título transforma-se numa metáfora do amor – o amor em si mesmo, como um instinto primevo que não conhece nem moral nem obstáculos, rebelde e impulsivo, que não recua diante do uso da feitiçaria, mesmo sendo esta um crime de acordo com as leis morais da sociedade; um amor que, em última análise, fracassa, é claro. A solução aponta para um criador muito sensível e de gosto refinado; e a sensibilidade está evidente na grande moderação e modéstia com que é aplicada por Respighi e Guastalla. O compositor e o libretista limitam-se a indicar a possibilidade dessa interpretação poética, sem a impor ao ouvinte como a única interpretação simbólica ou filosófica. [...] Ao criar duas camadas que não anulam uma à outra, eles preservam o brilho e a ambivalência da obra. A história de feitiçaria e a metáfora do amor devem reter importância equivalente [...], de tal forma que o que produz o efeito mais interessante, em *La Fiamma*, é a interação de ambas.

Projetos de óperas que não viriam a ser realizadas, baseadas em *Macbeth* ou no *Rei Lear*, ocuparam Respighi durante todo o início de 1935. No verão, ele leu o poema *The Rape of Lucretia*, em que Shakespeare conta a história da bela e casta senhora romana, esposa do general Lúcio Tarqüínio Colatino. Lucrécia é desejada pelo príncipe Sexto Tarquínio, filho do rei de Roma, Tarqüínio, o Soberbo. Aproveitando a ausência de Lúcio, que está em campanha militar, o príncipe apresenta-se em sua casa e pede pousada que, por dever de hospitalidade, sua esposa não pode recusar. Durante a noite, Sexto força a entrada no quarto de Lucrécia e a violenta. Na manhã seguinte, quando Lúcio chega, ela lhe conta como a sua virtude foi conspurcada e, envergonhada, apunhala-se diante dele.

Tendo consultado a versão desse episódio que Tito Lívio narra em sua *História*, Respighi voltou-se em seguida para *Le Viol de Lucrèce*, tragédia que André Obey escrevera em 1931 para a *Compagnie des Quinze* parisiense. Em 1946, essa mesma peça haveria de inspirar também *The Rape of Lucretia*, a ópera de câmara de Benjamin Britten. Uma vez mais, não foi fácil o trabalho de Guastalla, pois ele teve de condensar, em um só ato de uma hora de duração, um prolixo texto em quatro atos, com uma infinidade de personagens secundárias, soldados, servos, gente do povo. Foi particularmente árduo sintetizar em uma só personagem – La Voce – os dois narradores do drama original (mantidos por Ronald Duncan no libreto que escreveu para Britten).

No outono de 1935, a partitura de *Lucrezia* estava pronta e Respighi começou a orquestrá-la, ao mesmo tempo que trabalhava na edição da *Medea*, de Francesco Cavalli, pensando em fazer com ambas um espetáculo duplo, na temporada de 1936-1937 do Scala. Em janeiro do ano seguinte, porém, seu médico constatou que ele sofria de endocardite *lenta viridans*, infecção bacteriana em estágio terminal para a qual, naquela época, ainda não havia cura. Nos quatro meses de vida que lhe restaram, a doença provocou também distúrbios auditivos que o faziam ouvir sons distorcidos, impedindo-o de trabalhar em sua última ópera. Como os primeiros sintomas da enfermidade tinham-se manifestado em abril do ano anterior, é muito possível que *Lucrezia* tenha sido composta já na fase em que, segundo ele mesmo dizia, "um ouvido percebia os sons meio tom abaixo do outro". Ao morrer, em 18 de abril, Ottorino deixou *Lucrezia* inacabada.

Quem a terminou foi Elsa Respighi, auxiliada pelo compositor Ennio Porrino, aluno de seu marido. Ela orquestrou 29 páginas da partitura, a partir da ária "Non sono più quella di ieri", com que Lucrécia despede-se do marido antes de suicidar-se. Teve também de inserir as partes vocais no manuscrito, pois preocupado em terminar a orquestração no pouco tempo que lhe restava, Respighi não se preocupara em anotar o ponto onde entravam as vozes. Essas circunstâncias, e o fato de que o compositor não teve condições de rever o seu último trabalho, fazem com que seja muito relativa a idéia que se pode ter dele.

Lucrezia estreou no Scala, como previsto, em 24 de fevereiro de 1937, sob a regência de Gino Marinuzzi, tendo Maria Caniglia no papel-título. Como a edição da *Medea* não ficara pronta, o espetáculo foi completado com *Ma-*

ria Egiziaca e uma versão coreográfica de *Gli Uccelli*. O selo Bongiovanni tem dessa ópera uma gravação ao vivo de Ettore Gracis, feita em 1981. A ela veio juntar-se, em 1994, o registro comercial de Adriano feito para o selo Marco Polo na Eslováquia. É triste constatar que nenhuma das gravações oficiais das óperas de Respighi foi feita em seu próprio país.

Embora escrita para uma orquestra de dimensões normais, *Lucrécia* a utiliza de forma sóbria e camerística, com coloridos instrumentais discretos que não interfiram na declamação, concebida de uma forma que a relaciona intimamente ao trabalho de musicólogo que, naquela época, Respighi estava fazendo, empenhado em reconstituir obras de Monteverdi, Cavalli, Pergolesi e Cimarosa. Há poucos motivos condutores: o de uma fanfarra militar; o da cavalgada de Tarqüínio, que sai do acampamento à noite e volta a Roma para pedir hospedagem a Lucrécia, pois sabe que ela estará sozinha; o do desejo sexual de Tarqüínio, muito turbulento e, em contraste, o da felicidade doméstica de Lucrécia, extremamente sereno. A orquestra é usada de forma mais enfática nos três interlúdios, breves e muito tensos: o que abre a conversa dos soldados, no início da ópera; o que se ouve após a cena do estupro; e o que segue ao suicídio da personagem.

Lucrezia é estilisticamente complexa e, em sua última ópera, Respighi parece estar rendendo um tributo aos mestres que contribuíram para o seu desenvolvimento musical. Antes de mais nada, Monteverdi, no estilo de declamação da Voz: ela faz pensar na Mensageira que, no *Orfeo*, traz a notícia da morte de Eurídice. E atraiu *mezzos* do porte de Ebbe Stignani, a criadora do papel, e depois dela Fedora Barbieri e Oralia Dominguez. Tributo também a R. Strauss, na exuberância de toda a música erótica relacionada com o desejo de Tarqüínio. E a Puccini, é claro, em ariosos como "Non mi conosci, tu sei di razza straniera" e "L'orma d'un uomo stranier". Tributo, naturalmente, ao venerado Verdi do *Otello*, pois "Perfido! Perfido!" parece uma reminiscência da "Canção do Salgueiro". E o tom de música russa que há no cântico das servas, ao iniciar-se a segunda cena. Talvez tenha sido essa deliberada multiplicidade de tons – de certa forma mal superposta, pois como já foi dito, o compositor não teve tempo de rever a partitura uniformizando-a – o que levou John Waterhouse a chamar *Lucrezia* de "ecleticismo que degenera em simples indecisão estilística" (*The Viking Opera Guide*).

Onde a música de *Lucrezia* é mais original é no tratamento dado à Voz. Ela não se mantém apenas num papel distanciado de narradora e comentarista desencarnada, mas envolve-se na ação, interrompe a protagonista com suas invectivas ou junta-se a ela reforçando a sua linha vocal. Não tem apenas um estilo barroco de declamação pois, às vezes, parece deixar-se contaminar pela aura sensual de Tarqüínio – ela também é mulher, afinal de contas – e isso se reflete em seu estilo de canto. Resta também o fato de que a protagonista, responsável pela metade da partitura, oferece a um soprano dramático possibilidades excepcionais, com enormes exigências técnicas. Era o caso de uma cantora como Maria Caniglia, que o estreou. O fato de ópera tão curta requerer cantora com dotes tão peculiares em parte explica também a raridade com que a última ópera de Respighi é encenada.

ZANDONAI

Só recentemente a obra de Riccardo Antonio Francesco Zandonai (1883-1944) começou a ser devidamente valorizada. E isso é lamentável, pois Zandonai é um dos mais típicos representantes de uma fase de transição, na História da Música italiana, em que o interesse por Wagner e, num segundo momento por Strauss, Debussy e Stravínski, cria um espírito cosmopolita responsável por fértil renovação. É o momento em que compositores como Respighi, Giuseppe Martucci ou Giuseppe Sgambatti respondem por rica produção sinfônica e de câmera; em que don Lorenzo Perosi e Enrico Bossi revitalizam a música sacra. Riccardo Zandonai foi classificado de "tradicionalista" pela crítica vanguardista que, por algum tempo, desdenhou suas óperas. Mas ele não é apenas um epígono: o colorido distinto de suas partituras, o tom pessoal que consegue imprimir às suas obras para o palco dá-lhe lugar de destaque nas duas primeiras décadas do século XX.

Mas a redescoberta foi um processo lento e difícil. Só em 1951 a sua cunhada, Vittoria Bonaiuti Tarquini, fez a primeira experiência de biografia com *Riccardo Zandonai nel Ricordo dei Suoi Intimi* (Milão, Casa Ricordi). O primeiro estudo musicológico abrangente, *Riccardo Zandonai, Tracce di Vita*, de Amadeo Bassi, só foi publicado em Florença em 1982. E é de 1999 o melhor estudo sobre sua obra: *Riccardo Zandonai: a Biography*, de Konrad Claude Dryden que, obtendo acesso aos documentos pessoais do compositor, de posse da sua família, teve condições de reconstituir com muita precisão as diversas etapas de uma produção que não pode mais ser negligenciada.

Embora pobre, Zandonai demonstrou desde cedo vocação que decidiu Vincenzo Gianferrai, diretor da escola de música de Sacco di Roveretto, a cidadezinha da região do Trentino onde ele nascera, a lhe dar lições gratuitas quando tinha apenas dez anos. Foi Gianferrai quem o encaminhou, aos quinze anos, para o Liceo Musicale de Pesaro, onde Zandonai tornou-se aluno de Mascagni. Naquela época, participar do Concorzo Sonzogno, que revelara o nome de seu mestre, era uma das melhores formas de um jovem compositor tornar-se conhecido. Por esse motivo, em 1902, ele se decidiu a candidatar-se ao prêmio, apresentando a ópera em um ato *La Coppa del Rè*.

O libreto de seu amigo Gustavo Chiesa baseava-se na balada *Der Taucher* (O Mergulhador), de Friedrich Schiller. Dela, Schubert extraíra uma bela canção e, em 1811, J. F. Reichardt a convertera em um *singspiel*. Para demonstrar seu valor e conquistar a mão da filha do rei Frederico I, o jovem siciliano Cola Pesce mergulha num lugar perigoso, onde o rio forma um violento redemoinho. É bem-sucedido nas duas primeiras tentativas mas, na terceira, exigida pelo rei, perde as forças e se afoga. Obra muito inexperiente, fortemente marcada pela influência mascagna, *A Taça do Rei* não tinha condições de competir com as partituras de músicos mais tarimbados, em especial num ano em que o concurso fora aberto a candidatos estrangeiros. Em janeiro de 1903, o júri presidido por Jules Massenet conferiu o prêmio a *Domino Azzurro*, de Franco da Venezia, a *La Cabrera*, do parisiense Gabriel Dupont, e a *Manuel Menéndez*, de Lorenzo Filiasi. *A Taça do Rei* nunca chegou a ser encenada. Anos mais tarde, quando Zandonai já era um músico de prestígio consolidado, um teatro suíço interessou-se em montá-la. O compositor encarregou Tancredi Pizzini de levar o manuscrito para a Suíça, onde seriam copiadas as partes vocais e de orquestra. Médico dos cantores do Scalla, solteirão muito rico que possuía uma mansão suntuosa em Figino, às margens do Lago Lugano, Pizzini foi a vida inteira um dos melhores amigos de Zandonai. Mas era um homem muito distraído e esqueceu dentro do trem a pasta onde estava guardada a partitura. Quando deu pela falta, não foi possível recuperá-la. Nunca mais se teve notícia dessa ópera de juventude.

No fim de 1904, chegou a Sacco di Roveretto um novo capelão, Giovanni Chelodi, com quem Riccardo fez amizade. Grato ao padre Chelodi, que o ajudara a publicar suas primeiras canções na editora de um amigo, em Trentino, Zandonai concordou em musicar um libreto que ele escrevera. *L'Uccellino d'Oro* é uma adaptação de *Vom goldenen Vogel* (A Respeito do Pássaro Dourado), conto recolhido pelos irmãos Grimm no primeiro volume de *Haus-und Kindermärchen* (Contos de Fadas Domésticos e para Crianças), de 1812. Na intriga cruzam-se situações clichê desse gênero de narrativa popular.

A madrasta do príncipe Riccardino é uma bruxa, e quer convencer o rei da floresta mágica de Terziglio a obrigá-lo a casar-se com sua filha Fiordispina. O rei está propenso a aceitar, porque não quer que se repita o desaparecimento do filho mais velho e de sete filhas que, no passado, foram enfeitiçados por uma outra bruxa. Mas o pássaro dourado e os pombos de madeira que enfeitam a floresta aconselham Riccardino a ir procurar em outro lugar a mulher que ama. Ele logo a encontra: é Rosbella, a filha do rei do Tarot. Mas Rosbela foi amaldiçoada, ao nascer, por uma fada má. Furiosa por não ter sido convidada para a festa de batizado, essa fada maligna disse que, quem se apaixonar por Rosbela e pedir sua mão, há de morrer. Apesar do perigo que corre, Riccardino decide arriscar: para ter direito à mão de Rosbella, aceita responder a três enigmas que lhe são propostos pelo rei do Tarot – e é bem-sucedido, encontrando a resposta para todos eles. Ao saber que Riccardino conseguiu contornar a maldição, sua madrasta embosca Rosbella e a atira dentro de um poço cheio de salamandras. Manda também que Riccardino seja afogado numa lagoa, mas ele consegue escapar, salva a mulher que ama e, com a ajuda do pássaro dourado, faz a bruxa e Fiordispina caírem dentro do poço. Com isso, quebra-se o feitiço, o pássaro e os pombos transformam-se no irmão e nas sete irmãs desaparecidos, a história se encerrando com o regozijo geral.

A "fábula musical" *O Pássaro Dourado*, estreada em 1907 em Sacco di Roveretto, pertence a um gênero relativamente raro no domínio italiano: o da *Märchenoper* (ópera baseada em contos de fada). Nesta fase de germanofilia na ópera italiana, compositores como Respighi ou Wolf-Ferrari se sentiriam tentados a praticá-lo, por influência de Humperdinck, que o tornou muito popular na Alemanha, na virada de século. É a única ópera de Zandonai que usa diálogo falado intercalado ao canto – e isso pode-se atribuir ao modelo germânico do *singspiel*. É a única também em que há um papel para soprano coloratura, a princesa Rosbella. A personalidade dramática de Zandonai ainda não aflorou, mas é cuidadosa a caracterização que faz das personagens. Fiordispina é a única a ter um *leitmotiv*, que sugere seu caráter ríspido e desagradável. O papel da bruxa é falado, mas ela canta duas frases – "Chiuditi orrenda e tenebrosa. Non vi è piu alcun ormai che aprir ti possa" – quando atira Rosbella dentro da fossa das salamandras; e a melodia parece nitidamente inspirada pela Kundry do *Parsifal*.

Ainda é visível a influência de Mascagni, numa passagem como a ária "Lontano, lontano, lontano", cantada por Riccardino no ato II. Mas já é possível sentir o futuro autor da *Francesca da Rimini* em "Questa è la notte fulgida", a ária de Rosbella com que se abre o ato II. Este, aliás, é o ato mais satisfatório, pois é nele que se manifesta a dramaticidade típica do autor. Para os outros dois, de tom mais leve, Zandonai precisa optar por um tom quase de opereta, com o qual não se sente igualmente à vontade. Comentando esta segunda ópera, escreve Konrad Claude Dryden:

> *L'Uccellino d'Oro* inaugura um tema que reapareceria em todas as outras óperas [de Zandonai]: o dos amantes que desejam ser reunidos não importa como, feliz ou tragicamente. Se pensarmos em Marzio e Melenis, Mateo e Conchita, Paolo e Francesca, Marzio e Vistilia, Renzo e Lucia, Don José e Manuela, Giuliano e Reginella, Giosta e Anna, Romeo e Giulietta, Renato e Gabriella, todos sem exceção estão em busca do amor de seu parceiro.

Enquanto compunha essa segunda ópera, Zandonai decidira candidatar-se a um concurso instituído pelo Ministério da Educação e Cultura do Tirol. Enviou desta vez *Il Ritorno di Odisseo*, de 1901, ambicioso poema sinfônico para soprano, barítono, coro e grande orquestra, baseado no poema de Giovanni Pascoli, de quem era fervoroso admirador. Em fevereiro de 1905, o primeiro prêmio, de 400 coroas austríacas, lhe foi concedido. Com esse dinheiro, ele se animou a ir tentar a sorte em Milão. Ali, conseguiu ser apresentado a Vittoria Cima, rica senhora cujos saraus passou a freqüentar. Arrigo Boito estava presente na noite em que o jovem Riccardo tocou sua canção *Visione Invernale*. Bem impressionado, o poeta ofereceu-se para apresentá-lo na Casa Sonzogno.

Esses editores, porém, rejeitaram as partituras de Zandonai, alegando que ele não possuía talento suficiente (um ano antes, o mesmo julgamento tinha sido proferido a respeito de Alfano). Assim, a conselho da senhora Cima, Boito escreveu a Tito Ricordi, em 10 de dezembro de 1905, pedindo-lhe que "perdesse um quarto de hora" dando atenção a um jovem "cheio da mais sincera musicalidade". A Tito Ricordi, e a seu pai, Giulio, as obras de Zandonai causaram a mesma boa impressão que a Boito. E ambos decidiram encomendar-lhe uma nova ópera. O libreto escolhido tinha sido escrito por Cesare Hanau, baseado em *The Cricket on the Hearth* (O Grilo na Lareira), o conto de Natal de Charles Dickens que já inspirara a Carl Goldmark a ópera *Das Heimchen am Herd*. Hanau escrevera o texto pensando em oferecê-lo a Alfano, com quem já colaborara em *Ressurezione* (1904); mas este não se interessara. Em janeiro de 1907, Zandonai voltou aos suntuosos escritórios da Ricordi, na Via Berchet, trazendo pronta a partitura de *Il Grillo nel Focolare*.

No velho que seu marido, o carroceiro John Peerybingle, encontrou na rua, e a quem ofereceu asilo durante a noite de Natal, Dot reconhece em disfarce o jovem Edoardo, filho de seu vizinho Caleb Plummer. Edoardo partiu, anos antes, para fazer fortuna, e nunca mais se teve notícias dele. Retornou incognito, agora, pois ficou sabendo que May Fiedling, a sua namorada, está noiva do rico fabricante de brinquedos Tackleton, para quem trabalham seu pai e Berta, a sua irmã, que é cega. Tackleton os mantém na mais negra miséria. Mas Caleb, que não quer fazer a filha sofrer, mente para ela dizendo que ambos moram em um lugar bonito e confortável. Dot promete a Edoardo ajudá-lo a recuperar May. Obtém da moça a confissão de que está sendo obrigada por sua mãe a desposar um homem rico, que detesta. Revelando-lhe o retorno do namorado, diz-lhe que terá de casar-se com ele antes da hora marcada para a união com Tackleton. É o que fazem, não sem antes ter contado a Caleb que seu filho voltou. Dot diz também a verdade a Berta sobre suas condições de vida e esta, comovida, perdoa ao pai por lhe ter mentido. Quando Tackleton vem buscar May para levá-la à igreja, descobre, furioso, que a noiva já se casou com outro. Em meio à alegria de todos, ouve-se, vindo da igreja, o coro da missa de Natal, encerrando a ópera com uma nota de paz e perdão.

O grilo que canta na lareira é o símbolo da felicidade doméstica de Dot e John, e dos bons sentimentos que devem animar os seres humanos. Seu canto acompanha o dueto "Oh, mia piccola Dot", do fim do ato I, com que o casal Peerybingle celebra seu amor. No ato II, ao ver Edoardo agradecendo a Dot pela ajuda que está lhe dando, John tem um momento de dúvida. Mas ao ouvir, em casa, o som reconfortante do grilo, convence-se de que não há motivo para suspeitar de infidelidade. E no final, ao explicar a Tackleton por que ele não conseguiu fazer-se amar por May, nem pelos empregados a quem explorava, Dot lhe diz: "Al vostro focolare e al vostro cuore, è il grillo che mancò."

A abertura, na qual o canto do grilo é imitado pelos instrumentos, traz os primeiros indícios do grande orquestrador que Zandonai será, capaz em breve de se libertar totalmente dos inevitáveis exemplos de Mascagni e Puccini. O mesmo cuidado com a escrita instrumental se sente no Prelúdio ao ato III. Nele, já é possível identificar a técnica, que será típica da maturidade, da dramaticidade progressiva que se traduz num lento crescendo, fazendo a música tornar-se aos poucos mais poderosa. A Dot pertence a mais bela melodia da ópera, a da ária "Un giorno, tre fanciulli andarano sul mar". Se ainda há a marca pucciniana no dueto com o marido, "Mio caro, mio buon John", é do mais puro Zandonai a ária "Sì, è l'anima canora", com que ela descreve ao companheiro a sensação aconchegante que lhe dá o ruído do grilo na lareira. Predomina, na ópera, um recitativo melódico constante, ocasionalmente interrompido por ariosos ou cantábiles mais organizados: a melancólica "Ah, lungi, sull'ali del vento", em que Berta imagina o mundo que não vê; a serenata "Fanciulli perduti in mar", que Edoardo canta da rua, fazendo May perceber que ele voltou; ou o monólogo "Una prova... una prova", de John, roído pelos ciúmes.

Não há gravação em disco desta ópera, mas existe o vídeo de um espetáculo em Pesaro, em 1983 (Carangelo, Chun, Kan/ Ziino).

Antes mesmo da estréia do *Grilo*, já começara a busca de novo libreto. Nas peças que pensou em adaptar, todas elas pertencentes ao repertório francês, evidencia-se o interesse por obras de moldura histórica, em chave simbolista e decadentista, do futuro autor da *Francesca da Rimini.* Zandonai estudou *Gismonda*, de Victorien Sardou; *L'Embarquement pour Cythère*, de Emile Veyrin; *Soeur Béatrice*, de Émile Maeterlinck; e *Le Rêve*, de Émile Zola. Mas teve de renunciar a elas, pois tratava-se de obras com direitos autorais muito caros e, em alguns casos, já reservados por outros compositores. Puccini, por exemplo, comprara os do drama de Maeterlinck, embora nunca tenha chegado a musicá-lo. Mas Riccardo encantou-se, finalmente, com um libreto "molto simpatico" de Massimo Spiritini e Carlo Zangarini. Eles o tinham extraído do poema narrativo *Melaenis, Conte Romain*, de Louis-Hyacinthe Bouilhet, amigo de Flaubert (a esse dramaturgo menor fora dedicada *Madame Bovary*).

Tito Ricordi, porém, não gostou nem um pouco desse texto. E depois da estréia do *Grilo* – no Teatro Politeama Chiarella, de Turim, em 28 de novembro de 1908, com sucesso bastante razoável – convenceu Zandonai a interromper o trabalho já iniciado em *Melenis*, e embarcar em outro projeto. Deu-lhe a ler a novela *La Femme et le Pantin*, escrita em 1898 por Pierre Louÿs. A fama desse amigo de Debussy se consolidara com a novela erótica *Aphrodite*, tão popular que três compositores, Camille Erlanger, Arturo Berutti e Max Oberleithner, a usaram como tema para óperas. *A Mulher e o Fantoche* toma como ponto de partida um episódio autobiográfico: a paixão de Louÿs por Lola, dançarina de flamenco de dezesseis anos, que conheceu em Sevilha. Ela estimulava sua atração, aceitava seus presentes, mas nunca se entregou a ele. Na mesma época, por coincidência, Louÿs encontrou, na *Histoire de Ma Vie* de Casanova, a narrativa do encontro do libertino, em Londres, com a jovem suíça Marianne Charpillon, que fez com ele o mesmo joguinho de sedução e recusa. Da experiência pessoal e da leitura de Casanova nasceu a história da paixão de Don Mateo Díaz pela jovem Conchita.

Tendo conseguido despertar em Zandonai o interesse pelo romance, Tito Ricordi mostrou-lhe o argumento que Maurice Vaucaire e Luigi Illica tinham preparado, a partir do texto de Louÿs, pensando em Puccini. Mas este, em novembro de 1906, chegara à conclusão que "*La Femme et le Pantin* não seria capaz de gerar interesse suficiente para prender a atenção do público uma noite inteira". É estranho Puccini não ter percebido o potencial dramático de uma heroína ambígua e enigmática, na qual misturam-se inocência infantil, sexualidade em estado bruto, ingenuidade e sado-masoquismo, unidos ao conhecimento instintivo da arte de manipular os desejos do macho. Zandonai, pelo contrário, entusiasmou-se com a história de *Conchita*, na qual viu – como o descreveu em carta a seu amigo Lino Leonardi – a possibilidade de "dar à *Carmen* uma irmã vigorosa, mais moderna, mas não menos apaixonada e estranha". Entusiasmou-se ainda mais quando Ricordi, disposto a tudo para afastá-lo de *Melenis*, propôs-se a lhe pagar uma viagem à Espanha, onde ele desejava coletar material para a próxima ópera.

O jovem aristocrata Don Mateo de Díaz apaixonou-se por Conchita. Conheceu a jovem quando ela estava saindo do convento, em Ávila, com que estudara, para voltar a Sevilha, onde sua mãe lhe arranjou um emprego numa fábrica de charutos. Conchita lembra-se dele, pois quando se viu envolvida numa briga com um grupo de ciganas, foi Mateo quem a salvou. O rapaz vai procurá-la na fábrica e, a título de ajuda, oferece-lhe uma quantia que lhe permitirá ficar um mês sem trabalhar. Dá mais dinheiro ainda quando vai visitar Conchita em casa, e sua mãe se queixa da situação de indigência em que se encontram desde a morte do marido, que era engenheiro. Declara-se a Conchita, que se defende dizendo ser virgem, e consente em dar-lhe apenas um beijo. Mas o faz admitir que esse gesto criou um compromisso entre eles, e promete que, no dia seguinte, se entregará a ele. Não cumpre a promessa, porém.

Seis meses depois, ao encontrá-la num café dançando a "jota aragonesa", Mateo volta a se declarar e Conchita lhe diz que não o ama. O rapaz fica furioso e, ao mesmo tempo, excitado ao vê-la dançando o "flamenco" com um xale apenas tampando o torso nu. À sua nova investida, Conchita responde que não quer apenas saciar seus desejos, pois sonha com um homem que lhe dê uma casa tranqüila no campo. Ao ouvir isso, Mateo lhe dá a chave de sua casa e, uma vez mais, Conchita promete que, no dia seguinte, será dele. Mas quando ele vai procurá-lo, a moça repete que não o ama, e lhe apresenta Morenito, a quem decidiu tomar como namorado, pois é mais jovem do que Mateo. Enlouquecido, o aristocrata foge e, quando Conchita vai procurá-lo em sua casa, parece ter perdido definitivamente a razão, pois ao mesmo tempo em que lhe declara a sua paixão, a insulta e espanca. Percebendo finalmente a extensao do amor de Mateo por ela, Conchita pede-lhe desculpas, confessa que Morenito nunca foi seu amante, e diz que agora está lhe oferecendo o amor mais puro. Extasiado, Mateo abraça-a e os dois se beijam pela primeira vez.

Conchita foi cantada em 14 de outubro de 1911 no Teatro del Verme, de Milão, e seu sucesso imediato fez a fama de Zandonai. Puccini, que hesitara em aceitar o libreto, ficou furioso ao ver o bom resultado obtido com ele por um jovem músico desconhecido. O papel-título foi criado por Tarquinia Tarquini, alta, bonita, sensual. Anos antes, ela causara escândalo ao interpretar pessoalmente, de forma provocante, a Dança dos Sete Véus na *Salomé* de Richard Strauss. A fase de composição de *Conchita* fora marcada, para Zandonai, por uma experiência muito semelhante à de Mateo. Ele se apaixonara por Jenny Facci, jovem muito bonita de Roveretto que, depois de aceitar sua corte, passara a tratá-lo com desinteresse, e acabara ficando noiva de outro. Ainda acabrunhado com essa frustração amorosa, Riccardo não sabia que, em Tarquinia, a cobiçada estrela do palco, estava conhecendo a mulher que, em 1917, haveria de se tornar a Sra. Zandonai.

São evidentes as semelhanças entre o libreto de Maurice Vaucaire e Carlo Zangarini e o da *Carmen* – as duas mulheres trabalham em fábricas de cigarro sevilhanas e querem ser donas de seu próprio destino. Há também paralelos evidentes entre esta história e a de Manon, entre a obsessão de Mateo e a de Des Grieux. Provavelmente foi isso o que desencorajou Puccini: não querer ser acusado de estar requentando a sua *Manon Lescaut* – em que já concorrera com Massenet –, nem de estar imitando Bizet. Mas a personagem de Louÿs, maliciosa, calculista, capaz de jogar deliberadamente com o fascínio sexual que exerce sobre Mateo, manipulando-o cruelmente, é muito pasteurizada pelos libretistas. E o final feliz é pouco convincente. Em *Esse Obscuro Objeto do Desejo*, livremente adaptado do romance de Louÿs, Luís Buñuel descreve mais fielmente a forma impiedosa como Conchita faz do homem apaixonado um joguete em suas mãos.

Juntamente com *I Gioielli della Madonna*, de Wolf-Ferrari, que é do mesmo ano, *Conchita* é uma das manifestações tardias do Verismo. Ambas têm personagens comuns, ambientes populares (a fábrica, a taberna, o bairro operário) e paixões elementares, descritas de forma muito direta e exacerbada. Nesse sentido, correspondem perfeitamente a um gênero que, àquela altura, ainda tinha muitos admiradores. É estranho, porém, que *Conchita* seja um exemplo típico de Verismo produzido por um músico de sensibilidade refinada, que não perdia uma chance de declarar sua antipatia por essa tendência operística, e considerava a *Tosca* "um aborto". *Conchita* constitui, portanto, um exemplo único, dentro da carreira de Zandonai: a tentativa de trabalhar com os ingredientes de uma receita que ainda garantia a adesão do público.

Por outro lado, a partitura de *Conchita* foi produzida por um artista aberto às influências de Debussy e Strauss, capaz de elaboração harmônica e instrumental incomum na média das obras da plenitude verista. Nela estão, portanto, prenunciadas as características essenciais do estilo maduro de Zandonai. A palheta orquestral é muito colorida, em especial no que se refere às tentativas de captar a cor local espanhola, percebendo-se o esforço para imitar modelos autênticos – Granados, Albéniz, de Falla – em vez do convencional espanholismo de matriz francesa. Essa foi a principal vantagem da pesquisa de campo feita durante a viagem à Espanha.

"Não compartilho a sua opinião de que na ópera a orquestra vale menos do que zero", escreveu Zandonai a Tito Ricordi, em 27 de fevereiro de 1910, na época em que estava trabalhando em *Conchita*. "Eu lhe confesso que acredito no contrário." E referindo-se à saturação de efeitos fortes a que o Verismo levara, defendia a maior sutileza de seu estilo de escrita dizendo: "Nossos grandes mestres vivos refinaram (ou viciaram?) o paladar do público, de tal forma que ele prefere os molhos picantes aos pratos habituais que lhe parecem – erradamente – insípidos e indigestos."

Além disso, na personagem masoquista de Mateo encontramos elementos neurastênicos que já anunciam o mundo de emoções reprimidas da *Francesca da Rimini* e de *I Cavalieri di Ekebù*. Como Francesca e a Comandante, Conchita é uma mulher de vontade forte que se impõe a um homem frágil. Nesse sentido, insere-se na galeria de personagens femininas marcantes, da virada dos séculos XIX-XX, saídas das óperas de Wagner, Massenet, Puccini e Alban Berg. Faz também com que o universo dramatúrgico de Zandonai se aproxime do decadentismo patologicamente mórbido de Schreker, Zemlinsky e Korngold, vertente que se acentuará com a guinada neo-romântica a que assistiremos logo a seguir.

Em todo caso, *Conchita* se destaca do restante da obra de Zandonai pelo cuidado verista com os detalhes de ambientação. Ele não só estudou a música popular espanhola, como também incorporou seus elementos de forma muito elegante – e onde isso fica melhor exemplificado é no "Intermezzo nella Strada", que liga as duas primeiras cenas do ato I, em que o ritmo das castanholas trança-se a um acompanhamento de transparências ravelianas. O mesmo se pode dizer do *andante calmo* que serve de introdução ao ato III: quando o pano se abre, a música descreve o cenário, o pátio e o jardim da casa de Mateo ao luar, com uma sensualidade que não deixa de evocar o Manuel de Falla das *Noches en los Jardines de España*. Já o prelúdio ao ato IV é nervoso, muito tenso, pois evoca a perturbação na alma de Mateo.

Quanto ao retrato da fábrica, este é de um naturalismo acentuado, colocando a ênfase na exploração do trabalho das operárias através de pequenas vinhetas que nos apresentam Dolores, Estella e Rufina, as colegas da protagonista. A sordidez do ambiente onde Conchita é obrigada a ganhar a vida dá um significado especial ao gesto de Mateo de lhe oferecer dinheiro, para lhe permitir sair daquele lugar sufocante. Mais aparentada com uma prisão do que com um local de trabalho, a fábrica de charutos lembra o ambiente concentracionário da *Rissurezione* de Franco Alfano. "Ier dalla fabbrica a Triana", o arioso de Conchita nessa cena, é o mais perto que Zandonai chega de uma ária tradicional. As demais intervenções solistas são curtas e no estilo de declamação melódica popularizado pelo Verismo.

São muito extensos, em compensação, os duetos – quatro ao todo – para a personagem título e Mateo, em geral incorporando as sonoridades das vozes à palheta orquestral. É o caso de "Sei squisita", no ato I. É bem visível a influência de Puccini em "Se fiati, faccio mettere il chiavistello", do ato II. Mas já é do autor da *Francesca* a grande declaração de amor do III, "Bacciatemi la mano", que se alça a um extremo de paixão, quando Mateo pergunta à mulher que o desdenha: "Vuoi tu che in questa notte paurosa mi si franga il cervello?" É dessa página tempestuosa que sai a substância musical para o último dueto, "Pensai che t'eri ucciso", em que finalmente a leviana protagonista, como diz K. C. Dryden, "derrete-se, como a sua irmã Turandot, num raio de calor mediterrâneo".

Importante é notar que, apesar de lhes terem sido dados a cantar quatro duetos, é só neste último que as vozes do soprano e do tenor soam em uníssono – sinal do entendimento que finalmente estabeleceu-se entre eles. E após tanto sofrimento e neurastenia, a ópera termina serenamente, com um tenor fora do palco vocalizando ao som de uma harpa, e um crescendo das cordas em tremolo, num prenúncio do efeito que, mais tarde, será usado para encerrar a *Francesca*. É uma pena que desta partitura não exista nenhuma gravação comercial. Conheço apenas a pirata, de Gavarini, feita em 1961 no Teatro Comunale de Bolonha, e que circulava pelo selo MRF.

A preocupação de Zandonai em enriquecer o espectro harmônico com as aquisições franco-germânicas fica patente não só em suas óperas, mas também nas peças orquestrais: os poemas sinfônicos *Primavera in Val de Sole* (1915) e *Patria Lontana* (1918), mais tarde rebatizado *Autunno fra i Monti* (ao publicá-los, o compositor os reuniu com o título de *Terra Nativa*). Percebe-se essa tendência também em *Melenis*. Zandonai insistiu em terminá-la e, apesar das advertências de Ricordi de que o libreto de Massimo Spiritini e Carlo Zangarini era um verdadeiro trambolho, quis levá-la ao palco. Devido ao prestígio que *Conchita* lhe dera, não foi possível demovê-lo desse intento. *Melenis* possui melodias inegavelmente requintadas. Mas isso não impediu que a ópera fosse um fiasco retumbante, ao estrear no Teatro Del Verme, de Milão, em 13 de novembro de 1912.

A ação desse drama passional, que se desenrola em 188 d.C., durante o reinado do imperador Cômodo, pode ser resumida em poucas palavras. A jovem prostituta grega Melenis apaixonou-se pelo gladiador Marzio, comovida com a angústia que ele sente por não encontrar um sentido para sua vida. Mas este sentido, ele o encontra no amor por Marcella, a filha do prefeito de Roma, cuja mão lhe é concedida pelo imperador, em recompensa por ele ter vencido seus oponentes na arena. Desesperada e ensandecida, Melenis apunhala-se pouco antes de se iniciar a festa do casamento. Este é o principal problema do libreto: o poema de Bouilhet não oferecia peripécias suficientes para preencher três longos atos, e foi necessário recheá-los com *tableaux de genre* dispersivos.

A bem dizer, a ação do ato I só começa da metade para a frente, quando Marzio vai procurar sua irmã Stafila, na taverna de Saturnio, onde ela trabalha jogando dados e prevendo o futuro das cortesãs. Tanto nesse ato quanto no II, que se passa no Coliseu, são inteiramente dispensáveis as alusões aos cristãos, cujos cânticos ressoam de vez em quando ao longe. Eles comparecem apenas como um elemento decorativo, e não passam de um clichê desse tipo de peça de ambientação romana. O ato melhor resolvido é o III, por ser o mais curto. É nele também que se assesta melhor o foco no processo de desmantelamento mental da protagonista, e no desespero que a leva ao suicídio.

Melenis revela progressos sensíveis de escrita orquestral em relação ao *Grilo na Lareira*, que a tinha precedido (não nos esqueçamos de que a maior parte da ópera foi escrita antes de *Conchita*). E consegue sugerir de forma convincente a atmosfera da antiga Roma. Mas fracassa num ponto essencial: não desenvolve as suas personagens de modo teatralmente convincente. As duas canções de Melenis, no ato I, "Salii su un pesco con la scala d'oro" e "Son greca d'Argos", são páginas preciosas, de cativante erotismo, com toques exóticos muito bem colocados. Interessante é também o momento do ato II em que ela vai pedir a Cômodo que a liberte, para que possa unir-se ao homem que ama. Com sua forma ternária – "Tu che commandi al mondo... Non ha che un sol la terra... Ah! Vorrei piangere ancora!" – a cena retoma de forma muito eficiente a estrutura tradicional de recitativo-ária-cabaletta, que o Verismo tornara obsoleta. Mas são bons momentos isolados, dentro de atos em que a ação parece patinar sem muito rumo.

É de recolhida simplicidade a melodia de "O figlie di Jerusalem", que os cristãos mandados para a arena entoam no ato II. Mas seu bom-gosto contrasta com o tom bombástico do finale, "Nel mar un nuovo fiume", típico de um certo atrativo mediterrâneo pela retórica que, no período fascista, vai produzir partituras de gosto muito duvidoso. É, portanto, no ato III, que vamos encontrar alguns dos melhores achados de *Melenis*:

- a tristonha "Per acqua andò una sera Camilla a un pozzo ignoto", que Isi, a empregada da casa de Marcella, canta enquanto enfeita as estátuas do jardim com guirlandas, para a festa do casamento (nessa canção já há o prenúncio do final trágico da cortesã grega);
- a exuberante "Salve, o casa del sogno", em que Marzio antegoza a felicidade que a união com Marcella lhe trará;
- e principalmente o monólogo final, "Tanto era bello il sogno mio", em que a protagonista se despede da vida e de seu sonho de um amor impossível.

Não existe, que eu saiba, nenhum registro dessa ópera desigual. Este é um caso típico de partitura que funcionaria bem num disco de trechos, no qual se selecionasse o que ela tem de mais bem-sucedido.

Depois do fracasso de *Melenis*, Zandonai não podia permitir-se outro revés. O libreto seguinte teria de ser escolhido com todo cuidado. Aborreceu-o ter-lhe sido recusado *Le Rêve*, de Émile Zola, cujos direitos já estavam reservados para Alfred Bruneau. Nesse meio tempo, relera a *Francesca da Rimini* de Gabriele d'Annunzio, na qual encontrara "um argumento eterno, que sempre há de exercer imenso fascínio sobre a alma de um artista" (carta a Tito Ricordi de 27 de janeiro de 1912). Escrita para Eleonora Duse, na época amante do poeta, a tragédia fora encenada no Teatro Costanzi de Roma, em 9 de dezembro de 1901, dirigida pelo próprio autor. Com duração de seis horas, *Francesca da Rimini* foi um espetáculo que marcou época pela magnificência, pois La Duse investira na produção a fábula de 400 mil liras – "quarenta anos de salário de um funcionário público qualificado", comenta John Woodhouse em *Gabriele D'Annunzio, a Defiant Angel*.

A trágica história dos amores de Francesca, filha de Guido Minore da Polenta, e Paolo, filho de Malatesta da Verrochio senhor de Rimini, sempre atraiu Zandonai. Em 1899, aos dezesseis anos, ele já tinha escrito uma cantata para tenor e orquestra sobre esse episódio, evocado por Dante no canto V – provavelmente o mais comovente do *Inferno*. Tito Ricordi também acolheu com grande entusiasmo a idéia de transformar numa ópera a peça de D'Annunzio. E encarregou-se pessoalmente de escrever ao poeta – que não gostava dos veristas –, dando-lhe a garantia de que o compositor para quem estava reivindicando os direitos de adaptação era muito talentoso. Não foram negociações fáceis. A princípio, D'Annunzio não queria ceder os direitos da *Francesca*: estava em gestação a *Parisina*, e ele tinha a esperança de que Mascagni viesse a compor a música para toda a trilogia dedicada aos Malatesta (a terceira peça, *Sigismondo Malatesta*, na verdade nunca chegou sequer a ser escrita). Propôs, em vez dela, *La Rosa di Cipro* e, como desculpa, disse já ter prometido a tragédia a uma amiga, uma certa princesa Massimo, compositora diletante (Woodhouse demonstra, em seu livro, que essa "princesa" não passava de uma ficção). Diante do pé firme de Ricordi, o poeta – que, por causa de dívidas, tivera de se exilar na França, onde era sustentado por sua amante, a condessa Daniela de Goloubeff – exigiu uma soma exorbitante: 25 mil liras de ouro. Zandonai entrou em pânico quando Tito Ricordi, horrorizado com a desproporção dos direitos pretendidos, recusou. Para que o projeto não abortasse definitivamente, pesou muito a intervenção de um amigo recente do compositor.

Durante os preparativos para a estréia romana de *Conchita*, em fevereiro de 1912, Riccardo conhecera Nicola D'Atri, o crítico de *Il Giornale d'Italia*, que se interessara profundamente por sua música. Amigo íntimo de Giordano, habituado a ajudar artistas jovens cujo talento reconhecia, D'Atri exerceu papel determinante para promover a carreira de Respighi, Renzo Rossellini ou do pintor Umberto Moggioli. D'Atri não só privou da intimidade de Zandonai, como tornou-se para ele uma espécie de mentor – cujas opiniões nem sempre eram recebidas com muito agrado.

Mas desempenhou função inegavelmente fundamental, discutindo com o compositor os caminhos pelos quais deveria enveredar a sua dramaturgia. Com seu estilo habitualmente caudaloso, D'Atri escreveu uma carta de dezoito páginas a Tito Ricordi, explicando-lhe por que não se poderia perder a oportunidade de que um texto com a qualidade poética da *Francesca* fosse convertido em ópera por um músico do porte de Zandonai.

Tito Ricordi deve ter sido a única pessoa que conseguiu fazer o grande D'Annunzio desistir de cinco mil liras. Depois que Zandonai concordou em receber apenas três mil, o contrato foi fechado em 20 mil liras – dois anos de salário de um alto funcionário, se mantivermos o cálculo de Woodhouse. Quando Ricordi e Zandonai encontraram-se com a celebridade, em 1913, em seu apartamento parisiense da avenue Kléber, para ler o libreto preparado pelo próprio Tito, iam cheios de apreensão. Não sabiam qual seria a reação de D'Annunzio aos cortes inevitáveis que tiveram de ser feitos no texto torrencial de sua peça. Mas ele ouviu atentamente, aprovou o resultado com entusiasmo, concordou que o nome de Ricordi aparecesse ao lado do dele como libretista, e até mesmo se propôs a escrever a seção "Nemica ebbi la luce", no dueto de amor do ato III, "Benvenuto signore mio cognato". São dele também, só para a ópera, as palavras de Francesca:

> *Paolo, se perdonato vi fu,*
> *perche vi rilampeggia ancora*
> *sotto i cigli la colpa?*
> *Ahi che già sento, all'arido fiato,*
> *sfiorir la primavera nostra.*

(Paolo, se foste perdoado, por que a culpa ainda brilha em teus olhos? Ai, esse fôlego árido já me faz sentir nossa primavera perdendo as suas flores.)

Tito Ricordi fez de fato um trabalho excelente. K. C. Dryden faz, na obra citada (pp. 111-115), à qual remeto o leitor, o levantamento detalhado dos cortes, das compressões, das raras e bem justificadas alterações na ordem das palavras. O texto do poeta foi escrupulosamente respeitado. Reduzido às proporções de um libreto viável, constitui não só o melhor poema musicado por Zandonai, como um dos mais belos exemplos do encontro da música com a literatura em toda a História da Ópera. Ettore Panizza regeu a triunfal estréia no Teatro Regio de Turim, em 19 de fevereiro de 1914, com Lidia Canetti e Giulio Crimi nos papéis principais. Quando Rosa Raisa e Aureliano Pertile criaram *Francesca da Rimini* no Scala, dois anos depois, quem fazia o papel da serva Biancofiore era Gilda dalla Rizza que, por sua vez, viria a ser uma famosa intérprete do papel-título. De *Francesca da Rimini*, existem as seguintes gravações:

Cetra, 1952 – Maria Caniglia, Giacinto Prandelli/Antonio Guarnieri;

Decca, 1969 – Magda Olivero, Mario del Monaco/Nicola Rescigno (apenas os três grandes duetos, mas indispensável por ser a única versão de estúdio da maior de todas as Francescas);

RCA, 1987 – Raina Kabaivanska, William Mateuzzi/Maurizio Arena;

Koch Schwann, 1994 – Elena Filípova, Fredric Kalt/Fabio Luisi (ao vivo no Festival de Bregrenz).

Pode-se recorrer também às gravações ao vivo:

Scala (4.6.1959) – Olivero, del Monaco/ Gianandrea Gavazzeni;

Trieste (16.3.1961) – Leyla Gencer, Renato Cioni/Franco Capuana;

Carnegie Hall (22.3.1973) – Kabaivanska, Plácido Domingo/Eve Queller;

Radio France (15.3.1976) – Ilva Ligabue, Ruggero Bondino/Nello Santi.

Existe além disso, em vídeo, uma belíssima montagem do Metropolitan de Nova York, com Renata Scotto e Plácido Domingo, regida por James Levine. A cenografia, de estilo decadentista, fazendo referência à iconografia pré-rafaelita, traduz com requintes a estilizada recriação do passado feita por D'Annunzio em sua poesia dramática.

Francesca deixa-se iludir pelo pai, que a faz acreditar ter sido prometida em casamento ao belo Paolo Malatesta. Na verdade, ele veio apenas assinar o contrato de noivado em nome de seu irmão Gianciotto, feio, coxo e muito mais velho. A jovem apaixona-se perdidamente por Paolo e, em Rimini, já casada, não consegue esconder o que sente pelo cunhado. Seus sentimentos vêm à tona de forma incontrolável durante a guerra entre os Malatesta, que são gibelinos, e o clã dos guelfos Pascitadi. Acreditando que Paolo foi ferido, Francesca reage assustada. E toma seu rosto nas mãos, amorosamente, quando ele lhe propõe tomarem uma taça de vinho à saúde de Gianciotto. Sua preocupação com Paolo é ainda mais visível, comparada à relativa indiferença com que reage ao grave ferimento sofrido pelo irmão mais jovem, Malatestino, que perde um olho na batalha. Mais tarde, ao voltar de uma longa viagem que fez para esquecê-la, Paolo vai visitar Francesca em seus aposentos e, juntos, eles lêem a história de Lancelotto e Ginevra. É o episódio narrado por Dante numa das mais belas passagens do canto V do *Inferno*:

Noi leggiavamo un giorno per diletto
di Lancialotto come amor lo strinse;
soli eravamo e sanza alcun sospetto.
Per più fiate li occhi ci sospinse
quella lettura, e scolorocci il viso;
ma solo un punto fu quel che ci vinse.
Quando leggemo il disiato riso
esser baciato da cotanto amante,
questi, che mai da me fia diviso,
la bocca mi bacciò tutto tremante:
Galeotto fu'l libro e chi lo scrisse:
Quel giorno più non vi leggemo avanti.

(Líamos um dia nós dois, para recreio, de Lancelote e do amor que o prendeu; éramos sós e sem qualquer receio./Vezes essa leitura nos ergueu olhar a olhar, no rosto desmaiado, mas um só ponto foi que nos venceu./Ao lermos o sorriso desejado ser beijado por tão perfeito amante, este, que nunca seja-me apartado,/tremendo, a boca me beijou no instante. Foi Galeoto o livro, e o seu autor; nesse dia não o lemos mais adiante.)[1]

Malatestino, que também está apaixonado pela cunhada, tenta seduzi-la e é rejeitado. Dá vazão à sua raiva decapitando um prisioneiro guelfo que gemia de dor numa cela do castelo. Ao ser repreendido em sua crueldade pelo irmão mais velho, vinga-se revelando-lhe a traição de sua mulher. Louco de ciúmes, Gianciotto surpreende Paolo com Francesca e mata os dois.

"Música de Mascagni com os cabelos cortados *à la garçonne*" – assim o crítico G. Bastianelli caracterizou a mistura de Verismo e estilo Liberty que há nesta ópera, onde se manifestam claramente as características da vertente neo-romântica. Como no caso do libreto da *Parisina*, que escreveu para Mascagni, a tragédia de D'Annunzio tem wagnerismos de nítida filiação simbolista-decadentista. Para começar, esta é mais uma das várias óperas deste período com uma matriz narrativa "tristanesca": a história do casal mais jovem impedido de se amar, pois se encontra ligado a um homem mais velho por laços de dever (neste caso, parentesco e fidelidade no casamento). Há também a presença de um quarto elemento que acelera a tragédia: neste caso, o irmão mais novo. A esse quadro podemos acrescentar a figura acessória de Smaragdi, a ama, aliada dos amantes, correspondendo à Brangäne do *Tristão*.

Estão presentes também outros clichês wagnerianos: o tema do olhar que os jovens trocam no ato I; o tema do filtro, na taça de vinho com que brindam no ato II. Além disso, são elementos neo-românticos claros:

- *a livre recriação do passado* – a Renascença é revivida não com precisão histórica, mas através da sensibilidade "pré-rafaelita" do dramaturgo;
- *a idealização das personagens* – longe da premissa verista de retratar seres diretamente observados da realidade, estamos de volta ao rarefeito universo aristocrático dos dramas da plenitude romântica;
- *o culto da palavra* – como na *Parisina*, o texto é prolixo, estetizante e o poeta sente prazer em brincar com a música das palavras. É a mesma tendência que encontraremos na *Fedra* e na *Figlia di Iorio*, de D'Annunzio/Pizzetti, ou em libretos dos seus discípulos Sem Benelli (*L'Amore di Tre Rè*/Montemezzi; *La Cena delle Beffe*/Giordano), Silvio Benco (*La Falena, Ocèana, Abisso*, as três para Smareglia) e Allessandro Cerè (*Semirama*, para Respighi);
- *o resgate das formas tipicamente românticas* – a estrutura geral é a do *grand-opéra*, inclusive com a recuperação de formas típicas da ópera oitocentista: a grande cena de conjunto, o melodrama sentimental (atos III e IV, 2), e a inserção na tradição verdiana do recitativo melódico que, a todo momento, se expande em cantilena;

1. A tradução é a Italo Eugenio Mauro (Editora 34).

Giuseppe Palanti é o autor do pôster para a estréia da *Francesca da Rimini*, de Zandonai, no Regio de Turim, em 19 de fevereiro de 1914.

– *o arcaísmo de certas formas que criam a cor de época* – o uso da *viola d'amore*, no tema recorrente que se ouve desde os primeiros compassos da introdução; a narrativa do trovador sobre Tristão e Isolda; a cena da leitura da história de Lancelotto e Ginevra; os cânticos modais das damas de companhia.

Francesca da Rimini insere-se, de resto, numa tendência de valorização do passado comum às óperas italianas do início do século XX. Em Respighi, Malipiero, Pizzetti, Casella, encontraremos a mesma preocupação com o resgate das formas musicais antigas – madrigal, tocata, partita, antigos ritmos de dança; das tradições da *Commedia dell'Arte*; da temática medieval e renascentista, e assim por diante. Essas características já estavam presentes, de forma precursora, no *Zanetto* e nas *Máscaras*, de Mascagni, compostas na vigência do Verismo, e se manifestam de forma plena na *Isabeau* e, sobretudo, na *Parisina*.

É muito grande a influência franco-germânica sobre a escrita de Zandonai. Os ventos do *La Mer* de Debussy sopram insistentemente pela janela do quarto de Francesca, durante o ato III. No final do ato I, quando Francesca vê Paolo pela primeira vez, fica em silêncio, incapaz de dizer uma só palavra, e Zandonai confia à orquestra a tarefa de expressar toda a sua perturbação. Nesse ponto, o comentário instrumental, de efeito encantatório, é de filiação nitidamente wagneriana. Em compensação, como no *Pelléas*, a confissão amorosa é feita em termos relativamente contidos: as vozes dos amantes unem-se uma única vez, em canto simultâneo, na frase "Dammi la bocca ancora, ancora", minutos antes da ópera terminar, num sinal de que só na morte eles poderão estar juntos. E a mobilidade rítmica, as transparências de uma orquestração extremamente rica mostram também que Zandonai estava muito familiarizado com o trabalho tanto de Ravel quanto de Richard Strauss.

Embora seja uma das maiores realizações do teatro lírico italiano na primeira década do século, *Francesca da Rimini* não está isenta de irregularidades. A cena da batalha, no ato II, em que pesem os momentos muito densos em que os protagonistas deixam perceber os sentimentos que têm um para o outro, resvala com facilidade para o efeito fácil. Tinha razão o crítico do *Daily Telegraph* que, em 17 de julho de 1914, após a estréia londrina, disse que a batalha "would have been far better left to the imagination". As seqüências referentes a Malatestino, no início do ato IV, tampouco se igualam ao nível do conjunto. Mas o ato I, o III e a cena final são de beleza incomparável.

Une Femme qui se Jette par la Fenêtre, de Eugène Scribe, era uma das peças favoritas de Candida Kalschmidt, rica senhora do Trentino que, na juventude de Zandonai, fora das primeiras a acreditar em seu talento e a tudo fazer para ajudá-lo. Desejoso de homenagear a amiga, a essa altura já falecida, Riccardo escolheu essa comédia como seu próximo tema, querendo também trabalhar com algo de tom mais leve, depois da intensidade trágica de *Francesca*. Quando *La Via della Finestra* estreou, no Teatro Rossini de Pesaro, em 27 de julho de 1919, a crítica fez diversos reparos ao libreto de Giuseppe Adami, "meio cinzento e concebido às pressas" (*L'Arena di Verona*). Mas a música, de modo geral, foi bem acolhida – embora fosse unânime a impressão de que o cômico não era o terreno em que Zandonai melhor se expressava. Ao público, a ópera agradou muito, tanto que ela permaneceu em cartaz até 24 de setembro.

Recém-casado, Renato foi convidado para uma festa em casa da condessa Certaldi, sua vizinha. Mas a Marquesa, sua sogra, enche de dúvidas a cabeça da filha, Gabriella, fazendo-a crer que o marido está tendo um caso com a aristocrata. Os três têm uma briga tremenda, que nem a boa vontade de Giovanna, a empregada de Renato, consegue pacificar. A Marquesa vem dizer a Renato que elas só aceitam reconciliar-se com ele, se desistir de ir à festa. Temendo ser dominado pelas duas caso aceite, o genro responde que, se a mulher não deseja acompanhá-lo, ele irá à festa sozinho. Quando já está quase pronto, Gabriella ameaça matar-se, se ele a deixar sozinha. Renato não a leva a sério, e ela se atira da varanda.

Na verdade, Gabriella saltou numa pilha de feno que o pessoal da colheita amontoou debaixo da varanda. É ajudada pelos lavradores, e pelos músicos que o Marquês, tio de Renato, contratou para a festa do aniversário do sobrinho. O Marquês o aconselha a não ceder às chantagens da sogra e, embora o único desejo de Renato seja fazer as pazes com a mulher, durante a festa de seu aniversário beija todas as moças bonitas, dança com Giovanna, e aceita novo convite da condessa Certaldi, para ir caçar, desdenhando as ameaças da sogra de que o separará de Gabriella. Logo depois que Renato sai, seu tio chama a Marquesa e lhe diz que o sobrinho estará disposto a se reconciliar com a esposa, se esta voltar para casa exatamente como saiu: pela janela.

A Marquesa acusa o tio de Renato de estar se vingando, hoje, por ela ter recusado, vinte anos antes, o seu pedido de casamento. E fica furiosa quando o Marquês, rindo zombeteiramente, diz que, hoje, tem consciência da encrenca de que escapou ao ser rejeitado. Renato volta da caçada, arrependido de ter desafiado sua mulher, a tempo de ver Gabriella subindo por uma escada até a varanda, cuja porta está fechada. O Marquês manda Giovanna dizer à Marquesa que seu genro voltou para casa e está em companhia de outra mulher. Depois retira a escada, deixando Gabriella presa na varanda, e é Renato quem vai resgatá-la. Quando a Marquesa chega, pronta para pegar Renato com a boca na botija, encontra-o em companhia da mulher, celebrando a alegria do amor reencontrado.

Apesar das irregularidades do libreto, *La Via della Finestra* é uma das óperas mais melodiosas de Zandonai. Alguns de seus momentos mais inspirados estão em árias como "O primavera", de Renato no ato I; "Fiore del mio giardino", do II, em que, parecendo elogiar a beleza das garotas da fazenda, ele está na realidade se referindo ao amor que sente pela esposa; ou "Ma un profondo rimorso", em que Gabriella se arrepende de ter sido levada pela mãe à confrontação com o marido. Zandonai sabe também explorar a veia irônica no monólogo "Ah! Sareste stata la mia dolce sposa", em que o Marquês imagina o tipo de vida que teria levado ao lado daquela megera. Além disso, é cuidadosa a reconstituição do ambiente campestre toscano. Um coro como "Odor di fieno", na cena da festa, relembra, pela sua inspiração bucólica, o tom dos *Chants d'Auvergne* recolhidos pelo pesquisador francês Joseph Marie Canteloube de Malaret. Em 1923, Zandonai deixou-se convencer de que *La Via della Finestra* precisava de uma revisão. Mas, em sua nova forma, ela não obteve o mesmo sucesso. Seria necessário tirar do esquecimento esta partitura de transição entre duas obras sérias de maior porte. Embora descomprometida, há nela elementos importantes para compreender a evolução da linguagem do compositor.

Enquanto trabalhava em *La Via della Finestra*, Zandonai tinha considerado a possibilidade de converter em ópera *Calendimaggio* ou *Margherita di Cortona*, duas peças do livornense Valentino Soldani. Mas acabou preferindo encomendar a Arturo Rossato um libreto contando a história dos amantes de Verona, extraída não de Shakespeare, mas do texto italiano que lhe servira de ponto de partida: a *Historia Novellamente Ritrovata de Due Nobili Amanti* (1524), de Luigi da Porto. Está claro que Zandonai optou por esse argumento devido às suas semelhanças com *Francesca*, do ponto de vista não só da ambientação medieval italiana, que se sentia perfeitamente à vontade para evocar, mas também do tema: o amor proibido que destrói absurdamente dois adolescentes. Para o público habituado à tragédia elizabetana, pode parecer desconcertante uma versão da qual frei Lourenço está ausente, e em que os dois amantes morrem simultaneamente Além disso, em *L'Opéra, Dictionnaire Chronologique de 1597 à Nos Jours*, Edgardo Pellegrini comenta:

> Já se observou que as páginas mais eficientes são aquelas em que o drama está em gestação, mais do que as que mostram a sua trágica explosão. Isso se deve ao tipo de temperamento do compositor, que é mais lírico do que dramático.

Em todo caso, do ponto de vista musical, algumas das melhores qualidades da *Francesca* se repetem na *Giulietta*. que possui as mesmas características acentuadamente neo-românticas. Além de ser conduzida num recitativo melódico ágil, diretamente vinculado ao conceito verdiano da *parola scenica*, o ato I possui alguns dos melhores exemplos de escrita coral de Zandonai. E a primeira aparição de Romeu, "Branco di servi! Giù le spade!", com que ele separa uma briga dos Capuleti e

Montecchi no meio da rua, tem ímpeto semelhante ao do "Esultate" do *Otello*. A cantilena se espraia a partir da cena do balcão que, iniciando-se com o "Deh, bel fioretto! Non datevi pena per la mia vita", de Romeu, tem seus pontos altos no "Sì dolce amore mio", com que Giulietta se entrega à emoção amorosa, e no "Tanto lontano" que leva à demorada coda do ato, na qual assistimos à despedida dos amantes. É impossível não notar as reminiscências tristanescas dessa longa cena de amor noturna.

No ato II, são grandes as semelhanças com a música da *Francesca*, no coro das damas de companhia de Giulietta, "È dì di primavera", e na ária da protagonista, "Venuto è il tempo", de melodia cintilante. É de efeito muito forte o momento em que Tebaldo vem recriminar a Giulietta a descoberta de que ela se envolveu com um Montecchio. Essa cena culmina na inflamada ária "Questo bel nome mio sempre mi accende", com que ela se defende. Tem tom arcaizante, aparentado ao da *Francesca*, a seqüência de III, 1 em que Romeu, exilado em Mântua, fica sabendo, por um cantor ambulante que acaba de chegar de Verona, a "novella fierissima che avea tolto l'animo a tutti": a de que Giulietta Capuleto morreu de forma misteriosa. O caráter de reconstituição deliberada do passado é frisada pelo texto em dialeto de "Done, piansi, chè Amor pianse in segreto", a narrativa do Cantatore, de grande beleza melódica. O nervoso diálogo que se segue entre ele e Romeo culmina na atormentada ária do protagonista "Urla, tempesta! Sii il mio cuor dannato".

Refinada é também a escrita da longa cena final (III, 2), aberta pela ária de Romeo "Giulietta! Son io!" – o trecho mais popular da ópera, que se integrou ao repertório de recital de todo tenor lírico spinto. Além disso, em concertos sinfônicos, ouve-se com freqüência, na Itália, dois bem escritos trechos instrumentais: a viva *Danza del Torchio* ou a *Cavalcata di Romeo*, o interlúdio do ato III, um mini-poema sinfônico em que Zandonai descreve a viagem desesperada do rapaz, durante a noite, de volta a Verona. Gilda dalla Rizza e Miguel Fleta estrearam a ópera no Teatro Costanzi, de Roma, em 14 de fevereiro de 1922, sob a regência do próprio compositor. Para conhecê-la, existe a gravação Gavarini, da Cetra, feita em 1961, com Mazza-Medici e Angelo Lo Forese.

No início de 1919, Zandonai leu *A História de Gösta Berling*, da sueca Selma Lagerlöf. Com esse romance épico, em que retrata as paisagens, os costumes e tradições da região de Värmland, onde nascera, Lagerlöf tornou-se a escritora escandinava mais popular desde Hans Christian Andersen. E em 1909, foi a primeira mulher a ganhar o Prêmio Nobel de Literatura. Líder feminista e pacifista, Lagerlöf era encarada como um verdadeiro tesouro nacional sueco. Na época em que Zandonai interessou-se por seu romance, ela estava trabalhando em sua obra-prima: *As Aventuras de Nils Holgersson Através da Suécia* – uma história para criança por trás da qual ergue-se o imponente painel da geografia, dos costumes e do folclore de seu país. Vivi Edström, biógrafa de Lagerlöf, descreve *Gösta Berling* como

> um protesto contra a excessiva objetividade do Naturalismo, que prevalecia na literatura sueca da década de 1880, a rejeição de seus princípios e a reintrodução do mito e da fantasia na literatura. Hoje em dia, a história literária o descreve como um dos genuínos e eloqüentes exemplos do movimento de renascença poética que dominou a literatura sueca na década de 1890.

Ou seja, o romance correspondia perfeitamente às necessidades do movimento neoromântico por que passava a ópera italiana nas primeiras décadas do século XX. Até mesmo porque preserva a mistura de Romantismo e Verismo típica do melodrama peninsular dessa fase: dentro de uma moldura de realismo fantástico, Lagerlöf inseria observações sociais e psicológicas muito precisas. Embora a personagem-título seja o catalisador da ação, a figura central é a comandante Margareta Celsius, na qual Edström identifica elementos da personalidade da própria Lagerlöf. A figura da mulher determinada, que se torna a líder de um grupo de homens fracos e desarvorados, está intimamente ligada ao papel que a feminista Lagerlöf reservava, dentro da sociedade sueca, às mulheres que soubessem tomar consciência de sua importância. Como Margareta, a escritora era a senhora de Marbacka, enorme propriedade que adquirira com o rendimento de seus livros. Era muito semelhante a relação dos "cavaleiros" do romance com a Comandante, e a da escritora com os cinqüenta camponeses que trabalhavam em sua fazenda. No Natal, por exemplo, eles eram recebidos na casa grande para uma cerimônia que se parecia muito com as homenagens prestadas pelos "cavaleiros" à sua senhora. E Ekeby foi descrita tomando por modelo Rottneros, aldeia de ferreiros próxima a Marbacka.

De *Gösta Berling*, durante o efêmero florescimento da escola sueca de cinema, a que se assiste no entre-guerras, o cineasta Mauritz Stiller tirara um filme belíssimo, em que o papel de Anna era feito por uma atriz em início de carreira, chamada Greta Garbo. Zandonai assistira a esse filme, impressionara-se com ele tanto quanto com o livro, e conseguira interessar Carlo Clausetti, da Casa Ricordi, pelo projeto. Desta vez, porém, ao contrário do que acontecera na época da *Conchita*, a Ricordi recusou-se a pagar uma viagem do compositor à Suécia, para fazer pesquisa de campo. Mas Clausetti convocou Giuseppe Adami para preparar o libreto. E, como achasse que condensar livro tão volumoso era tarefa demasiado complexa, pediu ajuda a Arturo Rossato, que acabara de fazer a revisão no libreto de *La Via della Finestra*.

A Adami, não agradou nem um pouco ter de colaborar com um dramaturgo cujos talentos considerava limitados. Preferiu retirar-se da empreitada. Ainda mais que Rossato tinha encontrado um aliado em D'Atri que, no grau menor de experiência desse libretista, via o caminho aberto para a sua participação pessoal no processo de gestação da nova ópera – muito mais difícil se tivesse de impingir suas sugestões a um intelectual do porte de Adami. Desde o início, D'Atri esteve presente. Foi ele quem escreveu, em francês, em nome de Zandonai, a carta que o compositor enviou a Lagerlöf, em dezembro de 1920, pedindo a autorização para adaptar o romance. E foi D'Atri quem colaborou na tarefa de convencê-la a aceitar direitos mais modestos do que os inicialmente pretendidos.

Batizada *I Cavalieri di Ekebù*, a ópera estreou no Scala em 7 de março de 1925. Na Itália, nunca foi muito grande a sua popularidade pois, para sua plena compreensão, é importante ter lido o livro. Na Suécia, onde *Gösta Berlings Saga* ainda é um romance muito conhecido, *I Cavalieri* é encenada com certa regularidade – e foi a ópera escolhida, em 1928, para homenagear Lagerlöf, quando ela fez setenta anos. Trechos dessa apresentação histórica, regida pelo maestro Grevilius, foram lançados em 1974 pela EMI sueca. É de lá também que vem o vídeo de uma montagem de TV, em 1995 (Clevman, Hallin, Sigurdson/Alperton). O selo MRF tinha a versão pirata, de 1958, regida por A. Simonetto, com Fedora Barbieri e Mirto Picchi. A da Fonit-Cetra, de 1993, traz a transmissão de um programa da RAI de Milão, com Fiorenza Cossotto e Dino de Domenico, sob a regência de Gianandrea Gavazzeni (gravação terminada por Vittorio Rosetta, devido à morte desse notável maestro e musicólogo).

A comandante Margareta Celsing, senhora da propriedade de Ekeby, é uma mulher sofrida, de passado tristonho. Foi noiva de um rapaz pobre a quem amava, mas na ausência desse jovem, que fora ao estrangeiro em busca de fortuna, os pais a obrigaram a casar-se com o velho Samzelius. Quando o ex-noivo voltou, já rico, tornou-se seu amante e deu-lhe de presente o castelo de Ekeby. A mãe de Margareta veio acusá-la de viver em pecado, mas esta a esbofeteou e expulsou-a de seu castelo. Por isso, hoje, Margareta sente-se amaldiçoada e, para redimir-se, reuniu à sua volta homens pobres, a quem fez trabalhar na forja do castelo, dando-lhes o nome de "Cavaleiros de Ekeby" – ela reina sobre eles, diz Dryden, "como uma Kundry em seu Valhala pessoal".

Toda essa história, Margareta a conta, no início da ópera, a um marginalizado que se propõe a acolher: o pastor Gösta Berling, que foi expulso da vizinha cidade de Bro por ser alcóolatra e descuidar-se de seus deveres eclesiásticos. Na casa da comandante, durante uma peça que é encenada pelos Cavaleiros na véspera de Natal, Gösta reaproxima-se da jovem Anna, a quem ama, e declara-se a ela. Mas o irmão da moça, o sinistro Sintram, que desaprova o namoro, irrompe no meio da festa, amaldiçoa a comandante e os cavaleiros por considerá-los cúmplices de Gösta, e repudia a irmã, proibindo-a de retornar à sua casa. Mais tarde, disfarçado de Belzebu, Sintram aparece para os cavaleiros na forja. Diz-lhes que é o Diabo, a quem a comandante deve os poderes mágicos com que controla as suas vidas, e convence-os a expulsá-la e a apoderarem-se da forja. Sintram sabe que, sem ela, os cavaleiros não terão ânimo para tocar o trabalho, tudo cairá em ruínas, e ele estará vingado. Industriado por Sintram, o líder dos cavaleiros, Christian, procura o velho Samzelius e lhe conta que, no passado, a sua mulher fora amante do ex-noivo. Furioso, Samzelius ordena a Margareta que vá embora do castelo. Ela aceita partir, pois está certa de que aquele é o castigo para seus antigos pecados.

Um ano depois, Ekeby está em ruínas, como Sintram previra. E a população revolta-se contra os cavaleiros, exigindo o retorno da comandante. É Gösta quem acalma o povo, garantindo-lhe que a antiga senhora será trazida de volta. Margareta de fato retorna, mas está agonizante. Procurou sua mãe e conseguiu ser perdoada. Agora, perdoa também aos cavaleiros que a repudiaram. Antes de morrer, pede para ouvir de novo o som da forja. E morre serenamente enquanto ressoam outra vez o canto dos ferreiros e o ruído do martelo na bigorna.

Zandonai tinha grandes esperanças quanto aos *Cavalieri*. "Ela deverá eclipsar as minhas obras precedentes e representar, na nossa moderna arte nacional, uma nota excepcional de perfeição e grandiosidade", escreveu a Clausetti em 14 de agosto de 1923. Mas isso não se realizou como ele esperava – embora não se possa dizer que *I Cavalieri* tenha sido um fracasso – pois a ópera tem um libreto fraco e confuso, baseado num livro que, hoje, soa envelhecido e de um moralismo totalmente ultrapassado. Lagerlöf não consegue decidir se dá às suas personagens tratamento alegórico ou de figuras reais. E elas agem de forma contraditória, pouco coerente com a forma como foram inicialmente descritas. De início, a história propõe o que parece ser uma visão corajosa e anticonvencional do mundo. Mas, no final, a liberdade interior da comandante, de Gösta e dos cavaleiros é vencida, através dos recursos dramáticos mais artificiais, por uma afirmação do conformismo. A Comandante começa como uma personagem enérgica e positiva, que defende o seu direito ao amor contra a moralidade estreita do mundo em que vive. É capaz de fazer prosperar os negócios de um marido fraco, e de dar uma alternativa de vida aos marginalizados que formam o grupo dos cavaleiros. Mas acaba sendo punida por esse comportamento emancipado e, para ela, redenção significa renunciar à liberdade interior, humilhar-se e pedir perdão à mãe, símbolo dos valores tradicionais.

O *Gösta Berling* de Lagerlöf – e o libreto dele extraído por Rossato – correspondem, portanto, ao estado de espírito muito típico de sociedades dominadas por tensões contraditórias, que se transformaram em terreno fértil para a eclosão de regimes autoritários. Corresponde também à própria personalidade conservadora de Zandonai – que, como triestino, deu todo apoio à aventura d'annunziana de ocupação dessa área. É curiosa – em relação ao sucesso do livro, do filme e, em certa medida, da própria ópera – a atitude de um público conservador, que extrai certo prazer do fato de se chocar com as ousadias de comportamento da personagem desde que, no final, tudo se arranje da forma mais convencional possível.

Resta a qualidade inegável da música que, como é freqüente na História da Ópera, consegue transcender as debilidades do libreto. A naturalidade das inflexões da linha vocal procede, uma vez mais, da *parola scenica* do Verdi maduro, passando pela influência obrigatória do *stile enfatico* de seu mestre Mascagni. Mas tem liberdade ainda maior no uso das oscilações harmônicas. Quanto à orquestração, tão rica quanto a da *Francesca*, nela Zandonai busca mais a sugestão do que a descrição direta, numa linha típica de expressão simbolista. Sua habilidade está em saber infundir vida, mediante temas de sabor folclórico e ritmos muito vigorosos, a uma história que, por suas pretensões filosóficas, poderia ter rendimento pequeno no palco lírico. Com todas as suas desigualdades, *I Cavalieri di Ekebù* apresenta momentos dramáticos da maior eficácia. No ato I, durante o primeiro encontro de Gösta com a Comandante, há dois monólogos encadeados em que a música reconstitui perfeitamente a diversidade dos ritmos psicológicos:

"Bro, la chiesetta triste", narrativa de como ele foi expulso da igreja onde era pastor, que começa de forma desalentada e vai se transformando aos poucos num inflamado hino à vida;

e "Amavo allora e, come lo sà Dio, in umiltà", em que Margareta evoca tudo o que sofreu no passado.

A cena dos *Mestres Cantores*, de Wagner, em que os poetas são apresentados, é relembrada em "Prima la cerimonia e la presentazione", o monólogo do ato III em que Christian faz Gösta conhecer os membros da confraria de Ekeby. É extremamente bem construída, nesse ato, a seqüência do ensaio da peça de Natal ("Notte serena, notte d'argento"), da declaração de Gösta a Anna ("Sì, son l'aurora tua!") e da aparição de Sintram ("Piangerete, cavalieri!"), que interrompe o enlevado colóquio dos dois. Destaca-se, no ato III, a dignidade das linhas vocais do monólogo "Andrò. Conosco il mio destino", com que a Comandante anuncia a sua decisão de partir. Quanto ao ato IV, o mais deficiente do ponto de vista do texto, todo ele é musicalmente construído com muita habilidade. E o ágil entrelaçamento das intervenções do coro e dos solistas supera as limitações flagrantes do libreto. Registre-se ainda, nos *Cavalieri*, a primeira manifestação do interesse de Zandonai pelo sobrenatural e a influência que ele pode exercer sobre a vida humana. Esse é um tema que reaparecerá nas duas óperas seguintes. E é bem possível que esse elemento tenha sido uma das coisas que o atraíram nas fontes literárias em que elas se basearam.

Terminada a composição dos *Cavalieri*, Rossato sugeriu a Zandonai novo tema para uma ópera de assunto sério: a vida de São Julião. A lembrança dos oito afrescos de Monte da Bologna, que Riccardo vira na catedral de Trento, contando a vida dessa personagem, o fez aceitar entusiasmadamente. O compositor admirava muito também a narrativa de Flaubert que faz parte de *Trois Contes* (1877), e se inspirou nas informações encontradas em um clássico da hagiografia medieval italiana, a *Legenda Aurea sive Historia Lombardica* (A Lenda Áurea ou a História Lombarda), de Jacobus de Voragine. Para o libreto de *Giuliano*, foi a Voragine que Rossato reverteu, e não a Flaubert, da mesma forma que, no caso da *Giulietta*, tinha preferido Da Porto a Shakespeare – atitude muito típica de uma fase pré-fascista, de nacionalismo acirrado. Talvez o resultado fosse melhor, se Flaubert tivesse sido tomado como modelo.

Carlo Clausetti e Renzo Valcarenghi, da Casa Ricordi, foram contrários ao projeto, por considerar que seria muito restrito o interesse por uma ópera sobre a vida de um santo, por parte de um público que esperava outra história de amor apaixonado. Adami chegou a sugerir a Zandonai um assunto alternativo: *A Feiticeira*, de Hans-Wiers Jensen. Mas ele o recusou, por achá-lo demasiado mórbido; e foi Respighi quem o transformou em uma de suas melhores óperas, *La Fiamma*. Fracassou igualmente a tentativa de voltar a interessar Zandonai numa antiga idéia, *L'Embarquement pour Cythère*, de Émile Veyrin, cujos direitos agora teria plenas condições de pagar. Com a mesma teimosia demonstrada na época de *Melenis*, Zandonai terminou *Giuliano*, conseguiu que fosse estreada no San Carlo de Nápoles em 4 de fevereiro de 1928 e, como já se esperava, a ópera foi um insucesso.

No Prólogo, caçando na floresta, Giuliano ouve uma voz misteriosa lhe dizendo que, assim como ele matou gratuitamente duas corças e dois pássaros, um dia há de matar também seus pais. Caindo de joelhos, Giuliano jura nunca mais usar arco e flecha ou matar qualquer ser vivo. Em resposta, a floresta se ilumina com uma luz celestial e a voz o aconselha a ter esperança em Deus. Para impedir a profecia de se realizar, parte para um país distante, conhece Reginella, a soberana do local, e casa-se com ela. Luta contra os bárbaros que assolam os territórios de sua esposa e consegue derrotá-los. Mas o desejo de caçar não o abandona e, um dia, ouvindo o grito das feras na floresta, não resiste e rompe a promessa de nunca mais empunhar o arco e a flecha. Enquanto está ausente caçando, um casal de forasteiros chega ao castelo. São os pais de Giuliano, que há muito tempo não os vê. Reginella os acolhe com todo carinho e lhes oferece o seu próprio quarto, para que descansem. Giuliano volta no meio de uma tempestade, vê um casal deitado em sua cama, imagina que a esposa o está traindo com um amante e, louco de ciúmes, mata os dois. Só quando Reginella aparece é que ele se dá conta, cheio de horror, de que a profecia se cumpriu.

No Epílogo, dez anos se passaram. Reginella vem procurá-lo na caverna em que mora como ermitão, e Giuliano lhe diz que seu marido está morto e é na fé que ela deve procurar conforto. Um Desconhecido, vestido de monge, aparece ao som de um coro de vozes celestiais. Diz a Giuliano que está com muito frio, mas lhe adverte que não se aproxime, pois quem tocar nele morrerá. Ignorando o aviso, Giuliano abraça-o para aquecê-lo e desfalece. Antes de morrer, porém, tem tempo de ver que a túnica do Desconhecido cai, e o Senhor aparece diante dele em toda a sua glória.

Se soubesse que *Giuliano* demoraria dois anos para encontrar quem o quisesse encenar, talvez Zandonai o tivesse escrito com mais vagar, evitando certas passagens apressadas que desequilibram o conjunto. Como todos à sua volta manifestavam-se contrários ao projeto, mais de uma vez ele afirmou, em sua correspondência, estar escrevendo essa ópera para sua satisfação pessoal. Isso faz com que, apesar das irregularidades, *Giuliano* seja uma de suas partituras mais intimistas, a despeito da tendência ocasional a resvalar para os efeitos pomposos em algumas cenas. Como o Prólogo do *Mefistofele*, ou o "Inno del Sole" da *Iris*, o Prólogo de *Giuliano* constitui uma peça autocontida, expressando a idéia de que o amor divino é capaz de perdoar e resgatar o indivíduo. E leva a uma apoteose dramática antes mesmo do ato I ter-se iniciado. Nesse Prólogo misturam-se várias reminiscências literárias e operísticas: a maldição de Édipo; a gratuidade com que Parsifal mata o cisne, no início do "festival sagrado" wagneriano; o clima da floresta evocado por Dante no início da *Divina Commedia*.

No início da década de 30, tentado pela idéia de produzir um segundo *Trittico*, Zandonai pensou em juntar à *Via della Finestra* uma comédia em um ato. Escolheu o conto *Don Juan de Maraña ou La Chute d'un Ange*, de Alexandre Dumas, que lhe tinha sido dada a ler, tempos antes, por Nicola D'Atri. Atraía-o a idéia de tratar a figura tradicional do sedutor de forma diferente da usada por Gazzaniga e Mozart, ou por Franco Alfano em *L'Ombra di Don Giovanni*, de 1913. Impressionara-o muito também a ópera de Felice Lattuada, *Don Giovanni*, a que acabara de assistir. Além disso, a história do burlador lhe permitiria retornar à Sevilha de *Conchita*, e à ambientação espanhola que sempre o fascinara. Com isso, acabou pondo de lado outros projetos que levara em consideração: *Capitaine Fracasse*, de Théophile Gautier; *Ruy Blas*, de Victor Hugo (já musicada por Filippo Marchetti em 1869); *Par le Glaive*, de Jean Richepin; e *Tristam et Iseut*, a tradução francesa da lenda, publicada em 1900 pelo historiador Joseph Bédier, na qual via a possibilidade de reeditar um melodrama na linha da *Francesca*.

Concentrando-se num dos episódios do conto de Dumas, Rossato preparou o libreto de *Una Partita* na qual, segundo nos demonstra a correspondência da época, o compositor depositava grandes esperanças. Excitava-o a idéia de que a ação se iniciava com um bolero: "Poderei tentar superar o de Ravel", dizia. E embora achasse que Giovanni deveria ter naturalmente a voz de barítono, acabou fazendo dele um tenor, por não querer a comparação com o temível modelo mozartiano. Desta vez, Valcarenghi e Clausetti ficaram muito satisfeitos. Mas ele chegou perto de desistir do projeto quando a Ricordi lhe ofereceu apenas 60.000 liras pela partitura – cerca da metade do que ele esperava. Finalmente, para não correr o risco de vê-lo fracassar, Zandonai concordou com os termos da editora e *Una Partita* subiu à cena no Scala, em 19 de janeiro de 1933.

A platéia reagiu bem; a crítica, não tanto. Uma vez mais, o libreto inepto de Rossato foi duramente malhado, e se disse da música de Zandonai que ela refletia "a falta de caráter definido do texto", situando-se "num plano bem inferior às das demais óperas de seu autor". Na verdade, a crítica esperava cantábiles e tinha deparado com uma declamação ágil, de frases curtas, que não abria espaço para lirismo ou introspecção – problema sintetizado pelo *Neue Zürcher Zeitung* (Novo jornal de Zurique) no título de sua resenha: "Die Oper fehlt es nicht an kürze, wohl aber an Würze" (O que falta à ópera não é brevidade e sim tempero).

Embora tenha prometido fazer uma serenata para sua namorada daí a uma hora, Don José Sandoval aceita o desafio de Don Giovanni, com quem se encontra num elegante foyer de teatro. Jogam cartas e ele perde todo o dinheiro que tem, um anel precioso que traz no dedo, e o seu castelo de Almacedo. Enquanto jogam, Giovanni o faz falar de sua amada, e José lhe conta que ela é uma bela e altiva aristocrata chamada Manuela. Quando José prepara-se para sair, inteiramente arruinado, Giovanni lhe propõe uma última partida, de que Manuela será o prêmio. José perde-a para o sedutor, escreve-lhe duas cartas – uma pedindo-lhe que venha encontrá-lo no teatro, a outra dizendo-lhe que a partir de agora pertencerá a outro homem –, em seguida desafia Giovanni para um duelo e vai fazer a serenata prometida.

Ao chegar preocupada, procurando pelo namorado, Manuela recebe de Giovanni a carta em que ele lhe conta que a perdeu no jogo. A princípio ela fica tristonha, mas Giovanni declara-se de forma tão insinuante que a moça aceita cear com ele. Mas recusa-lhe um beijo, dizendo-lhe que não poderá lhe pertencer enquanto o traidor estiver vivo. Quanto a isso, responde o sedutor, ela não deverá se preocupar, pois eles têm um duelo marcado para agora mesmo. Enquanto assiste, pela janela, ao duelo entre os dois, Manuela toma um frasco de veneno que traz no decote do vestido. Giovanni volta, diz que José está morto, ela pega um candelabro e vai ver o cadáver. Volta dizendo que nunca tinha realmente amado José, faz um inflamado brinde à vida, que é passageira, e sucumbe ao efeito do veneno. No delírio da agonia, pronuncia o nome do namorado – e ouve-se a voz dele, lá fora, cantando uma vez mais a serenata. Giovanni espalha sobre seu corpo as flores que estavam sobre a mesa, compreendendo que perdeu a última partida.

Como em todas as óperas de Zandonai, a escrita orquestral é muito cuidadosa, não raro mais interessante do que a vocal. Mas *Una Partita* tem mais recitativo melódico do que momentos formais de canto. Depois do bolero "Bella! Olé!" com que a ópera se abre, mostrando um grupo de mascarados que assiste ao espetáculo de uma jovem dançarina, o diálogo se mantém até o momento em que, de fora da cena, ouvimos pela primeira vez a serenata "Deh! non svegliarti". Na segunda parte da partitura encontram-se os trechos mais gratificantes de canto: a melancólica "Ero sua, tutta sua", em que Manuela evoca os tempos de felicidade com José; a sensual apresentação que Giovanni faz de si mesmo, "Mai non udiste"; e a oração "Vergine Santa", com que a moça perde perdão antes de tomar o veneno. O brinde "Bella! La vita è breve e fugge tuttavia" tem o tom nervoso da falsa alegria de quem sabe que está bebendo a seus últimos minutos. E é eficiente, como recurso dramático, a repetição da serenata, que surge como se estivesse soando na cabeça de Manuela, em seus derradeiros instantes de agonia.

O balé de Manuel de Falla e a única ópera de Hugo Wolf, *O Corregedor*, são as peças mais conhecidas baseadas em *El Sombrero de Tres Picos*, de Pedro Antonio de Alarcón y Ariza. Rossato preparou um argumento de ópera a partir desse texto, intitulado *La Farsa Amorosa*, no momento em que Zandonai pensava em compor duas óperas para formar um tríptico com *Una Partita*. O tema espanhol convinha perfeitamente a esse projeto. A idéia de uma peça em um ato, porém, evoluiu rapidamente para o de uma comédia mais elaborada, em três atos. Dificuldades surgiram quando pareceu que os herdeiros de Alarcón se recusariam a ceder os direitos para uma ópera. Mas isso não impediu Zandonai de continuar trabalhando na partitura e pensando em nomes para estrear os principais papéis. Contornados os problemas, a ópera subiu à cena do Teatro Reale de Roma, em 22 de fevereiro de 1933, tendo Mafalda Favero no papel principal. Durante os ensaios, várias pessoas perguntaram a Zandonai por que *La Farsa Amorosa* não tinha uma abertura, número que normalmente precede toda ópera bufa. Trabalhando rapidamente, o compositor costurou os principais temas da obra numa peça brilhante, para servir de introdução ao espetáculo. A única voz discordante foi a de Nicola D'Atri, que a considerou "vulgar e desnecessária". Quando este lhe pediu que a eliminasse, Zandonai respondeu, em carta datada de 14 de agosto de 1933:

> Vamos parar com essa discussão a respeito da abertura da *Farsa Amorosa*. De minha parte, juro que não vou guardar ressentimento por causa de sua opinião franca e *desfavorável* a respeito da peça (há muita coisa minha que eu mesmo não admiro...). Meu Deus, se você não gosta dela, esqueça-a e deixe-me pelo menos a ilusão, já que o

público a aplaudiu tanto, de que não é um lixo total. E não se fala mais nisso.

A abertura, de fato, é uma das páginas mais cativantes dessa ópera bufa cuja ação, a pedido de Zandonai, foi transferida para a Lombardia, em 1630, durante a dominação espanhola. Ele queria, com isso, poder dar tratamento italiano à ambientação campestre, sem perder de todo o vínculo com a origem espanhola do texto. O velho e grotesco Don Ferrante Ramón Poncio d'Estrella, prefeito espanhol da cidadezinha italiana onde a ação se passa, está apaixonado por Lucia. Mas ela vive feliz com o marido, o fazendeiro Renzo, e responde zombeteiramente às suas tentativas de declararse. Spingarda, o prefeito de Conca di Sotto, o vilarejo vizinho, sugere a Don Ferrante que mande prender Renzo e, em seguida, vá consolar a esposa chorosa. É o que ele faz. Mas quando diz a Lucia que mandará libertar seu marido se ela se entregar, a resposta da moça é pegar a carabina dependurada na parede e apontá-la para o velho. Assustadíssimo, Don Ferrante desmaia e, enquanto Lucia sai, para ir tentar soltar Renzo, Frulla, o criado do prefeito, o deita na cama do casal para que ele se recupere. Nesse meio tempo, Renzo volta para casa, pois não havia motivo nenhum para mantê-lo preso. Ao ver Don Ferrante em sua cama, pensa em matá-lo. Depois, conclui que vale mais a pena vingar-se seduzindo Dona Mercedes, a bela mulher do prefeito. Veste-se com as roupas de Don Ferrante e vai para a casa do velho. Nesse meio tempo, Don Ferrante acorda e também volta para casa.

Quando o velho bate na porta de casa, a criada Orsola, que responde a seu chamado, não o quer deixar entrar, dizendo que o prefeito já chegou e está dormindo com sua esposa. O escândalo feito por Don Ferrante atrai Lucia, Spingarda e vários aldeões. O velho acaba conseguindo entrar em casa e surpreende Renzo em seu quarto. Este lhe diz que estava se vingando da infidelidade de sua esposa. Lucia jura inocência e o acusa, por sua vez, de a ter traído com Dona Mercedes. Mas esta diz que reconheceu Renzo, desde que ele chegou, e aceitou participar com ele da "farsa amorosa", para expor ao ridículo o comportamento do marido. Enquanto Renzo e Lucia se reconciliam, Don Ferrante admite que foi o único asno em toda a história, e manda servir vinho a todos para comemorar o final feliz.

Seria importante resgatar discograficamente *La Farsa Amorosa*, pois esta é, juntamente com *Le Maschere*, de Mascagni, uma das mais sérias tentativas, nas primeiras décadas do século XX, de reviver a nobre tradição italiana da ópera bufa. Como seu mestre antes dele, Zandonai volta a empregar os recursos formais da comédia clássica: números fechados, correspondência simétrica entre as cenas, ágeis árias com silabato, concertatos elaborados, diatonicismo melódico temperado por muitos espanholismos (reminiscências tardias dos tempos de preparação da *Conchita*), situações e personagens ligadas à tradição arquetípica da *Commedia dell'Arte*. É muito feliz o retrato de Don Ferrante, em especial na cena truculenta do ato I, "Mi piaci! Mi piaci!... Lascia codeste baie", em que ele tenta desajeitadamente seduzir Lucia; e em suas manifestações impotentes de fúria no último ato.

São muito delicados os toques com que o compositor evoca o amor de Renzo e Lucia, na ária do início da ópera em que ela lhe diz não haver razão para desconfiar dela ("La gelosia mal ti consiglia"); no dueto com que se encerra a cena 1 do ato I ("L'amore è sempre quello"); no sereno quadro de felicidade conjugal com que se inicia o ato II; mas principalmente na lírica "Passo i miei dì tranquilla", a ária em que Lucia descreve para o velho prefeito a pureza e simplicidade de sua vida com o marido. Por outro lado, tem maliciosa sensualidade a ária de Renzo, "La podestessa è bella", quando ele acredita estar sendo traído e, por um momento, pensa em desforrar-se de Lucia com a mulher de Don Ferrante.

La Farsa Amorosa possui dois *intermezzi scenici*, fechando a cena 1 do ato I, e ligando as duas cenas do ato III. No primeiro, de caráter atmosférico, vemos os lavradores preparando-se com grande alegria para a colheita da uva e entoando a canção "Gloria alla vigna". O segundo está ligado à ação: mostra o ajuntamento que se forma na frente da casa de Don Ferrante, devido à discussão deste com a criada, que não o quer deixar entrar. Ambos demonstram a habilidade de Zandonai para escrever amplas cenas de conjunto. Mas o melhor concertato é o do final do ato II, "Tutto, tutto quanto potea chieder al mio amore", em que Lucia se lamenta da suspeita de estar sendo traída, Don Ferrante promete vingar-se de Renzo caso ele o tenha desonrado, e os circunstantes comentam ironicamente o que está acontecendo.

Papel muito divertido desempenham Ciccio e Checca, os dois burros do casal, pelos quais o compositor se afeiçoou a ponto de usar seus nomes para designar a ópera nas cartas da fase em que a estava escrevendo. Quando Don Ferrante se declara a Lucia, esta lhe responde dizendo que seus dois burros estão apaixonados um pelo outro, e o velho compreende que ela o está comparando aos animais. E no finale, quando Ciccio e Checca começam a zurrar, na rua, acompanhando o canto no palco, Lucia os usa como testemunhas de que não estava em casa no momento em que Renzo viu o velho deitado em sua cama ("Poi dunque credere"). Os dois burros têm eficiente participação no concertato com que a ópera se encerra.

No início de 1936, Zandonai sentiu-se tentado a adaptar *Enoch Arden*, o poema narrativo de lord Tennyson. Mas foi dissuadido por D'Atri que, considerando o tema *vieux genre*, o advertia de que ele não lhe traria nada de novo. Diante disso, o compositor acabou optando por *Eugenie*, um conto tirado das *Sieben Legenden* (Sete Lendas) do escritor austríaco Gottfried Keller, ao qual a princípio pensou em dar o título de *Vestilia*. Mas Rossato estava doente, num estado de excitação nervosa que beirava a histeria – como o revelam as cartas de Nicola D'Atri, que mantinha contato estreito com ele – e não demonstrava interesse em trabalhar no libreto, o que tornou muito tensas as suas relações com o compositor. Os dois se encontraram num fim de semana que Rossato foi passar na casa de Zandonai, em San Giuliano, perto de Roveretto. Mas o libretista agiu como se nada estivesse acontecendo. Só ao acompanhá-lo à estação, Riccardo criou coragem para lhe perguntar sobre *Vestilia*: "E com toda franqueza, ele me confessou que nunca mais tinha pensado no assunto" (carta a D'Atri, de 1º de setembro de 1936).

O projeto parecia ter finalmente abortado. Zandonai chegou a pensar em diversas outras idéias, incluindo a *Salammbô*, de Flaubert, e *L'Annonce faite à Marie* – que não foi adiante porque Paul Claudel não lhe cedeu os direitos sobre a peça, já prometidos ao alemão Braunfels (ver o volume *A Ópera Alemã*, desta coleção). Repentinamente, Rossato decidiu-se a trabalhar no libreto, agora intitulado *Il Bacio*. Mas morreu antes de terminar o ato III. Zandonai pensou em convidar Mario Ghisalberti, autor do *Campiello* de Wolf-Ferrari, para completá-lo. Mas D'Atri, alegando que esse poeta era um homem muito autoritário – o que excluiria suas interferências –, sugeriu Emidio Mucci, advogado e libretista diletante, autor da *Cecilia* e da *Margherita di Cortona* de Don Licinio Refice. Além disso, foi preciso pagar a Laura Rossato, a viúva de Arturo, pelos direitos do libreto, para que Mucci pudesse fazer nele as modificações desejadas pelo músico. A morte de Zandonai em 5 de junho de 1944, em conseqüência de um problema renal que a cirurgia fora incapaz de atalhar, o impediu de terminar sua última ópera. Mucci editou o que estava pronto e promoveu uma apresentação, no Teatro della Arte de Milão, em 10 de março de 1954. Esse espetáculo foi transmitido pela RAI e deve, portanto, existir um registro pirata desse melodrama, ambientado em Roma no início da Era Cristã.

Amor eterno, para ela, significa o amor pela natureza, diz Vestilia ao procônsul Marzio, ao lhe explicar por que recusou o seu pedido de casamento. Embora a sua família a advirta sobre os problemas que a recusa de pessoa tão poderosa pode lhe acarretar, Vestilia está convencida de que não tem sentido unir-se a um homem com o qual não tem afinidade intelectual. Perseguida por Marzio, a jovem disfarça-se de homem e, acompanhada por dois criados fiéis, Narciso e Narcisone, vai pedir abrigo num convento. Ali é vista pela jovem viúva Mirta, que se sente muito atraída pelo "rapaz". O sacerdote a esconde quando Marzio vem procurá-la, declarando seu amor por ela. Em sua paixão, ele fala, em termos de idolatria quase, da estátua de Vestilia que mandou erguer em seu jardim, desde o misterioso desaparecimento da moça.

À noite, Vestilia vai à casa de Marzio, decidida a destruir a estátua. Mas fica tão comovida ao ver Marzio declarar-se à sua imagem e, em seguida, beijá-la que, depois que ele se afasta, ela também beija a estátua, para colher na pedra o calor do gesto de carinho do homem que a ama. Mirta, que a seguiu, fica espantada com o gesto do "jovem monge" e, ao aproximar-se pedindo a "ele" que a beije também, derruba o capuz de Vestilia e descobre que se trata de uma mulher. Frustrada em seus projetos amorosos, grita por socorro e acusa a jovem de blasfêmia. O "jovem monge" é julgado no convento e, a Marzio, chamado para presidir o tribunal, afirma que só dirá a verdade se puder falar com ele a sós. Quando todos saem, Vestilia revela sua identidade e lhe explica o que aconteceu, admitindo finalmente que está apaixonada por ele. À multidão que retorna, exigindo a pena de morte para o monge sacrílego, Marzio apresenta a sua noiva, que voltou das estrelas para compartilhar com ele a sua beleza.

Ao comentar esta última partitura de Zandonai, Konrad Dryden faz interessante aproximação entre Vestilia e Blanche de La Force, personagem central do *Dialogue des Carmélites*, de Poulenc – em especial nos monólogos do ato I em que ela se apresenta: "Io non son più la misera fanciulla che conoscete" e "Amo il silenzio dell'immenso cielo". Sua música tem um caráter aristocrático e melancólico, com a ampla utilização de melodias de tom religioso, para acentuar o lado meditativo de sua personalidade (no início da ópera, seus parentes a comparam à poetisa grega Safo). Para acentuar o clima antigo da ação, Zandonai usa várias vezes a combinação de harpa e flauta para acompanhar suas intervenções. Quanto a Marzio, escrito para um *tenore di forza*, sua linha vocal lembra muito a de Gösta nos *Cavalieri*.

Ao começar a trabalhar no *Beijo*, Zandonai dizia querer fazer dela uma comédia sentimental. Mas a sua tendência à seriedade acabou prevalecendo e há muito pouco de cômico no conjunto da obra. Alguns resíduos, porém, permaneceram: a forma, reminiscente do *Gianni Schicchi*, como são tratados os parentes de Vestilia – a matrona, o tio Nicomede, o primo Saccente – e os dois criados fiéis, Narciso e Narcisone, que a acompanham ao convento. Comentando esta última ópera, escreve Dryden:

> É impossível fazer um julgamento definitivo sobre esses dois atos, pois o terceiro – como no caso da *Turandot*, de Puccini – teria sido o mais importante musicalmente, representando a culminação da obra. Ao estudar a partitura de *Il Bacio*, não podemos deixar de nos perguntar se o tema leve do conto de Keller não é o maior problema deste canto de cisne de Zandonai. Ficamos com a impressão de que o compositor tem muito mais a dizer, e num nível mais profundo, do que o libreto do *Bacio* tem a oferecer. Embora a maior parte da obra mantenha-se semelhante às composições anteriores de Zandonai, sentimos a tendência a um estilo mais moderno em trechos da partitura que chegam a nos lembrar o Prokófiev do *Anjo de Fogo*.

Um oratório cênico intitulado *Il Sogno di Rosetta*, sobre poema de G. Pascoli, ficou inédito. Como outros contemporâneos seus, Zandonai escreveu a trilha sonora para alguns filmes: *Principessa Tarakanowa* (1938), de Fiódor Ózep e Mario Soldati, com Anna Magnani; *Casa Lontana* (1939), com a voz de Beniamino Gigli; *Ritorno* (1940), de Géza von Bolváry, com as vozes de Gigli e Mafalda Favero; *Amami Alfredo!* (1940), de Nino Ottavi, em que Maria Cebotari faz o papel de Violetta Valéry; *Caravaggio, il Pittore Maledetto* (1941), de Goffredo Alessandrini. A título de curiosidade: em 1922, Zandonai compôs um "Inno a Gomes" para coro e orquestra, testemunha do prestígio de que, naquela época, nosso compatriota ainda desfrutava na Itália.

Influenciado pelos ensinamentos de seu mestre Mascagni, Zandonai sempre deu muita importância à redescoberta da música do passado (atitude que, como dissemos, compartilha com vários outros compositores contemporâneos seus). Haja vista os arcaísmos da *Francesca* e da *Giulietta*; o trabalho que fez como regente de concertos sinfônicos, exumando partituras esquecidas de Corelli, Porpora ou Sammartini; e os procedimentos rítmicos e melódicos que surgem em obras instrumentais de sua fase final – como o *Concerto Andaluz*, de 1937, para violoncelo e orquestra de câmara –, em que o ponto de referência é a grande tradição da música instrumental italiana do século XVIII. Nessa atitude de revalorização do passado, percebe-se a preocupação de Riccardo Zandonai em preservar os elementos fundamentais de uma linguagem melódica e harmônica que ainda não rompeu de todo com o tonalismo, mas está com os dias contados.

Capitanio

Embora terminada em 1934, *Pasqua Fiorentina* só foi encenada em 4 de ju nho de 1998, no Teatro Grande de Brescia, a cidade natal de seu autor. Felizmente, o espetáculo, regido por Vittorio Parisi, foi gravado pelo selo Bongiovanni, o que permitiu o acesso à única ópera de Isidoro Capitanio (1874-1944), e a um exemplo muito interessante de Neo-romantismo tardio. Conhecido por seu talento de improvisação ao órgão, Capitano participou como pianista de diversos grupos de câmara – o Trio Bresciano, o Quinteto Capitanio-Francesconi e o Nuovo Trio Bresciano – e foi diretor da Schola Cantorum de S. Alessandro in Brescia. Além de vasta produção sacra para a igreja de Sta. Ágata, de que foi *maestro di cappella*, e de peças de câmara para os conjuntos com os quais tocou, Capitanio deixou a cantata *Prometeo Liberato* e uma bela série de poemas sinfônicos intitulados *Visioni Mitologiche*.

O libreto de *Dianora de'Giunti*, também chamada de *Pasqua Fiorentina*, foi escrito numa prosa bastante fluente pelo poeta e crítico teatral Antonio Lega, responsável também pela tradução italiana de vários libretos estrangeiros. Na primeira metade do século XIV, em Florença, Bonaccorso de' Giunti suspeita que sua mulher, Dianora, tem um amante. Ajudado por seu criado Furla, tenta descobrir se o homem que ela ama é o poeta Aldrovando de' Landi ou o trovador Benci d'Iacopo. Para que eles se revelem, Bonaccorso faz-se de corno manso e, primeiro com um, depois com o outro, diz-lhes que é pelo rival que Dianora está apaixonada. Lança um contra o outro e, num duelo, Aldrovando fere Benci mortalmente. Dianora, que está apaixonada por Aldrovando, tenta fazer o marido acreditar que era Benci o seu preferido, na tentativa de salvar a vida do homem que ama. Mas Bonaccorso os surpreende declarando-se seu amor, entrega Aldrovando aos parentes do rival que ele matou, e estes o lincham. Dianora desfalece de dor aos pés do marido. E Lauretta, a irmã de Bonaccorso, que estava apaixonada por Benci, enlouquece.

Há, em *Pasqua Fiorentina*, todas as características típicas da ópera neo-romântica, na linha da *Francesca da Rimini*, de Zandonai, ou da *Parisina*, de Mascagni:

- a recriação do passado – a Florença da época das lutas entre guelfos e gibelinos – com preocupações mais esteticistas do que de precisão histórica;
- a tintura decadentista no retrato do ciúme patológico do homem mais velho, frustrado por não ter o amor da esposa; e da insatisfação da esposa, que busca no adultério a consolação para uma vida tediosa; insistente carga erótica perpassa todo o libreto e colore fortemente a música;
- o gosto pelas referências às tradições musicais do passado: Capitanio utiliza a melodia de um madrigal de Johannes di Florentia na

canção de Benci, "Donne, amor che sia vo' mi cherete", cantada por Dianora no ato I;

- uma escrita vocal de estilo declamatório, em linhas amplas, para vozes spinto, com fortes exigências no registro agudo;
- um acompanhamento orquestral bastante elaborado e independente do canto, em que, à atração pelo sinfonismo germânico, une-se a simpatia pelas transparências impressionistas – em suma, o típico idioma eclético que predominou nas primeiras décadas do século XX (vide o Zandonai da *Francesca*) e ainda estão muito vivas nos anos da década de 1920-1930 em que Capitanio trabalhou na sua partitura.

Tem bastante força, no ato II, a desesperançada declaração de Lauretta a Benci ("Lo so che più non m'ami... e il mio dolore è grande, ma assai più del dolore è lo spavento che ti colga sventura"). É violenta e apaixonada também a cena em que Dianora admite ter um amante, sem dizer ao marido quem ele é: "Difenderò il mio amor sino alla morte... L'amor mio è un'aurora di fiamma". Mas é no ato III que estão as melhores páginas da ópera. A cena "Mio diletto, avrei data la vita per salvarti e non potei", em que Lauretta despede-se de Benci agonizante, e este morre confessando não ter sabido valorizar o amor que recebia dela. Depois que Benci expira em seus braços, a dor de Lauretta é expressa numa lancinante peroração orquestral do mais puro estilo mascagnano.

Na longa cena de amor que se inicia em "Ti ho salvato, Aldovrando, tu sei mio, tu, l'amore mio", as alusões à fuga "longe destes tristes muros", à busca de "estradas abertas" e ao "vôo livre das andorinhas rumo a um céu azul de felicidade" traz o nítido colorido tristanesco, comum a muitas óperas do período neo-romântico.

A Geração de 1880

Pizzetti

Entre o conservadorismo neo-romântico de alguns membros da *Giovane Scuola* e as tendências modernistas de Casella e Malipiero, situa-se a obra de Ildebrando Pizzetti (1880-1968). Do pai, que era professor de piano, ele herdou o gosto pelo canto gregoriano e a polifonia da Renascença, de que encontraremos sinais constantes em sua escrita, fazendo dele um dos pioneiros da chamada "corrente neo-madrigalística". Dos estudos no conservatório de sua Parma natal, sólida formação acadêmica que funciona como uma âncora, impedindo-o de romper demasiado com a tradição. Pizzetti não se sentia particularmente atraído pelas inovações radicais da vanguarda. Mas tampouco desejava reproduzir as fórmulas convencionais. Incorporava influências de Wagner e Debussy, a quem admirava – é o autor de um famoso ensaio sobre *Pelléas et Mélisande* publicado em 1904; mas traduzia-as em termos nitidamente mediterrâneos. Era, sobretudo, contrário ao tipo de ópera que se contentasse em ser apenas atraentemente melodiosa, preferindo um estilo de declamação muito ágil que enfatizasse as nuances dramáticas da ação. Tem muito respeito por alguns dos elementos estilísticos da tradição dramatúrgica oitocentista, que celebra em seus ensaios: o "aparente jogo de assimetrias na melodia belliniana", a "misteriosa solenidade da morte em Verdi". Mas considera a ópera romântica

artificiosa e de consumo hedonístico, com leis que a obrigam a adotar clichês forçados e dicotomias inverossímeis (ação-reflexão = recitativo-ária), predeterminando a forma de fora para dentro, o que impede a afirmação da Verdade, o que deveria ser a única função da Arte.

Vê, portanto, nos simbolistas e decadentistas, a busca de instrumentos mais sofisticados e flexíveis de percepção: sugestões e ressonâncias poéticas no refinamento com que são escolhidas as palavras, projeção dos mitos e dos desejos inconfessados, adoção de um espírito cosmopolita que supere as limitações de um bairrismo estreito, fechado dentro de formas herdadas da tradição. Nada mais natural, portanto, que Pizzetti identifique no decadentista Gabriele d'Annunzio as qualidades admiradas em Maeterlinck, por exemplo. Tendo feito amizade com D'Annunzio em 1908, Pizzetti tentou, em colaboração com ele – como disse numa carta ao editor Ricordi – "dar vida a um novo drama musical latino [...], livre de qualquer idéia wagneriana pré-estabelecida, dos excessos straussianos e das afetações debussystas". *Fedra*, a sua primeira ópera publicada, foi o resultado dessa parceria.

Três partituras de início de carreira tinham sido destruídas, pois Pizzetti considerava que não correspondiam mais a seus objetos estéticos: *Sabina* (1897), *Romeo e Giulietta* (1900) e *Il Cid* (1902) – esta última chegou a ser inscrita no Concorso Sonzogno, mas não foi premiada. Foram conservados alguns fragmentos do *Ippolito* (1908), que ele estava compondo a partir do texto original de Eurípedes, antes de D'Annunzio se oferecer para escrever uma peça sobre o mesmo tema, incorporando episódios tirados de Eurípedes e Sêneca, e acrescentando-lhes detalhes novos, de sua imaginação.

Pizzetti pretendia que *Fedra* fosse apresentada no Costanzi, de Roma, durante o Carnaval de 1913. Mas a direção deu preferência a Mascagni, artista da casa: encenou a *Parisina*, cujo libreto também era de D'Annunzio. Com isso foi necessário procurar uma outra sala de espetáculos, o que retardou a estréia. Mas ela ocorreu finalmente no Scala, em 20 de março de 1915, sob a regência de Gino Marinuzzi, tendo Salomea Kruscenski e Edoardo di Giovanni nos papéis principais. A crítica a acolheu como um acontecimento na vida cultural italiana e ao público, cansado da mesquinharia das figuras e problemas contemporâneos, agradou o retorno às paixões sombrias e desmesuradas das personagens clássicas. Até o início da década de 60, *Fedra* costumava ser ocasionalmente remontada na Itália. Mas não há, que eu saiba, nenhum registro discográfico dela, nem mesmo pirata.

Apaixonada por Hipólito, seu enteado, Fedra se regozija ao receber a notícia de que Teseu, seu marido e pai do rapaz, morreu em combate. Quando Teseu volta para casa, ela manda assassinar Aricia, a linda escrava que o pai trouxera de presente para o filho. Exasperada de desejo, beija Hipólito adormecido mas, ao despertar, ele a rejeita. Para vingar-se, Fedra o acusa de ter tentado estuprá-la e Teseu pede a seu protetor, o deus do mar, que o castigue. Posêidon faz Hipólito cair do cavalo e morrer pisoteado por ele. Fedra toma veneno e confessa seu crime à multidão que vela o cadáver do príncipe. Mas não se arrepende: na verdade, quer encontrar-se com Hipólito, e morre certa de que seu amor triunfará no outro mundo.

A versão dannunziana do drama nada tem do senso de medida e severidade clássicos inicialmente procurados por Pizzetti ao optar por um assunto de tragédia grega. Na verdade, privada de qualquer tipo de catarse, decadentisticamente centrada na explosão irracional dos instintos da protagonista, em sua blásfema rebelião contra os deuses, e em sua transgressiva exaltação da morte como a única solução para uma vida que não lhe oferece forma nenhuma de salvação, *Fedra* é a própria negação do classicismo helênico. Nela já existe a personagem fora de esquadro em relação às leis vigentes, que há de se tornar a pedra-de-toque do universo pizzettiano. Os excessos retóricos do poema nada têm a ver com a concisão que Pizetti buscava, ao condenar a "superabundância das palavras para exprimir os sentimentos". Mas a musicalidade dos versos de D'Annunzio lhe sugere alguns de seus mais belos achados melódicos.

É bastante sóbrio o colorido orquestral da partitura de Pizzetti. Ainda assim, ela envolve a ornamentada poesia arcaizante de D'Annunzio com um refinado tecido melódico em que se equilibram o modalismo e os efeitos cromáticos. A linha vocal opta por uma declamação silábica construída sobre pequenos intervalos e inflexões cadenciais, muitas vezes soando como melismas típicos da música litúrgica bizantina. Como na salmodia gregoriana, é um recitativo que se mantém, a maior parte do tempo, no registro médio, fazendo incursões para os extremos apenas em momentos climáticos da ação. Ora diatônica ora cromática, essa declamação pode apoiar-se em longos pedais da orquestra. Só quando intervêm situações artificiais – a presença de eventos sobrenaturais – ou de caráter reflexivo especial – o auge de um conflito e a sua superação –, o recitativo expande-se em linhas mais melodiosas (ariosos) ou formas estróficas (pequenas árias ou duetos). Os solos são às vezes demasiado longos e, nos momentos menos inspirados, a técnica de declamação pode gerar uma certa monotonia. As intervenções do coro, ao contrário, são sempre muito expressivas. Tratado polifonicamente ele é, com freqüência, elevado à condição de personagem que dialoga com os atores principais. A página coral mais famosa é a "Trenódia para Hipólito morto", uma espécie de madrigal a cappella a oito vozes, autocontido, que se ouve no início do ato III e, juntamente com o Prelúdio, transformou-se em uma peça de concerto bastante apreciada na Itália. O papel-título é do tipo que oferece ótimas possibilidades a um soprano dramático de forte temperamento cênico.

Depois de *Fedra*, Pizzetti escreveu a música de cena para *La Pisanella* (1913), de D'Annunzio. E começou a trabalhar num segundo libreto escrito por seu amigo: *Gigliola*, adaptada de uma de suas peças, *La Fiaccola sotto il Moggio* (O Archote sob o Barril). Mas abandonou-a depois de terminado o ato I. Embora nunca se alterassem os laços de amizade que o ligavam ao poeta, só em 1954, muitos anos depois de sua morte, voltaria a musicar uma de suas peças, *La Figlia di Iorio* – que Franchetti já utilizara como o libreto de uma de suas óperas. Mas o estilo muito peculiar de D'Annunzio haveria de impregnar os libretos que ele mesmo passou a escrever.

Nesses textos, a partir de *Dèbora e Jaéle* – livremente adaptada dos capítulos 4 e 5 dos "Livro dos Juízes", da Bíblia – começa a insinuar-se uma tendência edificante que, com o tempo, evolui para posturas nitidamente moralistas. Esse é o resultado de uma crise pessoal muito forte, desencadeada em Pizzetti pela falta de confiança nas instituições e na realidade social que o cerca, e que desemboca no trauma da I Guerra Mundial. Sintoma, de resto, do mal-estar generalizado que vai atingir os artistas e intelectuais italianos do início do século XX, e que está na origem tanto da eclosão de movimentos contestatórios como o Futurismo, quanto do descontentamento que acabou se equivocando ao ver na figura do Duce uma possibilidade de resgate dos mais autênticos valores nacionais. A regência de Toscanini e a presença de Ezio Pinza no elenco deram muito destaque à estréia no Scala, em 16 de dezembro de 1922, de *Dèbora e Jaéle*, que os críticos italianos são unânimes em considerar a ópera mais bem-sucedida de Pizzetti.

Preparando-se para o combate contra Sísera, rei de Canaã, a população de Neftali, Zebulun e Issachar reúne-se na praça de Kedesh para escutar a profetisa Débora. Esta lhes recomenda enfrentar o inimigo em campo aberto, pois se o fizerem, serão vencedores. O povo decide então que Jael, a mulher do espião Hever, suspeita de ter aceitado o amor de Sísera, será mandada para tentar convencê-lo a combater na planície, onde o general israelense Barak poderá derrotá-lo. Jael faz o que lhe pedem, mas o que diz ao rei Sísera é que deve levar as suas tropas para o monte Tabor, pois lá encontrará poucos soldados inimigos. Os dignitários da corte de Harosheth acreditam que aquilo é um engodo, e aconselham o rei a não dar ouvidos à mulher judia. Sísera aproveita o encontro com Jael para declarar os sentimentos que nutre por ela. Confusa, perturbada por suas palavras, sem ter certeza do que quer, Jael prefere fugir. Mas acolhe em sua tenda Sísera que, como Débora previra, foi derrotado pelos israelenses ao levar seus soldados para a planície. Ao saber que ela está protegendo o rei fugitivo, a profetisa vem procurá-la e lhe ordena que o entregue a seus compatriotas. Mas Jaele prefere matá-lo com suas próprias mãos a vê-lo ser ignominiosamente executado por seus inimigos.

Embora preserve as linhas gerais do episódio bíblico, Pizzetti introduz modificações drásticas em sua motivação e praticamente inverte a tradicional relação bem/mal nela contida. Sísera não é um vilão convencional. Na verdade, é uma personagem bem mais complexa e simpática do que a profetisa. Débora encarna a lei judaica, severa e arcaica, enquanto Sísera é um homem culto, que estudou na Grécia e, em contato com seus fiósofos, formou uma visão do mundo com que se destaca dos que o cercam. Num nível mais intuitivo, Jael também sente o quanto a lei de seu povo está ultrapassada. E quando Débora a encarrega de fazer o rei de Canaã cair numa emboscada, não consegue evitar de sentir-se atraída por ele. O conflito entre amor e dever a faz fugir, quando o inimigo declara a paixão por ela. Mas o amor vence, de forma muito dolorosa, no final: é ele que a leva a enfiar uma estaca no crânio do homem amado, depois de tê-lo feito adormecer, para lhe poupar sofrimento pior e mais humilhante nas mãos dos israelenses. A Jael cabe operar a superação da lei inflexível dos antepassados, colocando em seu lugar um código de relações mais humano, feito de resignação, aceitação do sacrifício e piedade cristã. Quando Débora lhe pergunta, "Hai udito la voce del Signore?", depois de ver que ela matou Sísera, Jael responde: "Non del tuo Dio... d'un altro che non conosci!" (Ouviste a voz do Senhor? – Não do teu Deus... de um outro que não conheces!)

Fedra, criação do D'Annunzio agnóstico e decadentista, consumava seu rito transgressivo no vazio da destruição total. Jael, produto da religiosidade de Pizzetti, horrorizado com a destruição sem sentido da guerra, faz entrever a existência de um mundo ideal onde poderia haver paz e perdão. A lógica desse enredo pode, às vezes, parecer discutível, mas no palco o efeito é muito comovente, graças a um texto bem conduzido, envolto em música extremamente forte. Ao método de rigorosa relação entre texto e música, estabelecido com *Fedra*, vem associar-se um elemento que já estava prenunciado na ópera anterior mas, aqui, ganha relevo sistemático: o papel de destaque dado ao coro como personagem coletivo, com intervenções solistas dentro da massa coral, de uma forma que faz pensar em Mússorgski. Isso é muito visível no ato I em que, ao grupo dos que vociferam, apoiando Débora e reagindo à sua incitação, opõe-se um outro, mais recolhido, disposto a combater o inimigo, mas pedindo a Deus que inspire o seu senso de justiça. Ao mesmo tempo, esse é um recurso que se enraiza na tradição, pois faz pensar também no uso do coro na cena triunfal da *Aida*, por exemplo.

Os prolixos discursos éticos podem, como em *Fedra*, ser às vezes um tanto arrastados. Mas há brilhantes passagens de *stile concitato*: por exemplo, a invocação apaixonada de Jael ao encontrar, depois da batalha, Sísera, que julgava morto. "È la prima opera veramente mia" disse Pizzetti a respeito de *Dèbora e Jaéle*, carregada, em seus melhores momentos, de uma nobreza de inspiração e uma força dramática que explica o prestígio de que sempre desfrutou juntos aos musicólogos. Dentre os títulos negligenciados desse período, este é um dos mais injustamente esquecidos. É uma pena que desta obra, extremamente importante para a compreensão do período a que pertence, não exista gravação alguma.

Em *Dèbora e Jaéle*, porém, já surgem os primeiros sinais de uma tendência que se repetirá, ficando patentes nas duas obras seguintes. *Lo Straniero* (1925) tem estilo muito semelhante ao de *Dèbora*, é ainda mais estático, numa linha de oratório cênico, e não possui o mesmo vigor musical. Parte de um *Glauco* iniciado em 1911 e também é de matriz bíblica, "passado no tempo dos reis pastores". Observa rigorosamente as unidades clássicas de tempo, espaço e ação ao contar a história do Sem-nome, encontrado ferido "na planície de Ruben e a de Moab". Ele conta ao rei Hanoch, que o acolhe, estar expiando o crime de ter matado o próprio pai. A maior parte das peripécias é confiada a longas narrativas, que contribuem para reduzir a dinâmica do espetáculo. O Estrangeiro é resgatado de seu pecado pelo amor da jovem Maria, que se compadece dele. A página mais interessante da ópera é a longa confrontação dos dois, no ato II, que se destaca do restante da ópera por seu tom expansivamente neo-romântico.

Fra Gherardo foi extraída da *Cronaca* de frei Salimbene da Parma, que viveu no século XIII. Com libreto do próprio compositor, estreou sob a regência de Toscanini, no Teatro alla Scala, em 16 de maio de 1928. Gherardo é um rico tecelão que decidiu distribuir seus bens aos pobres por amor a Deus. Não resiste, porém, à beleza da órfã Mariola, que lhe declara seu amor, e passa a noite com ela. Na manhã seguinte, rejeita a moça e sai da cidade, decidido a expiar o pecado da carne que cometeu. Entra para um convento, faz-se monge, e só nove anos depois retorna a Parma, onde incita a população a rebelar-se contra os seus dirigentes corruptos. Reencontra Mariola: ela tornou-se uma mendiga e lhe conta que, daquele único encontro, nasceu um filho que morreu criança, pois ela não tinha como sustentá-lo. Roído pelo remorso, Gherardo pede a Mariola que o perdoe por todo o mal que lhe causou. Ela o faz porque ainda o ama.

As autoridades mandam prender o frade por causa de sua pregação. E lhe dizem que poderá salvar-se, e a Mariola, se confessar publicamente seus erros. Enquanto isso, a mulher apela a seus seguidores, pedindo-lhes que tentem libertá-lo. Na praça principal da cidade, Gherardo dispõe-se a renegar a sua doutrina mas, de repente, levado por sua consciência, desdiz-se e começa a denunciar a corrupção dos governantes. Mariola, que ficara estarrecida quando ele começou a falar, corre para ele ao ver que recupera a sua dignidade. Mas uma mulher, cujo filho tinha sido morto durante os distúrbios promovidos pelo frade, apunhala-a pelas costas. O prefeito de Parma ordena que Gherardo seja levado ao cadafalso.

"Servire, amare il vero Dio in pace", dizia o Sem-nome no fim de *Lo Straniero*, assim resumindo a sua missão expiatória. "Un pover' uomo io ero, un pecatore... ma voglio bene a tutti", diz Fra Gherardo ao subir os degraus do cadafalso. Essa ideologia da fé e do amor coletivo provém da *Filosofia dell'Arte* de Giovanni Gentile, para quem a arte deveria ser "humana e eticamente direcionada". Pizzetti foi muito influenciado pelo aspecto missionário do "gentilianesimo" e manteve com esse pensador relações de estima muito profundas, a ponto de Gentile convidá-lo para dirigir a seção de música da Enciclopedia Treccani, que ele coordenava, e para a qual o compositor redigiu vários verbetes.

Como na obra anterior, o libreto de *Fra Gherardo* é longo e palavroso, e a música nem sempre tem o poder evocativo das melhores páginas de *Fedra* ou *Dèbora*. Mas a escrita coral continua muito eficiente; e é feliz o uso de um tipo fluente de declamação melódica que lembra a *parola scenica* das últimas óperas de Verdi. *Fra Gherardo* é importante, principalmente, por já anunciar o tipo de conflito psicológico, moral e religioso que será plenamente desenvolvido em *Assassinio nella Catedrale*, a obra-prima da maturidade de Pizzetti.

Segue-se um período de crise que John Waterhouse chama de "o mais decepcionante na carreira de Pizetti": recusando-se a aceitar qualquer tipo de inovação, agarrando-se às fórmulas que tinha fixado até então, ele se condenou, em *Orsèolo, L'Oro* e *Monna Vanna*, a repetir maneirismos que estavam ficando cada vez mais surrados. Não por acaso, é também a época em que, tratado de forma muito lisonjeira por Mussolini, ele se vê atribuir um status praticamente de músico oficial do Fascismo. O primeiro encontro com o Duce ocorrera em 23 de outubro de 1923, quando Pizzetti fez parte de uma delegação de artistas que foi lhe expor os projetos para a *Mostra del '900 Italiano*, que deveria realizar-se em Bolonha. Depois, veio o convite para apresentar-se em casa do chefe do governo, tocando obras suas em companhia do violinista Arrigo Serato e do violoncelista Enrico Mainardi (várias vezes, em sua correspondência, ele há de se referir a essa noitada como "inesquecível"). Como tantos outros artistas, Pizzetti admirava Mussolini e acreditava piamente que o Fascismo tinha "renovado a Itália e a vida italiana, expulsando as misérias espirituais e impondo a todos os cidadãos – a começar com o exemplo que lhes é dado pelo próprio Chefe – os imperativos da dignidade humana". Sem perceber o tipo de manipulação que isso comportava, celebrou o fato de que "nenhum governo italiano demonstrou o interesse vivo e constante que hoje o Estado italiano demonstra, mediante palavras e atos, pela arte e os artistas". Por isso, homenageou o Duce, por exemplo, no "Inno a Roma" que incluiu na trilha sonora de *Scipione l'Africano*, escrita em 1937 para o filme de Carmine Gallone – autor de superproduções históricas que, na verdade, não passavam de pretexto para a glorificação do Capo.

Foi o próprio Mussolini quem, a pedido de A. Passigli, diretor artístico do Maggio Musicale Fiorentino, pediu a Pizzetti que se esforçasse por terminar *Orsèolo* a tempo para a abertura do festival (o músico recusara inicialmente o convite, pois desejava que, no lugar de uma nova ópera, encenassem *Dèbora e Jaéle*, ainda inédita em Florença). O Duce não só pressionou a comissão organizadora do Maggio para que concedesse ao compositor as 40 mil liras pedidas, em vez das 25 mil propostas, como também mobilizou todos os mecanismos promocionais do Estado para fazer a propaganda da estréia. *Orsèolo* recebeu montagem suntuosa no Teatro Comunale de Florença, onde foi regida por Tullio Serafin em 4 de maio de 1935.

A ação passa-se em Veneza, em meados do século XVII. Acusado por seu inimigo Rinieri Fusinèr de ter raptado a sua filha Cecilia, o inquisidor Marco Orsèolo, chefe do Conselho dos Dez, descobre que o culpado é seu filho Marino. Interroga-o e Marino confessa que de fato seqüestrou-a, pretendendo seduzi-la, mas a moça afogou-se ao tentar fugir. Por esse crime, o rapaz é castigado com o exílio de Veneza. À noite, porém, durante uma festa a que comparece com sua filha Contarina, o inquisidor é publicamente ofendido por Rinieri que, em seguida, foge para não ser punido. Querendo vingar Cecilia, os irmãos Fusinèr raptam Contarina sem consultar Rinieri, o chefe da família. Este, ao ficar sabendo, vai até a cabana de pescadores onde a moça está presa, e exige que a soltem. Marco, que descobriu onde ela estava, quer mandar prender os captores. Mas Contarina admira o nobre comportamento de Rinieri e diz ao pai que, se ele for preso, dirá ao tribunal que o acompanhou por espontânea vontade. O pai, sentindo-se traído, renega a filha e condena-a a encerrar-se em um convento.

Antes de partir para a guerra contra os turcos, Rinieri declara o seu amor por Contarina e pede-lhe que se case com ele. Não consegue, porém, demovê-la de seu projeto de tomar o véu e dedicar-se à expiação e ao sacrifício. Tempos depois, Rinieri volta a Veneza chefiando uma delegação que traz a Orsèolo a espada de Marino, morto heroicamente em combate. O inquisidor recusa arrogantemente, dizendo não poder aceitar um objeto que lhe venha das mãos de um inimigo. Nesse momento, a espada quebra-se sozinha, misteriosamente – é o sinal de que Deus lhes ordena fazer a paz. Orsèolo renuncia à vingança, aceita a reconciliação e Rinieri pede a Contarina que o aceite como marido. Ela confessa que o ama também; mas alega ser tarde demais, pois não poderá voltar atrás em seus votos.

Nesta obra – de tom muito próximo ao do *Due Foscari* verdiano – reconhecemos as mesmas preocupações éticas e as mesmas reflexões moralizadoras de *Dèbora* ou *Fra Gherardo*. Contra o fundo histórico da decadência da república veneziana e do conflito entre a velha aristocracia, representada por Orsèolo, e o novo patriciado em ascensão, encarnado por Fusinèr, desenha-se uma história cujo tema central é a profunda solidão do ser humano. Solidão do patriarca que assiste impotente ao desmoronamento das instituições e só consegue purgar o ódio que sente por seus inimigos depois de ter perdido tudo; de Contarina que sacrifica seu amor em nome da fé na possibilidade de um mundo melhor; de Marino, que encontra na morte heroica a expiação para seus crimes; de Rinieri a quem, privado do consolo do amor, só restará a luta em defesa da república. Mas é ainda mais acentuada a propensão às longas cenas de tom pomposo. *Orsèolo* revisita pesadamente os veneráveis clichês do *grand-opéra*: o rapto de Cecília e Contarina, duas donzelas inocentes, tempestades, festas suntuosas, procissões. A crítica, na época da estréia, não deixou de chamar a atenção também para os pontos de contato entre *Orsèolo* e o *Simon Boccanegra* verdiano. Além disso, o descritivismo ambiental que, em *Fra Gherardo*, era alusivo e mais econômico, aqui transforma-se em substância narrativa.

A necessidade de reconstruir os constantes extremos da Veneza crepuscular, de palácios luxuosos e humildes cabanas de pescador, faz Pizetti colocar, no interior do primeiro e do último atos, dois longos interlúdios sinfônico-vocais desligados da ação, cuja função é apenas a de criar vinhetas paisagísticas, como se fosse um desfile das telas de Guardi ou Canaletto. O mais elaborado é o primeiro, em que o cortejo dos mascarados, que festejam o Carnaval, é interrompido pelo coro dos soldados que se preparam para a guerra; a canção de ninar da mãe que fala a seu bebê das glórias passadas de Veneza intercala-se com a altercação de um grupo de jogadores de dados; e, numa apoteose de gosto duvidoso, a multidão ajoelhada entoa um fervoroso "Inno a Venezia, Regina del Mare".

Mas a música não possui vitalidade especial, que lhe garanta interesse. E Pizzetti parece estar apenas aplicando conscienciosamente as normas e prescrições que estabeleceu nas obras anteriores: declamação melódica interrompida aqui e ali por números fechados – neste caso de nítido gosto oitocentista –, uso do coro como protagonista, melodias que oscilam entre o cromatismo e o modalismo. Apesar dos aparatosos recursos mobilizados para a *prima assoluta*, e para a apresentação subseqüente no Scala – onde o papel-título foi criado por Tancredi Pasero com *succès d'estime* –, esta ópera foi raramente revivida.

Enquanto trabalhava em *Dèbora e Jaele*, Pizzetti recebera a encomenda da música incidental para uma apresentação da *Sacra Rappresentazione di Abram e d'Issac*, o "mistério" de tema bíblico escrito por Feo Belcari no século XV. Esse espetáculo foi encenado no Politeama Florentino em 6 de setembro de 1917. Dez anos depois, Pizetti acrescentou alguns números novos a essa partitura, para a montagem americana, no auditório da Prefeitura de Nova York, em 4 de dezembro de 1927.

Outros dez anos se passaram antes que, retomando-a, o compositor decidisse convertê-la numa ópera sacra. Ao fazê-lo, conseguiu, apesar da deliberada simplicidade de tom da obra, recuperar um pouco da força de persuasão de outros tempos. *La Sacra Rappresentazione* foi cantada no Teatro Morlacchi, de Perugia, em 2 de outubro de 1937.

Belcari tem uma forma original de abordar a história de Abraão e Isaac. Intercala as cenas em que eles são mostrados indo para o local do sacrifício a reflexões de Sarah, angustiada pelo pressentimento de que algo de muito grave está acontecendo. Na música incidental de 1917, já havia os coros e o papel dos dois anjos: um deles é o narrador; o outro, o mensageiro que comunica a Abrão o desejo de Deus, pedindo e suspendendo o sacrifício cruento, para testar sua fé. No que se refere à escrita coral e a esses dois personagens celestiais, a *Representação Sacra* tem o mesmo nível de qualidade da *Dèbora*, que lhe é contemporânea. A maior parte da linha vocal dos demais personagens data da segunda versão da música incidental. A estrutura da obra reflete a transformação de peça falada, com música de acompanhamento, em ópera – e isso a faz diferir das práticas habituais de Pizzetti. Há um certo encanto ingênuo nos números fechados, muitos dos quais são puramente instrumentais. E a simplicidade da escrita faz com que a partitura seja de apelo muito imediato. Por outro lado, a *Sacra Rappresentazione* tem em comum com *Dèbora* a forma como evoca o espírito do Velho Testamento. O mais característico é a cena climática em que o anjo intervém, no último minuto, para impedir que a mão de Abraão erga sobre Isaac o punhal do holocausto. O coro vindo do céu, que acompanha as suas palavras, é de efeito muito poderoso.

O Scala foi, uma vez mais, o teatro escolhido para a estréia de *L'Oro*, em 2 de janeiro de 1947, dessa vez sob a batuta do próprio compositor. Pela primeira vez, Pizzetti escreve um libreto de ambientação contemporânea e temática social, reaproveitando a idéia de *Lena*, ópera em que trabalhara em 1905, sem levá-la a termo. Em *O Ouro*, porém, há mais vínculos ideológicos do que à primeira vista possa parecer com as obras anteriores, situadas num passado remoto. Por outro lado, o assunto e a época parecem levá-lo, inconscientemente, a aproximar-se do códice verista, retomando muitos de seus clichês. A falta de uma música que a situe num nível dramático mais envolvente só piora a mal resolvida mistura de realismo, elementos simbólicos e intenções moralizadoras que há em *L'Oro*.

A época em que a história se passa não é determinada com precisão no libreto, mas tudo indica que a ação transcorre na primeira metade da década de 30, quando o texto foi escrito. O latifundiário Giovanni dei Neri revolucionou a organização do trabalho em sua fazenda, o que provocou o descontentamento dos trabalhadores. Mas à delegação que o procura, ele garante estar agindo no interesse de todos. Isso coincide com a notícia de que Martino, um dos empregados, encontrou ouro numa região vizinha, e os lavradores pedem a ajuda do patrão para iniciar as buscas. Mas Cristina, a mulher de Giovanni, que lhe deu um filho mudo de nascença, tem pressentimentos sombrios e lhe pede que saia daquele lugar. A notícia de que o ouro existe se espalha rapidamente e faz aumentar a desconfiança dos camponeses, que não acreditam na disposição de Giovanni em ajudá-los. Cristina suplica ao marido que renuncie ao mito da riqueza fácil, mas este lhe conta que, em suas andanças pela propriedade, encontrou uma gruta onde havia sinais evidentes da presença do mineral precioso. Não teve, porém, coragem de usar explosivos lá dentro para revelar os veios, de medo de provocar um desabamento que o soterrasse. Martino é assediado e ameaçado pelos camponeses, desejosos de saber se o patrão localizou mesmo uma mina de ouro. Quando Giovanni corre para tentar impedir que ele seja linchado, ouve-se um estrondo retumbante: Cristina provocou o desabamento da gruta para impedir que a febre do ouro desencadeie lutas sanguinárias entre as pessoas simples. Os camponeses a retiram agonizante dos escombros, e a emoção que seu filho experimenta ao vê-la ferida é tão grande que ele recupera a palavra. Cristina morre em paz consigo mesma, certa de que seu sacrifício trouxe a concórdia de volta à região. Os camponeses concluem que é hora de voltar à lavoura, e Giovanni, desesperado, decide entregar-lhes a terra e ir embora.

L'Oro é decerto o ponto mais baixo atingido pela inspiração de Pizzetti. Não só o libreto remói idéias de um desagradável conformismo, como a música repete efeitos que, a essa altura, transformaram-se em cacoetes. São raros os momentos em que um lampejo maior de lirismo anima uma partitura em que está muito visível o auge de uma crise criadora da qual, em breve, o artista começará a emergir.

Os anos de pós-guerra assinalam gradual recuperação do poder criativo de Pizzetti: disso já há indícios claros na concisa ópera radiofônica *Ifigenia* (1950), cujo tom enérgico e ambientação austera recuperam muito da força de *Fedra* e *Dèbora*. As características de exaustão da fase precedente se repetem em *Cagliostro* (1952), dramalhão neo-romântico também escrito para a RAI. *La Figlia di Iorio* (1954), baseada na "tragedia pastorale" de D'Annunzio, é irregular. Mas apresenta qualidades que a fizeram ser muito apreciada desde a estréia, no San Carlo de Nápoles, em 4 de dezembro de 1954. Gianandrea Gavazzeni conduzia um elenco de primeira, encabeçado por Clara Petrella, Mirto Picchi e Giangiacomo Guelfi. Abandonando o hábito de escrever os seus próprios libretos, Pizzetti adaptara a peça de seu velho amigo, mantendo intacto o texto, no qual fizera apenas alguns cortes para condensá-lo. A *Filha de Iorio* ocupa posição importante no conjunto da dramaturgia dannunziana. Nela, ainda está presente a técnica naturalista com que, nos contos de *Terra Vergine*, era descrita a atmosfera rural dos Abruzzos. Mas ela já contém elementos simbólicos que anunciam a virada antiverista do poeta e sua adesão ao Neo-romantismo. Essa duplicidade de tom estará presente na partitura de Pizzetti.

Na casa do fazendeiro Lazaro di Roio, estão preparando o casamento de seu filho Aligi com a jovem e rica Vienda di Gave. Mas aquela manhã o rapaz acorda com pressentimentos sombrios, pois durante a noite, teve pesadelos terríveis. Ao ver a expressão atormentada em seu rosto, Vienda deixa cair a fatia de pão que a sogra lhe está estendendo, no que todo mundo vê um mau presságio. De repente, entra Mila, a filha do feiticeiro Iorio, que tem a reputação de ser mulher de vida fácil. Mila vem pedir que a protejam contra os lavradores, que estão tentando violentá-la. A primeira reação de Aligi é expulsá-la, mas ao ver um anjo por trás dela, empunha uma cruz e faz recuar os homens que a perseguiam.

O rapaz apaixona-se por Mila e decide ir viver castamente com ela numa caverna na montanha, onde é procurado por sua irmã, Ornella, que tenta convencê-lo a voltar para casa. Mila compreende que, para o bem do homem amado, deve renunciar a ele. Já está se preparando para partir quando Lazaro aparece e, encontrando-a sozinha, tenta possuí-la à força. Aligi vem em socorro da companheira, mas Lazaro ordena aos dois camponeses que o acompanham que amarrem o filho e o levem embora. Atira-se de novo sobre a moça e está quase alcançando o seu objetivo quando Aligi, que foi desamarrado por Ornella, o fere mortalmente. Por ter matado o pai, Aligi é condenado a uma execução atroz. Para que ele não sinta as dores da tortura, sua mãe lhe dá um poderoso sonífero. Mas Mila surge e, para salvá-lo, assume sozinha a responsabilidade pelo crime, afirmando ter enfeitiçado o namorado para que cometesse o ato em seu lugar. Já com os sentidos alterados pelo efeito da droga, Aligi acredita e a amaldiçoa. Furiosa, a multidão exige que Aligi seja libertado e Mila seja levada à fogueira. A filha do feiticeiro Iorio aceita serenamente o suplício, feliz por ter conseguido salvar a vida de seu amado. Só Ornella, que sabe a verdade, chora por ela.

Por mais antiquado que o texto pareça, ele possui uma qualidade poética inegável, trabalha de forma eficiente com temas neo-românticos típicos – a idéia "wagneriana" do sacrifício por amor – e cria com vivacidade e força telúrica o ambiente rural, com suas superstições e medos atávicos. A eficiente compressão feita por Pizzetti no texto original – escolhido por nele estarem presentes as indagações éticas que sempre o atraíram – evita que a peça tenha as habituais passagens desnecessariamente longas. E a adequação música/texto é bastante grande. Chama a atenção a naturalidade com que a técnica de recitativo estabelece distinções entre as personagens: Aligi sereno e tranqüilo, parecendo estar em paz com a natureza; Mila mais agitada pelo sentimento interior da fatalidade, perseguida por uma permanente melancolia. Lazaro, por sua vez, é traçado com linhas deliberadamente duras, que acentuam o seu modo arrogante e autoritário de se expressar. As melodias de Ornella, ao contrário, são de uma extrema doçura, condizente com a sua natureza cordata e compreensiva. Ao lado de melodias impulsivas e diretas, de filiação verista, para a descrição dos aspectos mais prosaicos da vida no campo, há efusões líricas de matriz nitidamente romântica, para os momentos emocionalmente mais intensos.

De modo geral, *A Filha de Iório* mostra o compositor preparando-se para a última grande obra da maturidade, de fôlego grandioso e com entranhada religiosidade, culminação de uma tendência observada desde *Fedra*. A peça escolhida, desta vez, foi *Murder in the Cathedral*, do poeta inglês T. S. Eliot. Embora estreada no Festival de Canterbury de 1935, foi no pós-guerra que essa tragédia causou repercussão: os argumentos usados pelos assassinos do arcebispo Thomas Beckett pareciam-se muito com os recentemente ouvidos nos julgamentos dos criminosos de guerra. As características do texto adaptavam-se também naturalmente ao estilo de teatro praticado por Pizzetti: continha coros solenes, monólogos com eloqüentes discussões éticas, e uma figura central atormentada por conflitos morais, que a fazem ter muita afinidade com Jaele, Gherardo, Orsèolo e outras personagens do universo dramatúrgico do compositor.

Assassinio nella Catedrale foi regida por Gianandrea Gavazzeni no Scala, em 1º de março de 1958, com um elenco em que havia Nicola Rossi-Lemeni e Leyla Gencer. Existem, no selo Myto, duas gravações pirata da ópera: a da estréia italiana; e a da apresentação de 13 de novembro de 1968, regida pelo autor e tendo Virginia Zeani no lugar de Gencer. Em 1998, dentro das comemorações do centenário da Deutsche Grammophon, foi lançado um registro ao vivo da Ópera de Viena, de 9 de março de 1960, cantado em alemão. O regente é Herbert von Karajan e no elenco há alguns dos maiores nomes do canto germânico na época: Hans Hotter, Anton Dermota, Paul Schöfler, Walter Berry e Christa Ludwig.

Em dezembro de 1170, Thomas Beckett retorna à Inglaterra após sete anos de exílio na França. Era o chanceler do reino e amigo pessoal de Henrique II. Este o nomeara arcebispo de Canterbury, pois acreditava que assim teria, nesse cargo estratégico, um homem de sua absoluta confiança. Mas a lógica da função fizera Beckett entrar em choque com o rei, pois exigia para a Igreja maior autonomia em relação ao Estado – e fora essa a causa do desterro. Ao chegar, Thomas é acolhido pelo povo e os sacerdotes de forma entusiástica, mas temerosa: há quem se preocupe com a possibilidade de que seu retorno reacenda a luta entre a Igreja e o trono. À noite, em seu gabinete, Beckett é visitado por quatro tentadores. O primeiro o convida a retomar a vida despreocupada de companheiro de prazeres do rei. O segundo lhe sugere que use de seu prestígio para assumir grande importância política. O terceiro vem lhe dizer que, encabeçando um levante popular contra a monarquia, poderá assumir o governo. O último é mais sutil: acena para ele com a tentação do martírio. Thomas pede a Deus que afaste todas essas tentações – a sensualidade, a ambição da glória, o desejo de poder e a extrema vaidade de querer ser santo – e recupera a serenidade.

O intermezzo entre os dois atos, precedido e encerrado por trechos cantados, representa o sermão da missa de Natal. Nele, o arcebispo diz aos fiéis que a verdadeira felicidade está na submissão total à vontade de Deus. Thomas sabe que está fazendo a sua última pregação, e lhes diz que está pronto a aceitar tudo, até mesmo o martírio se for necessário. Quatro cavaleiros vêm ver Beckett e o acusam de ter traído o rei. Ele se defende e os homens partem. Mas os padres e os fiéis sentem que há uma ameaça no ar e, na hora das vésperas, propõem trancar as portas da igreja. O arcebispo se opõe, dizendo que as portas da casa de Deus têm de estar abertas a todos. Os quatro cavaleiros voltam, exigindo que Thomas proclame publicamente a submissão ao rei. Ele se recusa e é apunhalado. Em seguida, os assassinos se dirigem ao povo, que assistiu ao crime horrorizado, e lhe explicam que não havia outro meio de resolver o conflito entre a Igreja e a Monarquia. A ópera se encerra com um coro de louvor a Deus, em que os fiéis Lhe pedem que acolha em sua glória "o bem-aventurado Thomas" – canonizado em 1172.

A peça de Eliot abre muito mais espaço à reflexão do que à ação – motivo pelo qual atraiu Pizzetti –, e isso limita as possibilidades do tratamento operístico. *Assassinio nella Catedrale* – chamado de "festival sagrado" por Gottfried Kraus na introdução ao álbum DG – funciona como um amplo oratório cênico, a maior parte do tempo estático, mas com intensidade interior que lhe é conferida pela vibrante escrita coral, capaz de ressaltar a dignidade, a nobreza e a espiritualidade profunda do tema. O retrato dos cavaleiros deixa a desejar – Pizzetti reduziu muito o famoso discurso com que, na tragédia de Eliot, eles se dirigem aos fiéis (na verdade, ao público), depois do crime. E a orquestração não tem os requintes de *Fedra* ou *Dèbora e Jaele*. Mas é muito firme a mão com que é traçado o retrato de Thomas, em especial na cena em que este se confronta com os tentadores, emanações de suas próprias dúvidas interiores. Beckett exige não só um bom cantor, mas um ator de muitos recursos – como Rossi-Lemeni, que o criou; e especialmente Hotter que, no álbum DG, dá a medida de sua capacidade de extrair o máximo efeito de cada inflexão do texto.

Assassinio nella Catedrale é a última grande realização da carreira operística de Pizzetti. *Povera Gente*, de 1956, que deveria ter uma ambientação semelhante à de *L'Oro*, ficou inacabada. Muito pouco é acrescentado ao conjunto de sua produção pelas duas últimas óperas encenadas: *Il Calzare d'Argento* (de que existe a gravação pirata da estréia, no Scala, em 23 de março de 1961, com Giuseppe di Stefano e Rosanna Carteri, sob a regência de G. Gavazzeni) e *Clitennestra*, de 1965.

MALIPIERO

Desencantado e irônico, em permanente conflito consigo mesmo e com o mundo, Gian Francesco Malipiero (1882-1973) foi o músico mais original e anticonformista de sua geração. Como Casella, também se revoltou desde cedo contra as arraigadas tradições operísticas de seu país. Mas, ao contrário, não as combateu afastando-se delas: preferiu procurar soluções não-convencionais para o que chamava de "o problema do drama musical". E produziu uma obra operística copiosa na qual, desde cedo, antecipou alguns aspectos do teatro lírico de pós-guerra. Sua carreira muito longa foi moldada por diversas influências – Verismo, Impressionismo, Expressionismo, Neoclassicismo – e, embora rejeitasse a música dodecafônica, seu espírito era o de um vanguardista permanentemente aberto a inovações e, em algumas das obras de final de carreira, detecta-se o uso moderado de técnicas seriais.

Gian Francesco estava geneticamente destinado à música. Seu avô, Francesco Malipiero (1824-1887), tinha sido um operista respeitado. Rossini elogiou muito seu primeiro melodrama, *Giovanna di Napoli*, estreado em Pádua em 1842, quando ele foi triunfalmente aplaudido no Comunale de Bolonha. Ela lhe valeu também o título de *accademico filarmonico*. O maior sucesso desse compositor foi *Attila*, de 1854. Mesmo depois de destronada pela de Verdi, essa ópera ainda foi apresentada em diversos teatros com o nome de *Ildegonda di Borgogna*. A mesma atenciosa recepção tiveram *Alberigo da Romano* (1846), *Fernando Cortez* (1851) e *Linda d'Ispahan* (1871). O pai de Malipiero era pianista; um dos irmãos, violinista; o outro tocava violoncelo. E o sobrinho Riccardo, filho deste último, além de crítico de *Il Popolo* e ensaísta, foi compositor de música sinfônica, de câmara, e das óperas *Minnie la Candida* (1942) e *La Donna È Mobile* (1957).

Aluno de Marco Enrico Bossi, formado na escola romântica alemã, o jovem Gian Francesco foi terminar seus estudos em Berlim com Max Bruch. Foram muito úteis também a experiência como copista de manuscritos na Biblioteca Marciana de Veneza – onde, desde cedo, familiarizou-se com os grandes compositores dos séculos XVII-XVIII; e o trabalho de secretário de Smareglia que, já inteiramente cego, lhe ditava as suas composições. As primeiras experiências líricas são ainda imaturas. Insatisfeito com o resultado, Malipiero destruiu as partituras de *Elen e Fuldano* (1909) e *Lancelotto del Lago* (1915). Mas conseguiu fazer representar, no Costanzi de Roma, em 24 de janeiro, o drama neo-romântico *Canossa*, com texto de Silvio Benco, o libretista de Smareglia – cujas óperas de estampa decadentista, do final da carreira, *La Falena, Oceana, L'Abisso*, são o nítido modelo em que se inspira o jovem compositor. *Sogno d'un Tramonto d'Autunno* (1913), só estreada numa transmissão da RAI em 1963, também pertence à fase neo-romântica de aprendizagem, a começar pelo texto, que é de Gabriele d'Annunzio. Mas já são mais promissores os sinais de que uma linguagem pessoal está em formação.

A primeira obra significativa de Malipiero para o palco, profundamente marcada por sua indignação pacifista, é *Pantea*, de 1919. Descrita como um "drama sinfônico para dançarina, barítono, coro fora do palco e orquestra", é um virulento panfleto contra a guerra, em tudo oposto ao amável balé *La Mascherata delle Principesse Prigioniere*, do mesmo ano, primeiro indício do gosto que o músico terá em recuperar formas e temas antigos em sua obra teatral. Embora *Pantea* nada tenha a ver com a linguagem de Schönberg, o estudioso Piero Santi já demonstrou a afinidade entre esse monodrama de alucinatória turbulência e o expressionismo de *Erwartung*. Nele, já é possível encontrar, em embrião, as características extremamente originais da primeira ópera importante de Malipiero.

Ele próprio montou o roteiro das "espressioni drammatiche" *Sette Canzoni*, usando poemas de Angelo Poliziano, Jacopone da Todi, Luigi Alamanni e outros escritores renascentistas anônimos. A música é contínua, mas cada episódio, tendo uma canção como foco musical, tem história e elenco independentes. Usa-se muita mímica com acompanhamento orquestral e, em alguns casos, há intervenções de um coro fora do palco. A estréia, no Théâtre de l'Opéra de Paris em 10 de julho de 1920, foi um fracasso, pois o público, que tinha vindo assistir ao *Rigoletto*, apresentado a seguir, vaiou estrepitosamente essa obra de vanguarda. O mesmo aconteceu na Itália. Depois de um espetáculo fechado em Turim, em 18 de maio de 1826, a que só compareceu a nata da "inteliguêntsia" italiana, as *Sete Canções* foram anunciadas pela Ópera de Roma em programa duplo com *Gianni Schicchi*. É difícil saber o que foi pior: se a reação ofendida do público, que vaiou até forçar a interrupção da récita; se a atitude do empresário Ottavio Scotto, que se solidarizou com as "vítimas", oferecendo-se para reembolsar o ingresso. Em defesa de Malipiero, o futurista Marinetti organizou uma manifestação de desagravo; e um número especial da revista de cultura *Augustea* foi editado por Franco Ciarlattini – que, a essa altura, já era o assessor de imprensa do Partido Nacional Fascista. São os seguintes os episódios das *Sete Canções*:

- *Os Vagabundos*: Um jovem cantor ambulante seduz uma moça e a convence a abandonar o cego de que é a guia. O cego, inteiramente perdido, sai tateando desesperado.
- *As Vésperas*: Um monge vai fechar a igreja e percebe uma mulher absorta em suas orações. Sem se importar com o motivo que a leva a procurar a ajuda de Deus, expulsa-a do templo.
- *O Retorno*: Mentalmente perturbada porque crê que seu filho morreu na guerra, a Mãe chora sua perda. Quando ele volta, não o reconhece e o rejeita, para grande desespero do rapaz.
- *O Bêbado*: Ao fugir da casa da amante, porque foi surpreendido pelo marido, um rapaz derruba um bêbado que está em frente da casa. O marido, tomando o bêbado pelo amante fujão, espanca-o sem dó nem piedade.
- *A Serenata*: Uma moça que está velando um parente querido não dá a menor atenção à serenata que o namorado lhe faz. Quando o rapaz, ofendido, entra em sua casa para reclamar, constata, constrangido, o motivo para seu aparente desinteresse.
- *O Sineiro*: Ao mesmo tempo em que toca os sinos a toda altura, para avisar a população da cidade de que uma catástrofe está acontecendo, um sineiro canta uma canção obscena, totalmente indiferente ao que se passa.

O sétimo episódio, *Manhã de Cinzas*, não tem história: apenas contrapõe símbolos do Carnaval e da Quaresma, esta última sobrepujando os sinais de alegria à medida que avança a madrugada da Quarta-feira de Cinzas. Essa mesma temática será retomada, em 1961, na *Rappresentazione e Festa di Carnesciale e della Quaresima*, obra da fase final da carreira. As imagens das *Sete Canções* exploram, em chave neo-barroca, o gosto pelo contraste: a dança dos foliões mascarados em torno de um carro fúnebre, por exemplo. Da mesma forma, há contraste entre a forma fechada de cada uma das canções e os intermezzos que fazem delas contas enfiadas em um cordão musical contínuo. No interior de cada episódio, o músico busca também choques constantes: entre a melodia sedutora e diatônica do cantor ambulante e o acompanhamento monótono do violão do velho cego; entre a serenata do jovem apaixonado e a voz das carpideiras que entoam um "De profundis" para o defunto; entre o canto devoto da mulher na igreja e a declamação áspera do religioso que a expulsa do templo.

Não há recitativo interligando os episódios cantados. Essa modalidade de expressão foi deliberadamente eliminada por estar demasiado associada à tradição que o compositor queria rejeitar. Malipiero dizia ter partido de experiências pessoais para a escolha de cada um desses pequenos dramas, que têm em comum o choque entre um princípio positivo e um negativo. E, de fato, talvez os autores dos poemas estranhassem o contexto em que suas obras são utilizadas. A escolha de escritores renascentistas está intimamente ligada à vertente neoclássica da escrita de Malipiero, já bem nítida na década de 1920, embora ela ainda conviva com influências nacionais – Puccini principalmente – e estrangeiras: Debussy e o Stravínski da *Sagração*. Mas todos esses aportes externos são metabolizados numa linguagem extremamente pessoal.

Sete Canções acabou transformando-se no painel central de um tríptico que recebeu o título de *L'Orfeide*. A terceira parte, *Orfeo ovvero L'Ottava canzone*, sobre o eterno mito do poeta da Trácia, é de 1920; *La Morte delle Maschere*, a parte inicial, é de 1925. A estréia do tríptico foi no Stadttheater de Düsseldorf em 30 de outubro de 1925, regida por E. Hartmann.

Na *Morte das Máscaras*, o Empresário está fazendo ao público a tradicional apresentação de personagens que precedia os espetáculos de *Commedia dell'Arte*, quando um homem mascarado surge e afugenta-o. Decreta a morte dos tipos caricaturais, tranca-os dentro de um armário e, em seguida, chama personagens reais, do quotidiano, para interpretar a segunda parte, os episódios das *Sete Canções*. Ao tirar a máscara para apresentar esses seres humanos, o desconhecido se identifica: ele é Orfeu, o poeta.

Terminado o sétimo episódio, segue-se um Epílogo, a *Oitava Canção*, passado num teatro abarrotado de gente, onde está se realizando um espetáculo de gala, com a presença do Rei e da Rainha. No palco, um ator faz o papel de Nero, exagerando na exibição de sua crueldade. Num tom que lembra o do Prólogo do *Amor de Três Laranjas*, de Prokófiev, os velhos, favoráveis a um estilo tradicional e recatado de teatro, protestam indignados, enquanto os jovens se divertem e aplaudem entusiasmados. Para apaziguar os ânimos, Orfeu aparece e canta uma canção tão suave que todo o público adormece. Só a Rainha presta atenção e, no final, fascinada, vai embora com ele.

Suscitou debates intermináveis a polêmica "moral da história". A oposição entre teatro e realidade evidencia a dificuldade em fazer a ópera escapar dos esquemas tradicionais, e critica o gosto do público: ele protesta quando se sai das trilhas muito batidas, e adormece se lhe oferecem algo de realmente refinado. Ao Poeta só resta o consolo da Musa, a única que sempre ficará a seu lado. Para a época em que foi cantada – um ano antes da estréia da *Turandot* – a *Orfeide* é obra inovadora, de agressiva originalidade.

Em 7 de junho de 1966, cinco dias antes do ataque do coração de que morreu, o grande regente alemão Hermann Scherchen, amigo pessoal de Malipiero, dirigiu no Teatro La Pergola, de Florença, uma notável montagem de *L'Orfeide* assinada por Gianfranco de Bosio, tendo no elenco Magda Olivero, Renato Capecchi, Alvino Misciano e Alberto Rinaldi. Em 1996, o selo Tahra lançou a gravação desse espetáculo histórico, num álbum que inclui entrevistas radiofônicas com Olivero e De Bosio.

Em 1922, interrompendo o trabalho nesse tríptico e contrastando com as raízes clássicas de sua inspiração, tinha surgido uma obra de natureza totalmente diversa, um "mistério" de inspiração mais popular. *San Francesco d'Assisi*, oratório cênico para barítono, coro e orquestra, constitui-se de uma série de quadros estáticos e estilizados, retratando episódios da vida do santo, numa linha aparentada à da *Maria Egiziaca* de Respighi. Paralelamente, Malipiero já tinha começado a trabalhar numa ópera bufa, que também acabou se tornando a última parte de um tríptico destinado a revisitar o passado: desta vez, o da Veneza setecentista em que viveu e produziu o dramaturgo e libretista Carlo Goldoni (1707-1793). Peças em um ato integram as *Tre Commedie Goldoniane* escritas entre 1920-1922 e estreadas, em 24 de março de 1926, no Hessisches Landestheater de Darmstadt, sob a regência de J. Rosenstock. Há menos preocupação com as intrigas, em geral muito simples, do que com a criação de ambiente e a evocação da vida veneziana em sua época de máximo esplendor. Há um interesse quase etnológico na forma como Malipiero trabalha as personagens, usando-as para ilustrar aspectos exemplares da vida em família, do comportamento na rua, do relacionamento social.

- *La Bottega da Caffè*: Don Marzio, mexeriqueiro impenitente, fica sentado no terraço do café de Ridolfo, numa pracinha, fazendo suas intrigas. Indispõe Eugenio contra seu parceiro de jogo, o conde Leandro (que, na verdade, é um espertalhão chamado Flaminio). Bota lenha na fogueira das suspeitas de Placida, a mulher de Leandro, de que seu marido está tendo um caso com a dançarina Lisaura. Faz a Vittoria, mulher de Eugenio, insinuações de que seu marido leva uma vida dissoluta. Estimula a desonestidade de Pandolfo, o dono do salão de jogos, que tem um baralho de cartas marcadas. Mas, ao mesmo tempo, denuncia à polícia a existência de uma casa de jogos clandestina. Com isso, cria enorme confusão. No final os dois casais se reconciliam, Pandolfo é preso, e Don Marzio é expulso do café por delação e maledicência.
- *Sior Todero Brontolon* (Sr. Todero Rabugento): A personagem-título é um mal-humorado unha de fome que pretende casar sua neta, Zanetta, com Nicoletto, filho de seu caseiro Desiderio, para não ter de pagar o dote da moça. Pellegrino, o pai de Zanetta, é um homem fraco e não consegue se opor à vontade ditatorial do patriarca da família, de quem depende financeiramente. Mas Marcolina, a mãe, não aceita que o sogro imponha à sua filha um casamento indesejado. Ao descobrir que Nicoletto ama Cecilia, a empregada demitida por Todero, ela promove às escondidas o casamento dos dois. Quanto a Zanetta, ela prefere o rico Meneghetto, que não exige dote e, ainda por cima, oferece a Todero um saco de ouro, argumento irrespondível, que o faz aceitar o fato consumado.
- *Le Baruffe Chiozzotte* (As Rixas de Chioggia): O oficial Isidoro, encarregado da segurança pública no bairro veneziano de Chioggia, precisa ameaçar de levar todo mundo preso, para apaziguar as brigas de duas famílias. A causa da rixa é a corte que um rapaz está fazendo à melhor amiga de sua noiva – e o namorado da jovem que ele quer seduzir está disposto a resolver o problema na ponta da faca. Comovido com as lágrimas dos jovens, que parecem sinceras, Isidoro promete perdoar todo mundo, se a calma voltar. Mas assim que levam o oficial para tomar um trago no café de Toni, a briga estoura de novo, com violência redobrada. Desta vez, desanimado, ele se limita a ficar olhando de longe, sem intervir.

As três óperas são muito curtas – corrido, todo o espetáculo dura pouco mais de 40 minutos –, a ação é conduzida de forma antinaturalisticamente rápida, e as personagens secundárias são meras silhuetas – não raro mudas – gravitando em torno das três figuras centrais, que ilustram a maledicência, a avareza e a indiferença, três formas diferentes do egoísmo humano. Ao contrário das *Sete Canções*, aqui sim há um recitativo ágil e muito bem caracterizado, em italiano e dialeto vêneto, servindo de fundo para as breves cantilenas. Há referências à música do século XVIII, mas vista pelo prisma deformante da linguagem do século XX, com texturas orquestrais extremamente vivas, cujo débito para com o Stravínski neoclássico do *Pulcinella* é inegável. A música, contínua e flexível, tem estrutura sinfônica. A linha vocal, indo do *parlato* ao cantábile, encaixa-se no comentário instrumental sem interrompê-lo. Do ponto de vista da concisão e do enfoque epigramático, este tríptico tem relação direta com os três *opéras-minute* que, entre 1927 e 1928, Darius Milhaud estava apresentando em Baden-Baden e Wiesbaden (ver *A Ópera na França*, desta coleção).

O mesmo sistema de tríptico, desta vez em comédias de proporções um pouco mais amplas, foi aplicado em *Il Mistério di Venezia*, constituído de três óperas em um ato. *Il Finto Arlecchino* é de 1925; *Le Aquile di Aquilea* e *I Corvi di San Marco* foram escritas em 1928. Caracteriza-as a mesma preocupação em reconstituir a fase de apogeu da cidade em chave de releitura quase onírica. Entre essas três óperas curtas, foram compostas as comédias fantásticas *Filomela e l'Infatuato* (1925) e *Merlino, Mastro d'organi* (1927), em que a simbologia vai-se tornando cada vez mais hermética e enigmática – em particular na segunda, a história de um estranho fabricante de órgãos cujo som mata as pessoas que o ouvem. Estas são obras de transição, em que Malipiero parece estar se preparando para outra de suas grandes óperas, com libreto que ele mesmo montou, fazendo uma colagem de textos de Poliziano e outros autores renascentistas.

Karl Elmendorff regeu a estréia de *Torneo Notturno* no Nationaltheater de Munique, em 15 de maio de 1931. Nos sete misteriosos episódios dessa ópera, unidos por elaborados interlúdios, parece culminar a tendência ao simbolismo que, nas peças anteriores, vinha-se adensando. Desta vez, porém, há uma intriga rudimentar interligando as cenas, todas elas de ambientação noturna. Em cada uma delas, duas personagens – Il Desperato e Lo Spensierato – lutam por uma dama. O Despreocupado, que nada leva a sério e é totalmente inescrupuloso, sempre sai ganhando. É ele quem sabe a "Canzone del Tempo", que fala do fim inexorável de tudo, e da necessidade de aproveitar a vida enquanto ainda há tempo. Uma vez mais, a ação se articula em sete episódios:

- *A Serenata*: A bela Aurora, seduzida pela melodiosa canção do Despreocupado, está quase sucumbindo e se entregando a ele. No último momento, envergonhada, tenta fugir e ele procura retê-la. Após breve luta, a moça cai morta. O Desesperado, que em vão tentou defendê-la, inclina-se impotente sobre seu corpo.
- *A Tormenta*: Durante uma tempestade, o Despreocupado seduz uma jovem e convence-a a abandonar a mãe idosa e ir embora com ele. O Desesperado assiste a tudo sem nada poder fazer para impedi-la de se perder.
- *Na Floresta*: O Desesperado encontra-se com a moça que o outro seduziu e tenta inutilmente fazê-la perceber que está se condenando ao abandono.
- *Na Taverna do Bom Tempo*: Duas cortesãs estão tentando consolar o Desesperado. O outro chega e fascina a ambas com a sua canção. O Desesperado reage e o agride, mas leva um soco e rola para debaixo da mesa, provocando a gargalhada geral.
- *A Lareira Apagada*: O Desesperado volta para a casa sombria e desolada em que mora, e descobre que sua própria irmã entregou-se ao Despreocupado. Agora, ela está tentando impedi-lo de ir embora, mas o malandro ri zombeteiramente e lhe atira algumas moedas antes de partir.
- *O Castelo do Tédio*: O jogral e o bobo da corte fazem de tudo para divertir o velho castelão e sua jovem mulher, que se aborrecem mortalmente. O Despreocupado chega, faz todo mundo se animar imediatamente, e a castelã não demora a atirar-se em seus braços. O Desesperado quer agredi-lo, mas é impedido pelos servos do castelo, que o jogam num calabouço.
- *Na Prisão*: O Despreocupado também é preso por ter seduzido a mulher de seu hospedeiro. Aproveitando a penumbra, o Desesperado vem por trás e o estrangula. Depois apodera-se do pergaminho com a sua canção. Quando a castelã vem tentar libertar o amante, o Desesperado a tranca na cela e foge. Surge o Narrador e explica ao público que ter eliminado seu rival não trará a paz à alma do Desesperado, pois os homens são dominados por paixões que nada pode curar. "Vocês viram a morte, a vida, a agitação de homens atormentados pelas paixões mais discordantes", diz ele, fazendo a paródia do Prólogo do *Pagliacci*. E acrescenta: "Mas ainda não acabou." Ao som de lúgubres tambores, um cortejo fúnebre vem passando. "É a vida que passa, agitando o estandarte da morte", conclui o Narrador.

Ópera estranha, que Piero Santi chamou de "drama fantasmagórico cujo significado a música é a única capaz de decifrar", *Torneo Notturno* foi descrito por Massimo Bontempelli como "a interminável jornada de dois rostos marcados pela angústia, que perambulam dentro das muralhas de uma cidade soturna". Todos os analistas são unânimes em ver nela o ponto culminante do teatro de Malipiero. Musicalmente, *Torneio Noturno* combina austeros ariosos de estilo protobarroco com uma trama de acompanhamento orquestral bastante moderna. "Parece que Monteverdi escreveu a linha vocal e Janáček o comentário instrumental", conclui John Waterhouse.

As intersecções entre a realidade e o mundo do teatro que há na *Orfeide* já demonstravam a afinidade de Malipiero com o universo pirandelliano. Pois, na ópera seguinte, foi o próprio Luigi Pirandello que ele teve como libretista. De um fragmento de sua última peça, *I Giganti della Montagna*, que deixaria inacabada ao morrer, o dramaturgo desenvolveu o texto de *La Favola del Figlio Cambiato*. Junto com as peças *La Nuova Colonia* e *Lazzaro*, esse libreto pertence à fase final da obra de Pirandello, chamada "dos mitos", em que as forças do irracional – os mistérios inexplicáveis, os fantasmas, demônios e bruxas, as superstições da gente simples – irrompem em meio ao drama realista, para tentar exorcizar a negatividade da vida (e da arte), e restabelecer a fé nos valores absolutos, mediante uma simbologia menos crítica e mais otimista. Da mesma forma que em *La Nuova Colonia*, o "mito" da *Fábula do Filho Trocado* confunde-se com um sentimento atávico e primário, o amor materno, capaz de vencer as dores, as contrariedades e a importância que se dá às aparências mundanas.

A ópera estreou em alemão, em 13 de janeiro de 1934, no Landestheater de Braunschweig, sob a regência de Hans Simon, colhendo grandes elogios da crítica. Lotte Schrader, Gösta Hammer e Albert Werkenmeier foram os intérpretes principais. Oprimidos por um regime que hostilizava toda forma de vanguarda, os intelectuais alemães não deixaram de louvar a permissividade do governo italiano. "Que um regime fascista veja nascer e permita a existência de uma ópera tão estranha a todo sentimento dinástico, é uma demonstração de que, na Itália de hoje em dia, há tolerância no campo artístico", escreveu H. H. Stuckenschmidt, discípulo de Schönberg. Habitualmente judicioso, esse crítico deixou que o entusiasmo o levasse a fantasiosas deduções sobre a competência do Duce, ao escrever no *Berliner Zeitung* (15.1.1934):

> A Itália de Mussolini é hoje um refúgio do progresso cultural, pois ali todo mundo sabe que novas formas de expressão artística não significam destruição e, sim, reconstrução. Os jovens arquitetos fascistas não estão muito longe de Le Corbusier e da Bauhaus. Atualmente, a poesia e a pintura futurista são oficialmente aceitas. O próprio Duce já interveio, num debate sobre problemas musicais entre os conservadores e a nova geração, e colocou-se do lado de Stravínski.

A realidade iria se encarregar, muito cedo, de desmentir esse otimismo.

A Fábula do Filho Trocado passa-se na Sicília, onde uma mãe está convencida de que as bruxas tiraram do berço o seu filhinho ("bello, biondo come l'oro"), colocando em seu lugar um monstrinho retardado. Ninguém acredita no que ela diz, mas a vidente Vanna Scoma confirma as suas suspeitas: o menino verdadeiro está sendo criado no norte, no palácio, como se fosse o próprio filho do rei. Só o que lhe resta, agora, é cuidar da melhor maneira possível do "figlio cambiato" porque, de alguma forma misteriosa, os destinos dos dois estão intimamente entrelaçados. O bobinho cresce, portanto, dizendo a todo mundo que é "il figlio del rè", e fazendo com que todos os moradores da aldeia riam ao ouvi-lo afirmar isso.

Mas um dia o príncipe vem do norte, à procura do sol do Mediterrâneo, que deverá fazer bem à sua saúde debilitada. Ouve a história da mãe e decide brincar com a sua crença de que é ele o filho perdido. Cansado da vida na corte, deixa-se conquistar pelo amor sincero dessa mulher, que acredita piamente ser a mãe dele. Quando chega um mensageiro para lhe trazer a notícia de que seu pai morreu, o príncipe recusa-se a voltar ao palácio. Em seu lugar, manda o idiota. E a seus ministros estupefatos, explica: "Acreditem em mim, pouco importa que seja eu ou outra pessoa. É necessário apenas que vocês acreditem nela. Nada é verdade, e tudo pode ser verdade: basta acreditar". Esse discurso final resume bem a filosofia do autor de *Assim É se lhes Parece*; mas é de um desencanto e senso de realidade que costuma não agradar aos regimes autoritários.

O Malipiero da década de 30 tinha mudado muito estilisticamente. Sua música tornara-se mais eufônica e expansiva. Superados os anos polêmicos de juventude, ele se reconciliara com o modelo tradicional de ópera italiana e, agora, estava pronto para trabalhar com um libreto que joga com a noção de continuidade dramática. Começando de forma estilizada, que guarda ainda vínculos com as suas primeiras produções para o palco, o *Figlio Cambiato* vai aos poucos tornando-se mais naturalista. E o ato III, o mais longo deles, é dominado pelo tipo de diálogo verista que, antes, Malipiero evitava deliberadamente. Os trechos em que a cantilena se expande são também mais próximos do formato comum de ária. E em alguns pontos, recitativo e arioso combinam-se de forma a constituir pequenos números de conjunto.

Em *La Farsa degli Equivoci nella "Favola del Figlio Cambiato"*, texto preparado para o programa da encenação de 1952 em Veneza, Francesco d'Amico reconstituiu o processo da queda de Malipiero em desgraça. Em 3 de março de 1934, após o sucesso da estréia em Brunswick, a *Fábula* foi levada em Darmstadt, sede na época do mais importante festival alemão de música contemporânea. A uma das récitas, estava presente Hitler em pessoa. E o chanceler ficou muito escandalizado com a nudez de uma das personagens. O incidente "foi prontamente remediado com três metros de pano" – comentou o próprio Malipiero em suas *Memórias* –, tanto assim que o espetáculo pôde continuar. Mas foi o suficiente para que a imprensa italiana o transformasse numa *cause célèbre*. O descontentamento que alguns aspectos "desconfortáveis" do libreto já vinham causando veio à tona. Em alguns locais, a ópera foi proibida porque era "subversiva e contrária às diretrizes do Estado popular alemão". O *Osservatore Romano* condenou a "sórdida fábula que ofende os princípios tanto da moral quanto da autoridade". Não adiantou Pirandello dizer, numa entrevista a Luigi Chiarini, da revista *Quadrivio*, que "uma fábula não pode absolutamente ter fins que a transcendam; vive em si mesma e de seu caráter fantástico; qualquer outra dedução é arbitrária". Nuvens densas se formavam sobre a Ópera de Roma, onde a ópera deveria ser apresentada em 24 de março de 1934. Mussolini assistiu à primeira récita, perturbada pelos protestos do público e, em seguida, ordenou que ela fosse tirada de cartaz.

O Duce sempre fizera questão de exportar, para fins propagandísticos, uma imagem culturalmente tolerante do Fascismo. Assumira posições simpáticas ao modernismo na época da polêmica sobre o projeto arquitetônico para a nova estação ferroviária de Florença. E quando foi publicado o chamado Manifesto dos Dez, em que a geração de artistas mais jovens reivindicava o direito à criatividade e à inovação, mostrara-se favorável a ele. Apesar das críticas ao "atonalismo" da partitura, não é na música de Malipiero – muito menos ousada do que a das *Sete Canções* por exemplo – que se deve buscar o motivo para a proibição, e sim no texto de Pirandello. Incômoda alusão ao eterno conflito norte-sul, uma das chagas italianas; ofensas à moral burguesa mais estreita por causa da linguagem crua, e de referências a problemas sociais que seria preferível ignorar; retrato de uma província atrasada e supersticiosa; sátira antimonárquica: ali havia motivos de sobra para explicar o descontentamento do Duce.

A revisão feita por Malipiero, na inútil tentativa de conseguir que a proibição fosse revogada, confirma essa idéia. Ele eliminou as expressões mais pesadas, atenuou a participação de personagens como a feiticeira Vanna Scoma, reduziu muito o âmbito satírico da cena final, em que o príncipe propõe que o idiota ocupe seu lugar no trono. A mudança de foco, porém, não alterou a decisão oficial. *A Fábula do Filho Trocado* só voltou a ser reapresentada em agosto de 1952, no Teatro La Fenice de Veneza.

A necessidade de recuperar o favor do governante – numa fase anterior ao início da II Guerra em que Mussolini ainda desfrutava de real prestígio aos olhos da intelectualidade italiana – explica que Malipiero tenha optado, entre 1935-1941, por um caminho mais cauteloso: o da composição de grandes óperas de modelo tradicional, adaptadas de clássicos de Shakespeare – *Giulio Cesare* (1935) e *Antonio e Cleopatra* (1937) –, Eurípides – *Ecuba* (1940) – e Calderón de la Barca: *La Vita É Sogno* (1941). Numa fase de obscurantismo da vida cultural italiana, ele parece ter querido expor-se o menos possível, produzindo o que chamou de "parênteses lírico" na sua obra. Dessas quatro óperas, a primeira é a mais conhecida, até mesmo porque existe dela uma gravação pirata, feita por Nino Sanzogno, na RAI de Milão, em 1973. É também aquela em que fica mais patente a intenção de, através da imagem dos Césares, celebrar a grandeza do Duce – que, segundo informou a imprensa oficial, "depois de ter escrutado, pesado e sondado cuidadosamente a partitura, aceitou a dedicatória a ele feita". Angelo Questa regeu a estréia no Carlo Felice de Gênova, em 8 de fevereiro de 1936. Giovanni Inghilleri, Alessandro Dolci e Apollo Granforte estavam no elenco.

O próprio Malipiero encarregou-se da "libera traduzione e reduzione" do texto shakespeariano, comprimindo-o em três atos e sete quadros. Esse "drama romano" envereda na trilha aberta pela *Favola*. O texto em prosa facilita a tarefa de sistematizar o uso da declamação silábica (às vezes falada), atenta aos valores prosódicos do texto. Para tanto, apoia-se com uniformidade em jogos cadenciais monocórdicos que, por isso mesmo, mostram-se insuficientes para dar às personagens um perfil mais definido. As figuras femininas, "não-oficiais", são melhor retratadas. Pórcia tem com Brutus, seu marido, o comovente dueto "Ieri sera, a cena, vi alzaste bruscamente", que Franco Abbiati chamou de "a página mais intensa da ópera". E Calpúrnia, a mulher de César, descreve o seu sonho carregado de ameaças, na ária "Cesare, mai ho ascoltato i presagi", de linhas angulosas, dissonantes, com cromatismos ousados. Naturalmente, um dos momentos escritos com mais cuidado é o célebre discurso de Marco Antônio – papel escrito para tenor dramático – na quinta cena do ato III. Sua citação mostra o quanto Malipiero manteve-se próximo ao "Friends, Romans, Countrymen" shakespeareano:

> *Amici, Romani, Compatriotti, ascoltatemi. Vengo per seppellire, non per lodare Cesare. Il male che fanno gli uomini soppravivve, il bene spesso si sepellisce con le loro ossa. Che così sia per Cesare. [...] Egli era il mio amico fedele e giusto, ma Bruto dice che era ambizioso e Bruto è um uomo rispettabile! Há portato a Roma gran numero di prigioneri che col riscatto han riempito d'oro i forzieri dello Stato. Fu dunque questa l'ambizione di Cesare? Quando i poveri gemevano, Cesare piangeva; l'ambizione veste panni più suntuosi! Ciò non ostante Bruto dice che egli era ambizioso, e Bruto è um uomo rispettabile.*

> (Amigos, romanos, compatriotas, escutem-me. Venho para sepultar, não louvar César. O mal que os homens fazem sobrevive, o bem muitas vezes é enterrado juntamente com os seus ossos. Que assim seja para César. [...] Ele era meu amigo fiel e justo, mas Brutus diz que ele era ambicioso, e Brutus é um homem honrado! Ele trouxe para Roma um grande número de prisioneiros, cujo resgate encheu de ouro os cofres do Estado. Foi essa então a ambição de César? Quando os pobres gemiam, César chorava; a ambição costuma vestir panos mais suntuosos! Apesar disso, Bruto diz que ele era ambicioso, e Bruto é um homem honrado.)

Este é um caso, porém, em que a fidelidade ao Bardo torna-se espada de dois gumes, pois a aplicação da declamação melódica a monólogo tão longo não consegue evitar a monotonia – em que pesem alguns bons achados, como o tema recorrente que sublinha o irônico "Bruto è um uomo rispettabile!"

Em vez da estrutura das peças anteriores, em "painéis" auto-contidos, agora Malipiero opta pelo desenvolvimento contínuo de um comentário musical que interliga as diversas cenas, de uma forma que aproxima *Giulio Cesare* do modelo tradicional pós-wagneriano. O acompanhamento orquestral oscila entre momentos em que a criação de ambientes é muito convincente: por exemplo, encontro dos conjurados no jardim de Brutus, à luz da lua, com a ária de Ligario "Per tutti gli Dei dinanzi ai quali s'inchinano i Romani". E outros de retórica vazia, semelhantes às trilhas sonoras que, na época, eram usadas nas superproduções "romanas" de cineastas como Giuseppe Pastrone: a cena da batalha é um caso típico. O coro tem papel muito importante, seja criando efeitos sugestivos, fora de cena – durante o dueto de Brutus com Cássio –, seja agindo como protagonista: o povo no final da ópera.

Nesse ponto, o dramaturgo afasta-se drasticamente do texto de Shakespeare, para incluir a obrigatória homenagem ao dedicatário. Depois do suicídio de Brutus, assiste-se à entrada triunfal de Otávio e Antônio, ao som do *Carmen Seculare* ("Alme sol, curru nitidu diem"), de Horácio, entoado pela multidão exultante. É uma página caduca, de triunfalismo barato, que o próprio compositor admitiu ser uma concessão ao chamá-la de "finale da melodramma". Essa recaída, exatamente nos clichês oitocentistas contra os quais Malipiero tanto se rebelara, é uma espécie de dobre de finados para a "revolução cultural em ação" em que os intelectuais italianos tinham acreditado por tanto tempo.

Ter feito todas essas concessões ao regime, porém, não pôs Malipiero a salvo das forças mais reacionárias, das quais dependia o aparelho cultural fascista. Bastou, em 1941, o compositor ter retornado, com *I Capricci di Callot*, a uma veia mais experimentalista, para que esses guardiões da pureza ideológica o juntassem aos "falsos profetas", os "bolcheviques" e os "internacionalistas" – entre os quais estavam também Dallapiccola, Casella e Petrassi. Estreada na Ópera de Roma em 24 de outubro de 1942, numa fase em que o mau desempenho do Eixo na guerra tornava a crítica fascista particularmente hidrófoba, *Os Caprichos de Callot* baseia-se num clássico do Romantismo alemão, o conto *Die Prinzessin Brambilla*, de E. T. A. Hoffmann, que Malipiero considerava "uma alma irmã". A ação, deliberadamente esquemática, passa-se durante o Carnaval, em Roma. Quatro casais mascarados vêm anunciar que os festejos vão começar. Para essa ocasião, a bela costureirinha Giacinta confeccionou um vestido maravilhoso e provocante, com o qual tem a certeza de deixar encantado o seu namorado, Giglio, ator muito bonito, mas que não tem onde cair morto. Quando o corso está no auge, vemos um velhinho e um charlatão fazendo uma porção de brincadeiras com o casal de namorados. Mas eles não as levam a mal e, no fim, o noivado dos dois é alegremente celebrado diante de uma suntuosa mesa de banquetes.

A crítica mais esclarecida, não comprometida com os modelos ufanistas oficiais, elogiou muito a música de Malipiero. Sua delicadeza adapta-se perfeitamente ao clima irreal do texto de Hoffmann, e às 24 gravuras da série *As Danças de Sfessania*, de Jacques Callot, que serviram de inspiração ao contista – e que foram também usadas como modelo para os cenários e guarda-roupas. A partitura indica mudanças nítidas na linguagem de Malipiero. Afasta-se do diatonicismo resoluto que marcara a década de 1930, e retorna a uma inquietação criadora que relembra a aristocrática escrita dos anos 20. É Domenico de Paoli quem diz:

> A melodia irresistível e ininterrupta passa das vozes para os instrumentos, volta às vozes, salta para a orquestra, não sem afinidade com os 'painéis' do período inicial, mas com um contraponto rigoroso entre música e ação que, guardando a sua autonomia, condicionam ao mesmo tempo uma à outra.

A forma de utilizar a melodia para caracterizar as personagens de fato relembra constantemente as *Três Comédias Goldonianas*.

O pós-guerra assiste à última fase da vida do compositor. *Mondi Celesti e Infernali* (1949) é desigual, mas importante: seu primeiro ato termina com um acorde de doze notas. Nos melhores trechos de *Venere prigioniera* (1955), o cromatismo readquire a tensão que parecia ausente da música de seu autor desde *Torneo Notturno*. As óperas do último período são de qualidade muito variável e não raro sofrem de escrita vocal indistinta e repetitiva. Mas, às vezes, a antiga chama parece brilhar novamente. *Il Marescalco* (1968) recaptura a graça das *Comédias Goldonianas*. Há um pouco do clima hermético e surrealista das peças anteriores a 1930 em *Le metamorfosi di Bonaventura* (1965) E na caricatura do velho rabugento e intolerante, personagem central de *Uno dei Dieci* (1970), já se quis ver um auto-retrato sem nenhuma indulgência, digno da vivacidade do pincel que traçou os perfis de Don Marzio, de Sior Todero ou do incompetente Isidoro. O mesmo que vai esboçar os econômicos retratos de Tartufo e do Capitão Spavento nas chamadas "tre invenzioni teatrali".

Embora pertençam a anos diferentes e, na origem, fossem trabalhos isolados, afinidades estruturais e musicais fizeram com que *Capitan Spavento* (1955), *Rappresentazione e Festa di Carnasciale e della Quaresima* (1961) e *Don Tartufo Bacchettone* (1966) fossem reunidas numa trilogia, na montagem do Teatro La Fenice de Veneza, em 29 de janeiro de 1970, dirigida por Vera Bertinetti e regida por Ettore Gracis. A esse espetáculo, de que o selo Mondo Musica oferece a gravação ao vivo, foi dado o título de "Três Invenções Teatrais". A essas partituras em que, de modo muito pessoal, Malipiero incorpora à sua linguagem algumas aquisições da vanguarda, pode perfeitamente aplicar-se o comentário do musicólogo Mario

A estréia de *I Capricci di Callot* de Malipiero na Ópera de Roma, em 24 de outubro de 1942.

Messenis. Em *L'Ossessione delle Maschere in Malipiero*, ele falava de

> um neo-expressionismo típico do compositor, um expressionismo da memória, que nada tem a ver com os tormentos dos músicos vienenses, mas configura-se como ressentimento e consciência da vacuidade humana, como deformação e hipérbole caricatural.

Na escrita muito livre dessas três peças – duas farsas e uma alegoria de origem quinhentista –, reconhecemos o modo muito sutil como Malipiero filtra idéias tomadas de empréstimo ao dodecafonismo da Escola de Viena, ao Neoclassicismo de Hindemith, ao experimentalismo de Stravínski, somando-as a um idioma híbrido, no qual já estava presente todo um mosaico, extraído das mais diversas fases da História da Música: o cantochão gregoriano, os madrigais da Renascença, o onipresente *recitar cantando* da Camerata Florentina, com que a ópera deu seus primeiros passos. Todo esse arsenal de estilos antigos, que sempre o apaixonaram, vai dar as mãos à ausência de desenvolvimento temático, à aspereza dos timbres instrumentais, à estranheza das soluções harmônicas, até mesmo a cuidadosas incursões no atonalismo serialista.

O próprio Malipiero escreveu o libreto destas três "invenções". Livremente inspirada numa das mais típicas figuras da *Commedia dell'Arte*, o ato único *Capitan Spavento* tem uma estrutura de cenas autocontidas, de contato muito tênue com a realidade, que lembra *Torneo Notturno*. Na primeira, Spavento volta da guerra e, a seu amigo Menato, que lhe pergunta se trouxe um rico butim, responde que "il vero coraggio si dimostra ritornando dela guerra vivi". Mas La Gitta, a amante de Spavento, não fica nem um pouco contente por ele não lhe ter trazido os presentes que esperava. Rompe com ele e pede a seu marido que espanque o capitão. Ao se recuperar da sova, Spavento pergunta a Menato se todos já foram embora. E afirma: "Son convinto di aver avuto di fronte cento e più uomini e di averli tutti sgominati."

Na segunda cena, dois hospedeiros disputam Spavento como freguês de seus estabelecimentos. Mas o capitão acha de mau agouro o nome da "Locanda della Luna Crescente", de um, e prefere hospedar-se na "Locanda al Sole d'Oro", do outro. Depois aproveita do bate-boca entre os dois homens, e rouba de um a bolsa, do outro o relógio. Esta será a sua perdição. Na terceira cena, ao som do irônico canto de despedida de La Gitta, Spavento é levado diante do juiz, que o condena à morte por roubo. O capitão é enforcado, seu corpo pende da corda por um tempo, depois solta-se e desaparece dentro do alçapão. Daí a pouco, Spavento reaparece, rastejando, de debaixo do cadafalso. Põe à cinta a sua espada e sai do palco, com exagerado passo militar, cantando:

> *Fecci alle pugne ier sera con tre,*
> *e tutti e tre fra' pie me li cacciai*
> *e tanto in su e in giù li rimenai*
> *che piangendo chiesero alfin mercè.*
>
> (Ontem à noite briguei com três e pisoteei todos os três, e os chacoalhei tanto de um lado para outro que, finalmente, chorando, me pediram que tivesse piedade deles.)

No final de 1969, durante a preparação do espetáculo com as "três invenções", Malipiero escreveu a Floris Ammannati, superintendente do La Fenice, contando que, muitos anos antes, começara a musicar a comédia *Il Don Pilone*, de Gerolamo Gigli, projeto que depois abandonou. Em 1966, ao dar-se conta de que a peça de Gigli era uma adaptação muito livre de *Tartuffe*, fez a sinopse de uma ópera em dois atos, em que convivem trechos diretamente traduzidos de Molière e passagens extraídas do texto de Gigli. O entrecho de *Don Tartufo Bacchettone* (Dom Tartufo o Carola) segue as linhas gerais do original francês.

Don Tartufo é um hipócrita, que posa de santarrão. Tendo ganho as boas graças de Buonafede – cujo nome indica quão ingênuo ele é – instala-se em sua casa e a aterroriza, impondo-lhe regras de comportamento de sufocante moralismo. Apesar dos protestos de todos, Buonafede está encantado com o hóspede e decidiu casá-lo com Marianna, sua filha, que está apaixonada por Valerio. Quando Sapino, o filho de Bonafede, vem lhe dizer que, na sua ausência, Tartufo tentou seduzir Elmira, sua mãe, o dono da casa prefere acreditar no hóspede que, fingindo indignação, ameaça ir embora, pois está sendo caluniado. Buonafede deserda Sapino e nomeia Tartufo seu herdeiro universal. Para proteger o filho, Elmira decide demonstrar ao marido que ele estava dizendo a verdade: pede-lhe que se esconda, chama

Tartufo e deixa-se cortejar por ele. Furioso, Buonafede sai de seu esconderijo e o expulsa de casa. A reação do carola é dizer que os moradores da casa é que têm de se retirar, pois ela agora lhe pertence – e para demonstrar que está com a razão, chama um amigo, o Sargento Benigno, que dá início a uma fraudulenta ação de despejo de toda a família. Todos estão em pânico e o caos parece ter chegado ao auge, quando surge Valerio, o namorado de Mariana. Ele fez o levantamento de todos os golpes de Don Tartufo, e vem acompanhado de um oficial de justiça e dois guardas. Eles constatam que a todas as suas tramóias une-se o crime de extorsão contra Buonafede, e levam preso o *bacchettone*.

De modo geral, *Don Tartufo* liga-se à técnica de escrita das "comedias goldonianas", em especial no que se refere à vivacidade do diálogo, embora a linguagem harmônica seja mais híbrida, aceitando dissonâncias e cromatismos radicais que, partindo de idéias inicialmente diatônicas, as deformam até convertê-las em séries dodecafônicas. O recitativo melódico predomina mas, de vez em quando, números fechados se inserem no fluxo de declamação contínua. É o caso do dueto, entre lírico e brincalhão, de Valerio e Mariana, quando o rapaz vem perguntar à namorada se é verdade que o pai pretende casá-la com Don Tartufo. Ou da canção de Dorina, a empregada, descrevendo a perplexidade da família, que faz as malas às pressas, para sair da casa de onde foi expulsa, sem saber para onde ir.

Quanto à *Rappresentazione e Festa di Carnesciale e della Quaresima*, concebida como um oratório cênico, trata-se de um texto de autor desconhecido, publicado em Florença em 1558. Personagens alegóricas encarnam, num estilo moralizador que prenuncia a visão conflituosa do Barroco, pólos opostos da natureza humana: a tendência a se entregar aos prazeres materiais e a necessidade de expiação, o medo do pecado e da punição. É uma manifestação típica do fascínio de Malipiero pela arte do *Cinquecento*.

Dentre as óperas de final de carreira, vale a pena destacar *L'Allegra Brigata*, "seis novelas em três atos", com libreto do próprio compositor. Gino Penno e Renato Capecchi participaram do espetáculo que Nino Sanzogno regeu no Scala em 4 de maio de 1950. A estrutura é, uma vez mais, a de histórias independentes, ligadas por um fio condutor, e possuindo elementos significativos comuns, com que Malipiero gosta tanto de trabalhar. O clima é o das "fêtes galantes" rococó, celebradas por Watteau em sua pintura e por Verlaine em seus "poèmes saturniens".

Dioneo e Violanta estão se declarando um ao outro, num teatrinho de parque, quando surge o "alegre bando" do título. À frente dele está Beltramo, ex-namorado de Violanta. Para acalmar os ânimos, Lauretta, que os acompanha, propõe que cada um deles conte uma história.

A história de Violanta – Obrigada pelos pais a romper com o homem que ama para casar-se com outro, Panfília morre de tristeza. Os pais se arrependem e choram, desesperados, ao atender a seu último desejo: chamar o namorado para que se despeça dela no leito de morte.

A história de Oretta – Um pintor, hospedado pelos monges num convento, recebe a amante em sua cela. Em determinado momento, tem de se afastar levando a vela, e deixa a moça no escuro. Ela esbarra na estante em que o namorado guarda as latas de tinta e fica suja da cabeça aos pés. Não a reconhecendo, o jovem a toma pelo diabo, começa a gritar, os monges aparecem, e a moça tem de fugir nua pela janela, enquanto o pintor desmaia de medo.

A história de Dioneo – Alfonso de Toledo conheceu em Avignon a bela Laura e, em troca de um encontro com ela, dá-lhe os mil florins que possui. Mas em seguida ela lhe recusa o encontro. Ficando sem um tostão, o rapaz é obrigado a vender suas roupas e armas. A um desconhecido, conta suas desventuras, sem saber que é o marido de Laura. Este obriga a mulher a lhe devolver o dinheiro e, depois, a mata.

A história de Simplício – Apanhado pela tempestade no meio da estrada, Ferrantino degli Argenti, vindo de Spoletto, se refugia em casa do cônego Francesco da Todi. Ao entrar na cozinha, o cônego surpreende o hóspede fazendo a corte à sua bela empregada Caterina e tenta expulsá-lo. Mas Ferrantino puxa a espada para se defender. Quando Francesco sai para ir denunciá-lo à Signoria, Ferrantino tranca-o do lado de fora de sua própria casa, faz Caterina lhe servir um lauto banquete, depois leva-a para a cama. Aos convidados do cônego, grita pela janela que se enganaram de casa. Enquanto isso, o pobre Francesco fica esmurrando inutilmente a porta.

A história de Lauretta – Durante essa última história, Beltramo aproximou-se de Violanta e a recriminou por ser tão dura com ele. Compreendendo o que se passa, Simplício pede a Lauretta que conte uma história bem alegre. Ela fala da bela senhora casada, irmã de um débil mental que costuma lutar contra a sua própria sombra. Durante uma viagem do marido, seu amante disfarça-se como o irmão retardado, para entrar em sua casa sem despertar suspeitas. O irmão os surpreende, acha que ele é a sua sombra e o ataca com um sabre. Os criados acorrem, ficam desorientados ao ver dois homens iguais e, na confusão que se segue, o amante aproveita para fugir.

A história de Beltramo – Embora tenha chegado sua vez de entreter os amigos, Beltramo não quer participar. O alegre bando insiste e ele fala da mulher bonita e fútil que se diverte zombando dos homens que a amam. Um dia, seu marido a surpreende com Pompeo, um de seus amantes, e ela o esconde dentro de um baú coberto de vestimentas. O marido lhe mostra uma espada nova que acabou de comprar e, para testar se ela tem realmente o fio aguçado, pede-lhe que atravesse o baú de lado a lado. No último minuto, porém, impede-a de fazê-lo. Quando ele sai, a mulher tira Pompeo de dentro do baú mais morto do que vivo. Pompeo jura vingar-se. Anuncia que está muito doente e Eleonora vai visitá-lo. Ele a agarra, arranca-lhe as roupas e força-a a deitar-se com ele. Aos visitantes que estão chegando, diz que ela lhe ministrou um "remédio milagroso" que o deixou novinho em folha. Eleonora fica desmoralizada em toda a cidade. Ao saber do ocorrido, seu marido procura Pompeo e o mata.

Terminada a narrativa, Dioneo censura a violência do marido. Perdendo o controle, Beltramo atira-se sobre ele e o apunhala. A ópera termina com a consternação geral do bando de amigos e o pranto de Violanta pelo namorado morto.

A estrutura é visivelmente moldada na do *Decameron*: um grupo de amigos reúne-se para contar uns aos outros pequenos casos de estilo ora patéticos, ora engraçados. Isso permite ao dramaturgo explorar registros narrativos diferenciados, tendo em comum a idéia dos dissabores ou dos estratagemas a que as pessoas são levadas pelo envolvimento amoroso. Retomando o formato tradicional do "teatro dentro do teatro", *O Alegre Bando* joga com o contraste entre a representação indiferente e mecânica dos atores que, no palco, interpretam as personagens de cada história, e a tensão crescente entre as personagens reais, que estão vivendo um drama cujo desenlace será forçosamente violento. Existem relações sutis entre os episódios que estão sendo narrados e o comportamento das pessoas que assistem a elas. É como se fosse o último ato do *Pagliacci* transposto para uma ambientação stecentista. Do ponto de vista musical, *L'Allegra Brigata* está a meio caminho entre os "painéis" do início da carreira e o *Figlio Cambiato*: contém canções que reconstituem o *stile antico* – sobretudo nas cenas que se passam no palco – mas também um ágil arioso com intervenções de *parlato*, nas passagens da vida real.

Malipiero pertence àquele grupo de compositores que produzem torrencialmente música de todos os gêneros. No século XX, faz companhia a Milhaud, Shostakóvitch, Villa-Lobos ou Martinů e, como eles, tem um conjunto de obra forçosamente irregular pois, muitas vezes, a obsessão criativa e a urgência de escrever obliteravam a autocrítica. Mas foi um músico de gosto aristocrático que, em 1918, confessava ter por ideal os teatros de corte, "piccoli, riservati, comodi e silenziosi". Era, portanto, adversário feroz do melodrama italiano do século XIX, por considerá-lo "sinônimo de elefantíase, de mau gosto e demagogia". Desprezava a música funcional, voltada para um objetivo coletivista, e mais ainda a música destinada a finalidades ideológicas. Cultivava, ao contrário, a arte pura, incontaminada, centrada nas exigências mais egocêntricas do artista criador. Por isso, evadia-se da feiúra da realidade através do diálogo consigo mesmo ou com os grandes nomes do passado, de Monteverdi a Vivaldi ou Scarlatti.

Por essa razão, Malipiero nunca se tornou um músico extremamente popular. Mas inspirou reverência a um círculo fechado de artistas da nova geração. Dallapiccola dizia que ele era "a personalidade musical mais importante surgida na Itália desde a morte de Verdi". Tendo morrido idoso, aos 91 anos, manteve-se produtivo até o fim: a sua última ópera, *L'Iscariota*, é de 1971. Mas hoje é muito pouco conhecido. Além de serem poucos os registros de suas óperas, a morte do regente Antonio de Almeida deixou incompleto o projeto de gravação de sua música instrumental, de que há, no selo Marco Pólo, algumas das sinfonias.

Lattuada

Vincenzo Ferroni foi o professor de Felice Lattuada (1882-1965) que, desde muito cedo, ganhou a atenção do público com dois primeiros prêmios:

- o do Concorso Certani, de Bolonha, para o seu *Quarteto de Cordas n. 1*, em 1912, ano da formatura no Conservatório de Milão;
- e o do Concorso Nazionale del Ministero della Publica Istruzione para a ópera *Don Giovanni* (1929).

Com libreto de Arturo Rossato, e luxuosamente encenada pelo San Carlo de Nápoles, essa nova leitura do mito do Burlador de Sevilha teve tão boa acolhida, que a prestigiosa revista *Commoedia* lhe dedicou um número especial em junho-julho daquele ano. E, atendendo à solicitação do público, a direção do teatro a incluiu uma vez mais na temporada do ano seguinte.

Isso fez com que muita expectativa cercasse a reapresentação, no Scala, de duas operas anteriores de Lattuada que, na estréia, tinham passado despercebidas: *La Tempesta* (1922), baseada em Shakespeare e muito elogiada pelo crítico Giulio Confalonieri; e *Sandha*, de 1924. Também *La caverna di Salamanca* (1938) foi bastante aplaudida. Mas lugar especial deve ser reservado a *Le Preziose Ridicole*. Essa comédia em um ato conheceu dias de muita popularidade na Itália, graças ao bom libreto de Rossato, adaptado de Molière, e à música extremamente viva de Lattuada.

"Précieuses" era o nome que se davam, no século XIX, as seguidoras de Mlle de Scudéry, autora de romances de amor escritos num estilo retorcido e rarefeito. As "preciosas" eram partidárias de uma arte ultra-refinada, que desse as costas a tudo o que parecesse demasiado terra-a-terra – conseqüentemente, com facilidade caíam no excesso e no ridículo. Em *A Ópera Barroca Italiana*, desta coleção (p. 80), o leitor encontrará exemplos das tortuosas metáforas utilizadas por essas escritoras, extraídas do *Dictionnaire des Précieuses*, de Somaize.

Em sua comédia, encenada em 1659, Molière satiriza a afetação de uma sociedade burguesa pedante que, querendo imitar os requintes estéticos – já um tanto excessivos – da aristocracia, transforma-se na caricatura involuntária de si mesma. A ópera de Lattuada insere-se na voga do resgate das formas musicais do passado, de que uma das primeiras manifestações, na Itália, tinha sido, em 1917, o balé *Le Donne di Buonumore* (1917). Escrevendo-o por encomenda dos Ballets Russes, de Serguêi Diáguiliev, Vincenzo Tommasini rearmoniza nele temas extraídos das óperas de Alessandro Scarlatti. O sucesso das *Preciosas Ridículas* deveu-se muito também às interpretações exemplares de Mafalda Favero, Ebe Stignani, Jan Kiepura e Salvatore Baccaloni, em 9 de fevereiro de 1929, no Scala, sob a regência de Gabriele Santini.

Madelon e Cathos, filha e sobrinha do rico burguês Gorgibus, gostam de tudo o que é refinado, elegante e sentimental. E rejeitam a corte de dois jovens fidalgos, La Grange e Croissy, por considerá-los demasiado vulgares para seu gosto. Ao saber da forma como elas se comportaram, expulsando dois bons candidatos à sua mão, Gorgibus fica furioso e sai de casa ameaçando trancá-las em um convento. Quanto aos rapazes, dispostos a vingar-se do esnobismo das garotas, fazem com que seus criados se disfarcem de aristocratas e se apresentem a elas como o marquês Mascarille, cheio de flores, suspiros e madrigais, e o visconde de Jodelet, pretenso herói da Batalha de Arras. Encantadas, as "preciosas" organizam, em homenagem aos dois visitantes, uma festa interrompida pelos namorados desprezados. Arrancando as perucas, fitas, luvas e costumes luxuosos dos falsos aristocratas, eles revelam sua verdadeira identidade. Como se não bastasse o vexame a que elas se expõem, quando Gorgibus volta, tem nova discussão com as garotas e, ao saber do que aconteceu, joga pela janela as suas partituras, livros de poesia, rendas e cosméticos. Soluçando, Madelon e Cathos correm para seus quartos. A criada Marotte fica sozinha em cena e, gritando "Ridicole! Ridicole!", atira-se num sofá e finge desmaiar, imitando o típico chilique de "preciosa".

Na escolha dessa peça havia, evidentemente, a intenção de Lattuada e Rossato de trazer para a época contemporânea a sátira seiscentista. O que visavam era o excesso um tanto ridículo das "preciosas" da década de 1920, que não saberiam viver sem estar cercadas dos objetos da moda, os móveis e bibelôs de artistas *art déco* como Erté ou Emile Ruhlmann. Seus alvos eram figuras como a sofisticadíssima princessa Bibesco, verdadeira personagem de Proust, dona de um *salon* muito procurado. Ou a *socialite* Stehli Silks, que saía em público usando um costume de odalisca copiado de uma tela de Matisse. Por isso também *Le Preziose* fez tanto sucesso: porque o público reconheceu, em suas personagens, o comportamento artificial e amaneirado de pessoas reais que tinha à sua volta. A intenção caricatural se evidencia em passagens como o madrigal "Invaghito di vostra bellezza", cantado por Mascarille. Ou o quarteto "Sono di voi perduto", em que as duas moças levam-se mortalmente a sério, enquanto os falsos nobres estão visivelmente parodiando o estilo da *opera seria* barroca.

A audição do registro ao vivo, feito pelo selo Ermitage em 1991, no Teatro Rossini, de Lugo di Romagna, demonstra a vitalidade de uma partitura cujo relativo desconhecimento, hoje, é imerecido. Para dirigir esse espetáculo, foi convidado Alberto Lattuada, filho do compositor, cineasta de contribuição muito importante para o cinema italiano de pós-guerra. No texto de abertura ao folheto que acompanha o álbum, intitulado *Figlio del Maestro*, Alberto rememora as relações com o pai desde que, com seis anos de idade, assistiu à estréia da *Tempestade* no Teatro del Verme. E evoca as circunstâncias em que *Le Preziose Ridicole* foi criada.

Dois fatos explicam o ostracismo em que Felice Lattuada caiu até a década de 1990. Suas ligações com o Fascismo – é ele o autor da obra coral *Canto Augurale per la Nazione Eletta* (1933), dedicado a Mussolini – e o fato de, sendo um compositor profundamente ligado ao espírito e às formas tradicionais, ter sido desprezado pela vanguarda. Mas sua música revela um temperamento caloroso, apaixonado, que às vezes cede aos arroubos retóricos mas, em seus melhores momentos, sabe ser agradavelmente melódico. Registremos também que Lattuada compôs freqüentemente para cinema. São dele, entre outras, as trilhas sonoras de *Giacomo l'Idealista* (1943), *Il Bandito* (1946), *Il Delitto di Giovanni Episcopo* (1947), *Luci del Varietà* (1951), *Il Cappotto* (1952) e *La Lupa* (1953).

Pick-Mangiagalli

Filho de pai tcheco e mãe italiana, Riccardo Pick-Mangiagalli (1882-1949) nasceu em Strakonice, na Boêmia, mas naturalizou-se ao terminar os estudos no Conservatório de Milão, onde foi aluno de Ferroni. Interrompeu em 1914 uma brilhante carreira de concertista, para dedicar-se exclusivamente à composição, após o sucesso do balé *Il Salice d'Oro*, do ano anterior. Sua melhor partitura desse gênero é a "commedia mimo-sinfonica" *Il Carillon Magico* (Scala, 1918). Hoje, aliás, Pick-Mangiagalli é mais lembrado por seus balés: *Sumitra* (Frankfurt, 1923), *Mahit* (Milão, 1923), *La Berceuse* (1933) e *Variazioni Coreografiche* (1935) – esses dois últimos estreados em Sanremo.

Sua carreira operística iniciou-se com *Basi e Bote* (Bigodes e Porretes), beneficiada por um excelente libreto que tinha sido escrito por Arrigo Boito. Ambientada em Veneza, a peça explora as personagens tradicionais da *Commedia dell'Arte*, de uma forma muito aparentada à das *Máscaras* de Illica e Mascagni. Mariano Stabile foi a grande estrela da primeira apresentação, no Teatro Argentina de Roma, em 3 de março de 1927.

Pantalone dei Bisognosi pretende casar-se com sua enteada Rosaura para apoderar-se de sua fortuna. Mas ela está apaixonada por Florindo e ambos são ajudados em seu amor pelos criados Arlequim e Colombina, que também são namorados. Mas os estratagemas dos dois são descobertos e isso resulta numa confusão generalizada, em que Pantalone é espancado, e seu criado, Pierrot, acaba pagando o pato e indo para a prisão. Pantalone manda chamar um médico para atendê-lo; mas quem vem é Arlequim disfarçado. Ele esconde os óculos do velho, enche-lhe as orelhas de algodão e, impedindo-o de ver ou ouvir direito, faz com que acredite estar se casando com sua pupila, e assine como testemunha o contrato nupcial de Rosaura e Florindo. Arlequim e Colombina aproveitam para casar-se também. Ao descobrir que foi enganado, Pantalone tem uma crise de fúria. Mas acalma-se com o cofre de ducados de ouro que Florindo lhe oferece em reparação. A alegria torna-se geral com a chegada de um mensageiro: ele vem anunciar que Pierrô conseguiu fugir da prisão disfarçado de limpador de chaminés.

Como se vê por essa sinopse, *Basi e Bote* é uma deliberada coleção de clichês de ópera bufa, com situações que já nos cansamos de ver em diversas outras comédia. Isso fornece a Boito uma moldura dentro da qual pode exercer, com toda a fantasia, as qualidades poéticas em que é mestre, escrevendo um texto brilhante, cheio de arcaísmos, jogos de palavra e imagística preciosa. Esse tipo de libreto torna muito natural – e até mesmo obrigatória – a inserção da partitura numa linhagem que, partindo do *Falstaff*, passa por *Le Maschere* e deságua nas comédias goldonianas de Wolf-Ferrari. Mas, neste caso, ao melodismo italiano combinam-se elegantes transparências orquestrais herdadas do Impressionismo, além de temperos rítmicos e harmônicos de origem eslava. Embora uma estudiosa como Maria Simone Giardino lamente que lhe falte um tom realmente pessoal – e, de fato, suas melodias sempre parecem lembrar as de outros compositores – Pick-Mangiagalli é um músico de técnica muito segura e sabe dar à sua comédia um *timing* bastante preciso.

Seguiram-se *Casanova a Venezia* (1929) que, de certa forma, retoma a ambientação e o brilhantismo orquestral da ópera anterior; e o "atto giocoso" *L'Ospite Inaspetato* (1931), historicamente importante por ser a primeira ópera radiofônica italiana – gênero que a televisão fez hoje cair em desuso mas, nas décadas de 1930-1950, foi muito popular no país. No mesmo ano em que assumiu a direção do Conservatório de Milão, pela qual respondeu até o fim da vida, Pick-Mangiagalli escreveu, em colaboração com Arturo Rossato, a outra ópera pela qual é mais conhecido. Tullio Serafin regeu a estréia de *Notturno Romantico* na Ópera de Roma, em 25 de abril de 1936.

A ação passa-se em 1825, na mansão da condessa Clotilde, às margens do Lago de Como. Durante uma festa que ela está oferecendo, o chefe da polícia, conde Zeno, vem lhe contar o que ouviu dizer: Elisa, a sua sobrinha, está namorando o patriota Aurelio Fadda, seu ex-amante, hoje procurado pela justiça austríaca. Aurelio de fato entrou clandestinamente na festa, para encontrar-se com Elisa e oferecer-lhe, como prova de amor, um medalhão com o retrato de sua mãe. Clotilde os surpreende juntos e acusa-os de traição. Aurelio tenta se explicar mas, para vingar-se, ela o denuncia a Zeno, que o abate com um tiro. Elisa desfalece de dor sobre o corpo inanimado do namorado.

O libreto de Rossato reúne vários ingredientes que remetem ao melodrama oitocentista: amores contrariados, desejo de vingança e um tempero político que situa a trama na época heróica do *Risorgimento*. Mas a ópera tem também seu lado verista, até mesmo na medida em que Zeno relembra o barão Vitellio Scarpia. De modo geral, *Noturno Romântico* tem um clima que a faz aparentar-se à *Fedora* de Giordano. Ainda que não seja de todo pessoal, a veia melódica de Pick-Mangiagalli é fácil, e captura com naturalidade os recortes tradicionais da ária mediterrânea. Aqui, além disso, é visível um outro aporte externo: o da exuberância de orquestração da ópera neo-romântica germânica – em especial a de Richard Strauss – o que confere à partitura uma substância musical não-negligenciável. E a torna candidata a um resgate discográfico que seria mais do que merecido.

CASELLA

Entre os compositores da chamada *Generazione dell'Ottanta* (nascida durante a década de 1880), um dos artistas mais apaixonadamente devotados à causa da modernização da música italiana foi Alfredo Casella (1883-1947). Sua mãe, que lhe deu as primeiras instruções musicais, mandou-o aos treze anos estudar piano em Paris com Louis Diémer. Ali ele ficou dezenove anos, freqüentando também as classes de harmonia de Xavier Leroux e de composição de Gabriel Fauré. Nessa época, fez amizade com artistas de primeiro plano, entre eles Maurice Ravel e o romeno George Enesco, e enfronhou-se nas mais avançadas tendências de vanguarda.

Ao voltar para a Itália, em 1915, Casella sentiu as limitações de um ambiente musical ainda primordialmente voltado para a produção operística e empenhou-se na difusão das obras contemporâneas em seu país. Para isso, juntamente com D'Annunzio e Malipiero, fundou a Società Nazionale di Musica, que organizava concertos e publicava, em italiano e francês, o boletim *Ars Nova*, responsável pela divulgação do ideário dos *rinnovatori*. Nesses termos é compreensível que rejeitasse a ópera durante muito tempo (inclusive a de Verdi, cujo valor só mais tarde reconheceu), considerando-a uma concessão a hábitos superados. E só pensasse em produzir uma peça do gênero em 1928, quando já tinha 45 anos. Antes disso, só concebera para o palco dois balés: *Il Convento Veneziano* e *La Giara*, uma de suas partituras mais bem-sucedidas, inspirada no conto de Pirandello. A música instrumental de Casella caracteriza-se por arcaísmos modais, *ostinati*, quintas e oitavas paralelas herdadas do Impressionismo, e pela exploração de um cromatismo ousadamente dissonante.

Fiel a esses princípios de início de carreira, quando Cesare Lodovici lhe sugeriu um espetáculo musical baseado em *La Donna Serpente* (1762), de Carlo Gozzi, foi num balé-coral que Casella pensou inicialmente. Ao começar a compô-lo é que se deu conta de que o rendimento seria melhor se a partitura tivesse o formato de uma "ópera-fábula", como a chamou. Estreada na Ópera de Roma em 17 de março de 1932, sob a regência do próprio autor, com Laura Pasini e Antonio Melandri, *A Mulher Serpente* foi um fracasso. Só mais tarde se percebeu a importância que tinha para caracterizar esse período. Ainda assim, não existe, que eu saiba, nenhuma gravação disponível dessa obra fundamental. O drama de Gozzi – também usado por Wagner em sua primeira ópera, *As Fadas* – fornece a Casella uma seqüência extravagante de acontecimentos, que precisam ser manejados cuidadosamente, se se quer que sejam convincentes no palco (o mesmo acontece com o *Amor de Três Laranjas*, de Prokófiev, igualmente baseado em Gozzi).

Altidor, rei de Tiflis, casa-se com Miranda, a princesa das fadas, contra a vontade de Demogorgon, o pai da moça. Já que não consegue impedir a união, Demogorgon impõe uma série de condições. Miranda tem de esconder do marido a sua verdadeira identidade durante nove anos e um dia. Depois disso, submeterá o amor de Altidor a uma série de provas atrozes. Se o marido não a amaldiçoar, poderá viver feliz com ele como uma mortal. Caso contrário, ela será transformada em serpente por duzentos anos e, depois, terá de voltar ao reino das fadas.

Passado o prazo que lhe foi imposto pelo pai, Miranda revela a Altidor a sua identidade, e desaparece, levando consigo os dois filhos que eles tiveram. Embora Tiflis esteja sendo atacada por Margono, o rei dos tártaros, Altidor abandona a sua capital e embrenha-se no deserto, em companhia de Pantul, seu tutor, procurando pela mulher. Encontra-a num jardim mágico, e Miranda lhe diz que ele terá de se submeter a provas terríveis, sem protestar. A primeira delas é vê-la erguer, no alto de uma montanha, uma fogueira na qual imola os próprios filhos. Cheio de tristeza, Altidor volta a Tiflis, de onde Armilla, a sua irmã, comandante das amazonas, conseguiu expulsar os tártaros. Mas ao entrar em seu palácio, recebe a notícia de que o exército inimigo voltou a cercar a cidade, desta vez comandado por Miranda. Isso é mais do que o pobre homem pode suportar: Altidor amaldiçoa a esposa. Miranda aparece diante dele e diz que, na verdade, salvou o povo de Tiflis, pois matou o general Badur, que tinha-se bandeado para o lado dos tártaros. Explica-lhe a sentença à qual ele acaba de condená-la, e diz que só uma prova excepcional de amor poderá salvá-la. Depois, transforma-se em serpente e escorrega silenciosamente para fora da sala.

Durante a festa para comemorar a vitória contra os tártaros, a fada Farzana vem dizer ao rei que sua mulher se encontra no alto do Cáucaso. Altidor corre a seu encontro, e encontra-a presa no fundo de um sepulcro. Mas, para libertá-la, tem de matar três monstros hediondos e atravessar uma parede de fogo. As forças sobrenaturais que presidem ao casamento o protegem, ele supera todos os obstáculos e vê-se levado em triunfo a seu palácio, onde Miranda, tendo recuperado a forma humana, o espera em companhia dos dois filhos.

Na época em que escreveu *A Mulher Serpente*, as convicções modernistas de Casella já se tinham atenuado bastante, e a partitura é de caráter deliberadamente híbrido. São óbvias as reminiscências da *Mulher Sem Sombra* de Richard Strauss, com a qual o libreto tem pontos de contato: a união entre um humano e uma mulher do mundo dos espíritos; a ameaça de um feitiço que põe à prova a fidelidade dos dois; o risco de um deles se transformar – o Imperador em estátua de pedra, Miranda em serpente; a possibilidade de que o fracasso os separe definitivamente. Há nítida influência de Puccini nos monólogos em que Altidor lamenta a sua sorte madrasta. A ópera se inscreve também no conjunto daquelas que, nas primeiras décadas do século, resgatam a tradição renascentista da *Commedia dell'Arte*: para as personagens estereotipadas que se vinculam a esse estilo de representação, Casella escreve melodias de leveza rossiniana. O neoclassicismo de Stravínski deixa sua marca nas cenas "mágicas", cuja orquestração suntuosa trai também a familiaridade de Casella com as óperas de Rímski-Kórsakov, inspiradas no acervo de lendas russas (em especial *Kashtchêi, o Imortal*, e a *Lenda da Cidade Invisível de Kítej*, cuja estrutura contínua tem a ver com os princípios formais defendidos pelo italiano). Mas os acentos são angulosos e, nos episódios mais belicosos, há expressivas recaídas nas dissonâncias de sua escrita pós-I Guerra. O mais famoso deles é a "Marcha Guerreira", de grande riqueza rítmica, que serve de intermezzo aos quadros 1 e 2 do ato II.

John Waterhouse chama também a atenção para a radiosa escrita dos coros, em especial o de tom elegíaco no início do ato III, lamentando a conversão da mulher em serpente. Ele é concebido como uma espécie de moderno madrigal *a cappella*, pontuado por sons distantes de trompa, tam-tam e pratos soando fora do palco. Dessa ópera, diz Massimo Mila:

> Fugindo das tentações veristas e, na realidade, menos preocupado com o drama do que com a música, Casella oferece, na *Mulher Serpente*, uma espécie de antologia de seus melhores trabalhos, referindo-se não só à tradição cômica do *Falstaff*, mas também ao gosto pela ópera de grande espetáculo do século XVIII e a todos os seus grandes ancestrais da música italiana.

Embora transmitida algumas vezes pelo rádio, e conhecida mediante duas suítes orquestrais dela extraídas pelo próprio Casella, *A Mulher Serpente* é raramente encenada na Itália. O que é um erro pois, quando foi remontada no Festival de Palermo de 1982, seu potencial cênico foi triunfalmente confirmado.

Igualmente rara é a apresentação da *Favola d'Orfeo*, em que o compositor utilizou o texto renascentista de Angelo Poliziano numa redução de Corrado Pavolini. Ele a estreou no Teatro Goldoni, de Veneza, em 6 de setembro de 1932. É uma partitura eclética, em que recursos de escrita moderna misturam-se a procedimentos arcaicos – o asséptico *organum* do coro feminino que caracteriza o Inferno, por exemplo –, numa tentativa de reinterpretar o mito. Há nela também a inserção de peças escritas por Germi para uma festa no palácio ducal de Mântua, em 14 de julho de 1472. Mas o academicismo de uma música que, no dizer de Massimo Mila, "nunca ofende a sobriedade, o senso de medida, o pudor da expressão", faz da *Lenda de Orfeu* uma obra um tanto fria e cerebral.

São outras as razões para que o "mistério em um ato" *Il Deserto Tentato* tenha sido esquecido. Dedicado a Mussolini "con umile devozione fascista", o libreto de Pavolini exaltava a "empresa civilizadora do povo italiano nas terras etíopes". Nessa obra de tom ufanista, em que se descreve "a luta dos aviadores que descem do céu naquele horrendo deserto, como se fossem novos Argonautas, e enfrentam as forças obscuras da barbárie e as insídias da natureza", o coro desempenha naturalmente papel preponderante. Comparada às obras anteriores de Casella, essa partitura é muito conservadora, prejudicada por preocupações retóricas que fazem dela mais uma manifestação do obsoleto – e hoje um tanto ridículo – estilo *kolossal* favorecido pelo Fascismo tanto na música quanto no cinema ou nas artes plásticas. Antonio Guarnieri regeu a estréia no Teatro Vittorio Emmanuele de Florença, em 6 de maio de 1937. entre os intérpretes estavam Maria Meloni, Gabriella Gatti e Carmela Maugeri.

Paradoxalmente, na fase em que compunha essa celebração do Fascismo, o animador cultural Casella fazia importante trabalho de divulgação regendo a estréia italiana da *Jenufa*, de Janáček, e da *Lulu-Symphonie*, de Alban Berg, e revelando as primeiras obras dodecafônicas de Luigi Dallapiccola e Goffredo Petrassi. A crença que ele – como outros compositores – tinha no desejo de Mussolini de dar à cultura italiana um apoio verdadeiro foi o motivo para o envolvimento com o regime, causador a seu nome de um dano que, por muitos anos, prejudicou as possibilidades de se avaliar mais serenamente as suas reais qualidades artísticas. Remeto o leitor às páginas de *Musica e Musicisti nel Ventennio Fascista*, em que Fiamma Nicolodi faz um minucioso balanço de seu real significado para a música italiana no período 1920-1940.

Refice

Ordenado padre em 1910, Don Licinio Refice (1885-1954) tinha sido aluno de composição de Stanislao Falchi na Academia de Santa Cecilia. Professor da Scuola Pontificia de Roma e *maestro di cappella* da igreja de Santa Maria Maggiore, associou-se a Don Lorenzo Perosi na tarefa de renovar a música sacra italiana. Nesse sentido, suas obras mais importantes são os oratórios *Cananea* e *La Samaritana*, além do *Stabat Mater*, do *Te Deum* e do *Tríptico Franciscano*.

A exaltada interpretação de Claudia Muzio contribuiu muito para consolidar o prestígio de *Cecilia*, sobre libreto de Emilio Mucci, estreada na Ópera de Roma em 15 de janeiro de 1934. É a história de Santa Cecília, que consegue converter ao cristianismo o seu noivo, Valeriano. Quando este, num dueto apaixonado, manifesta o desejo que sente por ela, Cecília admite que o ama também, mas pretende renunciar ao amor carnal em nome da pureza de sua fé. Para vencer a hesitação do noivo, ela o leva à catacumba onde os cristãos se reúnem. Assistindo aos milagres que são feitos pelo bispo Urbano, o nobre se convence e aceita o batismo das mãos desse patriarca. Ao saber da conversão, Amachio, o prefeito de Roma, manda prender e matar Valeriano e seu irmão Triburzio. Ordena também que Cecília seja torturada, para abjurar à sua fé. Mas uma chuva de pétalas de rosas cai do céu, para acalmar as dores que ela sente. Depois que um soldado a assassina brutalmente, a sua casa converte-se num local de peregrinação.

Influências cruzadas de Puccini e dos impressionistas franceses associam-se, em *Cecília*, aos procedimentos de escrita característicos da música litúrgica italiana do início do século XX. Naturalmente, é muito grande a marca de Perosi no estilo de Refice. A primeira parte, graças ao lirismo da cena entre Cecília e seu noivo, é a mais satisfatória. A segunda cena, na catacumba, é um tanto dispersiva e sofre com o excesso de retórica típico da ópera italiana na década de 1930 – um exagero de ênfase que é o lado mais negativo do Neo-romantismo. A cena final é também demasiado longa e sem um foco dramático muito definido. Em todo caso, é uma ópera que oferece boas possibilidades à intérprete do papel título, por esse motivo, durante algum tempo, atraiu as prima-donnas. Existe uma gravação pirata, de 1976, regida por A. Campori, em que Renata Scotto faz, com a sua classe costumeira, o papel de Santa Cecília.

Mucci é também o autor do edificante texto de *Margherita da Cortona*. Encomendada pelo Scala na esteira do sucesso de *Cecilia*, ela ali foi estreada em 1º de janeiro de 1938, regida por Franco Capuana. Augusta Oltrabella e Tancredi Pasero integravam o elenco. Ao fugir da casa de seu pai porque a madrasta a maltrata, a jovem e bela Margherita é acolhida por Arsenio, rico e nobre, de quem se torna a amante. Quando ele é assassinado durante uma caçada, todos creem que os responsáveis foram os dois irmãos de Chiarella, uma pastora de quem Arsenio fora amante, e que abandonara por causa de Margherita. Rejeitada de novo pelo pai e a madrasta ao ver-se sozinha, Margherita é ajudada pelo nobre Uberto, que a leva para Cortona, onde ela leva uma vida muito austera. Pouco depois de Chiarella e seus irmãos serem condenados, Margherita descobre que Uberto é o verdadeiro culpado pela morte de Arsenio e, correndo à praça onde eles vão ser enforcados, oferece-se para morrer em seu lugar. Uberto tenta convencer o juiz de que Margherita está louca. Mas o magistrado liberta os prisioneiros e ordena que Uberto seja detido. Os nobres cerram fileiras em torno de seu companheiro, e desembainham as espadas contra os soldados. Antes que o combate se inicie, Margherita sai da igreja transfigurada, carregando a cruz, e apazigua os ânimos. Uberto é preso, seu pai e a madrasta lhe pedem perdão, ela se retira numa ermida para viver uma vida de orações, e Chiarella decide dedicar-se a ajudar os pobres e os desvalidos.

Mucci é um seguidor de D'Annunzio que pratica o mesmo estilo torrencial sem ter igual talento poético. Como já acontecia na *Cecília*, algumas de suas cenas costumam ser um pouco confusas ou longas demais. Além disso, o libretista tem forte tendência ao tom edificante piegas e moralizador. A música de Refice nunca é excepcional do ponto de vista da invenção melódica e é conservadora no que se refere ao trato harmônico. Diversos recursos da música sacra são naturalmente importados para as suas obras de palco. Aqui também, o prestígio que esta *opera sacra* granjeou durante algum tempo prende-se à possibilidade que oferece a uma atriz com boa presença cênica de ter um desempenho convincente. Ajudado pelo prestígio que lhe conferia ser um membro destacado da Igreja Católica italiana, Refice viajou muitas vezes com suas óperas, apresentando-as no exterior. Por sinal, estava regendo *Cecilia* no Teatro Municipal do Rio de Janeiro, em novembro de 1954, quando sofreu o enfarto de que morreu.

A Geração de 1890 e o Século XX

GHEDINI

O renome de Giorgio Federico Ghedini (1892-1965) veio relativamente tarde. Durante muito tempo, ele trabalhou como professor e assistente de regência em Turim, Milão e Parma. As óperas dessa fase, *Gringoire* (1915) e *L'Intrusa* (1921), de linguagem eclética e relativamente conservadora, não atraíram muita atenção. Só no final da década de 30, quando se decidiu a dedicar-se exclusivamente à composição, Ghedini encontrou um idioma pessoal de grande impacto, que o colocou entre os nomes mais significativos da música moderna italiana. Embora fortemente influenciada por Pizzetti e marcada por um wagnerismo mal assimilado, *Maria d'Alessandria* já denota o mesmo cuidado com o colorido orquestral que vai caracterizar suas obras instrumentais mais famosas – entre as quais se encontra o *Concerto dell'Albatro*, de 1945, inspirado pelo *Moby Dick* de Hermann Melville. Estreada no Teatro Donizetti de Bérgamo em 9 de setembro de 1937, *Maria de Alexandria* tem libreto de Cesare Meano e conta uma variante da história de Santa Maria Egipcíaca, fonte de inspiração para a obra de Respighi.

A cortesã Maria, de Alexandria, embarcou como clandestina num barco que leva peregrinos para a Palestina, pois pretende ir para onde possa encontrar uma vida melhor. No meio do caminho, seduz os barqueiros e os peregrinos, e os convence a mudar de rumo, seguindo para Bizâncio. O virtuoso Zózimo tenta matá-la com seu arco. Mas Silvério, o neto do velho, que se apaixonara por Maria ao ver seu rosto à luz do farol, coloca-se diante dela e recebe a flecha que lhe era destinada. Enquanto agoniza nos braços da cortesã, esta jura que há de lhe dar uma sepultura digna. A tempestade provoca o naufrágio da embarcação, mas Maria consegue arrastar o corpo de Silvério até um terreno desértico à beira-mar. Ali, quando está para enterrar o jovem, ouve sua voz dizendo-lhe que se retire para o deserto e viva uma vida de penitência, até ambos poderem se reunir no outro mundo. Transfigurada, Maria aceita o seu destino. Nesta obra de um compositor ainda inexperiente, percebe-se uma intensidade poética muito promissora. Há também, na forma de tratar os acontecimentos, uma sobriedade dramática que atenua a pieguice moralizadora do texto de Meano. Essas são qualidades que se afirmarão em suas obras posteriores.

De resto, um passo adiante é dado, de imediato, em *Rè Hassan*, que estreou no La Fenice de Veneza em 26 de janeiro de 1939, sob regência de Fernando Previtali. A interpretação de Tancredi Pasero no papel-título contribuiu muito para a boa acolhida que a obra recebeu. O libreto de Tullio Pinelli trata com muita liberdade o episódio das guerras entre cristãos e muçulmanos na Espanha do século XV. O rei Fernando de Aragão consegue aprisionar o príncipe Hussein. Este sempre teve relações muito difíceis com o rei Hassan, seu pai, a quem não perdoa por ter repudiado Jarifa, a sua mãe. Esta, aliás, sempre o envenenou contra o pai, estimulando-o a conspirar para apoderar-se do trono. Explorando essa inimizade, Fernando propõe-se a ajudá-lo a tornar-se califa de Granada, caso se alie aos espanhóis contra Hassan. Jarifa o convence a aceitar, mas Hussein tem de deixar seu filho pequeno como refém na mão do inimigo. Pouco depois do combate começar, Hussein fica sabendo que Moraima, a sua mulher, morreu de tristeza por ter sido obrigada a separar-se da criança. Quando Hassan e Hussein se defrontam, estão ambos derrotados: o rei porque seus cavaleiros mais fiéis foram mortos; o príncipe porque sua vida foi destruída. Hassan diz estar decidido a abdicar em favor do filho, mas Hussein não consegue mais regozijar-se com a notícia. Um mensageiro anuncia a chegada do verdadeiro vencedor: o rei Fernando, que derrotou a ambos.

Rei Hassan tem uma expressão muito mais madura e pessoal, com um estilo de grande nobreza em que as expansões líricas estão presentes, mas sob uma forma domada que, na realidade, serve apenas para realçar-lhes a interiorizada intensidade. O sucesso que obtivera na estréia veneziana confirmou-se, em 20 de maio de 1961, quando Ghedini a apresentou, em versão revista, no Teatro San Carlo de Nápoles. Desse modo ela tem sido ocasionalmente recriada nos teatros italianos.

Foi também a Tulio Pinelli que o compositor recorreu para escrever o libreto da ópera seguinte. Franco Capuana regeu a estréia da comédia *La Pulce d'Oro* no Carlo Felice de Gênova, em 15 de fevereiro de 1940. Lupo Fiorini é um pilantra bonitão e bem falante, que chega a um albergue, numa cidadezinha de província, munido de uma misteriosa gaiolinha dourada. Garante a Olimpio, o dono do estabelecimento, e a sua mulher Fortuna, que a gaiola contém uma pulga de ouro, capaz de transformar em metal precioso tudo o que morde. Para fazer uma demonstração, abre a gaiola. Instantes depois, Lucilla, a bela filha do casal, dá um grito. Ao que tudo indica, ela foi picada pela pulga. Como o animal é precioso demais para que o deixem escapar, os pais de Lucilla decidem prender a menina dentro de um saco até o amanhecer. Lupo é encarregado de tomar conta dela, para que não deixe a pulga fugir.

Olimpio fica montando guarda na porta do quarto, para que Lupo não tente enganá-los. Enquanto isso, faz planos mirabolantes, sonhando com o que a pulga prodigiosa poderá lhe trazer. Durante a noite, Lupo sai do quarto à procura de comida, e é derrubado por Olimpio com uma porretada. O moço acredita ter sido agredido porque o velho percebeu que ele tinha aproveitado da situação para seduzir a sua filha, e afirma estar disposto a casar-se com ela. Lucilla fica encantada com a proposta. No final, a história da pulga não é elucidada. Ela realmente existia ou terá sido um artifício imaginado por Lupo Fiorini para ficar sozinho com a bela jovem? Dessa história estapafúrdia, Ghedini tira bom rendimento, pois a música é viva, os diálogos ágeis, as melodias deliberadamente ligeiras, numa linha que faz da *Pulga de Ouro* mais uma das tributárias do legado verdiano do *Falstaff*.

Mas comédia e música leve não são o território em que Ghedini dá o melhor de si mesmo. O ponto culminante de sua carreira teatral é representado por *Le Baccanti*, cujo processo de composição coincide com o de uma de suas peças orquestrais mais conhecidas: as austeras e neoclássicas *Architetture* (1940). Foi uma vez mais a Pinnelli que o músico recorreu para fazer a adaptação da tragédia de Eurípedes – na qual, em 1966, Hans Werner Henze e W. H. Auden também se inspirariam para compor *The Bassarids*. Apresentada no Scala em 22 de fevereiro de 1949, sob a regência de F. Previtali, *As bacantes* é um oratório cênico estilizado e ritualístico, em que o coro desempenha papel muito importante, e a ação é conduzida de forma simples e hierática. Como não podia deixar de ser, foi acolhida muito friamente por um público despreparado para o tipo de novidade que continha. Só na remontagem de 1972, no mesmo teatro, foi-lhe dado o valor que merece.

Penteu, rei de Tebas, está tentando livrar a sua cidade da influência corruptora dos selvagens seguidores do culto de Dioniso, ao qual aderiu até mesmo Agave, a sua mãe. Depois de dois encontros pessoais com o próprio Dioniso – a quem ele não reconhece e tenta imprudentemente mandar prender –, Penteu concorda em acompanhar o deus até o monte Citéreo e presenciar os rituais secretos em sua homenagem. Horrorizado com o que vê, tenta enfrentar as mênades, que formam o cortejo dionisíaco. Mas estas o despedaçam, espetam a sua cabeça em uma lança e a entregam a Agave que, no auge da histeria provocada pelo ritual, não se dá conta do que está carregando em triunfo. Quando entra em Tebas com a lança em punho, seu pai, o velho rei Cádmio, devolve-lhe a razão, fazendo-a ver que é a cabeça de seu próprio filho que tem nas mãos. Cheia de remorso, Agave amaldiçoa Dioniso. Este então se vinga transformando Cádmio em um dragão, e condenando Agave a vagar pelo mundo lamentando a morte do filho.

É evidente, nesta adaptação da mais cruel e enigmática tragédia de Eurípedes, a influência que Ghedini sofre de óperas-oratório como *Oedipus Rex*, de Stravínski, ou *Le Vin Herbé*, do suíço Frank Martin. Composta durante a II Guerra Mundial, *As Bacantes*, com sua música rugosa e seu universo implacavelmente violento e sem esperanças, é uma das partituras que melhor espelham a angústia do intelectual diante do conflito. Segundo Pietro Santi:

> O espírito da tragédia de Eurípedes revive integralmente na magia da música e das vozes. A exaltação dionisíaca nasce do próprio demônio interior de Ghedini, do furor que há nas sonoridades de sua musica.

Comparada com *As Bacantes*, a obra seguinte, *Billy Budd*, é de força bem inferior, embora a adaptação do último romance de Hermann Melville – autor pelo qual Ghedini tinha muita estima – tenha sido feita pelo grande poeta Salvatore Quasimodo. A ação se passa a bordo do navio de guerra *Indomável*, no verão de 1797. Como as condições de vida nas embarcações da Marinha inglesa eram muito duras, foram freqüentes, nessa época, motins famosos como o do *Spithead*, do *Nore* ou do *Bounty*. E eram formais as ordens dadas aos comandantes de sufocar com severidade cada tentativa de rebelião. O *Indomável* está a caminho do Mediterrâneo, onde vai se encontrar com a frota britânica encarregada de enfrentar as forças napoleônicas. Como há poucos homens a bordo, o navio envia uma delegação a uma embarcação mercante com a qual cruza – sintomaticamente chamada *Direitos Humanos* – e convoca compulsoriamente vários marinheiros.

Entre eles está Billy Budd, jovem, bonito, sem malícia, e sua simpatia conquista a todos a bordo – à exceção do mestre de armas, Claggart, que o persegue de todas as maneiras. Na verdade, Claggart é um homem perverso, que converte em ódio a atração irrealizável que sente por Billy. Ele faz de tudo para corromper o jovem marinheiro: incita-o a se amotinar e, depois, denuncia-o ao capitão Vere, homem bom e compassivo, muito estimado por toda a tripulação. Vere percebe o que está acontecendo, e chama os dois homens para uma confrontação em sua cabine. Como sempre lhe acontece quando se sente constrangido, Billy começa a gaguejar, pois sente que foi traído e caiu numa armadilha. Vendo-se acuado, perde o controle, agride Claggart e este, ao cair, bate com a cabeça e morre. Vere sabe que Billy não é culpado mas, de acordo com a lei marcial, tem de leva-lo a julgamento – e o rapaz é condenado à morte. A ópera termina com a cena de seu enforcamento, ao crepúsculo.

Ghedini pretendia, de início, compor um oratório cênico. Só depois decidiu-se a transformar *Billy Budd* numa ópera em um ato. Ele próprio regeu a estréia no La Fenice, em 8 de setembro de 1949, durante o XII Festival Internacional de Música Contemporânea. A ópera perde muito no confronto com a versão homônima de Benjamin Britten, mais feliz em termos de libreto e de realização musical dessa sombria história de homossexualismo reprimido, crueldade e morte. Além disso, a compressão da intriga em um só ato foi prejudicial pois, apesar da alta qualidade dos versos de Quasimodo, a ação não tem espaço suficiente para se desenvolver, e a caracterização de personagens muito complexas fica mais sumária do que deveria ser. Conduzida num severo estilo declamatório reminescente das *Bacantes*, essa adaptação do romance de Melville tem o mesmo clima emotivo e colorido sombrio de uma das obras instrumentais mais bem-sucedidas de Ghedini, o *Concerto Funebre per Duccio Galimberti*, composto um ano antes.

Ao lado das *Bacantes*, de que infelizmente não há nenhum registro discográfico, valeria a pena conhecer melhor *Lord Inferno* (1952), tida como um dos melhores exemplos de um gênero que teve, na década de 1950, popularidade incipiente: a ópera radiofônica. Durante certa época, esta obra foi transmitida com freqüência na Itália, sempre com muito agrado dos ouvintes. Baseada no conto *The Happy Hypocrite*, de Max Beerbohm, adaptada por F. Antonicelli, ela foi revista com o título de *L'Ipocrita Felice*, para a apresentação no palco do Piccola Scala. Antonino Votto regeu, em 10 de março de 1956, o espetáculo em que o papel principal foi criado por Tito Gobbi.

A um grupo de pessoas cansadas da vida e desesperançadas, um contador de histórias narra a fábula de Lorde Inferno, que se passa em Londres no século XVIII. Esse homem, feio e de rosto marcado pelas vicissitudes da vida, é atingido, durante um espetáculo ao ar vivo, por uma flecha disparado por Cupido, e se apaixona pela linda atriz Jenny Mere. Mas ela lhe diz que só será capaz de amar um homem bonito e de rosto sereno. Lorde Inferno vai então à procura de Aeneas, o fabricante de máscaras, que o transforma no atraente Lorde Paraíso. Nesse meio tempo, também atingida por uma flecha de Cupido, Jenny Mere apaixona-se pelo belo homem que pede a sua mão. Eles se casam, mas Gambogi, a ex-amante que Lorde Inferno abandonou, decide vingar-se. Arranca-lhe a máscara, mostra a Jenny o seu verdadeiro rosto, e ele é obrigado a confessar seu estratagema. A essa altura, porém, Jenny já o ama de verdade, e acha encantadores os traços desgraciosos do marido. É uma historinha de moral óbvia – o amor é a única esperança nesta vida –, mas tratada de forma elegante e espirituosa. *Lord Inferno* tem texto bem construído, que o compositor sabe envolver em música bastante fluente. Na versão original, era notável a habilidade com que Ghedini utilizava o meio novo, suprindo, com efeitos puramente musicais, a falta do elemento visual. Essa é, portanto, uma ópera que deve ter muito bom rendimento em gravação.

Ghedini foi também muito respeitado como professor. Entre seus alunos estão os importantes compositores contemporâneos Luciano Berio e Niccolò Castiglioni. Este último é o autor de um excelente estudo sobre sua obra, publicado em abril de 1965, no volume 10 n. 2 da revista *Ricordiana*.

Rocca

Foi tão grande o sucesso de *Il Dibuk*, que nem mesmo as leis anti-semitas de 1938 conseguiram impedi-la de continuar sendo apresentada nos teatros italianos, e de ser exportada para os EUA. Ao escrevê-la, Lodovico Rocca (1895-1986) já era o autor de duas óperas inéditas, *La Morte di Frinè* e *Il Rè Gallo*; e encenara, embora sem muito interesse do público, *In Terra di Leggenda* (1923).

No início de 1929, Rocca pediu a Renato Simoni que adaptasse *Díbuk: Entre Dois Mundos*, o mais famoso texto de teatro ídiche, escrito em 1911 por Sch. An-Ski (pseudônimo de Shloime Zainvil Rapapport), mas só estreado no Teatro Eliseu de Varsóvia, pela Vilner Troupe, em 1920, meses depois da morte de seu autor. A escolha desse drama foi o resultado da grande repercussão, em toda a comunidade intelectual judaica européia, da inovadora montagem do *Díbuk* que Ievguêni Bogratiónovitch Vakhtângov fizera, em 1922, no Teatro Habima de Moscou.

Com *Il Dibuk*, Rocca candidatou-se em 1933 a um concurso internacional instituído pelo Teatro alla Scala, e ganhou o primeiro prêmio entre 180 concorrentes. Franco Ghione regeu a triunfal *prima assoluta* no Scala, em 24 de março de 1934. Augusta Oltrabella e Costa Lo Giudice foram os intérpretes principais. Ficaram famosas também a primeira encenação americana, no Templo Maçônico de Detroit, em 6 de maio de 1936, e a remontagem de 1982, em Turim, a cidade natal do compositor[1].

O drama baseia-se na crença judaica de que um amante frustrado pode voltar do além-túmulo e, sob a forma de um *díbuk* (fantasma), encarnar no corpo da pessoa que ama. Os judeus Nissen e Sender comprometem-se a promover o casamento de seus filhos Hanan e Leah, que se conhecem desde meninos e estão perdidamente apaixonados. Mas Sender não deseja que sua filha se case com um pobretão e, rompendo a promessa feita ao amigo, decide decide procurar para ela um bom partido. Hanan tenta interferir no curso do destino, obtendo, por meios cabalísticos, os ducados com que pretende obter a mão da amada; e por estar usando esses meios proibidos, morre. Leah não consegue esquecê-lo e, no dia das núpcias, tem uma crise estranha, profere palavras incoerentes e rejeita o noivo, de quem diz sentir repulsa. O rabino Azriel constata que ela está dominada por um *díbuk*, mas nada consegue fazer para exorcizá-lo. Só o arrepen

1. Por coincidência, em outubro de 1929, o compositor americano George Gershwin tinha assinado um contrato com Giulio Gatti-Casazza, diretor do Metropolitan de Nova York, para escrever uma ópera baseada na peça de An-Ski. Mas desistiu ao saber que os direitos já tinham sido cedidos a Rocca. Perdemos assim a possibilidade de possuir uma ópera de tema judaico da mão do autor de *Porgy and Bess*. Mas um outro americano, Michael White, compôs um *Dybuk* estreado em Seattle em 1963.

dimento sincero de Sender é capaz de fazer Hanan sair do corpo de Leah. Mas a moça, extenuada, implora-lhe que não a abandone. O fantasma aparece para ela, estende-lhe os braços, Leah cai morta, e os dois amantes podem finalmente reunir-se no outro mundo.

O libreto de Simoni constitui feliz adaptação da peça, de grande intensidade dramática, preservando muito bem o preciso recorte de personagens logrado por An-Ski. Sente-se que ele tinha conhecimento da montagem de Vakhtângov, pois nas soluções cênicas estilizadas a que recorre, está presente o princípio do encenador do Habima de que "o espectador não deve se esquecer por um só minuto de que se acha no teatro" – aquilo que Jacó Guinsburg chama de "o reino de uma ficção artística cujo principal demiurgo é o ator"[2]. Musicalmente, *Il Dibuk* consegue a proeza de fundir harmoniosamente materiais de proveniência muito diferente: o estilo tradicional da cantilena italiana, que não hesita em ser desabridamente sentimental quando necessário; o austero modalismo de origem leste européia, cuja fonte imediata de inspiração é Mússorgski (a ação se passa na Polônia no século XIX); a sensualidade oriental que lhe vem via a influência impressionista; e algumas dissonâncias atonais usadas com parcimônia – e por isso mesmo de efeito muito marcante –, para caracterizar o desequilíbrio emocional de Leah, quando ela está possuída pelo *díbuk*. Esse, aliás, é um papel extremamente difícil, que exige da cantora dotes de atriz muito desenvolvidos. A orquestração consegue habilidosamente sugerir o clima macabro da ação; a escrita coral tem momentos muito poderosos. Já se acusou Rocca de apelar para alguns recursos melodramáticos fáceis. Mas eles são utilizados de forma sempre muito adequada à evolução do drama e, de resto, essa é uma acusação de que o próprio Puccini não escapou. Infelizmente, não existe nenhum registro discográfico desse importante documento da década de 30.

Depois do sucesso do *Dibuk*, a RAI transmitiu *La Morte di Frinè* em 1936; e ela foi encenada no ano seguinte – mas obteve apenas um *succès d'estime*. Em compensação, *Monte Ivnor*, de 1939, goza de grande prestígio junto à crítica italiana. Rocca compôs ainda *L'Uragano*, em 1952. Assumiu a direção do Conservatório de Turim em 1940, e exerceu esse cargo até sua morte.

2. Em *Stanislávski, Meierhold & Cia.* (ver Bibliografia).

Petrassi

A pequena obra operística de Goffredo Petrassi (*1904) pertence à sua fase dita "teatral", que se estende de 1943 a 1950. Os planos de uma obra para o palco datavam da década de 1930, período em que o compositor foi diretor artístico do Teatro La Fenice, de Veneza. Mas a primeira realização nesse campo não foi uma ópera, e sim dois balés, pedidos pelo coreógrafo húngaro Aurelio Milloss – o mesmo que, em 1942, sugerira encomendarem a Dallapiccola o balé *Marsias*. A idéia agradou muito a Petrassi devido à natureza do espetáculo de dança, simbólica e estilizada do ponto de vista dos gestos, e com a possibilidade de se trabalhar com música emocionalmente contida. O Neoclassicismo de estampa hindemithiana a que aderira, em seus primeiros anos de carreira, ainda é bem visível em *La Follia d'Orlando* (1943) e *Ritratto di Don Chisciotte* (1950).

Esses balés inspirados em Ariosto e Cervantes têm em comum o tema da loucura, que leva as duas personagens para um mundo de fantasia, sem nada em comum com a realidade. Já se disse que *A Loucura de Orlando*, com seu refúgio na ilusão e no delírio, corresponde aos sentimentos do artista, causados pelas privações e sofrimentos da II Guerra, e forma a contrapartida ao realismo do *Coro di Morti*, composto no momento em que a Itália entrou no conflito. Mas a idéia para essa partitura já lhe tinha sido sugerida em 1936 por Léonid Massine, e fora deixada de lado até que Milloss o fez pensar nela novamente em 1942. O próprio Petrassi explicou suas intenções numa nota colocada no início da peça:

> Um barítono, que age como o Narrador, é encarregado de contar a história, de tal maneira que as danças representarão apenas os momentos mais importantes da ação, excluindo todas as ações e comportamentos mímico-narrativos, exceto quando as necessidades dramáticas assim o exigirem. Mas mesmo nesses casos o coreógrafo deve tomar o cuidado de emoldurar essas mímicas no esquema mais formal possível, sem se comprazer em episódios narrativos que nada têm a ver com a dança pura.

Na estruturação da *Loucura*, é nítida a inspiração de Petrassi no modelo venerável do *Combattimento di Tancredi e Clorinda*, o madrigal dramático de Claudio Monteverdi. O respeito por esse compositor já o fizera, de resto, retomar o texto de seu *Lamento d'Arianna*, que transformou numa peça para soprano e piano, em 1936, e dois anos depois reorquestrou para voz e conjunto de câmera. Princípios semelhantes aos da *Follia* norteiam *O Retrato de Dom Quixote*. Em "La Mia Avventura con la Danza", artigo que publicou na revista *La Musica* de junho de 1946, Petrassi afirmou ter querido descrever

> não os acontecimentos exteriores, mas a alma da personagem, a força transcendental do sonho e da ilusão, que a fazem rebelar-se contra a realidade e as leis estabelecidas do mundo em que vivemos. [...] A morte [da personagem de Cervantes] é um dos maiores dramas na história da humanidade.

O balé tem a forma de um rondó em que quatro danças, ligadas por intermezzos, apresentam Sancho Pança, Dulcinéia, o Quixote e o diálogo impossível entre o Cavaleiro da Triste Figura e a sua musa idealizada. A forma iterativa do rondó foi escolhida para sugerir o fato de que "o espectador tem sempre de retornar à realidade objetiva e impessoal de Sancho e Dulcinéia, que dançam como marionetes". No final, Quixote recusa o pedido de Sancho de que ele retome suas aventuras, morre, e Dulcinéia cobre seu corpo com pétalas de flores. Mas ele se ergue e entra no teatrinho de marionetes de Sancho, onde ficará para sempre, como um arquétipo e um símbolo.

Nesses dois balés, portanto, Petrassi apresentara a narrativa de duas maneiras diferentes: no primeiro separando-a da dança e confiando-a a um recitativo sem expansões de cantábile, com a declamação restrita ao mínimo indispensável; no segundo, incorporando-a às estruturas formais e expressivas da música. Se me alongo na descrição dessas duas composições, é que elas são passos preparatórios para as duas óperas que ele escreveria em seguida.

Já em 1942, aliás, Petrassi tinha recebido a encomenda de um espetáculo para a Ópera de Roma, mas recusara alegando não desejar levar adiante um projeto dessa natureza durante a ocupação alemã da capital. Mas suas reservas, na realidade tinham raízes mais profundas. Em entrevista de 1966 a seu biógrafo Enzo Restagno, ele confessou:

> Por que desisti da ópera? Porque na ópera, em certo sentido, você tem de se despir. O compositor tem de falar através de suas personagens, revelando algo de seus sentimentos e paixões mais profundos. Isso é uma coisa que sempre evitei fazer, por modéstia – a modéstia de não me sentir capaz de me despir, nem que fosse por meio dessas personagens, que acabariam revelando as minhas agitações interiores.

Daí ter optado, nos dois balés, por uma técnica que mantinha a narrativa à distância, num plano impessoal – depois de, no *Coro dei Morti*, ter tentado manter essa distância na linguagem áspera e sóbria com que musicara os versos de Leopardi sem, no entanto, conseguir evitar que a atmosfera fantasmagórica do poema, em que os mortos acordam para falar aos vivos de seus sofrimentos, o envolvesse num plano emocional profundo. Era o distanciamento que ele buscava ao começar, logo após a proposta da Ópera de Roma, a trabalhar numa ópera cujo tema, "em meio à fúria da guerra, era à primeira vista totalmente estranho à atmosfera em que vivíamos naqueles dias". Num momento em que toda a Itália desmoronava à sua volta, Petrassi optou por compor uma comédia baseada no *Entremés del Viejo Celoso*, de Miguel de Cervantes, que Eugenio Montale traduzira para o italiano. Essa peça, de resto, foi adaptada de *El Celoso de Extremadura*, uma das *Novelas Exemplares* do autor espanhol. É curioso pensar que, a essa mesma altura, Nino Rota estava escrevendo *Il Cappello di Paglia di Firenze*, um dos títulos renovadores da comédia italiana no século XX, e que também só seria encenada anos depois de composta.

A interpretação de Fernando Corena como Canizares contribuiu muito para o sucesso da estréia de *Il Cordovano* no Scala, em 12 de maio de 1949. Nino Sanzogno regeu o espetáculo, de que participavam Emma Tegani e Dora Gatta. Para conhecer *O Cordovês*, existe no selo Ricordi a gravação de Marcello Panni feita em 1987 na Rádio de Roma (Paoletti, Rigacci, Condò, Barbacini).

A jovem e bela Lorenza queixa-se à sua sobrinha Cristina, e à vizinha Hortigosa, dos ciúmes exagerados de Canizares, o seu idoso marido. As duas lhe dizem que ela deve se vingar do velho arranjando um amante. Hortigoza introduz um rapaz bonito na casa de Canizares, enrolado em um grande tapete (o "cordovês" que dá título à ópera). Enquanto o dono da casa o examina, o jovem se introduz na alcova de Lorenza. As expressões de felicidade da moça e os elogios que ela faz às qualidades do amante são tão rumorosos que despertam a atenção do marido. A princípio, ele acha que se trata de uma brincadeira. Depois, furioso, irrompe no quarto da esposa, mas é recebido com um balde de água fria na cara. No meio da confusão, o rapaz consegue fugir sem ser visto. Aparece um guarda atraído pelo barulho e, atrás dele, um grupo de cantores e dançarinos que, com o pretexto de celebrar a reconciliação do casal, canta na realidade em louvor de uma nova união que está começando. Enquanto

Esboço de Giulio Coltellacci para o cenário da estréia de *Il Cordovano* de Petrassi, no Scala, em 1949.

isso, à parte, Cristina se lamenta, pois Hortigosa não cumpriu a promessa de também lhe arranjar uma companhia.

Em *O Cordovês*, Petrassi trabalha deliberadamente com ingredientes da tradição bufa, a começar pelas personagens e sua distribuição vocal: o soprano entediado com a vida doméstica, cujas paixões reprimidas se manifestam numa coloratura nervosa e selvagem; o baixo bufo ranzinza, ciumento e tolo, perfeito candidato a corno; a vizinha *mezzo*-soprano, maliciosa e cheia de truques, parente próxima da miss Quickly do *Falstaff*. Tudo é previsível, até mesmo o fato do amante – que não é uma personagem e sim a projeção das paixões de Lorenza e o veículo para a realização de seus desejos – ser um mero figurante, que não canta. E sendo previsível, tudo tem o distanciamento que permite ao compositor não se envolver num nível emocional profundo.

Não se tire, porem, a conclusão de que *Il Cordovano* é uma peça fria. Ela possui uma energia constante, e flui de maneira buliçosa, para isso não permitindo sequer aos cantores que se espraiem em árias muito longas: a partitura articula-se em ágil recitativo e *semiparlato* que, às vezes, se espraia num arioso, com trechos cantábile mais elaborados pontuando o final de cada cena. A linha vocal mantém-se subserviente à instrumental, essa sim extremamente bem cuidada. As vozes permanecem submissas à moldura instrumental até mesmo nos números mais expansivos, como o dueto "Inoltre è in giro tutta la notte come un folletto" – nele, Lorenza e Cristina comentam o comportamento estranho de Canizares, que ronda a casa, à noite, à procura de homens que possam ter-se introduzido às escondidas, e sai correndo se ouve alguém fazendo uma serenata na rua.

É óbvia a influência da *Heure Espagnole*, de Ravel, que também tem ambientação espanhola e um estilo sóbrio de declamação, contraposto a um uso opulento da orquestra. Mas enquanto a caracterização musical espanhola é, em Ravel, um elemento que percorre toda a partitura, em Petrassi ela se restringe a alguns momentos muito precisos, como aquele em que Hortigosa, no arioso "Signor Gómez Arias, mercè", faz a citação de um tema folclórico espanhol autêntico. A cor local é usada sobretudo no finale, quando o bando de músicos e cantores invade a casa de Canizares, sem que ele possa protestar, e canta à fingida inocência de Lorenza. A linguagem neoclássica severa de Petrassi é contrabalançada por elementos melódicos angulares, mas que criam tensão. Os temas recorrentes, usados com regularidade, estão mais associados a sentimentos do que à descrição das personagens e, por isso, podem passear de uma para outra, dependendo da emoção que querem sugerir.

Depois da estréia, Petrassi deu-se conta de que a instrumentação muito compacta e as texturas contrapontísticas pesadas interferiam na clareza da declamação. A ópera ganhou muito com a revisão de 1958, em que a orquestra foi reduzida a proporções quase camerísticas. Essa é a versão gravada por Panni em 1987.

Durante a década de 1950, assiste-se, na Itália, ao surgimento de pequenos centros, sujeitos a pressões menores do que as grandes casas de ópera subvencionadas pelo Estado, onde é possível experimentar com mais liberdade formas novas. Um deles é o Teatro delle Novità, do Festival de Bérgamo, que assistirá a obras inovadoras como *Il Sistema della Dolcezza*, de Vieri Tosatti, ou *Allamistakeo*, de Giulio Viozzi, ambas baseadas em contos de Edgar Allan Poe. Outro foi o Festival Anfiparnasso, assim batizado em homenagem à comédia madrigalesca de Orazio Vecchi (1597). Idealizado por Guido Gatti e Alberto Savini, o festival propunha-se a remontar obras do passado e a estrear criações contemporâneas. Dificuldades financeiras fizeram com que ele não pudesse se repetir. Mas em 1950, o público romano assistiu ao *Anfiparnasso* de Vecchi, ao *Turco in Italia* de Rossini, e a quatro óperas novas. Entre elas, estava *Morte dell'Aria*, a segunda experiência de Petrassi nesse gênero. Ela foi ouvida no Teatro Eliseo, em 24 de outubro de 1950, sob a regência de Fernando Previtali.

Se *O Cordovês* passava-se no espaço hermeticamente fechado e penumbroso da casa de Canizares em Sevilha, *Morte do Ar* passa-se ao ar livre, no alto da Torre Eiffel. E seu tema é a fé, o tipo de fé que pode guiar o ser humano à mais arriscada e profícua viagem de descoberta, mas também à aventura destrutiva e sem sentido – e esta é a fé que faz fronteira com a loucura. Sob esse ponto de vista, tanto o Orlando quanto o Quixote dos balés anteriores se aparentam o Inventor, personagem central do libreto escrito pelo pintor Toti Scialoja, amigo do compositor. No prefácio a esse texto, Scialoja explica:

> Tive a idéia para *Morte dell'Aria* ao assistir, num cinema parisiense, a um velho documentário francês, uns poucos metros de filme gasto e acinzentado. Mostrava um homem vestindo uma roupa absurda em forma de páraquedas, cercado por uma alegre multidão usando cartolas e guarda-chuvas abertos. O filme mostrava-o subindo no parapeito da Torre Eiffel e, após um minuto de hesitação, saltando, planando um instante no vazio, e depois esborrachando-se no chão lá em baixo.

Esse incidente grotescamente trágico converte-se, nas mãos de Scialoja e Petrassi, num símbolo do desejo que o ser humano tem de testar as fronteiras do possível, mesmo sabendo o quanto poderá ser desastroso o sonho de, como um novo Ícaro, expor-se à tentação de superar suas próprias limitações. Numa moldura contemporânea, a da Torre Eiffel, movemse personagens reais e prosaicos, repórteres, fotógrafos, o Observador Científico, o Chefe da Polícia, simples basbaques. No meio deles, ergue-se a figura heróica e, ao mesmo tempo, comicamente trágica do Inventor, cuja recusa em aceitar as advertências do bom-senso é a dos grandes artistas, dos grandes descobridores, e também dos grandes loucos. Ele hesita duas vezes em subir ao parapeito da Torre Eiffel, pois sabe perfeitamente que tem muito pouca possibilidade de ser bem-sucedido. Mas acaba fazendo-o, por acreditar que "vale a pena morrer para ter a experiência única do ar". Salta, morre espatifado na calçada e, enquanto os jornalistas correm para dar a notícia, o Observador Científico atira pétalas de flores sobre seu cadáver, do alto da torre, e um coro feminino, fora de cena, canta para ele uma elegia em que reafirma o valor da fé humana, mesmo no mais niilista dos contextos.

Embora mantenha um vínculo muito mais forte com a linguagem tonal, *Morte dell'Aria* tem grande parentesco com *Volo di Notte* (1940), a ópera de Luigi Dallapiccola baseada na novela de Antoine de Saint-Exupéry: ambas têm ambientação contemporânea e trabalham com o simbolismo do aventureiro que está preparado para correr riscos enormes, desde que isso permita à humanidade dar um passo à frente em direção ao desconhecido. Petrassi evita conscientemente tudo o que possa ser demasiado trágico ou romântico. A orquestra tem apenas 23 instrumentistas e não inclui violinos ou oboés, cujo som delicado poderia induzir ao sentimentalismo. O uso do harmônio introduz uma dimensão quase religiosa na expressão dos sentimentos do protagonista. O harmônio dá início à ópera com uma passagem lúgubre em quintas descobertas, que retorna várias vezes ao longo da ópera, sugerindo ao mesmo tempo a leveza do ar e a inconsistência da aventura humana.

O Guardião da Torre, uma espécie de Sancho Pança do Inventor/Quixote, contrapõe o bom-senso a seu teimoso idealismo: "A coisa, em teoria, faz sentido: o ar enche a jaqueta e, com isso, torna a descida mais lenta. Mas será que, na prática, isso funciona? Acho que esse Inventor está caminhando para a morte certa." O Observador Científico, porém, numa solene passacalha, o encoraja: "Você está correndo um risco enorme, mas a sociedade humana sobrevive porque homens como você escolhem o caminho mais difícil e não recuam diante do perigo. O seu é um ato de amor, de amor profundo e sem medidas."

> *Voi credete negli uomini, per loro v'esponete*
> *interamente.*
> *Il cuore non vi tremerà, perchè noi tutti siamo con*
> *voi.*
> *E viacerete l'aria, darete agli uomini il dono*
> *dell'aria.*

> (Você acredita nos homens e por eles se expõe inteiramente. Seu coração não há de tremer porque nós todos estamos com você. Singrando o ar, você o dará de presente a todos os homens.)

O próprio Inventor tenta explicar sua decisão em um arioso em que a descreve não como um suicídio ou um ato insano, mas como uma forma de "ser fiel à fé, e de morrer pela fé". Quase não consegue terminar esse monólogo, pois no final está engasgado de emoção. Uma emoção que não é compartilhada pelos circunstantes depois que ele salta e morre: o espetáculo acabou e já não há mais nada para ser visto. Todos saem de cena em silêncio e demonstrando desinteresses. Os únicos que têm de se apressar são os jornalistas, pois precisam chegar à redação, a tempo para o fechamento. "Adeus caro Inventor", canta o coro feminino no final, "teu vôo foi curto, mas foi o máximo que pudeste fazer, o máximo que qualquer ser humano pode fazer. A piedade é vazia, tão vazia quanto o ar: te avisaram que ela não te poderia dar sustentação". E enquanto o Observador cobre de pétalas o seu corpo, o coro comenta:

Un fiore per la tua morte, eroe fatto d'aria,
un fiore nella morte dell'aria, o uomo caro,
un fiore que discende l'aria.

(Uma flor pela tua morte, herói feito de ar, uma flor na morte o ar, homem querido, uma flor que desce pelo ar.)

O problema desta segunda ópera de Petrassi é não possuir a mesma naturalidade musical do *Cordovês*. A linha vocal não sugere, com a força que seria de desejar, o significado emocional ou simbólico do texto, e isso é particularmente verdade no que se refere ao monólogo do Inventor antes do salto, em que as melodias não correspondem à eloqüência das palavras. *Morte dell'Aria*, entretanto, constitui um passo fundamental rumo a uma das maiores obras de Petrassi, a cantata *Noche Oscura*, de 1951. A relutância que ele tinha em relação à ópera fez com que não voltasse mais ao gênero. Mas antes que a cegueira o impedisse de continuar compondo, dedicou-se à música orquestral e de câmara, escrevendo algumas das peças mais notáveis do repertório italiano da década de 50 – em especial os seis extraordinários *Concertos para Orquestra*, que revelam um vivíssimo senso dos coloridos e sonoridades instrumentais.

ROSSELLINI

Hoje, ele é mais lembrado pelas trilhas sonoras que escreveu para alguns dos maiores filmes de seu irmão, o conhecido cineasta Roberto Rossellini: *Roma Cidade Aberta* (1945), *Paisà* (1946), *Alemanha Ano Zero* (1947), *Stromboli* (1950), *Europa '51* (1952). Mas Renzo Rossellini (1908-1982), aluno de composição de Giacomo Setaccioli, foi também o autor de uma obra lírica muito estimulante em que – da mesma forma que se fazia no cinema de pós-guerra – propôs um tipo de neo-realismo que visava a atualizar as tradicionais fórmulas veristas. Rossellini já tinha quase cinqüenta anos quando se voltou para a lírica, aplicando nela o mesmo estilo sóbrio, impregnado de elementos melódicos e rítmicos de origem folclórica, com que escrevia trilhas para cinema ou música incidental para peças de teatro. A comédia *Alcassino e Nicoletta* (1930), inspira-se no "fabliau" francês do século XII; *Il Vortice* (1958) e *Le Campane* (1959) têm histórias originais. Rossellini é o autor de todos os seus libretos, mesmo os que se baseiam em peças teatrais de outros autores.

As duras lembranças do conflito mundial contribuíram para garantir o sucesso de *La Guerra*, que mexia em feridas ainda mal cicatrizadas. Além disso, havia também, no elenco regido por Oliviero de Fabritiis em 25 de fevereiro de 1956, no San Carlo de Nápoles, a presença marcante de Magda Olivero e Marcela Pobbe, cuja interpretação intensa garantiu o aplauso do público. A gravação desse espetáculo, remasterizada em 1999 pelo selo Eklipse, é um documento de grande valor.

A velha paralítica Marta vive com sua filha Maria, no porão de uma casa, em uma cidade invadida, na esperança de que volte o seu filho Marco que, três anos atrás, fugiu das forças de ocupação. As tropas de libertação estão avançando, e Maria corre perigo, pois todos sabem que ela é amante do oficial alemão Erik. À noite, quando Marta está dormindo, Erik entra no porão e pede a Maria que fuja com ele antes que seja tarde demais. Ela está grávida mas hesita, porque Marta, que ouviu a conversa, pede-lhe que não a abandone. Um ataque aéreo começa e várias pessoas vêm se refugiar no porão. Entre elas está Marco, que ficou cego num bombardeio. Ao fazer um esforço sobre-humano para levantar-se e ir a seu encontro, Marta sofre um colapso e morre. Ouve-se o anúncio de que as forças de libertação estão entrando na cidade. Em meio à confusão reinante, Maria foge com Erik.

Declamação vigorosa, interrompida de vez em quando por sóbrias expansões líricas, caracteriza a escrita de *La Guerra*. A linguagem harmônica de Rossellini, sem romper com o tonalismo, aceita recursos de vanguarda, cromatismos, dissonâncias, ritmos dissimétricos, quando isso lhe é útil para intensificar as situações criadas em seus dramas.

Esse é também basicamente o idioma de sua ópera mais conhecida, *Sguardo del Pon-*

te. A história do estivador Eddie Carbone, de Red Hook, no Brooklin, e de sua paixão ilícita pela sobrinha, Catherine, encaminha-se para a tragédia quando a moça se apaixona por Rodolfo, um imigrante que acaba de chegar da Itália. A peça de Arthur Miller, *A View from the Bridge* (Panorama Visto da Ponte), foi escrita em 1955. O próprio dramaturgo dizia, em entrevista de 5 de agosto de 1999 ao *New York Times*, que

> o *Panorama*, com seu retrato muito pormenorizado da dissolução psicológica de um homem, sempre foi uma peça muito operística. A ópera precisa de paixões muito diretas e fundamentais, e minha peça, concebida como uma réplica moderna da tragédia grega, sempre teve esse objetivo.

As palavras de Miller referiam-se à nova versão lírica de seu drama, composta pelo americano William Bolcom e apresentada em Chicago em outubro de 1999. Mas poderiam perfeitamente ter sido ditas a respeito do tratamento dado por Rossellini à sua peça – de que havia, no selo MRF, a gravação da estréia (Ópera de Roma, 1961, regência de Oliviero de Fabritiis, com Clara Petrella, Nicola Rossi-Lemeni e Giuseppe Valdengo).

Depois de *Sguardo del Ponte*, foram bem recebidas *Il Linguaggio dei Fiori* (1963), usando uma versão condensada da peça de García Lorca; *La Leggenda del Ritorno* (1966), inspirada em Dostoiévski; e *La Reine Morte* (1973), da tragédia de Henry de Montherlant, baseada nos amores infelizes de D. Pedro de Portugal e Inês de Castro, "a que depois de morta foi rainha". São dramas líricos na linha de Zandonai e Respighi, que encontraram favor junto ao público fiel a essa tradição. Merece menção também, pelo senso dramático de que dá prova, a música incidental que Rossellini escreveu para encenações das *Bodas de Fígaro* (1946), de Beaumarchais; da *Carruagem do SS. Sacramento* (1946), de Mérimée; de *Crime e Castigo* (1947), a adaptação teatral que Albert Camus fez do romance de Dostoiévski; e do *Jardim das Cerejeiras* (1947), de Tchékhov.

PERAGALLO

A ampla curiosidade musical de Mario Peragallo (1910-1996) é a responsá vel por uma evolução estilística que o fez acolher os mais variados procedimentos, sem jamais filiar-se definitivamente a esta ou aquela escola ou tendência. Notam-se afinidades muito grandes com Zandonai e o mundo do Neo-romantismo em sua primeira ópera, *Ginevra degli Almieri*, resultado dos estudos de composição com Casella. Não só a música, mas também a interpretação de Augusta Oltrabella no papel título, foram muito elogiadas quando a ópera estreou no Teatro Real de Roma, em 13 de fevereiro de 1937.

Em *Lo Stendardo di San Giorgio* (Gênova, 1941), já se percebe a tentativa consciente de revitalizar as tradições veristas italianas mediante a incorporação de dissonâncias e técnicas vanguardistas. Peragallo não chegará a romper definitivamente com o sistema tonal mas, no "madrigale scenico" *La Collina* (Veneza, 1947), é forte a atração pelos princípios do serialismo que, desde 1945, vinha despertando o seu interesse. Esse hibridismo, que o faz flutuar sem preconceitos do tonal para o atonal, é a linha adotada em sua obra mais conhecida, *La Gita in Campagna*, livremente adaptada do conto *Andare Verso il Popolo*, de Alberto Moravia.

Ao lado de *La Guerra*, de Renzo Rossellini, *O Passeio pelo Campo* constitui, no campo da ópera, um dos exemplos mais característicos do movimento Neo-realista, que surge na Itália de pós-guerra, e tem seus maiores representantes em escritores como Moravia, Elsa Moranti ou Ignazio Silone, e em cineastas como Rossellini e Vittorio de Sica. A forma impiedosa como esta brilhante ópera em um ato descreve o caos em que o país ficou, depois da retirada dos alemães, em 1945, foi a responsável pelo fracasso na estréia. Em 24 de março de 1954, o público conservador do Scala sentiu-se chocado com a realidade impiedosa que lhe era atirada na cara. Como acontece com freqüência, foi preciso que a ópera fizesse sucesso na Alemanha e nos EUA, onde sua originalidade foi reconhecida e aclamada, para que os principais teatros italianos a encenassem e lhe dessem valor. Infelizmente, não há desta ópera, nem de qualquer outra obra de Peragallo, gravações disponíveis em catálogo.

O sociólogo Mario está viajando pelo campo com Ornella, sua mulher, quando o seu carro quebra, e eles são obrigados a ver de perto a situação de penúria em que vivem os habitantes do interior, que perderam com a guerra tudo o que tinha. São calorosamente acolhidos por Leonia, uma camponesa que se dispõe a ajudá-los. Em conversa, ela lhes revela que, por necessidade, todos os membros de sua família tornaram-se ladrões. O interesse acadêmico de Mario pelos problemas do campesinato é submetido a um teste cruel. Após algumas horas de hospedagem muito simpática, e de contato amistoso com aquela gente morta de fome, mas simpática e aparentemente alegre, Mario e Ornella conseguem seguir viagem. Vão comovidos com a generosidade de um povo pobre, mas de bom coração – pelo menos até descobrirem que seus anfitriões lhes roubaram todo o dinheiro, os objetos pessoais mais preciosos, e até mesmo as peças mais finas e caras de vestuário.

Peragallo combina linhas vocais cantábile, que lembram muito o estilo neo-pucciniano de Gian Carlo Menotti, e angulosas texturas dodecafônicas com as quais obtém efeitos contrastantes de vivo colorido. A uma orquestra tradicional de porte reduzido juntam-se um acordeon, um saxofone e uma bateria de jazz, que permitem a distorcida reconstituição da música popular em voga na virada dos anos 1940-1950. Esse estilo deliberadamente "poluído", debochadamente caricatural, que não hesita em cruzar a fronteira entre o erudito e o popular, surge também na última obra de Peragallo para o palco, a comédia *La Parrucca dell'Imperatore* (Festival de Spoleto, 1959), baseada em um conto de Andersen – teoricamente concebida para um público jovem, mas impregnada de um humor negro que a torna plenamente compreensível para um público mais maduro.

Peragallo foi um cultor da música instrumental, principalmente concertante. Em seus dois concertos para piano, no *Concerto para Violino* e principalmente no *Concerto para Orquestra* (1987), propôs-se a reatar com a nobre tradição instrumental italiana do Settecento. Mas suas múltiplas atividades administrativas e como animador cultural – ele foi diretor da Accademia Filarmonica de Roma (1950-1954) e presidente da Società Italiana di Musica Contemporanea (1960-1996) – o mantiveram afastado da composição durante a década de 70. Retornou a ela no final da vida, enveredando por trilhas experimentalistas que o levaram a escrever *Emircal*, para grande orquestra e fita magnética, em memória de Luigi Dallapiccola (1987); ou os complexos *Tre Ricercari sul Totale Cromatico* (1989), para piano a quatro mãos, em estilo dodecafônico livre.

ROTA

A fama das trilhas sonoras personalíssimas que Nino Rota Rinaldi (1911-1979) escreveu para os filmes de Federico Fellini faz esquecer que ele é o autor de vasta obra instrumental – três sinfonias, concertos para harpa e para piano, peças de câmara –, além de representativa produção operística. Aluno de Orefice, Nino Rota foi um menino prodígio: aos onze anos, escreveu o oratório *L'Infanzia di San Giovanni Battista*, cantado em Milão em 1923. Estudou também com Casella e Pizzetti, e foi professor em Taranto e Bari, antes do cinema absorvê-lo completamente na tarefa de lhe fornecer partituras de estilo inconfundível.

Longe de preocupar-se com a pesquisa formal, Rota escreveu música de diatonicismo deliberado, harmonicamente límpida, com um senso de medida formal tipicamente clássico. "É o tipo de compositor", diz John Warrack, "que não tem vergonha nenhuma de ser melodioso." Gosto pelos paralelismos e andamentos simétricos, pelas citações mais ou menos dissimuladas e pelo pastiche são outras características de seu estilo. Na música para teatro, Rota praticou os números fechados e as melodias cantábiles, numa linha que remonta voluntariamente à tradição de Rossini e Donizetti. São dele:

- o "conto de fadas" *Il Principe Porcaro*, escrito em 1926 visando o público adolescente;
- *Ariodante* (1942), que revisita as formas da *opera seria* barroca;
- *Torquemada* (1943), baseada em um drama de Victor Hugo;
- a comédia radiofônica *I Due Timidi* (1950), extraída de uma farsa de Labiche, encomendada e transmitida pela RAI de Milão – mas encenada em Londres em 1952;
- a "fábula musical" para crianças *Lo Scoiattolo in Gamba* (O Esquilo Esperto), de 1959;
- *Aladino e la Lampada Magica* (1960);
- e *La Visita Meravigliosa* (1970), baseada num dos contos fantásticos de H. G. Wells.

Deste grupo, *Torquemada* está precisando urgentemente ser redescoberta. Em pleno Fascismo, foi muito ousado Nino Rota e seu libretista, Ernesto Trucchi, terem escolhido, como assunto para uma ópera, o drama mais sombrio e desesperado de Victor Hugo, escrito no exílio em 1869, e publicado em 1882 como forma de denunciar os *pogromim* antisemitas na Rússia (assunto que, na fase mais intensa da II Guerra, era absolutamente tabu). O grande inquisidor Torquemada é um fundamentalista que não hesita em mandar para a fogueira até mesmo os judeus a quem deve terem-lhe salvado a vida pois, a seus olhos, eles são antes de mais nada hereges. A essa personagem de poder ilimitado, que cria o Inferno na terra, devido à sua ambição delirante de eliminar Satanás, opõe-se a figura do rei Ferdinando, fraco, libertino, incapaz de impedir que a verdadeira autoridade seja exercida pelo monge fanático. Paralelamente, desenrola-se a história infeliz do amor de Don Sancho e Donna Rosa, muito jovens e inocentes, dilacerados entre a arbitrariedade do poder do Estado e a cegueira criminosa da intolerância religiosa. E planando sobre esse quadro sinistro, a certeza de que, difusa na natureza, existe uma presença divina independente do culto, das certezas dogmáticas, da repressão em nome da fé.

Naturalmente, essa composição inconformista – a de caráter mais sério e contestador na obra de Rota – não pôde ser estreada na época em que foi escrita. Esperou até 24 de janeiro de 1976, quando foi encenada por Virginio Puecher, no San Carlo de Nápoles, sob a regência de Maurizio Arena. No elenco, Carlo Cava no papel título, Robleto Merolla e Wilma Vernocchi como o casal de namorados, Antonio Boyer como o rei. Trucchi foi obrigado a desbastar os episódios acessórios de uma peça muito longa, reduzir o número de personagens, simplificar a intriga; mas conseguiu preservar o essencial do pensamento hugoliano e construir um *grand opéra* que se insere, naturalmente, na linhagem do *Don Carlos*, com o qual tem pontos de contato óbvios: ambientação espanhola, cena de auto-da-fé, conflito entre a Igreja e o trono.

Rota quer, em *Torquemada* como em suas demais óperas, manter-se fiel à tradição da *italianità* lírica: as vozes têm o lugar de honra, a melodia predomina, a estrutura sinfônica põe-se a serviço da dramaturgia. Em vez de renovar o gênero, como pretendia a *Generazione dell'Ottanta*, o que ele deseja é recriar um drama na linha das grandes óperas do apogeu romântico, tecendo em sua partitura toda uma rede de referências a procedimentos consagrados, que tem como base a profusão melódica e o culto do belcanto. *Torquemada* dá papel de destaque à voz de uma maneira como não se fazia havia décadas, mas também resgata os números – ária, dueto, trio, cena de conjunto – em função das diversas emoções fortes que precisa expressar: encantamento amoroso, recolhimento religioso, frenesi fanático, pompa das cerimônias oficiais.

Para unificar uma ópera que retoma a antiga estrutura de números, Rota usa motivos recorrentes, mais à maneira pucciniana do que do *leitmotiv* wagneriano – ou seja, trabalhando com fórmulas temáticas que passam por modificações instrumentais ou rítmicas, mas não são submetidas a modulações ou expansões harmônicas. Uma melodia simples e terna evoca o amor dos jovens; uma frase pensativa e melancólica representa as dúvidas do marquês de Fuentel, dilacerado entre a sua consciência e a necessidade de obedecer ao poder; e, no ato III, o tema solene associado ao inquisidor é imposto ao coro dos penitentes, como uma demonstração da força que esse homem exerce sobre eles.

Há ao mesmo tempo, nesse drama de grandes proporções em que a multidão de personagens hugolianas foi reduzida a apenas sete, um lado intimista, meditativo, que neutraliza os aspectos puramente exteriorizados e exibicionistas do *grand-opéra*. A morfologia da ópera é aparentada à dos superespetáculos meyerbeerianos, o discurso conserva a empostação do drama épico de Victor Hugo, mas a concentração do interesse mais nos sentimentos e reações de um grupo restrito de seres do que na cor local ou nos episódios pitorescos dá a *Torquemada* uma grande intensidade psicológica. Na verdade, pela violência que a impregna e a forma progressivamente paroxística com que ela é conduzida, esta é uma ópera que encontra muitos pontos de contato com uma concepção do ritual cênico como a do "teatro da crueldade", formulado por Antonin Artaud. Caso isolado dentro da ópera de um compositor que tem uma visão irônica e amavelmente rossiniana da vida humana, *Torquemada*, pela época em que foi concebida, é certamente a manifestação dos sentimentos muito fortes experimentados pelo artista durante os anos negros da guerra.

Três das óperas de Nino Rota ganharam o favor do público e ainda são freqüentemente apresentadas na Itália. A primeira e mais famosa delas, *Il Cappello di Paglia di Firenze*, foi composta em 1944 "como uma diversão", no dizer do próprio compositor. Por modéstia e falta de interesse em envolver-se nas polêmicas da época sobre a verdadeira natureza da ópera contemporânea, Rota não planejava encená-la. Mas o diretor do Teatro Massimo de Palermo o ouviu executando a partitura ao piano e, sem mesmo consultá-lo, programou o *Cappello* para a temporada de 1955. A comédia estreou em 21 de abril daquele ano, com enorme sucesso – nada perdendo, desde então, de sua popularidade. Com a colaboração de sua mãe, Ernesta Rota, o próprio compositor adaptara a apreciadíssima farsa *Le Chapeau de Paille d'Italie*, de Eugène Labiche e Marc Michel, um modelo do gênero "boulevardier" francês (René Clair extraiu dela um de seus melhores filmes da fase muda). Dessa ópera existe, em disco e vídeo (RCA Italiana), a gravação do próprio autor feita na Ópera de Roma em 1975. A TV Cultura de São Paulo tinha também o vídeo de um espetáculo com elenco brasileiro, de 1994, montado no Teatro Paulo Eiró sob a regência do maestro Jamil Maluf. Benito Maresca, Kátia Guedes e Sandro Christopher participam dessa montagem. Dessa fita circulam, naturalmente, várias cópias domésticas.

Ao atravessar o Bois de Boulogne, o cavalo da carruagem de Fadinard come um chapéu de palha esquecido em cima de um arbusto – atrás do qual está a bela e infiel Anaïde em meio a um encontro galante. Emilio, o truculento oficial que a acompanha, exige que um chapéu idêntico, de palha florentina, lhe seja devolvido. Só assim ela poderá voltar para casa sem que Beaupertuis, seu marido, desconfie. Acontece que este é justamente o dia do casamento de Fadinard com Hélène e, durante todo o tempo, ele terá de driblar a família da noiva, enquanto corre de um lado para o outro à procura do chapéu, de uma palha extremamente rara, difícil de achar no comércio. No final, quando já está se resignando a ser desafiado para um duelo pelo militar, descobre que o tio Vézinet – a quem contara o incidente no bosque logo no início da ópera – trouxera de presente a Hélène um chapéu exatamente igual ao que estava procurando. O único problema é que o velho tio de sua noiva não podia lhe dizer que tinha, dentro da caixa que carregava ao chegar, a solução para todos os seus problemas: ele é inteiramente surdo, e não ouvira uma só palavra do que lhe tinha sido contado. Localizado o chapéu salvador, o casamento pode finalmente se realizar.

A agitada intriga de Feydeau é ideal para a proposta de Rota de recriar uma ópera bufa de corte rossiniano, com música ligeira, despretensiosa, mas de tom infalivelmente adequado – que prolonga o trabalho nesse sentido feito por Wolf-Ferrari. Rota sabe caracterizar, com meios musicais extremamente variados, os diversos locais por onde Fadinard é obrigado a trafegar ao longo de sua busca:

- o ateliê da modista onde Anaïde comprou o chapéu;
- a mansão da baronesa de Champigny – que comprou um outro exemplar idêntico ao de Anaïde; Fadinard, seguido de toda a família de Hélène, irrompe em sua casa durante uma recepção que ela está oferecendo, causando imensa confusão;
- a casa do mal-humorado Beaupertuis, o marido enganado, que não entende nada do que lhe está acontecendo.

É rica também a palheta sonora com que Rota desenha uma galeria muito variada de figuras humanas:

- as voláteis sonoridades com que ele retrata a adúltera e seu amante fanfarrão, sempre pronto a desafiar Fadinard para um duelo e a lavar com sangue a (frágil) honra de Anaïde;
- as melodias pesadas e ásperas que sugerem o mau-humor crescente de Nonancourt, pai de Hélène, homem bronco e cada vez mais irritado com o comportamento inexplicável do noivo; tem efeito cômico cumulativo o "Tutto a morte" que ele repete, a torto e a direito, ao suspeitar que o ex-quase-genro pretende largar sua filha na rua da amargura;
- a melancolia que caracteriza as melodias da pobre Hélène, desconfiada de que Fadinard deixou de amá-la e está apenas procurando um pretexto para não ter de se casar;
- os ritmos desajeitados que sugerem o problema do tio Vézinet, surdo como uma porta, sempre dependurado em sua corneta acústica, tendo nas mãos, desde o início, a solução do problema, mas sem condições de perceber o que está acontecendo;
- e, o melhor de todos eles, as melodias tipicamente bufas ligadas ao corno Beaupertuis, rabugento como o Bartolo do *Barbiere*, recriado com todas as tintas clássicas do baixo de comédia: é ele quem conduz, no ato III, a cena de conjunto mais hilariante de toda a ópera, "Io casco dalle nuvole", o tí-

pico "concertato de estupefação" de corte rossiniano, no momento em que o bando de alucinados irrompe por sua casa adentro.

Além disso, às formas operísticas tradicionais, Rota junta, com mão levíssima, as inflexões e ritmos da canção popular. Uma valsa de *café chantant* se insinua no dueto entre Fadinard e a baronesa de Champigny, quando ela o confunde com o célebre violinista Minardi, que contratou para entreter seus convidados. Nesta partitura escrita para ele mesmo, Rota não se recusa nem mesmo o prazer da auto-citação: um tema da trilha sonora de *Lo Sceicco Bianco*, escrita para Fellini em 1952, foi inserido no finale, numa das revisões feitas na partitura antes da estréia. O número mais memorável do *Chapéu de Palha* é "Come um piccol fior d'april", em que Fadinard fala carinhosamente de seus sentimentos pela noiva. Trata-se de um clichê, a ária em que o noivo antecipa a felicidade conjugal; mas vazado num estilo descontraído de *chanson* de café-concerto, reminescente das que Erik Satie compunha na década de 1890. Ao lado disso, há procedimentos sofisticados como o uso de *leitmotive*. Mas eles sempre têm um contorno melódico ingênuo: é o caso de "Tutta Parigi noi giriam", o coro dos convidados que seguem Fadinard em suas andanças pela cidade, e vai ficando tenso à medida que eles se perguntam o que significa aquele corre-corre.

John Waterhouse não deixou de apontar a afinidade entre a recriação livre que Rota faz do idioma rossiniano e os inesperados torneados harmônicos do neoclassicismo de Prokófiev na *Sinfonia Clássica* ou em *O Amor das Três Laranjas*. O desdém com que certa crítica encara *O Chapéu de Palha de Florença* é apenas fruto de um preconceito tolo. A inteligência e a verve com que ela faz reviver um grande modelo cômico do passado – italiano até a raiz dos cabelos – e a facilidade com que consegue comunicar-se com o público são razões mais do que suficientes para consagrá-la.

A comédia em um ato *La Notte di un Nevrastenico*, com texto de Riccardo Baccheli, ganhou o prêmio internacional instituído em 1959 pela RAI Italiana, e foi montada em 8 de fevereiro do ano seguinte, no Piccola Scala. A personagem-título é um maníaco por silêncio, que precisa passar a noite num hotel. Para garantir uma noite tranqüila, ele aluga também os quartos contíguos ao 81, em que o puseram. Mas aquela é uma noite em que há muita procura e o recepcionista, ignorando as suas instruções meticulosas, acaba colocando um velho Comendador no 80 e um jovem casal apaixonado no 82. Mal o Neurastênico se instalou e está para pegar no sono, o Comendador joga ruidosamente as botinas no chão e o acorda. Do outro quarto, vêm os inequívocos gemidos e sussurros do casalzinho em lua-de-mel. O Neurastênico põe em pé de guerra todo o hotel, até conseguir fazer valer os seus direitos e expulsar os intrusos. Mas quando acha que vai finalmente descansar, batem de novo em sua porta: já são seis horas e, obedecendo a seu pedido da noite anterior, o garçom lhe está trazendo um café bem quentinho.

Este um equivalente moderno do *intermezzo* barroco, com ação simples, personagens banais, recitativos muito ágeis e curtas cançonetas de estilo bastante descomprometido. A verossimilhança da figura do Neurastênico, que deve ser engraçado sem ser caricato, depende muito da presença cênica e do senso de medida de seu intérprete – como foi amplamente o caso de Tito Gobbi, o criador do papel. Como é curta e fácil de montar, é ópera de predileção dos teatrinhos de província e dos grupos amadores. Denise Fedeli fez, com a Ópera da Calábria, a gravação existente no selo Discantica.

O próprio Edoardo de Filippo preparou para Rota o libreto de *Napoli Milionaria*, extraído de sua comédia de 1945 sobre as tramóias de uma família napolitana para sobreviver durante a ocupação americana (nela Vittorio de Sica baseou um filme de muito sucesso, rodado em 1954). A meio caminho entre a opereta e o musical de tipo americano, a obra foi escrita para o XX Festival dos Dois Mundos, de Spoletto, e encenada em 22 de junho de 1977, no Teatro Caio Melisso. A crítica torceu o nariz para uma partitura que considerou "popularesca". O público deu-lhe a mais espontânea das adesões. A escrita, jogando com melodias de estilo folclórico para retratar as personagens locais, e ritmos de jazz para caracterizar os ocupantes estrangeiros, é de uma enorme segurança técnica. Mas os adversários da peça alegam que, nela, a música exerce mais a função de uma trilha sonora de filme do que realmente de partitura operística dramaticamente integrada. O que não impede a platéia de acolhê-la com todo entusiasmo, cada vez que é reprisada.

Bucchi

Muito cioso de sua independência intelectual, Valentino Bucchi (1916-1976) sempre manifestou grande interesse pela Segunda Escola de Viena, a ele revelada por Luigi Dallapiccola, com quem estudou composição no Conservatório de Florença. Mas nunca optou pela ortodoxia dodecafônica, preferindo praticar uma linguagem eclética, essencialmente tonal, porém aberta às mais versáteis sugestões vanguardistas. Como Peragallo, mostrou-se também, desde cedo, despreconceituoso em relação às fronteiras entre o erudito e o popular, pois as formas do musical de estilo americano sempre o atraíram. Isso fica bem evidente na música irreverente e de caráter grotesco que escreveu para sua primeira experiência cênica, *Il Giuoco del Barone* (1939) – inspirado por um tradicional jogo de dados da Toscana – a que deu o subtítulo de "*un jeu d'esprit*". As aventuras do Barão, uma figura tristonha e quixotesca, seguem o progresso dos lances de dados no jogo.

Paralelamente, Bucchi era apaixonado por música antiga, e foi um dos organizadores do Festival Anfiparnasso, em Roma, no qual foram apresentadas obras da Renascença e Protobarroco, e obras experimentais inspiradas em técnicas do *Seicento*. Tratava a música do passado, porém, com a mesma liberdade com que compunha, fazendo arranjos deliberadamente "inautênticos" de compositores medievais ou renascentistas, em peças como o balé-coral *Laudes Evangelii*, de 1952. Foi muito polêmica, de resto, a acolhida que os musicólogos deram à adaptação que ele fez, em 1953, de *Li Gieus de Robin et de Marion*. A desenvoltura com que manipulou essa comediazinha profana, escrita pelo trovador Adam de la Halle no séc. XIII, acaba fazendo com que *A História de Robin e de Marion* se transforme praticamente numa obra original. Hoje, todavia, as "ousadias" da década de 1950 parecem datadas e sem o mesmo poder de escandalizar.

Na verdade, resistiu melhor ao tempo a peça mais conhecida de Bucchi, talvez porque sua abordagem seja relativamente tradicional. O libreto, extraído por Mario Mattolini e Mauro Pezzati do conto *Román s Kontrabássom* (Romance com Contrabaixo), de Anton Tchekhóv, contém a mistura de humor e melancolia que convém ao temperamento do compositor. E fez com que *Il Contrabasso* fosse muito bem aceita quando estreou, no Teatro della Pergola, de Florença, em 20 de maio de 1954.

Triste da vida, um mal-sucedido contrabaixista vai passear à beira do lago, para esquecer suas mágoas, e vê a princesa se banhando. Despe-se, entra no lago, mas enquanto brinca alegremente na água com ela, um ladrão leva as roupas dos dois. Ao ouvir o barulho de pessoas que se aproximam, o músico deixa galantemente que a assustada princesa se esconda dentro da caixa de seu instrumento, e vai para detrás de uns arbustos. Os companheiros do contrabaixista, que foram contratados para tocar no palácio, no noivado da princesa, aparecem e, sem saber o que há dentro da caixa, levam-na consigo. No palácio, está todo mundo muito preocupado, pois a princesa desapareceu; e a corte fica escandalizada quando os músicos abrem a caixa do contrabaixo e a descobrem lá dentro. Enquanto isso, abandonado à beira do lago, o contrabaixista toca uma melodia tristonha que traduz todo o seu desconsolo. Está anoitecendo e as pessoas que passam pelas vizinhanças fogem apavoradas, ao ouvir o som do contrabaixo, de cortar o coração, pois acreditam tratar-se dos gemidos de alguma alma penada.

A música do *Contrabaixo* é tonalmente ambígua, com um uso bastante acentuado do cromatismo e um estilo de escrita modal que remete aos autores antigos da predileção de Bucchi. Comparecem, principalmente quando é necessário retratar a corte, alguns pastiches de música medieval, tanto nos instrumentos quanto na forma de tratar a linha vocal. E, como não podia deixar de ser, há passagens concertantes bem desenvolvidas para o instrumento que dá título à obra. Discreto e bem realizado é o pastiche, no final, da cena do *Wozzeck* em que, ouvindo os gemidos de agonia da personagem que se afoga, o Capitão e o Médico fogem assustados da beira do lago.

Técnicas dadaístas de "montagem" conferem caráter mais arrojado à "cantafavola" *Una Notte in Paradiso*, ópera radiofônica composta em 1960 para a RAI: nela, Bucchi explora todas as possibilidades de manipulação do som oferecidas por esse meio de comunicação. O libreto sai de um dos contos das *Fiabe Italiane*, de Italo Calvino. Nele, dois amigos decidem ser sempre o padrinho um do outro, não importa quantas vezes eles se casem. Um deles morre, mas quando o companheiro está para casar-se de novo, ressuscita e vem cumprir sua promessa. É de tal forma metralhado pelas perguntas do outro sobre o paraíso, que acaba concordando em levá-lo lá para dar uma olhadinha. Ao voltar para a terra, porém, o visitante do céu descobre que passou trezentos anos morto e, em sua ausência, a noiva morreu de tristeza. O interesse de Bucchi pelo folclore o faz utilizar temas de musica étnica não só da região de Friuli, onde a história se passa, mas também de outras partes da Itália.

O ponto culminante do experimentalismo de Bucchi vem em 1970 com *Il Cocodrillo*. Na sátira de Dostoiévski, um homem descobre a felicidade e a forma ideal de se relacionar com as outras pessoas, ao ser engolido vivo por um crocodilo. A partir dessa historinha surrealista, Bucchi cria uma farsa em que se combinam canto, fala, dança, mímica e projeção de filmes, numa partitura em que, à composição tonal, vêm juntar-se recursos seriais, *clusters* ("cachos" de acordes em seqüência), escrita em quartos de tom, e trechos pré-gravados de música eletrônica. O último trabalho cênico de Bucchi foi uma edição do *Orfeo* de Monteverdi, preparada para uma transmissão radiofônica da RAI em 1967, e exibida no ano seguinte pela televisão.

CHAILLY

A influência de Hindemith, com quem fez um curso de composição em Salzburgo em 1943, levou Luciano Chailly (*1920) a optar por uma linguagem neoclássica à qual, posteriormente, não hesitou em combinar, com certa parcimônia, elementos seriais ou até mesmo eletro-acústicos. Desde a estréia em Bergamo, porém, com *Ferrovia Sopraelevata* (1955), Chailly preocupou-se em praticar um idioma afastado dos extremos tanto vanguardistas quanto conservadores, visando essencialmente à comunicação imediata com o público.

Foi isso o que garantiu o sucesso de *Una Domanda di Matrimonio* – com libreto de Carlo Fino e Saverio Vertone, baseado na comédia de Tchékhov. Desde a estréia no Scala, em 22 de maio de 1957, até o início da década de 1990, essa comédia tinha sido encenada mais de duzentas vezes em diversos teatros da Itália. Nino Sanzogno regeu o excelente elenco – Luigi Alva, Eugenia Ratti e Renato Capecchi –, muito aplaudido ao criar a historiazinha simples, mas cheia de bom-humor, do tímido Lômov e suas desastradas tentativas de pedir, mais por interesse do que por amor, a mão de Natália, filha solteirona de seu vizinho Tchábukov. Porém, cada vez que tenta falar com ela a esse respeito, o temperamento estourado da moça os faz brigarem, primeiro porque há um litígio de terras na fronteira entre suas propriedades, depois por causa de seus cães de caça. No final, é o pai de Natália quem tem de intervir e fazer o pedido em lugar de Lômov. Mas como, daí a pouco, eles já estão discutindo de novo, o pai conclui: "Estão vendo? A felicidade conjugal já começou."

A veia cômica, de que Chailly já dera mostras nessa pequena ópera, espraiou-se, adquirindo conotação surrealista muito característica, a partir do momento em que ele passou a trabalhar com o contista e dramaturgo Dino Buzzati. Adaptando seus próprios escritos, Buzzati preparou para ele os libretos de *Il Canto del Cigno* (1957), *La Riva delle Sirte* (1958) e, principalmente, *Procedura Penale*. Resultado mais satisfatório dessa colaboração, *Processo Penal* foi encomendado pelo Festival de Como. Na época da estréia, em 30 de outubro de 1959, a crítica foi unânime em proclamá-la como um dos exemplos mais bem-sucedidos do moderno teatro lírico italiano.

O maior problema da condessa Domitia Delormes é saber se põe leite ou limão no chá dos amigos que está recebendo. A conversa é de uma futilidade a toda prova: o tempo, o best-seller da moda, um nobre que rompeu o noivado por causa de uma modelo, a viuvez recente de sua amiga Paola. Mas as suspeitas de que a dona da casa foi responsável por um crime surgem por acaso, se adensam e, de repente, as máscaras caem, os convidados vêem-se transformados em um tribunal que a julga impiedosamente e a condena à pior das penas: viver eternamente nesse ambiente fútil, entre falsos amigos. As luzes se apagam rapidamente, voltam a se acender, e as pessoas, com o rosto inanimado e inexpressivo, retomam a mesma conversa idiota de antes. A Domitia, resta um problema insolúvel: leite ou limão?

A ácida sátira já presente nas óperas compostas sobre textos de Buzzati – realçada por uma música irônica, que recorre de boa vontade ao pastiche e à citação – consolida-se em seguida, e adquire sabor nitidamente surrealista, nas duas melhores produções de Chailly. Ambas têm libreto de Gilberto Loverso e baseiam-se em romances russos. *Il Mantello* (Florença, 1969) usa todos os recursos do humor negro para reconstituir a história, contada por Nikolái Gógol, do pobre funcionário público Akáki Akakiévitch, cujo maior desejo é possuir um capote luxuoso – sonho logo frustrado, pois é roubado na primeira vez em que sai com a refinada vestimenta, na qual empenhou todas as suas economias. *L'Idiota*, cantada pela primeira vez na Ópera de Roma, em 18 de fevereiro de 1970, segue muito de perto o famoso romance de Fiódor Dostoiévski e condensa de forma eficiente o drama do príncipe Liev Nikoláievitch Mýshkin. Mantido num estado de total inocência em relação às maldades do mundo, pois passou a maior parte da vida num sanatório da Suíça, tratando-se de epilepsia, Mýshkin apaixona-se pela bela Nastássia. Várias vezes apresentada na Itália, Alemanha e França, o *Idiota* foi muito bem recebida pela crítica, que vê nela a obra mais bem acabada de Chailly. O compositor consegue dar vida intensa à sua patética personagem, que perde inteiramente a razão quando Nastássia é assassinada pelo comerciante Rogózin, que também a deseja.

La Cantatrice Calva – com texto de Eugène Ionesco traduzido para o italiano e levemente condensado por Gian Renzo Morteo – foi escrita para a abertura da temporada de 1985-1986 no Piccola Scala. Mas, com o inesperado fechamento do teatro, acabou sendo estreada, em 5 de novembro de 1986, na Kammeroper de Viena (para a qual, em 1975, Chailly já tinha escrito *Il Libro dei Reclami*). Essa "anticomédia" fez muito sucesso ao ser apresentada (retraduzida para o francês) no Théâtre de l'Opéra-Comique de Paris, em abril de 1997. Não tenho, porém, notícia de que ela já tenha sido encenada na Itália.

Não há como resumir a ação da *Cantora Careca*, modelo do Teatro do Absurdo, série de delirantes conversas entre dois casais, os Smith e os Martin. O próprio Ionesco conta ter-se inspirado nos diálogos de seu manual Berlitz para aprender inglês. Nesse manual, aparecia um casal que, embora aparentemente casado havia muito tempo, estava a todo momento se dizendo coisas que já deveria saber: como se chamavam, onde moravam, quantos filhos tinham, e assim por diante. Esse é o teor dos diálogos absurdos das personagens, às quais vem juntar-se a empregada Mary, mulher emancipada e decidida que, a princípio, parece ter os pés no chão. Mas é ela a primeira a escancarar as portas da irracionalidade total, seguida pelo Chefe dos Bombeiros que, ao aparecer em cena, desencadeia o processo final de insanidade.

A música de Chailly para essa "antiópera", a princípio tonal e aparentemente bem-comportada, vai aos poucos descarrilando e, através de efeitos harmônicos estranhos e inesperados, acentuando a perda do contato com todas as formas codificadas de comunicação, até a dissolução completa da chamada normalidade. A ópera tem a estrutura de vinte variações sobre o tema inicial, correspondendo às batidas irregulares e ilógicas do relógio de pêndulo que pontua a "não-progressão" da peça. Séries de seqüências rítmicas muito intrincadas estão associadas a cada personagem. Além disso, elas são caracterizadas por timbres instrumentais insólitos: bandolim, violão, cravo e harpa para os Smith; quinteto de cordas com afinação muito estranha para os Martin; sopros agressivos para Mary e o Chefe dos bombeiros.

Na peça de Ionesco, a cantora que dá título à obra nunca aparece. A única referência a ela é feita, em dado momento, por uma das personagens, que pergunta: "E a cantora careca?" E obtém a resposta: "Ela continua a se pentear do mesmo jeito." Em Chailly, como se trata de uma ópera, a cantora careca não poderia deixar de dar o ar da graça. Sua entrada triunfal em cena, cantando uma ária sem palavras, de coloratura agudíssima, dá início ao extenso finale, em que a demência atinge o paroxismo.

Chailly é também um prolífico autor de música instrumental. Nesse setor destaca-se, em particular, a série das *Sonatas Tritemáticas*, para diversas formações – piano solo, orquestra, coro e orquestra, violoncelo ou violino com piano –, que demonstram muita riqueza de invenção. Escolhido como consultor musical da RAI em 1953, Chailly é também um ensaísta fecundo. Seu filho Riccardo, regente de grande prestígio, esteve em 1998 no Brasil, à frente da Orquestra do Concertgebouw de Amsterdã, da qual na época era o titular.

Outros Nomes

Epígonos veristas, defensores da tradição, simpatizantes do Impressionismo de origem francesa ou do Neo-romantismo de matriz germânica, musicos atraídos pelo Neoclassicismo, pelas inovações de vanguarda, pela possibilidade de cruzar formas eruditas e populares, ou de contaminar formas tradicionais com aquisições da vanguarda do *primo Novecento*: – neste capítulo estão reunidos diversos compositores menos conhecidos, das mais variadas tendências, que complementam o quadro do desenvolvimento operístico italiano no longo período que vai das proximidades de 1890 até o final da II Guerra Mundial.

Autores Nascidos no Século XIX

Bimboni

O pai de Oreste Bimboni (1846-1905) foi um notável clarinetista florentino, autor de um método para o estudo desse instrumento e criador do "bimbonclaro", uma espécie de clarineta-baixo. Foi ele o professor de música do filho que, muito cedo, tornou-se conhecido como um competente regente de ópera. Trabalhou em Berlim, Praga e Budapeste, e foi escolhido para dirigir a orquestra do Scala quando a companhia se apresentou na Exposição Internacional de 1895, em Hamburgo. Nessa ocasião, estreou a sua *Santuzza*, tentativa infrutífera de repetir o sucesso da *Cavalleria* usando uma versão levemente modificada da peça de Verga. Foi um respeitado professor de canto nos conservatórios da Nova Inglaterra, em Boston, e de Florença. Foi também o autor de *La Modella* (1882), encomendada pelo tenor espanhol Antonio Aramburu para apresentação em Berlim.

Oreste era sobrinho de Giovacchino Bimboni, professor de trombone e inventor do "bimbonifônio", instrumento de sopro grave com sete tubos adicionais e duas fileiras de chaves dispostas em forma de teclado – que nunca conseguiu se impor porque era tecnicamente de uso muito complicado.

A família Coronaro

Organista e professor de piano em Vicenza, Antonio Coronaro (1851-1933) foi basicamente autor de música sacra. Mas deixou as óperas *Seila* (1880) e *Falco di Calabria* (1901), esta última de cunho verista. *Olinta e Simone*, *La Maliarda* e *Edward* ficaram inéditas. Seu filho Arrigo (1880-1906), também autor de música sacra, ficou conhecido pela ingênua e inútil tentativa de repetir o sucesso de Mascagni numa ópera intitulada *Turiddu* (1905).

Gaetano Coronaro, o irmão do meio de Antonio, foi aluno de Franco Faccio e o substituiu no Conservatório de Milão, onde se tornou um admirado professor de harmonia e contraponto. Conseguiu fazer encenar as pós-românticas *Un Tramonto* (1873) e *La Creole* (1878), a verista *Il Malacarne* (1894) e, mais tarde, a comédia *Un Curioso Accidente* (1903), que teve sucesso efêmero. *La Signora di Challant* e *Enoch Arden*, baseda no poema de lord Tennyson, ficaram inéditas.

O irmão mais novo, Gellio Benvenuto Coronaro (1863-1916), pianista e regente, também iniciou a carreira de operista com *Jolanda* (1883), de cunho pós-romântico. Bandeou-se para o Verismo com *Festa Marina* (1893). A comédia sentimental *Claudia* (1895) e a bufa *Bertoldo* (1910) têm tom mais pessoal, pois estão desligadas da obediência a preceitos de escola.

Ferroni

Aluno de Jules Massenet no Conservatório de Paris – onde as suas sinfonias e os poemas-sinfônicos *Ariosto* e *Risorgimento* se fizeram notar – Vincenzo Ferroni (1858-1934) estava destinado a se tornar o mais notável professor de composição do Conservatório de Milão, onde foi o sucessor de Ponchielli. Vários dos compositores aqui elencados foram seus alunos e assimilaram o seu gosto pela forma clara, e a sua falta de preconceito para incorporar influências estrangeiras, desde que acomodadas às características próprias da música italiana. *Rudello* recebeu o terceiro lugar no Concorso Sonzogno, em 1890, o mesmo ano da descoberta da *Cavalleria*. Como essa ópera em um ato foi muito bem acollhida ao estrear, no Costanzi, de Roma, o público ficou atento às produções seguintes, *Ettore Fieramosca* (Como, 1896) e *Il Carbonaro* (Milão, 1900), dois frutos típicos do Verismo que, na época, desfrutaram de bastante prestígio. Ferroni é o autor de importantes estudos: *Della Forma Musicale Classica* e um *Corso di Contrapunto e Fuga* até hoje utilizados nos conservatórios italianos.

Frontini

As pós-românticas *Nella* e *Aleramo* (1881) e a "azione biblica" *Sansone e Dalila* (1882) já tinham sido encenadas, sem despertar muita atenção, quando Francesco Paolo Frontini (1860-1939) decidiu dar a guinada verista à sua carreira com *Malìa* (1893). Esse dramalhão de paixões cruas lhe trouxe algum prestígio na fase em que *l'estetica del coltello* estava na crista na onda. Com a neo-romântica *Il Falconiere* (1899), porém, não obteve o mesmo resultado, tanto que desistiu de fazer representar *Il Galeotto*, do mesmo estilo. Preferiu dedicar-se ao ensino e à direção do Instituto Musicale de Catânia, a sua cidade natal.

Gastaldon

Com apenas 17 anos, Stanislao Gastaldon (1861-1939) adquiriu notoriedade como autor de romanças de câmara. Até hoje várias delas estão no repertório dos intérpretes de cançonetas: *Musica Proibita, Ti Vorrei Rapire, Frate Anselmo, All'Erta Sentinella, Donna Clara, La Musica Non Proibita, Labbra di Rosa*. Compunha também apreciadas marchas militares, até hoje executadas pelas bandas de música. Mas a grande ambição de Gastaldon era triunfar no teatro. Escreveu várias óperas, mas poucas foram as que conseguiu fazer encenar. *Mala Pasqua*, da mesma peça de Verga em que se baseia a *Cavalleria*, fez sucesso em Roma em 1890, porque aquele era o ano do triunfo retumbante de Mascagni no Concorso Sonzogno. *Pater*, do ano seguinte, ainda conseguiu capitalizar um pouco dessa fama. *Stellina* (1905) e *Il Reuccio di Caprilana* (1914), porém, já suscitaram reação bem mais indiferente.

A família Bossi

Filho do notável organista Pietro Bossi, foi com ele que Marco Enrico (1861-1925) iniciou os estudos musicais, que prosseguiram no Liceo de Bolonha e no Conservatório de Milão. Neste último, foi aluno de composição de Carlo Dominicetti e Amilcare Ponchielli. Organista do Duomo de Como entre 1890-1895, Bossi foi um dos maiores virtuoses desse instrumento em seu país. Como professor no Conservatório de Nápoles, revolucionou o ensino do órgão na Itália. Foi concertista aclamado em toda a Europa e nos EUA. Marco

Bossi era grande admirador de Brahms, mas temperava o gosto pelas formas clássicas com uma exuberância melódica tipicamente mediterrânea, o que fez com que a sua música instrumental e para órgão fosse muito apreciada na Alemanha. A obra operística é pequena. Bossi é mais importante na medida em que, como professor e depois diretor dos liceus musicais de Bolonha e Veneza, e do Conservatório de Santa Cecília em Roma, exerceu grande influência sobre os compositores da *Generazione dell'Ottanta*.

Ainda estudante de conservatório, Bossi compôs *Virtù e Delitto*, para ser encenada, com cantores no fosso, pelas marionetes do Teatro Gerolamo de Milão. Seguiram-se duas óperas em um ato, com libreto de seu amigo G. Machi: *Paquita*, peça de fim de curso, cantada por seus colegas no auditório da escola em 3 de dezembro de 1881; e *Il Veggente*, estreada no Teatro del Verme em 4 de junho de 1890 – a versão revista desta última fez muito sucesso quando foi apresentada no Hoftheater de Mannheim em 8 de outubro de 1906, com o título de *Der Wanderer* (O peregrino). Sua única ópera de grandes proporções, *L'Angelo della Notte*, com libreto de A. Fulgonio, nunca chegou a ser encenada. Bossi estava trabalhando em *Don Chisciotte e Malombra* quando morreu, de um acesso cardíaco, a bordo do navio *De Grasse*, ao voltar de uma triunfal turnê de concertos nos EUA. À sua obra lírica é preciso que se acrescente também o oratório cênico *Giovanna d'Arco* (1913), que pode ser apresentado como uma ópera. Bossi é um dos pioneiros do renascimento instrumental italiano na virada dos séculos XIX-XX, ao lado de Martucci, Sgambatti e Mancinelli. O selo Bongiovanni tem uma seleção de peças gravadas pelo organista Alberto Sachetti e o regente Sergio Frontalini, com a Sinfônica de Minsk – o *Concerto Sinfônico op. 100* para órgão e orquestra, a *Abertura em mi maior op. 1*, a *Siciliana e Giga op. 73* e a *Fantasia Sinfônica op. 147* – que atesta a sua importância nesse setor.

Seu filho Renzo Bossi (1883-1965) também foi compositor e aluno de regência de Arthur Nikisch. Foi ele quem regeu uma aplaudida encenação do *Wanderer* de seu pai, no Staadttheater de Lübeck, em 1906. Conduziu espetáculos de ópera no Scala, em Novara, Bolonha e Como. Foi professor de composição em Parma e Milão e diretor do Conservatório Benedetto Marcello de Veneza. Para o palco, escreveu *Passa la Ronda* (1919); *Volpino il Calderaio* (1925); *La Rosa Rossa* (1940) e *Il Principe Felice* (1951), ambas baseadas em Oscar Wilde; e *Nell Anno Mille*, inspirada em G. Pascoli. Dois balés, *La Burla Valdostana* (1935) e *Il Trillo del Diavolo* (1948) também tiveram boa acolhida. A ópera *I Commedianti alla Corte di Francia* ficou inédita.

O irmão mais novo de Marco, Costante Bossi (1876-1953), organista do Duomo de Milão, não chegou a encenar *Enoch Arden*, baseada em Tennyson. Mas em 1916, obteve dois grandes sucessos no Teatro Fossati, de Milão, com a comédia *La Mammola e l'Eroe* e com a opereta *Il Marito Decorativo*.

Tasca

Como a sua família, de aristocratas da Sicília, opunha-se a que fizesse carreira pública como músico, o barão Pier Antonio Tasca (1864-1934) usava o pseudônimo D'Anthony para apresentar suas óperas. Iniciou a carreira em Florença, com a pós-romântica *Bianca* (1885), e fez muito sucesso na Alemanha, no auge da voga verista, com *Santa Lucia* (1892), estreada em Berlim. Ali também criou *Pergolesi* (1892), que teve boa acolhida. Mas o público de Noto, onde ele nascera, acolheu friamente *Studenti e Sartine*, de 1901. Após longo período dedicado à música instrumental e de câmara – que inclui a comovente *Elegia in Morte d'Edmondo de Amicis* – Tasca apresentou *La Lupa* (1932), tirada da peça de G. Verga. Estava trabalhando em *La Madre* quando morreu.

Spinelli

O nome do pianista Nicola Spinelli (1865-1909) hoje é lembrado apenas devido ao sucesso efêmero da verista *A Basso Porto* (1894), no auge dessa moda. Já tinha estreado em 1881 com *I Guanti Gialli*, que não impressionou muito. No ano da vitória de Mascagni, tinha-se inscrito também no Concorso Sonzogno com *Labilia*. A breve nomeada fez com que Illica aceitasse escrever para ele a *Trilogia di*

Dorina que, ao morrer, Spinelli deixou inacabada.

Luporini

Nascido em Lucca como Puccini, Gaetano Luporini (1865-1948) aluno de Catalani no Conservatório de Milão, dedicou a maior parte de sua vida a dirigir o Instituto Musical e a ser *maestro di cappella* na catedral de sua cidade. Depois da comédia *I Dispetti Amorosi*, cantada em Turim em 1894, conseguiu alguma notoriedade com *La Collana di Pasqua* (1896), de tema semelhante ao da *Cavalleria*, estreada em Nápoles. Depois de ter voltado para Lucca, ainda apresentou *Marie Lacroix* (1901), *L'Aquila e le Colombe* (1914) e a opereta *Chiaro di Luna* (1925). Deixou inacabada *Amore e morte*.

Seppili

Aluno de Ponchielli, Armando Seppilli (1865-1931) decalcou o estilo pré-verista de seu mestre num *Andrea di Francia* que foi premiado no Concorso Sonzogno de 1888 e, por isso, retém alguma importância histórica. Embora tenha composto outras óperas – *La Nave Rossa* (1907) e *La Cingallegra* (1912) –, dedicou-se mais à regência e fez várias turnês como pianista acompanhador do soprano Nellie Melba. A partir de 1925, assumiu a cadeira de piano e composição no Liceo Musicale Frescobaldi de Milão.

Orefice

Pianista e compositor, Giacomo Orefice (1865-1922) foi aluno de Mancinelli e iniciou a carreira como recitalista, executando peças suas, em geral miniaturas de estilo evocativo, de filiação debussysta: *Crepuscoli, Quadri di Böcklin, Miraggi*. Fundador da sociedade *Amici della Musica* (1904), fez com que ela se espalhasse por toda a Itália. De 1909 até sua morte, foi professor de composição no Conservatório de Milão. Deixou as óperas *L'Oasi* (1885), *Mariska* (1889), *Consuelo* (1895), *Il Gladiatore* (1898), *Chopin* (1901), *Cecilia* (1902), *Mosè* (1905) e *Pane Altrui* (1907). Ao morrer, deixou inédita *Il castello del sogno*.

Zanella

Mais conhecido como virtuose do piano, foi Amilcare Zanella (1873-1949) quem substituiu a Mascagni, em 1905, na direção do Conservatório de Pesaro, onde realizou trabalho importante como animador cultural: fundou, em 1921, a *Società del Quartetto* local. Bom melodista, era fascinado pelas pesquisas de ritmo, a que tratava com grande liberdade, às vezes chegando a suprimir as barras de compasso na partitura, para que a música pudesse fluir com mais flexibilidade, dando ao intérprete maior possibilidade de improvisação interpretativa. Chegou a apresentar *Aura* (1910), de estilo neo-romântico; o oratório cênico *Sulamita* (1926) e, baseada na comédia de Gogol, *Il Revisore* (1940), na qual se mostra inclinado a assimilar técnicas de escrita atonais. Deixou inéditas *Adolfo, Osanna, Aeternitas* e a comédia *I Due Sergenti*.

Bucceri

Apenas *Mariedda*, cantada em Catânia em 1895, granjeou algum renome a Gianni Bucceri (1873-1953), devido a seu tom muito cru, condizente com o gosto pós-*Cavalleria*. Muito mais indiferente foi a recepção a *Ondina* (1917), *Marken* (1920) e *Graziella* (1934), tentativas esparsas que ele fez de voltar ao palco de ópera.

Monleone

O processo em que se envolveu com Mascagni deu certa notoriedade a Domenico Monleone (1875-1942). Ele foi obrigado, na Justiça, a trocar o título da *Cavalleria Rusticana* que estreara em Amsterdã, em 1907. E no entanto, fora o próprio Verga que o autorizara a fazer essa nova adaptação de sua peça. Rebatizada *La Giostra dei Falchi* (O Torneio dos Falcões), a ópera já não despertou mais o mesmo interesse. Depois desse *succès de scandale*, Monleone continuou produzindo prolificamente para o palco sem, no entanto, conseguir se impor no primeiro time dos operistas. Era mais conhecido como o regente do Teatro Politeama de Gênova, onde nasceu, e como maestro fez várias excursões ao exterior. Deixou *Alba Eroica* (1910), *Arabesca* (1913), *Suona la Ritirata* (1916), *Il Mistero* (1921), *Fauvette* (1926), *Notte di Nozze* (1940), e a opereta *Una Novella di Boccaccio* (1909), que apresentou com o pseudônimo "wagneriano" de W. di Stolzing.

Fano

Aluno de Pollini e Martucci, Guido Alberto Fano (1875-1962) dirigiu os conservatórios de Parma, Nápoles e Palermo entre 1905-1922 e, em seguida, foi professor de piano no Conservatório. Nas cidades em que trabalhou, empenhou-se na criação de sociedades de concerto para a difusão de música instrumental. Foi apreciado concertista em casa e no exterior, recebendo, em 1911, o título de professor visitante de piano do College of Music de Cincinnati, nos Estados Unidos. Não escreveu óperas, mas é importante que se mencione a sua trilogia de oratórios cênicos sobre temas relacionados com a Antigüidade romana – *Astrea*, *Vigília di Roma* e *Juturna* –, composta durante a década de 1920. Seu filho Fabio (1908-1988) foi também pianista e musicólogo, autor de estudos sobre *La Camerata Fiorentina* (1934), *La Cappella Musicale del Duomo di Milano* (1956) e de um estudo pioneiro sobre a obra de *Giuseppe Martucci* (1950).

Pedrollo

Temas e música de empostação neo-romântica é o que encontramos nos melodramas de Arrigo Pedrollo (1878-1964), professor de composição no Conservatório de Milão e, depois, diretor do Instituto Musical de Pádua e do Liceu Musical de Vicenza. Além de *Terra Promessa* (1908) e *Juana* (1914), adaptou *La Veglia* (1920) da peça *The Shadow of the Glen*, de Synge; extraiu *L'Uomo che Ride* (1920) do romance de Victor Hugo; escreveu a "azione sacra" *Maria di Magdala* (1924); baseou-se no romance de Dostoiévski para *Delitto e Castigo* (1926); e compôs as comédias *Primavera fiorentina* (1932) e *Amore in trappola* (1936). Deixou também o "mimodramma" *Giuditta* (1916) e o drama radiofônico *Angeli e Colori* (1940).

Donaudy

Menino prodígio, Stefano Donaudy (1879-1925) tinha apenas treze anos quando escreveu a sua primeira ópera – cuja partitura se perdeu. Compôs pouco, porém: além das *Arie di Stile Antico*, de um quarteto e algumas peças para piano e violino, produziu as óperas *Teodoro Körner* (1902), sobre a figura do poeta patriota alemão do Romantismo; *Ramuntcho* (1921), baseada em Pierre Loti; e *La Fiamminga* (1922). Foi muito bem recebida a tardiamente verista *Sperduti nel buio* (Perdidos no escuro), de 1907.

Marinuzzi

É pela brilhante carreira de regente, responsável por sua fama internacional, que Gino Marinuzzi (1882-1945) é mais lembrado hoje. Mas esse aluno de Zuelli foi também compositor, autor das óperas *Barberina* (Palermo, 1903), *Jacquerie* (Buenos Aires, 1918) e *Palla de' Mozzi* (Scala de Milão, 1932), na qual demonstra ser discípulo tardio do estilo de melodrama em que se combinam traços veristas e neo-românticos.

Robbiani

A obra em que Iginio Robbiani (1884-1966) mais se empenhou foi o "trittico lirico italiano" *Romanticismo* (1933), *Guido del Popolo* (1933) e *Roma dei Cesari* (1941), em que se propunha a fixar aspectos heróicos do caráter nacional – razão pela qual esses melodramas de romantismo tardio desfrutaram de efêmero prestígio durante o Fascismo. Em 1942, Robbiani publicou um extenso ensaio, no qual analisava as diversas fontes que lhe tinham servido de inspiração, e expunha os objetivos que visara a atingir com essa trilogia ambiciosa. A segunda parte dela venceu um concurso do Scala e foi encenada nesse teatro. Robbiani foi aluno de composição de Giacomo Setaccioli. Sua primeira ópera, *Esvelia*, de corte neoclássico, tinha chamado a atenção ao estrear no Costanzi de Roma em 1911. *Anna Karenina* (1924), do romance de Tolstói, é uma tentativa de aproveitar a voga dos temas russos que deu origem a *Fedora* e *Siberia*, de

Giordano, ou a *Ressurreição*, de Franco Alfano.

Vittadini

Deliberadamente conservador, Franco Vittadini (1884-1948) foi autor de copiosa obra sinfônica e litúrgica – era *maestro di cappella* em Varese e foi também diretor do Instituto Musical de Pavia, onde nasceu. Deixou ampla obra para o palco, hoje virtualmente esquecida: *Anima Allegra* (1921), as óperas-balé *Vecchia Milano* (1928) e *Fiordisole* (1935), as comédias *La Dama Galante* (1929), *La Sagredo* (1930) e *Fiammetta e l'Avaro* (1951), e o drama *Caracciolo* (1937). A elas, acrescentemos os oratórios cênicos *Nazareth* (1925) e *Il Natale di Gesù* (1933), verdadeiras "azioni sacre", típicas de um músico que tinha veia mística muito forte.

Mulè

Nascido em Termini Imerese, o siciliano Giuseppe Mulè (1885-1951) diplomou-se em violoncelo no Conservatório de Palermo. Mas foi curta a sua atividade como solista, pois logo optou por dedicar-se à regência e à composição. Esteve à frente da escola onde tinha feito seus estudos de 1922 a 1925, data em que foi nomeado diretor da Academia de Santa Cecília, em Roma. Militante fascista desde a primeira hora, foi nomeado secretário do Sindicato dos Músicos criado pelo novo regime. A influência verista é muito forte em *La Baronessa di Carini* (1912) e *Al Lupo!* (1919), com libretos escritos por seu irmão Francesco Paolo Mulè. Mais tarde, as pesquisas que fez sobre o folclore siciliano marcaram a linguagem de *La Monacella della Fontana* (Adami, 1923), *Dafni* (Romagnoli, 1928) e *Liolà* (1935), que Arturo Rossato extraiu da peça de Pirandello. A última ópera de Mulè, *Taormina*, com libreto de Adami, foi escrita para San Remo em 1938. Em pesquisas sobre as origens mais remotas do folclore siciliano, Mulè convencera-se de que suas raízes se encontravam na antiga música grega; partindo desse princípio, utilizou melodias e ritmos arcaicos de sua região nas partituras escritas como trilha sonora para a apresentação de tragédias clássicas: *As Coéforas* e *Sete Contra Tebas*, de Ésquilo; *As Bacantes*, *Medéia*, *Os Ciclopes*, *Hipólito*, *Ifigênia em Áulide* e *Ifigênia em Táuride*, de Eurípedes; *Antígona*, de Sófocles; e *Giulio Cesare*, de Corradini. O irmão mais novo de Mulè, Giovanni (1889-1970), aluno do pré-verista Zuelli, compôs operetas e canções.

Bianchini

A influência francesa é muito forte na obra do advogado veneziano Guido Bianchini (1885-1962) que, tendo terminado os estudos de composição com Ottavio Ravanello, foi aperfeiçoar-se em Paris com Caussade, Fauré e Widor. Foram muito populares, durante as primeiras décadas do século, as canções em estilo *salottiero* que Bianchini escrevia. Menor foi a aceitação de suas óperas *Radda* (Paris, 1914), *Il Príncipe e Nuredha* (Veneza, 1923), *Thien-Hoa* (Scala, 1928) e *El Ponte delle Meravegie* (Veneza, 1949), com libreto em dialeto. Mais sucesso fez o balé *Il Príncipe Incantato*, dançado pela primeira vez no La Fenice de Veneza em 1929.

Pietri

Nascido em Sant'Ilario, na Ilha de Elba, Giuseppe Pietri (1886-1946) estudou no Conservatório de Milão, onde foi aluno de Galli (harmonia e contraponto) e Coronaro (composição). Sua carreira se iniciou como autor de operetas de sucesso. *Addio Giovinezza* (1915) ainda é ocasionalmente montada. *Acqua Cheta* (1920), *La Donna Perduta* (1923), *Primarosa* (1926), *Casa Mia, Casa Mia* (1930) também foram muito bem recebidas. O mesmo não aconteceu com as suas óperas: *Calendimaggio* (1910), *Ruy Blas* (1916), *Rondine Bionda* (1937) e *La Canzone di S. Giovanni* (1939). A mais conhecida delas é *Maristella*, baseada em *Zi Munacella*, do prestigiado poeta napolitano Salvatore di Giacomo. Estreada em Nápoles em 1934, *Maristella* ainda é lembrada graças a Beniamino Gigli, amigo do compositor, que criou Giovanni Riada, a personagem principal, e conseguiu que a ópera fosse encenada no Scala em 1940. É desse ano a primeira das duas gravações que ele fez da ária mais popular de

Maristella, de melodia realmente muito pura e inspirada:

Io conosco un giardino
da te sconosciuto
con fiori di velutto
sotto un cielo turchino...

(Conheço um jardim para ti desconhecido, com flores de veludo e um céu cor de turqueza...)

Cattozzo

Nascido em Adria, Nino Cattozzo (1886-1952) fez simultaneamente estudos de música no Liceu de Veneza e na Universidade de Pádua. Maestro de coro e regente substituto em vários teatros, foi secretário artístico do Teatro alla Scala (1930-1938) e o superintendente do Teatro La Fenice de Veneza (1939-1951), além de dirigir o Liceu Musical dessa cidade. Escreveu peças para o palco de inspiração religiosa: a "coreologia sacra" *Mosè* (1911), o drama musical *Roma* (1915), o díptico dramatico *I Misteri Gaudiosi* (1923) e *I Misteri Dolorosi* (1924). Durante o Fascismo, foi bem acolhido pelas autoridades o seu ciclo patriótico *Il Solco di Roma*, encenado no Scala em 1934, com grande aparato propagandístico. Dele faz parte o hino "L'Alba della Rinascita", incorporado pelo regime a seu cancioneiro.

Bianchi

Aluno de Saladino no Conservatório de Milão, Renzo Bianchi (1887-1967) voltou-se desde cedo para o teatro. Aos dezesseis anos, conseguiu fazer encenar em Pavia duas óperas de início de carreira: *In Umbria* e *Il Canto di Francesca*. Pertence à fase final da *Generazione dell'Ottanta* e sofreu influência de Casella, Malipiero e da busca de renovação do melodrama italiano desse grupo de compositores. Mas é a inata propensão às formas amplas do Neo-romantismo o que caracteriza os melodramas que produziu: *Fausta* (Florença, 1916), *Ghismonda* (Scala, 1918), *La Ghibellina* (Roma, 1924), *Proserpina* (Scala, 1938), *Fior di Maria* (Trieste, 1943), *Gli Incatenati* (Scala, 1942).

Lualdi

Respeitado regente e crítico musical do *Secolo*, de *La Sera* e do *Giornale d'Italia*, Adriano Lualdi (1887-1970) foi aluno de Wolf-Ferrari. Membro muito ativo do Sindacato Fascista dei Musicisti, foi nomeado, em 1929, seu representante no Parlamento, onde exerceu o cargo de deputado "biônico". Essas ligações explícitas com o Fascismo foram, naturalmente, prejudiciais à sua carreira de compositor, depois de terminada a II Guerra. Embora continuasse a compor obras instrumentais e fosse, de 1949 até 1955, diretor do Conservatório de Florença, sua produção operística se encerra pouco antes do término do conflito. Foi um dos primeiros organizadores do Festival Internacional de Veneza. São de sua autoria: *Le Furie di Arlecchino* (Milão, 1915), *Il Cantico* (Milão, 1915), *Guerrin Meschino* (Roma, 1920), *La Figlia del Rè* (Turim, 1922), *Il Diavolo nel Campanile* (Scala, 1925), *La Granceola* (Veneza, 1932), *La Luna dei Caraibi* (Roma, 1937) e *Le Nozze di Haura* (Roma, 1943). Ele próprio escreveu seus libretos, da *Filha do Rei* para a frente.

Davico

De origem monegasca, Vincenzo Davico (1889-1972) estudou composição com Cravero em Turim e, em seguida, aperfeiçoou-se com Max Reger em Leipzig. Entretanto, devido ao longo período que passou em Paris (1918-1940), é do Impressionismo a mais visível influência sobre a cantata cênica *La Tentation de Saint-Antoine* (Paris, 1918) e as óperas *La Dogaressa* (Monte Carlo, 1920), *La Principessa Prigioniera* (Bérgamo, 1940) e *Berlingaccio* (Roma, 1941). De volta para casa, Davico instalou-se em Roma e dedicou-se à música instrumental. Foi também crítico musical e um admirado conferencista.

Guerrini

Aluno do Liceo Musicale de Bolonha, onde estudou violino com Consolini, e composição com Torchi e Busoni, Guido Guerrini (1890-972) foi professor de harmonia na escola onde tinha se diplomado. Em seguida, catedrático de composição no Conservatório de Parma. Dirigiu os conservatórios de Florença, Bolonha e o Santa Cecília de Roma, além de fundar e reger a Orquestra de Câmara de Roma. Essa intensa atividade didática não o impediu de ser músico fecundo, autor de peças sinfônicas e de câmara e vasta produção sacra. Nesse domínio, a sua criação mais famosa é a *Missa pro Defunctis* escrita, em 1939, em homenagem ao inventor Guglielmo Marconi. Naturalmente voltado para a música vocal, como o demonstram suas inúmeras cantatas, oratórios e peças corais, além de *Zalebi* (1913), uma ópera de aprendizado que ficou inédita, Guerrini compôs *I Nemici* (Bolonha, 1921), a comédia *La Vigna* (Roma, 1935) – tentativa deliberada de retomar a linhagem cômica do *Falstaff* –, *L'Arcangelo* (Bolonha, 1949) e o drama épico *Enea* (Roma, 1953). Guerrini é o típico compositor que, à tradição neo-romântica – reminiscências verdianas, simpatia pelo sinfonismo de Strauss e Mahler –, combina traços de um idioma mais moderno. Em suas peças de inspiração litúrgica, são muito freqüentes também as melopéias e inflexões de origem gregoriana. Embora dotado de grande segurança técnica, não se trata de um músico que permita ao experimentalismo tomar a dianteira sobre o desejo de expressar, de forma extrovertida, um temperamento tipicamente mediterrâneo. O entusiasmo do operista permeia até mesmo obras sacras como os oratórios *La Città Perdutta* (1924), *Il Pianto della Madonna* (1931), *La Città Beata* (1942) ou a imponente *Nativitas Christi*, de 1953.

Pannain

Hoje mais conhecido como musicólogo e crítico, o napolitano Guido Pannain (1891-1971) foi também o autor de *L'Intrusa* (Gênova, 1940), da peça de Maeterlinck; *Beatrice Cenci* (Nápoles, 1942), adaptada da tragédia de Shelley; e *Madame Bovary* (Nápoles, 1955), do romance de Flaubert. Todas elas contêm traços neo-românticos, temperados por elementos bebidos nas pesquisas vanguardistas de seu tempo. No final da década de 1950, Pannain abandonou a composição, dedicando-se ao ensaísmo e à crítica. Publicou vários livros sobre a música barroca napolitana, o Romantismo italiano e os músicos contemporâneos de seu país, além de coletâneas de artigos escritos para os jornais *Il Mattino*, de Nápoles, e *Il Tempo*, de Roma.

Desderi

Tendo iniciado os estudos musicais com Perrachio, em Turim, Ettore Desderi (1892-1977) aperfeiçoou-se em composição com Alfano, em Bolonha, e com Pizzetti, em Florença. Isso explica a dúplice tendência tradicionalista/vanguardista que marca o seu estilo. Compôs apenas uma ópera – *Antígone* (1940) – mas ela é notável pela tentativa de aplicar os mesmos princípios que norteiam a escrita pizzettiana em *Fedra* e *Dèbora e Jaele*. A ênfase operística está presente também nas peças coral-sinfônicas *Job* (1927) e *Sinfonia Davidica* (1935) e no oratório *Parabolae D. N. Jesu Christi* (1947).

Masetti

Mais conhecido como autor de trilhas sonoras para cinema, Enzo Masetti (1893-1968) compôs duas óperas: a "fábula teatral" *La Fola delle Tre Ochette* (1927) e *La Mosca Mora* (1929). Em ambas, é muito sensível a influencia de seu professor de composição, Franco Alfano, com quem estudou em Bolonha. Masetti realizou trabalho muito importante como professor de composição especificamente voltada para a trilha sonora, tanto no Conservatório de Santa Cecília quanto no Instituto Experimental de Cinematografia, ambos em Roma.

Castelnuovo-Tedesco

Apenas uma parte da produção operística de Mario Castelnuovo-Tedesco (1895-1968) pertence à história desse gênero na Itália. Em 1939, fugindo à perseguição anti-semita, ele se refugiou nos EUA, onde suas composições instrumentais – em especial aquelas para violão – ficaram muito populares. Era um miniaturista elegante e com muito senso de atmosfera, mas sem as qualidades exigidas pelo gênero dramático. Faltou-lhe, por exemplo, a capacidade de captar, na *Mandragola* (1923), o humor sardônico da comédia de Maquiavel. No balé coral *Bacco in Toscana* (1926) e na "fábula cantada" *Aucassin e Nicolette* (1938), ambas de tom mais leve, quase de opereta, saiu-se bem melhor (Nick Rossi, que organizou o catálogo temático de sua obra, considera essa última – composta para teatro de marionetes e inspirada no *fabliau* medieval francês – a sua melhor criação). Nenhuma das óperas da fase americana chegou a fazer muito sucesso. Só uma delas, *The Merchant of Venice* (1956), foi encenada em Florença em 1961. mas, na opinião de John Whitehouse, ela "se limita a sublinhar as palavras da peça de Shakespeare com uma música que é fluente, mas nem um pouco marcante". *The Importance of Being Earnest* (1962), da peça de Oscar Wilde, foi transmitida uma vez pela RAI em 1975. Na época, foi dito que ela "fazia um uso divertido das citações musicais".

Rieti

Ao aderir, em 1920, ao Neoclassicismo de Casella e Malipiero, Vittorio Rieti (1898-1994) destruiu todas as suas obras anteriores a essa data. Nelas, misturava os ensinamentos neo-românticos de seu mestre Respighi a diversas aquisições de vanguarda. As óperas *Teresa nel Bosco* e *Don Perlimplin* (1939) ainda pertencem à sua fase italiana. Em 1940, Rieti emigrou para os EUA, naturalizou-se americano e, em seu país de adoção, compôs balés e abundante música instrumental, incluindo sete sinfonias. A ópera *Viaggio d'Europa* (1955), porém, foi escrita sobre um libreto em italiano.

Teresa no Bosque (1934) desagradou à crítica pelo contraste que propõe entre verismo terra-a-terra e fantasia. De um lado, a ópera retrata, nos termos mais prosaicos, a vida doméstica insatisfatória da personagem-título ao lado de Teodoro, o marido desprovido de imaginação, e de dois filhos insubordinados. Do outro, retrata os misteriosos passeios que Teresa faz no bosque onde, no contato com as plantas e os animais, encontra a poesia que falta em sua vida quotidiana. Na época da estréia, depois de descrever o libreto em termos muito zombeteiros, Guido Pannain acrescentou: "A orquestra, naturalmente, não está ligando a mínima e toca continuamente uma musiquinha que o autor montou pegando, daqui e dali, coisas de todos os tipos."

Cortese

Aluno particular de Ferrari e Perotti, o genovês Luigi Cortese (1899-1986) prestou exames e diplomou-se no Liceo Musicale de Bolonha em 1924 – ano em que se formou também em matemática. Aperfeiçoou-se em composição com Casella, em Roma, e com Gédalge, em Paris. De volta à sua cidade natal, além de dirigir o Liceo Musicale Paganini e exercer o cargo de diretor artístico da Sociedade Filarmônica, Cortese fez carreira como pianista. Excursionou várias vezes como acompanhador do soprano Mágda László, para a qual escreveu ciclos vocais: *Heures d'Été, Poèmes d'Appolinaire, Canti Persiani* e peças sobre textos de Petrarca, Ronsard e Rilke. No domínio da ópera, Cortese produziu *Prometeo* (Bérgamo, 1951) e a peça radiofônica *La Notte Veneziana* (RAI de Roma, 1956), nas quais se nota a fusão muito pessoal dos ensinamentos de Casella com a influência recebida do *Groupe des Six* durante a fase passada em Paris. A escrita de Cortese é politonal, áspera e densa, de natureza sóbria e reservada, reminescente de Honegger ou do Milhaud das *Coéforas*. Porém, há nela, com freqüência, uma extroversão vocal tipicamente italiana.

Autores Nascidos no Século XX

Veretti

Alfano e Mattioli foram os professores do veronês Antonio Veretti (1900-1978) no Liceo Musicale de Bolonha. Crítico da *Fiera Letteraria* e professor de história da música no Centro Experimental de Cinematografia, Veretti foi também diretor dos conservatórios de Pesaro, Cagliari e Florença. A ele se deve a criação e organização, com modernos conceitos didáticos, do Conservatorio Musicale della Gioventù Italiana, em Roma. A influência de Alfano e a predileção pelas estruturas clássicas, que lhe vêm via Pizzetti, marcam as primeiras composições. *Il Medico Volante*, da comédia de Molière, ganhou em 1923 um concurso do *Secolo-Sera*, mas não chegou a ser representada. Arturo Rossato é o autor do libreto de sua primeira ópera encenada, *Il Favorito del Rè* (Scala, 1932), na qual Veretti faz a aplicação de suas idéias sobre a renovação do melodrama peninsular. Antigas tradições da *Commedia dell'Arte* convivem com o aproveitamento de formas de jazz e outros ritmos populares americanos, bem como a inserção de elementos provenientes da música popular e folclórica italiana. O mesmo tipo de pesquisa lingüística marca o divertimento coreográfico *Il Galante Tiratore* (San Remo, 1933), a "ação mimo-sinfônica" *Una Favola di Andersen* (Veneza, 1934), e *Burlesca* (Roma, 1955), versão revista do *Favorito*, para a qual o próprio Veretti reescreveu o texto de Rossato. O "mistério musical e coreográfico" *I Sette Pecati*, apresentado em Roma como um oratório em 1956 e, em seguida, no mesmo ano, como um espetáculo teatral no Scala de Milão, assinala a proposta de Veretti de operar a síntese entre formas clássicas e procedimentos de escrita dodecafônica. Dentro de uma estrutura orgânica tradicional, convivem desenhos melódicos diatônicos e atonais.

Mortari

Aluno de Bossi e Pizzetti, Virgilio Mortari (1902-1993) assim é descrito por Claudio Sartori:

> Compositor que possui domínio técnico de primeira ordem, sabe manter uma posição equilibrada em meio à contraditória multiplicidade de endereços estéticos do mundo musical moderno, conciliando com inteligência a tradição e as aquisições contemporâneas. A sua música carateriza-se pelo frescor e delicadeza de sua temática, a elegância e a solidez da construção, a sensibilidade harmônica e instrumental muito peculiar, responsáveis por um estilo límpido e flexível que é sempre expressão de refinamento, bom gosto e senso de medida.

Percebe-se a nítida marca de Wolf-Ferrari nas comédias *Secchi e Sberlecchi* (1927); *La Scuola delle Moglie* (1930), baseada em Molière e inteiramente revista em 1959; *L'Allegra Piazzetta* (1945) e *La Figlia del Diavolo* (1954). Professor de composição em Veneza e Roma, Mortari foi também o fundador da Associazione Veneta per la Musica di Câmera e, a partir de 1955, superintendente do Teatro La Fenice de Veneza.

Liviabella

E. Mucchi, colaborador de Don Licinio Refice, foi o autor dos libretos de *Antígone* (Parma, 1943) e *La Conchiglia* (Florença, 1955), as duas óperas compostas por Lino Liviabella (1902-1976), ambas muito marcadas pelo neo-romantismo de Respighi, seu professor no Conservatório de Roma. Nessa pequena produção teatral, mas também nas cantatas *Manina di Neve* (1939), *Sorella Chiara* (1947) e *Caterina di Siena* (1950), o compositor demonstra a propensão para as formas tradicionais, a que se fundem, no plano melódico, elementos de um modernismo cauteloso e, no harmônico, um uso hábil da escrita politonal. O comentário sinfônico é sempre muito elaborado nas obras vocais de Liviabella, a ponto de assumir função narrativa tão destacada quanto a da linha de canto.

Farina

Diplomando-se em composição com Ferroni e Pizzetti, Guido Farina (1903-1970) voltou para a sua Pavia natal, onde passou a ensinar harmonia, contraponto, fuga e, mais tarde, composição. Músico aberto a todas as influências, mas avesso a extremismos vanguardistas, incorporou cuidadosamente técnicas modernas; mas isso nunca o afastou de seu principal objetivo: a defesa da tradição operística nacional. Naturalmente dotado para a ópera cômica, demonstrou ter nesse gênero veia melódica espontânea e persuasiva. É o autor de *La Dodicesima Notte ovvero Quel che volete* (1928), baseada em Shakespeare, *Tempo di Carnevale* (1938) e *La Finta Ammalata* (1940), exemplo do movimento de recuperação das tradições bufas da *Commedia dell'Arte* e do Classicismo. Ficou inédita *I tre innamorati*, de 1940.

Fuga

Até a década de 1940, Sandro Fuga (1906-1988) dedicou-se à carreira pianística, apresentando-se com freqüência no exterior. Catedrático de piano no Conservatório de Turim desde 1933, foi mais tarde convidado a ensinar no Conservatório de Milão e, nessa fase, dedicou-se também à composição. São muito originais os seus *Concerti Sacri* para coro e orquestra ou uma peça inspirada pelos sofrimentos da II Guerra, *Ultime Lettere di Stalingrado*, para narrador e orquestra. Aluno de Alfano e músico de temperamento muito expansivo, Fuga não rompeu com o sistema tonal nem com as regras básicas da construção clássica, que pratica com senso de forma muito seguro. A adoção moderada de técnicas contemporâneas, dentro de uma moldura de melodrama tradicional, marca as suas duas óperas: *La Croce Deserta* (Bérgamo) e *Otto Schnaffs* (Turim), ambas estreadas em 1950.

Margola

O violinista Franco Margola (1908-1979) compôs apenas uma ópera, *Il Mito di Caino*, estreada em Bérgamo em 1940. Mas merece ser consignado pela clareza e transparência de uma escrita que funde tradição e modernismo, fruto de estudos muito extensos de composição feitos com Guerrini, Jachino, Longo e Casella. Diretor de Liceo Musicale de Messina e professor de seu instrumento em Cagliari, Bolonha, Milão e Roma, Margola destacou-se principalmente por uma vasta produção sinfônica em que se destacam *Il Campiello delle Streghe* (1930), *Espressioni Eroiche* (1933) e vários concertos para piano, violino e violoncelo.

Lupi

A vitória na Prima Rassegna per Direttori d'Orchestra, em 1937, fez o milanês Roberto Lupi (1908-1978) dar início a uma ativa carreira de regente. Mas só em 1951 foi descoberto como compositor, ao ganhar o Prêmio Roma com a cantata *Orfeo*. Professor de harmonia, contraponto e fuga no Conservatório de Florença, Lupi foi também, durante algum tempo, diretor artístico da Academia de Santa Cecília, em Roma. Trata-se de um músico solitário, que sempre se recusou a filiar-se a esta ou aquela tendência, desejoso de preservar uma independência de caráter muito eclético. Fascinado pela música antiga, Lupi editou e fez transcrições do *Codice Lucchese*, cancioneiro da fase do Ars Nova; de peças para alaúde de diversos compositores dos séculos XVI-XVII; e do *Ballo delle Ingrate*, de Monteverdi. O interesse pelo passado, combinando-se ao emprego dos mais variados recursos de escrita moderna, manifesta-se no hibridismo de suas duas óperas: a "sacra rappresentazione" *La Danza di Salomè* (Perugia), escrita para o festival Sacra Musica Umbra de 1952; e *La Nuova Eurídice* (Bérgamo), de 1957, sobre um poema dramático de Maria della Quercia. A paixão pela Antigüidade revela-se também na escolha dos textos de Catulo, Leonardo da Vinci e de trovadores medievais para seus ciclos de canções. Nos ensaios *L'Armonia di Gravitazione* (1946), *L'Esperienza Essenziale della Musica* (1954) e *Il Mistero del Suono* (1955), Lupi desenvolveu a teoria da "harmonia de gravitação", segundo a qual grupos próximos de harmônicos tendem a fundir-se e a constituir uma mesma esfera harmônica.

Porrino

Aluno particular de Mulè e Dobici, com os quais aprendeu harmonia, contraponto e composição, Ennio Porrino (1910-1996) prestou exames no Conservatório de Roma, onde se diplomou em 1932, aperfeiçoando-se depois com Respighi. A natureza expansiva de Porrino, sua veia lírica muito forte o impediram de adotar radicalmente técnicas vanguardistas de escrita. As origens sardas desse músico nascido em Cagliari fazem com que o substrato folclórico esteja sempre presente em suas peças, tanto no poema sinfônico *Sardegna*, de 1933, quanto em *Nuraghi*, suíte de primitivas danças sardas, de 1952, ou nas óperas *Gli Orazi* (Scala, 1941), *L'Organo di Bambù* (La Fenice, 1955), o melodrama radiofônico *Hutalabi* (RAI, 1956) ou *I Shardana* (San Carlo, 1959).

Napoli

Filho do compositor Gennaro Napoli, pertencente à *Generazione dell'Ottanta*, Jacopo Napoli (1911-1981) foi aluno do pai. Fez também estudos de órgão com Napolitano e de piano com Cesi e Finizio. Manteve-se fiel à linguagem tonal, mas fez também experiências de fusão da música diatônica com recursos de vanguarda na comédia *Il Malato Immaginario* (1939), baseada em Molière, e em *Miseria e Nobiltà* (1946), *Un Curioso Accidente* (1950), *Masaniello* (1953), *I Pescatori* (1954) e *Il Tesoro* (1958). Foi professor em Cagliari e, a partir de 1955, diretor do Conservatório de Nápoles.

Mannino

Nascido em Palermo, Franco Mannino (*1924) estudou piano com Renzo Silvestri e fez notável carreira como recitalista, tendo em Liszt a sua especialidade. O operista, "demonstra-se capaz de assimilar as mais variadas tendências" (C. Sartori). É o autor da música de cena para a *Mandrágora* (1952), de Maquiavel; da "ação coreográfica" *Mario e il Mago*, baseada em Thomas Mann, com libreto do cineasta Lucchino Visconti; e das óperas *Vivì* (1957), *Hatikvà ossia La Stirpe di Davide* (1958), *La Notte della Paura* (1960), *Il Diavolo in Giardino* (1963), *Il Quadro delle Meraviglie* (1964), *Luisella* (1968), *La Speranza* (1970) e *Dorian Gray* (1973), da novela de Oscar Wilde. No selo Cetra, existia uma gravação de *Vivì* regida pelo autor.

A partir de 1957, Mannino iniciou, com uma turnê da orquestra do Maggio Musicale Fiorentino aos EUA, a carreira de regente de ópera, em que haveria de se destacar muito. Mudou-se para Ottawa em 1973 e passou a participar ativamente da vida musical canadense. Em 1976, Mannino esteve em São Paulo, onde regeu *La Traviata* (com Ileana Cotrubas, Beniamino Prior, Renato Bruson) e *La Cenerentola* (com Lucia Valentini-Terrani, Luigi Alva, Enzo Dara), dois dos melhores espetáculos a que a cidade assistiu nas temporadas líricas do final do século XX.

Bibliografia

Adriano (1994). *La Bella Dormente nel Bosco*, no folheto de sua gravação dessa ópera de Respighi, selo Marco Polo 8.223742.

Aguiar, Luiz Gonzaga de (2002). *Joana de Flandres: Introdução à Pesquisa*, sobre a restauração da partitura dessa ópera de Carlos Gomes; material gentilmente cedido pelo autor.

Almeida, Renato (1942). *História da Música Brasileira*. Rio de Janeiro, Editora José Olympio.

An-Ski, Sch. (1987). *O Díbuk: Entre Dois Mundos*. Tradução, organização e notas de Jacó Guinsburg. São Paulo, Editora Perspectiva.

Baldacci, Luigi (1974). *Libretti d'Opera e Altri Saggi*. Florença.

Battaglia, Fernando (1985). *Catalani:* Dejanice, no folheto da gravação Jan Latham-König, ao vivo (6.9.1985), selo Bongiovanni 2031-2032/2.

______. (1989). *Catalani:* Edmea, no folheto da gravação Massimo de Bernart, ao vivo (set. 1989), selo Bongiovanni 2093-2094/2.

______. (s/d). *Nozze Istriane*, no folheto da gravação Manno Wolf-Ferrari, ao vivo (17.2.1973), selo Bongiovanni 1133-1134/2.

______. (s/d). *La Falena*, no folheto da gravação Gianandrea Gavazzeni, ao vivo (18.3.1876), selo Bongiovanni 1131-1132/2.

Bertelé, Antonio (org.) (1979). *L'Opéra, Dictionnaire Chronologique de 1597 à Nos Jours*. Trad. Sophie Gherardi, edição atualizada por Jean-Pierre Tardif, Paris, Ramsay/Livre de Poche.

Braga, Antonio (1992). *An Opera awarded a Prize by Verdi and Admired by Toscanini*, no folheto da gravação Marcello Viotti do *Cristoforo Colombo* de Franchetti, selo Koch Schwann 3-1030-2.

Brenesal, Barry (1980). *Boito and "Neron"*, no folheto da gravação Gianandrea Gavazzeni, MRF 161-S.

Carner, Mosco (1958). *Puccini: a Critical Biography*. Londres, Gerald Duckworth and Co.; ed. Italiana *Giacomo Puccini: Biografia Critica* (1961). Trad. de Luisa Pavolini. Milão, Il Saggiatore, coleção *Saggi di Arte e di Letteratura*.

Cardoso, André (1997). *Carlos Gomes e Sua Última Obra Lírica*, no folheto da gravação Ernani Aguiar de *Colombo*, selo EM-UFRJ 004.

Caruso Jr., Enrico & Farkas, Andrew (1990). *Enrico Caruso – My Father and My Family*. Nova York, Amadeus Press.

Cernaz, Bruno (1991). Le Preziose Ridicole *di Felice Lattuada*. No folheto da gravação Gianfranco Masini, selo Ermitage ERM404DDD.

Cilento, Rafael (2000). *Catálogo de Vídeo-Óperas*, edição privada.

Conati, Marcello (s/d). *Formazione e Affirmazione di Gomes nel Panorama dell'Opera Italiana: Appunti e Considerazioni*. Cf. Nello Vetro, Gaspare.

Correa, Sérgio Nepomuceno A. (1992). *Carlos Gomes: Uma Discografia*. Campinas, Editora da Unicamp.

Csengery, Kristóf (1985). *La Fiamma*, no folheto da gravação Lamberto Gardelli, selo Hungaroton 12591-12593.

Dannenberg, Peter (1990). *Alfredo Catalani*, no folheto da gravação Pinchas Steinberg de *La Wally*, selo Eurodisc 69073-2-R.

Domenici, Lisa (1999). *Zingari: il Fascino della Russia*. No folheto da gravação G. B. Varoli da ópera de Leoncavallo, selo Kiko Classic KC054.1CD.

Dryden, Konrad Claude (1999). *Riccardo Zandonai: a Biography*. Frankfurt, Peter Lang Europäischer Verlag der Wissenschaft.

Fearn, Raymond (1997). *Italian Opera Since 1945*. Amsterdã, Harwood Academic Publishers.

Fitzgerald, Gerald (1969). *La Gioconda*, no folheto da gravação Lamberto Gardelli, selo London OSA1388.

Gilder, Eric & Porter, June (1978). *The Dictionary of Composers and their Music*. Nova York, Paddington Press.

Guinsburg, Jacó (2001). *Stanislávski, Meierhold & Cia*. São Paulo, Editora Perspectiva.

Góes, Marcus (1996). *Carlos Gomes: A Força Indômita*, Belém do Pará, Secult.

Grout, Donald Jay (1965). *A Short History of Opera*. Nova York, Columbia University Press.

Gruber, Paul (org.) (1993). *The Metropolitan Guide to Recorded Opera*. Londres, Thames and Hudson.

Hamilton, David (1989). *Luigi Mancinelli's* Ero e Leandro. No folheto do álbum *The Complete Mapleson Cylinders*, New York Public Library.

Handshue, Daniel (1999). *Mario Peragallo*. Texto no site OperaGlass Composer Index, da Internet, recolhido em 10.6.1999.

Holden, Amanda; Kenyon, Nicholas & Walsh, Stephen (1993). *The Viking Opera Guide*. Londres, Viking (Penguin Group).

Ianelli, Marco (2000). Cassandra *e il "Caso Gnecchi"*. No folheto da gravação Enrique Diemecke da *Cassandra* de Vittorio Gnecchi, selo Agorá Musica AG260.2.

Jahn, Melvin (1976). *Out-heroding Herod: Ermanno Wolf-Ferrari and* I Gioielli della Madonna, no folheto da gravação pirata de Alberto Erede, selo MRF.

______. (1980). *Wolf-Ferrari and* Le Donne Curiose, no folheto da gravação pirata de Alfredo Simonetto, selo MRF.

______. (s/d) *Wolf-Ferrari's* Il Campiello, no folheto da gravação pirata de Ettore Gracis, selo MRF.

Kiefer, Bruno (1997). *História da Música Brasileira, dos Primórdios ao Início do Século XX*. Porto Alegre, Editora Movimento.

Kimbeli, David (1994). *Italian Opera*. Cambridge University Press.

Kobbé, Gustave (1991). *O Livro Completo da Ópera*. Trad. Clóvis Marques. Rio de Janeiro, Jorge Zahar Editor.

Landini, Giancarlo (1999). *Rosa di Romagna, Rosa dei Malatesti, Rosa Vermiglia*, no folheto da gravação Marco Berdondini do *Paolo e Francesca* de Luigi Mancinelli, selo Bongiovanni GB 2245-2.

______. (1999). *La Legge della Crudeltà e del Denaro, una Storia d'Oggi*, sobre *La Cena delle Beffe*, de Giordano. Revista *L'Opera* ano XIII n. 127, março, Milão, Théatron SRL.

Laster, Arnaud (org.) (2002). *Hugo à l'Opéra*, da série Avant-Scène Opéra. Paris, Éditions Premiòres Loges.

Leibowitz, René (1957). *Histoire de l'Opéra*, Paris, Buchet/Chastel.

Von Lewinski, Wolf-Eberhard (1988). *Ermano Wolf-Ferrari:* Sly, *Opera in Three Acts*, no folheto da gravação Robert Maxym, selo Arts 47549-2.

Lindner, Thomas (1999). *Montemezzi's* Giovanni Galurese. Texto no site OperaGlass Composer Index, da Internet, recolhido em 10.6.1999.

Longo, Mariarosa Rigotti (s/d). *Nozze Istriane* e *La Falena*. Cf. Battaglia, Fernando.

Machado Coelho, Lauro (2002). *Cavalleria Rusticana, Manon Lescaut, La Bohème, Madama Butterfly, Adrianna Lecouvreur*. Fascículos para a coleção DVD-Ópera. São Paulo, Editora NBO.

Mariz, Vasco (1981). *História da Música no Brasil*. Rio de Janeiro, Civilização Brasileira/INL/MEC.

Martinotti, Sergio (1972). *Ottocento Strumentale Italiano*. Bolonha.

Miller, M. S. (1984). *Wagnerisms, Wagnerians and Italian Identity*. Londres, Large and Weber.

Mioli, Pierro (2001). *Una Stella senza Astrònomo*, no folheto da gravação Silvano Frontalini da *Zazá* de Leoncavallo, selo Bongiovanni 2289/90.

Monaldi, Gino (1913). *Verdi nella Vita e nell'Arte: Conversazioni Verdiane*. Milão, Ricordi.

Nello Vetro, Gaspare (s/d). *Antonio Carlos Gomes: Carteggi Italiani*. Milão, Nuove Edizioni.

______. (1998). *Antonio Carlos Gomes: Carteggi Italiani II (1836-1896)*, com tradução e prefácio de Luiz Gonzaga de Aguiar. Brasília, Funarte, coleção Thesaurus.

Pannain, Guido (1958). *L'Opera e le Opere ed Altri Scritti di Letteratura Musicale*. Milão, Edizioni Curci.

Philips-Matz, Mary Jane (1999). *The Noble Savage of the Americas*. Na revista *The Washington Opera* n. 72.

Pugliese, Giuseppe (1998). *Tre "Invenzioni" Teatrali di G. F. Malipiero*, no folheto da gravação Ettore Gracis de *Capitan Spavento, Don Tartuffo Bacchetone e Rappresentazione e Festa di Carnesciale e della Quaresima*, selo Mondo Musica MFOH 10341.

Rech, Astrid (1996). Das Himmelskleid: *The Last Comfort of the Soul Lies in Music...*, no folheto da gravação Gerhard Markson dessa ópera de Wolf-Ferrari, selo Marco Polo 8.223261-63.

Rosendorfer, Herbert (2001). *Ermanno Wolf-Ferrari: a Biographical Sketch*. No folheto da gravação David Gimenez de *Sly*, selo Koch-Schwann 3-6449-2.

SALES, Vicente (org.) (1987). *Carlos Gomes: Uma Obra em Foco*. Rio de Janeiro, Funarte/Instituto Nacional de Música, Projeto Memória Musical Brasileira.

SALVETTI, Guido (1977). *Storia dell'Opera: l'Ottocento Minore*. Turim, Edizioni UTET.

______. (1984). *Mascagni: la Creazione Musicale*, na obra coletiva *Mascagni*, Milão, Electa Editrice.

SARTORI, Claudio (org.) (1959). *Dizionario Ricordi della Musica e dei Musicisti*. Milão, Ricordi.

SCHAUENSEE, Max de (1996). *Franco Leoni:* L'Oracolo, no folheto da gravação Richard Bonynge, selo Decca 444396-2.

SCHERER, Barrymore Laurence (1980). *O Tormento Demoníaco de Boito*, no folheto da gravação Giuseppe Patané de *Mefistofele*, selo Sony.

SCHERLE, Arthur (1992). *Alberto Franchetti:* Cristoforo Colombo, no folheto da gravação Marcello Viotti, selo Koch Schwann 3-1030-2.

______. (1981). *Wolf-Ferrari: a Closer Look*, no folheto da gravação John Pritchard de *Il segreto de Susanna*, selo CBS.

SCHUMANN, Karl (1982). *The Tragic Side of Wolf-Ferrari:* Sly *or an Artist's Drama Between the Comedies*, no folheto da gravação Robert Maxym, selo Arts 47549-2.

SLONIMSKY, Nicholas (1988). *The Concise Baker's Biographical Dictionary of Musicians*. Nova York, Schirmer Books.

STTEFANELLI, Alfredo (1998). *Pietro Mascagni:* Guglielmo Ratcliff. Revista *L'Opera* ano XII n. 121, agosto-setembro, Milão, Théatron SRL.

TRANCHEFORT, François-René (1976). *L'Opéra: 1. D'Orféo à Tristan; 2. de Tristan à nos jours*, coleção *Inédit Musique*, Paris, Éditions du Seuil.

VÁRNAI, Peter (1989). *The Origin and the Music of* Belfagor, no folheto da gravação Lamberto Gardelli, selo Hungaroton 12850-52.

______. (1989). *Maria Egiziaca*, no folheto da gravação Lamberto Gardelli, selo Hungaroton/ Paradox Music 1412-1.

VAZ DE CARVALHO, Ítala Gomes (1946). *Vida de Carlos Gomes*. Rio de Janeiro, Editora A Noite.

VERTI, Roberto (1999). *La Signora Senza Pensieri e gli Assili di Giordano*. No folheto da gravação Stefano Ranzani de *Madame Sans-Gêne*, selo Dynamic CDS 247/1-2.

VIGNAL, Marc (org.) (1985). *Dictionnaire des Grands Musiciens*, Paris, Larousse.

WALKER, Frank (1982). *The Man Verdi*, Chicago University Press.

WARRACK, John & EWAN, West (1992). *The Oxford Dictionary of Opera*. Oxford University Press.

WEAVER, William (1969). *Catalani and* La Wally, no folheto da gravação Fausto Cleva, selo Decca 394-6.

______. obra coletiva (1977). *Enciclopédia da Música Brasileira*, dois volumes, Rio de Janeiro, Art Editora, 1977.

HISTÓRIA DA ÓPERA

- *A Ópera Barroca Italiana**
- *A Ópera Italiana no Classicismo*
- *As Óperas de Mozart*
- *A Ópera Romântica Italiana**
- *As Óperas de Verdi*
- *A Ópera Italiana Após 1870**
- *As Óperas de Puccini*
- *A Ópera na França**
- *A Ópera Alemã**
- *As Óperas de Wagner*
- *As Óperas de Richard Strauss*
- *A Ópera na Rússia* *
- *A Ópera Tcheca*
- *As Escolas Nacionais de Ópera*
- *A Ópera Contemporânea*

* Já publicados

Título:	*A Ópera Italiana Após 1870*
Autor:	Lauro Machado Coelho
Ilustração da Capa:	Silhueta do Alfio na *Cavalleria Rusticana* de Mascagni
Formato:	18,0 x 25,5 cm
Tipologia:	Times 10/12
Papel:	Cartão Supremo 250 g/m² (capa)
	Champion 90 g/m² (miolo)
Número de Páginas:	448
Editoração Eletrônica e Laser Filme:	Lauda Composição e Artes Gráficas
Fotolito da Capa e Ilustrações:	Liner Fotolito
Impressão:	Lis Gráfica

Este livro foi impresso na
LIS GRÁFICA E EDITORA LTDA.
Rua Felício Antonio Alves, 370 – Jd. Triunfo – Bonsucesso
CEP 07175-450 – Guarulhos – SP – Fone. (0xx11) 6436-1000
Fax.: (0xx11) 6436-1538 – E-Mail: lisgraf@uninet.com.br